全本全注全译丛书

中华经典名著

诸雨辰◎译注

梦溪笔谈

中华书局

图书在版编目（CIP）数据

梦溪笔谈/诸雨辰译注. —北京：中华书局，2016.9（2023.8
重印）
（中华经典名著全本全注全译丛书）
ISBN 978-7-101-11881-0

Ⅰ.梦… Ⅱ.诸… Ⅲ.①笔记-中国-北宋②《梦溪笔谈》-
译文③《梦溪笔谈》-注释 Ⅳ.Z429.441

中国版本图书馆 CIP 数据核字（2016）第 125895 号

书　　名	梦溪笔谈	
译 注 者	诸雨辰	
丛 书 名	中华经典名著全本全注全译丛书	
责任编辑	宋凤娣　舒　琴	
责任印制	管　斌	
出版发行	中华书局	
	（北京市丰台区太平桥西里38号　100073）	
	http://www.zhbc.com.cn	
	E-mail：zhbc@zhbc.com.cn	
印　　刷	北京盛通印刷股份有限公司	
版　　次	2016 年 9 月第 1 版	
	2023 年 8 月第 10 次印刷	
规　　格	开本/880×1230 毫米　1/32	
	印张 24¼　字数 640 千字	
印　　数	88001-98000 册	
国际书号	ISBN 978-7-101-11881-0	
定　　价	54.00 元	

目录

前　言

　　知识分子肩上的责任是什么？这是我们在社会上常见的一个问题，而在古代知识分子看来，这是不成问题的，因为"仕而优则学，学而优则仕"。古代士大夫的人生理想就是在格物致知、诚意正心之后，实现治国平天下的社会理想，发挥自己的才干与学识，为国家计、为天下苍生计，穷尚可独善其身，而若是出仕为官，则必以兼济天下为己任。

　　宋神宗熙宁八年（1075）五月，两位北宋使臣奉命出使契丹，解决宋、辽两国之间的领土纠纷。面对契丹方面的无理要求，宋使详细地引述了两国往来文书与历史档案，并且准确地指明了两国领土的自然边界，不卑不亢而又有理有据地说服了契丹的丞相，最终成功捍卫了北宋的领土主权，出色地完成了使命。

　　这两位宋使中的正使就是沈括。

　　沈括（1031—1095），字存中，杭州钱塘（今属浙江）人。出身于官宦世家，早年随父亲沈周宦游各地。至和元年（1054），沈括以父荫出任海州沭阳县主簿。嘉祐八年（1063）进士及第，授扬州司理参军，后入京，编校昭文馆书籍并参与详订浑仪。熙宁四年（1071），沈括获得一心推行变法的宋神宗和王安石赏识，擢为检正中书刑房公事，次年奉命疏浚汴河，加史馆检讨，参与考订南郊郊祀典礼，并撰《南郊式》进上。八月，奉命巡察淮南饥荒，提出雇佣灾民兴修水利的举措，得到神宗认可，擢升太子中允、提举司天监。在司天监任上,沈括召请卫朴修订历法,成《奉元历》。熙宁七年(1074),调任河北西路察访使,提举河北西路义勇、保甲公事,次年奉命修订"九军战法"等。熙宁八年(1075),出使契丹,解决领土纠纷后,又据沿途地理、民情而撰《使契丹图钞》,以功拜翰林学士、权三司使。熙宁十年(1077),因对免役法提出意见而卷入党争,被贬为起居舍人、集贤院学士、知宣州。至元丰二年(1079),方复以龙图阁待制、知审官院。元丰三年(1080),又出为鄜延路经略安抚使,抵御西夏的入侵。元丰五年(1082),西夏发兵三十万进攻永乐城,宋军溃败。沈括因而被贬筠州团练副使,随州安置。宋哲宗即位,大赦天下,沈括量移秀州团练副使,本州安置。元祐三年(1088)八月,沈括编订《天下郡县图》,得到哲宗嘉赏,次年,改任朝散郎、守光禄少卿、分司南京,准外州居住。于是沈括迁居润州梦溪园,从此隐居,《梦溪笔谈》即成书于此时。

　　沈括能在出使契丹的任务中出色地完成使命,靠的是他在地理方面的深厚功底以及出使前对枢密院档案的细致考察。实际上,当辽国使臣萧禧提出以黄嵬山和分水岭为界时,北宋中书省和枢密院的官员甚至都不清楚其具体的地理位置,沈括则根据两国往来文书,清楚地指明两国自古以来以石长城为界,而黄嵬山却在石长城以南三十里,这等于是侵占了北宋的领土。连宋神宗都不由得感慨道:"两府不究本末,几误国事!"并恳切地对沈括说:"微卿无以折边讼。"地学知识在古人心中的地位似乎不如五经、诸子那样重,然而关键时刻它却能发挥至关重要的作用。实际上,沈括的地理知识还与他在地理测量方面的先进技术有关,他在治理汴河时,曾提出用水平、望尺、干尺等工具,计算地形的高低,并根据地势高低修建分水渠和拦水堤,最终完成对汴河的疏浚。而这种通过几何测距的方法也应用在了他编订的《天下郡县图》中,彻底改变了传统地图根据道路步数测定距离的方式,以直线距离的测定,实现了地图的精确化。

　　沈括在提举司天监时，延请淮南布衣卫朴参与编订历法，制成《奉元历》。他们根据天文学知识，提出并解决了以往历法中因为对岁差现象以及太阳运行速度等问题的错误认识，而导致的岁时、日月蚀计算不准的问题。在修订浑仪时，他通过每夜科学地观测与归纳，得出了天极不动点距北极星差 3° 的准确结论，并细致描绘出了北极星的运行轨迹。此外，他还修订了晷漏，指出根据天象计算的太阳日与根据日影计算的太阳日之间存在误差，并运用不等距的内插法计算出不同季节之太阳日的长短。这些精密的运算即使对于现代的非专业人士而言，也是望尘莫及的。然而令人遗憾的是，当时司天监的历官大多数也不懂历算，而且还因为嫉妒而排挤、诋毁卫朴，消极工作，使得沈括与卫朴在任上没有获得足够的行星观测数据，无法对《奉元历》的五星运行规律进行验证。这对科学研究来说是非常可惜的，但也正反衬出专业素养与高尚人格的难能可贵。

　　沈括出任河北西路察访使时，将学术兴趣转向军事、兵器方面。其实沈括的母亲许氏在沈括早年的时候，就曾将其兄许洞的军事学说传授给他，母亲的引导促进了他在军事方面的思考。沈括兼判军器监时，曾认真分析过弓的"六善"，并建议大量制造"神臂弓"等高性能武器，还分析了羌族人的铠甲等装备。武器之外，阵法更是沈括关心的话题。当时，六宅使郭固奉命讨论"九军阵法"，因为书生气而一味地附会古代文献，以至于提出了九军共为一营阵、士卒皆侧立、面相向而立的奇怪阵形，甚至连宋神宗都怀疑这种阵法的实用性。沈括则在充分的实践基础上，指出这就是孙子说的"麋军"，然后改为九军各自为营，并各自配有冲锋、弓手、机动队、支援埋伏等配置的阵法，以宜于实践的知识避免了书生不切实际的理论。此外，沈括还研究了守城时马面、战棚等设施的重要性，反驳了部分官员提出的只靠城墙防御敌人的错误观点。至于城墙筑造的土石量的复杂计算，沈括也提出了"隙积"算法，以计算棱锥体的体积，真可谓活学活用的典范。

权三司使是沈括最近地接触到熙宁变法的机会,为了提出更为合理的经济改革方案,沈括细致考察了唐宋以来的茶法、盐法,以及边郡的钱粮征收等问题,收集了大量经济资料以及合理的改革措施,在此基础上提出了以"三说法"来征纳钱粮的改革措施。可惜的是,这些经济方面的改革还没有实行,沈括就被罢官了。事情的起因是,时任宰相的吴充问及沈括关于免役法的意见,沈括建议减免下户人家的役钱,吴充表示赞同并上奏了宋神宗。次年侍御史蔡确就以依附大臣、越职言事、前后态度不一等理由弹劾了沈括,沈括因此贬知宣州。《梦溪笔谈》中还记录了一件"异事",说三司使宅的风水不好,所以凡是担任三司使的官员都没能善终。本是为生民、为国家考虑而建言献策,结果却遭此不测,这所谓的"异事"又何尝不是他对于政治斗争的无奈叹息呢?

此外,沈括还在参与修《南郊式》的过程中梳理了大量礼仪、典章方面的制度习惯。担任边帅时亦广泛收集并整理了关于契丹、吐蕃、西夏,甚至交趾等周边少数民族叛乱的历史资料,详细地总结了他们与北宋朝廷之间关系的发展历程,乃至其自身的政权更替历程,这些内容也毫无疑问地极具史料价值。《梦溪笔谈》中还大量记载了各地基层政府工作中遇到的实际问题及解决之道,比如范仲淹救荒的系列措施,就与沈括自己巡察淮南饥荒时提出的方案非常类似,这让我们更真切地看到沈括将《梦溪笔谈》中的篇章应用于现实给百姓带来的实惠。

总而言之,沈括无论是身处礼官、历官、三司使、边帅等哪一个岗位上,都充分运用自己广博的学识,解决为政中的实际问题,《宋史》评价他"博学善文,于天文、方志、律历、音乐、医药、卜算无所不通,皆有所论著",而更关键的是"博物洽闻,贯乎幽深,措诸政事,又极开敏"。能把自己的学识充分运用到工作之中,丝毫没有书生百无一用的毛病,而《梦溪笔谈》中大量的篇章,其实都是他在为政过程中思考、总结、探究问题的点滴记录。于我们而言,这是一部类似百科全书性质的知识宝库,对于沈括而言,又何尝不是他为国家、为百姓分忧解难的政治方略?

清代的顾炎武说："文须有益于天下。"文不在多，但是要关怀国计民生，这样的文章多一篇，就多一分益处。这本《梦溪笔谈》亦庶几堪当此任吧？

还有一点值得一提，一般而言，《梦溪笔谈》最为现代人注意的是其中对于自然科学方面知识的介绍与研究，这或许得益于英国科学史家李约瑟（Dr. Joseph Needham）的一番推崇，他将《梦溪笔谈》标举为"中国科学史的地标"，称沈括为"中国科学史上最奇特的人物"。但是不少人在充分肯定《梦溪笔谈》中关于数学、物理、化学、地理、植物等科学知识的介绍的同时，也在另一方面对其中《神奇》与《异事》两卷中所记载的超自然现象、宿命论思想等提出或多或少的否定。然而在我看来，肯定科学理性与肯定占卜、命运、五行之间，未必就是割裂的、有天壤之别的，这实际上是人类认识世界的方式问题。人类的知识结构决定了自身的思维方式，譬如面对暴雷使金属融化而草木安然无恙的现象，现代科学根据物理知识推测，认为是感应电流使金属受热融化的结果，而沈括显然不可能通过电磁感应的理论去解释现象，于是转而从佛书中寻求答案，这种差异是由我们认识世界的方式导致的。有趣的是，沈括由此感发的哲学思考却又相当的"现代"，他认识到："人但知人境中事耳，人境之外，事有何限？"从元认知的角度说，沈括认识到自己无法认识某些知识体系中没有的问题。就像我们今天去设想宇宙大爆炸之前的世界，似乎也只好无奈地笑说那是上帝的世界一样，人类在认知上是有界限，亦是有通道的，知识为我们打开一道道解释世界的通道，并驱使我们不断地发现新的通道，人类的思维也由此前行。超自然的解释与自然的逻辑在古代是并行不悖的，同样是古人解释世界的某种通道，那么《梦溪笔谈》中的这些神奇现象与异事，恐怕也未可一味斥为"怪力乱神"，它们实际是科学思维的另一面相，苟欲治古代科学史而排斥对超自然现象的解释的话，得出的结论将毫无疑问是片面的。

"梦溪"，据沈括自称是他从三十多岁开始就经常梦到的地方，熙宁十年(1077),谪居宣州时,他曾托一位道士在京口(今江苏镇江)买下一处田园。元丰八年(1085),沈括途经润州时,第一次看到自己购置多年的田园,忽然发现这里就是他曾经多次梦到的地方。后来,他移居此地,将门前溪水命名为"梦溪",并将此园命名为"梦溪园",自号"梦溪丈人",晚年罢官后,就隐居于此。然而隐居时的沈括又是相当寂寞的,他无法与朋友相互往来,想起以前的无所不谈的欢快,如今却只好与笔砚为伴,于是,他把各种琐碎的传闻、历史、逸事、考证、知识等记录下来,并调侃为"笔谈",《梦溪笔谈》也就由此得名。

晚年的沈括是寂寞的,但他为我们留下了宝贵的遗产,更让我们看到一个士大夫,一个知识分子,是如何将自己的学识施用于社会的,让我们看到学问是如何有益于天下的,这样的人能多一些,我们的世界也就多一分希望吧……

《梦溪笔谈》全书共二十六卷,《补笔谈》三卷,《续笔谈》一卷,分为故事、辨证、乐律、象数、人事等十七个门类,涵盖的内容非常广泛。此书最早的版本是乾道二年(1166)扬州州学刊本,但现已亡佚。1975年文物出版社影印了《古迂陈氏家藏〈梦溪笔谈〉》二十六卷,是元大德九年(1305)茶陵陈仁子东山书院刻本,开卷有元、明两代官方收藏的几方朱印,可以说是该书年代较早的版本,本书的整理即据此为底本。通行本《梦溪笔谈》书后附有《补笔谈》和《续笔谈》两部分内容,其文字当系《梦溪笔谈》成书刊刻后沈括补作而成,为元刻本所无,今以崇祯马元调刊本为底本附录于后。

元刊本之外,明代《梦溪笔谈》还有弘治本、万历本、稗海本、毛晋津逮秘书本(汲古阁本)、崇祯本等多个版本,胡道静先生曾经对各个版本作了仔细校勘,并大量参考了《苏沈良方》《类苑》等相关资料对《笔谈》的引用,形成了《梦溪笔谈校证》一书,在文献方面功力颇深,可谓沾溉学林,泽被后人。本书的整理过程中,对于误字、脱文、衍文等现象的处理,主要参考了胡道静先生的校证。此外,1998年贵州人民出版社还曾出版过胡道静、金良年、胡小静三位先生的《梦溪笔谈全译》，上海古籍出版社于2013年再版了该书，但删去注释部分。本书在翻译过程中，遇到句意难解或专业性很强的地方，也参考了金良年、胡小静等先生的译文。此外，《梦溪笔谈》在条目划分上的界限也不甚准确，经常出现把相似条目混为一条的现象，有必要对其进行重新切分。在切分条目时，亦以胡道静先生《校证》本为依据。在全书的体例上，则采用了中华书局2009年出版的张富祥先生译注《梦溪笔谈》选本的体例，每一门类下均设有题解，以概括该门类的主要内容；每一篇设有注释和译文，注释内容主要包括难解字、古代人物、历史事件、时间地点等，对于重出的人名或专有名词，一般第一次出现时详注，后面则采取简注，并注明可参考的卷目，以便于查找。书中还不时出现一些古人因避讳而改字的情况，包括"贞"讳作"正"，"玄"讳作"元"、"真"，"徵"讳作"登"，"恒"讳作"常"等，一般在首次出现时加注释说明，此后径改回本字，以免繁琐。关于地名的注释，古今地名不一致的，则注出今地名或所属地域，古今地名一致则不出注。在此对于前贤筚路蓝缕、以启山林的卓越贡献致以最崇高的敬意！

　　鉴于《梦溪笔谈》的博学性质，其中不少专业知识都极为精深，由于专业所限，恐怕对部分所涉及知识的理解还多有偏颇与肤浅之处，期待方家指正！最后，感谢中华书局的刘胜利女士、宋凤娣女士、舒琴女士，她们在书籍的出版过程中付出了辛苦的努力，同样是值得尊敬的！

诸雨辰

2016年3月

《梦溪笔谈》序

【题解】

 本篇为《梦溪笔谈》全书序。在序中,沈括交代了《梦溪笔谈》的写作缘起与旨趣。这本笔记是沈括在王安石变法失败后,因受到牵连而罢官退居润州之后的产物。沈括在序中提到他收录的标准是不收国政话题、不收对士大夫的褒贬之辞,所录以传闻里巷之言为主。其实沈括所记并非"甚卑",本书中大量内容足以见出沈括学问的广博和深厚。

 予退处林下①,深居绝过从,思平日与客言者,时纪一事于笔,则若有所晤言②,萧然移日③。所与谈者,唯笔砚而已,谓之《笔谈》。圣谟国政④,及事近宫省者,皆不敢私纪。至于系当日士大夫毁誉者⑤,虽善亦不欲书,非止不言人恶而已。所录唯山间木荫,率意谈噱⑥,不系人之利害者,下至闾巷之言⑦,靡所不有⑧。亦有得于传闻者,其间不能无缺谬。以之为言则甚卑,以予为无意于言可也。

【注释】

 ①退处林下:这里指罢官后退居山林。王安石变法失败后,沈括因

　　为支持新政而受到牵连,闲居润州梦溪园,而写作了《梦溪笔谈》。

②晤(wù)言:当面谈话。

③萧然:凄清的样子。

④圣谟(mó):皇帝的诏命。

⑤毁誉:毁谤与称誉。

⑥谈噱(jué):谈笑。

⑦闾(lú)巷:小街道,泛指乡里民间。

⑧靡:没有。

【译文】

　　我罢官后退居山林,深居简出,和朋友们断绝了往来,想到平时和友朋谈的那些话,便不时地提笔记录一两件事,感觉就好像和他们当面谈话一样,这样凄凉地度过了一天天。可以和我交流的就只有笔砚了,所以称为《笔谈》。皇帝的诏命、国家的大政方针,以及宫廷和官府中的事情,都不敢私下里随意记录。至于当时与士大夫们有关的毁谤和称誉,虽然是好的我也不想写,并非仅仅是不想说人的坏话而已。记录下来的只有在山野间、树荫下随意谈笑的内容,与人们的利害没有任何关系,至于乡里民间的言谈话语,却无所不包。也有一些是从传闻听到的,不能保证其中没有缺失和错误之处。用这些东西作为谈资是十分卑下的,当成是我无意中写下的就可以了。

故事

【题解】

《故事》门凡两卷。所记内容以唐宋时期典章制度为主,如祭祀仪仗、机构设置、朝官次第、衣冠礼仪、政府文书、府院制度、馆阁藏书、科举考试、奏疏案牍等,亦颇及文人逸事,如宋太宗夜幸玉堂,苏易简接驾不及事;杨亿自嘲俸禄事;欧阳修诗本事;嘉祐贡举状元前定事等。凡所涉制度、仪式等,皆详考其源流,既可补史志典章之阙,作为唐宋政治制度史之史料;亦可资文人之谈助,并了解北宋文人之政治生活环境。

卷一

上亲郊①,郊庙册文皆曰②:"恭荐岁事③。"先景灵宫④,谓之"朝献";次太庙,谓之"朝飨"⑤;末乃有事于南郊⑥。予集《郊式》时⑦,曾预讨论,常疑其次序。若先为尊,则郊不应在庙后;若后为尊,则景灵宫不应在太庙之先。求其所从来,盖有所因。按唐故事,凡有事于上帝,则百神皆预,遣使祭告,唯太清宫、太庙则皇帝亲行⑧。其册祝皆曰:"取某月某日有事于某所,不敢不告。"宫、庙谓之"奏告",余皆谓之

"祭告"。唯有事于南郊，方为"正祠"。至天宝九载^⑨，乃下诏曰："'告'者，上告下之词。今后太清宫宜称'朝献'，太庙称'朝飨'。"自此遂失"奏告"之名，册文皆为"正祠"。

【注释】

①郊：祭祀名。古以祭祀天地为郊，冬至祀天于南郊，夏至祀地于北郊。

②庙：祭祀名。古以祭祀先祖为庙。明刻本缺一"郊"字，则与上句断句为"上亲郊庙，册文皆曰"。

③荐：进献，祭祀。

④景灵宫：始建于北宋大中祥符年间，供奉北宋历代君主。

⑤飨（xiǎng）：献祭。

⑥有事：指祭祀活动。《左传·成公十三年》："国之大事，在祀与戎。"

⑦《郊式》：熙宁初年，沈括等奉诏编《南郊式》，考订历代郊祭仪式，以定南郊之礼。由王安石总领其事。

⑧太清宫：初以祭祀老子的祠庙称太清宫。唐高宗追奉老子为太上玄元皇帝，乾封元年（666）建祠，玄宗天宝年间改称太清宫。

⑨天宝九载：公元750年。

【译文】

皇帝亲自行郊祭礼，郊祭、庙祭的册文都写："恭荐岁事。"先到景灵宫祭祀，称为"朝献"；之后到太庙祭祀，称为"朝飨"；最后才去南郊祭祀上天。我纂集《郊式》一书的时候，曾经参预讨论，时常怀疑这个次序是否合理。如果以先为尊，那么郊祭不应在庙祭之后；如果以后为尊，那么去景灵宫的次序不应在太庙之先。考察其来由，大概是有原因的。按照唐代的先例，凡是祭祀上天，则各种神灵都要一起祭祀，需要派道使者祭告，只有太清宫、太庙是皇帝亲自行礼。册文、祝文都写："某月某日在某地进行祭祀，不敢不告。"太清宫、太庙的册文称为"奏告"，其余的都称为"祭告"。只有在南郊行祭天礼，才称为"正祠"。到天宝九年下诏说："'告'是以上告下之词。今后太清宫的祭祀应该称为'朝献'，太庙的祭祀称为'朝飨'。"从此就没了"奏告"之名，而各地册文都称为"正祠"。

　　正衙法座①，香木为之，加金饰，四足，堕角②，其前小偃③，织藤冒之④。每车驾出幸，则使老内臣马上抱之，曰"驾头"。辇后曲盖谓之"筤"⑤，两扇夹心，通谓之"扇筤"。皆绣，亦有销金者⑥，即古之华盖也。

【注释】

①正衙：唐宋时朝会听政的场所，在宋为文德殿。法座：君主听政
　时的坐具。

②堕：通"椭"，长圆形。

③偃：凹陷，平面形近似弯月或腰圆形，又称"月样机子"。

④冒：覆盖。

⑤曲盖：顶部弯曲的伞盖。筤（láng）：车盖的竹制骨架。

⑥销金：用金丝装饰。

【译文】

　　正衙的法座是用香木做的，加上金饰，四条腿，圆角，前面稍微凹陷，用编好的藤条覆盖好。每次皇帝的车驾出行，就让年老的宦官在马上抱着，称为"驾头"。车辇后面有顶部弯曲的伞盖，称为"筤"，左右被绣扇相夹，统称作"扇筤"。都为织绣品，也有嵌金丝线的，即古代的华盖。

　　唐翰林院在禁中①，乃人主燕居之所②，玉堂、承明、金銮殿皆在其间③。应供奉之人，自学士已下，工伎群官司隶籍其间者，皆称"翰林"，如今之翰林医官、翰林待诏之类是也。唯翰林茶酒司止称"翰林司"，盖相承阙文④。

【注释】

①翰林院：本为供奉有一技之长者所居之处，属员称"翰林待诏"或"翰林供奉"，随时供皇帝差遣。唐玄宗时选朝官有词艺学识者居其中，供奉起草诏书。开元二十六年（738），于翰林院之南别建学士院，属员称"翰林学士"，地位高于翰林待诏。

②燕居：闲居。

③玉堂：今人或疑作"浴堂"，即浴殿。承明：古代君主左右路寝称承明，因其接于明堂之后。

④阙（quē）文：指称"翰林茶酒司"为"翰林司"，系阙文所致。

【译文】

　　唐代翰林院在禁苑之中，是皇帝闲居之处，玉堂、承明、金銮殿都在其间。其中供职之人，从学士以下，包括工匠、艺人、各类府衙官员等，都称作"翰林"，就像现在的翰林医官、翰林待诏之类的。只有翰林茶酒司只称为"翰林司"，大概是相沿阙文所致。

　　唐制，自宰相而下，初命皆无宣召之礼①，惟学士宣召，盖学士院在禁中，非内臣宣召，无因得入，故院门别设复门，亦以其通禁庭也。又学士院北扉者②，为其在浴堂之南③，便于应召。今学士初拜，自东华门入④，至左承天门下马待诏，院吏自左承天门双引至阁门⑤。此亦用唐故事也。唐宣召学士，自东门入者，彼时学士院在西掖，故自翰林院东门赴召,非若今之东华门也。至如挽铃故事⑥,亦缘其在禁中,虽学士院吏,亦止于玉堂门外,则其严密可知。如今学士院在外,与诸司无异,亦设铃索,悉皆文具故事而已。

【注释】

①初命:初次任命。一说为每月初一。

②北扉:北门。这里指开北门。

③浴堂:浴堂殿,皇帝居处之一。

④东华门:北宋时东官门,门内第二道门称左承天门。西官门称西华门,西华门内第二道门称右承天门。

⑤阁门:指文德殿的东西掖门。

⑥挽铃:拉铃。唐于翰林学士院设悬铃,以备夜间皇帝有诏命,可代为传呼,入院者需先拉铃。

【译文】

按唐代制度,自宰相以下,初次任命都没有宣召之礼,只有学士可以受宣召,大概是因为学士院在禁苑内,没有内臣宣召就无法进入,所以在学士院门之外另设旁门,也因为它和禁苑相通。学士院开北门是因为它在浴堂殿之南,所以便于应召。现在的翰林学士初次拜官,从东华门进入,到左承天门下马等待召见,被学士院的官吏从左承天门一前一后引导至阁门。这也是延续唐朝的成例。唐代宣召学士,从东门进入,是因为当时学士院在禁苑西边,所以是从翰林院的东门赴召,不像现在是从东华门进入。至于拉铃铛的成例,也是因为学士院在禁苑之中,即使是学士院的官员,也只能止于玉堂门外,其严密程度可想而知。如今学士院在禁苑以外,和其他官府没有什么差异,也设铃铛牵索,这都是为了礼仪的成例所设。

学士院玉堂①，太宗皇帝曾亲幸。至今唯学士上日许正坐②，他日皆不敢独坐。故事：堂中设视草台，每草制，则具衣冠据台而坐，今不复如此，但存空台而已。玉堂东承旨阁子窗格上有火然处③，太宗尝夜幸玉堂，苏易简为学士④，已寝，遽起⑤，无烛具衣冠，宫嫔自窗格引烛入照之。至今不欲更易，以为玉堂一盛事。

【注释】

①玉堂：学士院正厅称为玉堂，宋太宗曾以"玉堂之署"四字赐榜，令苏易简榜于厅额。

②上日：上任之日。一说指每月初一。

③承旨：指翰林学士承旨，为翰林学士之首。然：同"燃"，燃烧。

④苏易简（958—996）：字太简，梓州铜山（今四川中江）人。太宗太平兴国五年（980）举进士第一，官翰林学士承旨，太宗以飞白"玉堂之署"赐之。历任参知政事、礼部侍郎，出知邓州、移陈州。著有《文房四谱》《续翰林志》等。《宋史》卷二六六有传。

⑤遽（jù）：马上。

【译文】

学士院的玉堂，太宗皇帝曾亲自临幸。至今只有学士们在上任之日允许在正厅就座，其他时间都不敢独自就座。按照成例：堂中设立视草台，每次草拟诏书时，就会穿好衣冠坐在台上，现在已经不这样了，只留下一个空台而已。玉堂东边翰林承旨阁子的窗格上有被火烧过的地方，当年太宗皇帝曾经半夜临幸玉堂，当时苏易简是翰林学士，已经就寝，匆忙起身，没有烛光照明穿戴衣冠，宫嫔从窗格间引烛光为他照明。至今不欲更换被火烧过的窗框，以此作为玉堂的一件盛事。

东西头供奉官,本唐从官之名。自永徽以后①,人主多居大明宫②,别置从官,谓之"东头供奉官"。西内具员不废,则谓之"西头供奉官"。

【注释】

①永徽:唐高宗年号,公元 650—655 年。

②大明宫:唐贞观年间始建,居皇城之北高地。高宗龙朔年间改称蓬莱宫,并新建含元殿。长安年间又改为大明宫,改含元殿为大明殿。

【译文】

东西头供奉官,本来是唐代从属官员的名称。自从永徽年间以后,皇帝多居住在大明宫,另外设置属官,称为"东头供奉官"。而大内西边的属官没有废置,就称为"西头供奉官"。

唐制,两省供奉官东西对立①,谓之"蛾眉班"。国初,供奉班于百官前横列。王溥罢相②,为东宫一品,班在供奉班之后,遂令供奉班依旧分立。庆历贾安公为中丞③,以东西班对拜为非礼,复令横行。至今初叙班分立,百官班定,乃转班横行,参罢复分立,百官班退乃出,参用旧制也。

【注释】

①两省:指中书省和门下省。中书省负责发布政令,门下省负责审核政令。

②王溥(922—982):字齐物,并州祁(今山西祁县)人。乾祐年间状元,广顺三年(953)拜相,乾德二年(964)罢相,任太子少保。太平兴国初年封祁国公,谥文献。著有《唐会要》《五代会要》等。

《宋史》卷二四九有传。

③庆历:宋仁宗年号,公元1041—1048年。贾安公:即贾昌朝
(997—1065),字子明,真定获鹿(今属河北)人。贾昌朝初封安
国公,故称贾安公。真宗朝赐同进士出身。庆历年间任同中书
门下平章事,封魏国公,谥文元。著有《群经音辨》等。《宋史》卷
二八五有传。

【译文】

按唐朝的制度,中书、门下两省供奉官在朝廷上东西两向对立,称
为"蛾眉班"。本朝初年,供奉班在百官队列之前横排。王溥罢相,任东
宫一品官,其班位在供奉班之后,于是皇帝命令供奉班依旧分立两侧。
庆历年间,贾昌朝任中丞,认为东西两班对拜不合礼仪,就又改令横列。
现在初叙班时分立两侧,百官排好班列之后,转为横列,参奏结束后再
度分立,百官班列退出后才出殿,这是参用了以前的制度。

　　衣冠故事,多无著令,但相承为例。如学士舍人蹑履
见丞相,往还用平状①,扣阶乘马之类②,皆用故事也。近
岁多用靴简,章子厚为学士日③,因事论列④,今则遂为著
令矣。

【注释】

①平状:平等的文书。

②扣:牵马。

③章子厚:即章惇(1035—1105),字子厚,南平浦城(今属福建)人。
嘉祐二年(1057)进士,王安石变法时,任编修三司条例官、集贤
校理、中书检正等。哲宗初为刘挚、苏辙等所劾,哲宗亲政,复起
为尚书左仆射兼门下侍郎。徽宗初罢相,卒后追封魏国公。《宋

史》卷四七一有传。

④论列：言官检举弹劾。

【译文】

衣冠的成例，大多没有正式条令，只是相沿以往的习惯为惯例。比如学士、舍人穿鞋见宰相，往来书信皆为平等之辞，骑马可以牵到宫门之类，都遵循惯例。近年来学士见宰相则穿靴持简，章惇当学士的时候，因为议论过这种做法，于是现在出了正式条令。

中国衣冠，自北齐以来，乃全用胡服。窄袖绯绿、短衣、长靿靴、有蹀躞带①，皆胡服也。窄袖利于驰射，短衣、长靿，皆便于涉草。胡人乐茂草，常寝处其间，予使北时皆见之②。虽王庭亦在深荐中③。予至胡庭日，新雨过，涉草，衣裤皆濡，唯胡人都无所沾。带衣所垂蹀躞，盖欲佩带弓剑、帉帨、算囊、刀砺之类④。自后虽去蹀躞，而犹存其环，环所以衔蹀躞，如马之鞧根⑤，即今之带銙也⑥。天子必以十三环为节⑦，唐武德、正观时犹尔⑧。开元之后⑨，虽仍旧俗，而稍褒博矣⑩，然带钩尚穿带本为孔。本朝加顺折⑪，茂人文也。

【注释】

①绯（fēi）：红色。长靿（yào）靴：即长筒靴。蹀躞（dié xiè）带：一种腰带，可以悬挂兵器等物件。

②使北：沈括于熙宁八年（1075）以右正言知制诰察访河北西路，出使契丹，五月二十五日至北庭，化解鸿和尔大山及天池子一带领土争议。

③荐：草，草丛。

④帉帨（fēn shuì）：佩巾，手巾。算囊：算袋，放物品的袋子。砺：磨

　　　　　刀石。

　⑤鞦（qiū）根：套车时拴在牛马大腿后的革带称"鞦"，鞦根当为带上
　　之装饰物，应亦为环状。

　⑥带銙（kuǎ）：附于腰带上的装饰品。

　⑦十三环："十"字原阙，从王国维《观堂校识》补。

　⑧武德：唐高祖年号，公元 618—626 年。正观：即贞观。"贞"，避
　　宋讳而作"正"。贞观，唐太宗年号，公元 627—649 年。

　⑨开元：唐玄宗年号，公元 713—741 年。

　⑩褒博：宽大。

　⑪顺折：疑指"挞尾"，腰带下垂的金属饰物，宋时以金、玉、犀、银、
　　铜、铁为饰，区分官职等级。

【译文】

　　中原衣冠，从北齐以来，就全采用胡服。窄袖绯绿、短衣、长筒靴、有蹀躞带，这些都是胡服的装束。窄袖利于骑马射箭，短衣、长靿都便于在草丛中行走。胡人喜欢丰茂的草原，经常居处其间，我出使北朝的时候都看到了。即使是王庭也在草丛深处。我到胡人王庭的时候，赶上新雨刚过，走过草丛，衣裤都湿了，只有胡人身上没有被沾湿。衣带上垂挂的蹀躞，大概是用来佩戴刀剑、佩巾、袋子、磨刀石之类的。自此之后虽然去掉了蹀躞，但是仍然保留挂环，环是用来挂蹀躞的，就像系在马上的鞦带，即现在的带銙。天子以佩戴十三环为礼节，唐代武德、贞观年间还是这样。开元年间以后，虽然还沿袭旧俗，而都变得稍微宽大了一些，然而带钩仍然穿在带子本身的孔中。本朝又增加了顺折，以繁荣人文礼乐。

　　幞头一谓之"四脚"，乃四带也。二带系脑后垂之，二带反系头上①，令曲折附顶，故亦谓之"折上巾"。唐制，唯人主得用硬脚。晚唐方镇擅命，始僭用硬脚②。本朝幞头有直

脚、局脚、交脚、朝天、顺风③，凡五等，唯直脚贵贱通服之。又庶人所戴头巾，唐人亦谓之"四脚"，盖两脚系脑后，两脚系额下④，取其服劳不脱也，无事则反系于顶上。今人不复系额下，两带遂为虚设。

【注释】

①二：原作"折"，从王国维《观堂校识》改。

②僭（jiàn）：僭越，越级。

③直脚：平直硬脚。局脚：弯曲硬脚。交脚：前后脚相交叉。朝天：巾脚上曲。顺风：一脚下垂，一脚上曲。

④颔（hàn）：下巴。

【译文】

幞头又称为"四脚"，因为有四根带子。两根带子系在脑后垂下，两根带子反系在头上，使其弯过来附在头上，所以也称作"折上巾"。按唐代的制度，只有君主可以用硬质的幞头。晚唐由于藩镇割据，节度使开始僭越地使用硬脚幞头。本朝的幞头有直脚、局脚、交脚、朝天、顺风这五等，只有直脚的是不论贵贱都能使用。此外，庶人戴的头巾，唐人也称为"四脚"，两根带子系在脑后，两根带子系在下巴上，这是为了办事的时候不会脱落，没事的时候就反系在头顶上。现在的人不再系在下巴下面，那两根带子就是虚设的了。

唐中书指挥事谓之"堂帖子"，曾见唐人堂帖，宰相签押，格如今之堂札子也①。

【注释】

①札子：古代官方的公文。

【译文】

　　唐代中书处理公务的文书叫做"堂帖子"，我曾经见过一份唐人的堂帖子，有宰相的签名，格式就像现在的堂札子。

　　予及史馆检讨时①，议枢密院札子问宣头所起②。余按唐故事，中书舍人职掌诏诰③，皆写四本：一本为底，一本为宣。此"宣"谓行出耳，未以名书也。晚唐枢密使自禁中受旨，出付中书，即谓之"宣"。中书承受，录之于籍，谓之"宣底"。今史馆中尚有故《宣底》二卷④，如今之"圣语簿"也。梁朝初置崇政院⑤，专行密命。至后唐庄宗复枢密使，使郭崇韬、安重海为之⑥，始分领政事，不关由中书直行下者，谓之"宣"，如中书之"敕"。小事则发头子、拟堂贴也。至今枢密院用宣及头子，本朝枢密院亦用札子。但中书札子，宰相押字在上，次相及参政以次向下；枢密院札子，枢长押字在下，副贰以次向上，以此为别。头子唯给驿马之类用之。

【注释】

①史馆检讨：史馆属官，主要负责修国史等。沈括于熙宁五年（1072）七月任此职。

②枢密院：宋代最高军事机关，北宋决断兵事不出于兵部而出于枢密院。与中书省并称"二府"，长官称"枢密使"。

③职掌诏诰：原作"职堂语诏"，据《类苑》及《说郛》改。中书舍人为中书省属官，主要负责起草诏书，故称"职掌诏诰"。

④故《宣底》：此《宣底》当为梁朝遗物，《春明退朝录》称"梁朝《宣底》"，《类苑》引作"梁"。

⑤崇政院：原作"崇仁院"，据津逮本改。后梁改枢密院为崇政院，

枢密使为崇政使。

⑥郭崇韬(865—926):字安时,代州雁门(今山西代县)人。于后唐
任兵部尚书、枢密使,以战功授侍中、冀州节度使,封赵国公。安
重诲(? —931):河东应州(今山西应县)人,沙陀族。于后唐任
左领军卫大将军、枢密使,兼领山南东道节度使,加侍中兼中
书令。

【译文】

我担任史官检讨官时,曾经讨论过枢密院问宣头由来的札子。我
认为,按照唐代旧例,中书舍人负责起草诏书,都会写四本:其中一本为
底本,一本为宣本。此"宣"意思是颁行出去,还没有作为文书的名字使
用。晚唐枢密使从宫中接受圣旨,出来交付中书省,就是所谓的"宣"。
中书省接受圣旨,记录在案,称为"宣底"。现在史馆中还有梁代的《宣
底》两卷,就像现在的"圣语簿"一样。梁朝初设崇政院,专门执行密令。
到后唐庄宗恢复枢密使,令郭崇韬、安重诲担任,才开始分走一部分政
事,枢密院下达的那些不经由中书省而直接发布的命令称为"宣",就像
中书省发布的"敕"。小事的话,枢密院发的叫"头子",中书省拟的叫
"堂帖"。至今枢密院依然在使用"宣"和"头子",本朝的枢密院也用札
子。但是中书省的札子是宰相签押在上,副相以及参知政事依次向下;
枢密院的札子是枢密使签押在下,副使依次向上,以此作为区别。枢密
院的头子只有供给驿马之类的小事时才使用。

百官于中书见宰相,九卿而下,即省吏高声唱一声
"屈",则趋而入①。宰相揖及进茶,皆抗声赞喝②,谓之"屈
揖"。待制以上见③,则言"请某官",更不屈揖,临退仍进
汤。皆于席南横设百官之位,升朝则坐④,京官已下皆立。
后殿引臣寮,则待制已上宣名拜舞;庶官但赞拜,不宣名,

不舞蹈。中书略贵者,示与之抗也。上前则略微者,杀
礼也⑤。

【注释】

①则:稗海本、津逮本、学津本一作"躬",与上句当断句为"唱一声
　'屈躬',趋而入。"趋:小步快走,以示恭敬。

②抗声:高声。

③待制:宋因唐制,于殿、阁均设待制官,典守文物,以备顾问,位在
　学士、直学士之下。唐以京官五品以上者担任。

④升朝:指升朝官,即朝官或常参官,为朝日参见皇帝的高级官员。

⑤杀:降低,减少。

【译文】

　　百官在中书政事堂见宰相,九卿以下的官员,由中书省官员高唱一
声"屈",就小步快走进来。宰相作揖行礼以及上茶的时候,都要高声赞
喝,称为"屈揖"。待制以上的官员见宰相,则称"请某官",不行屈揖礼,
临近退出时才上茶。会见时,百官的位子都横设在宰相席位之南,升朝
官可以坐,京官以下的官员都站立。皇帝在后殿宣见臣僚,待制以上的
官员报上名字并且行拜舞礼;待制以下的官员只拜,不报名字,不舞蹈。
在中书省略显尊贵,以示地位平等。在君主面前略显卑微,是降低礼节
等次的做法。

　　唐制,丞郎拜官,即笼门谢①。今三司副使已上拜官②,则
拜舞于子阶上;百官拜于阶下,而不舞蹈。此亦笼门故事也。

【注释】

①笼门:向着殿门跪拜。

②三司:北宋时期总理财政的机构,通管盐铁司、度支司、户部,位
　　在中书省、枢密院之下。宋代称三司为"计省",三司使仅次于执
　　政,称"计相",其恩数廪禄与参知政事、枢密使同。

【译文】

　　唐代的制度,丞郎等官员任命,要向着殿门拜谢。现在三司副使以
上官职的拜官,就在阶上行拜舞礼仪;其他百官则在阶下拜谢,而不舞
蹈。这也是"笼门"成例。

　　学士院第三厅学士阁子,当前有一巨槐,素号"槐厅"。
旧传居此阁者,多至入相。学士争槐厅,至有抵彻前人行李
而强据之者①。余为学士时,目观此事。

【注释】

　　①抵:到任。彻:搬出。

【译文】

　　学士院第三厅学士阁子,因为前面有一棵大槐树,素来称为"槐
厅"。以前有传说待在这个阁子里的人,大多能成为宰相。于是学士们
争着要占槐厅,以至于有到任后搬出前人行李而强行霸占的情况。我
当翰林学士时,就亲眼见到这种事。

　　谏议班在知制诰上①,若带待制,则在知制诰下,从职
也,戏语谓之"带坠"。

【注释】

　　①知制诰:宋代起草诏书者加知制诰,一般翰林学士草拟称内制,
　　中书舍人草拟称外制,合称"内外制"。

【译文】

谏议官的班次在知制诰以上,如果带上待制衔,那就位在知制诰以下,因为是从属职衔,被戏称为"带坠"。

《集贤院记》^①:"开元故事,校书官许称学士。"今三馆职事^②,皆称"学士",用开元故事也。

【注释】

①《集贤院记》:唐韦述撰,记载唐开元、天宝年间集贤院始末、掌故等,今佚。

②三馆:唐以昭文馆、史馆、集贤院为三馆。北宋太平兴国二年(977),于升龙门东北,以三馆新修书院为崇文院,天圣九年(1031)徙三馆于崇文院,前列三馆,后建秘阁。掌修史、藏书、校勘等职。元丰五年(1082),崇文院改为秘书省。

【译文】

《集贤院记》记载:"按开元年间的旧例,校书官允许称为学士。"现在三馆职事都称作"学士",是采用开元年间的旧例。

馆阁新书净本有误书处^①,以雌黄涂之^②。尝校改字之法^③:刮洗则伤纸,纸贴之又易脱,粉涂则字不没,涂数遍方能漫灭。唯雌黄一漫则灭,仍久而不脱。古人谓之铅黄,盖用之有素矣。

【注释】

①净本:指馆阁书籍校勘后的誊清本。

②雌黄:矿物名,即硫化亚砷(AS_2S_3),可用作颜料,有剧毒。

③校：考察比较。

【译文】

馆阁新书的誊清本有写错的地方，用雌黄涂抹。我曾经考察各种改字的方法：用刮洗的办法会伤纸，在原纸上贴纸又容易脱落，用铅粉涂抹则误字盖不上，要涂数遍才能盖上。只有用雌黄，一涂就能盖上原字，并且长时间不会脱落。雌黄古人也称为"铅黄"，可见是有来历的。

余为鄜延经略使日①，新一厅，谓之"五司厅"。延州正厅乃都督厅，治延州事。五司厅治鄜延路军事，如唐之使院也②。五司者，经略、安抚、总管、节度、观察也③。唐制：方镇皆带节度、观察、处置三使④。今节度之职，多归总管司；观察归安抚司；处置归经略司。其节度、观察两案并支掌、推官、判官⑤，今皆治州事而已。经略、安抚司不置佐官⑥，以帅权不可更不专也。都总管、副总管、钤辖、都监同签书⑦，而皆受经略使节制。

【注释】

①鄜（fū）延经略使：即鄜延经略安抚使，治延州（今陕西延安）。沈括于元丰三年（1080）任此职。

②使院：唐代节度使等的治所。

③经略：总掌一路军政。安抚：地位次于经略使，职务相同，一般由经略使兼任。总管：掌管军事。节度：在唐为一方军政元首，宋为虚衔。观察：一道行政长官，亦为虚衔。

④处置：唐初设按察使，开元间改为处置使，掌检举弹劾州县官吏之职。

⑤两案：节度、观察因职务归于总管司、安抚司，在两司分案治事，

故称两案。支掌：观察支使与节度掌书记的合称。推官：掌州司
法。判官：掌州行政。

⑥佐官：副官，副职。

⑦钤(qián)辖、都监：宋时统兵官，后多成闲职。

【译文】

我担任鄜延经略使的时候，新建了一处机构，称为"五司厅"。延州
的正厅是都督厅，治理延州事务。五司厅治理鄜延路的军事，就像唐代
的使院。所谓五司是指经略、安抚、总管、节度、观察五处机构。唐代的
制度：方镇都设有节度使、观察使、处置使。现在节度使的职务多归于
总管司；观察使的职务归于安抚司；处置使的职务归于经略司。幕府中
的节度、观察、支使、掌书记、推官、判官现在都只是治理州事而已。经
略、安抚司不设置副职，为了保证统帅的权力专制。都总管、副总管、钤
辖、都监共同签署文书，但他们都受到经略使的节制。

银台司兼门下封驳①，乃给事中之职②，当隶门下省，故
事乃隶枢密院，下寺监皆行札子③；寺监具申状④，虽三司亦
言"上"。银台主判不以官品，初冬独赐翠毛锦袍。学士以
上，自从本品。行案用枢密院杂司人吏，主判食枢密厨，盖
枢密院子司也。

【注释】

①银台司：宋代负责驳正政令的机构，因设于银台门内，故称。门
　下：门下省负责审核诏书，故有封驳之权。

②给事中：唐代门下省属官，掌封驳政令之权。宋代则为寄禄官，
　无实职。

③寺监：宋有寺、监两级官署，一般并称，如太常寺、光禄寺、将作

监、都水监等。

④申状：宋代公文，一般为下级向上级表达不同意见的文书。

【译文】

银台司兼有门下省封驳之权，是给事中的职责，应该隶属于门下省，按旧例则隶属于枢密院，它下达寺、监的文书用札子；寺、监对它的文书则为申状，即使是三司属文也要称"上"。银台司的主管官员不论官品，每到初冬都会被特别赐予翠毛锦袍。如果是学士以上的官员兼任银台司主管，则按照他本来的品级论赏。办事主要用枢密院的人员，按枢密院标准供给伙食，其实是枢密院的下属单位。

　　大驾卤簿中有勘箭①，如古之勘契也。其牡谓之"雄牡箭"，牝谓之"辟仗箭"②，本胡法也。熙宁中罢之③。

【注释】

①卤簿：天子的车驾仪仗。勘箭：礼仪用箭，二箭和镞为雌雄体，以金铜为镞。以香檀木为箭筈，长二尺五寸，以金缕装饰。由金吾仗司掌管。

②牝（pìn）：古代以雄为牡，以雌为牝。

③熙宁中罢之：事在熙宁四年（1071）。

【译文】

天子的车驾礼仪中有勘箭，就像是古代的勘契。阳箭称为"雄牡箭"，阴箭称为"辟仗箭"，本来是胡人的礼仪。熙宁年间罢除。

　　前世藏书，分隶数处，盖防水火散亡也。今三馆、秘阁，凡四处藏书，然同在崇文院。其间官书，多为人盗窃，士大夫家往往得之。嘉祐中，置编校官八员，杂雠四馆书①。给吏百人,悉以黄纸为大册写之,自此私家不敢辄藏。校雠累年,仅能终昭文一馆之书而罢。

【注释】

①杂雠(chóu)四馆书:事在嘉祐四年(1059)。杂雠,以三馆、秘阁四处图书互相校勘。雠,校勘。

【译文】

前代的藏书,往往分藏多处,为了防备水灾、火灾和散佚。现在的三馆、秘阁分四个地方藏书,但都在崇文院内。其间的官方藏书,经常被人盗窃,士大夫家经常能得到。嘉祐年间,设编校官八名,互校四馆藏书。有百余名属吏,都用黄纸做成大册子抄写,从此私家便不敢擅自收藏。校勘多年,仅能校完昭文馆一馆的图书。

旧翰林学士地势清切①,皆不兼他务。文馆职任,自校理以上②,皆有职钱,唯内外制不给。杨大年久为学士③,家贫,请外,表词千余言④,其间两联曰:"虚忝甘泉之从臣,终作莫敖之馁鬼⑤。""从者之病莫兴,方朔之饥欲死⑥。"

【注释】

①地势:地位。清切:清贵并且亲近皇帝。
②校理:三馆中负责书籍校勘的官员。
③杨大年:即杨亿(974—1020),字大年,建州浦城(今福建建瓯)人。年十一,太宗闻其名,试其诗赋,授秘书省正字,淳化中赐进士,任翰林学士兼史馆修撰,官至工部侍郎,谥文。著有《括苍集》《武夷集》《退居集》等。《宋史》卷三〇五有传。
④表词:杨亿曾作《求解职领郡表》《再乞解职表》。

⑤"虚忝甘泉之从臣"二句:空领了甘泉宫的侍臣之名,终作了若敖
　　氏的饿鬼。忝,谦词,愧居某官之意。甘泉,汉武帝时有甘泉宫,
　　这里代指皇帝。莫敖,据杨亿《再乞解职表》当作"若敖",则为春
　　秋时楚令尹子文之族。典出《左传·宣公四年》。

⑥"从者之病莫兴"二句:孔子的随从弟子饿得起不来,东方朔也饿
　　得要死。从者,据杨亿《再乞解职表》,此从者当为孔子之徒。方
　　朔,即东方朔(生卒年不详),字曼倩,平远郡厌次(今山东德州陵
　　县)人。汉武帝时郎官,武帝以俳优视之。

【译文】

　　旧时翰林学士地位清贵并且离皇帝很近,都不兼任其他职务。文
馆的职官,从校理级别以上的,都有职钱,只有加知制诰的内外制官员
不给。杨亿常年担任翰林学士,家贫,请求外放地方,上表辞请千余言,
其中有两联写道:"虚忝甘泉之从臣,终作莫敖之饿鬼。""从者之病莫
兴,方朔之饥欲死。"

　　京师百官上日,唯翰林学士敕设用乐①,他虽宰相亦无
此礼。优伶并开封府点集②。陈和叔除学士时③,和叔知开
封府,遂不用女优。学士院敕设不用女优,自和叔始。

【注释】

①敕(chì)设:皇帝下旨安排的宴会。

②优伶:演戏的艺人。

③陈和叔:即陈绎(1021—1088),字和叔,开封(今属河南)人,一说
　　洛阳(今属河南)人。中进士第,为集贤校理。神宗朝拜翰林学
　　士,权知开封府。元丰初,知广州,坐事贬建昌郡,以太中大夫
　　卒。《宋史》卷三二九有传。

【译文】

京城百官上任之日，只有招待翰林学士用音乐，其他官职即使是宰相也没有这样的礼节。宴会上的表演艺人都由开封府召集。陈绎任翰林学士时，正由他知开封府，于是罢去女乐。学士院设宴不设女乐，就从陈绎开始。

礼部贡院试进士日，设香案于阶前，主司与举人对拜，此唐故事也。所坐设位供张甚盛，有司具茶汤饮浆。至试学究①，则悉彻帐幕毡席之类，亦无茶汤，渴则饮砚水，人人皆黔其吻②。非故欲困之，乃防毡幕及供应人私传所试经义。盖尝有败者，故事为之防。欧文忠有诗③："焚香礼进士，彻幕待经生。"以为礼数重轻如此，其实自有谓也。

【注释】

①学究：宋代科举种类之一，所试内容为《诗》《书》《易》三经经义。弘治本、津逮本、崇祯本、学津本、丛刊本一作"经生"，乃据下欧阳修之诗而改。

②黔：染黑。

③欧文忠：即欧阳修（1007—1072），字永叔，号醉翁、六一居士，庐陵（今江西吉安永丰）人。庆历初知谏院，改右正言、知制诰，以支持范仲淹等罢知滁州，还为翰林学士。嘉祐间拜参知政事，以太子少师致仕，谥文忠。《宋史》卷三一九有传。

【译文】

礼部在贡院考进士科的那天，在阶前设置香案，主试者与举人对拜，这是唐代旧例。为考生设的座位准备得很隆重，还有官员负责提供茶水饮料。等到考学究科的时候，就把帐幕毡席之类的都撤掉，也不提供茶水，渴了只能喝洗砚水，以致人人的嘴巴都是黑的。不是故意要为难考生，乃是为了防备利用毡幕作弊，或者经供应茶水之人而私下传递考试的经义文本。大概曾经有因此而败露者，所以为之防备。欧阳修有诗云："焚香礼进士，彻幕待经生。"认为其礼数的轻重差异如此明显，其实是自有其原因的。

　　嘉祐中，进士奏名讫①，未御试，京师妄传王俊民为状元②，不知言之所起，人亦莫知俊民为何人。及御试，王荆公时为知制诰③，与天章阁待制杨乐道二人为详定官④。旧制：御试举人，设初考官，先定等第，复弥之⑤，以送覆考官，再定等第，乃付详定官，发初考官所定等，以对覆考之等，如同即已，不同，则详其程文⑥，当从初考，或从覆考为定，即不得别立等。是时王荆公以初、覆考所定第一人皆未允当，于行间别取一人为状首。杨乐道守法，以为不可。议论未决，太常少卿朱从道时为封弥官⑦，闻之，谓同舍曰："二公何用力争？从道十日前已闻王俊民为状元，事必前定，二公恨自苦耳。"既而二人各以己意进禀，而诏从荆公之请。及发封，乃王俊民也。详定官得别立等，自此始，遂为定制。

【注释】

①进士奏名：事在嘉祐六年（1061）。奏名，礼部试后，贡院将合格举人名册呈进皇帝。

②王俊民（1035—？）：字康侯，莱州掖县（今山东莱州北关）人，嘉祐六年（1061）状元，授官不久，发狂疾卒。

③王荆公：即王安石（1021—1086），字介甫，号半山，抚州临川（今属江西）人。嘉祐中任度支判官，知制诰。神宗朝拜相，推行新

法，出为镇南军节度使。元丰年间复拜左仆射，封荆国公。谥
文。《宋史》卷三二七有传。

④天章阁：天禧四年（1020）营建，以奉真宗御书，亦为皇帝接见大
臣之所。杨乐道：即杨畋（1007—1062），字乐道。庆历间知岳
州，擢殿中丞，后迁龙图阁直学士，知谏院。《宋史》卷三〇〇
有传。

⑤弥：封卷，糊名。

⑥程文：即科举考试的试卷。

⑦太常少卿：太常寺副官，太常寺为掌祭祀、朝会、宴享礼仪的机
构。朱从道：字复之，沛国（今江苏沛县）人，官员外郎、郎中、太
常少卿等。

【译文】

嘉祐年间，进士名册已进，还没有进行殿试，京城有谣传称王俊民
将为状元，不知谣言从何而起，人们也不知道王俊民是谁。等到殿试的
时候，王安石为知制诰，和天章阁待制杨畋二人担任详定官。按旧的制
度：殿试举人，设初考官先定等级次第，再把考卷糊名，送给覆考官再定
等级次第，然后交给详定官，由详定官打开初考官定的等级和覆考官定
的相比对，如果一样就没什么问题，不同的话就要仔细审阅试卷，确定
是应该从初考官的决定还是当从覆考官的决定，不得别立等次。当时，
王安石认为初考官和覆考官确定的第一人都不合适，想从考生中另取
一人为状元。杨畋坚持旧法，认为不能这样做。二人议论未决，太常少
卿朱从道当时任封弥官，听说之后和同舍说："二公何必力争呢？我十
天前就听说王俊民为状元，事情早就预定好了，二公只是自寻烦恼。"之
后两人分别以自己的意见禀告皇帝，皇帝下诏采纳王安石的请求。等
打开密封，果然是王俊民。详定官可以另立等次的制度也从此开始，后
来形成定制了。

选人不得乘马入宫门。天圣中选人为馆职①,始欧阳永叔、黄鉴辈②,皆自左掖门下马入馆,当时谓之"步行学士"。嘉祐中,于崇文院置编校局,校官皆许乘马至院门③。其后中书五房置习学公事官④,亦缘例乘马赴局。

【注释】

①天圣:宋仁宗年号,公元 1023—1032 年。

②黄鉴:字唐卿,浦城(今福建南平)人。大中祥符八年(1015)进士,补桂阳监判官,升国子监直讲。杨亿喜其文词,由是知名。累迁太常博士、国史馆编修,直集贤院。以母老通判苏州卒。《宋史》卷四四二有传。

③"嘉祐中"三句:事在嘉祐四年(1059)。

④中书五房:指中书省下设五个基本职能部门:总房、吏房、户房、兵礼房、刑房。

【译文】

选人不允许骑马进入宫门。天圣年间,选人担任馆职,从欧阳修、黄鉴等人开始,都从左掖门下马入馆,当时称为"步行学士"。嘉祐年间,在崇文院设置编校局,校官都被允许骑马到院门口。其后中书省五房设置习学公事官,也援引此例允许骑马到官署。

车驾行幸,前驱谓之"队",则古之清道也。其次卫仗,"卫仗"者,视阑入宫门法①,则古之"外仗"也。其中谓之"禁围",如殿中仗。《天官》掌舍②,无宫,则供人门,今谓之"殿门天武官",极天下长人之选八人。上御前殿,则执钺立于紫宸门下③;行幸则为禁围门,行于仗马之前。又有衡门十人④,队长一人,选诸武力绝伦者为之。上御后殿,则执栊东西对立于殿前⑤，亦古之虎贲、人门之类也⑥。

【注释】

①阑入：擅自闯入。

②掌舍：《周礼》谓天官所属有掌舍官，据地形条件掌设君主的宫舍。

③钺（yuè）：斧状兵器。

④衡门：殿前侍卫，如汉之黄门。

⑤挝（zhuā）：打击性武器。一说为鞭子。

⑥虎贲（bēn）：古以宫廷禁卫军为虎贲。人门：以人环列为门，亦是护卫之意。

【译文】

　　皇帝车驾出行，前驱称为"队"，就是古代的清道。其次是卫仗，"卫仗"可以看作不得随便进入宫门的执法，就是古代的"外仗"。队伍中间的叫做"禁围"，就像殿中的仪仗。像《周礼·天官》中掌舍的职责是没有宫围时，就安排人来守门，现在称作"殿门天武官"，选天下最魁梧的八个人担任。皇帝在前殿，就持钺站在紫宸门下；皇帝出行则担任禁围之责，走在仪仗马队之前。又有衡门十人，队长一人，都选择武力绝伦的人担任。皇帝在后殿，就持挝站在大殿的东西两侧，就像古代的虎贲、人门之类的。

　　余尝购得后唐闵帝应顺元年案检一通①，乃除宰相刘昫兼判三司堂检②。前有拟状云③："具官刘昫右，伏以刘昫经国才高，正君志切，方属体元之运④，实资谋始之规⑤。宜注宸衷⑥，委司判计，渐期富庶，永赞圣明。臣等商量，望授依前中书侍郎，兼吏部尚书、同中书门下平章事⑦，充集贤殿大学士^⑧,兼判三司,散官勋封如故^⑨,未审可否？如蒙允许,望付翰林降制处分^⑩,谨录奏闻。"其后有制书曰:"宰臣刘句右,可兼判三司公事,宜令中书、门下依此施行。付中书、门下,准此。四月十日。"用御前新铸之印。与今政府行遣稍异^⑪。

【注释】

①应顺元年:公元 434 年。案检:文档,档案。

②刘句:据钱大昕考证,当作"刘昫"。刘昫(885—944),字耀远,涿州归义(今河北容城)人。后唐庄宗任太常博士、翰林学士。明宗时加兵部侍郎,迁端明殿学士。长兴三年(932),拜中书侍郎兼刑部尚书、同中书门下平章事。后又迁吏部尚书、门下侍郎。堂检:政事堂的文档。

③拟状:初拟的奏状。

④属:适逢。

⑤资:借助,依赖。

⑥宸(chén)衷:帝王的心意。

⑦同中书门下平章事:唐以中书、门下、尚书三省长官为宰相,以他官代行宰相者加"同中书门下平章事"。

⑧集贤殿大学士:次相加官称"集贤殿大学士",首相加官则称"昭文馆大学士"。

⑨散官:表示官职等级而无实际职务的官称。

⑩降制:发布诏书。

⑪政府行遣:由政府发布诏令。

【译文】

我曾经买得后唐闵帝应顺元年档案一份,是授予宰相刘昫兼判三司的政事堂档案。前面有拟的奏状写道："具官刘昫,刘昫有经国之高才,辅佐君主志向恳切,正赶上陛下建功立业之际,实赖谋略开局的规划。应该倾心眷顾,委以三司判官,以期渐渐使国家富庶,永远辅佐陛下的圣明。臣等商量,希望授予他官职,依其旧任加中书侍郎兼吏部尚书、同中书门下平章事,充集贤殿大学士,兼判三司,官爵、勋封依旧不变,不知可否? 如蒙允许,希望交付翰林学士发布诏书处理,谨慎地记录下来奏请陛下听闻。"后面有诏书说:"宰相刘昫,可以兼判三司的公事,应该令中书省、门下省依此施行。交付中书省、门下省,同意。四月十日。"用御前新铸造的印。和现在政府发布的诏书稍有不同。

　　本朝要事对禀,常事拟进入,画可然后施行①,谓之"熟状"。事速不及待报,则先行下,具制草奏知,谓之"进草"。熟状白纸书,宰相押字,他执政具姓名。进草即黄纸书,宰臣、执政皆于状背押字。堂检,宰执皆不押,唯宰属于检背书日,堂吏书名用印。此拟状有词,宰相押检不印,此其为异也。大率唐人风俗,自朝廷下至郡县,决事皆有词,谓之判,则书判科是也②。押检二人,乃冯道、李愚也③。状检瀛王亲笔,甚有改窜勾抹处。按《旧五代史》:"应顺元年四月九日己卯,鄂王薨。庚辰,以宰相刘句判三司。"正是十日,与此检无差。宋次道记《开元宰相奏请》、郑畋《凤池稿草》《拟状注制集》悉多用四六④,皆宰相自草。今此拟状,冯道亲笔,盖故事也。

【注释】

①画可:画押许可。

②书判科:唐宋科举有"书判拔萃科",所试内容为判词,擢拔其中

词理优长者。

③冯道(882—954):字可道,号长乐老,瀛州景城(今河北沧州)人。历仕后唐、后晋、后汉、后周,先后任户部侍郎、端明殿学士、兵部侍郎、中书侍郎、同中书门下平章事、门下侍郎、吏部尚书、集贤殿弘文馆大学士、尚书左仆射等。后周谥文懿,追封瀛王。李愚(?—935):字子晦,渤海郡无棣县(今山东德州庆云)人。后梁任左拾遗,迁崇政院直学士。

④宋次道:即宋敏求(1019—1079),字次道,赵州平棘(今河北赵县)人。任知制诰、集贤校理、判太常寺、加龙图阁直学士,卒礼部侍郎。著有《唐大诏令集》《长安志》《春明退朝录》等。郑畋(825—883):字台文,荥阳(今属河南)人。累官户部侍郎、翰林学士承旨,门下侍郎、集贤殿大学士、同中书门下平章事等,死后赠太尉、太傅,谥文昭。《宋史》卷二九一有传。

【译文】

本朝有要事禀告,常事拟状进入,皇帝同意后施行,称为"熟状"。急事来不及禀报,则先让下面施行,然后详细拟制奏疏,称为"进草"。熟状用白纸写,宰相签押,其他执政官一起署名。进草用黄纸写,宰相、执政都在状背面签押。政事堂的档案,宰相和执政官都不签押,只有宰相的属官在后面写上日期,政事堂的官员署名,并且加盖印章。这份拟状有文词,宰相有签押却不用印章,这是和一般拟状不同之处。大概唐人风俗,从朝廷以下到郡县,判决事情都有文词,称为判,就是书判科的判。两个签押的人是冯道和李愚。状子由冯道亲笔书写,有不少改动之处。按照《旧五代史》的记载:"应顺元年四月九日己卯,鄂王薨逝。庚辰,以宰相刘昫任掌管三司。"正是四月十日,与这份档案记载没有差别。宋敏求记载《开元宰相奏请》、郑畋《凤池稿草》《拟状注制集》等都多用四六骈体,都是宰相自己草拟的。现在这份拟状,由冯道亲笔写就,大概也是承旧例。

旧制,中书、枢密院、三司使印并涂金。近制,三省、枢密院印用银为之①,涂金,余皆铸铜而已。

【注释】

①三省:指中书、门下、尚书三省。

【译文】

旧的制度,中书省、枢密院、三司使的官印都要涂金。近来规定,三省、枢密院的用银制官印,涂金,其他的官印都用铜制造。

卷二

三司使班在翰林学士之上①，旧制权使即与正同②，故三司使结衔皆在官职之上。庆历中，叶道卿为权三司使③，执政有欲抑道卿者，降敕时，移权三司使在职下结衔，遂立翰林学士之下。至今为例。后尝有人论列，结衔虽依旧，而权三司使初除，阁门取旨，间有叙学士者，然不为定制。

【注释】

①班：班次，朝会时根据百官的等级排列位次。

②权使：即"权三司使"，全称"三司使权使公事"，故简称"权使"。

③叶道卿：即叶清臣（1000—1049），字道卿，长州（今江苏苏州）人。天圣间进士，初为两浙转运副使，仁宗时擢翰林学士，权三司使。《宋史》卷二九五有传。

【译文】

三司使的班次在翰林学士之上，按旧制，权三司使与正三司使的地位相同，所以"三司使"三个字都放在官职名称之前。庆历年间，叶清臣任权三司使，当政者有人想要贬抑叶清臣，就在下发政令时把"三司使"的职称移到官职之后，于是其班次就排在了翰林学士之下。这种制度保留至今。后来曾经有人上奏讨论此事，虽然"权三司使"的结衔没有变化，但是初次任命权三司使时，在阁门取旨时，也有时会排在翰林学士之前，然而这没有形成定例。

宗子授南班官①，世传王文正太尉为宰相日②，始开此议，不然也。故事：宗子无迁官法，唯遇稀旷大庆，则普迁一官。景祐中，初定祖宗并配南郊③，宗室欲缘大礼乞推恩，使诸王宫教授刁约草表上闻④。后约见丞相王沂公⑤，公问前日宗室乞迁官表何人所为，约未测其意，答以不知。归而思之，恐事穷且得罪，乃再诣相府。沂公问之如前，约愈恐，不复敢隐，遂以实对。公曰："无他，但爱其文词耳。"再三嘉奖，徐曰："已得旨别有措置，更数日当有指挥⑥。"自此遂有南班之授。近属自初除小将军⑦，凡七迁则为节度使，遂为定制。诸宗子以千缣谢约⑧，约辞不敢受。余与刁亲旧，刁尝出表稿以示余。

【注释】

①宗子：皇族子弟。南班：即环卫官，负责宫廷近卫，如左右卫、左右金吾卫、左右骁卫、左右武卫等。宋仁宗于南郊时赐予皇族子弟官爵，称为南班，一般为虚衔。

②王文正：即王旦（957—1017），字子明，大名莘（今山东莘县）人。太平兴国间进士，真宗时知枢密院，进太保。卒封魏国公，谥文正。《宋史》卷二八二有传。太尉：对最高军事长官的尊称，因王旦知枢密院，故称太尉。

③祖宗并配南郊：宋仁宗景祐二年（1035），祭天地于南郊，并以太祖、太宗、真宗配祭。

④王宫教授：学官，负责皇室子弟的教学。刁约（？—1082）：字景纯，丹徒（今江苏镇江）人。天圣八年（1030）进士，宝元间为馆阁校理，后直史馆。

⑤王沂公：即王曾（978—1038），字孝先，青州益都（今属山东）人。仁宗时拜中书侍郎、同中书门下平章事，封沂国公。谥文正。著有《王文正笔录》。《宋史》卷三一〇有传。

⑥指挥：诏敕、命令的统称。

⑦小将军：实为将军，因在上将军、大将军之下，故称"小将军"。

⑧缣(jiān)：双丝的细绢。

【译文】

授予皇族子弟南班官的职衔，世人相传是王旦当宰相的时候才开始的，其实不是这样的。按照惯例：皇族子弟没有升迁官职的规定，只有遇到旷世罕见的大庆时，才会普遍晋升一级。景祐年间，初次规定在南郊配祭祖宗，宗室希望借此大礼的机会请求皇帝施恩，就命诸王宫教授刁约起草奏疏上报皇帝。后来刁约遇到丞相王曾，王曾问之前宗室向皇帝请求升迁的表文是何人所作，刁约不知道王曾是何意，就回答说不知道。回去后细想，担心事情查出来会得罪王曾，就再度拜谒丞相府。王曾又像之前一样问，刁约更加害怕，不敢再隐瞒，就把事情告诉了王曾。王曾说："没什么事情，只是喜爱那篇表文的文辞而已。"并且多次嘉奖，过了一会儿说："已经得到皇帝旨意说另有安排，再过几天应该就会有诏令。"从此就有了授予宗室南班官的例子。近来宗室开始担任将军，经七次升迁后就任节度使，于是成为定例。诸位宗室子弟拿千匹细绢答谢刁约，刁约辞谢不敢接受。我和刁约有亲戚关系，刁约曾经把表文的底稿拿给我看过。

大理法官皆亲节案①，不得使吏人。中书检正官不置吏人②，每房给楷书一人，录净而已。盖欲士人躬亲职事，格吏奸，兼历试人才也。

【注释】

①大理：即大理寺，北宋最高司法机构。

②中书检正：即中书五房检正官，辅佐宰相处理公事。

【译文】

大理寺的法官都亲自断案，不允许委派给属吏。中书省检正官不设置属吏,每一房只派一人用楷书抄清文书而已。大概是希望士大夫对待职事亲历亲为,防止属吏擅权耍奸,同时也有磨练、考察人才之意。

　　太宗命创方团球带赐二府文臣①。其后枢密使兼侍中张耆、王贻永皆特赐②,李用和、曹郡王皆以元舅赐③,近岁宣徽使王君贶以耆旧特赐④,皆出异数,非例也。

【注释】

①方团球带:即笏头带。

②张耆(? —1048):字元弼,开封(今属河南)人。年十一事真宗于藩王府,累官左仆射、护国军节度,封徐国公,以太子太师致仕,谥荣僖。《宋史》卷二九〇有传。王贻永:字季长,并州祁县(今山西太原)人。娶太宗女郑国公主,除驸马都尉,官尚书右仆射、检校太师、兼侍中,谥康靖。《宋史》卷四六四有传。

③李用和(988—1050):字审礼,杭州(今属浙江)人。宋真宗妃李宸弟。仁宗时为永清军节度观察留后,改真定府定州路,累迁同中书门下平章事,谥恭僖。《宋史》卷四六四有传。曹郡王:即曹佾(yì),字伯容,宋仁宗皇后曹氏兄,累迁郓州观察使,安化军留后、建武军节度使、宣徽北院使,加同中书门下平章事,兼侍中,拜护国军节度使,守司徒,兼中书令。封济阳郡王,卒封沂王。《东都事略》卷一一九有传。

④宣徽使:宣徽院长官,分南、北两院,总领内诸司及三班内侍之籍,郊祀、朝会、宴享供帐之仪,以检校官充任。王君贶(kuàng):即王拱辰(1012—1085),字君贶,开封咸平(今属河南)人。天圣八年(1030)进士,仁宗时拜御史中丞,元丰初累官武安军节度使,终彰德节度使。谥懿恪。《宋史》卷三一八有传。

【译文】

太宗命令创设方团球带赏赐中书、枢密二府的文臣。其后枢密使兼侍中张耆、王贻永都是特别赏赐的,李用和、曹郡王都因为是皇帝的内兄而受到赏赐,近年来宣徽使王拱辰因为是老臣而受到特别赏赐,这都是特殊情况,不是惯例。

　　近岁京师士人朝服乘马,以黪衣蒙之①,谓之"凉衫",亦古之遗法也,《仪礼》"朝服加景"是也。但不知古人制度章色如何耳。

【注释】

①黪(cǎn):浅青黑色。

【译文】

　　近年来京城的士人穿朝服骑马,用浅青黑色的衣衫蒙在外面,称为"凉衫",这是古代遗留下来的法度,即《仪礼》说的"朝服加景"。但是不知道古代的形制、服色如何。

　　内外制凡草制除官①,自给谏、待制以上②,皆有润笔物③。太宗时,立润笔钱数,降诏刻石于舍人院。每除官,则移文督之。在院官下至吏人院驺④,皆分沾。元丰中⑤,改立官制,内外制皆有添给,罢润笔之物。

【注释】

①除官:任命官员。

②给谏:给事中和谏官的合称,负责驳正政令之失。

③润笔:类似于稿费,有钱有物。

④院驺（zōu）：舍人院负责养马的属吏。

⑤元丰中：指元丰年间改立官制，事在元丰三年（1080）。

【译文】

内外两制凡是任官负责草拟诏书的，从给谏、待制以上，都有赏赐润笔之物。太宗时曾确定润笔费的钱数，下诏刻在中书舍人院。每次有官员任命，就出文书督促发放。在院的官员下至属吏、马夫都有分沾。元丰年间，改革官制，内外两制都添了钱，就罢去了润笔之物。

唐制，官序未至而以他官权摄者为"直官"，如许敬宗为"直记室"是也①。国朝学士、舍人皆置直院。熙宁中，复置直舍人、学士院，但以资浅者为之，其实正官也。熙宁六年②，舍人皆迁罢，阁下无人，乃以章子平权知制诰③，而不除直院者，以其暂摄也。古之兼官，多是暂时摄领，有长兼者，即同正官。余家藏《海陵王墓志》谢朓文④，称"兼中书侍郎"。

【注释】

①许敬宗（592—672）：字延族，杭州新城（今属浙江）人。贞观间任中书舍人，因事贬洪州都督司马，后任给事中、检校黄门侍郎、检校礼部尚书等，武则天时任中书令，拜右相，加太子少师，谥缪。

记室：古代王府中掌文书笺奏的属官。

②熙宁六年：公元1073年。

③章子平：即章衡（1025—1099），字子平，浦城（今福建南平）人。嘉祐二年（1057）举进士第一，知审官西院，累官集贤学士，以待制知颍州卒。《宋史》卷三四七有传。

④谢朓（464—499）：字玄晖，陈郡夏阳（今河南太康）人，世称"小

谢"，"竟陵八友"之一。出为宣州太守，迁尚书吏部郎。《海陵王
墓志》见本书卷十五。

【译文】

唐代的制度，官品没到而以其他官职代理职务的称为"直某官"，比
如许敬宗称为"直记室"。本朝的翰林学士、中书舍人都设有直院官。
熙宁年间，又曾复设直舍人、学士院的官职，不过以资历较浅的人担任，
其实是正式任命的官员。熙宁六年，中书舍人都因升迁或罢免去职，舍
人院一时无人，就让章衡代理知制诰，而没有授予直院官，因为他是暂时
兼任的。古代的兼任官，大多是暂时统领，如果有长期兼任的，那么就视
同正式官。我家里藏有《海陵王墓志》，是谢朓写的，自称"兼中书侍郎"。

三司、开封府、外州长官升厅事，则有衙吏前导告喝。
国朝之制，在禁中唯三官得告，宰相告于中书，翰林学士告
于本院，御史告于朝堂，皆用朱衣吏，谓之"三告官"。所经
过处，阍吏以梃扣地警众①，谓之"打仗子"。两府、亲王，自
殿门打至本司及上马处；宣徽使打于本院；三司使、知开封
府打于本司。近岁寺、监长官亦打，非故事。前宰相赴朝，
亦有特旨许张盖、打仗子者，系临时指挥。执丝梢鞭入内，
自三司副使以上，副使唯乘紫丝暖座从入。队长持破木梃，
自待制以上。近岁寺、监长官持藤杖，非故事也。百官仪范，
著令之外，诸家所记，尚有遗者。虽至猥细，亦一时仪物也。

【注释】

①阍(hūn)吏：负责守门的属吏。梃(tǐng)：木棒。

【译文】

三司、开封府、外州长官上堂处理公事，就有衙吏在前开道传告。

本朝制度,在禁苑只有三种官职可以传告,宰相在中书政事堂传告,翰林学士在翰林院传告,御史在朝堂传告,都用穿红色衣服的属吏,称为"三告官"。他们经过之处,守门的属吏用木棒敲击地面警示众人,称为"打仗子"。宰相、枢密使、亲王从殿门打到自己官署以及上马的地方;宣徽使在自己的府院打;三司使、开封知府在自己的署衙打。近年来,寺与监的长官也打,并非旧例。以前宰相上朝,也有特别恩旨允许张开伞盖、打仗子的,属于临时降旨。拿着丝梢鞭入内的,是三司副使以上的官员,副使只能乘着紫丝暖座进入。队长拿着破木棒的,是待制以上的官员。近年来寺、监的长官拿着藤杖,不是旧例。百官的礼仪规范,在正式法令之外,诸家所记还是有遗漏的。即使是非常细微的事,也是一时的礼仪典制。

国朝未改官制以前,异姓未有兼中书令者,唯赠官方有之。元丰中[1],曹郡王以元舅特除兼中书令,下度支给俸。有司言:"自来未有活中书令请受则例。"

【注释】

①元丰:宋神宗年号,公元 1078—1085 年。

【译文】

本朝没有改革官制以前,异姓皇室没有兼任中书令的,只有死后追赠官的时候才有。元丰年间,曹郡王因为是皇舅,被特别授予兼任中书令,下令度支司给予俸禄。官员称:"从来没有活着的中书令领取薪俸的成例。"

都堂及寺观百官会集坐次[1],多出临时。唐以前故事,皆不可考,唯颜真卿与左仆射定襄郡王郭英乂书云[2]:"宰相、御史大夫、两省五品以上、供奉官自为一行③，十二卫大将军次之④，三师、三公、令仆、少师、保傅、尚书、左右丞、侍郎自为一行⑤，九卿、三监对之⑥。从古以来，未尝参错。"此亦略见当时故事，今录于此，以备阙文。

【注释】

①都堂：尚书省长官的办公之所。

②颜真卿（709—785）：字清臣，京兆万年（今陕西西安）人。开元年间进士，官至吏部尚书、太子太师，封鲁郡公，世称"颜鲁公"，以书法知名。郭英义（？—765）：字元武，瓜州常乐（今属甘肃）人。广德元年（763）拜尚书右仆射，封定襄郡王。

③以上：此二字原缺，据《颜鲁公文集》补。

④十二卫：唐代十二支京师卫戍部队，包括左右卫、左右骁卫、左右武卫、左右威卫、左右领军卫、左右金吾卫。

⑤三师：太师、太傅、太保为三师，正一品。三公：太尉、司徒、司空为三公，一般非实职。令仆：尚书令和尚书右左仆射。保傅：少保、少傅，一般非实职，从二品。尚书：吏、户、礼、兵、刑、工六部长官，正三品。左右丞：尚书省的副长官，正四品。侍郎：六部副长官，正四品。

⑥九卿：太常、光禄、卫尉、宗正、太仆、大理、鸿胪、司农、太府。三监：国子监、少府监、将作监。

【译文】

百官在都堂以及寺观会集时的座次一般都是临时决定的。唐以前的惯例都无从考证，只有颜真卿和左仆射定襄郡王郭英义的书信中写道："宰相、御史大夫、两省五品以上、供奉官自己排为一行，十二卫大将军在他们后面，三师、三公、令仆、少师、保傅、尚书、左右丞、侍郎自己排为一行，九卿、三监在他们对面。从古以来，没有差错。"从中也能大略看到当时的惯例,现在记录于此,补充记载的缺失。

　　赐"功臣"号,始于唐德宗奉天之役①。自后藩镇下至从军资深者②,例赐"功臣"。本朝唯以赐将相。熙宁中,因上皇帝尊号③,宰相率同列面请三四,上终不允,曰:"徽号正如卿等'功臣',何补名实?"是时吴正宪为首相④,乃请止"功臣"号,从之。自是群臣相继请罢,遂不复赐。

【注释】

①奉天之役:唐德宗建中四年(783),京师兵变,德宗逃往陕西奉天,次年下罪己诏,诸将收复京师,史称"奉天之役"。

②从军:藩镇幕府中的从事、参军两属官合称,分管文案和军事。

③上皇帝尊号:宋神宗熙宁元年(1068),群臣请加神宗尊号"奉元宪道文武仁孝",神宗不许。

④吴正宪:即吴充(1021—1080),字冲卿,浦城(今福建南平)人。为吴王宫教授,熙宁中代王安石为同中书门下平章事,后罢为官文殿大学士,西太一宫使,谥正宪。《宋史》卷三一二有传。

【译文】

　　赐予"功臣"的称号,始于唐德宗的奉天之役。此后从藩镇幕府中下至从事与参军资历较深的,都依例赐予"功臣"称号。本朝只赐给将相。熙宁年间,因为要给皇帝上尊号,宰相率领同列多次当面向皇帝请示,皇帝最终不答应接受,说:"徽号就像你们的'功臣'一样,对名实有什么作用呢?"这时吴充任首相,就请求停止赐予"功臣"称号,神宗同意。此后大臣们相继请求罢免自己的称号,于是就不再赏赐。

辨证

【题解】

　　《辨证》门凡两卷，以考证名物为主。所涉内容包括度量单位、语词、名物、礼仪、诗文、地理、植物、制造、图卷等。沈括之考证不仅运用上古文献资料的记载，亦结合文物之所见，以及亲身走访经历，类似今人所谓"二重证据法"或"三重证据法"，增添了其考证的可信度。其中又有讨论古代凹面聚光镜"阳燧"一篇，讨论古代锻铁法一篇，其认识均达到较为先进的水平，亦有助于我们了解古人对物理、化学等自然科学的认识。

卷三

　　钧石之石，五权之名①，石重百二十斤。后人以一斛为一石②，自汉已如此，"饮酒一石不乱"是也。挽蹶弓弩③，古人以钧石率之④；今人乃以粳米一斛之重为一石。凡石者，以九十二斤半为法，乃汉秤三百四十一斤也。今之武卒蹶弩，有及九石者，计其力，乃古之二十五石，比魏之武卒，人当二人有余。弓有挽三石者，乃古之三十四钧，比颜高之弓⑤，人当五人有余。此皆近岁教养所成。以至击刺驰射，皆尽夷夏之术，器仗铠胄，极今古之工巧。武备之盛，前世未有其比。

【注释】

①五权：五种重量的单位，即铢、两、斤、钧、石（汉代读为 shí，后改作 dàn）。二十四铢为两，十六两为斤，三十斤为钧，四钧为石。

②斛（hú）：古代量器名，一般十斗为一斛。

③蹶（jué）：用脚蹬开弓弩。

④率：计算。

⑤颜高：古代勇士名。《左传·定公八年》有"颜高之弓六钧"。

【译文】

钧石的石，是五种重量单位中的名称，石重一百二十斤。后人以一斛为一石，从汉代以来就这样了，所谓"饮酒一石不乱"。拉弓踏弩，古人以钧石来计算；现在以一斛粳米的重量为一石。每石以九十二斤半为标准，就是汉秤的三百四十一斤。现在的武士踏弩，有能达到九石重量的，计算所用之力，就是古代二十五石，和魏国的武士相比，一人能当两人还多。拉弓有能拉三石的，就是古代的三十四钧，和颜高的弓相比，一人能当五人还多。这都是近年来教习训练的功效。以至于刺击、骑射，都掌握了夷狄与华夏的各种技术，武器铠甲，都极尽古今之工巧。武备的兴盛，前世不能相比。

《楚词·招魂》尾句皆曰"些"，苏个反①。今夔、峡、湖、湘及南、北江獠人②，凡禁咒句尾皆称"些"。此乃楚人旧俗，即梵语"萨嚩诃"也③。萨，音桑葛反；嚩，无可反；诃，从去声。三字合言之，即"些"字也。

【注释】

①苏个反：古代的反切注音法，即取"苏"的声母，"个"的韵母和声调，前后相拼，以注"些"之音。下文"萨嚩诃"亦同。

②夔、峡：指长江三峡地区。湖：洞庭湖。湘：湘水流域。南、北江：湖北江陵以东到洞庭湖一带。獠（liáo）人：对四川、云贵、广西、两湖等地少数民族的泛称。

③萨嚩（pó）诃（hē）：梵语 Svāhā，真言之结句。

【译文】

《楚辞·招魂》句尾都作"些"，苏个反。现在夔州、三峡、湖、湘以及江陵、洞庭一带的少数民族，他们的那些禁语、咒语的句尾都称"些"。这是楚人的旧俗，即梵语的"萨嚩诃"，萨，音桑葛反；嚩，无可反；诃，从去声。三个字合起来念，就是"些"字。

　　阳燧照物皆倒①，中间有碍故也②。算家谓之"格术"，如人摇橹③，臬为之碍故也④。若鸢飞空中⑤，其影随鸢而移，或中间为窗隙所束⑥，则影与鸢遂相违：鸢东则影西，鸢西则影东。又如窗隙中楼塔之影，中间为窗所束，亦皆倒垂，与阳燧一也。阳燧面洼⑦，以一指迫而照之则正；渐远则无所见；过此遂倒。其无所见处，正如窗隙、橹臬、腰鼓碍之，本末相格，遂成摇橹之势。故举手则影愈下，下手则影愈上，此其可见。阳燧面洼，向日照之，光皆聚向内。离镜一二寸，光聚为一点，大如麻菽⑧，著物则火发，此则腰鼓最细处也。岂特物为然？人亦如是，中间不为物碍者鲜矣。小则利害相易，是非相反；大则以己为物，以物为己。不求去碍而欲见不颠倒，难矣哉！《酉阳杂俎》谓"海翻则塔影倒"⑨，此妄说也。影入窗隙则倒，乃其常理。

【注释】

①阳燧：古代用以聚光取火的凹面铜镜。

②碍：实为聚光的焦点。

③舻：通"橹"，船桨。

④臬(niè)：装在船侧，用来支撑橹的小木桩。因为臬为支点，所以桨的两端运动方向相反，这正如下面小孔中鸢、楼塔与其影的运动方向相似，故称"碍"。同理，两头宽、中间细的腰鼓，其"腰"亦似"碍"。

⑤鸢(yuān)：鹞鹰。

⑥为窗隙所束：指光线穿过窗上的小孔。

⑦洼：下凹。

⑧麻菽(shū)：麻籽和豆粒。

⑨《酉阳杂俎(zǔ)》：唐段成式所撰笔记杂著，二十卷，续集十卷。

【译文】

用阳燧照物体，照出来的像都是倒像，这是因为物体与镜面中间有"碍"的缘故。算术家称为"格术"，如同人摇桨时以臬为"碍"。就像鹞鹰飞在空中，影子随着鹞鹰移动的方向移动，而如果光照在鹞鹰身上，再穿过窗上的小孔，那么影子运动的方向就会和鹞鹰飞行的方向相反：鹞鹰向东飞，影子就向西，鹞鹰向西飞影子就向东。又如窗缝外面楼塔的影子，光线穿过小孔照进来，楼塔的影子都是倒着的，原理和阳燧一样。阳燧的镜面下凹，用一根手指靠近镜面，就会看到正像；手指逐渐移远，像就消失了；再远一点，镜子里就会出现倒像。看不见手指的那一端，就像是窗上的孔、船橹的臬、腰鼓的腰一样，都是"碍"，物与像两端的运动方向相反，就如同摇橹一样。所以举起手影子反而向下，放下手而影子就向上，这是可以看到的。阳燧的镜面下凹，对着太阳照，光线向内聚焦。离开镜面一二寸的位置，光线聚焦为一点，就像麻菽那么大，把物体放到那里就会燃烧，这就是腰鼓最细处的那个"碍"。难道只是物理现象如此吗？人事其实也是这样的，人与人之间很少有没有"碍"的。小则利害更易、是非颠倒；大则以自我为外物，以外物为自我。不追求去除"碍"，还希望见不到颠倒，困难啊！《酉阳杂俎》说"海翻则塔影倒"，这是不对的说法。影子通过窗缝就会呈倒像，这是常理。

先儒以日食正阳之月止谓四月，不然也。正、阳乃两事，正谓四月，阳谓十月，"日月阳止"是也①。《诗》有"正月繁霜"②，"十月之交，朔月辛卯。日有食之，亦孔之丑"二者③，此先王所恶也。盖四月纯阳，不欲为阴所侵；十月纯阴，不欲过而干阳也。

【注释】

①日月阳止："日"原作"岁"，据《观堂校识》改，出自《诗经·小雅·杕杜》。

②正月繁霜：出自《诗经·小雅·正月》。

③"十月之交"四句：出自《诗经·小雅·十月之交》。

【译文】

先儒认为日食于正阳之月只是指四月，其实不是这样的。"正"、"阳"是两回事，"正"指四月，"阳"指十月，就是《诗经》所谓的"日月阳止"。《诗经》有"正月繁霜"，"十月之交，朔月辛卯。日有食之，亦孔之丑"两句，是先王所忌恶的。大概四月是纯阳，不希望被阴气侵蚀；十月是纯阴，不希望太盛而干扰阳气。

余为《丧服后传》，书成，熙宁中欲重定五服敕，而余预讨论。雷、郑之学①，阙谬固多，其间高祖、远孙一事，尤为无义。《丧服》但有曾祖齐衰六月②，远曾缌麻三月③，而无高祖、远孙服。先儒皆以谓"服同曾祖、曾孙，故不言可推而知"，或曰"经之所不言则不服"，皆不然也。曾，重也。由祖而上者皆曾祖也，由孙而下者皆曾孙也，虽百世可也。苟有相逮者，则必为服丧三月，故虽成王之于后稷亦称曾孙④。而祭礼祝文无远近皆曰曾孙。《礼》所谓"以五为九"者，谓傍亲之杀也⑤。上杀、下杀至于九，傍杀至于四，而皆谓之族，族昆弟父母、族祖父母、族曾祖父母。过此则非其族也，非其族则为之无服。唯正统不以族名，则是无绝道也。

【注释】

①雷、郑之学：雷次宗、郑玄之学。雷次宗（386—448），字仲伦，豫章南昌（今属江西）人。南朝刘宋时学者，通《三礼》《毛诗》。郑玄（127—200），字康成，高密（今属山东）人。东汉经学家，贞观年间得配享孔庙，宋时追封为高密伯。

②齐衰（cuī）：五服中的第二等，其服以粗疏的麻布制成，衣裳分制，缘边部分缝缉整齐。

③缌（sī）麻：五服中的第五等，其服用较细熟麻布制成。

④后稷：名弃，周人的祖先，姜嫄之子，尧、舜时期的农业之神。

⑤杀（shài）：等级，差别。

【译文】

我写《丧服后传》，书写成之后，熙宁年间想要重新确定五服的法令，而让我参与了讨论。雷次宗、郑玄之学，阙漏和错误本来就很多，其间高祖、远孙的礼制一事，尤其没有道理。《丧服》只有曾祖服齐衰六月，曾孙服缌麻三月，而没有高祖、远孙服的说法。先儒都说"丧服等同于曾祖、曾孙，所以虽然没说，但是可以推测而知"，或者说"经书里没说的，就不服丧"，这些都是不对的。曾，是重的意思。在祖父以上的都是曾祖，而在孙以下的都是曾孙，即使过了百世也可以这么叫。假如遇到丧事，就必须服丧三月，所以即使是成王面对后稷也称曾孙，而祭祀时的祝文无论远近都称为曾孙。《礼》所谓的"以五为九"，指的是横向关系的丧服差等。祖父、子孙的差等数到九世之内，横向的差等数到四世之内，都可以称为亲族，族昆弟父母、族祖父母、族曾祖父母。超过这个界限就不是亲族了，不是亲族就不需要服丧。只有宗室不用族的名称，则为了显示绵延不绝。

　　旧传黄陵二女^①，尧子舜妃。以二帝化道之盛始于闺房，则二女当具任、姒之德^②。考其年岁，帝舜陟方之时^③，二妃之齿已百岁矣。后人诗骚所赋，皆以女子待之，语多渎慢，皆礼义之罪人也。

【注释】

①黄陵：黄陵庙，其位在湘水以北，黄陵亭以西，黄陵水口。二女：传说为舜的二妃，娥皇与女英。

②任、姒：指太任、太姒。太任为周文王之母，太姒为周武王之母。

③陟方：天子巡狩。

【译文】

　　旧传黄陵庙供奉的两位女子，是尧的女儿、舜的妃子。从尧、舜二帝道德教化的伟绩始于闺房来看，那么这两个女子应当具有太任、太姒的品德。考察其年纪，帝舜巡视四方的时候，二妃已经百岁了。后人诗骚所赋，都以年轻女子来描写她们，言语多亵渎怠慢，都是礼义的罪人。

　　历代宫室中有谾门^①，盖取张衡《东京赋》"谾门曲榭"

也[2]。说者谓"冰室门"。按《字训》:"誃,别也。"《东京赋》但言别门耳,故以对曲榭,非有定处也。

【注释】

①誃(yí)门:宫殿的旁门。

②张衡(78—139):字平子,南阳西鄂(今河南南阳石桥镇)人。历任郎中、太史令、侍中、河间相。曾创制世界上最早以水力推动的浑象,并著有《浑仪图注》等。

【译文】

历代宫室中都有誃门,大概取自张衡《东京赋》的"誃门曲榭"。有人说是"冰室门"。根据《字训》的说法:"誃,别也。"则《东京赋》只说是旁门,所以和曲榭相对,并没有固定位置。

水以"漳"名、"洛"名者最多,今略举数处:赵、晋之间有清漳、浊漳,当阳有漳水[1],灨上有漳水,鄣郡有漳江[2],漳州有漳浦,亳州有漳水,安州有漳水[3]。洛中有洛水,北地郡有洛水[4],沙县有洛水。此概举一二耳,其详不能具载。余考其义,乃清浊相蹂者为漳[5]。章者,文也、别也[6]。漳谓两物相合有文章且可别也。清漳、浊漳,合于上党[7]。当阳即沮、漳合流,赣上即漳、渍合流,漳州余未曾目见,鄣郡即西江合流,亳漳则漳、涡合流[8],云梦即漳、郧合流[9]。此数处皆清浊合流,色理如蝃蝀[10],数十里方混。如璋亦从章,璋,王之左右之臣所执,《诗》云:"济济辟王,左右趣之。济济辟王,左右奉璋[11]。"璋,圭之半体也[12],合之则成圭。王左右之臣,合体一心,趣乎王者也[13]。又诸侯以聘女[14],取其判合也。有事于山川，以其杀宗庙礼之半也⑮。又牙璋以起军旅⑯，先儒谓"有钼牙之饰于剡侧"⑰，不然也。牙璋，判合之器也，当于合处为牙，如今之合契⑱。牙璋，牡契也⑲，以起军旅，则其牝宜在军中，即虎符之法也。洛与落同义，谓水自上而下，有投流处。今沘水、沱水，天下亦多，先儒皆自有解。

【注释】

① 当阳：今属湖北宜昌。

② 鄣郡：今江苏、安徽两省长江以南、浙江新安江以北、江苏茅山以西一带。

③ 安州：今湖北安陆一带。

④ 北地郡：今甘肃庆阳西南一带。

⑤ 蹂（róu）：相混合。

⑥ 文：纹理，纹采。

⑦ 上党：今山西长治。

⑧ 涡：涡水，源自河南开封以西，向东南流入淮河。

⑨ 㲼：㲼水，源自湖北大洪山，至安陆分流，西入沔水，东南入汉水。

⑩ 蝃蝀（dì dōng）：彩虹。

⑪ "济济辟王"四句：出自《诗经·大雅·棫朴》。

⑫ 圭：一种玉器，上圆下方。

⑬ 趣（qū）：趋向。

⑭ 聘女：崇祯本等作"如聘"，互相聘问。

⑮ 杀（shài）：降低，消减。古人祭祖用圭，祭山川用璋。

⑯ 牙璋：一种兵符，出自《周礼·春官·典瑞》。

⑰ 钼（chú）牙：形容物体边缘像锯齿一样不平整。钼，锄草翻地的工具。剡（yǎn）侧：刀刃的边缘。

⑱合契：古代兵符剖成两半，双方各执一半，能相拼合则可生效。

⑲牡契：指凸起的一半牙契，与牝契（下凹的一半）相对。

【译文】

　　水流以"漳"、"洛"命名的最多，现在稍微举几处：山西、河北一带有清漳、浊漳，当阳有漳水，灞上有漳水，郫郡有漳江，漳州有漳浦，亳州有漳水，安州有漳水。洛中有洛水，北地郡有洛水，沙县有洛水。这只是大概举一两个例子而已，详细的不能全部记载。我考证其义，以清浊相混合为漳。章，有文与别的意思。漳，指两物相混合，有纹采并且可以区分的意思。清漳、浊漳合流于上党，沮、漳合流于当阳，漳、颍合流于赣上，漳州我没有亲见，郫郡的漳江与西江合流，亳州的漳水是漳、涡合流，云梦是漳、郧合流。这几处都是清浊合流，色彩纹理如同彩虹，数十里以后才混杂起来。就像璋的偏旁也从章，璋，是君王左右的大臣所持玉器，《诗经》云："济济辟王，左右趣之。济济辟王，左右奉璋。"璋是圭的一半，合在一起就是圭。君王左右的大臣合体一心，趋向君王。又如诸侯之间互相聘问，取其能分合之意。在山川进行祭祀活动用璋，因为要比宗庙祭祖的礼仪降低一半。此外牙璋用以调动军队，先儒认为是刀口锯齿状的装饰，其实不是这样的。牙璋是能分合的器物，在相合的地方有锯齿，就像今天的合契。牙璋是凸牙的一半，那么下凹的一半应该在军中，就是虎符的方法。洛和下落同意，意思是水流自上而下流注的地方。现在名为淝水、沱水的河流也很多，先儒都有解释。

　　解州盐泽①，方百二十里。久雨，四山之水悉注其中，未尝溢，大旱未尝涸。卤色正赤②，在版泉之下③，俚俗谓之"蚩尤血"④。唯中间有一泉，乃是甘泉，得此水然后可以聚人。其北有尧梢音消。水⑤，一谓之巫咸河。大卤之水，不得甘泉和之，不能成盐。唯巫咸水入则盐不复结，故人谓之"无咸河",为盐泽之患,筑大堤以防之,甚于备寇盗。原其理,盖巫咸乃浊水,入卤中,则淤淀卤脉⑥,盐遂不成,非有他异也。

【注释】

①解州:今山西运城西南一带。

②卤:卤水,含盐的水。据现代测定,其主要成分当为硫酸钠（Na_2SO_4）、硫酸镁（$MgSO_4$）、氯化钠（$NaCl$）等,呈现红色应该是其中含有铁盐杂质。

③版:疑为硝板,由芒硝（$Na_2SO_4·10H_2O$）、硫苦（$MgSO_4·7H_2O$）等结晶而成,一般有二三尺到一丈多宽,遍布盐滩之上。

④蚩尤:上古时代九黎族首领,与黄帝战于涿鹿,战败被杀,一说分尸于解州。

⑤尧梢:又名白沙河,源于今山西中条山巫咸谷。

⑥卤脉:盐池的矿脉。造成阻塞是因为浊水中的胶体主要为非金属氧化物(比如土壤粒子),带负电荷,遇到卤水中的阳离子(比如钠离子),中和了胶体粒子所带电荷,使胶体粒子间电荷相互排斥的作用力减弱,胶体粒子就会聚集成较大颗粒,形成沉淀,称为聚沉现象。

【译文】

解州的盐池,方圆一百二十里。长时间下雨,四面山上的水都注入其中,从未溢出,大旱时也从未干涸。卤水的颜色是正红色,在硝板下面凿开一个口,卤水在下面,俗称"蚩尤血"。只有中间的一眼泉水,才是淡水泉,找到此水人们才能定居。北边有尧梢音消。水,又称为巫咸河。浓度高的卤水如果不能和淡水泉混合,就不能结晶成盐。只有巫咸河的水流入盐池就会使盐不能再结晶,所以人们称之为"无咸河",是盐池的一大隐患,因此人们修筑大堤防备此河,比防备盗贼还要严密。考察其原理,大概因为巫咸河是浊水,进入卤水中,就会因为淤积沉淀,造成盐脉的阻塞,所以就无法晒盐了,也没什么别的奇怪的。

《庄子》云:"程生马①。"尝观《文字注》:"秦人谓豹曰程。"余至延州②,人至今谓虎豹为"程",盖言"虫"也。方言如此,抑亦旧俗也。

【注释】

①程生马:出自《庄子·至乐》。

②延州:今陕西延安。

【译文】

《庄子》说:"程生马。"我曾经看《文字注》说:"秦人把豹称为程。"我到延州去,人们至今还把虎豹叫做"程",大概是想说"虫"。方言如此,大概也是旧俗。

《唐六典》述五行①,有"禄"、"命"、"驿马"、"澝河"之目②,人多不晓"澝河"之义。余在鄜延,见安南行营诸将阅兵马籍③,有称"过范河损失"。问其何谓"范河"?乃越人谓"淖沙"为"范河"④,北人谓之"活沙"。余尝过无定河⑤,度活沙,人马履之,百步之外皆动,颒颒然如人行幕上⑥。其下足处虽甚坚,若遇其一陷,则人马驼车,应时皆没,至有数百人平陷无孑遗者。或谓此即"流沙"也,又谓沙随风流,谓之"流沙"。澝,字书亦作"埕"。蒲滥反。按古文,埕,深泥也。术书有"澝河"者,盖谓陷运,如今之"空亡"也。

【注释】

①《唐六典》：唐玄宗时期所修官书，记载唐代官制。

②涒（bàn）：烂泥，深泥。

③安南行营：宋神宗熙宁九年（1076），交趾侵入邕州，以郭逵为安南行营经略招讨使出兵击之。营中或有来自北边者，故沈括得见其军籍册。

④淖（nào）沙：如泥淖般易陷的泥沙。

⑤无定河：在今陕西省北部，源于横山，汇入黄河。

⑥㻑㻑（hòng）然：空洞、沉闷而持续不断的响声。

【译文】

《唐六典》记述五行，有"禄"、"命"、"驿马"、"涒河"的条目，人们大多不了解"涒河"的意思。我在鄜延时，看到安南行营诸将阅览军籍册，有"过范河损失"的内容。我问什么是"范河"？回答说"范河"就是南方人说的"淖沙"，北方人说的"活沙"。我曾经到过无定河，穿越活沙，人马走在上面，百步之外都会动，响声沉闷而不绝，就像人走在帘幕上。下脚的地方虽然很坚实，如果遇到一处塌陷，就会人马驼车当时全部陷没，以至于有数百人陷入无一生还的情况。有人称此为"流沙"，又说沙子随着风而流动，所以称为"流沙"。涒，字书上也写作"㙭"。蒲滥反。按照古文，㙭是指深泥。占卜的书上也有"涒河"，大概是说厄运，就像现在说的"空亡"。

　　古人藏书辟蠹用芸①。芸，香草也，今人谓之七里香者是也。叶类豌豆，作小丛生，其叶极芬香，秋后叶间微白如粉污，辟蠹殊验。南人采置席下，能去蚤虱。余判昭文馆时②，曾得数株于潞公家③，移植秘阁后，今不复有存者。香草之类，大率多异名，所谓兰荪，荪，即今菖蒲是也④；蕙，今零陵香是也⑤；茝⑥，今白芷是也。

【注释】

①辟蠹(dù)：防虫。芸：多年生草本植物，其下部为木质，又称芸香树。夏季开花，香气浓郁，可入药，具有驱虫、驱风、通经之用。

②余判昭文馆：北宋昭文馆以上相为大学士，监修国史，直馆以京朝官充任，掌书籍校勘之事。沈括于治平三年(1066)任判昭文馆。

③潞公：即文彦博(1006—1097)，字宽夫，汾州介休(今属山西)人。仁宗时进士，累官同中书门下平章事，封潞国公，以太师致仕，谥忠烈。著有《潞公集》。《宋史》卷三一三有传。

④菖蒲：多年生水生草本植物，叶狭长，有香气，初夏开花。可提取芳香油、淀粉等，根茎可入药。

⑤零陵香：多年生草本植物，报春花科，可入药。

⑥茝(zhǐ)：即白芷(zhǐ)，多年生草本植物，伞形科，夏季开伞形白花，根可入药，有镇痛之用，其叶为香料。

【译文】

古人藏书防虫用芸。芸是一种香草，就是现在人们说的七里香。叶子类似豌豆，呈小丛状生长，叶子极其芬芳，秋后的叶子间微微发白，就像白粉污染过，拿来驱虫很有效。南方人采集后放在席子下面，能去除跳蚤和虱子。我担任昭文馆判官时，曾经在文潞公家得到几株，移植到秘阁之后，现在不再有了。香草一类的东西，大多有很多别名，比如所谓的兰荪，荪就是现在的菖蒲；蕙，就是现在的零陵香；茝，就是现在的白芷。

　　祭礼有腥、焄、熟三献①。旧说以谓腥、焄备大古、中古之礼②，余以为不然。先王之于死者，以之为无知则不仁，以之为有知则不智。荐可食之熟，所以为仁；不可食之腥、焊，所以为智。又一说：腥、焊以鬼道接之，馈食以人道接之，致疑也。或谓鬼神嗜腥、焊。此虽出于异说，圣人知鬼神之情状，或有此理，未可致诘。

【注释】

①腥：祭礼上用的生肉。焊(xún)：祭礼上煮得半熟的肉。熟：祭礼上用的熟肉。献：献祭品。

②大：同"太"。

【译文】

祭礼有腥、焊、熟三种祭品。以前的说法，认为腥、焊具备太古、中古的礼仪，我认为不是这样的。先王对于死者的判断，如果认为他们无知，那就是不仁，认为他们有知，那就是不智。所以献祭可以直接食用的熟肉以表示仁，献祭不可直接食用的腥、焊以表示智。又有一种说法，认为腥、焊以鬼神的方式对待他们，熟食以人的方式对待他们，我对此表示怀疑。有人说鬼神喜欢腥、焊。这虽然是出于经义之外的说法，但是圣人了解鬼神的情况，或许有这样的道理，不能随意否定。

世以玄为浅黑色，璊为赭玉，皆不然也。玄乃赤黑色，燕羽是也，故谓之玄鸟。熙宁中，京师贵人戚里多衣深紫色，谓之黑紫，与皂相乱①，几不可分，乃所谓玄也。璊，赭色也，"毳衣如璊②。音门。"稷之璊色者谓之糜。糜字音门，以其色命之也。《诗》："有糜有芑③。"今秦人音糜，声之讹也。糜色在朱黄之间，似乎赭，极光莹，掬之粲泽，熠熠如赤珠。此自是一色，似赭非赭。盖所谓"璊"，色名也，而从玉，以其赭而泽，故以谕之也。犹"鸧"以色名而从鸟④，以鸟色谕之也。

【注释】

①皂:黑色。

②毳(cuì)衣如璊:出自《诗经·王风·大车》。毳衣,古代一种上衣
彩绘、下裳刺绣的礼服。

③有糜有芑:出自《诗经·大雅·生民》,原作"维糜维芑"。

④鶠(biǎn):一种苍鹰,青黄色。

【译文】

世人认为玄是浅黑色,璊为赭色的玉,这都不对。玄是赤黑色,就
像燕子的羽毛,所以称燕子为玄鸟。熙宁年间,京城的贵人和皇亲国戚
大多穿深紫色衣服,称为黑紫,和皂相混,几乎分不清楚,这也是所谓的
玄。璊是赭色,《诗经》中说:"毳衣如璊音门。"稷如果是璊色的就称为糜。
糜字音门,是用颜色来命名的。《诗经》中说:"有糜有芑。"现在秦人念成糜,是
声音的讹变现象。糜色在红黄之间,和赭色很像,晶莹有光泽,捧起来鲜
亮有光泽,熠熠如赤色的宝珠。这自是一种颜色,像赭非赭。所谓的
"璊"是一种颜色名,偏旁从玉,因为近于赭色而且有光泽,所以得名。就
像"鶠"是颜色名称但是从鸟部,是用鸟的颜色比喻的。

　　世间锻铁所谓"钢铁"者①,用"柔铁"屈盘之,乃以"生
铁"陷其间,泥封炼之,锻令相入,谓之"团钢",亦谓之"灌
钢"。此乃伪钢耳,暂假生铁以为坚,二三炼则生铁自熟,仍
是柔铁,然而天下莫以为非者,盖未识真钢耳。余出使至磁
州锻坊②,观炼铁,方识真钢。凡铁之有钢者,如面中有筋,
濯尽柔面③,则面筋乃见。炼钢亦然,但取精铁锻之百余火,
每锻称之,一锻一轻,至累锻而斤两不减,则纯钢也,虽百炼不
耗矣。此乃铁之精纯者,其色清明,磨莹之,则黯黯然青且黑,
与常铁迥异。亦有炼之至尽而全无钢者,皆系地之所产。

【注释】

①钢铁：在现代化学标准下，钢与铁的区别在于含碳量的多少，含碳量为0.03%—2%的铁碳合金为钢，含碳量2%—4.3%的铁碳合金为生铁。随含碳量增加，钢的硬度增加、韧性下降。沈括以为钢为铁中之一部分，故而百炼之后只剩纯钢，其实这里说的"一锻一轻"去除的是熟铁中的杂质。

②磁州：沈括于熙宁八年(1075)任河北西路访察使。

③濯(zhuó)：洗。

【译文】

世间炼铁所谓的"钢铁"，是用"柔铁"盘曲起来，再把"生铁"陷入其中，用泥封好来炼，炼好后再锻打使其混到一起，称为"团钢"，也称为"灌钢"。这是假钢，只是暂时借助生铁使其坚硬，炼过两三次生铁就变成熟铁，但仍然是柔铁，然而天下都不以为非，大概是没见过真钢。我出使北方的时候路过磁州锻铁坊，观察他们炼铁才知道什么是真钢。大凡铁中有钢，就像面中有面筋，把柔面洗尽，面筋就出来了。炼钢也是这样，只取精铁经过百余次煅烧，每次煅烧称一次，每煅烧一次就轻一次，至于多次煅烧而重量不减，就是纯钢了，即使再经过百炼也不会有损耗。这才是铁中精纯的部分，其颜色清澈明亮，打磨后则色泽暗淡呈青黑色，和一般的铁差别很大。也有炼到最后全部炼尽而完全没有钢的情况，这都和铁的产地有关。

《诗》："芄兰之支，童子佩觿①。"觿，解结锥也。芄兰生荚支，出于叶间，垂之正如解结锥。所谓"佩鞢"者②，疑古人为鞢之制，亦当与芄兰之叶相似，但今不复见耳。

【注释】

①"芄(wán)兰之支"二句：出自《诗经·卫风·芄兰》。芄兰，又名

萝藦，草本植物，荚实倒垂如锥形。觿(xī)，古代解结的锥子。

②鞢(shè)：据文意亦当与觿相似。

【译文】

《诗经》中有"芄兰之支，童子佩觿。"觿是解结用的锥子。芄兰从叶子中间长出荚实，下垂的样子就像解结用的锥子。所谓"佩鞢"，怀疑是古人鞢的形制，也应当和芄兰的叶子相似，但是现在看不到了。

江南有小栗，谓之"茅栗"①。茅音草茅之茅。以余观之，此正所谓芧也。则《庄子》所谓"狙公赋芧"者②，芧音序。此文相近之误也。

【注释】

①茅栗：山毛榉科落叶灌木或小乔木，叶矩椭圆形或倒卵椭圆形，顶端渐尖，基部圆形。

②狙公赋芧：出自《庄子·齐物论》，即熟知的朝三暮四故事。司马彪注"芧，橡子也"，其说是。橡树即今之栎树。沈括判断似有误。

【译文】

江南有小栗子，称为"茅栗"。茅音草茅之茅。在我看来，这正是所谓的芧。就是《庄子》所谓的"狙公赋芧"，芧音序。这是因为文字相近产生的讹误。

余家有阎博陵画唐秦府十八学士①，各有真赞，亦唐人书，多与旧史不同②。姚柬字思廉，旧史姚思廉字简之。苏台、陆元明、薛庄③，《唐书》皆以字为名。李玄道、盖文达、于志宁、许敬宗、刘孝孙、蔡允恭④，《唐书》皆不书字。房玄龄字乔年⑤,《唐书》乃房乔字玄龄。孔颖达字颖达⑥,《唐书》字仲达。苏典签名从日从九⑦,《唐书》乃从日从助。许敬宗、薛庄官皆直记室,《唐书》乃摄记室。盖《唐书》成于后人之手,所传容有讹谬,此乃当时所记也。以旧史考之,魏郑公对太宗云⑧:"目如悬铃者佳。"则玄龄果名,非字也。然苏世长,太宗召对真武门⑨,问云:"卿何名长意短?"后乃为学士,似为学士时,方更名耳。

【注释】

①阎博陵:即阎立本(约601—673),京兆万年(今陕西西安)人。官工部尚书,总章元年(668)拜右相,封博陵县公。善书画。秦府:唐太宗李世民即位前的王府。十八学士:武德四年(621),秦王李世民开文学馆,命十八人为学士,包括杜如晦、房玄龄、于志宁、苏世长、薛收、褚亮、姚察、陆德明、孔颖达、李玄道、李守素、虞世南、蔡允恭、颜相时、许敬宗、薛元敬、盖文达、苏勖(xù)。薛收卒,则补以刘孝孙入馆。武德九年(626),命阎立本画像,褚亮题赞。

②旧史:指《旧唐书》,五代刘昫领衔纂修。

③苏台:疑当作苏壹,字世长,雍州武功(今属陕西)人。任陕州长史,天策府军谘祭酒。陆元明:疑当作陆元朗(约550—630),字德明,苏州吴县(今属江苏)人。以经学著名,贞观初,为国子博士。薛庄:即薛元敬,蒲州汾阴(今山西万荣)人。任秘书郎、太子舍人。

④李玄道(? —629):河南郑州人。累迁给事中,封姑臧县男,出任幽州长史、常州刺史等。盖文达(578—644):字艺成,冀州信都(今河北冀县)人。由文学殿学士升谏议大夫,拜崇贤学士。于

志宁（588—665）：字仲谧，雍州高陵（今属陕西）人。任侍中、尚书左仆射、同中书门下三品，进封燕国公，因得罪武则天，贬为荣州刺史，迁华州刺史，谥号定。许敬宗（592—672）：字延族，杭州新城（今属浙江）人。贞观八年（634）任著作郎、监修国史，迁中书舍人，后任给事中、检校黄门侍郎、检校右庶子、检校礼部尚书等，封高阳县男。因支持武则天，擢礼部尚书、太子宾客等。显庆元年（656）升侍中，次年封高洋郡公，中书令，龙朔二年（662）拜右相，加光禄大夫，次年任太子少师、加同东西台三品，谥号恭。刘孝孙（？—632）：荆州江陵（今属湖北）人。任著作郎，迁太子洗马。蔡允恭（约561—约628）：字克让，荆州江陵（今属湖北）人。为弘文馆大学士。

⑤房玄龄（579—648）：名乔，字玄龄，齐州（今山东济南）人。累官中书令、尚书左仆射、司空，封梁国公，谥文昭。

⑥孔颖达（574—648）：冀州衡水（今属河北）人，孔子三十一世孙，通经学，任国子监祭酒。奉太宗之命编《五经正义》。

⑦苏典签：即苏勖，字慎行，雍州武功（今属陕西）人。尚南康公主，拜驸马都尉。

⑧魏郑公：即魏徵（580—643），字玄成，钜鹿郡（治今河北邢台巨鹿）人。官至光禄大夫，封郑国公，谥文贞。

⑨真武门：当为"玄武门"，避"玄"字讳而改。

【译文】

我家有阎立本画的唐秦府十八学士图，各有赞语，也是唐人所书，和《旧唐书》多有不同。比如：姚柬字思廉，《旧唐书》写姚思廉字简之。苏台、陆元明、薛庄，《旧唐书》多以字为名。李玄道、盖文达、于志宁、许敬宗、刘孝孙、蔡允恭，《旧唐书》都不记他们的字。房玄龄字乔年，《旧唐书》称房乔字玄龄。孔颖达字颖达，《旧唐书》称字仲达。苏典签名旭，《旧唐书》称名勖。许敬宗、薛庄的官都是直记室，《旧唐书》作摄记室。大概是因为《旧唐书》成于后人之手，据传言而成，不免有讹谬，而这幅图赞是当时记载的。用旧史考证，魏徵曾对唐太宗说："目如悬铃者佳。"那么玄龄显然是名，不是字。然而苏世长，唐太宗在玄武门召见他，问道："您为什么名长而意短？"之后才成为学士，可能当学士时，才改的名字。

　　唐贞观中，敕下度支求杜若，省郎以谢朓诗云"芳洲采杜若"①，乃责坊州贡之②，当时以为嗤笑。至如唐故事，中书省中植紫薇花③，何异坊州贡杜若，然历世循之，不以为非。至今舍人院紫微阁前植紫薇花，用唐故事也。

【注释】

①谢朓：南朝诗人。芳州采杜若：出自《怀故人》诗。

②坊州：今陕西黄陵东南，因其音近"芳洲"，故以度支使责坊州进贡。

③紫薇花：唐玄宗开元元年(713)，改中书省为紫薇省，于省中种紫薇花。后改回中书省，而种花之俗被沿袭。

【译文】

　　唐贞观年间，下令度支司访求杜若，度支郎根据谢朓的诗"芳洲采杜若"要求坊州上贡，当时传为笑柄。至于一些唐代故事，比如中书省中种植紫薇花，和坊州进贡杜若有什么不同呢？但是历代因循，不以为不对。到现在中书舍人院的紫薇阁前面还种植有紫薇花，这是用唐代的旧例。

　　汉人有饮酒一石不乱，余以制酒法较之，每粗米二斛，酿成酒六斛六斗。今酒之至醨者①，每秫一斛②，不过成酒一斛五斗,若如汉法,则粗有酒气而已。能饮者饮多不乱,宜无足怪。然汉之一斛,亦是今之二斗七升,人之腹中,亦何容置二斗七升水邪? 或谓:"石乃钧石之石,百二十斤。"以今秤计之,当三十二斤,亦今之三斗酒也。于定国食酒数石不乱③,疑无此理。

【注释】

①醨(lí):薄酒。

②秫(shú):高粱。

③于定国(? —前41):字曼倩,东海郯县(今山东郯城西南)人。汉宣帝时丞相,封西平侯。

【译文】

汉代有饮酒一石不乱的说法,我用造酒法考较,每二斛粗米能酿成六斛六斗酒。现在最薄的酒,用一斛高粱米,不过能酿成一斛五斗酒,如果用汉代的方法,那就不过稍微有些酒气而已。酒量大的人喝多了不乱,也没什么可奇怪的。但是汉代的一斛应该是现在的二斗七升,人的肚子又怎么能容得下二斗七升水呢? 有人说:"石是钧石的石,即一百二十斤。"用现在的秤来计算,应当有三十二斤,也是现在的三斗酒。于定国能饮酒数石不乱,恐怕没这道理。

古说济水伏流地中,今历下凡发地皆是流水①,世传济水经过其下。东阿亦济水所经②,取井水煮胶,谓之"阿胶"③。用搅浊水则清。人服之,下膈疏痰止吐④,皆取济水性趋下、清而重,故以治淤浊及逆上之疾⑤。今医方不载此意。

【注释】

①历下：今属山东济南市区。

②东阿：今山东东平西北，傍东平湖。

③阿胶：用驴皮熬制而成。医用为滋阴、补血、润燥、止血。

④下膈(gé)：指疏通食气，即治疗不思饮食之病。

⑤淤浊及逆上之疾：积食、胀气、呕吐等不能通下之病。

【译文】

古代说济水消失后是地下潜流，现在历下一带掘地都是流水，世人相传就是济水经过其地下。东阿也是济水经过之处，取井水煮胶，称为阿胶。将阿胶放在浊水里搅拌，水就会变清。人服下，可以疏通食气、化痰、止吐，都是取济水趋下的性质，水清而不滞，重而不浊，因此可以治疗积食、胀气、呕吐的病。现在的医方不记载这层意思。

余见人为文章多言"前荣"，荣者①，夏屋东西序之外屋翼也，谓之东荣、西荣。四注屋则谓之东霤、西霤②。未知前荣安在？

【注释】

①荣：这里指房屋的侧翼。

②四注屋：指屋宇四边有檐，可使顶上的水从四面流下。霤(liù)：屋檐。

【译文】

我看见人们写文章，多写"前荣"，荣是大屋子东西墙外侧的两端，称为东荣、西荣。四边有檐的屋子就称为东霤、西霤。不知道"前荣"在哪？

宗庙之祭西向者，室中之祭也。藏主于西壁，以其生者之处奥也。即主祐而求之①，所以西向而祭。至三献则尸出于室②，坐于户西南面，此堂上之祭也。户西谓之扆③，设扆于此。左户、右牖，户、牖之间谓之扆。坐于户西，即当扆而坐也。上堂设位而亦东向者，设用室中之礼也。

【注释】

①祐（shí）：古代宗庙里藏神主的石匣。

②三献：古代祭祀时献酒三次。尸：祭祀时代表死者受祭的人。

③扆（yǐ）：古代庙堂户牖之间绣有斧形的屏风。

【译文】

宗庙祭祀时要向西面行礼，这是室内的祭祀。把神主收藏在西面的墙壁内，因为那是活人居住的地方。对着藏神主的石匣而祈祷，所以是向西面行礼。三献之后神尸从屋里出来，坐在门的西南面，这是堂上的祭祀。门户的西边叫做扆，因为扆设置在那。左边是门，右边是窗，门窗之间称为扆。坐在门的西边，就是当扆而坐。到堂上设置位次也要向东，这是用室内祭祀的礼节。

"人而不为《周南》《召南》，其犹正墙面而立也①。"《周南》《召南》，乐名也。"胥鼓《南》"②，"以《雅》以《南》"是也③。《关雎》《鹊巢》，"二南"之诗，而已有乐有舞焉。学者之事，其始也学《周南》《召南》，末至于舞《大夏》《大武》④。所谓为《周南》《召南》者，不独诵其诗而已。

【注释】

①"人而不为《周南》《召（shào）南》"二句：出自《论语·阳货》。

②胥鼓《南》："南"字原缺，据王国维《观堂校识》补。出自《礼记·
　　文王世子》。胥，古代乐官。
③以《雅》以《南》：出自《诗经·小雅·钟鼓》。《雅》为乐歌，说明并
　　列的《南》也为乐歌。
④《大夏》：相传为夏禹之乐。《大武》：相传为周武王之乐。

【译文】

《论语》说"为人而不学《周南》《召南》，就像面向墙壁而立，什么也
看不见。"《周南》《召南》是乐曲的名称，所以有"胥鼓《南》"和"以《雅》以
《南》"的说法。《关雎》《鹊巢》以下是"二南"的诗，说明"二南"是乐舞合
一的。对学习者来说，先要学《周南》《召南》，最后是舞《大夏》《大武》。
所谓的学《周南》《召南》，不只是诵读其诗而已。

　　《庄子》言："野马也，尘埃也①。"乃是两物。古人即谓野
马为尘埃，如吴融云②："动梁间之野马。"又韩偓云③："窗里
日光飞野马。"皆以尘为野马，恐不然也。野马乃田野间浮
气耳，远望如群马，又如水波，佛书谓"如热时野马阳焰"，即
此物也。

【注释】

①野马也，尘埃也：出自《庄子·逍遥游》。
②吴融(850—903)：字子华，越州山阴(今浙江绍兴)人。官至侍御
　　史，贬荆南，复任礼部郎中，充翰林学士、中书舍人，天复三年
　　(903)，迁翰林承旨。
③韩偓(约842—约923)：字致光，号致尧，晚年又号玉山樵人，陕西
　　万年(今陕西西安)人。龙纪元年(889)进士，累官左拾遗、左谏
　　议大夫、度支副使、翰林学士。

【译文】

《庄子》里有"野马也,尘埃也"的话,这是两种东西。古人说野马就是尘埃,比如吴融说:"动梁间之野马。"又如韩偓说:"窗里日光飞野马。"都以尘埃为野马,恐怕不是这样的。野马是田野间浮起来的气息,远望去就像群马,又像水波,佛经说的"如热时野马阳焰"就是这种东西。

蒲芦,说者以为蜾蠃①,疑不然。蒲芦,即蒲苇耳。故曰"人道敏政,地道敏艺"②,夫政犹蒲芦也,人之为政,犹地之艺蒲苇,遂之而已,亦行其所无事也。

【注释】

①蜾蠃(guǒ luǒ):郭璞以为即细腰蜂。

②人道敏政,地道敏艺:出自《中庸》,《中庸》"艺"作"树"。敏,勤勉。

【译文】

有人说蒲芦就是蜾蠃,我怀疑不是这样的。蒲芦,应该是香蒲和芦苇。所以说"治人之道在于勤勉施政,治地之道在于勤勉种树",为政就像蒲芦,人们为政就像大地生长香蒲和芦苇,只是顺从其成长而已,这也是无为而治的意思。

余考乐律及受诏改铸浑仪,求秦汉以前度量斗升,计六斗当今一斗七升九合,秤三斤当今十三两,一斤当今四两三分两之一,一两当今六铢半。为升中方①,古尺二寸五分十分分之三,今尺一寸八分百分分之四十五强。

【注释】

①为升中方：并非指量具中间方形，而是以方为计算标准，先确定
　一个一尺见方的方形，然后画一个外接圆，以此为标准衡量
　容积。

【译文】

我考证乐律以及受诏改铸浑天仪的时候，推算秦汉以前的度量衡，
当时的六斗相当于现在的一斗七升九合，重量三斤相当于现在的十三
两，一斤相当于现在的四又三分之一两，一两相当于现在的六铢半。当时容量
单位升的中间是古尺二寸五分三见方，现在的尺是一寸八分四五多
一些。

十神太一①：一曰太一，次曰五福太一，三曰天一太一，
四曰地太一，五曰君基太一，六曰臣基太一，七曰民基太一，
八曰大游太一，九曰九气太一，十曰十神太一。唯太一最
尊，更无别名，止谓之太一。三年一移。后人以其别无名，
遂对大游而谓之小游太一，此出于后人误加之。京师东西
太一宫②，正殿祠五福，而太一乃在廊庑，甚为失序。熙宁
中，初营中太一宫，下太史考定神位。余时领太史，预其议
论。今前殿祠五福，而太一别为后殿，各全其尊，深为得礼。
然君基、臣基、民基，避唐明帝讳改为“棋”，至今仍袭旧名，
未曾改正。

【注释】

①太一：天神名，郑玄以为北辰神名，下行八卦之宫。

②东西太一宫：宋太宗时建东太一宫于城东苏村，五福太一、君基
　太一处前殿。仁宗天圣中，建西太一宫，五福太一、君基太一、大

游太一处前殿。中太一宫建于神宗熙宁五年(1072)。

【译文】

十位太一神是:一名太一,次名五福太一,三名天一太一,四名地太一,五名君基太一,六名臣基太一,七名民基太一,八名大游太一,九名九气太一,十名十神太一。只有太一最为尊贵,更没有别的名字,所以只称太一。太一神三年移动一宫。后人因为它没有别名,所以和大游太一相对而称为小游太一,这是出于后人误加的名字。京城东、西有太一宫,正殿供奉五福太一,而把太一神放在偏殿,很不恰当。熙宁年间,开始营建中太一宫,命令太史考定神位。我当时担任太史,参与了讨论。现在前殿供奉五福太一,而太一别建后殿,这样都保全了它们的尊贵,非常合乎礼仪。然而君基太一、臣基太一、民基太一为了避唐明帝的讳而改为“基”为“棋”,至今还延续旧的名字,未曾改正。

余嘉祐中客宣州宁国县,县人有方玙者,其高祖方虔,为杨行密守将①,总兵戍宁国,以备两浙。虔后为吴人所擒,其子从训代守宁国,故子孙至今为宁国人。玙有杨溥与方虔、方从训手教数十纸②,纸扎皆精善。教称“委曲”书,押处称“使”,或称“吴王”。内一纸报方虔云:“钱镠此月内已亡殁③。”纸尾书“正月二十九日。”按《五代史》钱镠以后唐长兴二年卒④,杨溥天成四年已僭即伪位,岂得长兴二年尚称“吴王”?溥手教所指挥事甚详,翰墨印记,极有次序,悉是当时亲迹。今按,天成四年岁庚寅⑤,长兴二年岁壬辰,计差二年。溥手教,予得其四纸,至今家藏。

【注释】

①杨行密(852—905):字化源,庐州合肥(今安徽元丰)人。唐乾宁

二年（895），进同中书门下平章事、弘农郡王。天复二年（902），进中书令，封吴王。为五代吴国的奠基人。

②杨溥（900—938）：五代南吴国君主，杨行密四子。公元 927—937 年在位。手教：即手书的尊称。

③钱镠（liú，852—932）：字具美，杭州临安（今属浙江）人。五代吴越国创建者。钱镠卒于长兴三年（932）壬辰，非二年（931），沈括盖误记，而干支纪年未错。

④长兴二年：公元 931 年。

⑤天成四年：公元 929 年。

【译文】

我在嘉祐年间客居宣州宁国县，县里有个人叫方玙，他的高祖方虔是杨行密的守将，任总兵官戍守宁国县，以防备两浙来犯。方虔后来被吴越之人擒获，他的儿子方从训代他守备宁国县，所以方氏子孙至今都是宁国人。方玙有杨溥与方虔、方从训的手书数十张，纸张都很精美。都称"委曲"，签押处称"使"或者称"吴王"。其中一张纸告知方虔说："钱镠此月内已经亡故。"纸的末尾写："正月二十九日。"根据《五代史》的记载，钱镠在后唐长兴二年去世，而杨溥在天成四年已经僭越称帝，怎么会长兴二年还自称"吴王"呢？杨溥手书中所写指挥处置的事情很详细，书写和印章都极有次序，应该都是当时的真迹。现在考证，天成四年岁庚寅，长兴二年岁壬辰，之间相差两年。杨溥的手书，我得到其中的四份，现在还收藏在家里。

卷四

　　司马相如《上林赋》叙上林诸水曰①："丹水,紫渊,灞、浐、泾、渭②","八川分流③,相背而异态。""灏溔潢漾④,东注太湖"。八川自入大河⑤,大河去太湖数千里,中间隔太山及淮、济、大江,何缘与太湖相涉? 郭璞《江赋》云⑥："注五湖以漫漭⑦,灌三江而漰沛⑧。"《墨子》曰:"禹治天下,南为江、汉、淮、汝,东流注之五湖。"孔安国曰⑨:"自彭蠡⑩,江分为三,入于震泽后⑪,为北江而入于海。"此皆未尝详考地理。江、汉至五湖自隔山,其末乃绕出五湖之下流,径入于海,何缘入于五湖? 淮、汝径自徐州入海,全无交涉。《禹贡》云:"彭蠡既潴⑫,阳鸟攸居⑬。三江既入,震泽底定。"以对文言,则彭蠡水之所潴,三江水之所入,非入于震泽也。震泽上源,皆山环之,了无大川。震泽之委⑭,乃多大川,亦莫知孰为三江者。盖三江之水无所入,则震泽壅而为害;三江之水有所入,然后震泽底定。此水之理也。

【注释】

①司马相如(约前179—前118):字长卿,巴郡安汉(今四川南充蓬安)人,一说蜀郡(今四川成都)人。汉景帝时为武骑常侍,以病免。后为汉武帝赏识,被封为郎。以辞赋著称,著有《子虚赋》《上林赋》等。上林:指汉代的上林苑,在今陕西西安一带。

②丹水:源出今陕西商县,流入汉水。紫渊:源出今山西离石县。灞(bà):即灞水,源出今陕西蓝田,流入渭水。浐(chǎn):即浐水,源出今陕西蓝田,汇灞水而入渭水。泾:即泾水,源出今宁夏六

盘山,流入渭水。渭:即渭水,源出今甘肃渭源,流入黄河。

③八川:灞、浐、泾、渭、酆(fēng)、镐(hào)、潦(láo)、潏(jué)八条河流的总称。

④灏溔(hào yǎo):水无边貌。

⑤大河:即黄河,下面"大江"指长江。

⑥郭璞(276—324):字景纯,河东闻喜(今属山西)人。晋元帝拜著作佐郎,后为王敦记室参军,因阻止王敦谋反被杀,追赠弘农太守。

⑦五湖:韦昭注为太湖。漫潒(mǎng):水势广远无际貌。

⑧滂沛(pēng pèi):水流声。

⑨孔安国(前156—前74):字子国,孔子十世孙。武帝时,官谏大夫,临淮太守。传有《古文尚书》。

⑩彭蠡:鄱阳湖的古称。

⑪震泽:即太湖。底定:风平浪静。

⑫潴(zhū):水积聚。

⑬阳鸟:郑玄、孔颖达等皆以为鸿雁之属。

⑭委:与"源"相对,这里指下游。

【译文】

司马相如《上林赋》叙述上林苑各条水系称:"丹水,紫渊,灞、浐、泾、渭,""八川分流,相互呼应而形态各异。""水流荡漾无涯,向东流入太湖。"从八川流入黄河,黄河距离太湖数千里,中间隔着泰山、淮水、济水、长江,怎么会与太湖相关呢? 郭璞的《江赋》云:"水流入太湖,水势广远而无际,灌注三江,水声很大。"《墨子》说:"大禹治天下,南为长江、汉水、淮水、汝水,东流注入太湖。"孔安国说:"从彭蠡开始,长江分为三,流入震泽后,经北江而流入大海。"这些说法都没有详细考察地理情况。长江、汉水到太湖自有山岭隔绝,其下游则绕过太湖而向下流去,径直流入大海,为什么会流到太湖呢? 淮水、汝水径自从徐州入海,和太湖完全没有关系。《禹贡》说："水汇聚在彭蠡,鸿雁一类的候鸟在这里栖息。流入三江,太湖于是风平浪静。"从文字的对应关系来说,则彭蠡是水积聚的地方,三江是水流入的地方,并非流入太湖。太湖的上源都是群山环绕,根本没有大川。太湖的下游,才有很多大川,也不知道什么是三江。大概三江的水没有去处,太湖就会壅塞而成灾;而如果三江的水有去处,然后太湖就会风平浪静。这是水的本性。

　　海州东海县西北有二古墓①,《图志》谓之"黄儿墓"。有一石碑,已漫灭不可读,莫知黄儿者何人。石延年通判海州②,因行县见之③,曰:"汉二疏④,东海人,此必其墓也。"遂谓之"二疏墓",刻碑于其傍,后人又收入《图经》。余按,疏广,东海兰陵人,兰陵今属沂州承县,今东海县乃汉之赣榆⑤,自属琅琊郡⑥,非古之东海也。今承县东四十里自有疏广墓,其东又二里有疏受墓。延年不讲地志,但见今谓之东海县,遂以"二疏"名之,极为乖误⑦。大凡地名如此者至多,无足纪者。此乃余初仕为沭阳主簿日⑧,始见《图经》中增此事,后世不知其因,往往以为实录,谩志于此⑨,以见天下地书皆不可坚信。其北又有"孝女冢"⑩,庙貌甚盛,著在祀典。孝女亦东海人,赣榆既非东海故境,则孝女冢庙,亦后人附会县名为之耳。

【注释】

①海州东海县:在今江苏连云港东南。

②石延年(994—1041):字曼卿,宋城(今河南商丘)人。真宗时为三班奉职。历大理寺丞,迁太子中允,同判登闻鼓院。《宋史》卷

四四二有传。

③行县：在县内巡行。

④二疏：指疏广、疏受二人。疏广(？—前45)，字仲翁，号黄老，东海兰陵(今山东苍山县西南)人。征为博士、太中大夫、太子太傅。疏受，疏广之侄，任太子太傅，太子少傅。

⑤赣榆：今江苏赣榆以北一带，宋代则在今江苏赣榆之南偏东，故胡道静认为沈括所论不恰。

⑥琅琊郡：今山东诸城一带。

⑦乖误：错误。

⑧沭阳：今属江苏。沈括任沭阳主簿事约在仁宗至和元年(1054)。

⑨谩(màn)：随意地。

⑩冢(zhǒng)：坟墓。

【译文】

海州东海县西北有两座古墓，《图志》称为"黄儿墓"。有一块石碑，上面的字已经漫灭不可识读了，不知道所谓的黄儿是谁。石延年通判海州的时候，因为在县内巡行看到此碑，说："汉代的疏广、疏受是东海人，这必定是他们的墓。"于是称为"二疏墓"，在旁边刻了一座碑，后人又收入《图经》。据我考证，疏广是东海兰陵人，兰陵今属沂州承县，现在的东海县乃是汉代的赣榆，本来属于琅琊郡，不是古人所谓的东海。现在承县东四十里自有疏广墓，往东又二里有疏受墓。石延年不讲地理文献，只看到现在称东海县，就用"二疏"命名，极为错误。大凡地名像这种情况的有很多，举不胜举。这是我初次担任沭阳主簿的时候，第一次看到《图经》中增加此事，后世之人不知道原因，往往以为是实录，因而随手记录于此，由此可见天下的地理书都不能完全相信。古墓的北边又有孝女墓和庙，非常壮观，属于官府祭祀的庙宇。孝女也是东海人，现在的东海既然不是以前的东海，那么孝女的墓和庙也是后人附会县名而成的。

《杨文公谈苑》记江南后主患清暑阁前草生①,徐锴令以桂屑布砖缝中②,宿草尽死③。谓《吕氏春秋》云"桂枝之下无杂木",盖桂枝味辛螫故也④。然桂之杀草木,自是其性,不为辛螫也。《雷公炮炙论》云⑤:"以桂为丁,以钉木中,其木即死。"一丁至微,未必能螫大木,自其性相制耳。

【注释】

①《杨文公谈苑》:记载北宋名臣杨亿言论的著作,黄鉴笔录、宋庠整理而成,今佚。《说郛》有辑文存世。江南后主:即李煜(937—978),公元961—975年在位。

②徐锴(921—975):字楚金,江苏广陵(今江苏扬州)人,徐铉之弟。为南唐内史舍人,善小学,有《说文解字系传》《说文解字韵谱》。《宋史》卷四四一有传。

③宿草:隔年生的草。

④辛螫(shì):毒虫刺蜇人。

⑤《雷公炮炙论》:古代医方书,南朝刘宋雷敩撰,为我国最早的中药炮制学专著。

【译文】

《杨文公谈苑》记载江南后主忧虑清暑阁前杂草丛生,徐锴命人把桂树的碎屑密布在砖缝中,结果隔年生的草都死了。说《吕氏春秋》讲"桂枝之下无杂木。"大概是桂枝辛辣致害的原因。然而桂枝能杀死草木,自是其本性,并非其辛辣致害。《雷公炮炙论》说:"用桂木为丁,钉入木中,木就会死。"一丁那么小,未必能伤害大木,自是它的本性与其他草木相克造成的。

天下地名错乱乖谬,率难考信。如楚章华台,亳州城父县、陈州商水县、荆州江陵、长林、监利县皆有之①。乾溪亦有数处。据《左传》，楚灵王七年②，"成章华之台，与诸侯落之"。杜预注③："章华台，在华容城中。"华容即今之监利县，非岳州之华容也④。至今有章华故台，在县郭中⑤，与杜预之说相符。亳州城父县有乾溪，其侧亦有章华台，故台基下往往得人骨，云楚灵王战死于此。商水县章华之侧，亦有乾溪。薛综注张衡《东京赋》引《左氏传》乃云⑥："楚子成章华之台于乾溪。"皆误说也，《左传》实无此文。章华与乾溪，元非一处。楚灵王十二年⑦，王狩于州来，使荡侯、潘子、司马督、嚣尹午、陵尹喜帅师围徐以惧吴⑧，王次于乾溪，此则城父之乾溪，灵王八年许迁于夷者⑨，乃此地。十三年，公子比为乱⑩，使观从从师于乾溪，王众溃，灵王亡，不知所在。平王即位，杀囚，衣之王服，而流诸汉⑪，乃取葬之，以靖国人，而赴以乾溪。灵王实缢于芊尹申亥氏⑫，他年申亥以王柩告，乃改葬之，而非死于乾溪也。昭王二十七年⑬，吴伐陈，王帅师救陈，次于城父，将战，王卒于城父。而《春秋》又云："弑其君于乾溪。"则后世谓灵王实死于是，理不足怪也。

【注释】

①城父县：今安徽涡阳东北。陈州：今河南淮阳一带。商水县：今河南周口南偏西。长林：今湖北荆门。监利县：今属湖北荆州。

②楚灵王七年：公元前534年。

③杜预（222—285）：字元凯，京兆杜陵（今陕西西安）人。任曹魏尚书郎、西晋河南尹、安西军司、秦州刺史、度支尚书、镇南大将军，官至司隶校尉，卒后追赠征南大将军、开府仪同三司，谥成侯。

　　著有《春秋左传集解》。

④岳州:今湖南岳阳一带。

⑤郭:城外围着的墙。

⑥薛综(?—243):字敬文,沛郡竹邑(今安徽濉溪)人。任孙吴五
　　官中郎将,出任合浦、交阯太守,升尚书仆射,太子少傅。著有
　　《五宗图述》《二京解》。按:据胡道静等说,非薛综注误,乃沈括
　　误读所致。

⑦楚灵王十二年:按《左传》记载,事当在昭公十二年(前530),即楚
　　灵王十一年(前530)。

⑧荡侯、潘子、司马督、嚣尹午、陵尹喜:皆为楚国将领,事见《史
　　记·楚世家》。

⑨灵王八年:公元前527年。许迁:《左传》作"迁许"。

⑩公子比:楚灵王之弟,与观起、弃疾、子皙联合发动政变。后发生
　　内乱,公子比、子皙自杀,弃疾即位,为楚平王。

⑪汉:即汉水,源出今陕西宁强北蟠冢山,流入长江。

⑫芊尹:楚国官名。

⑬昭王二十七年:公元前489年。事见《左传·哀公六年》及《史
　　记·楚世家》。

【译文】

　　天下地名的错乱,大都难以考信。比如楚国的章华台,在亳州城父
县、陈州商水县、荆州江陵、长林、监利县都有。乾溪也有多处。根据
《左传》记载,楚灵王七年"建成章华台,与诸侯一起参与落成礼"。杜预
注:"章华台,在华容城中。"华容即今之监利县,并非岳州的华容。监利
县的城墙中至今有章华故台,与杜预的说法相符。亳州城父县有乾溪,
它旁边也有章华台,因此台基下面往往会挖出人骨,传说楚灵王战死于
此。商水县的章华台旁,也有乾溪。薛综注张衡的《东京赋》引《左传》
说:"楚王在乾溪旁边建成章华台。"都是错误的说法,《左传》实无此文。

章华台与乾溪，原来就不在一处。楚灵王十二年，王到州来巡狩，命令荡侯、潘子、司马督、嚚尹午、陵尹喜率领军队围攻徐地以威吓吴国，楚王驻扎在乾溪，这是城父县的乾溪，灵王八年把许国迁到夷的，就是此地。灵王十三年，公子比作乱，命观从跟随部队驻扎在乾溪，灵王的部队溃败，灵王逃亡，不知所在。楚平王即位，杀了一名囚犯，让他穿上灵王的衣服，让尸体漂在汉水上，于是捞上来安葬，以此安定国人，并把灵柩安葬在乾溪。灵王其实是缢死在芊尹申亥氏那里，几年后申亥把灵王的灵柩告诉了平王，于是改葬了灵王，灵王并非死于乾溪。楚昭王二十七年，吴国讨伐陈国，昭王率领军队援救陈国，驻扎在城父，将要开战时，昭王死在了城父县。而《春秋》又说："在乾溪杀死了君主。"于是后世说灵王其实死在这里，也就不足为怪了。

　　今人守郡谓之"建麾"①，盖用颜延年诗②："一麾乃出守③。"此误也。延年谓"一麾"者，乃指麾之麾，如武王"右秉白旄以麾"之麾，非旌麾之麾也。延年《阮始平》诗云"屡荐不入官，一麾乃出守"者，谓山涛荐咸为吏部郎④，三上武帝，不用，后为荀勖一挤⑤，遂出始平，故有此句。延年被摈，以此自托耳。自杜牧为《登乐游原》诗云⑥："拟把一麾江海去，乐游原上望昭陵。"始谬用一麾，自此遂为故事。

【注释】

① 麾(huī)：古代供指挥用的旌旗。

② 颜延年：即颜延之(384—456)，字延年，琅琊临沂(今属山东)人。元嘉三年(426)任中书侍郎，领步兵校尉，后出为永嘉太守，官至金紫光禄大夫。

③ 麾：这里同"挥"。

④山涛(205—283)：字巨源，河内怀县(今河南武陟西)人。入晋为侍中，迁吏部尚书、太子少傅、左仆射等，谥号康。"竹林七贤"之一。咸，指阮咸，字仲容，陈留尉氏(今属河南开封)人，阮籍之侄。历官散骑侍郎，补始平太守。"竹林七贤"之一。

⑤荀勖(xù，？—289)：字公曾，颍川颍阴(今河南许昌)人。入晋封济北郡侯。后拜中书监、加侍中，累迁光禄大夫、仪同三司，守尚书令。卒赠司徒，谥号成。

⑥杜牧(803—约852)：字牧之，号樊川居士，京兆万年(今陕西西安)人。唐文宗大和二年(828)进士，授弘文馆校书郎，后任黄州、池州、睦州刺史。

【译文】

今人出任地方郡县长官称为"建麾"，大概是用了颜延年诗"一麾乃出守"的典故，这是错误的。颜延年说的"一麾"指的是指麾的"麾"，比如武王右手拿着白旄指挥的"麾"，不是旌旗的"麾"。颜延年《阮始平》诗云"屡荐不入官，一麾乃出守"，说的是山涛推荐阮咸为吏部郎，三次上书魏武帝，却不被任用，后来遭到荀勖排挤，就出任始平太守了，所以有这句诗。颜延年因为被朝廷摈弃，所以作诗自托。自从杜牧《登乐游原》诗云："拟把一麾江海去，乐游原上望昭陵。"开始就用错了"一麾"一词的意思，从此就成了惯用典故。

　　除拜官职谓除其旧籍①，不然也。"除"犹"易"也，以新易旧曰"除"，如新旧岁之交谓之"岁除"，《易》："除戎器，戒不虞②。"以新易弊，所以备不虞也。阶谓之"除"者，自下而上，亦更易之义。

【注释】

①旧籍：指其原有官职。

②除戎器，戒不虞：出自《易·萃·象》。戎，兵戎。

【译文】

把"除拜官职"说成是解除原来的职务，这是错误的。"除"的意思就如同"更易"的意思，以新的换掉旧的叫做"除"，比如新旧年之交叫做"岁除"，《易经》说："除戎器，戒不虞。"意思是以新的兵器换掉旧的，以备意外情况。台阶也可以称为"除"，是因为它是自下而上攀登的，也有变更、更换的意思。

世人画韩退之①，小面而美髯，著纱帽。此乃江南韩熙载耳②，尚有当时所画③，题志甚明。熙载谥文靖，江南人谓之韩文公，因此遂谬以为退之。退之肥而寡髯。元丰中，以退之从享文宣王庙④，郡县所画，皆是熙载。后世不复可辨⑤，退之遂为熙载矣。

【注释】

①韩退之：即韩愈(768—824)，字退之，河阳(今河南孟州)人，世称昌黎先生。贞元八年(792)进士，累迁监察御史、都官员外郎、史馆修撰、中书舍人等。元和十二年(817)，从裴度平淮西之乱。晚年官至吏部尚书，谥号文。著有《韩昌黎集》等。

②韩熙载(902—970)：字叔言，潍州北海(今山东潍坊)人。后唐同光四年(926)进士，入南唐任秘书郎、虞部员外郎、史馆修撰、中书侍郎、光政殿学士承旨等，卒赠右仆射、同平章事，谥文靖。《宋史》卷四七八有传。

③当时所画：当为五代顾闳中所画《韩熙载夜宴图》。

④文宣王庙:即孔庙,孔子被尊为文宣王。元丰七年(1084)五月壬
　戌,以孟子配享孔庙,封荀子、扬雄、韩愈为伯,一并从享。
⑤辨:辨别。

【译文】

　　世人画的韩愈像,面目较小并且有漂亮的胡须,带着纱帽。这是南
唐韩熙载的形象,现在还有当时所画韩熙载像,题词非常明确。韩熙载
谥号文靖,南唐人因此称他为韩文公,因此就被误以为是韩愈。韩愈脸
比较胖并且胡子少。元丰年间,韩愈获准从享孔庙,郡县画的韩愈像,
都是韩熙载。后世就无法辨别,韩愈就变成了韩熙载的模样。

　　今之数钱,百钱谓之陌者,借"陌"字用之,其实只是佰
字,如什与伍耳。唐自皇甫镈为垫钱法①,至昭宗末,乃定八
十为百。汉隐帝时,三司使王章每出官钱②,又减三钱,以七
十七为百,输官仍用八十。至今输官钱有用八十陌者。

【注释】

①皇甫镈(bó):贞元间进士,为监察御史,迁吏部员外郎、判度支,
　改户部侍郎,官至同中书门下平章事,因进宪宗药致宪宗崩,被
　贬为崖州司户参军。垫钱法:实际开支不足百钱时,仍当百钱
　计,称为"垫陌",宋时称"省陌"。
②王章(? —950):大名南乐(今河南濮阳)人。于后汉任三司使、
　检校太傅,隐帝时加检校太尉、同平章事。

【译文】

　　现在数钱,一百文钱称作"陌",这是借"陌"这个字使用而已,其实
只是"佰"字,就像什与伍。唐代从皇甫镈开始发明了"垫钱法",到唐昭
宗末期,就约定八十文为一百。后汉隐帝时,三司使王章每次支付官府

经费，又减少三钱，以七十七钱为一百，但是交纳国库的时候还是以八十钱为一百。至今上缴国库还是以八十钱为一百。

《唐书》："开元钱重二铢四参。"今蜀郡亦以十参为一铢。参乃古之絫字①，恐相传之误耳。

【注释】
①絫(lěi)：古代重量单位，十黍为絫，十絫为一铢。

【译文】
《旧唐书》记载，开元时期的钱重二铢四参，现在蜀郡也以十参为一铢。参就是古代的"絫"字，恐怕是因字形相近而在流传中形成的错误。

前史称严武为剑南节度使①，放肆不法，李白为之作《蜀道难》②。按孟棨所记③，白初至京师，贺知章闻其名④，首诣之，白出《蜀道难》，读未毕，称叹数四。时乃天宝初也，此时白已作《蜀道难》。严武为剑南，乃在至德以后肃宗时⑤，年代甚远。盖小说所记，各得于一时见闻，本末不相知，率多舛误，皆此文之类。李白集中称"刺章仇兼琼"⑥，与《唐书》所载不同，此《唐书》误也。

【注释】
①严武(726—765)：字季鹰，华州华阴(今陕西渭南)人。至德二年(757)，任给事中，后出为绵州刺史，迁东川节度使。乾元二年(761)，出为成都府尹兼御史大夫、充剑南节度使。后回京任太子宾客，迁京兆尹兼御史大夫。广德二年(764)又出为成都尹、剑南节度使。

②李白(701—762)：字太白，号青莲居士，绵州昌隆(今四川江油)人。天宝二年(743)，受玉真公主推荐而入为翰林待诏，后被玄宗赐金放还。安史之乱，入永王幕府，兵败被贬夜郎，遇赦而归。

③孟棨(qǐ)：字初中。乾符二年(875)进士，官司勋郎中。著有《本事诗》。

④贺知章(659—744)：字季真，越州永兴(今浙江萧山)人。证圣元年(795)进士，授国子四门博士，迁太常博士。后历礼部侍郎、秘书监、太子宾客等。

⑤至德：唐肃宗年号，公元756—757年。

⑥章仇兼琼(？—750)：鲁郡任城县(今山东嘉祥)人，历官益州长史、剑南节度使兼西川采访使，官至户部尚书、殿中监。

【译文】

前代史书说严武任剑南节度使时，放肆而不守法，李白因此作《蜀道难》。按照孟棨的记载，李白初次来到京城，贺知章听闻其名，首先去拜访他，李白拿出《蜀道难》，贺知章还没读完就已经多次称赞。这时是天宝初年，可见此时李白已经写了《蜀道难》。严武为剑南节度使是在唐肃宗至德年间以后，年代相距甚远。大概是小说家所记，都出于自己的一时见闻，不清楚事情的本末，就有很多错误，就像李白的这种情况。李白的集子中称《蜀道难》是讽刺章仇兼琼的，和《唐书》的记载不同，应该是《唐书》记载有误。

旧《尚书·禹贡》云："云梦土作乂①。"太宗皇帝时，得古本《尚书》，作"云土梦作乂"，诏改《禹贡》从古本。余按，孔安国注："云梦之泽在江南。"不然也。据《左传》："吴人入郢②，楚子涉雎济江，入于云中。王寝，盗攻之，以戈击王，王奔郧③。"楚子自郢西走涉雎④，则当出于江南，其后涉江入于云中,遂奔郧,郧则今之安陆州。涉江而后至云,入云然后至郧,则云在江北也。《左传》曰:"郑伯如楚,王以田江南之梦⑤。"杜预注云:"楚之云、梦,跨江南北。"曰"江南之梦",则云在江北明矣。元丰中,余自随州道安陆⑥,于入汉口,有景陵主簿郭思者,能言汉、沔间地理⑦,亦以谓江南为梦,江北为云。余以《左传》验之,思之说信然。江南则今之公安、石首、建宁等县⑧,江北则玉沙、监利、景陵等县⑨,乃水之所委⑩,其地最下。江南二浙⑪,水出稍高,云方土而梦已作乂矣,此古本之为允。

【注释】

①云梦:古代的泽薮名,具体地点不详。土作乂:一般解释为云梦泽中有部分高地的土露出了水面,可以耕作。

②郢:楚国都城,今湖北江陵。

③郧:此"郧"及下二"郧"字,原作"邽",但与文意不合。弘治本等作"郧",据改。此句出自《左传·定公四年》。郧,今湖北安陆以北。

④雎:今湖北西部的沮水。

⑤田:田猎,狩猎。此句出自《左传·昭公三年》。

⑥余自随州道安陆:元丰五年(1082),沈括被贬为均州团练副使,随州安置。

⑦沔(miǎn):疑为汉水。

⑧建宁:今湖北监利西南。

⑨玉沙:今湖北沔阳东南。景陵:今湖北天门一带。

⑩委:合流汇集。

⑪二浙:南宋吴曾《能改斋漫录》引作"上浙",一说当为"之浙"之

误，一说当为"上渐"之误，整句话意为江南的地势稍微高一些。

【译文】

旧本《尚书·禹贡》有"云梦土作乂"的句子，太宗皇帝时，得到一古本《尚书》，写作"云土梦作乂"，于是下诏改《禹贡》篇以从古本。据我考证，孔安国注称："云梦之泽在江南。"其实不是这样的。据《左传》说："吴国人入侵郢，楚王渡过雎水和长江，逃入云泽。楚王睡觉的时候遭到人攻击，用戈攻击楚王，楚王出奔到郧。"楚王从郢西出走，渡过雎水，那么应该出于江南，其后渡江到云泽，于是出奔郧，这样郧应该是现在的安陆州。渡过长江然后才到云泽，进入云泽然后到郧，那么云泽的位置应该在江北。《左传》说："郑伯来到楚国，楚王和他一起在江南的梦泽打猎。"杜预注说："楚国的云、梦二泽，跨越了长江南北。"称"江南的梦泽"，那么云泽很明显就在江北了。元丰年间，我从随州取道安陆，到达汉口，有一位名叫郭思的景陵主簿，通晓汉水一带的地理，也说江南的是梦泽，江北的是云泽。我用《左传》征验，觉得他说的是对的。江南是现在的公安、石首、建宁等县，江北是玉沙、监利、景陵等县。这一代是各条河流汇集的地方，地势最低。江南的地势稍微高一些，云泽才露出一些土地，而梦泽已经能耕作了，所以古本《尚书》的记载比较正确。

乐律

【题解】

《乐律》门凡两卷,所论均为与古代音乐有关之概念、乐律、曲调、乐器、歌者等。对乐理及数学逻辑知识要求较高,盖因沈括早年曾作《乐律》《乐论》二书,积累了大量声律之学的资料,故而所论颇为详细。从中可见古人对于音律的认识,往往将音律和五行、天地、五方等概念结合起来,探讨其中的玄妙规律。此外,本卷还有不少比较唐宋音律变化的资料,清商、燕乐等演变的资料,对于古代音乐史的研究大有裨益。至于对乐曲源流、乐器形制的考证,亦可见沈括综合运用典籍记载以及出土文物的二重证据法。

卷五

《周礼》:"凡乐,圜钟为宫①,黄钟为角,太蔟为徵,姑洗为羽。若乐六变②,则天神皆降,可得而礼矣。函钟为宫,太蔟为角,姑洗为徵,南吕为羽。若乐八变,即地祇皆出③,可得而礼矣。黄钟为宫,大吕为角,太蔟为徵,应钟为羽。若乐九变,则人鬼可得而礼矣。"凡声之高下,列为五等,以宫、商、角、徵、羽名之④。为之主者曰宫，次二曰商，次三曰角，次四曰徵，次五曰羽，此谓之序。名可易，序不可易。圜钟为宫，则黄钟乃第五羽声也⑤，今则谓之角，虽谓之角，名则易矣，其实第五之声，安能变哉？强谓之角而已。先王为乐之意，盖不如是也。世之乐异乎郊庙之乐者，如圜钟为宫，则林钟角声也。乐有用林钟者，则变而用黄钟，此祀天神之音云耳，非谓能易羽以为角也。函钟为宫⑥，则太蔟徵声也。乐有用太蔟者，则变而用姑洗，此求地祇之音云耳，非谓能易羽以为徵也。黄钟为宫，则南吕羽声也。乐有用南吕者，则变而用应钟，此求人鬼之音云耳，非谓能变均外间声以为羽也⑦。应钟、黄钟，宫之变徵⑧。文、武之世，不用二变声，所以在均外。鬼神之情，当以类求之。朱弦、越席、太羹、明酒⑨，所以交于冥莫者，异乎养道，此所以变其律也。声之不用商，先儒以谓恶杀声也。黄钟之太蔟，函钟之南吕⑩，皆商也，是杀声未尝不用也。所以不用商者，商，中声也。宫生徵，徵生商，商生羽，羽生角，故商为中声。降兴上下之神，虚其中声人声也。遗乎人声，所以致一于鬼神也。宗庙之乐，宫为之先，其次角，又次徵，又次羽。宫、角、徵、羽相次者，人乐之叙也，故以之求人鬼。世乐之叙宫、商、角、徵、羽，此但无商耳，其余悉用，此人乐之叙也。何以知宫为先、其次角、又次徵、又次羽？以律吕次叙知之也。黄钟最长⑪，大吕次长，太蔟又次，应钟最短，此其叙也。圆丘方泽之乐⑫，皆以角为先，其次徵，又次宫，又次羽。始于角木，木生火，火生土，土生水。越金，不用商也。木、火、土、水相次者，天地之叙，故以之礼天地。五行之叙：木生火，火生土，土生金，金生水。此但不用金耳，其余悉用。此叙，天地之叙也。何以知其角为先、其次徵、又次宫、又自羽？以律吕次叙知之也。黄钟最长，太蔟次长，圜钟又次，姑洗又次，函钟又次，南吕最短，此其叙也。**此四音之叙也。**天之气始于子⑬，故先以黄钟；天之功毕于三月，故终之以姑洗。地之功见于正月，故先之以太蔟；毕于八月，故终之以南吕。幽阴之气，钟于北方，人之所终归，鬼之所藏也，故先之以黄钟，终之以应钟。**此三乐之始终也。**角者，物生之始也。徵者，物之成。羽者，物之终。天之气始于十一月，至于正月，万物萌动，地功见处，则天功之成也，故地以太蔟为角，天以太蔟为徵。三月万物悉达，天功毕处，则地功之成也，故天以姑洗为羽，地以姑洗为徵。八月生物尽成，地之功终焉，故南吕以为羽。圜丘乐虽以圜钟为宫，而曰"乃奏黄钟，以祀天神"；方泽乐虽以函钟为宫，而曰"乃奏太蔟，以祭地祇"。盖圜丘之乐，始于黄钟；方泽之乐，始于太蔟也。天地之乐，止是世乐黄钟一均耳。以此黄钟一均，分为天地二乐。黄钟之均，黄钟为宫，太蔟为商，姑洗为角。林钟为方泽乐而已。唯圜钟一律，不在均内。天功毕于三月，则宫声自合在徵之后，羽之前，正当用夹钟也。二乐何以专用黄钟一均？盖黄钟正均也⑭，乐之全体，非十一均之类也。故《汉志》："自黄钟为宫，则皆以正声应，无有忽微。他律虽当其月为宫，则和应之律有空积忽微，不得其正。其均起十一月，终于八月，统一岁之事也，他均则各主一月而已。"古乐有下徵调⑮，沈休文《宋书》曰⑯："下徵调法：黄钟为宫，南吕为商。林钟本正声黄钟之徵变⑰，谓之下徵调。"马融《长笛赋》曰⑱："反商下徵，每各异善。"谓南吕本黄钟之羽，变为下徵之商，皆以黄钟为主而已。**此天地相与之叙也。**人鬼始于正北，成于东北，终于西北，萃于幽阴之地也。始于十一月，而成于正月者,幽阴之魄,稍出于东方也。全处幽阴,则不与人接;稍出于东方,故人鬼可得而礼也;终则复归于幽阴,复其常也。唯羽声独远于他均者[19]。世乐始于十一月,终于八月者,天地岁事之一终也。鬼道无穷,非若岁事之有卒,故尽十二律然后终,事先追远之道,厚之至也,此庙乐之始终也。人鬼尽十二律为义,则始于黄钟,终于应钟,以宫、商、角、徵、羽为叙,则始于宫声,自当以黄钟为宫也。天神始于黄钟,终于姑洗,以木、火、土、金、水为叙,则宫声当在太蔟徵之后、姑洗羽之前,则自当以圜钟为宫也。地祇始于太蔟,终于南吕,以木、火、土、金、水为叙,则宫声当在姑洗徵之后,南吕羽之前,中间唯函钟当均,自当以函钟为宫也。天神用圜钟之后,姑洗之前,唯有一律自然合用也。不曰夹钟,而曰圜钟者,以天体言之也。不曰林钟,曰函钟者,以地道言之也。黄钟无异名,人道也。此三律为宫,次叙定理,非可以意凿也。圜钟六变,函钟八变,黄钟九变,同会于卯,卯者,昏明之交[20],所以交上下、通幽明、合人神,故天神、地祇、人鬼可得而礼也。自辰以往常在昼,自寅以来常在夜,故卯为昏明之交,当其中间,昼夜夹之,故谓之夹钟。黄钟一变为林钟[21],再变为太蔟,三变南吕,四变姑洗,五变应钟,六变蕤宾,七变大吕,八变夷则,九变夹钟。函钟一变为太蔟,再变为南吕,三变姑洗,四变应钟,五变蕤宾,六变太吕,七变夷则,八变夹钟也。圜钟一变为无射,再变为中吕,三变为黄钟清宫,四变合至林钟,林钟无清宫[22],至太蔟清宫为四变;五变合至南吕,南吕无清宫,直至大吕清宫为五变;六变合至夷则,夷则无清宫,直至夹钟清宫为六变也。十二律,黄钟、大吕、太蔟、夹钟四律有清宫,总谓之十六律。自姑洗至应钟八律,皆无清宫,但处位而已。此皆天理不可易者。古人以为难知,盖不深索之。听其声,求其义,考其序,无毫发可移,此所谓天理也。一者人鬼,以宫、商、角、徵、羽为序者;二者天神,三者地祇,皆以木、火、土、金、水为序者;四者以黄钟一均分为天地二乐者;五者六变、八变、九变皆会于夹钟者。

【注释】

①圜(huán)钟:十二律中的夹钟。十二律是古代音乐的律制,从低到高依次为:黄钟、大吕、太蔟、夹钟、姑洗、中吕、蕤(ruí)宾、林钟、夷则、南吕、无射(yì)、应钟。其中奇数次序的称为"律",偶数次序的称为"吕",合称"律吕"。

②六变:此"变"之所指,众说纷纭,这里取孙诒让的说法,指奏六段乐。

③地祇(qí):地神。

④宫、商、角、徵(zhǐ)、羽:古代五音,即传统音阶,相当于现代的do、re、mi、sol、la(1、2、3、5、6)其中,角和徵的音程、羽和宫的音程为小三度,其他音程为大二度。将十二律与五音相配就形成不同音高的调式,五音本身能构成五种调式:宫调、商调、角调、徵调、羽调,每种调式的主音(宫调为宫、商调为商、角调为角……)再根据十二律固定音高,如宫调的主音do取黄钟的音高就是黄钟宫,那么接下来应该是太蔟商、姑洗角、林钟徵、南吕羽。所以圜钟为宫,即是宫调的主音do取夹钟音高;黄钟为角,即是角调的主音mi取黄钟的音高。

⑤黄钟乃第五羽声也:这里存在疑义,若以圜钟为宫,按照推算,则黄钟应为羽(夹钟宫、中吕商、林钟角、无射徵、黄钟羽),但是《周礼》说黄钟角,沈括的意思是说名称不一样但是音调一样。孙诒

让主张《周礼》列举的本来是四种不同调式，没必要放在一起解释。

⑥函钟：即林钟。

⑦均外间声：当十二律取定音高，形成某一组音阶时，其音阶之外的组合称为均外间声，比如以黄钟为宫，则下面是太蔟商、姑洗角、林钟徵、南吕羽，而应钟羽在此音阶之外，故称"均外间声"。

⑧变徵：古代又有七声音阶，即在角和徵之间加一个变徵，在羽和宫之间加一个变宫，相当于现代的 fa 和 si，因为角和徵、羽和宫之间有两个半音，所以变徵、变宫是比角、羽升一阶（半个音），还是比徵、宫降一阶（半个音），就有所不同，以此形成古代三种形式的七音：春秋战国时期的古音阶（雅乐）的变徵、变宫比徵、宫低半个音；魏晋至隋唐的新音阶（清乐）的变徵比角高半个音，变宫比宫低半个音；南北朝以后的清商音阶（宴乐）的变徵、变宫比角、羽高半个音。与十二律相配，如果黄钟为宫，则应钟为变宫。

⑨朱弦：祭祀时弦乐上的弦为红色。越席：祭祀时用蒲席。太羹：祭祀时供不加调味汁的肉。明酒：祭祀时用新水酿的酒。

⑩"黄钟之太蔟"二句：这里指宫调而言，以黄钟为宫，则太蔟为商；以林钟为宫，则南吕为商。沈括意为《周礼》用乐中亦有商声，然而先儒的意思可能是不用商调。

⑪黄钟最长：古人定律，以相同管径的律管确定音高，音越低则律管越长，十二律由低到高从黄钟到应钟，所以黄钟最长。

⑫圆丘：又名圜丘，古代祭天之所。方泽：古代祭地的方形水池。

⑬子：古人以十一月为子，十二月为丑，正月为寅，以此类推。十一月，阳气始生而阴气最旺。三月，阳气繁盛而阴气中止。五月，阳气最旺而阴气始生。八月，阳气中止而阴气繁盛。这里的天之气代表阳气。十二律可与十二月相配，黄钟配十一月为子，大

吕配十二月为丑，以此类推。

⑭黄钟正均：古人以黄钟宫为正均，是因为黄钟宫这一组音阶的乐音最为纯正、准确，并且十二个伴音都以黄钟音为准确定。因为十二律的十二个半音不完全相等，所以定音可能有误差，而黄钟宫这组音阶相对容易定准。

⑮下徵调：变徵比徵声低半个音，所以称为"下徵调"。

⑯沈休文：即沈约（441—613），字休文，吴兴武康（今浙江湖州德清）人。任南朝宋记室参军、尚书度支郎等职。著有《晋书》《宋书》《齐纪》等，除《宋书》外，多已佚。

⑰林钟本正声黄钟之徵变：胡道静等疑当作"林钟以正声黄钟为变徵"。在七音阶中的宫调中，以林钟为宫，则南吕为商、应钟为角、黄钟为变徵、太蔟为徵、姑洗为羽、蕤宾为变宫。

⑱马融（79—166）：字季长，扶风茂陵（今陕西兴平东北）人。历任校书郎、郡功曹、议郎、大将军从事中郎及武都、南郡太守等职。通经学，唐时配享孔庙，宋时封扶风伯。

⑲羽声独远于他均：指人鬼之乐中的徵、羽之间的音距比天地之乐的徵、羽的音距都长。人鬼之乐以太蔟为徵、应钟为羽，两音之间有八个半音。

⑳卯者，昏明之交：卯时即早晨五点到七点，所以为昏明之交。

㉑变：指按三分损益法在基本音高基础上产生十二律吕的过程。

㉒林钟无清宫：比原来音阶中各音都高八度的音声称为"清宫"，理论上与五音相配的十二律都能升高八度，但因为十二律吕的半音不等，所以有时升高八度后，不能和原来的五音音阶相对应，此时称为"无清宫"。

【译文】

《周礼》说："大凡音乐中，以夹钟为宫、黄钟为角、太蔟为徵、姑洗为羽。以这种调式奏六段乐，就会使天神降临，人们可以用礼仪祭祀他们。以函钟为宫、太蔟为角、姑洗为徵、南吕为羽。以这种的调式奏八段乐，就会使地神降临，人们可以用礼仪祭祀他们。以黄钟为宫、大吕为角、太蔟为徵、应钟为羽。以这种调式奏九段乐，就会使祖先的神灵降临。"音阶的高低有五等，命名为宫、商、角、徵、羽。主音为宫，次二是商，次三是角，次四是徵，次五是羽，这是音阶的次序。命名可以改变，次序不可改变。宫调主音如果说是圜钟，那么黄钟对应第五羽声，现在却说是角声，虽然说是角声，名称变化了，但其实还是第五声，怎么能变呢？只不过是强行说是角声而已。先王作乐的意图，大概不是这样。世俗的音乐和郊庙祭祀用乐不同，如以圜钟为宫，那么应该以林钟为角声。但在祭祀天神的时候，音乐中有用林钟的情况时，就变成用黄钟，并不是说羽声能变成角声。以函钟为宫，那么应该以太蔟为徵声。但在祭祀地神的时候，音乐有用太蔟的情况时，就变成用姑洗，并不是说羽声能变成徵声。以黄钟为宫，那么应该以南吕为羽声。但在祭祀祖先神的时候，音乐有用南吕的情况时，就变成用应钟，并不是说能把音阶之外的声音变成羽声。应钟是黄钟宫的变徵，文王、武王的时代，不用两种变声，所以在均外。鬼神的情况，应当根据其属性推求。朱弦、越席，太羹、明酒，这些是用来和神冥沟通的，和日常习惯不同，所以音乐也要变调。祭祀时不用商调，先儒认为商声是杀声，所以不宜用于祭祀。然而黄钟宫调里的太蔟，函钟宫调里的南吕，都是商声，可见杀声也未尝不可使用。为什么说不用商声呢？商声是中声。宫生徵，徵生商，商生羽，羽生角，所以商为中声。因为要祭祀天地之神，所以略去代表人声的中声。略去中声，这是为了向鬼神表示虔敬。宗庙祭祀中的音乐，宫在先，其次角，又次徵，又次羽。宫、角、徵、羽依次排列，显示的是人乐的次序，所以用来向祖先祈祷。世俗音乐以宫、商、角、徵、羽为次序，这里只是没有商，其余的都用，这就是人乐的次序。怎么知道是宫为先、其次角、又次徵、又次羽呢？是通过律吕的次序知道的。黄钟最长，大吕次长，太蔟又次，应钟最短，这就是它们的次序。在圜丘、方泽演奏的音乐，都以角为先，其次徵，又次宫,又次羽。始于角是因为角代表木,木生火,火生土,土生水。跳过金,是因为祭祀不用商调。木、火、土、水的顺序是天地自然的顺序,因此也按这种顺序祭祀天地。五行的顺序:木生火,火生土,土生金,金生水。这里只是不用金而已,其余的都用。这种顺序是天地自然的顺序。怎么知道要以角为先、其次徵、又次宫、又次羽呢?还是通过律吕的次序知道的。黄钟最长,太簇次长,圜钟又次,姑洗又次,函钟又次,南吕最短,这就是它们的次序。这是祭祀音乐中四音的次序。天之阳气从十一月开始生长,所以黄钟在先;阳气在三月达到繁盛,所以姑洗在后。地之阴气始于正月,所以太簇在先;阴气在八月达到繁盛,所以南吕在后。幽阴之气集中于北方,是人的最终归宿,鬼的藏身之所,所以黄钟在先,应钟在后。这是三大祭祀用乐的始终。角代表万物生长的开始,徵代表万物的形成,羽代表万物的终结。天之阳气始于十一月,到了正月,万物萌动,地之功开始显现,而天之功已有成,所以祭地以太簇为角,祭天以太簇为徵。三月万物都生长起来了,天之功全部完成,而地之功也已有成,所以祭天以姑洗为羽,祭地以姑洗为徵。八月万物都已成熟,地之功告终,所以祭地以南吕为羽。圜丘用乐虽然以圜钟为宫,却说"乃奏黄钟,以祀天神";方泽用乐虽然以函钟为宫,却说"乃奏太簇,以祭地祇"。因为圜丘祭天之乐,始于黄钟;方泽祭地之乐,始于太簇。祭祀天地之乐,只是世俗音乐中黄钟宫的一调而已。把这个黄钟宫的一调分成天地二乐。黄钟宫的音调,以黄钟为宫,太簇为商,姑洗为角。林钟则为祭地的方泽用乐。只有圜钟一调,不在音阶之内。天之功成于三月,那么宫声自然应该在徵声之后、羽声之前,正应当用夹钟。那祭天地二乐为什么专用黄钟一调呢?因为黄钟宫的乐音最为纯正准确,可以定准其他的十一律,所以和其他十一个音声调都不一样。所以《汉书·律历志》说:"以黄钟为宫调主音,则其他音皆为正声,没有差错。其他律吕虽然各以其对应之乐为宫调主音,但是应和而成的音律会有些微误差,不得正声。黄钟宫始于对应的十一月,终于八月,以统领一年的大事,其他律吕则各自主导一月而已。"古乐有下徵调,沈约的《宋书》说:"下徵调的调法是:黄钟为宫,南吕为商。"林钟宫中,正声黄钟为变徵,所以称为下徵调。马融的《长笛赋》说:"反商下徵,每各异善。"

意思是说南吕本为黄钟宫中的羽声,在下徵调中变成了商声,都是以黄钟为主。这是祭祀天地的顺序。祭祀祖先魂灵的音乐始于正北的黄钟,成于东北的太蔟,终于西北的应钟,荟萃到幽阴之地。它始于十一月,而成于正月,代表幽阴之魄稍微出现在东方。如果全处于幽阴的北方,就无法与人接触;稍微出现在东方,所以祖先的魂灵才能得到祭祀;最终则复归于幽阴之地,恢复其常态。唯独羽声的音调长于其他音调。因为世俗的音乐始于十一月、终于八月,以表示天地运行一个循环的终止。鬼道则没有穷尽之时,不像岁时那样有终结,所以穷尽十二律之后才会终止,以体现慎终追远之道,用意非常深远,这是庙堂音乐的始终。人鬼之乐以穷尽十二律为义,就应该始于黄钟,终于应钟,以宫、商、角、徵、羽为次序,则始于宫声,自然应当以黄钟为宫声。天神之乐始于黄钟,终于姑洗,以木、火、土、金、水为次序,那么宫声应当在太蔟徵之后、姑洗羽之前,所以自然应当以圜钟为宫。地神之乐始于太蔟,终于南吕,以木、火、土、金、水为次序,那么宫声应当在姑洗徵之后,南吕羽之前,中间只有函钟合于音阶,自然应当以函钟为宫声。天神之乐,宫声在圜钟之后,姑洗之前,中间只有一个音自然合用。不称夹钟而称圜钟,是用天的形状称呼它。不称林钟而称函钟,是用地的性质称呼它。黄钟没有异名,因为它是人道。以这三种律吕为宫声,其次序有着严格的规定,不能随意穿凿解释。圜钟六变,函钟八变,黄钟九变,都会合于卯,卯是昏明之交,所以可以交流上下、沟通幽明、汇合人神,所以天神、地神、人鬼都可以进行祭祀。从辰时以后一般就是白昼,从寅时以前一般就是黑夜,所以卯时为昏明之交,夹在昼夜之间,所以称为夹钟。黄钟一变为林钟,再变为太蔟,三变为南吕,四变为姑洗,五变为应钟,六变为蕤宾,七变为大吕,八变为夷则,九变为夹钟。函钟一变为太蔟,再变为南吕,三变为姑洗,四变为应钟,五变为蕤宾,六变为太吕,七变为夷则,八变为夹钟。圜钟一变为无射,再变为中吕,三变为黄钟清宫,四变正好到林钟,林钟没有清宫,到太蔟清宫为四变,五变正好到南吕,南吕也没有清宫,直到大吕清宫为五变,六变正好到夷则,夷则也没有清宫,直到夹钟清宫为六变。十二律中,黄钟、大吕、太蔟、夹钟四律有清宫,总称为十六律。自姑洗至应钟八律,皆无清宫,只是占据一个位置而已。这些都是天理不可改变的。古人认为这些规律很难知晓,只是没有深入地求索而已。听其声音,探求其意义,考察其次序,丝毫不可改变,这就是所谓天理了。总之,一是人鬼之乐,以宫、商、角、徵、羽为次序;二是天神之乐,三是地神之乐,都以木、火、土、金、水为次序;四是以黄钟一调而分为天地二乐;五是六变、八变、九变都会合于夹钟。

六吕:三曰钟,三曰吕。夹钟、林钟、应钟。大吕、中吕、南吕。钟与吕常相间,常相对,六吕之间,复自有阴阳也。纳音之法①:申、子、辰、巳、酉、丑为阳纪,寅、午、戌、亥、卯、未为阴纪。亥、卯、未,曰夹钟、林钟、应钟,阳中之阴也。黄钟者,阳之所钟也;夹钟、林钟、应钟,阴之所钟也,故皆谓之钟。巳、酉、丑,太吕、中吕、南吕,阴中之阳也。吕,助也,能时出而助阳也,故皆谓之吕。

【注释】

①纳音之法:古代术数之学,以天干、地支与五行、五音等相配,可用于占卜。

【译文】

六吕是指三钟、三吕。夹钟、林钟、应钟。大吕、中吕、南吕。钟与吕时常相间、时常相对,六吕之间,还自有阴阳之分。按照纳音之法:申、子、辰、巳、酉、丑为阳纪,寅、午、戌、亥、卯、未为阴纪。亥、卯、未对应于夹钟、林钟、应钟,是阳中之阴。黄钟是阳气汇集之音;夹钟、林钟、应钟是阴气汇集之音,所以都称为钟。巳、酉、丑对应于太吕、中吕、南吕,是阴中之阳。吕是帮助的意思,能经常出来辅助阳气,所以都称为吕。

　　《汉志》："阴阳相生，自黄钟始而左旋①，八八为伍②。"八八为伍者，谓一上生与一下生相间。如此，则自大吕以后，律数皆差，须自蕤宾再上生，方得本数。此八八为伍之误也。或曰："律无上生吕之理，但当下生而用浊倍③。"二说皆通。然至蕤宾清宫生大吕清宫，又当再上生。如此时上时下，即非自然之数，不免牵合矣。自子至巳为阳律、阳吕④，自午至亥为阴律、阴吕⑤。凡阳律、阳吕皆下生⑥，阴律、阴吕皆上生⑦。故巳方之律谓之中吕，言阴阳至此而中也，中吕当读如本字，作"仲"非也。至午则谓之蕤宾。阳常为主，阴常为宾。蕤宾者，阳至此而为宾也。纳音之法，自黄钟相生，至于中吕而中，谓之阳纪；自蕤宾相生，至于应钟而终，谓之阴纪。盖中吕为阴阳之中，子午为阴阳之分也。

【注释】

①左旋：根据十二律相生图，按逆时针旋转而产生音声。

②八八为伍：亦称"隔八相生"，按三分损益法，根据标准律管确定其他律管的管长。黄钟生林钟为三分损一，林钟生太蔟为三分益一，太蔟生南吕为三分损一，南吕生姑洗为三分益一，姑洗生应钟为三分损一，应钟生蕤宾为三分益一，蕤宾生大吕为三分益一，大吕生夷则为三分损一，夷则生夹钟为三分益一，夹钟生无射为三分损一，无射生中吕为三分益一，中吕生黄钟为三分益一。

③浊：原作"独"，据稗海本等。胡道静等以"浊"为"浊音"，据此而改。

④阳律：指黄钟、太蔟、姑洗。阳吕：指大吕、夹钟、中吕。

⑤阴律：指蕤宾、夷则、无射。阴吕：指林钟、南吕、应钟。

⑥下生：黄钟生林钟、太蔟生南吕、姑洗生应钟、大吕生夷则、夹钟

生无射、中吕生清黄钟，均为三分损一，所谓"下生"。

⑦上生：蕤宾生大吕、夷则生夹钟、无射生中吕、林钟生太蔟、南吕
生姑洗、应钟生蕤宾，均为三分益一，所谓"上生"。

【译文】

《汉书·律历志》说："阴阳相生，从黄钟开始向左旋转，八八为伍。"
所谓的"八八为伍"，是说隔八律上生与隔八律下生相间交错。如此一
来，则从大吕之后，律数就都不对了，必须从蕤宾再向上推算，才能得到
正确的律数。这是"八八为伍"说法的错误。有人说："律声没有上生吕
声的道理，应该是下生而按浊音之例加倍。"两种说法都是通的。然而
到了蕤宾清声生大吕清声时，又应当再一次上生。如此时上时下，就不
是自然的规律了，不免牵强。从子到巳为阳律、阳吕，从午到亥为阴律、
阴吕。凡是阳律、阳吕都是下生，凡是阴律、阴吕都是上生。所以对应
巳的音律称之为中吕，意思是阴阳至此而中和，中吕应当读如本字，作"仲"
是错误的。到午就称为蕤宾。此前以阳为主，以阴为宾。蕤宾的意思就
是说阳到此开始为宾。按纳音之法，从黄钟开始相生，到了中吕就到一
半，称为阳纪；从开始蕤宾相生，到了应钟就结束了，称为阴纪。中吕是
阴阳的中点，子午是阴阳的分界。

《汉志》言数曰："太极元气，函三为一①。极，中也；元，
始也。行于十二辰②，始动于子，参之于丑③，得三；又参之于
寅，得九；又参之于卯，得二十七。"历十二辰，"得十七万七
千一百四十七④。此阴阳合德，气钟于子，化生万物者也"。
殊不知此乃求律吕长短体算立成法耳，别有何义？为史者
但见其数浩博，莫测所用，乃曰"此阴阳合德，化生万物者
也"。尝有人于土中得一朽弊捣帛杵，不识，持归以示邻里。
大小聚观，莫不怪愕，不知何物。后有一书生过，见之曰：

"此灵物也。吾闻防风氏身长三丈⑤,骨节专车。此防风氏胫骨也⑥。"乡人皆喜,筑庙祭之,谓之"胫庙"。班固此论⑦,亦近乎"胫庙"也。

【注释】

①函三为一:太极包含天道、地道、人道。

②十二辰:中国古代将天赤道附近的一周天自西向东划分为十二等分,以十二地支来表示分为十二部分的周天,此即十二辰。

③参:通"叁",这里是乘三倍的意思。

④十七万七千一百四十七:以子为1,从子开始,经过十二辰,即 $1 \times 3^{11} = 177147$。

⑤防风氏:上古部落领袖之一。传说大禹在会稽山召集诸神,防风氏因迟到而被大禹处死。

⑥胫(jìng)骨:小腿骨。

⑦班固(32—92):字孟坚,扶风安陵(今陕西咸阳东北)人。汉和帝永元元年(89)随窦宪出征匈奴,任中护军,行中郎将,参议军机大事。著有《汉书》。

【译文】

《汉书·律历志》说:"太极的元气,把天地人涵容为一。极就是中正,元就是开始的意思。它在十二辰之间流转,从子开始,三倍子数,在丑为三,又三倍得九在寅,又三倍得二十七到卯。"经过十二辰,"得十七万七千一百四十七。这是阴阳合于大德,阳气汇聚于子,以化生万物"。殊不知这是计算律吕的长短所规定的方法,另有什么意义呢? 写史的人只看到这个数字很大,不知道干什么用的,就说"这是阴阳合于大德,化生万物"。曾经有人从土中挖出一根腐朽了的破棒子,不知道是什么东西,就拿回去给邻居看。邻居大人小孩聚在一起看,都感到惊奇,不知道什么东西。后来一个书生经过,看到后说:"这是灵物。我听说防风氏身长三丈,一节骨头能装满一辆车。这是防风氏的小腿骨。乡人都很高兴,造了个庙祭祀这跟木棒,称为"胫庙"。班固此论,和这"胫庙"也差不多。

　　吾闻《羯鼓录》序羯鼓之声云①:"透空碎远,极异众乐。"唐羯鼓曲,今唯有邠州一父老能之②,有《大合蝉》《滴滴泉》之曲。余在鄜延时,尚闻其声。泾原承受公事杨元孙因奏事回③,有旨令召此人赴阙④。元孙至邠,而其人已死,羯鼓遗音遂绝。今乐部中所有,但名存而已,"透空碎远"了无余迹。唐明帝与李龟年论羯鼓云⑤:"杖之弊者四柜。"用力如此,其为艺可知也。

【注释】

①《羯鼓录》:唐南卓撰,记载唐开元天宝年间与羯鼓有关的资料。羯鼓是一种西域传入的打击乐器。

②邠(bīn)州:今陕西彬县一带。

③泾原:今甘肃平凉一带。承受公事:全称"走马承受公事",各路设一员,负责向皇帝汇报各地情况,后改为廉访使。

④赴阙:指入朝。

⑤唐明帝:当为"唐明皇"之讹,即李隆基,公元712—756年在位。李龟年:唐玄宗时期乐工。善歌,长于作曲,擅奏羯鼓。

【译文】

　　我读《羯鼓录》上面说羯鼓的声音"透空碎远,和其他乐器很不一样。"唐代的羯鼓乐曲,现在只有邠州一父老能演奏,有《大合蝉》《滴滴泉》之曲。我在鄜延的时候,还听过那声音。泾原承受公事杨元孙于是上奏朝廷,朝廷下旨宣召此人入朝。杨元孙来到邠州,而那个人已经死了,羯鼓遗音于是就断绝了。现在乐班中保留的羯鼓曲,只是存其名而已,所谓"透空碎远"再难寻踪迹。唐玄宗和李龟年讨论羯鼓说:"敲坏了的鼓杖就有四柜子。"敲得如此用力,那种艺术技艺也可想而知了。

唐之杖鼓,本谓之"两杖鼓",两头皆用杖。今之杖鼓,一头以手拊之①,则唐之"汉震第二鼓"也,明帝、宋开府皆善此鼓②。其曲多独奏,如鼓笛曲是也。今时杖鼓,常时只是打拍,鲜有专门独奏之妙,古典悉皆散亡。顷年王师南征③,得《黄帝炎》一曲于交趾,乃杖鼓曲也。"炎"或作"盐"。唐曲有《突厥盐》《阿鹊盐》。施肩吾诗云④:"颠狂楚客歌成雪,媚赖吴娘笑是盐。"盖当时语也。今杖鼓谱中有炎杖声。

【注释】

①拊(fǔ):轻拍。

②宋开府:即宋璟(663—737),字广平,邢州南和(今河北邢台)人。累官御史台中丞、吏部侍郎、吏部尚书、刑部尚书等,开元十七年(729)拜相,授开府仪同三司,故称"宋开府",封广平郡开国公。

③王师南征:宋神宗熙宁九年(1076),官军征交趾。

④施肩吾(780—861):字希圣,号东斋,杭州新城(今属浙江)人。元和十五年(820)状元,隐居不仕。著有《西山集》等。

【译文】

唐代的杖鼓本来称为"两杖鼓",演奏时两头都用杖敲击。现在的杖鼓,一边是用手拍的,这是唐代的"汉震第二鼓",唐玄宗、宋璟都擅长弹奏这种鼓。乐曲多为独奏,就像鼓笛曲一样。现在的杖鼓,经常只是拿来打拍子,很少有专门独奏的了,古曲都已经散亡了。近年王师南征，在交趾获得《黄帝炎》一曲，正是杖鼓曲。"炎"或作"盐"。唐曲还有《突厥盐》《阿鹊盐》。施肩吾诗云："颠狂楚客歌成雪，媚赖吴娘笑是盐。"可见当时人称鼓曲为"盐"。现在杖鼓谱中还有炎杖声。

　　元稹《连昌宫词》有"逡巡大遍凉州彻"①。所谓"大遍"者②，有序、引、歌、𩋩、嗺、哨、催、攧、衮、破、行、中腔、踏歌之类③，凡数十解④，每解有数叠者⑤。裁截用之，则谓之"摘遍。"今人大曲，皆是裁用，悉非"大遍"也。

【注释】

①元稹（779—831）：字微之，河南府（治今河南洛阳）人。贞元九年（793）明经及第，贞元十八年（802）中书判拔萃科，授秘书省校书郎。元和元年（806）又登才识兼茂明于体用科，授左拾遗。大和三年（829），擢尚书左丞。后出为检校户部尚书，兼鄂州刺史、御史大夫、武昌军节度使，卒后追赠尚书右仆射。著有《元氏长庆集》。

②大遍：大曲名，每套大曲由数遍组成，全部演出称"大遍"。

③有序、引、歌、𩋩（sà）、嗺、哨、催、攧（diān）、衮、破、行、中腔、踏歌之类：唐宋大曲主要分三段：开始部分器乐独奏或合奏，节奏自由，称为"序"。中间以歌为主，称为"中序"或"拍序"。之后以舞为主，节奏急促，称为"破"。𩋩，胡道静等疑为"靸（sǎ）"之假借，为"序"至"中序"之间的过渡。攧，"中序"与"破"之间的过渡。

④解：即大曲中的段落。

⑤叠：曲调重复部分，相当于重唱、重奏。

【译文】

元稹的《连昌宫词》有"逡巡大遍凉州彻"一句。所谓的"大遍"，有序、引、歌、䤩、嗺、哨、催、攧、衮、破、行、中腔、踏歌之类，约数十段，每段有数叠。如果摘取部分演奏则称为"摘遍。"今人的大曲，都是节选，都不是"大遍"了。

鼓吹部有拱辰管，即古之叉手管。太宗皇帝赐今名①。

【注释】

①太宗：据《宋史》，当为宋太祖。

【译文】

鼓吹乐部中有拱辰管，就是古代的叉手管。太祖皇帝赐予了现在的名称。

边兵每得胜回，则连队抗声凯歌，乃古之遗音也。凯歌词甚多，皆市井鄙俚之语。余在鄜延时①，制数十曲，令士卒歌之，今粗记得数篇。其一："先取山西十二州，别分子将打衙头②。回看秦塞低如马，渐见黄河直北流。"其二："天威卷地过黄河，万里羌人尽汉歌。莫堰横山倒流水③，从教西去作恩波。"其三："马尾胡琴随汉车，曲声犹自怨单于。弯弓莫射云中雁，归雁如今不记书。"其四："旗队浑如锦绣堆，银装背嵬打回回④。先教净扫安西路，待向河源饮马来。"其五："灵武西凉不用围，蕃家总待纳王师。城中半是关西种，犹有当时轧吃根勿反。儿⑤。"

【注释】

①鄜延：治所在今陕西延安。

②子将：精锐的将士，一说为部将、小将。衔头：敌军指挥部。一说为衔头山，在今甘肃渭南。

③堰：堵塞。横山：北宋与西夏争夺之地。

④背嵬（wéi）：据程大昌《演繁露》当为皮制的圆形盾牌，一说为大将的亲随兵。回回：即回纥（hé）兵。

⑤轧吃（gù）儿：汉人的后代。

【译文】

边塞战士每次得胜归来，就全队高声唱凯歌，这是古代流传下来的。凯歌的词有很多，都是市井鄙俗之语。我在鄜延时，曾经创作了数十曲凯歌，让士卒歌唱，现在还粗略地记得数篇。其一："先取山西十二州，别分子将打衔头。回看秦塞低如马，渐见黄河直北流。"其二："天威卷地过黄河，万里羌人尽汉歌。莫堰横山倒流水，从教西去作恩波。"其三："马尾胡琴随汉车，曲声犹自怨单于。弯弓莫射云中雁，归雁如今不记书。"其四："旗队浑如锦绣堆，银装背嵬打回回。先教净扫安西路，待向河源饮马来。"其五："灵武西凉不用围，蕃家总待纳王师。城中半是关西种，犹有当时轧吃根勿反。儿。"

《柘枝》旧曲①，遍数极多，如《羯鼓录》所谓《浑脱解》之类，今无复此遍。寇莱公好《柘枝舞》②，会客必舞《柘枝》，每舞必尽日，时谓之"柘枝颠"。今凤翔有一老尼，犹是莱公时柘枝妓，云："当时《柘枝》，尚有数十遍。今日所舞《柘枝》，比当时十不得二三。"老尼尚能歌其曲，好事者往往传之。

【注释】

①《柘（zhé）枝》：唐代乐舞名，从西域传入，曲调明快。原为女伎二人对舞，宋后发展为百人演出的大型舞蹈。

②寇莱公：即寇准(961—1023)，字平仲，华州下邽(今陕西渭南)
　　人。太平兴国五年(980)进士，授大理评事、知归州巴东县。累
　　迁殿中丞、通判郓州，授右正言、直史馆，历同知枢密院事、参知
　　政事、枢密使。封莱国公。谥忠愍。《宋史》卷二八一有传。

【译文】

　　《柘枝》旧曲，段落极多，就像《羯鼓录》所谓《浑脱解》之类，现在不
再有这一段了。寇准喜欢《柘枝舞》，会客时必舞《柘枝》，每次舞《柘枝》
必定跳一整天，时人称他是"柘枝颠"。现在凤翔有一位老尼姑，是当时
寇准府上的柘枝妓，她说"当时的《柘枝》还有数十段，今日所舞《柘枝》，
比不上当时的十分之二三。"老尼姑现在还能唱其中的曲词，好事者往
往为之传唱。

　　古之善歌者有语，谓当使"声中无字，字中有声"。凡
曲，止是一声清浊高下如縈缕耳，字则有喉、唇、齿、舌等音
不同。当使字字举本皆轻圆①，悉融入声中，令转换处无磊
块，此谓"声中无字"，古人谓之"如贯珠"，今谓之"善过度"
是也。如宫声字而曲合用商声②，则能转宫为商歌之，此"字
中有声"也，善歌者谓之"内里声"。不善歌者，声无抑扬，谓
之"念曲"。声无含韫③，谓之"叫曲。"

【注释】

①本：疑当作"末"，宋元间张炎《词源》"举末轻圆无磊块"。自始至
　　终之意。
②宫声字：古代又以五声划分发音部位，喉音为宫，齿音为商，乐音
　　为角，舌音为徵，唇音为羽。
③含韫(yùn)：含蓄蕴藉。

【译文】

古代善于歌唱的人说，唱歌时要做到"声中无字，字中有声"。凡是乐曲，只是清浊高下不同的一种曲折连贯的声音而已，如盘绕的丝线一样，吐字则有喉、唇、齿、舌等不同发音部位。应当使每个字自始至终都轻松圆润，全部融入乐声之中，使转换处没有障碍，这就是所谓的"声中无字"，古人所谓的"如贯珠"，今人所谓的"善过度"。如宫声的字应该用商声的曲调，那么就可以转为商宫来唱，这就是"字中有声"，善歌唱的人称为"内里声"。不善于歌唱，声音没有抑扬顿挫，称为"念曲"。声音不够含蓄蕴藉，称为"叫曲。"

五音：宫、商、角为从声，徵、羽为变声。"从"谓律从律，吕从吕；"变"谓以律从吕，以吕从律①。故从声以配君、臣、民，尊卑有定，不可相逾；变声以为事、物，则或遇于君声无嫌。六律为君声，则商、角皆以律应，徵、羽以吕应。六吕为君声，则商、角皆以吕应，徵、羽以律应。加变徵，则从、变之声已渎矣。隋柱国郑译始条具七均②，展转相生，为八十四调，清浊混淆，纷乱无统，竞为新声。自后又有犯声、侧声、正杀、寄杀、偏字、傍字、双字、半字之法③。从、变之声，无复条理矣。

【注释】

①"从谓律从律"四句：从，宫、商、角之间各隔一个音律，所以以律音为宫，则商、角也是律音，以吕音为宫，则商、角也是吕音。如以黄钟为宫则对应太蔟商、姑洗角，黄钟、太蔟、姑洗均为律音。以林钟为宫，对应南吕商、应钟角，林钟、南吕、应钟均为吕音。所以叫"律从律，吕从吕"。而角与徵、羽与宫之间均隔了两个音律，因此以律音为宫，则徵、羽为吕音，以吕音为宫，则徵、羽为律

音。如以黄钟为宫,对应林钟徵、南吕羽,黄钟为律音,林钟、南
吕为吕音。以林钟为宫,则对应太蔟徵、姑洗羽,林钟为吕音,太
蔟、姑洗为律音。所以叫"以律从吕,以吕从律"。

②柱国:隋代勋级,正二品。郑译(540—591):字正义,于北周为柱
国,入隋为上柱国,开皇年间曾参与制定雅乐。

③犯声:在既定的音调中改换音声,侵犯了其他的音调。一种是异
宫相犯,将既定音阶中的某音换用另一音阶的某音;一种是同宫
相犯,将音阶中的某音代替主音,从而转换成另一调式。侧声:
借正调演奏其他乐调。正杀、寄杀:含义不详。杀声指乐调的结
束音。

【译文】

五音中宫、商、角为从声,徵、羽为变声。"从"的意思是说律从律,
吕从吕;"变"的意思是说以律从吕,以吕从律。因此从声可以与君、臣、
民相配,他们尊卑有一定之规,不可逾越;变声则可以与事、物相配,即
使遇到君声也没有关系。以六律为君声,则商声、角声相应的都是律声,徵
声、吕声则对应于吕声。以六吕为君声,则商声、角声相应的都是吕声,徵声、吕
声则对应于律声。后来加上变徵、变宫,则从、变的规律已经乱了。隋朝
柱国郑译首次确定七音,并与十二律相配合,形成八十四调。自此清浊
混淆,纷乱没有条理,人们争相演奏新声。此后又有犯声、侧声、正杀、
寄杀、偏字、傍字、双字、半字之法。从声、变声也再没有条理了。

外国之声,前世自别为四夷乐。自唐天宝十三载①,始
诏法曲与胡部合奏②。自此乐奏全失古法,以先王之乐为雅
乐,前世新声为清乐,合胡部者为宴乐。

【注释】

①天宝十三载:公元 754 年。

②法曲：乐曲种类，源于清商乐，后来融入了胡化或佛道化的乐曲，如《秦王破阵乐》《霓裳羽衣曲》等。

【译文】

　　中原以外的音乐，前代单独奏为四夷乐。从天宝十三年开始，下诏命法曲与胡乐合奏。从此音乐演奏的古法完全丧失了，把先王之乐叫做雅乐，汉魏六朝新作乐叫清乐，与胡乐合奏的叫宴乐。

　　古诗皆咏之，然后以声依咏以成曲，谓之协律。其志安和，则以安和之声咏之；其志怨思，则以怨思之声咏之。故治世之音安以乐，则诗与志、声与曲，莫不安且乐；乱世之音怨以怒，则诗与志、声与曲，莫不怨且怒。此所以审音而知政也①。诗之外又有和声，则所谓曲也。古乐府皆有声有词，连属书之。如曰贺贺贺、何何何之类，皆和声也②。今管弦之中缠声③，亦其遗法也。唐人乃以词填入曲中，不复用和声。此格虽云自王涯始④，然贞元、元和之间，为之者已多，亦有在涯之前者。又小曲有"咸阳沽酒宝钗空"之句，云是李白所制，然李白集中有《清平乐》词四首，独欠是诗，而《花间集》所载"咸阳沽酒宝钗空"⑤，乃云是张泌所为⑥，莫知孰是也。今声词相从，唯里巷间歌谣，及《阳关》《捣练》之类，稍类旧俗。然唐人填曲，多咏其曲名，所以哀乐与声尚相谐会。今人则不复知有声矣，哀声而歌乐词，乐声而歌怨词。故语虽切而不能感动人情，由声与意不相谐故也。

【注释】

①审音而知政：出自《礼记·乐记》。

②和（hè）声：歌曲中的补腔，一般用衬字代表，如贺贺贺、何何何之类。

③缠声：乐调中重叠的和声。

④王涯（764—835）：字广津，太原（今属山西）人。贞元八年（792）进士，又举博学宏词科，以左拾遗为翰林学士，进中书舍人，累官中书侍郎，同中书门下平章事，出为剑南东川节度使，入朝复为吏部尚书。

⑤《花间集》：后蜀赵崇祚编纂，收录了温庭筠、韦庄等18位花间词人的作品。

⑥张泌（bì）：字子澄，淮南（今属安徽）人。花间词派代表人物之一。

【译文】

古诗都是吟咏的，然后以声调配合吟咏而成曲，称为协律。表达安和的意思，就用安和的声调歌咏；表达怨思的意思，就用怨思的声调歌咏。所以治世的音乐安逸快乐，诗歌与情感、声音与曲调，无不安逸并且快乐；乱世的音乐哀怨愤怒，所以诗歌与情感、声音与曲调，无不哀怨并且愤怒。这就是所谓的根据音乐了解政治。诗之外又有和声，就是所谓的曲了。古乐府都是有和声有词句的，合起来记录下来。如贺贺贺、何何何之类的，都是和声。现在乐曲中的缠声，也是从和声中流传下来的。唐人才把词填入曲中，不再用和声。这种方法虽说从王涯开始，然而贞元、元和年间，已经有很多人为之了，也有不少在王涯之前的人作过。又小曲有"咸阳沽酒宝钗空"之句，说是李白所作，但是李白集中有《清平乐》词四首，只缺这首诗，而《花间集》所载"咸阳沽酒宝钗空"，却说是张泌所为，不知哪种说法是对的。现在声音与词义能紧密配合的，只有里巷间的歌谣，以及《阳关》《捣练》之类的乐曲，比较接近旧俗。然而唐人填曲，多根据曲名吟咏，所以哀乐之情与声音还能协调一致。现在人不再明白声调，于是哀婉的声调拿来唱欢快的词句，欢快的声调拿来唱哀怨的词句。因此语言虽然深切却不能感动人情，因为声音与意义不能协调一致的缘故。

古乐有三调声^①，谓清调、平调、侧调也。王建诗云"侧商调里唱伊州"是也^②。今乐部中有三调乐，品皆短小，其声噍杀^③，唯道调、小石法曲用之。虽谓之三调乐，皆不复辨清、平、侧声，但比他乐特为烦数耳。

【注释】

①三调：清商乐中的三调实为清调、平调、瑟调。下文中"侧调"是三调之外的清商乐。

②王建（765—830）：字仲初，颍川（今河南许昌）人。曾任昭应县丞、太常寺丞等。后出为陕州司马、光州刺史。

③噍（jiào）杀：声音急促。

【译文】

古乐有三种声调，所谓的清调、平调、侧调。即王建诗中说的"侧商调里唱伊州"。现在乐部中的三调乐，曲子都比较短小，声音激越急促，只有道调、小石调的法曲使用这种调式。虽然称为三调乐，但都无法分辨清调、平调、侧调了，只是比其他音乐的乐调更为复杂而已。

唐《独异志》云^①："唐承隋乱，乐虡散亡^②，独无徵音。李嗣真密求得之^③。闻弩营中砧声^④，求得丧车一铎^⑤，入振之于东南隅，果有应者。掘之，得石一段，裁为四具，以补乐虡之阙。"此妄也。声在短长厚薄之间，故《考工记》："磬氏为磬^⑥，已上则磨其旁，已下则磨其端。"磨其毫末，则声随而变，岂有帛砧裁琢为磬，而尚存故声哉。兼古乐宫、商无定声，随律命之，迭为宫、徵。嗣真必尝为新磬，好事者遂附益为之说。既云"裁为四具",则是不独补徵声也。

【注释】

①《独异志》:唐李亢撰,主要杂录古事以及日常所闻,多与怪异有关。

②乐虡(jù):悬挂钟磬之类乐器的支架。

③李嗣真(? —696):字承胄,邢州柏仁(今河北尧隆以西)人。官右御史中丞,出为潞州刺史,谥号昭。著有《续画品录》。《旧唐书》卷一九一、《新唐书》卷九一有传。

④砧(zhēn):用以捣洗衣物的石板。

⑤铎(duó):铃铛,多用于军旅。

⑥磬(qìng):古代以玉或石制成的打击乐器。

【译文】

　　唐代的《独异志》说:"唐代承续隋代的混乱,乐器支架都散失不全,没有能奏出徵音的乐器。李嗣真私下访求才找到。他听到弩营中有捣砧的声音,就找来一个丧车上的铃铛,在弩营的东南角摇铃,果然有应和之声。挖开后,得到一段石头,截成四段,以补充乐器所缺。"这种说法是错误的。声音取决于乐器的长短与薄厚,所以《考工记》说:"造磬的人造磬时,声音太高就要磨其两侧,声音太低就要磨其顶端。"即使做了很细微的打磨,声音都会随之改变,哪有把锤砧都切断打磨了,原来的声音还能保持不变的。再说古乐宫声、商声都没有固定的音高,是根据律吕决定的,同一音声,律调不同就可能换作宫、徵。李嗣真一定是曾经做过新的磬,于是有好事者把此事附会到他身上。故事里说他"分成四段",那就不只是补上徵音了。

　　《国史纂异》云:"润州曾得玉磬十二以献,张率更叩其一①,曰:'晋某岁所造也。是岁闰月,造磬者法月数,当有十三,宜于黄钟东九尺掘,必得焉。'从之,果如其言。"此妄也。法月律为磬,当依节气,闰月自在其间,闰月无中气②,岂当月律? 此懵然者为之也。扣其一,安知其是晋某年所造? 既沦陷在地中,岂暇复按方隅尺寸埋之? 此欺诞之甚也。

【注释】

①张率更:据胡道静疑当作"率更令张文成"。率更令,掌宗族礼乐、刑罚、漏刻等的官员。

②中气:古代历法中,二十四节气中奇数次序为中气,如冬至、大寒等,偶数次序为节气,如小寒、立春等。中气必在一定的月份,有时一个月中没有中气,就必须加一个月来调整,称为闰月。

【译文】

《国史纂异》说:"润州曾经挖出十二个玉磬献给朝廷,率更令张文成敲了一个,说:'这是晋代某年造的,这一年有闰月,造磬的人根据月数所造,应该有十三个,应该到埋有黄钟磬的位置向东九尺挖,一定能挖到。'听了他的话,果然挖到了。"这种说法是错误的。效法月律造磬,应该依据节气的变化,闰月自然在节气之间了,闰月没有中气,怎么会与月律相应? 这是糊涂的人瞎说的。敲了一个磬,怎么就能知道是晋代某年造的? 既然埋没于土中,怎么还能有机会根据方位尺寸埋? 这实在是荒诞到极点。

《霓裳羽衣曲》①,刘禹锡诗云②:"三乡陌上望仙山,归作《霓裳羽衣曲》。"又王建诗云:"听风听水作《霓裳》。"白乐天诗注云③:"开元中,西凉府节度使杨敬述造④。"郑嵎《津阳门诗》注云⑤:"叶法善尝引上入月宫⑥,闻仙乐。及上归,但记其半,遂于笛中写之。会西凉府都督杨敬述进《婆罗门曲》,

与其声调相符,遂以月中所闻为散序,用敬述所进为其腔,而名《霓裳羽衣曲》。"诸说各不同。今蒲中逍遥楼楣上有唐人横书⑦,类梵字,相传是《霓裳谱》,字训不通⑧,莫知是非。或谓今燕部有《献仙音曲》,乃其遗声。然《霓裳》本谓之道调法曲,今《献仙音》乃小石调耳。未知孰是。

【注释】

①《霓裳羽衣曲》:唐代法曲名,唐玄宗作曲,结合了杨敬述所献《婆罗门曲》,安史之乱后失传。南唐李煜、南宋姜夔均有补作。

②刘禹锡(772—842):字梦得,洛阳(今属河南)人。贞元九年(793)进士,因参与王叔文集团,被贬,历官朗州司马、连州刺史、夔州刺史、和州刺史、主客郎中、礼部郎中、苏州刺史等,会昌年间,加检校礼部尚书,卒赠户部尚书。著有《柳宾客集》

③白乐天:即白居易(772—864):字乐天,号香山居士,又号醉吟先生,其先为太原(今属山西)人。官至翰林学士、左赞善大夫。著有《白氏长庆集》。

④杨敬述:开元间以羽林大将军、西凉都督充河西节度使。

⑤郑嵎:原作"郑愚",据《津阳门诗》之作者改。郑嵎,字宾先,大中五年(851)进士。

⑥叶法善(616—720):字道元,括州括苍县(今浙江丽水)人。唐代道士。

⑦蒲中:今山西永济一带。

⑧训:解释字义。

【译文】

《霓裳羽衣曲》,刘禹锡有诗说:"三乡陌上望仙山,归作《霓裳羽衣曲》。"又有王建的诗说"听风听水作《霓裳》。"白居易的诗注说:"开元中,西凉府节度使杨敬述造。"郑嵎在《津阳门诗》自注中说:"叶法善曾经引导玄宗升入月宫,听到仙乐。等玄宗回来,只能记得一半的乐调,于是就用笛子吹出来。恰好西凉府都督杨敬述进献《婆罗门曲》,和玄宗所记声调相符,于是以月中听来的乐调为散序,用敬述所进的曲调为旋律,而命名为《霓裳羽衣曲》。"各种说法都不同。现在蒲中逍遥楼的门楣上有唐人写的横书,类似于梵字,相传是《霓裳谱》,但是字义不通,不知道是不是。有人说现在燕乐部有《献仙音曲》,是流传下来的遗音。但是《霓裳》本来是道调法曲,现在的《献仙音》是小石调。不知道哪种说法对。

《虞书》曰:"戛击鸣球,搏拊琴瑟以咏,祖考来格①。"鸣球非可以戛击,和之至,咏之不足,有时而至于戛且击;琴瑟非可以搏拊,和之至,咏之不足,有时而至于搏且拊。所谓手之、舞之、足之、蹈之,而不自知其然,和之至,则宜祖考之来格也。和之生于心,其可见者如此。后之为乐者,文备而实不足,乐师之志②,主于中节奏、谐声律而已。古之乐师,皆能通天下之志,故其哀乐成于心,然后宜于声③,则必有形容以表之。故乐有志,声有容,其所以感人深者,不独出于器而已。

【注释】

①"戛(jiá)击鸣球"三句:出自《尚书·益稷》。戛,演奏古乐器敔(yǔ)的动作。鸣球,圆形的玉磬。拊,一种古乐器,这里指用演奏搏拊的方式拍打。

②乐师:原作"师",从《类苑》二十引补。

③宜:《类苑》二十引作"宣",亦可从。

【译文】

《尚书·虞书》说:"戛击鸣球,搏拊琴瑟以咏,祖考来格。"鸣球本不能用戛击的方式来演奏,但是演奏时和谐到了极点,咏叹不足以表情,有时就会又刮又击。琴瑟本来不能用搏拊的方式来演奏,但是演奏时和谐到了极点,咏叹不足以表情,有时就会又拍又打。所谓的手舞足蹈,而自己不觉得,和谐到了极点,祖先就会降临了。和谐是生于内心的,手舞足蹈是外在可见的而已。后代演奏音乐的人,形式上完备了而内心不够充实,乐师的志向只是符合节奏、声律规范而已。古代的乐师,都能通晓天下人的志向,所以哀乐之情成于内心,然后感发为音乐,必然有动作表情来表现出来。所以音乐有情志,声音有感情,这样就能感人至深,不仅仅是依靠乐器而已。

《新五代史》书唐昭宗幸华州^①,登齐云楼,西北顾望京师,作《菩萨蛮》辞三章,其卒章曰:"野烟生碧树,陌上行人去。安得有英雄,迎归大内中?"今此辞墨本犹在陕州一佛寺中^②,纸札甚草草。余顷年过陕,曾一见之,后人题跋多盈巨轴矣。

【注释】

①唐昭宗幸华州:事在唐昭宗乾宁三年(896),凤翔节度使李茂贞发兵逼官,唐昭宗出奔华州。华州,今陕西华县一带。

②陕州:今河南三门峡西北一带。

【译文】

《新五代史》记载唐昭宗出奔华州,登上齐云楼,向西北回望京城,作《菩萨蛮》辞三章,最后一章说:"野烟生碧树,陌上行人去。安得有英雄,迎归大内中?"现在此辞的墨本还在陕州的一座佛寺中,纸张粗糙,字迹潦草。我往年路过陕州，曾经见过一面，后人的题跋倒是多得写满了一巨幅卷轴。

世称善歌者皆曰"郢人"，郢州至今有白雪楼①。此乃因宋玉问曰②："客有歌于郢中者，其始曰《下里巴人》，次为《阳阿薤露》，又为《阳春白雪》，引商刻羽③，杂以流徵。"遂谓郢人善歌，殊不考其义。其曰"客有歌于郢中者"，则歌者非郢人也。其曰"《下里巴人》，国中属而和者数千人；《阳阿薤露》，和者数百人；《阳春白雪》，和者不过数十人；引商刻羽，杂以流徵，则和者不过数人而已。"以楚之故都，人物猥盛，而和者止于数人，则为不知歌甚矣。故玉以此自况，《阳春白雪》皆郢人所不能也。以其所不能者明其俗，岂非大误也？《襄阳耆旧传》虽云④："楚有善歌者，歌《阳菱白露》《朝日鱼丽》，和之者不过数人。"复无《阳春白雪》之名。又今郢州，本谓之北郢，亦非古之楚都。或曰：楚都在今宜城界中，有故墟尚在。亦不然也。此鄢也⑤，非郢也。据《左传》："楚成王使斗宜申为商公，沿汉泝江，将入郢，王在渚宫下见之⑥。"沿汉至于夏口，然后泝江，则郢当在江上，不在汉上也。又在渚宫下见之，则渚宫盖在郢也。楚始都丹阳，在今枝江，文王迁郢⑦，昭王迁都⑧，皆在今江陵境中。杜预注《左传》云："楚国，今南郡江陵县北纪南城也。"谢灵运《邺中集》有诗云⑨："南登宛郢城。"今江陵北十二里有纪南城，即古之郢都也，又谓之南郢。

【注释】

①郢州：治所在今湖北钟祥一带。

②宋玉（约前298—前222）：战国时期楚人，传说为屈原后生，好辞赋。引文出自《对楚王问》。

③引商刻羽：据罗蔗园，意为引林钟之商加于黄钟之羽上，故曰"刻羽"。其结果使黄钟之正宫变为林钟之清徵，清徵即流徵。实现了转调变音，故而难于演唱。

④《襄阳耆旧传》：晋习凿齿撰，记载襄阳人物事迹、山川地理，今已亡佚。

⑤鄢：在今湖北宜城东南。

⑥"楚成王使斗宜申为商公"几句：出自《左传·文公十年》。

⑦文王：楚文王熊赀（zī），公元前689—前677在位。

⑧郡（ruò）：今湖北宜城东南的汉水之上。

⑨谢灵运（385—433）：会稽始宁（今浙江绍兴）人，出身陈郡谢氏，世袭为康乐公，世称"谢康乐"。任永嘉太守、秘书监、临川内史。

【译文】

世上称善于歌唱的人为"郢人"，郢州至今还有白雪楼。这是因为宋玉曾问道："有一位客人在郢州城中歌唱，开始唱《下里巴人》，之后唱《阳阿薤露》，再之后唱《阳春白雪》，最后运用转调手法演唱变声。"于是就说郢人善于歌唱，完全没有考究这段话的意思。他说"有一位客人在郢州城中歌唱"，可见唱歌的不是郢人。他说"唱《下里巴人》，城中能跟着唱的有数千人；唱《阳阿薤露》，能跟着唱的有数百人；唱《阳春白雪》，能跟着唱的不过数十人；转调变音演唱时，能跟着唱的不过数人而已。"以楚国故都的规模，人物众多，而能跟着唱的只有数人，真是太不懂音乐了。所以宋玉以此自况，《阳春白雪》都是郢人不会唱的。以楚人不会唱的音乐来代表其风俗，难道不是严重的错误吗？《襄阳耆旧传》虽然有记载说："楚国有善于歌唱的人，唱《阳菱白露》《朝日鱼丽》，跟着唱的不过数人。"并没有《阳春白雪》之歌名。此外,现在的郢州,本来称为北郢,也不是古代的楚国都城。有人说:楚都在现在宜城界内,还有以前的遗迹在。这说法也是不对的。宜城的遗迹是鄢,不是郢。据《左传》:"楚成王命斗宜申为商公,沿着汉水,上溯长江,将要到达郢城,楚王在渚宫下见他。"沿汉水到达夏口,然后上溯长江,则郢州城应当在长江边上,不在汉水边上。又在渚宫下见他,那么渚宫应该是在郢州的。楚国开始在丹阳建都,在现在的枝江,楚文王迁都到郢,昭王又迁到鄀,都在现在的江陵境内。杜预注《左传》说:"楚国,在现在的南郡江陵县北纪南城。"谢灵运《邺中集》中有诗云:"南登宛郢城。"现在的江陵北十二里有纪南城,就是古代的郢都,又称为南郢。

六十甲子有纳音,鲜原其意。盖六十律旋相为宫法也。一律含五音,十二律纳六十音也。凡气始于东方而右行,音起于西方而左行,阴阳相错而生变化。所谓气始于东方者,四时始于木,右行传于火,火传于土,土传于金,金传于水。所谓音始于西方者,五音始于金,左旋传于火,火传于木,木传于水,水传于土。纳音与《易》纳甲同法:乾纳甲而坤纳癸,始于乾而终于坤。纳音始于金,金,乾也;终于土,土,坤也。纳音之法,同类娶妻,隔八生子①,此《汉志》语也。此律吕相生之法也。五行先仲而后孟,孟而后季,此遁甲三元之纪也②。甲子金之仲,黄钟之商③。同位娶乙丑,大吕之商。同位,谓甲与乙、丙与丁之类。下皆仿此。隔八下生壬申,金之孟。夷则之商。隔八,谓大吕下生夷则也④。下皆仿此。壬申同位娶癸酉,南吕之商。隔八上生庚辰,金之季。姑洗之商。此金三元终。若只以阳辰言之,则依遁甲逆传仲、孟、季。若兼妻言之,则顺传孟、仲、季也。庚辰同位娶辛巳，_{中吕之商。}隔八下生戊子，火之仲。_{黄钟之徵。}金三元终，则左行传南火也。戊子娶己丑，_{大吕之徵。}生丙申，火之孟。_{夷则之徵。}丙申娶丁酉，_{南吕之徵。}生甲辰，火之季。_{姑洗之徵。}甲辰娶乙巳，_{中吕之徵。}生壬子，木之仲。_{黄钟之角。}火三元终，则左行传于东方木。如是左行至于丁巳，_{中吕之宫}，五音一终。复自甲午金之仲，娶乙未，隔八生壬寅，一如甲子之法，终于癸亥。谓蕤宾娶林钟，上生太蔟之类。自子至于巳为阳⑤，故自黄钟至于中吕皆下生；自午至为亥为阴，故自林钟至于应钟皆上生。予于《乐论》叙之甚详⑥，此不复纪。_{甲子乙丑金，与甲午乙未金虽同，然甲子乙丑为阳律，阳律皆下生；甲午乙未为阳吕，阳吕皆上生。六十律相反，所以分为一纪也。}

【注释】

①同类娶妻，隔八生子：出自《汉书·律历志》，参前篇所谓"阴阳相生，自黄钟始而左旋，八八为伍"的注释。

②遁甲：古代术数之法。以乙、丙、丁为"三奇"，戊、己、庚、辛、壬、癸为"六仪"，分置九宫，以甲统之，故甲可遁于三奇、六仪，称为遁甲。三元：古代术数之法，以六十甲子与九宫变化相配，经一百八十年（三个甲子）复位，一甲子为上元（孟）、二甲子为中元（仲）、三甲子为下元（季），合称"三元"。

③黄钟之商：宫为中央土、商为西方金、角为东方木、徵为南方火、羽为北方水。据胡道静考，古人有《纳音五行歌诀》，甲子、乙丑，壬申、癸酉，庚辰、辛巳三对属金，为阳纪。甲午、乙未，壬寅、癸卯，庚戌、辛亥三对属金，为阴纪。十二支又可与十二律相配，甲子配黄钟、乙丑配大吕、壬申配夷则、癸酉配南吕、庚辰配姑洗、辛巳配中吕、甲午配蕤宾、乙未配林钟、壬寅配太蔟、癸卯配夹

钟、庚戌配无射、辛亥配应钟。

④大吕：原作"八吕"，与文意不合，据弘治本改。下生：即三分损一衍生法。参前文注。

⑤自子至于巳为阳："自子"二字原缺，与下文"自午至于亥为阴"不对应，据《观堂校识》补。

⑥《乐论》：据沈括《上欧阳参政书》论及乐律，则《乐论》或成于嘉祐六年(1061)之前。

【译文】

六十甲子有纳音之法，很少有人推究其意义。这其实是六十律轮流构成不同调式的方法。一律中含有五个音阶，十二律可以形成六十音。大凡气产生于东方而顺时针旋转，音产生于西方而逆时针旋转，阴阳交错而产生变化。所谓的气产生于东方，是说四时从木开始，顺时针传于火，火传于土，土传于金，金传于水。所谓的音产生于西方，是说五音从金开始，逆时针传于火，火传于木，木传于水，水传于土。纳音之法与《周易》的纳甲之法相同：乾纳甲而坤纳癸，从乾开始到坤终止。纳音从金开始，金就是乾；到土终止，土就是坤。纳音的方法，就是娶同类律吕为妻，隔八位而生子，这是《汉书·律历志》中的话。这就是律吕相生之法。五行之中仲在先，然后是孟，然后是季，这是遁甲三元的次序。甲子是金的仲，黄钟的商音。娶同位的乙丑，大吕的商音。同位，意思是甲与乙、丙与丁之类。以下都仿照此类推。相隔八位三分损一生壬申，是金的孟。夷则的商声。相隔八位，就是大吕三分损一生夷则。以下都仿照此类推。壬申娶同位的癸酉，南吕的商声。相隔八位三分益一生庚辰，是金的季。姑洗的商声。到这是金的三元终结。如果只以阳辰而言，是依照遁甲的次序，逆向传过仲、孟、季。如果兼顾所娶的同位之妻而言，就是顺向传过孟、仲、季。庚辰娶同位的辛巳，中吕的商声。相隔八位三分损一生戊子，是火的仲。黄钟的徵声。金的三元终结，就逆时针传到南方的火。戊子娶同位的己丑，大吕的徵声。生丙申，是火的孟。夷则的徵声。丙申娶同位的丁酉，南吕的徵声。生甲辰,是火的季。姑洗的徵声。甲辰娶同位的乙巳,中吕的徵声。生壬子,是木的仲。黄钟的角声。火的三元终结,皆逆时针传到东方的木。如此顺序逆时针传到丁巳,是中吕的宫声,五音经历一次循环。再从甲午金的仲开始,娶同位的乙未,相隔八位生壬寅,还像从甲子开始循环,终止于癸亥。指蕤宾娶同位的林钟,三分益一生太簇之类。从子到巳是阳,所以从黄钟到中吕都是三分损一;从午到亥是阴,所以从林钟到应钟都是三分益一。我在《乐论》中解释得很详细,这里就不再说了。甲子、乙丑的金,和甲午、乙未的金虽然相同,但是甲子、乙丑是阳律,阳律都是三分损一而生;甲午、乙未是阳吕,阳吕都是三分益一而生。六十律这样相互对应,所以分为一个循环。

　　今太常钟镈^①,皆于甬本为纽^②,谓之旋虫,侧垂之。皇祐中,杭州西湖侧,发地得一古钟,匾而短^③,其枚长几半寸^④,大略制度如《㒺氏》所载,唯甬乃中空,甬半以上差小,所谓衡者^⑤。予细考其制,亦似有义。甬所以中空者,疑钟縻自其中垂下^⑥,当衡甬之间,以横括挂之^⑦,横括疑所谓旋虫也。今考其名,竹箭之箭^⑧,文从竹、从甬,则甬仅乎空。甬半以上微小者,所以碍横括,以其横括所在也,则有衡之义也^⑨。其横括之形,似虫而可旋,疑所谓旋虫。以今之钟镈校之,此衡甬中空,则犹小于甬者,乃欲碍横括,似有所因。彼衡、甬俱实,则衡小于甬,似无所因。又以其括之横于其中也,则宜有衡义。实甬直上植之,而谓之衡者何义?又横括以其可旋而有虫形,或可谓之旋虫。今钟则实其纽不动,何缘得"旋"名?若以侧垂之,其钟可以掉荡旋转,则钟常不定,击者安能常当其隧^⑩?此皆可疑,未知孰是。其钟今尚在钱塘,予群从家藏之。

【注释】

①镈（bó）：形状似钟，现在一般认为镈与钟的不同在于无甬（柄）而有纽、平口、直悬。

②甬（yǒng）：钟顶部的长柄。纽：钟柄的下部有挂钟用的环，环与柄通过纽相连。

③匾：同"扁"。

④枚：钟带之间的凸起部分。

⑤衡：一般以钟甬的顶部为衡。

⑥钟縻：挂钟的绳子。

⑦横括：《类苑》十九引"括"为"栝（kuò）"，箭末扣弦处曰"栝"，这里指甬上悬挂钟縻的部件。

⑧箭（tǒng）：管，竹筒。

⑨衡：绑在牛角上的横木。

⑩隧：原作"燧"，据胡道静等改，指钟上受敲击而发音的地方。

【译文】

现在太常寺的钟镈，都在钟柄的下部铸纽，称为旋虫，偏向一侧垂着。皇祐年间，在杭州西湖一侧发掘出一口古钟，形状扁而短，钟枚几乎长达半寸，大概规制就像《考工记·凫氏》记载的那样，只是钟柄是中空的，钟柄的上半部分比较小，就是所谓的衡。我仔细考察其规制，也好像有道理。钟柄之所以是中空的，可能是挂钟的绳子从中间垂下，在衡、甬之间，用横括挂起来，横括可能就是所谓的旋虫。现在考察其名称，竹箭的"箭"，字从竹从甬，那么甬有表示空的含义。甬上半部分较小，是为了挡住横括，因为横括就在这个位置，所以有衡的意思。至于横括的形状，像虫子并可以旋转，怀疑这就是所谓的旋虫。拿现在的钟镈相比较，这个古钟的衡和甬中空，因而衡比甬小，是为了挡住横括，似乎有道理。现在的衡和甬都是实心的，因此衡比甬小，好像就没什么理由。又因为空心的甬是有横括在其中的，所以理应有衡的意思。实心的甬直接接在钟上,还称为衡有什么意义呢？此外,横括因为可以旋转并且是虫子的形状,大概可以称为"旋虫"。现在的钟则把纽固定在钟上不能移动,那又怎么能叫"旋"呢？如果是侧着挂起来,那么钟会不断旋转摆动,钟的位置无法固定,敲击者怎么能敲准位置呢？这些都很可疑,不知道哪种说法是对的。那口钟现在还在钱塘,在我同族的子弟家中收藏着。

海州士人李慎言①,尝梦至一处水殿中,观宫女戏毬②。山阳蔡绳为之传③,叙其事甚详。有《抛毬曲》十余阕,词皆清丽。今独记两阕："侍燕黄昏晚未休④,玉阶夜色月如流。朝来自觉承恩醉,笑倩傍人认绣毬"。"堪恨隋家几帝王,舞裀揉尽绣鸳鸯⑤。如今重到抛毬处,不是金炉旧日香。"

【注释】

①海州:今江苏连云港一带。李慎言:字希谷,《全唐诗》误以为唐朝人,收入其《抛毬曲》。

②戏毬(qiú):一种球类游戏。

③山阳:今江苏淮安。蔡绳:未详。胡道静等认为或是沈括友人。

④燕:通"宴",宴席。

⑤裀(yīn):通"茵",垫子,地毯。

【译文】

海州士人李慎言,曾经梦中到了一处临水宫殿,观看宫女戏毬。山阳人蔡绳记载了这件事,叙事非常详细。其中有《抛毬曲》十余首,语词都很清丽。现在只能记住其中两首："侍燕黄昏晚未休,玉阶夜色月如流。朝来自觉承恩醉,笑倩傍人认绣毬"。"堪恨隋家几帝王,舞裀揉尽绣鸳鸯。如今重到抛毬处,不是金炉旧日香。"

　　《卢氏杂说》①:"韩皋谓嵇康琴曲有《广陵散》者②,以王陵、毌丘俭辈皆自广陵败散③,言魏散亡自广陵始,故名其曲曰《广陵散》。"以余考之,"散"自是曲名,如操、弄、掺、淡、序、引之类。故潘岳《笙赋》④:"辍张女之哀弹,流广陵之名散。"又应璩《与刘孔才书》云⑤:"听广陵之清散。"知"散"为曲名明矣。或者康借此名以谏讽时事,"散"取曲名,"广陵"乃其所命,相附为义耳。

【注释】

①《卢氏杂说》:唐卢言撰笔记类著作,今已亡佚。

②韩皋(744—822):字仲闻,京兆长安(今陕西西安)人。累迁中书舍人、御史中丞、尚书右丞、兵部侍郎,王叔文执政,出为鄂州刺史、岳鄂蕲沔等州观察使,元和八年(812),加检校吏部尚书,兼许州刺史,充忠武军节度等使。长庆元年(821),正拜尚书右仆射,后转左仆射,谥曰贞。嵇康(224—263):字叔夜,谯国铚县(今安徽濉溪)人。官至曹魏中散大夫,世称"嵇中散","竹林七贤"之一。因得罪钟会,被诬致死,临刑前从容抚琴奏《广陵散》。

③王陵:当作王淩(172—251),字彦云,太原祁县(今属山西)人。曹魏将领,封南乡侯,迁车骑将军、仪同三司、司空、太尉等。毌丘俭(guàn qiū jiǎn,? —255):字仲恭,河东闻喜(今属山西)人。封高阳乡侯,曾任荆州刺史。二人皆曾任扬州(广陵)都督,并与司马氏政治集团不和,先后叛乱,均失败。事见《三国志》卷二八。

④潘岳(247—300):字安仁,荥阳中牟(今属河南)人。美姿仪,官至散骑侍郎、给事黄门侍郎,有《闲居赋》等。

⑤应璩(yìng qú,190—252),字休琏,汝南南顿(今河南项城)人。官散骑常侍,迁侍中、大将军长史。

【译文】

《卢氏杂说》记载："韩皋说嵇康有《广陵散》琴曲，并且因为王陵、毋丘俭等人都在广陵战败而亡，所以说曹魏的灭亡也从广陵开始，因此将曲子命名为《广陵散》。"据我考证，"散"自然是曲调名，就像操、弄、掺、淡、序、引之类。所以潘岳的《笙赋》说："辍张女之哀弹，流广陵之名散。"又根据应璩的《与刘孔才书》有："听广陵之清散。"可见，"散"很明显是曲名。或者嵇康借此名称以讽谏时事，"散"取为曲名，"广陵"作为标题，两者结合有一定意义。

马融《笛赋》云："裁以当摣便易持①。"李善注谓②："摣，马策也。裁笛以当马摣，故便易持。"此谬说也。笛安可为马策③？摣，管也。古人谓乐之管为摣，故潘岳《笙赋》云："修摣内辟④，余箫外逶⑤。"裁以当摣者，余器多裁众摣以成音，此笛但裁一摣，五音皆具。当摣之工，不假繁猥，所以便而易持也。

【注释】

①摣（zhuā）：即马策，马鞭。

②李善（630—689）：江都（今江苏扬州）人。官录事参军、秘书郎、崇贤馆直学士兼沛王侍读、泾城县令等。曾为《文选》作注。此《笛赋》当为《长笛赋》。

③笛安可为马策：据南宋程大昌《演繁露》卷八有"吹鞭"条，引《急就章》，知古有"吹鞭"之说，则笛并非不可解为鞭。

④修摣：长管。辟：开。

⑤余箫：众管。逶（wēi）：逶迤，连绵不绝。

【译文】

　　马融的《笛赋》说:"裁以当樀便易持。"李善注道:"樀是马鞭的意思。用笛子当马鞭,所以简便而易持。"这是错误的说法。笛子怎么能当马鞭呢?樀应该是管子的意思。古人把管乐器的乐管称为樀,所以潘岳《笙赋》说:"修樀内辟,余箫外逶。"所谓的"裁以当樀",是说其他乐器需要很多乐管才能发音,而笛子只需要一根乐管就能五音具备。制造乐管的工匠不需要很繁琐的步骤,所以说简便而易持。

　　笛有雅笛、有羌笛,其形制所始,旧说皆不同。《周礼》:"笙师掌教篪篴①。"或云:"汉武帝时,丘仲始作笛。"又云:"起于羌人。"后汉马融所赋长笛,空洞无底,剡其上孔五孔②,一孔出其背,正似今之"尺八"③。李善为之注云:"七孔,长一尺四寸。"此乃今之横笛耳,太常鼓吹部中谓之"横吹",非融之所赋者。融《赋》云:"《易》京君明识音律④,故本四孔加以一。君明所加孔后出,是谓商声五音毕。"沈约《宋书》亦云:"京房备其五音。"《周礼·笙师》注:"杜子春云⑤:'篴乃今时所吹五空竹篴。'"以融、约所记论之,则古篴不应有五孔,则子春之说,亦未为然。今《三礼图》画篴,亦横设而有五孔,又不知出何典据。

【注释】

①篪(chí):古代横吹竹管乐器,七孔。篴:同"笛"。

②剡(yǎn):削。

③尺八:一种竹制古乐器。

④京君明:即京房(前77—前37),字君明,东郡顿丘(今河南清丰西南)人。汉元帝时为郎、魏郡太守。通《易》学。

⑤杜子春(约前30—约58):缑氏(今河南偃师南)人。曾向刘歆学习《周礼》,郑众、贾逵均出其门下。

【译文】

笛有雅笛、有羌笛,其最初的形制如何,旧说都不一样。《周礼》说:“笙师负责教授篪篴。”有人说:“汉武帝的时候,丘仲发明了笛。”又有人说:“笛起源于羌人。”后汉马融《长笛赋》中所赋的长笛,中空而无底,在竹管上削五个孔,一个孔开在这些孔的后面,就像现在的“尺八”。李善作注说:“七孔,长一尺四寸。”这就是现在的横笛了,太常寺的鼓吹部中称为“横吹”,不是马融赋中的长笛。马融《长笛赋》说:“《易》京君明通识音律,所以在四孔笛的基础上增加一孔。君明所加的一孔后来才出现,之后可以说商声五音全备了。”沈约《宋书》也说:“京房使五音完备。”《周礼·笙师》注说:“杜子春说:‘篴就是现在吹的五空竹笛。’”以马融、沈约的记载来讨论,则古笛不应该有五个孔,那么杜子春的说法,也未必对。现在的《三礼图》画篴,也是横吹而有五个孔,又不知道有什么依据。

琴虽用桐,然须多年木性都尽,声始发越①。予曾见唐初路氏琴,木皆枯朽,殆不胜指,而其声愈清。又常见越人陶道真畜一张越琴②,传云古冢中败棺杉木也,声极劲挺。吴僧智和有一琴,瑟瑟徽碧③,纹石为轸④,制度音韵皆臻妙。腹有李阳冰篆数十字⑤,其略云:“南溟岛上得一木,名伽陀罗,纹如银屑,其坚如石,命工斲为此琴⑥。”篆文甚古劲⑦。琴材欲轻、松、脆、滑,谓之四善。木坚如石,可以制琴,亦所未谕也。《投荒录》云⑧:“琼管多乌樠、呿陀⑨,皆奇木。”疑“伽陀罗”即“呿陀”也。

【注释】

①发越:激扬。

②陶道真:即陶瞻,字道真,东晋陶侃之子。累官广陵相、庐江太守、建昌太守,迁散骑常侍,封都亭侯。畜:收藏。越:指浙江部分地区。

③瑟瑟:即绿松石。

④轸(zhěn):古琴下面调整琴弦的轴。

⑤李阳冰:字少温,亳州谯郡(今安徽亳州)人。官至国子监丞、集贤院学士。工于篆书。

⑥斲(zhuó):斫,削。

⑦篆(zhuàn)文:秦汉时期的古文字。

⑧《投荒录》:即《投荒杂录》,唐代房千里所撰笔记,多记岭南风物。

⑨琼管:即琼州,今海南琼山县南。乌㭱(mán):乌梨木。呿陀(qù tuó):亦为树名。

【译文】

琴虽用桐木制作,但是必须用生长多年的桐木,待其木的性质都丧失之后,声音才变得激扬起来。我曾经见过唐初的路氏琴,琴木都枯朽不堪了,几乎没法用手指弹拨,可是琴声却更加清亮。又曾经见过越人陶瞻收藏的一张越琴,相传是用古墓中出土的腐败的杉制棺木做成的,声音非常劲健有力。江浙僧人智和有一张琴,呈现出绿松石的颜色,用带花纹的石头作琴轴。形制、音韵都致臻绝妙。琴腹上刻有李阳冰的几十个篆体字,大意说:“南海岛上得到一种木材,名叫伽陀罗,纹路就像银屑,坚硬如石,让工匠加工成为此琴。”篆文非常古雅劲健。琴材最好能轻、松、脆、滑,即所谓的四善。李阳冰说木材坚硬如石可以制琴,这也是没听说过的。《投荒录》说:“琼州多乌㭱、呿陀,都是珍奇之木。”我怀疑“伽陀罗”就是“呿陀”。

　　高邮人桑景舒①,性知音,听百物之声,悉能占其灾福,尤善乐律。旧传有虞美人草②,闻人作《虞美人曲》,则枝叶皆动,他曲不然。景舒试之,诚如所传。乃详其曲声,曰:"皆吴音也。"他日取琴,试用吴音制一曲,对草鼓之,枝叶亦动,乃谓之《虞美人操》。其声调与《虞美人曲》全不相近,始末无一声相似者,而草辄应之,与《虞美人曲》无异者,律法同管也。其知者臻妙如此。景舒进士及第,终于州县官。今《虞美人操》盛行于江吴间,人亦莫知其如何为吴音。

【注释】

①桑景舒:生平不详。

②虞美人草:即丽春花,二年生草本植物,叶羽状互生,春夏间开红、紫、白花。

【译文】

　　高邮人桑景舒,天性通晓音律,聆听百物的声音,都能根据声音占卜灾福,尤其善于乐律。旧传有虞美人草,听到人弹奏《虞美人曲》就会枝叶都随着摇动,而听其他曲调就不会。桑景舒试验了一下,确实如传说中的一般会动。就仔细揣摩曲声,说:"这是吴音。"他日取琴,试着用吴音制作了一支曲子,对着虞美人草弹奏,虞美人草的枝叶也随着摇动,于是称为《虞美人操》。其声调和《虞美人曲》完全不相近,从始至终没有一音相似,但是虞美人草听到后就和听《虞美人曲》时一样随之摇动,因为其乐律是相同的。桑景舒对音乐通晓得如此致臻绝妙。他是进士出身,死在州县官任上。现在《虞美人操》盛行于江南一带,人们也不清楚为什么它是吴音。

卷六

　　前世遗事，时有于古人文章中见之。元稹诗有"琵琶宫调八十一，三调弦中弹不出。"琵琶共有八十四调，盖十二律各七均，乃成八十四调。稹诗言"八十一调"，人多不喻所谓。余于金陵丞相家得唐贺怀智《琵琶谱》一册①，其序云："琵琶八十四调。内黄钟、太蔟、林钟宫声，弦中弹不出，须管色定弦②。其余八十一调，皆以此三调为准，更不用管色定弦。"始喻稹诗言。如今之调琴，须先用管色"合"字定宫弦③，乃以宫弦下生徵，徵弦商上④，上下相生，终于少商。凡下生者隔二弦，上生者隔一弦取之。凡弦声皆当如此。古人仍须以金石为准，《商颂》"依我磬声"是也⑤。今人苟简，不复以弦管定声，故其高下无准，出于临时。怀智《琵琶谱》调格与今乐全不同。唐人乐学精深，尚有雅律遗法。今之燕乐，古声多亡，而新声大率皆无法度。乐工自不能言其义，如何得其声和？

【注释】

①金陵丞相：这里指王安石，因其退居金陵（今江苏南京），故称。贺怀智，晋阳（今山西太原）人。唐玄宗时乐工，善琵琶。

②管色：管乐器的统称。

③"合"字：指古代记谱用字，相当于黄钟。用这些字记录的乐谱称为"工尺（chě）谱"。

④徵弦商上：各本皆作此四字，句意难以索解。胡道静以为当作"徵弦上生商"，可从。

⑤依我磬声：出自《诗经·商颂·那》。

【译文】

前代的遗文逸事，经常在古人文章中看到。元稹诗有"琵琶宫调八十一，三调弦中弹不出"之句。琵琶共有八十四调，因十二律各有七调，于是形成八十四调。元稹诗称"八十一调"，人们大多不明白是什么意思。我在金陵丞相王安石家中看到唐代贺怀智的《琵琶谱》一册，其序说："琵琶有八十四调。其中的黄钟、太蔟、林钟宫声，在弦中是弹不出的，必须通过调弦才能弹出。其余的八十一调，都以这三调为基准，就不需要调弦了。"这才明白元稹诗的意思。就像现在的调琴，必须先用管乐记谱的方法确定宫弦，再用宫弦下生徵声，用徵弦上生商声，依次相生，直到确定少商弦为止。凡是下生时就相隔二弦，上生时就相隔一弦取定。大凡弦乐的声律都应当如此。古人还必须以金石乐器为标准，就是《商颂》所谓的"依我磬声"。今人苟且图简便，不再用弦管定音，所以音高就没有标准，都出于临时所取。怀智的《琵琶谱》调格和现在的乐律完全不同。唐人乐学精深，还有上古流传下来的古雅音律。现在的燕乐，古声多已亡佚，而新声基本上都没有法度。乐工自己都说不出其中道理，如何使声律和谐呢？

今教坊燕乐，比律高二均弱①。"合"字比太蔟微下②，却以"凡"字当宫声③，比宫之清宫微高。外方乐尤无法，大体又高教坊一均以来。唯北狄乐声，比教坊乐下二均。大凡北人衣冠文物，多用唐俗，此乐疑亦唐之遗声也。

【注释】

①比律高二均弱：律，指唐律。均，音律。
②"合"字：古代记录乐谱时用以代表乐律的字，"合"字代表黄钟，

下"凡"字代表应钟。宋代的黄钟律长 220.648 厘米,唐代的太
蔟律长 213.8932 厘米。

③宫声:这里指黄钟清宫。宋代的应钟律长 116.2261 厘米,唐代
的黄钟清宫律长 120.315 厘米。

【译文】

现在的教坊燕乐,比唐律高二律不到。黄钟比太蔟音声稍低,却用
应钟当作黄钟清宫,又比黄钟清宫稍高。中原以外的音乐尤其没有法
度,大体上又高出教坊一律多。只有北方少数民族的乐声,比教坊乐低
二律。北方少数民族的衣冠制度大多沿袭唐代风俗,恐怕他们的乐律
也是唐代流传下来的。

　　今之燕乐二十八调①,布在十一律,唯黄钟、中吕、林钟三
律,各具宫、商、角、羽四音,其余或有一调至二三调,独蕤宾一
律都无。内中管仙吕调,乃是蕤宾声,亦不正当本律②。其间
声音出入,亦不全应古法。略可配合而已。如今之中吕宫,却
是古夹钟宫;南吕宫,乃古林钟宫;今林钟商,乃古无射宫③;
今大吕调④,乃古林钟羽。虽国工亦莫能知其所因。

【注释】

①二十八调:黄钟宫、黄钟商、黄钟角、黄钟羽、大吕宫、太蔟商、太
蔟角、太蔟羽、夹钟商、夹钟角、姑洗角、姑洗羽、中吕宫、中吕商、
中吕角、中吕羽、林钟宫、林钟商、林钟角、林钟羽、夷则宫、南吕
商、南吕角、南吕羽、无射宫、无射商、无射羽、应钟角。

②"内中管仙吕调"三句:句意不明,胡道静等认为文章有讹误,然
无其他版本依据。

③无射宫:据胡道静等考,疑当作"夷则商"。

④大吕：据胡道静等考，疑当作"南吕"。

【译文】

现在的燕乐二十八调，分布在十一律中，只有黄钟、中吕、林钟这三律，各自具备宫、商、角、羽四音，其余或有一调最多二三调，只有蕤宾一律都没有。其中的中管仙吕调是蕤宾声，也不正好和本律相同。其间音调的高低出入，也和古法不完全一致。只是大略可以相配合而已。比如现在的中吕宫对应古代的夹钟宫；现在的南吕宫对应古代的林钟宫；现在的林钟商对应古代的无射宫；现在的大吕调对应古代的林钟羽。即使是国家的乐工也不知道是什么原因。

十二律并清宫，当有十六声。今之燕乐止有十五声，盖今乐高于古乐二律以下，故无正黄钟声，只以"合"字当大吕，犹差高，当在大吕、太蔟之间，"下四"字近太蔟，"高四"字近夹钟①，"下一"字近姑洗，"高一"字近中吕，"上"字近蕤宾；"勾"字近林钟，"尺"字近夷则，"工"字近南吕②，"高工"字近无射，"六"字近应钟③，"下凡"字为黄钟清。"高凡"字为大吕清，"下五"字为太蔟清，"高五"字为夹钟清。法虽如此，然诸调杀声，不能尽归本律，故有偏杀、侧杀、寄杀、元杀之类。虽与古法不同，推之亦皆有理。知声者皆能言之，此不备载也。

【注释】

①高四："高四"上原多一"之"字，与文意无涉，今从胡道静等删去。

②工：据工尺谱表律长，当作"下工"。

③六：据工尺谱表律长，当作"下凡"。

【译文】

十二律加上清宫应当有十六声。现在的燕乐只有十五声，大概因为现在的乐律高于古乐不到二律，所以没有准确的黄钟声，只能把"合"字当大吕，但还是偏高，应当在大吕、太蔟之间，"下四"字近于太蔟，"高四"字近于夹钟，"下一"字近于姑洗，"高一"字近于中吕，"上"字近于蕤宾；"勾"字近于林钟，"尺"字近于夷则，"下工"字近于南吕，"高工"字近于无射，"下凡"字近于应钟，"下凡"字为黄钟清。"高凡"字为大吕清，"下五"字为太蔟清，"高五"字为夹钟清。律法虽然如此，但是各种音调的结束音还是不能回归到本来的音律上去，所以有所谓的偏杀、侧杀、寄杀、元杀之类。虽然和古法不一样，推算起来也都有道理。通晓音律的人都能讲清楚，这里就不详细记录了。

古法，钟磬每虡十六①，乃十六律也②。然一虡又自应一律，有黄钟之虡，有大吕之虡，其他乐皆然。且以琴言之，虽皆清实③，其间有声重者，有声轻者。材中自有五音，故古人名琴，或谓之清徵，或谓之清角。不独五音也，又应诸调。余友人家有一琵琶，置之虚室，以管色奏双调④，琵琶弦辄有声应之，奏他调则不应，宝之以为异物，殊不知此乃常理。二十八调但有声同者即应⑤；若遍二十八调而不应，则是逸调声也⑥。古法，一律有七音，十二律共八十四调。更细分之，尚不止八十四，逸调至多。偶在二十八调中，人见其应，则以为怪，此常理耳，此声学至要妙处也。今人不知此理，故不能极天地至和之声。世之乐工，弦上音调尚不能知，何暇及此？

【注释】

①虡（jù）：悬挂钟磬的立柱，这里用为动词，即悬挂。

②十六律：十二律加上升八度后位置不变的清黄钟、清大吕、清太
　　蔟、清夹钟。

③清实：形容琴声清越不虚。

④管色：一般认为是西域传入的觱栗(bì lì)，亦可泛指管乐的统称。

⑤二十八调：即上述燕乐二十八调。

⑥逸调：二十八调或八十四调以外的声调。

【译文】

　　按照古法，钟磬一般都挂十六件，就是十六律的音声。然而一口钟
对应一个声律，有黄钟律、有大吕律，其他的乐器都是这样。姑且以琴
来说，声音虽然都清越不虚，但其间也有重音、有清音。琴的材质中自
然就有五音，所以古人为琴命名时，有的称为"清徵"，有的称为"清角"。
不仅仅是五音，乐器还可以与各种调式相应。我友人家有一把琵琶，放
在空旷的房间中，用管乐吹奏双调曲，琵琶的弦就有声音相应和，如果
演奏其他乐调就没有应声，友人将之视为珍奇的宝物，殊不知这是常
理。二十八调只要遇到相同音声就会有响应；如果奏遍二十八调都不
响应，就是逸调声。按照古法，一律有七个音，十二律一共有八十四种
调式。再细分起来，还不止八十四种，可见逸调有很多。偶然恰巧在二
十八调中发现音声相应的现象，就以为很奇怪，其实是常理，这是声学
中最为精微奥妙的地方。现在的人不理解这种道理，所以不能穷极天
地之间最和谐的音声。世上的乐工，对于弦上的音调尚且不知，又如何
能顾及这些呢？

象数

【题解】

《象数》门凡两卷，最早见于占卜术语，以龟甲占卜称象，以蓍草占卜称数，以《周易》为基础，后来衍生为包括天文、历法、医学、风水等的综合学术体系。这两卷主要内容是关于古代天文学的，提到很多颇为先进的认识，比如岁差、日月蚀、黄白交点、星宿分度等等，可以帮助我们深入了解古代天文学的观点、发展轨迹以及学术特点。值得一提的是，古代天文学常常和神秘事件(如占验等)有联系，这正反映了古代学术的基本面貌，古代天文学并不是建立在坐标系、公式等现代数理运算基础上的，其自有一套完备的参考系，并与神话、《易》学等相匹配，今人难以理解古代的学术，是因为我们建构自己知识的参考系发生了深刻变化而已。

卷七

开元《大衍历法》最为精密①，历代用其朔法②。至熙宁中考之，历已后天五十余刻③，而前世历官皆不能知。《奉元历》乃移其闰朔④，熙宁十年⑤，天正元用午时⑥，新历改用子时,闰十二月改为闰正月。四夷朝贡者用旧历,比未款塞⑦。众论谓气至无显验可据,因此以摇新历。事下有司考定,凡立冬晷景⑧,与立春之景相若者也,今二景短长不同,则知天正之气偏也。凡移五十余刻,立冬、立春之景方停。以此为验,论者乃屈。元会使人亦至⑨,历法遂定。

【注释】

①《大衍历法》:唐僧一行制定,据《易》象大衍之数而得名,开元十七年(729)开始施行。

②朔法:古代称每月初一为"朔",故将推算各月平均长度,确定每月朔日的方法称为"朔法"。《大衍历法》以日月实际的运行推算朔日,一个月为 29.53059 日。

③历:这里指宋仁宗时编定的《崇天历》。刻:古代以一昼夜分为一百刻,相当于现在的 15 分钟。

④《奉元历》:熙宁八年(1075)闰四月十一日颁行,由提举司天监沈括主持、淮南人卫朴制定。

⑤熙宁十年:公元 1077 年。

⑥天正:古人以冬至日为计算历法的临界点,称为"天正"。

⑦未:原作"来",胡道静据《续资治通鉴长编》卷二七二引文改。款塞:指四方少数民族前来通好。

⑧晷(guǐ)景:日晷之影。景,同"影"。

⑨元会:元旦日,君主朝会群臣及使臣。

【译文】

开元年间的《大衍历法》最为精密,历代沿用它的朔法。到熙宁年间考核,当时的历法已经比实际天象落后五十余刻了,而前代的历法官都没有察觉。于是《奉元历》就改变了它的闰期和朔日,熙宁十年,算历的起点本来取在午时，新历改在子时，闰十二月改为闰正月。四方少数民族朝贡的人仍然使用旧历，到期都没有来。大家说节气没有明显迹象可以为据，因此怀疑并反对新历。这件事让有关部门考定，指出：立冬时日晷的影子和立春时的影子应该相同，现在两天的日影长短不同，可见天正的节气已经偏了。移动了五十余刻之后，立冬、立春的影子才相同。以此作为证据，批评者才无话可说。元旦朝会时，四方使节也到了，于是确定了新历。

六壬天十二辰①：亥曰"登明"②，登，避仁宗嫌名。为正月将；戌曰"天魁"，为二月将。古人谓之合神③，又谓之太阳过宫④。合神者，正月建寅合在亥，二月建卯合在戌之类。太阳过宫者，正月日躔娵訾⑤，二月日躔降娄之类。二说一也，此以《颛帝历》言之也⑥。今则分为二说者，盖日度随黄道岁差⑦。今太阳至雨水后方躔娵訾，春分后方躔降娄。若用合神，则须自立春日便用亥将，惊蛰便用戌将。今若用太阳，则不应合神；用合神，则不应太阳，以理推之，发课皆用月将加正时⑧，如此则须当从太阳过宫。若不用太阳躔次，则当日当时日月、五星、支干、二十八宿，皆不应天行。以此决知须用太阳也。然尚未是尽理，若尽理言之，并月建亦须移易⑨。缘目今斗杓昏刻已不当月建，须当随黄道岁差。今则雨水后一日方合建寅，春分后四日方合建卯，谷雨后五日方合建辰，如此始与太阳相符，复会为一说，然须大改历法，事事厘正⑩。如东方苍龙七宿，当起于亢，终于斗；南方朱鸟七宿，起于牛，终于奎；西方白虎七宿，起于娄，终于舆鬼；北方真武七宿，起于东井，终于角。如此历法始正，不止六壬而已。

【注释】

①六壬:古代占卜吉凶的方术,与遁甲、太乙合称"三式"。天十二辰:用以判断吉凶的十二支神,根据阴阳分为十二天神和十二天将,合称十二神将。每月十二月将所代表的支辰就是该月日月交会的方位。

②登明:原名"徵明",为了避宋仁宗的讳而改为"登明"。

③合神:六壬中用以判断吉凶的格局,有干合、支合、行合。这里是支合,子与丑合,寅与亥合,卯与戌合,辰与酉合,巳与申合,午与未合。

④太阳过宫:太阳与月亮沿黄道运行一周,每年会合十二次,均有一定部位,因此分黄道为十二宫,对应十二支:玄枵(xiāo)(子)、星纪(丑)、析木(寅)、大火(卯)、寿星(辰)、鹑(chún)尾(巳)、鹑火(午)、鹑首(未)、实沉(申)、大梁(酉)、降娄(戌)、娵訾(jū zī)(亥)。

⑤躔(chán):指天体的运行。

⑥《颛(zhuān)帝历》:即《颛顼(xū)历》,一般认为创制于战国晚年,延续到汉初,以十月为岁首,置闰于年终,一回归年长 365 又四分之一日。

⑦日度随黄道岁差:由于太阳和月亮的引力作用,使地球的自转轴形成圆锥式运动,约 26000 年环绕一周,造成冬至点在黄道上西移,称为岁差。它使太阳的恒星年长于回归年,中国由晋代虞喜首先发现,确定冬至点每隔 50 年后退 1°的常数。最早计算岁差的历法是祖冲之的《大明历》。

⑧发课:按六壬法起课占卜。月将加正时:将占卜时所用的天盘、地盘上代表本月的月将与占卜时辰的位置对准。

⑨月建:亦称"斗建",古人根据初昏时北斗星斗柄所指的位置来确
　定月份,如指到"寅"位,称建寅月。但是长时间后北斗星逐渐偏
　离了原来的位置,所以仍须校正。

⑩厘正:修正。

【译文】

　　六壬的天十二辰中,亥叫做"登明",登,是为了避仁宗的讳。是正月
将;戌叫做"天魁",是二月将。古人称为"合神",又称为"太阳过宫"。
合神是说正月建寅而与亥合,二月建卯而与戌合之类的。太阳过宫是
说正月太阳运行到娵訾宫,二月太阳运行到降娄宫之类的。按《颛帝
历》来说,这两种说法实质是一样的。现在却分为两说,是因为日度随
着黄道的运行产生了岁差。现在太阳到雨水节气后才运行到娵訾宫,
春分节气后才到降娄宫。如果用合神法,就需要从立春日就用亥将,惊
蛰日便用戌将。现在若用太阳过宫法,就不应该用合神法;用合神法,
就不应该用太阳过宫法,以理推算,开始占卜的时候都要先将天盘、地
盘上的月将与占卜时辰对准,这样就必须用太阳过宫法。如果不计算
太阳的运行轨道,那么当日当时的日月、五星、支干、二十八宿,都不符
合天体的运行规律。由此可知必须用太阳过宫法计算。然而这样还没
完全合乎天体运行规律,如果彻底地遵循规律的话,加上月建也必须改
易。因为现在的斗柄在黄昏时所指的方位已经不符合原来的月建了,
必须按照黄道的岁差加以修正。现在雨水节气后一日才符合建寅,春
分节气后四日才符合建卯,谷雨节气后五日符合建辰,这样才与太阳过
宫相符,两种方法才能吻合,但是这样就要对历法进行较大的修改,事
事都加以纠正。比如东方的苍龙七宿,应当从亢宿开始,到斗宿结束;
南方的朱鸟七宿,应当从牛宿开始,到奎宿结束;西方的白虎七宿,应当
从娄宿开始,到舆鬼结束;北方的玄武七宿,应当从东井宿开始,到角宿
结束。如此历法才正确,不只是六壬的问题。

六壬天十二辰之名，古人释其义曰："正月阳气始建，呼召万物，故曰登明。二月物生根魁，故曰天魁。三月华叶从根而生，故曰从魁。四月阳极无所传①，故曰传送。五月草木茂盛，逾于初生，故曰胜先。六月万物小盛，故曰小吉。七月百谷成实，自能任持，故曰太一②。八月枝条坚刚，故曰天罡。九月木可为枝干，故曰太冲。十月万物登成，可以会计，故曰功曹。十一月月建在子，君复其位，故曰大吉。十二月为酒醴③，以报百神，故曰神后。"此说极无稽。据义理，余按：登明者，正月三阳始兆于地上，见龙在田，天下文明④，故曰登明。天魁者，斗魁第一星也，斗魁第一星抵于戌⑤，故曰天魁。从魁者，斗魁第二星也，斗魁第二星抵于酉⑥，故曰从魁。斗杓一星建方，斗魁二星建方，一星抵戌，一星抵酉。传送者，四月阳极将退，一阴欲生，故传阴而送阳也。小吉，夏至之气，大往小来，小人道长⑦，小人之吉也，故为婚姻酒食之事。胜先者，王者向明而治，万物相见乎此⑧，莫胜莫先焉。太一者，太微垣所在⑨，太一所居也。天罡者，斗刚之所建也。斗杓谓之刚，苍龙第一星亦谓之刚⑩，与斗刚相直。太冲者，日月五星所出之门户，天之冲也。功曹者，十月岁功成而会计也。大吉者，冬至之气，小往大来，君子道长⑪，大人之吉也，故主文武大臣之事。十二月子位，北方之中，上帝所居也。神后，帝君之称也。天十二辰也，故皆以天事名之。

【注释】

①无所传：没有后继。

②太一：原作"太乙"，下文作"太一"，当改。崇祯本亦有作"太一"

者,可据改。

③酒醴(lǐ):甜酒,这里指用于祭祀的酒。

④"见龙在田"二句:出自《易·文言》,指阳气初生,天下万物焕发光彩。

⑤斗魁第一星抵于戌:斗魁指北斗星座,第一星为天枢星(大熊座 α 星)。当北斗星斗柄指向卯位时,天枢星位在戌位。

⑥斗魁第二星抵于酉:北斗星座第一星为天璇星(大熊座 β 星)。当北斗星斗柄指向辰位时,天枢星位在酉位。

⑦"大往小来"二句:出自《易·否》卦爻辞和彖(tuàn)传。

⑧"王者向明而治"二句:出自《易·说》卦。

⑨太微垣:古人将环绕北极和靠近头顶天空的星象分为紫微、太微、天市三垣,紫微居中央,太微在紫微垣下东北角,在北斗之南。七月时北斗的斗柄指向这一区域。太一是最高天神,常居于紫微垣,其南宫为太微垣。

⑩苍龙第一星:指苍龙七宿中的角宿。

⑪"小往大来"二句:出自《易·泰》卦爻辞和彖传。

【译文】

　　关于六壬天十二辰的得名,古人解释其来历说:"正月阳气开始产生,召唤万物,所以叫登明。二月万物长出根芽,所以叫天魁。三月花与叶从根部长出,所以叫从魁。四月阳气达到极盛,逐渐衰退,所以说叫传送。五月草木茂盛,胜过初生,所以叫胜先。六月万物仍然茂盛,所以叫小吉。七月百谷结出果实,能靠自己的力量支撑,所以叫太一。八月枝条坚硬,所以叫天罡。九月树木成材,所以叫太冲。十月万物长成,可以考核功绩,所以叫功曹。十一月月建在子位,天帝恢复了原位,所以叫大吉。十二月要制作酒醴,以祭祀百神,所以叫神后。"这说法极其没有根据。根据义理,我认为:"登明"是说正月时三阳之气开始在大地上显现,阳气初生,天下万物焕发光彩，所以叫登明。"天魁"是北斗星的第一星天枢，当北斗星斗柄指向卯位时，天枢星抵达戌位，所以叫天魁。"从魁"是北斗星的第二星天璇，当北斗星斗柄指向辰位时，天枢星抵达酉位，所以叫从魁。斗柄是一颗星表示方位，斗口是两颗星表示方位，一颗指向戌位，一颗指向酉位。"传送"是说四月阳气极盛，将要衰退，阴气将要萌生，所以迎接阴气而送走阳气。"小吉"是说夏至之气，阳气往而阴气来，小人要交好运，是小人的吉兆，所以象征婚姻酒食之类的事情。"胜先"是说王者南面而治理天下，万物此时都相见，繁盛到极点。"太一"是说太微垣的位置，太一星所在的居所。"天罡"是斗柄指向方位的星。斗柄称为"罡"，苍龙七宿的第一星也称为"罡"，和斗柄正好相对。"太冲"是日月五星进出的门户，是天庭的要冲。"功曹"是指十月时一年的事情完成而进行考核。"大吉"是说冬至之气，阴气往而阳气来，君子将要得志，是大人的吉兆，所以象征文武大臣之事。十二月将位于北方的中央，是上帝所居的地方。神后是帝君的称呼。因为是天十二辰，所以都以天上的事命名。

　　六壬有十二神将，以义求之，止合有十一神将。贵人为之主，其前有五将，谓螣蛇、朱雀、六合、勾陈、青龙也，此木火之神在方左者。方左谓寅、卯、辰、巳、午。其后有五将，谓天后、太阴、真武、太常、白虎也，此金水之神在方右者。方右谓未、申、酉、亥、子。唯贵人对相无物，如日之在天，月对则亏，五星对则逆行避之，莫敢当其对。贵人亦然，莫有对者，故谓之天空。空者，无所有也，非神将也，犹月杀之有月空也[①]。以之占事，吉凶皆空。唯求对见及有所伸理于君者，遇之乃吉。十一将，前二火、二木、一土间之，后当二金、二水、一土间之，真武合在后二，太阴合在后三，合二神差互，理似可疑也。

【注释】

①月杀、月空：都是表示吉凶的概念，此句句意较为晦涩，胡道静疑
　"月杀"有讹误。

【译文】

　　六壬有十二神将，按照义理推求，只应该有十一神将。贵人为神将
之主，在它前面的有五位神将，即所谓的螣蛇、朱雀、六合、勾陈、青龙，
这是位于左方的木、火之神。方左指寅、卯、辰、巳、午。在它后面有五位神
将，即所谓的天后、太阴、真武、太常、白虎，这是位于右方的金、水之神。
方右指未、申、酉、亥、子。只有贵人没有相对的事物，就像太阳在天上，月
亮和它相对就有亏损，五星和它相对就会逆行避开，不敢处在它的对立
面上。贵人也是这样的，没有事物能和它相对，所以才称为天空。空就
是没有事物的意思，不是指神将。就像月杀也有月空那样。以此占卜
事情，吉凶都会落空。只有要求见面并且有道理要向君主申诉的人，遇
到此象才是吉利的。十一将，前面两位火将、两位木将、中间加一位土将，后
面两位金将、两位水将、中间加一位土将，真武应该在后二，太阴应该在后三，现
在这两位的位置颠倒，按理似乎可疑。

　　天事以"辰"名者为多①，皆本于"辰巳"之"辰"，今略举
数事：十二支谓之"十二辰"，一时谓之"一辰"，一日谓之"一
辰"，日、月、星谓之"三辰"，北极谓之"北辰"，大火谓之"大
辰"②，五星中有"辰星"③，五行之时，谓之"五辰"，《书》曰"抚
于五辰"是也，已上皆谓之"辰"④。今考子丑至于戌亥谓之
"十二辰"者，《左传》云："日月之会是谓辰⑤。"一岁日月十二
会，则"十二辰"也。日月之所舍，始于东方⑥，苍龙角、亢之
星起于辰⑦，故以所首者名之。子、丑、戌、亥之月既谓之
"辰"⑧，则十二支、十二时皆子、丑、戌、亥，则谓之"辰"无疑

也。一日谓之"一辰"者，以十二支言也。以十干言之，谓之"今日"，以十二支言之，谓之"今辰"，故支干谓之"日辰"。日、月、星谓之"三辰"者，日、月、星至于辰而毕见，以其所见者名之，故皆谓之"辰"。四时所见有早晚，至辰则四时毕见，故"日"加"辰"为"晨"，谓日始出之时也。星有三类：一经星⑨，北极为之长；二舍星，大火为之长；三行星，辰星为之长，故皆谓之"辰"。北辰居其所而众星拱之，故为经星之长。大火天王之座，故为舍星之长。辰星日之近辅，远乎日不过一辰，故为行星之长。五行之时谓之"五辰"者⑩，春、夏、秋、冬各主一时，以四时分属五行，则春、夏、秋、冬虽属木、火、金、水。而建辰、建未、建戌、建丑之月各有十八日属土⑪，故不可以时言，须当以月言。十二月谓之"十二辰"，则五行之时谓之"五辰"也。

【注释】

①天事："天"字原缺，据《补笔谈》补。此条沈括后有修订，见于《补笔谈》。

②大火：即心宿二（天蝎座α星），《公羊传·昭公十七年》有"大火为大辰"。

③辰：指水星。《汉书·律历志》有"水合于辰星"。

④"五行之时"至"已上"：原缺，据《补笔谈》补。五行之时，指五行与四季相配合。抚于五辰，出自《尚书·皋陶谟》。

⑤日月之会是谓辰：出自《左传·昭公七年》。

⑥"则十二辰也"至"始"：原缺，据《补笔谈》补。舍，指天体的运行。

⑦星：原作"舍"，据《补笔谈》改。

⑧之月：二字原缺，据《补笔谈》补。

⑨经星：古代把恒星称为经星，行星则称为纬星。

⑩"五行之时"句：以下《梦溪笔谈》所缺，从胡道静等据《补笔谈》补，崇祯本《补笔谈》未收此段。

⑪建辰、建未、建戌、建丑：分别指三月、六月、九月、十二月。

【译文】

与天有关的事多以"辰"为名，都本于"辰巳"的辰"，现在大略举几个例子：十二支称为"十二辰"，一时称为"一辰"，一日称为"一辰"，日、月、星称为"三辰"，北极星称为"北辰"，心宿二称为"大辰"，五星之中有"辰星"，五行与四季的配合，称为"五辰"，就是《尚书》所谓的"抚于五辰"，上面这些例子中都称为"辰"。现在考察子丑到戌亥之所以称为"十二辰"的原因，《左传》说："日月相会称为辰。"一年之间日月相会十二次，所以有"十二辰"。日月的运行从东方开始，苍龙座的角宿、亢宿从辰开始，所以用起始的方位命名。子、丑、戌、亥的月份既然叫做"辰"，那么十二支、十二时都是子、丑、戌、亥组成的，称为"辰"也无疑义。一日称为"一辰"，是根据十二支而言的。根据十干而言，称为"今日"，根据十二支而言，称为"今辰"，所以支干统称为"日辰"。日、月、星称为"三辰"，是因为日、月、星到了辰时就同时出现，根据它们出现的时辰来命名，所以都称为"辰"。四季中日、月、星同时出现的时间有早晚，到了辰时则无论四季都能见到，所以"日"加"辰"为"晨"，意思是太阳刚出现的时候。星有三类：第一类是恒星，北极星是它们的首领；第二类是舍星，心宿二是它们的首领；第三类是行星，水星是它们的首领，所以都称为"辰"。北辰星处在自己的位置上，众星都拱卫着它，所以是经星的首领。心宿二是天王的宝座，所以是舍星的首领。辰星是太阳的近邻，离太阳的距离不超过一辰，所以是行星的首领。五行和四季搭配称为"五辰"，因为春、夏、秋、冬各自主导一个季节，以四季分属五行，那么春、夏、秋、冬虽然属于木、火、金、水。而三月、六月、九月、十二月各有十八日属土，所以不可以按照季节来说，必须以月份来说。十二月称为"十二辰"，那么五行搭配四季就称为"五辰"了。

　　《洪范》"五行"数，自一至五。先儒谓之此"五行生数"①，各益以土数，以为"成数"。以谓五行非土不成，故水生一而成六，火生二而成七，木生三而成八，金生四而成九，土生五而成十，合之为五十有五，唯《黄帝·素问》②："土生数五，成数亦五。"盖水、火、木、金皆待土而成，土更无所待，故止一五而已。画而为图，其理可见。为之图者，设木于东，设金于西，火居南，水居北，土居中央。四方自为生数，各并中央之土，以为成数。土自居其位，更无所并，自然止有五数，盖土不须更待土而成也。合五行之数为五十，则大衍之数也③，此亦有理。

【注释】

①五行生数：出自《尚书·洪范》孔安国传。

②《黄帝·素问》：《黄帝内经》的一部分，唐代王冰校补，分为二十四卷。

③大衍之数：《易·系辞》"大衍之数五十"。

【译文】

　　《洪范》中"五行"的数从一到五。先儒称之为"五行生数"，各自再加上土数而作为"成数"。这是说五行非土不成，所以水生于一而成于六，火生于二而成于七，木生于三而成于八，金生于四而成于九，土生于五而成于十，合起来就是五十五，只有《黄帝内经·素问》认为"土生的生数是五，成数也是五。"因为水、火、木、金都必须待土而成，土则不需要其他元素而成就，所以只是一个五而已。画成图以后道理就很明显了。画成的图是：把木设在东方，金设在西方，火设在南方，水设在北方，土设在中央。四方各自为生数，分别加上中央的土就是成数。土独自居其中，没有什么需要合并的，自然只有五，因为土不需要再与土合并才成形。把五行的数加起来就是五十,这是大衍之数,这也有道理。

　　揲蓍之法①:四十九蓍,聚之则一,而四十九隐于一中;散之则四十九,而一隐于四十九中。一者,道也。谓之无则一在,谓之有则不可取。四十九者,用也。静则归于一,动则惟睹其用,一在其间而不可取,此所谓“大衍之数五十,其用四十有九。”

【注释】

①揲蓍(shé shī):以蓍草占卜,取蓍草50根,留下1根不用,以其余49根分为两堆,从中抽取1根夹于指间,称为“挂”。然后将两堆蓍草分别以4根为一组分堆,称为“揲”,求得其余数(或称“奇”)。再将开始两堆分组后所余分别夹于指间,称为“归余”(或“归奇”)。这四个步骤称为“一变”。然后将剩余的蓍草重复操作,称为“二变”,再将剩下的蓍草重复操作称为“三变”。三变之后,余下的蓍草可能是36、32、28、24根,分别以4根一组,则分别可分9次、8次、7次、6次。《易》以单数为阳、双数为阴。所以9为老阳、7为少阳、8为少阴、6为老阴,这样经过“三变”能成一爻,六爻则成一卦。蓍草为多年生草本植物的茎,可入药。

【译文】

　　用蓍草占卜的方法:四十九根蓍草,合起来就是一个整体,而四十九蕴含在这个一之中;分散运算就是四十九根蓍草,而这个一蕴含在四十九之中。一就是道。说它不存在,则一这个整体在,说它存在,却又不可取出。四十九根蓍草是道的运用。静则归结为一个整体,动则只能看见它的运用,一在其间而不能取出,这就是所谓的“大衍之数五十,其用四十有九。”

世之谈数者,盖得其粗迹。然数有甚微者,非恃历所能知①,况此但迹而已。至于感而遂通天下之故者②,迹不预焉。此所以前知之神,未易可以迹求,况得其粗也。余之所谓甚微之迹者,世之言星者,恃历以知之,历亦出乎亿而已③。余于《奉元历序》论之甚详。治平中,金、火合于轸④,以《崇真》《宣明》《景福》《明》《崇》《钦天》凡十一家大历步之⑤,悉不合,有差三十日以上者,历岂足恃哉?纵使在其度,然又有行黄道之里者、行黄道之外者、行黄道之上者、行黄道之下者,有循度者、有失度者、有犯经星者、有犯客星者⑥,所占各不同,此又非历之能知也。又一时之间,天行三十余度,总谓之一宫。然时有始末,岂可三十度间阴阳皆同,至交他宫则顿然差别?世言星历难知,唯五行时日为可据,是亦不然。世之言五行消长者,止是知一岁之间,如冬至后日行盈度为阳,夏至后日行缩度为阴,二分行平度。殊不知一月之中,自有消长。望前月行盈度为阳⑦,望后月行缩度为阴,两弦行平度。至如春木、夏火、秋金、冬水,一月之中亦然。不止月中,一日之中亦然。《素问》云:“疾在肝,寅卯患,申酉剧。病在心,巳午患,子亥剧。”此一日之中,自有四时也。安知一时之间无四时?安知一刻、一分、一刹那之中无四时邪?又安知十年、百年、一纪、一会、一元之间⑧,又岂无大四时邪?又如春为木,九十日间,当亹亹消长⑨,不可三月三十日亥时属木,明日子时顿属火也。似此之类,亦非世法可尽者。

【注释】

①恃:依靠,依据。

②至于感而遂通天下之故:出自《易·系辞上》,指根据阴阳交感的原理通晓天下万物。

③亿:通"臆",猜测,臆测。

④轸(zhěn):轸宿。古代星象中二十八宿之一,又名天车,属南方朱雀。

⑤《崇真》:实际当为"崇玄",系避宋讳而改,唐昭宗时边冈等人编订的历法。《宣明》:唐穆宗时徐昂等编订的历法。《景福》:实际上是《崇玄历》的别称。《明》:指《明天历》,宋英宗时周琮等编订的历法。《崇》:指宋仁宗时编订的《崇天历》。《钦天》:后周王朴等编订的历法。

⑥客星:指天空中的彗星、新星、超新星等不可推算的星象。

⑦望:满月。

⑧一纪:一千五百年。一会:一万零八百年。一元:十二万九千六百年。

⑨亹亹(wěi):勤勉不倦貌,这里指不断地。

【译文】

世上谈象数之学的人,只是粗浅地了解到迹象而已。而象数却有非常微妙的地方,不是依据历法就能得知的,况且这也仅仅是迹象而已。至于根据阴阳交感的原理通晓天下万物,就更和这些迹象无关了。这是先知的神妙之处,不是那么容易就可以从迹象推求的,何况只得到粗略的迹象呢。我所谓非常微妙的迹象,是说世上谈论星象的人,是根据历法了解的,而历法也是出于推测而已。我在《奉元历序》中讨论得很详细了。治平年间,金星、火星在轸宿会合,以《崇玄》《宣明》《景福》《明天》《崇天》《钦天》等十一家官方历法推算都不符合,甚至有的相差三十日以上,历法难道足以依赖吗?即使在这个宿度上,又有运行在黄道内侧、外侧、上侧、下侧的,有合乎法度的,有不符合法度的,有犯恒星的,有犯客星的,占卜的结果又各不相同,这又不是历法所能知晓的。此外,一个时辰中,天体运行了三十多度,总称为一宫。然而时辰有始末,怎么可能在三十度之间,阴阳都相同呢,至于进入另一宫难道就会顿时有所差别吗? 世人说星象、历法难以知晓,只有五行配合四季、月日可以作为依据,也是不对的。世人说五行的消长,只是在一年的范围内说,比如冬至后太阳行度增加为阳,夏至后太阳行度缩减为阴,春分、秋分时太阳行度平衡。殊不知太阳在一月之中,自有消长。在满月之前,月亮行度增加为阳,满月之后,月亮行度缩减为阴,上弦、下弦时,月亮行度平衡。至于说春属木、夏属火、秋属金、冬属水,在一月之中也是这样的。不只在一月之中,在一日之中也是这样的。《素问》说:“病在肝,寅卯患病,申酉加剧。病在心,巳午患病,子亥加剧。”这是说在一日之中,自有四时之分。怎么知道在一时之间没有四时呢? 怎么知道在一刻、一分、一刹那之中没有四时呢? 又怎么知道在十年、百年、一纪、一会、一元之间,没有大的四时呢? 又如春属木,在春季的九十日间,应当是不断地消长变化,不可能三月三十日的亥时还属木,到明日的子时就顿时属火了。像这些情况,也不是世间的一般方法可以穷尽的。

历法步岁之法[①],以冬至斗建所抵,至明年冬至所得辰、刻、衰、秒,谓之“斗分”。故“岁”文从步、从戌。戌者,斗魁所抵也。

【注释】

①步岁:推算一年的长度。

【译文】

历法中推算一年的方法,以冬至时斗柄所指的方位算起,到明年冬至时指向同一方位所算得的辰、刻、衰、秒,称作“斗分”。所以“岁”这个字的偏旁从步、从戍。戍是斗口上的星所指的方位。

正月寅、二月卯,谓之建,其说谓斗杓所建①,不必用此说。但春为寅、卯、辰,夏为巳、午、未,理自当然,不须因斗建也。缘斗建有岁差,盖古人未有岁差之法。《颛帝历》:"冬至日宿牛初"②,今宿斗六度。古者正月斗杓建寅,今则正月建丑矣。又岁与岁合,今亦差一辰。《尧典》曰:"日短星昴③。"今乃日短星东壁④。此皆随岁差移也。

【注释】

①斗杓(biāo):北斗星的斗柄。

②牛:原作"斗",与下文不合,据胡道静等推算,当为"牛"。

③日短星昴(mǎo):冬至黄昏时,昴宿在天顶。

④东壁:壁宿星。古代星象学二十八宿中北方玄武第七宿中的两颗星。

【译文】

正月寅、二月卯称为斗建,这种说法是指它们在北斗星斗柄所指的方位上,其实不必用这种说法。单说春为寅、卯、辰,夏为巳、午、未就行了,这是理所当然的,不必依据斗建的理论确定。因为计算斗建时有岁差现象,古人不了解岁差的情况。比如按照《颛帝历》:"冬至时太阳停在牛宿零度",而现在冬至时太阳停在斗宿六度。古代正月时斗柄指向寅位,现在正月时则指向丑位。再比如拿古今一年的起始点相比,应该是吻合的,但现在也差了一个时辰。《尧典》说:"冬至黄昏时,昴宿应该在天顶。"现在冬至时却是壁宿在天顶。这些都是因为有岁差的存在而产生的变化。

《唐书》云："落下闳造历①，自言后八百年当差一算②。至唐，一行僧出而正之。"此妄说也。落下闳历法极疏，盖当时以为密耳。其间阙略甚多，且举二事言之：汉世尚未知黄道岁差，至北齐张子信方候知岁差③。今以今古历校之，凡八十余年差一度。则闳之历八十年自已差一度，兼余分疏阔，据其法推气朔五星，当时便不可用，不待八十年，乃曰"八百年差一算，"太欺诞也。

【注释】

①落下闳（hóng）造历：新、旧《唐书》均无这段文字。落下闳（前156—前87），字长公，巴郡阆中（今属四川）人。汉武帝元封年间入京编订《太初历》。

②一算：一度。《太初历》将一天分为八十一分，则一度为八十一分之一日。《太初历》的回归年取 365.2502 日，朔望月取 29.5309 日，均比实际值大，至东汉章帝元和二年（85）废止。

③张子信：原作"向子信"，胡道静改为"张子信"，今从。但发现岁差的人实为晋虞喜，非张子信。

【译文】

《唐书》记载："落下闳编订历法，自己说八百年后应该会相差一度。到了唐代，一行和尚出来纠正了历法。"这是错误的说法。落下闳编订的历法非常粗疏，只是当时以为精密而已。其间的阙漏很多，姑且举两个例子说：汉代人还不知道黄道岁差这回事，到北齐张子信才发现岁差。现在以今古的历法校准，大致上每八十多年相差一度。那么落下闳的历法经过八十年时就已经相差一度了，加上它的取值比实际大得多，根据他的历法推算节气、朔望、五星运行，在当时就不能用了，不用等到八十年，而他却说"八百年差一度，"太荒谬了。

天文家有浑仪①,测天之器,设于崇台②,以候垂象者③,则古玑衡是也④。浑象⑤,天之器⑥,以水激之,或以水银转之,置于密室,与天行相符,张衡、陆绩所为⑦,及开元中置于武成殿者⑧,皆此器也。皇祐中⑨,礼部试《玑衡正天文之器赋》,举人皆杂用浑象事,试官亦自不晓,第为高等。汉以前皆以北辰居天中,故谓之极星,自祖亘以玑衡考验天极不动处⑩,乃在极星之末犹一度有余。熙宁中,余受诏典领历官⑪,杂考星历,以玑衡求极星。初夜在窥管中,少时复出,以此知窥管小,不能容极星游转,乃稍稍展窥管候之。凡历三月,极星方游于窥管之内,常见不隐,然后知天极不动处,远极星犹三度有余⑫。每极星入窥管,别画为一图。图为一圆规,乃画极星于规中。具初夜、中夜、后夜所见各图之,凡为二百余图,极星方常循圆规之内,夜夜不差。余于《熙宁历奏议》中叙之甚详。

【注释】

①浑仪:又称浑天仪,古代用于观测天体位置的仪器,由两个互相垂直的圈固定而成,分别代表地平环和子午圈,其内还有若干个可转动的圈,代表赤道、黄道等,中心设有窥管,用以观测天体。

②崇台:观测天象的高台。

③垂象:显现的星象。古人认为星象产生自天而投射人间,可以预测吉凶,故称"天垂象"。

④玑(jī)衡:璇玑玉衡的简称,据信为浑天仪的前身。

⑤浑象:类似于现代的天球仪,与浑仪合成"浑天仪"。在一个圆球上刻有星宿、赤道、黄道等,可以沿轴转动,以显现星象的运行

规律。

⑥天之器:与前"测天之器"不相对仗,胡道静据而意补为"象天之器",亦可从。

⑦陆绩(187—219):字公纪,三国时吴人,制造过浑象,并作《浑天图》。

⑧开元中置于武成殿者:唐玄宗开元年间(713—741),僧一行与梁令瓒制造了浑象,并置于东都洛阳武成殿。

⑨皇祐:宋仁宗年号,公元 1049—1054 年。

⑩祖亘:即祖暅(gèng),字景烁,范阳遒县(今河北涞水)人,祖冲之之子,曾参与修订历法,并自造浑象,还曾提出准确计算球体体积的公式。

⑪受诏典领历官:熙宁五年(1072),以沈括提举司天监。

⑫远极星犹三度有余:据台湾学者黄一农计算,宋代极星去极度为1.58°,沈括所用盖为圆心角概念,折合后约 3.21°。

【译文】

天文家有浑仪,是用来观测天体位置的仪器,一般设置在高台上,以便观察天象,就是古代的"璇玑玉衡"。又有浑象,是用来观测天体运行的仪器,用水或者水银提供动力,使它旋转,放置在密室中,使其与天体的运行相符,张衡、陆绩所制造的,以及开元年间放置在武成殿的都是这种仪器。皇祐年间,礼部试题为《玑衡正天文之器赋》,应试举人都杂用浑仪、浑象的典故,考官自己也不明白,就拔为高等。汉代以前,人们都认为北辰居于天空中央,所以称之为北极星,自从祖暅用浑象观测验证后,才发现天极的不动点其实在距离北极星还有一度多的位置。熙宁年间,我奉诏提举司天监,掌管历法,曾综合考察星象历法,用浑天仪测量北极星的位置。初夜时分,发现北极星在观测管中,而有时候会溢出观测管之外,据此知道观测管口径不够,不能容纳北极星的运动范围,于是稍微扩大了观测管的口径。这样过了三个月,才使北极星运行于观测管范围之内，始终能看到不会消失，然后才知道天极的不动点，距离北极星还有三度多。每当北极星进入观测管范围，就另外画一张图。图为一正圆形，在这个圆形图中描绘北极星的运动轨迹。把初夜、中夜、后夜所见的位置都分别画下来，制成二百多幅图，这样北极星的运行轨迹才能在圆形内循环运动，其轨迹夜夜不差。关于这一点，我在《熙宁历奏议》中描述得非常详细。

古今言刻漏者数十家[①]，悉皆疏谬。历家言晷漏者[②]，自《颛帝历》至今，见于世谓之大历者[③]，凡二十五家。其步漏之术[④]，皆未合天度[⑤]。余占天候景[⑥]，以至验于仪象，考数下漏，凡十余年，方粗见真数，成书四卷，谓之《熙宁晷漏》[⑦]，皆非袭蹈前人之迹。其间二事尤微：一者，下漏家常患冬月水涩，夏月水利，以为水性如此；又疑冰澌所壅[⑧]，万方理之，终不应法。余以理求之，冬至日行速，天运未期而日已过表[⑨]，故百刻而有余；夏至日行迟，天运已期而日未至表，故不及百刻。既得此数，然后复求晷景漏刻，莫不泯合。此古人之所未知也。二者，日之盈缩[⑩]，其消长以渐，无一日顿殊之理。历法皆以一日之气短长之中者[⑪]，播为刻分[⑫]，累损益，气初日衰[⑬]，每日消长常同；至交一气，则顿易刻衰。故黄道有觚而不圆[⑭]，纵有强为数以步之者，亦非乘理用算，而多形数相诡。大凡物有定形，形有真数。方圆端斜，定形也；乘除相荡[⑮]，无所附益，泯然冥会者[⑯]，真数也。其术可以心得，不可以言喻。黄道环天正圆，圆之为体，循之则其妥至均[⑰]，不均不能中规衡；绝之则有舒有数，无舒数则不能成妥。以圆法相荡而得衰，则衰无不均；以妥法相荡而得差，则差有疏数⑱。相因以求从，相消以求负；从负相入⑲，会一术以御日行⑳。以言其变，则秒刻之间，消长未尝同；以言其齐，则止用一衰，循环无端，终始如贯，不能议其隙。此圆法之微，古之言算者，有所未知也。以日衰生日积，及生日衰，终始相求，迭为宾主。顺循之以索日变，衡别之求去极之度㉑，合散无迹，泯如运规。非深知造算之理者，不能与其微也。其详具余《奏议》，藏在史官，及余所著《熙宁晷漏》四卷之中。

【注释】

①刻漏：又称"漏刻"，古代计时仪器。有泄水型和受水型两种，浮箭分别放在漏壶中（泄水型）或接水容器中（受水型），以标示刻度显示时间。刻，标有刻度的浮箭（标尺）。漏，带孔的壶。

②晷（guǐ）：即日晷，根据日影计算时间的仪器。

③大历：官修的历法。

④步漏：用刻漏推算时间。步，测量，推算。

⑤天度：周天的度数，古代划分周天区域的单位，这里指天象运行。

⑥候景：观测日影。景，同"影"。

⑦《熙宁晷漏》：此书作于熙宁七年（1074），今已亡佚。

⑧冰澌（sī）所壅：流水结冰阻塞了漏嘴。

⑨天运未期而日已过表：未，原作"已"，《观堂校识》据清张文虎《舒艺室杂著》改。根据天象计算的一天还没到，而根据日影计算的一天已经过了。由日影测出的一昼夜称为真太阳日，由于受地球自身运动等影响，真太阳日是不均匀的，甚至会与根据天象测出的时间有几十秒的误差。下句"已期"原作"未期"，"未至"原作"已至"，亦据张文虎改。

⑩日之盈缩：太阳运行的速度。古代刻漏一般在不同季节用不同刻度的浮箭，认为这和太阳的运行速度有关。现代人主要认为是四季温度变化对刻漏流量的影响。唐僧一行将太阳实际运行度数与平均运行度数之差称为"盈缩分"，又称"盈缩差"，这是一个瞬时值，每一时刻都不相同。

⑪一日之气短长之中者：一个节气中各天长短的平均值。

⑫播：划分。刻分：古代一度为一百刻，一刻为一百分。

⑬日衰（cuī）：由于太阳运行迟速而产生的日差。所谓日差就是盈缩差一天的累积值，即一天的盈缩积差。衰，等次，差量。

⑭觚（gū）：棱角。

⑮相荡：这里指运算。

⑯泯然冥会：暗中吻合得很好。

⑰妥：盈缩的总数。

⑱疏数：稀疏和密集。

⑲从负相入：相因即相乘，相消即相减，"从负相入"则是把相乘与相减得到的结果汇总起来，进行运算。

⑳会一术以御日行：一般认为这是唐宋历家使用的"相减相乘"法，即不等距的内插法来计算不同季节真太阳日的长短。

㉑去极之度：太阳在黄道上距离北极的度数。

【译文】

古今以来讨论刻漏计时的有数十家，说得都比较粗疏荒谬。历法家讨论日晷和刻漏，从《颛帝历》开始到现在，见于世上所谓官历的有二十五家。他们计算刻漏的方法，都不合乎天体的运行规律。我观察天象和日影，并用浑仪、浑象来校验，考核数据以及刻漏有十余年了，这才粗浅地发现自然的真实规律，著书四卷，称为《熙宁晷漏》，其中的内容完全没有袭蹈前人。其中有二件事尤其微妙：其一，操作刻漏的人经常感到困扰，因为冬天水流滞涩，夏天水流流畅，他们认为这是水性如此，又怀疑是冬天结冰堵住了壶嘴,于是多方调整,最终还是找不到解决办法。我按照理论推理,冬至的时候太阳运行较快,观测天象时还没到一天,而观测日晷已经过了表影,所以一天超过了一百刻;夏至的时候太阳运行迟缓,观测天象时已经到一天了,而观测日晷还没过表影,所以一天就不到一百刻。现在得到了我的数据,然后再校正晷影和漏刻,就没有不吻合的了。这是古人所未知的。其二,太阳运行的速度变化是渐渐的,没有一天之内骤变的道理。历法上都以一个节气中各天长短的平均值均分为刻与分,将每天的盈余和缩减累积起来,第一个节气的日差在每天的变化都相同,等到了下一个节气,就突然改变了日差量。这样就像是黄道有了棱角而不圆了,纵有勉强用数值进行运算的,其计算也不合理,并且算出来的数据大多与天体轨道的形状不合。大凡物体都有规定的形状,每种形状都有符合实际的数值。其方、圆、正、斜是确定的形状;而乘除运算,不附加别的参数就能使算出来的形状与数据自然吻合,这才是符合实际的数值。这其中的方法可以意会,不可言传。黄道是一个环绕天空的正圆,圆这种形体,沿着其轨迹运行则盈缩就非常均匀,不均匀就不符合圆规的度量;不沿着其轨迹运行就有慢有快,没有慢快就不会有盈缩。根据圆形的法则运算会得到差额,这些差额都是相等的;根据盈缩法运算也会得到差额,这些差额有大有小。对这些差额相乘以求积、相减以求差;把积差一并汇总运算,就得到一种把握太阳运行的方法。用这种方法计算太阳的运行变化,每一时刻的增减都不相同;而从太阳运行的一致性上说,只用一个差额就能循环往复,始终连贯,不会发现间断的地方。这是圆形算法的微妙之处,也是古代算历的人不了解的。通过日差求日积差,然后反过来算日差,通过不断交替迭代运算。顺循这种计算就能得出每天长度的变化,根据其差就能计算太阳距离北极的度数,聚合离散都没有差错,就像圆规画圆一样吻合。不精通运算的人,不能体会其中的微妙。详细的内容我都写在《奏议》里了,现在藏在史官之处,还写在我所著的《熙宁晷漏》四卷之中。

予编校昭文书时，预详定浑天仪。官长问余："二十八宿[①]，多者三十三度，少者止一度，如此不均，何也？"予对曰："天事本无度，推历者无以寓其数，乃以日所行分天为三百六十五度有奇。日平行三百六十五日有余而一期天[②]，故以一日为一度。既分之，必有物记之，然后可窥而数，于是以当度之星记之。循黄道[③]，日之所行一期，当者止二十八宿星而已。度如伞橑[④]，当度谓正当伞橑上者。故车盖二十八弓，以象二十八宿。则余《浑仪奏议》所谓[⑤]：'度不可见，可见者星也。日月五星之所由，有星焉。当度之画者凡二十有八，谓之舍。舍所以挈度，度所以生数也[⑥]。'今所谓'距度星'者是也[⑦]。非不欲均也。黄道所由当度之星，止有此而已。"

【注释】

①二十八宿(xiǔ)：古人描述日、月、五星的运动而划分的天区。宿亦作"舍"，有停留的意思。二十八宿从角宿开始，自西向东排列，每个方位有七宿，东方苍龙七宿为角、亢、氐、房、心、尾、箕(jī)。北方玄武七宿为斗(dǒu)、牛、女、虚、危、室、壁。西方白虎七宿为奎、娄(lóu)、胃、昴(mǎo)、毕、觜(zī)、参(shēn)。南方朱雀七宿为井、鬼、柳、星、张、翼、轸(zhěn)。

②期天：周天。

③黄道：在古代指太阳运行在天球上的轨迹，即地球绕日运动的轨道平面和天球相截的大圆。

④伞橑(liáo)：即伞骨，亦即下文的"盖弓"。

⑤《浑仪奏议》：沈括于宋神宗熙宁七年(1074)七月所上关于浑仪

⑥度所以生数也："度"字原脱，从胡道静据《宋史·天文志》引"浑
　仪奏"补。

⑦距度星：二十八宿中被选为测量标志的一颗星称为距度星，距度
　星之间的距度代表各宿星区的广度，其数相差悬殊，西方井宿最
　大，达 33 度，北方觜宿最小，只有 2 度（唐开元元年测为 1 度）。

【译文】

　　我在昭文馆编校书籍时，曾参与详细审定浑天仪的工作。长官问我说："二十八宿之间的距度，多的有三十三度，少的只有一度，如此不均匀，这是为什么呢?"我回答道："天体运行本来没有什么度的概念，只是推算历法的人无法进行数据推算，才按照太阳运动的轨道把周天划分为三百六十五度多一点。太阳运行三百六十五日多一点就是一个周期，所以把太阳每天所行的路径作为一度。既然划分了度数，就必定需要有东西做标记，然后才能观测并计算，于是就把处于恰当位置可以作为分度界点的星体作为标记。太阳按照黄道运行一周，合适的星体也就只有这二十八宿星而已。度就像伞骨，'当度'指正好处在伞骨上。所以车盖有二十八条弓架，用来象征二十八星宿。就是我在《浑仪奏议》中说的：'度是看不见的，而星体可以看见。日、月、五星所经之处都有很多星体。正好可以作为分度界点的有二十八宿，称为"舍"。"舍"就是用来分别和产生度数的。'也就是现在所谓的'距度星'。并非不想使其均匀。而是因为黄道经过的可以作为分度标记的星体，只有这些而已。"

　　又问予以"日月之形，如丸邪? 如扇也? 若如丸，则其相遇岂不相碍?"余对曰："日月之形如丸。何以知之? 以月盈亏可验也。月本无光，犹银丸，日耀之乃光耳。光之初生①，日在其傍，故光侧而所见才如钩②；日渐远，则斜照，而光稍满。如一弹丸，以粉涂其半，侧视之，则粉处如钩；对视

之，则正圆，此有以知其如丸也。日、月，气也，有形而无质，
故相直而无碍。"

【注释】

①光之初生：指月初的时候只能看到月牙。

②光侧：指日光从侧面照向月球。

【译文】

又问我："日月的形状，是像弹丸呢？还是像扇子呢？如果像弹丸，那么它们相遇时怎么会不相妨碍呢？"我回答说："日月的形状像弹丸。怎么知道呢？因为有月亮的盈亏可以验证。月亮本来无光，就像一颗银丸，太阳照耀到它才反射光芒。月初的时候，只有月牙，因为太阳就在它旁边，所以光从侧面照过来，我们所见的月亮就像弯钩一样；等太阳渐渐远离月亮，就变成斜照，月亮就逐渐变圆。就像一颗弹丸，用粉彩涂半面，从侧面看，粉彩的地方就像是钩形；正对着看，就是正圆形，由此可知它们都像弹丸一样。日、月，都是由气形成的，有形状而没有实体，所以相遇也没有妨碍。"

又问："日月之行，日一合一对①，而有蚀不蚀，何也？"余对曰："黄道与月道②，如二环相叠而小差③。凡日月同在一度相遇④，则日为之蚀；正一度相对，则月为之亏。虽同一度，而月道与黄道不相近⑤，自不相侵；同度而又近黄道、月道之交，日月相值，乃相凌掩。正当其交处则蚀而既⑥；不全当交道，则随其相犯浅深而蚀。凡日蚀，当月道自外而交入于内⑦，则蚀起于西南，复于东北；自内而交出于外，则蚀起于西北，而复于东南。日在交东，则蚀其内；日在交西，则蚀其外。蚀既，则起于正西，复于正东。凡月蚀，月道自外入

内，则蚀起于东南，复于西北；自内出外，则蚀起于东北，而复于西南。月在交东，则蚀其外；月在交西，则蚀其内。蚀既，则起于正东，复于西。交道每月退一度余⑧，凡二百四十九交而一期。故西天法罗睺、计都⑨，皆逆步之，乃今之交道也。交初谓之'罗睺'，交中谓之'计都'。"

【注释】

①一合一对：一次会合，一次正对。月亮与太阳的黄经相等为"合"，又称"日月交会"，"合"发生在初一，故又称"合朔"，此时太阳与月亮同时出没。当月亮与太阳的黄经相差180°则为"对"，"对"发生在十五，此时太阳落山时，月亮正从东方升起。

②月道：月亮绕地球运行的轨道与天球相交的大圆，亦称"白道"。

③二环相叠而小差：黄道与白道交角平均为5°9′。

④同在一度：在同一黄经圈上。黄经圈是以黄道为基本圆、黄极为基本点的黄道坐标系中的经度圈。

⑤月道与黄道不相近：指太阳和月亮不在白道和黄道相交的两个交点附近。

⑥既：尽，即发生全食现象。

⑦月道自外而交入于内：古人以黄道以南为外，黄道以北为内。此指月亮自黄道以南向北运行，通过黄白交点而入于黄道以北。

⑧退：这里指黄白交点自东向西移动。

⑨西天法：印度的历法，约在唐中期传入。罗睺(hóu)：本是印度占星术中推算吉凶的概念，这里指白道由北向南与黄道相交的"降交点"。计都：为占卜概念，这里指白道由南向北与黄道相交的"升交点"。

【译文】

又问道："日月的运行,每月都有一次会合、一次正对,而有时会发生日月蚀,有时不会,为什么呢?"我回答说:"黄道与白道,就像两个圆环相叠而有细小的偏差。但是日月在同一黄经度上相遇,就会发生日蚀;在同一黄经度上相对,就会发生月蚀。虽然在同一黄经度,而如果白道与黄道不相近,自然也不会相互侵犯;如果在同一黄经度而又接近黄道、白道的交点时,日月相遇,就会相互侵犯遮掩。如果正好在黄白交点上相遇,就会发生全食;如果相遇时不完全在黄白交点上,就随着相互侵犯的深浅程度发生偏食。凡是日蚀,当月亮自黄道以南通过交点而进入黄道以北时,日蚀从西南方向开始,而从东北方向恢复;当月亮自黄道以北通过交点而进入黄道以南时,日蚀从西北方向开始,而从东南方向恢复。太阳在交点以东,日蚀就从北面发生;太阳在交点以西,日蚀就从南面发生。发生日全食,就从正西方向开始,而从正东方向恢复。凡是月蚀,如果月亮从黄道以南进入黄道以北时,月蚀就从东南方向开始,而从西北方向恢复;如果月亮从黄道以北进入黄道以南时,月蚀就从东北方向开始,而从西南方向恢复。月亮在黄白交点以东,月蚀就从南面发生;月亮在黄白交点以西,月蚀就从北面发生。发生月全食,就从正东方向开始,而从正西方向恢复。黄白交点每月向西退一度多,凡二百四十九次交会就成为一个周期。所以西天的印度历法中有罗睺、计都二星,都是根据其运行逆推的,其实就是现在所谓的黄白交点。交初点称为'罗睺',交中点称为'计都'。"

古之卜者,皆有繇辞①。《周礼》:"三兆②,其颂皆千有二百。"如"凤凰于飞,和鸣锵锵"③,"间于两社,为公室辅"④,"专之渝,攘公之羭,一薰一莸,十年尚犹有臭"⑤,"如鱼窥尾,衡流而方羊,裔焉,大国灭之,将亡,阖门塞窦,乃自后逾"⑥,"大横庚庚,予为天王,夏启以光"之类是也⑦,今此书亡矣。汉人尚视其体⑧,今人虽视其体,而专以五行为主,三代旧术,莫有传者。

【注释】

①繇(zhòu)辞:占卜时根据龟甲烧后的裂纹判断吉凶的语词。

②三兆:出自《周礼·春官·太卜》,被认为是上古流传的三部占卜书。

③"凤凰于飞"两句:出自《左传·庄公二十二年》,为陈国大夫敬仲娶懿氏女时,懿氏占卜的繇辞。兆象指二人婚姻和谐美满。

④"间于两社"两句:出自《左传·闵公二年》,为鲁桓公之四子季友出生时占卜的繇辞。两社,周社与亳社,其间为朝廷所在。兆象指季友当为国之栋梁。

⑤"专之渝"几句:出自《左传·僖公四年》,为晋献公立骊姬为夫人时占卜的繇辞。渝,改变。瑜(yú),美好。薰,香草。莸(yóu),臭草。指立骊姬不吉。

⑥"如鱼窥(chēng)尾"几句:出自《左传·哀公十七年》,为卫庄公占梦的繇辞。窥,红色。衡,通"横"。方(páng)羊,徘徊,游荡。指卫国会被大国所灭,需要从后门逃跑。

⑦"大横庚庚"几句:出自《史记·孝文本纪》,为汉文帝被拥立为帝时占卜的繇辞。指光大先王业绩。

⑧体:兆象。

【译文】

古代的占卜都有繇辞。《周礼》说:"三兆,都有一千二百条颂词。"比如"凤凰于飞,和鸣锵锵","间于两社,为公室辅","专之渝,攘公之瑜,一薰一莸,十年尚犹有臭","如鱼窥尾,衡流而方羊,裔焉,大国灭之,将亡,阖门塞窦,乃自后逾","大横庚庚,予为天王,夏启以光"之类的,现在这些书亡佚了。汉代人还能看懂兆象,现代的人虽然能判断兆象,却以五行为依据,三代的旧方法没有流传下来。

北齐张子信候天文,凡月前有星,则行速,星多则尤速。月行自有迟速定数,然遇行疾,历其前必有星,如子信说。亦阴阳相感自相契耳。

【译文】

北齐的张子信观测天文,发现凡是月亮前方有行星时,运行速度就快,行星越多则运行速度就越快。月亮的运行速度自有其一定之规,然而遇到速度加快的时候,前面必有行星,就像张子信说的那样。这也是阴阳相互感应、相互契合的结果。

医家有五运六气之术,大则候天地之变,寒暑风雨,水旱螟蝗,率皆有法;小则人之众疾,亦随气运盛衰。今人不知所用,而胶于定法,故其术皆不验。假令厥阴用事①,其气多风,民病湿泄②。岂溥天之下皆多风,溥天之民皆病湿泄邪?至于一邑之间,而旸雨有不同者③,此气运安在?欲无不谬,不可得也。大凡物理有常、有变:运气所主者,常也;异夫所主者,皆变也。常则如本气,变则无所不至,而各有所占。故其候有从、逆、淫、郁、胜、复、太过、不足之变,其法皆不同。若厥阴用事,多风,而草木荣茂,是之谓从;天气明洁,燥而无风,此之谓逆;太虚埃昏④,流水不冰,此谓之淫;大风折木,云物浊扰⑤,此之谓郁;山泽焦枯,草木凋落,此之谓胜;大暑燔燎,螟蝗为灾,此之谓复;山崩地震,埃昏时作,此谓之太过；阴森无时，重云昼昏，此之谓不足。随其所变，疾疹应之。皆视当时当处之候，虽数里之间，但气候不同，而所应全异，岂可胶于一证？熙宁中，京师久旱，祈祷备至，连日重阴，人谓必雨。一日骤晴，炎日赫然。余时因事入对，上问雨期，余对曰："雨候已见，期在明日。"众以谓频日晦溽⑥，尚且不雨，如此旸燥，岂复有望？次日，果大雨。是时湿土用事⑦，连日阴者，从气已效，但为厥阴所胜，未能成雨。后日骤晴者，燥金入候⑧，厥阴当折，则太阴得伸，明日运气皆顺，以是知其必雨。此亦当处所占也，若他处候别，所占亦异。其造微之妙，间不容发。推此而求，自臻至理。

【注释】

①厥阴：古代医学以三阴三阳表示天地，三阴为厥阴、少阴、太阴，三阳为少阳、阳明、太阳。厥阴的主气是风，配木运。

②湿泄：腹泻。

③旸（yáng）：晴天。

④太虚埃昏：指天空中尘土飞扬。

⑤云物浊扰：指乌云翻滚。

⑥晦溽（rù）：天气阴沉闷热。

⑦湿土：太阴之气，主气为湿，配土运。

⑧燥金：阳明之气，主气为燥，配金运。

【译文】

医家有五运六气之术，往大了说可以观测天地的变化，寒暑风雨，水旱螟蝗，都有一定规律；往小了说则人体的各种疾患，也随着六气的盛衰而变化。现在的人不知道如何使用，而拘泥于死板的说法，所以他们的法术都不灵验。假如由厥阴之气主导，就说其气多风，民众会患腹泻。难道普天之下都多风,普天下之民都患腹泻吗?甚至小到一座城邑之间,晴天、雨天都会有所不同,它的气运又如何呢?如此拘泥死板还想不错,那是不可能的。大凡物理有常态、有变态:五运六气主导的是常态,和主导之气不同的都是变态。常态遵循本气,变态则无所不至,而各有征兆。其征兆有从、逆、淫、郁、胜、复、太过、不足的变化,外在表现都不相同。如果是厥阴主导,那么多风并且草木荣茂,这称为"从";天气晴朗,干燥而无风,这称为"逆";天空中尘土飞扬,流水不结冰,这称为"淫";大风吹断了树木,乌云翻滚,这称为"郁";山泉枯竭,草木凋零,这称为"胜";干燥炎热,螟蝗成灾,这称为"复";山崩地震,尘土飞扬,这称为"太过";长时间阴森,重云密布,这称为"不足"。根据气候变化,瘟疫也会相应流行。都要根据当时、当地的征候,即使数里之间,只要气候不同,相应的现象全都不同,怎么能拘泥于一定之法呢?熙宁年间,京城久旱不雨,各种祈祷的方法都用了,连日间阴沉得很,人们说必定会下雨。结果一天忽然放晴了,烈日当空。我当时因为有事而面见皇帝,皇帝问什么时候下雨,我回答道:"下雨的征候已经显现出来了,估计就在明日。"众人都说连日阴沉闷热,尚且不下雨,如此晴朗干燥,哪还有希望下雨呢?结果次日果然大雨。因为这时是太阴土运占主导,连日阴沉,随从之气已经显露了,但是被厥阴木运所抑制,没能成雨。后日突然放晴,是阳明金运进入征候,厥阴之气被阳明摧折,于是太阴之气得以伸展,明日五运六气都顺了,于是知道明天必然下雨。这也是根据当地的情况推断,如果是别处征候不同,占卜的结果也不同。其间的精微之妙,间不容发。据此推求,自然可以达到至理境界。

　　岁运有主气、有客气①,常者为主,外至者为客。初之气厥阴②,以至终之气太阳者。四时之常叙也,故谓之主气。唯客气本书不载其目③,故说者多端,或以甲子之岁天数始于水下一刻,乙丑之岁始于二十六刻④,丙寅岁始于五十一刻,丁卯岁始于七十六刻者,谓之客气。此乃四分历法求大寒之气,何预岁运？又有"相火之下,水气承之","土位之下,风气承之",谓之客气。此亦主气也,与六节相须⑤,不得为客,大率臆计,率皆此类。凡所谓客者,岁半以前,天政主之;岁半以后,地政主之。四时常气为之主,天地之政为之客,逆主之气为害暴,逆客之气为害徐。调其主客,无使伤沴⑥,此治气之法也。

【注释】

①岁运:一年的运气。古人以地气为主气,天气为客气。

②初之气:六气顺序为:厥阴风木、少阴君火、少阳相火、太阴湿土、阳明燥金、太阳寒水。

③本书:指《黄帝内经·素问》。

④二十六刻:一年长度为 365.25 日,多出 25 刻,所以乙丑年始于甲子年第 366 天第 26 刻。

⑤六节:六主气每气主四节气,故一年一共二十四节气。

⑥沴(lì):伤害。

【译文】

一年的运气有主气、有客气,经常起主导作用的是主气,外来的力量起作用的是客气。六气从"厥阴"开始,到"太阳"结束。这是四季的正常次序,所以称为主气。只有客气在《黄帝内经·素问》中没有记载,所以有很多说法,有的说甲子年始于太阳寒水结束的下一刻,乙丑年始于前一年结束后的二十六刻,丙寅年始于前一年结束后的五十一刻,丁卯年始于前一年结束后的七十六刻,这些称为客气。这是四分历法推算大寒之气的方法,和一年的运气有什么关系呢？又有人把"相火之下,水气承之","土位之下,风气承之"等说法称为客气。这也是主气,是与六个节气相关联的，不能算作客气，大体上那些臆测的说法，都和这些差不多。大凡所谓的客气，在上半年由天政主导，在下半年由地政主导。四季的常气是主气，天地主导的是客气，扰乱了主气的危害迅猛，扰乱了客气的危害缓慢。调解主气、客气，不使其受到伤害，这是治理气运的方法。

六气，方家以配六神①。所谓青龙者，东方厥阴之气。其性仁，其神化，其色青，其形长，其虫鳞，兼是数者，唯龙而青者可以体之，然未必有是物也。其他取象皆如是。唯北方有二，曰玄武，太阳水之气也；曰螣蛇，少阳相火之气也。其在于人为肾，肾亦二，左为太阳水，右为少阳相火。火降而息水，火腾而为雨露，以滋五脏，上下相交，此坎离之交以为否泰者也②，故肾为寿命之藏。左阳、右阴、左右相交，此乾坤之交，以生六子者也，故肾为胎育之脏。中央太阴土曰勾陈，中央之取象，唯人为宜。勾陈者③，天子之环卫也。居人之中，莫如君，何以不取象于君？君之道无所不在，不可以方言也。环卫居人之中央，而中虚者也。虚者，妙万物之地也。在天文，星辰皆居四傍而中虚，八卦分布八方而中虚，不虚不足以妙万物。其在于人，勾陈之配，则脾也。勾陈如环，环之中则所谓黄庭也。黄者，中之色；庭者，宫之虚地也。古人以黄庭为脾，不然也。黄庭有名而无所，冲气之所在也④。脾不能与也，脾主思虑，非思之所能到也。故养生家曰："能守黄庭，则能长生。"黄庭者，以无所守为守。唯无所守，乃可以长生。或者又谓："黄庭在二肾之间。"又曰："在心之下。"又曰："黄庭有神人守之。"皆不然。黄庭者，虚

而妙者也,强为之名。意可到则不得谓之虚,岂可求而得之
也哉?

【注释】

①六神:太阳寒水配玄武、厥阴风木配青龙、少阴君火配朱雀、太阴
　　湿土配勾陈、少阳相火配螣蛇、阳明燥金配白虎。

②坎、离、否、泰:《易》的卦,分别代表水、火、阴、阳。此句以为水
　　火、阴阳相交则通,不相交则闭塞。

③勾陈:紫微垣内最接近北极的一组星。

④冲:虚空。

【译文】

　　方术家拿六气配六神。所谓的青龙,主东方的厥阴之气。它性格
仁慈,神态变化,青色,修长,有鳞甲,兼有这些特点的,只有青龙符合,
然而未必真有这种动物。其他取象也都是这样。只有北方有两个神,
一个称为"玄武",主太阳寒水之气;另一个称为"螣蛇",主少阳相火之
气。它们在人身体上对应于肾,肾也有二个,左为太阳寒水,右为少阳
相火。火气下降而止息水气,火气上升而化为雨露,滋润五脏,上下相
交,水火、阴阳相交而生出吉凶,所以肾是关乎寿命的脏器。左侧属阳、
右侧属阴,左右相交,这是乾坤的交汇,以此化生六个子女,所以肾是育
胎的脏器。中央太阴土之神称为"勾陈",中央位置的取象,只有人才合
适。"勾陈",是指天子的护卫。处于人群之中的,没有谁比得上君主,
那为什么不以君主取象呢? 因为君之道无所不在,不能单独拿来代表
一方。天子的护卫也处在人群的中央,而其中却是虚空的。虚空正是
化生万物之所。在天文上说,星辰都分处四方而中间是空虚的,八卦分
布在八方而中间是空虚的,不虚就不足以化生万物。在人身体上说,
"勾陈"对应的是脾。"勾陈"就像一个环,环的中间是所谓的"黄庭"。
黄是中央的颜色,庭是宫庭的空旷之处。古人把"黄庭"当作脾,这是不

对的。黄庭有名而无实，是冲虚之气的所在。脾是对应不了的，脾主管思虑，而黄庭不是意念所能达到的。所以养生家说："能守黄庭，则能长生。"黄庭以无所守为守。正因为无所守，所以才能长生。又有人说："黄庭在二肾之间。"又有人说："在心之下。"又有人说："黄庭有神人守护。"都是不对的。"黄庭"是空虚而神妙的，只不过勉强为它命名，意念能达到的话就不能称之为"虚"了，怎么能去寻求坐实呢？

《易》象九为老阳①，七为少；八为少阴，六为老，旧说阳以进为老②，阴以退为老③。九六者，乾坤之画④，阳得兼阴，阴不得兼阳。此皆以意配之，不然也。九七、八六之数，阳顺、阴逆之理，皆有所从来，得之自然，非意之所配也。凡归余之数⑤，有多有少，多为阴，如爻之偶；少为阳，如爻之奇⑥。三少⑦，乾也，故曰老阳，九揲而得之，故其数九，其策三十有六。两多一少，则一少为之主，震、坎、艮也⑧，故皆谓之少阳。少在初为震，中为坎，末为艮。皆七揲而得之，故其数七，其策二十有八。三多，坤也，故曰老阴，六揲而得之，故其数六，其策二十有四。两少一多，则多为之主，巽、离、兑也⑨，故皆谓之少阴。多在初为巽，中为离，末为兑。皆八揲而得之，故其数八，其策三十有二。物盈则变，纯少阳盈，纯多阴盈。盈为老，故老动而少静。吉凶悔吝，生乎动者也。卦爻之辞，皆九六者，惟动则有占，不动则无朕⑩，虽《易》亦不能言之。《国语》谓"正《屯》悔《豫》皆八"，"遇《泰》之八"是也⑪。今人以《易》筮者，虽不动，亦引爻辞断之。《易》中但有九六，既不动，则是七八，安得用九六爻辞？此流俗之过也。

【注释】

①老阳：用《易》占卜，先通过揲蓍之法的"三变"确定一爻，其蓍草的余数，以 9 为老阳、7 为少阳、8 为少阴、6 为老阴。

②进：以大者为进。

③退：以小者为退。

④乾坤之画：《易》以"九"称阳爻，以"六"称阴爻，故九、六为乾、坤之画。

⑤归余：蓍占"一变"之中的最后一步，把两堆分组后的余数求和。参本卷前篇关于"揲蓍"之注。

⑥"多为阴"几句：阴的符号是"--"有两画，阳的符号是"—"只有一画。所以说"多为阴"、"少为阳"。

⑦三少：指三次"归余"后得到的余数都是"少"，就是三个"—"，所以是乾。下文"三多"同理，指三次"归余"后得到的余数都是"多"，就是三个"--"，所以是坤。

⑧震、坎、艮：三卦均由二阴爻、一阳爻组成，所以说"两多一少"，象征阴气中开始出现阳气，因而以阳为主，而称为"少阳"。

⑨巽、离、兑：三卦均由二阳爻、一阴爻组成，所以说"两少一多"，象征阳气中开始出现阴气，因而以阴为主，而称为"少阴"。

⑩朕：迹象，征兆。

⑪"正《屯》悔《豫》皆八"二句：正《屯》悔《豫》皆八，出自《国语·晋语》。正，《国语》作"贞"，此为避讳字。遇《泰》之八，亦出自《国语·晋语》。据高亨的说法，《屯》中初、四、五爻可变，但宜变的是上爻，上爻之数为 8，属于不变的少阴之数，所以变《屯》得《豫》，《屯》与《豫》的上爻都是 8，所以说"皆八"。《泰》上坤下乾，可变之爻只有两爻，不变之爻有四爻，而宜变之爻逢 8，为不变之爻，所以得不出变卦。

【译文】

《易》象以九为老阳,七为少阳;八为少阴,六为老阴,旧说认为阳以大者为老,阴以小者为老。把九和六作为乾与坤的画数,阳可以兼阴,而阴不能兼阳。这些都是根据臆断配合出来的,其实不是这样的。九、七、八六这些数字,阳顺、阴逆的道理,都是有来历的,它们来源于自然,不是根据臆想来配合的。大凡"归余"之数,有多有少,多的就是阴,如同阴爻的双画;少的就是阳,如同阳爻之单画。"归余"后三个都是少,就是乾,所以是老阳,剩下的蓍草揲九次才得到,所以数字是九,总共的"策"有三十六。"归余"后两多一少,则以单独的少作为主,算出来是震、坎、艮,所以都称为"少阳"。一少出现在"一变"是震,出现在"二变"是坎,出现在"三变"是艮。这些卦都是剩下的蓍草揲七次才得到,所以数字是七,总共的"策"有二十八。"归余"后三个都是多,就是坤,所以是老阴,剩下的蓍草揲六次才得到,所以数字是六,总共的"策"有二十四。"归余"后两少一多,则以单独的多作为主,算出来是巽、离、兑,所以都称为"少阴"。一多出现在"一变"是巽,出现在"二变"是离,出现在"三变"是兑。这些卦都是剩下的蓍草揲八次才得到,所以数字是八,总共的"策"有三十二。事物充满了就会生变,三少是阳气充盈,三多是阴气充盈。充盈就是老,所以老数动而少数静。占卜的吉凶悔吝,都产生于变动。卦爻之辞都以九、六称呼,因为只有变动才有占卜,没有变动就没有征兆,即使是《易》也不能推断。正是《国语》所谓的"贞《屯》悔《豫》皆八","遇泰之八"其中有变卦的问题。现在人们用《易》来占卜,即使爻象不变,也引用爻辞来占断。《易》中只有九、六的爻辞,既然爻没有变化那就是七、八,怎么能用九、六的爻辞呢? 这是流俗的错误。

江南人郑夬曾为一书谈《易》①,其间一说曰:"乾、坤,大父母也②;复、姤,小父母也。乾一变生复,得一阳;坤一变生姤,得一阴。乾再变生临,得二阳;坤再变生遁,得二阴。乾三变生泰,得四阳;坤三变生否,得四阴。乾四变生大壮,得八阳;坤四变生观,得八阴。乾五变生夬,得十六阳;坤五变生剥,得十六阴。乾六变生未济,本得三十二阳;坤六变生归妹,本得三十二阴。乾坤错综,阴阳各三十二,生六十四卦。"夬之为书,皆荒唐之论,独有此变卦之说,未知其是非。余后因见兵部侍郎秦君玠③,论夬所谈,骇然叹曰:"夬何处得此法? 玠曾遇一异人,授此数历,推往古兴衰运历,无不皆验,常恨不能尽得其术。西都邵雍亦知大略④,已能洞吉凶之变。此人乃形之于书,必有天谴,此非世人得闻也。"余闻其言怪,兼复甚秘,不欲深诘之。今夬与雍、玠皆已死,终不知其何术也。

【注释】

①郑夬(guài):字扬庭,著有《周易传》十三卷。

②大父母:古人以乾、坤二卦为《易》卦之父母,其他卦象均可由乾、坤二卦产生。

③秦君玠:身世不详,与郑夬都是邵雍的学生。

④邵雍(1011—1077):字尧夫,自号安乐先生,河南(今河南洛阳)人。北宋儒学家,谥康节。有《伊川击壤集》《皇极经世》等,《宋史》卷四二七有传。

【译文】

江南人郑夬曾经写了一本谈《易》的书,其中有一段说:"乾、坤是大父母,复、姤是小父母。乾一变生复,得一阳;坤一变生姤,得一阴。乾再变生临,得二阳;坤再变生遁,得二阴。乾三变生泰,得四阳;坤三变生否,得四阴。乾四变生大壮,得八阳;坤四变生观,得八阴。乾五变生夬,得十六阳;坤五变生剥,得十六阴。乾六变生未济,本得三十二阳;

坤六变生归妹，本得三十二阴。乾坤错综，阴阳各三十二，生六十四卦。"郑夬写的书多有荒唐的说法，只有这段关于卦象变化的论述，不知道是对是错。我后来见到兵部侍郎秦君玠，和他说起郑夬的这段话，秦君玠惊叹道："郑夬是从何处得知此法的呢？我曾经遇到过一个异人传授这套法术，用他的方法推算历史上的兴衰气运，没有不应验的，我常常遗憾不能完全学到他的方法。西都邵雍也对此略知一二，就已经能洞悉吉凶的变化了。此人居然把这写成书，必遭天谴，这不是世人能知道的。"我听完他的话觉得他说得很奇怪，而且还很神秘，就不想再深入追究了。现在郑夬和邵雍、秦君玠都已经死了，终究也不知道这是什么法术。

　　庆历中^①，有一术士姓李，多巧思。尝木刻一"舞钟馗"，高二三尺，右手持铁简，以香饵置钟馗左手中。鼠缘手取食，则左手扼鼠，右手运简毙之。以献荆王^②，王馆于门下。会太史言月当蚀于昏时，李自云："有术可禳^③。"荆王试使为之，是夜月果不蚀。王大神之，即日表闻，诏付内侍省问状^④。李云："本善历术，知《崇天历》蚀限太弱^⑤，此月所蚀，当在浊中^⑥。以微贱不能自通，始以机巧干荆邸，今又假禳禬以动朝廷耳。"诏送司天监考验。李与判监楚衍推步日月蚀^⑦，遂加蚀限二刻，李补司天学生。至熙宁元年七月^⑧，日辰蚀东方，不效。却是蚀限太强，历官皆坐谪。令监官周琮重修^⑨，复减去庆历所加二刻。苟欲求熙宁日蚀，而庆历之蚀复失之，议久纷纷，卒无巧算，遂废《明天》，复行《崇天》。至熙宁五年，卫朴造《奉元历》^⑩，始知旧蚀法止用日平度，故在疾者过之，在迟者不及。《崇》《明》二历加减，皆不曾求其所因,至是方究其失。

【注释】

①庆历:宋仁宗年号,公元 1041—1048 年。

②荆王:宋英宗第四子,宋神宗同母弟赵頵(jūn),然荆王未曾生活
　　于庆历年间,沈括记载恐有误。

③禳(ráng):祈祷以消除灾殃。

④内侍省:皇帝的近侍机构,负责传达命令、管理宫廷出入等。

⑤蚀限:包括日蚀限和月蚀限。当新月时,若太阳与黄白交点的角
　　距离小于 15°21′时就会发生日蚀,大于 18°31′则不会发生日蚀,
　　在二者之间可能日蚀也可能不会日蚀,这个限度称为日蚀限。
　　当满月时,若太阳与黄白交点的角距离小于 9°30′时就会发生月
　　蚀,大于 12°15′则不会发生月蚀,在二者之间可能月蚀也可能不
　　会月蚀,这个限度称为月蚀限。蚀限太弱是说蚀限定的太宽,因
　　而预料发生月蚀的时间偏早。

⑥浊中:指地平线以下。

⑦楚衍:开封胙城(今属河南)人。精于天文,任灵台郎、司天监丞
　　等职。参与编制《崇天历》。《宋史》卷四六二有传。

⑧熙宁元年:公元 1068 年。

⑨周琮:英宗时任殿中丞、判司天监,主持编订《明天历》。

⑩卫朴:为沈括举荐,编订《奉元历》。

【译文】

　　庆历年间,有一个姓李的术士,多有巧思。曾经用木头刻了一樽
"舞钟馗"像,高二三尺,右手拿着铁板子,左手则放有散发香气的诱饵。
鼠沿着左手取食,就会被左手扼住,这时右手用铁板把老鼠打死。李术
士拿着这个献给荆王,荆王把他招入王府。正好赶上太史说黄昏时会
有月蚀,李术士说:"我有法术可以禳除。"荆王命他试试看,结果这天晚

上果然没发生月蚀。荆王感到非常神奇，马上上表皇帝，皇帝下诏交由
内侍省询问情况。李术士说："我本来精于历法术数，自知《崇天历》的
蚀限太弱，这次月蚀的位置应该在地平线以下。因为我的地位卑微，不
能自荐，就先通过巧妙的机械干谒荆王，现在再借助禳除不祥来引起朝
廷的注意。"皇帝下诏命他去司天监考核试用。李术士和判监楚衍推算
日月蚀，于是把蚀限增加了二刻，李术士补司天监学生。到熙宁元年七
月某日，辰时在东方发生了日蚀，但却没有应验。原来是蚀限太强了，
历官都因此被贬。命令监官周琮重修历法，于是又减去庆历年间所加
的二刻蚀限。然而如果想算出熙宁年间的日蚀，就会又算失庆历年间
的月蚀，长时间讨论纷纷，最终也没有合适的算法，于是废止了《明天
历》，复行《崇天历》。到熙宁五年，卫朴编订《奉元历》，这才知道以前计
算日月蚀的方法只用了太阳的平均速度，所以太阳运行偏快时就算过
头，太阳运行偏慢时就没算到。《崇天历》《明天历》只是加减蚀限，都不
曾推求其原因，到这时才发现其中的失误。

　　四方取象：苍龙、白虎、朱雀、龟蛇①，唯朱雀莫知何物，
但谓鸟而朱者，羽族赤而翔上，集必附木，此火之象也。或
谓之"长离"，盖云离方之长耳②。或云："鸟即凤也，故谓之
凤鸟。少昊以凤鸟至乃以鸟纪官，则所谓丹鸟氏，即凤也。"
又旗旐之饰皆二物③，南方曰鸟隼，则鸟、隼盖两物也。然古
人取象，不必大物也。天文家"朱鸟"，乃取象于鹑④，故南方
朱鸟七宿，曰鹑首、鹑火、鹑尾是也。鹑有两种，有丹鹑，有
白鹑，此丹鹑也。色赤黄而文，锐上秃下，夏出秋藏，飞必附
草，皆火类也。或有鱼所化者，鱼，鳞虫、龙类⑤，火之所自生
也。天文东方苍龙七宿，有角亢、有尾⑥。南方朱鸟七宿，有
喙、有嗉、有翼而无尾⑦，此其取于鹑软。

【注释】

①龟蛇:北方神灵为玄武(或真武),其形象为龟蛇合体。

②离方:八卦方位中,离主南方。

③旗旐(zhào):代表四方的旗帜。

④鹑:即鹌鹑,体型似鸡雏,头小尾秃。

⑤鱼,鳞虫、龙类:古人认为鱼、鳞虫和龙身上都有鳞片,属于同类。

⑥亢:咽喉。

⑦喙(huì):鸟嘴。嗉(sù):鸟类咽喉下部垂下的一个装食物的小囊。

【译文】

　　四方的象征神物是:苍龙、白虎、朱雀、龟蛇,只有朱雀不知道是什么东西,只说是红色的鸟,羽毛赤红而能飞翔,降下来一定落在树木上,这是火的象征。有人说是"长离",意思说它是南方之主。有人说:"鸟就是凤凰,所以称为凤鸟。少昊因为即位时有凤鸟降临,于是就以鸟来称呼官,就是所谓的丹鸟氏,即凤凰。"方位旗上的装饰都是两件东西,南方的称为鸟隼,可见鸟和隼是两样东西。然而古人取的象不一定是大东西。天文家所取的"朱鸟"之象是鹌鹑,所以南方的朱鸟七宿,有鹑首、鹑火、鹑尾三个部分。鹌鹑有两种,一种是丹鹑,一种是白鹑,天文家取的是丹鹑。毛色红黄而有花纹,头小尾秃,夏天时出没,秋天就躲藏起来,飞翔时必定依附草丛,都是火属性的。也有的是鱼变化而成的,鱼属于鳞虫与龙的同类,所以能生出火。天象上东方的苍龙七宿,有角、有喉、有尾。南方的朱鸟七宿,有喙、有喉、有翼而无尾,这就是采取了鹌鹑的形象吧。

　　司马彪《续汉书》候气之法①:"于密室中以木为案,置十二律琯,各如其方②。实以葭灰③,覆以缇縠④,气至则一律飞灰⑤。"世皆疑其所置诸律,方不逾数尺,气至独本律应,何也？或谓："古人自有术。"或谓："短长至数，冥符造化。"或谓："支干方位，自相感召。"皆非也。盖彪说得其略耳，唯《隋书·志》论之甚详⑥。其法：先治一室，令地极平，乃埋律琯，皆使上齐，入地则有浅深。冬至阳气距地面九寸而止。唯黄钟一琯达之，故黄钟为之应。正月阳气距地面八寸而止，自太蔟以上皆达，黄钟大吕先已虚，故唯太蔟一律飞灰。如人用针彻其经渠，则气随针而出矣。地有疏密，则不能无差忒，故先以木案隔之，然后实土案上，令坚密均一。其上以水平其概，然后埋律。其下虽有疏密，为木案所节，其气自平，但在调其案上之土耳。

【注释】

①司马彪（？—约306）：字绍统，河内温县（今属河南）人，晋宗室，官拜散骑常侍。著有《续汉书》八十卷。候气之法：见于《续汉书·律历志》，候气是古代通过埋在土中的律管预测节气变化的方法。

②"置十二律琯（guǎn）"二句：古人将十二律与十二支相配：黄钟为子、大吕为丑、太蔟为寅、夹钟为卯、姑洗为辰、中吕为巳、蕤宾为午、林钟为未、夷则为申、南吕为酉、无射为戌、应钟为亥。十二支又对应于四方：子为北，丑、寅为东北，卯为东，辰、巳为东南，午为南，未、申为西南，酉为西，戌、亥为西北。琯，玉制的管乐器。

③葭（jiā）灰：芦苇秆内壁上薄膜的灰。

④缇縠（tí hú）：轻薄的丝织品。

⑤气：这里指节气。

⑥《隋书·志》：指《隋书·律历志》。《隋书》，唐魏徵等撰，记载隋

代历史。其中"志"部分包括梁、陈、齐、周、隋五朝制度。

【译文】

司马彪在《续汉书》中讲到"候气之法":"在密室中准备木制的案板,把十二根律管按照各自的方位放好。里面填上芦苇内壁上薄膜的灰,再盖上轻薄的丝织品,节气到了则相应律管中的灰就会飞起来。"世人都怀疑,那些放好的律管之间相隔不到数尺,为什么节气到了只有对应的一根管会受到感应呢? 有人说:"古人自有法术。"又有人说:"律管的短长之数,冥冥中自与造化相合。"还有人说:"支干的方位与节气可以自相感召。"这些都是不对的。大概司马彪说得太简略了,只有《隋书·律历志》说得很详细。方法是:先整理好一间房子,使土地非常平整,然后把律管埋好,使管口与地面齐平,埋入地下的部分则有深浅。冬至的时候,阳气止于距地面九寸的地方。只有黄钟管能达到这样的深度,所以黄钟管会有反应。正月的时候,阳气止于距地面八寸以止的地方,比太蔟管长的律管都能达到这个深度,但是黄钟、大吕中的灰之前就已经飞走了,所以只有太蔟一根律管的灰会飞起。假如有人拿针在管口盖的丝织品上穿了个孔,那么阳气就会随着针孔而逸出。因为土地有疏密,就不可能没有误差,所以先要用木头案板来隔好,然后把土填在案板上,使其紧密均一。上面再用水来量齐水平度,然后埋好律管。这样虽然下面的土壤有疏密,但是有木板调节,阳气就自然平准,不过还要调节案板上的土才行。

《易》有纳甲之法[1],未知起于何时。予尝考之,可以推见天地胎育之理。乾纳甲壬,坤纳乙癸者,上下包之也。震、巽、坎、离、艮、兑纳庚、辛、戊、己、丙、丁者,六子生于乾坤之包中[2],如物之处胎甲者[3]。左三刚爻,乾之气也;右三柔爻,坤之气也。乾之初爻交于坤,生震,故震之初爻纳子午；乾之初爻子午故也。中爻交于坤，生坎，初爻纳寅申。震纳子午，顺传寅申，阳道顺④；上爻交于坤，生艮，初爻纳辰戌亦顺传也。坤之初爻交于乾，生巽，故巽之初爻纳丑未；坤之初爻丑未故也。中爻交于乾，生离，初爻纳卯酉；巽纳丑未，逆传卯酉，阴道逆。上爻交于乾，生兑，初爻纳巳亥。亦逆传也。乾坤始于甲乙，则长男、长女乃其次，宜纳丙丁；少男、少女居其末，宜纳庚辛。今乃反此者，卦必自下生，先初爻、次中爻，末乃至上爻。此《易》之叙⑤，然亦胎育之理也。物之处胎甲，莫不倒生，自下而生者，卦之叙，而冥合造化胎育之理。此至理合自然者也。凡草木百谷之实，皆倒生，首系于干，其上抵于隶处⑥，反是根。人与鸟兽生胎，亦首皆在下。

【注释】

①纳甲：以八卦和十天干相配之法，天干以甲为首，故称"纳甲"。

现在一般认为纳甲起源于西汉京房，用于占卜，东汉魏伯阳继承，用于比喻鼎炉修炼，三国虞翻用以解《易》。

②六子：震、坎、艮三卦，其爻为一阳二阴，巽、离、兑三卦，其爻为一阴二阳，因此它们都是乾(三阳)、坤(三阴)孕育的子女。

③胎甲：事物的胞胎阶段。

④阳道：原作"易道"，据弘治本、津逮本改。

⑤叙：通"序"，次序。

⑥隶：原作"颖"，从弘治本、丛刊本改。

【译文】

《易》有纳甲之法，不知道兴起于何时。我曾经考察过，其法可以推广到天地孕育万物的道理。乾纳甲、壬，坤纳乙、癸，这是在上下包孕其他卦。震、巽、坎、离、艮、兑纳庚、辛、戊、己、丙、丁，是六名子女生于乾坤的包孕之中，就像事物处于胞胎阶段。左侧的三支阳爻，是乾的气息；右侧三支阴爻，是坤的气息。乾的初爻与坤交合而生震，所以震的初爻纳子、午；因为乾的初爻是子、午。乾的中爻与坤交合而生坎，所以坎的初爻纳寅、申；震纳子、午，顺向传到寅、申，阳气是顺向运行的。乾的上爻与坤交合而生艮，所以艮的初爻纳辰、戌；也是顺向相传的。坤的初爻与乾交合而生巽，所以巽的初爻纳丑、未；因为坤的初爻是丑、未。坤的中爻与乾交合而生离，所以离的初爻纳卯、酉；巽纳丑、未，逆向传到卯、酉，阴气是逆向运行的。坤的上爻与乾交合而生兑，所以兑的初爻纳巳、亥。也是逆向相传的。乾坤始于甲、乙，长男、长女跟在他们后面，应该纳丙、丁；少男、少女在最后，应该纳庚、辛。现在却与此相反，因为卦必定从下面衍生，先初爻、次中爻，最后才到上爻。这是《易》的次序，然而也是孕育万物的道理。万物处于孕育的初始阶段，没有不是倒着生长的，从下面衍生是卦的次序，而与造化孕育万物的道理暗合。这种真理合乎自然规律。大凡草木百谷的果实，都是倒着生长的，头部连接于枝干，上面附属的果实反而是根部。人与鸟兽生育后代时，也是头部朝下先出来。

卷八

《史记·律书》所论二十八舍、十二律，多皆臆配，殊无义理。至于言数，亦多差舛。如所谓"律数者，八十一为宫，五十四为徵，七十二为商，四十八为羽，六十四为角"。此止是黄钟一均耳。十二律各有五音，岂得定以此为律数？如五十四，在黄钟则为徵，在夹钟则为角，在中吕则为商。兼律有多寡之数，有实积之数，有短长之数，有周径之数，有清浊之数。其八十一、五十四、七十二、四十八、六十四，止是实积数耳。又云："黄钟长八寸七分一，大吕长七寸五分三分一[①]，太蔟长七寸七分二，夹钟长六寸二分三分一，姑洗长六寸七分四，中吕长五寸九又三分二，蕤宾长五寸六分二分一，林钟长五寸七分四，夷则长五寸四分三分二，南吕长四寸七分八，无射长四寸四又三分二，应钟长四寸二又三分二。"此尤误也。此亦实积耳，非律之长也。盖其间字又有误者，疑后人传写之失也。余分下分母，凡"七"字皆当作"十"字，误屈其中画耳。黄钟当作"八寸十分一"，太蔟当作"七寸十分二"，姑洗当作"六寸十分四"，林钟当作"五寸十分四"，南吕当作"四寸十分八"。凡言"七分"者，皆是"十分"。

【注释】

①五分三分一：即五又三分之一分。

【译文】

《史记·律书》所论的二十八星宿、十二律，大多都是主观随意搭配出来的，完全没有义理。至于说到数字，也有很多错误。比如所谓的

"律数以八十一为宫、五十四为徵、七十二为商、四十八为羽、六十四为角"。这只是就黄钟宫一调而言的。十二律各有五音阶,怎么能把这些固定为律数呢? 比如五十四,在黄钟宫就是为徵声,在夹钟宫就是角声,在中吕宫就是商声。加上音律有多寡之数、实积之数、短长之数、周径之数、清浊之数等各种标准。所谓的八十一、五十四、七十二、四十八、六十四,只是实积数而已。又说:"黄钟长八寸七分一,大吕长七寸五又三分一,太蔟长七寸七分二,夹钟长六寸二又三分一,姑洗长六寸七分四,中吕长五寸九又三分二,蕤宾长五寸六又二分一,林钟长五寸七分四,夷则长五寸四又三分二,南吕长四寸七分八,无射长四寸四又三分二,应钟长四寸二又三分二。"这些尤其错误。这也是实积数而已,不是律管的长度。而且其中还有误字,怀疑是后人传写过程中犯的错误。分下面的分母,凡是"七"字都应该是"十"字,是传抄者误把中间的竖弯曲了。黄钟当作"八寸十分一",太蔟当作"七寸十分二",姑洗当作"六寸十分四",林钟当作"五寸十分四",南吕当作"四寸十分八"。凡说"七分"的,都是"十分"。

　　今之卜筮,皆用古书,工拙系乎用之者。唯其寂然不动,乃能通天下之故。人未能至乎无心也,则凭物之无心者而言之。如灼龟墢瓦①,皆取其无理,则不随理而震,此近乎无心也。

【注释】

①灼龟:上古时代人们占卜时,在龟甲上钻孔,然后用火烧,根据龟裂的裂纹判断吉凶。墢(wèn)瓦:灼龟后的裂纹。

【译文】

　　现在的卜筮,都用古书,用得好不好要看用的人怎么样。只有能够寂然不动的人,才能通晓天下之理。人不能达到无心的状态,就需要借助无心之物来立言。比如灼烧龟甲后得到的裂纹，都是因为没什么道理，所以也不会受到理性影响，这就近于无心的状态了。

吕才为卜宅、禄命、卜葬之说①，皆以术为无验。术之不可恃，信然，而不知彼皆寓也。神而明之，存乎其人，故一术二人用之，则所占各异。人之心本神，以其不能无累，而寓之以无心之物，而以吾之所以神者言之，此术之微，难可以俗人论也。才又论："人姓或因官，或因邑族，岂可配以宫商②？"此亦是也。如今姓敬者，或更姓文，或更姓苟。以文考之，皆非也。敬本从苟、音亟。从攵，今乃谓之苟与文，五音安在哉？此为无义，不待远求而知也。然既谓之寓，则苟以为字，皆寓也，凡视听思虑所及，无不可寓者。若以此为妄，则凡祸福吉凶、死生变化、孰为非妄者？能齐乎此，然后可与论先知之神矣。

【注释】

①吕才（600—665）：博州清平（今山东聊城高唐清平镇）人。贞观年间召直弘文馆，参论乐事，后擢太常博士，奉诏删订阴阳家书，擢太常丞。新、旧《唐书》有传。

②配以宫商：指把姓氏与音律相配，以占卜吉凶。

【译文】

吕才谈论的选宅、禄命、丧葬的说法，都认为术数是无法验证的。术数不可依赖，的确如此，但是吕才不知道那些占验都是有所寄托的。它们能不能灵验，关键看人，所以同一数术而两人使用，他们占卜的结果各不相同。人的心灵本来是通灵的，因为心灵不能不受牵累，所以要寄托于无心之物，而借助我们认为神明的东西来表达，这是术数的精微之处,没法和俗人讨论。吕才又说:"人的姓氏有的来自官职,有的来自邑族,怎么能和音律相匹配呢?"这也是对的。比如现在姓敬的人,有的后来改姓文,有的改姓苟。从文字上考察,都是不对的。"敬"字本来从苟、音亟。从攴,现在却称作苟与文,本身蕴涵的五音又在哪里呢?从这一点说是没有意义的,不需要深入考究就能明白。然而既然说是一种寄托,那么只要是文字,就都是一种寄托,凡是视、听、思、虑所及之处,没有什么不是寄托。如果认为这是虚妄的,那么凡是祸福吉凶、死生变化,什么不是虚妄的呢?能理解到这个程度,然后才可以讨论先知的神明。

　　历法,天有黄、赤二道,月有九道。此皆强名而已,非实有也。亦由天之有三百六十五度①,天何尝有度?以日行三百六十五日而一期,强谓之度,以步日月五星行次而已。日之所由,谓之黄道;南北极之中,度最均处,谓之赤道;月行黄道之南,谓之朱道;行黄道之北,谓之黑道。黄道之东,谓之青道;黄道之西,谓之白道。黄道内外各四,并黄道为九。日月之行,有迟有速,难可以一术御也。故因其合散,分为数段,每段以一色名之,欲以别算位而已。如算法用赤筹、黑筹,以别正负之数。历家不知其意,遂以谓实有九道,甚可嗤也。

【注释】

①由:通"犹"。

【译文】

　　根据历法,天球有黄道、赤道,月亮有九道。这些都是人为的命名而已,实际上并不存在。再比如说天有三百六十五度,天何尝有度呢?

因为太阳运行三百六十五天而成一个周期，所以人为地划分了刻度，以此推算日、月、五星的运行轨道而已。太阳的运行轨道称为黄道；南北极之间，最中间的纬线称为赤道；月亮运行在黄道以南，称为朱道；运行在黄道以北，称为黑道。黄道以东，称为青道；黄道以西，称为白道。黄道内外各有四道，加上黄道就是九道。日、月的运行，有时迟缓、有时迅速，很难用一种方法来测量。所以根据它们的会合与离散情况，分成数段区域，每段用一种颜色命名，只是拿来区别运算的区位而已。就像算法上用赤筹、黑筹来区分正、负数。历法家不明白其用意，就以为真的有九条轨道，真是可笑。

二十八宿，为其有二十八星当度，故立以为宿。前世测候，多或改变。如《唐书》测得毕有十七度半，觜只有半度之类，皆谬说也。星既不当度，自不当用为宿次，自是浑仪度距疏密不等耳。凡二十八宿度数，皆以赤道为法。唯黄道度有不全度者，盖黄道有斜、有直①，故度数与赤道不等。即须以当度星为宿，唯虚宿末有奇数②，自是日之余分，历家取以为斗分者③，此也。余宿则不然。

【注释】

①黄道有斜、有直：因为黄道与赤道之间有23°27′的夹角，因此有斜有直。

②虚宿末有奇数：祖冲之之后的历法家大多以虚宿作为赤道的起点，因为周天分为365.25°，所以把小数部分放在虚宿里。

③斗分：把度数中的小数部分放在斗宿中。

【译文】

二十八星宿，是因为它们有二十八颗星处在恰当度数上，所以立为星宿。前代测量时,经常改变它们的度数。比如《唐书》测得毕宿有十七度半,觜宿只有半度之类的,都是错误的说法。星既然不在恰当的度数上,自然不应当作为标定行星轨迹的星宿,这是浑仪刻度疏密不等导致的。凡是二十八星宿的度数,都要以赤道为标准。只有黄道的度数有不是整度的情况,这是因为黄道有斜、有直,所以度数和赤道的度数不等。必须以处在恰当度数上的星体作为星宿,只有虚宿的度数带有小数,这是周天度数的余数,此前历法家取作斗分运算的就是这个数。其余的星宿就不是这样的。

予尝考古今历法五星行度①,唯留逆之际最多差②。自内而进者,其退必向外;自外而进者,其退必由内③。其迹如循柳叶,两末锐,中间往还之道,相去甚远。故两末星行成度稍迟④,以其斜行故也;中间成度稍速,以其径绝故也⑤。历家但知行道有迟速,不知道径又有斜直之异。熙宁中,予领太史令,卫朴造历,气朔已正,但五星未有候簿可验⑥。前世修历,多只增损旧历而已,未曾实考天度。其法须测验每夜昏、晓、夜半月及五星所在度秒,置簿录之,满五年,其间剔去云阴及昼见日数外⑦,可得三年实行,然后以算术缀之⑧,古所谓“缀术”者,此也。是时司天历官,皆承世族,隶名食禄,本无知历者,恶朴之术过己,群沮之⑨,屡起大狱。虽终不能摇朴,而候簿至今不成。《奉元历》五星步术,但增损旧历,正其甚谬处,十得五六而已。朴之历术,今古未有,为群历人所沮,不能尽其艺,惜哉!

【注释】

①行度:观测出的行星运行的度数,古代通过天球上黄道的度数确定行星运行的位置。

②留逆:行星由东向西运行称"逆行",由西向东运行称"顺行",处于顺行与逆行的转折点时,叫做"逆"。这些方向变化实际是相对于太阳的视运动错觉,古人相信太阳的运行速度是恒定的,并以太阳作为参照系,这样行星运转的过程中速度、方位等相对于太阳就会发生变化,好像是在后退。

③"自内而进者"几句:黄道以北为"内",黄道以南为"外",天体自东向西为"进",自西向东为"退"。

④成度:运行速度。

⑤径绝:指直行。绝,越过。

⑥候簿:天文观测记录。

⑦昼见:指月亮及五星在白天出现,被太阳光所遮挡,无法观测。

⑧术:原作"日",据《观堂校识》改。缀:推算,计算。

⑨沮:阻碍,阻挠。

【译文】

我曾经考察古今历法中五星运行的数据,只有行星处于稽留和逆行时的数据相差最多。从黄道以北顺行的行星,逆行时必定在黄道以南;从黄道以南顺行的行星,逆行时必定在黄道以北。其轨迹就像沿着柳叶运行一样,两头尖,中间来回的轨道则相去甚远。所以行星运行到两端时速度就较慢,这是因为它斜行的缘故;运行到中间时速度就较快,这是因为它径直穿过的缘故。历法家只知道行星运行有快慢,却不知道它们的运行轨迹有斜直的不同。熙宁年间,我曾经担任太史令,卫朴编订新历,节气、朔望已经校正,但是五星还没有观测记录可以证验。前代修订历法,大多只是对旧历进行增删而已,未曾实际考察天体的运行。观测的方法是要检验每天黄昏、拂晓、夜半时月亮以及五星所在的位置,并记录下来,观测满五年,并别除中间因为阴天和在白天出现无法观测的日子,可以得到三年的实际运行资料,然后用算法推算出完整轨迹,这就是古代所谓的"缀术"。当时司天监的官员,都是世袭相承的,多是挂名食禄之辈,本来就不懂历法,他们嫉妒卫朴的才华超过自己,就聚在一起阻挠卫朴,多次兴起诉讼。虽然最终也无法动摇卫朴的位置,但是却使得观测记录至今没做完。因此《奉元历》推算五星的运行,也只能通过增删旧历,纠正其中的错误之处,准确率也只有十分之五六而已。卫朴的历算之术,古今未有,却被一群历法官阻挠,不能充分展现其才能,实在是可惜!

国朝置天文院于禁中①,设漏刻、观天台、铜浑仪,皆如司天监,与司天监互相检察。每夜天文院具有无谪见、云物、祺祥②,及当夜星次,须令于皇城门未发前到禁中。门发后,司天占状方到③,以两司奏状对勘,以防虚伪。近岁皆是阴相计会,符同写奏,习以为常,其来已久,中外具知之,不以为怪。其日月五星行次,皆只据小历所算躔度誊奏④,不曾占候,有司但备员安禄而已。熙宁中,予领太史,尝按发其欺,免官者六人。未几,其弊复如故。

【注释】

①天文院:宋代设立的天文观测机构,先属司天监,元丰改制后,改属太史局。

②谪见:指上天对人的谴责,根据天人感应的理论,可以从天象的灾异显现出来。

③占状:观测天文的奏状。

④躔(chán):指天体的运行。

【译文】

本朝在禁苑内设有天文院,设置了漏刻、观天台、铜浑仪等仪器,都如司天监的配置,以便与司天监互相检察。每夜天文院要上奏有没有灾异、云物、祥瑞天象以及当夜的行星位置等记录,必须在皇城没开门之前送到宫中。开门后,司天监的观测记录送到,拿两部门的奏状对勘,以防止弄虚作假。近年来,两部门都是私下里商量好,奏状上写得内容都一样,这种做法习以为常,由来已久了,朝廷内外的人都知道,也不以为怪。记录的那些日、月、五星的运行方位,上奏的都只是根据民间历法计算出来的,没有实际观测过,历法官员只是占着位置白领俸禄而已。熙宁年间,我担任太史局长官,曾经揭露过这种欺诈行为,罢免了六个人。但是不多久,这种弊病依然如故。

司天监铜浑仪,景德中历官韩显符所造①,依仿刘曜时孔挺、晁崇、斛兰之法②,失于简略。天文院浑仪,皇祐中冬官正舒易简所造③,乃用唐梁令瓒、僧一行之法④,颇为详备,而失于难用。熙宁中,予更造浑仪,并创为玉壶浮漏、铜表⑤,皆置天文院,别设官领之。天文院旧铜仪,送朝服法物库收藏,以备讲求。

【注释】

①景德:宋真宗年号,公元 1004—1007 年。韩显符(940—1013):曾任官司天监,迁殿中丞兼翰林天文,著有《浑仪法要》十卷。《宋史》卷四六一有传。

②刘曜:十六国时期前赵国君,公元 318—329 年在位。孔挺:前赵史官,曾铸造铜浑仪。晁崇:字子业,辽东襄平(今属辽宁辽阳)人。北魏时任太史令,改造浑仪,迁中书侍郎。斛(hú)兰:北魏

　　时任太史丞,曾仿孔挺之法造铁浑仪。

③冬官正:司天监的属官。

④梁令瓚:蜀人,官率府兵曹参军,精于历法与绘画。

⑤玉壶浮漏:沈括为了解决漏刻出水不均的问题,将出水口移到壶底,并设为直形玉嘴。铜表:铜制的圭表,用以观测太阳的运行。

【译文】

　　司天监的铜浑仪,是景德年间历法官韩显符铸造的,依据的是前赵时孔挺、晁崇、斛兰的方法,失于简略。天文院的浑仪,是皇祐年间冬官正舒易简制造的,用的是唐代梁令瓒、僧一行的方法,颇为详备,但是失于难用。熙宁年间,我重新制造了浑仪,并且创造了玉壶浮漏、铜表等仪器,都放置在天文院,另外设官员管理。天文院的旧铜仪,则送到朝服法物库收藏,以备参考。

人事

【题解】

《人事》门凡两卷，以记载人物轶事为主，可补史书之不足。所记一方面展现人物风度，如寇准将兵气度、王旦宽宏大量、石曼卿豪饮、王安石俭质、狄青自谦、晏殊奏对诚实、向敏中拜相稳重等。或嘉赏人物道德，如朱寿昌寻母至孝、刘庭式不弃盲妻、李馀庆除恶务尽等。亦稍及命运前定等志怪异事，如张谔终于太子中允、王皞拜枢密使及元昊必反等。另一方面可补充文史资料，如欧阳修嘉祐二年（1057）知贡举改革文风、文彦博洛阳办"耆老会"等。文简而事精，可见历史上大小人物的生活细节，读之亦颇有趣味。

卷九

景德中，河北用兵，车驾欲幸澶渊①，中外之论不一，独寇忠愍赞成上意②。乘舆方渡河，虏骑充斥，至于城下，人情恟恟③。上使人微觇准所为④，而准方酣寝于中书，鼻息如雷。人以其一时镇物，比之谢安⑤。

【注释】

①澶渊:古湖名,在今河南濮阳西南。

②寇忠愍:即寇准(961—1023),字平仲,华州下邽(今陕西渭南)人。太平兴国五年(980)进士,授大理评事、知归州巴东县,累迁殿中丞、通判郓州,授右正言、直史馆,为三司度支推官、转盐铁判官,历同知枢密院事、参知政事,拜枢密使。谥忠愍,封莱国公,追赠中书令。

③恟恟(xiōng):恐惧,惊骇。

④觇(chān):偷偷地查看。

⑤谢安(320—385):字安石,陈郡阳夏(今河南太康)人。东晋任吴兴太守、侍中、吏部尚书、中护军等职,谥文靖。在淝水之战时作为指挥,镇定自若,调兵遣将后,自与宾客弈棋,得知捷报后面不改色。

【译文】

景德年间,河北发生战事,皇帝想御驾亲征澶渊,朝廷内外意见不一,只有寇准支持皇帝的意见。皇帝的车马刚渡过黄河,敌人的骑兵就大规模地兵临城下,大家都很恐惧。皇帝命人悄悄查看寇准在做什么,这时寇准正在随军的中书府酣睡,鼾声如雷。人们把他在战时镇定人心的风度与谢安相比。

武昌张谔①,好学能议论,常自约:仕至县令则致仕而归②,后登进士第,除中允③。谔于所居营一舍,榜为中允亭,以志素约也。后谔稍稍进用,数年间为集贤校理、直舍人院、检正中书五房公事、判司农寺④,皆要官,权任渐重。无何,坐事夺数官,归武昌。未几捐馆⑤,遂终于太子中允。岂非前定?

【注释】

①张谔：身世不详。

②致仕：退休。宋代规定，文臣年满七十，武臣年满八十，一般都应
申请致仕。

③中允：太子中允，负责审核太子的奏章、侍从礼仪等。

④集贤校理：负责掌管典籍、搜求佚书等。司农寺：掌管粮草、仓廪
及京朝官禄米供给等，为推行新法的重要部门。

⑤捐馆：代指去世。

【译文】

武昌人张谔，好学而善于发表议论，曾经自我约定：当官当到县令
就退休回家，后来中进士，被任命为中允。张谔就在居处造了一间屋
舍，题名为"中允亭"，以表示以往的约定。后来张谔逐渐被提拔，数年
之间，已经担任了集贤校理、直舍人院、检正中书五房公事、判司农寺等
官职，这些都是显要的官位，权力也逐渐加重。不久，因事获罪而被削
去多个官职，回到武昌。不久就去世了，最终的官职是太子中允。这难
道不是冥冥中注定的吗？

许怀德为殿帅①，尝有一举人，因怀德乳姥求为门客，怀
德许之。举子曳襕拜于庭下②，怀德据座受之。人谓怀德武
人不知事体，密谓之曰："举人无设阶之礼，宜少降接也。"怀
德应之曰："我得打乳姥关节秀才，只消如此待之！"

【注释】

①许怀德：字师古，开封祥符（今属河南）人。历任东西班殿侍、殿
前指挥使、左班都虞候。出领仪州刺史、鄜延路兵马钤辖，擢殿
前都虞候、遂州观察使、侍卫亲军马军副都指挥使、武信军节度

观察留后、殿前副都指挥使、宁远军节度使。卒后追封侍中,谥荣毅。殿帅:即殿前都指挥使,统领禁军。

②曳:拖着。襕(lán):襕衫。

【译文】

许怀德担任殿帅时,曾经有一个举人,通过许怀德乳姥的关系谋求成为门客,许怀德答应了。举子拖着襕衫在庭下拜见,许怀德在堂上坐在座椅上接受了拜见。有人说许怀德是武人,不懂道理,就私下里对他说:"举人没有在阶下行礼的礼节,你应该稍微下阶迎接。"许怀德回答说:"对于一个靠乳姥打通关节的秀才,我只需要这样对待!"

夏文庄性豪侈①,禀赋异于人:才睡,即身冷而僵,一如逝者;既觉,须令人温之,良久方能动。人有见其陆行,两车相连,载一物巍然,问之,乃绵帐也,以数千两绵为之。常服仙茅、钟乳、硫黄②,莫知纪极③。晨朝每食钟乳粥,有小吏窃食之,遂发疽④,几不可救。

【注释】

①夏文庄:即夏竦(985—1051),字子侨,江州(今江西九江德安)人。累官陕西四路经略、安抚、招讨使,擢枢密使、参知政事、同中书门下平章事等,封英国公,进郑国公,谥文庄。著有《文庄集》。《宋史》卷二八三有传。

②仙茅:石蒜科,多年生无茎草本植物,根粗壮,叶子三至六枚,花腋生,以根状茎入药,主治腰脚冷痛等症、亦可补肾助阳。钟乳:溶洞中自上垂下,以碳酸钙($CaCO_3$)为主,同时混合其他矿物质沉积形成,亦可入药,主治咳嗽、益气补虚、治疗脚弱疼冷。硫黄(S):可入药,外用解毒杀虫疗疮,内服用于阳痿足冷,虚喘冷哮,

虚寒便秘。

③纪极：限度。

④疽（jū）：毒疮。

【译文】

夏竦生性豪奢，禀赋异于常人：刚刚睡下，就浑身冰冷而僵硬，就像死人一样；等睡醒了，需要别人温暖他，过很久才能行动。有人曾经看见他在路上走，两辆车前后相连，上面载着一个很大的东西，问他是什么，原来是一席绵帐，用数千两绵制成。还经常服食仙茅、钟乳、硫黄等药，没人知道其服用的限量。每天早晨都要食用钟乳粥，有个小吏偷偷吃了这种粥，立刻发了毒疮，几乎不可救治。

郑毅夫自负时名①，国子监以第五人送，意甚不平。谢主司启事，有"李广事业②，自谓无双；杜牧文章③，止得第五"之句。又云："骐骥已老，甘驽马以先之；巨鳌不灵，因顽石之在上。"主司深衔之④。他日廷策，主司复为考官，必欲黜落，以报其不逊。有试业似獬者，枉遭斥逐；既而发考卷，则獬乃第一人及第。

又嘉祐中⑤，士人刘幾⑥，累为国学第一人。骤为怪险之语，学者翕然效之⑦，遂成风俗。欧阳公深恶之，会公主文，决意痛惩，凡为新文者一切弃黜。时体为之一变，欧阳之功也，有一举人论曰："天地轧，万物苗，圣人发。"公曰："此必刘幾也。"戏续之曰："秀才剌，试官刷。"乃以大朱笔横抹之，自首至尾，谓之"红勒帛"，判大纰缪字榜之。即而果幾也。复数年，公为御试考官，而幾在庭。公曰："除恶务本，今必痛斥轻薄子，以除文章之害。"有一士人论曰："主上收精藏明于冕旒之下⑧。"公曰："吾已得刘幾矣。"既黜,乃吴人萧稷也⑨。是时试《尧舜性仁赋》,有曰："故得静而延年,独高五帝之寿;动而有勇,形为四罪之诛。"公大称赏,擢为第一人,及唱名,乃刘煇。人有识之者曰："此刘幾也,易名矣。"公愕然久之。因欲成就其名,小赋有"内积安行之德,盖禀于天",公以谓"积"近于"学",改为"蕴",人莫不以公为知言。

【注释】

①郑毅夫:即郑獬(1022—1072),字毅夫,号云谷,安陆(今属湖北)人。皇祐间状元,通判陈州,入直集贤院,神宗时为翰林学士,权知开封府,以不满王安石变法,出知杭州、青州。《宋史》卷三二一有传。

②李广(? —前119):陇西成纪(今甘肃天水秦安)人。汉武帝时任骁骑将军、右北平太守,号曰"飞将军",屡建战功而未得封赐。

③杜牧(803—约852):字牧之,号樊川居士,京兆万年(今陕西西安)人。唐文宗大和二年(828)进士,授弘文馆校书郎,历任国史馆修撰,膳部、比部、司勋员外郎,黄州、池州、睦州刺史等。著有《樊川文集》。

④衔:怨恨。

⑤嘉祐:宋仁宗年号,公元1056—1063年。

⑥刘幾:身世不详,与后文之"刘几"亦非一人。

⑦翕(xī)然:一致。

⑧冕旒(miǎn liú):古代大夫级别以上的礼冠,后专指皇冠。

⑨萧稷:身世不详。

【译文】

郑獬自认为享有一时名望,却被国子监以第五名选送,内心甚为不平。所以在答谢主考官的书信中有"事业如李广,自谓天下无双;文章如杜牧,却只落得第五名"的句子。又写道:"骐骥已经老却,甘心让劣马在先;巨鳌已经不灵便了,因为有一块顽石压在上面。"主考官深为怨恨。他日举行殿试,还是这位主考担任考官,就想着一定要黜落郑獬,以回报他的不谦逊。有人的试卷文风像郑獬,就冤枉地遭到了斥逐;等到揭开考卷发榜时,结果郑獬以第一的名次进士及第。

嘉祐年间,有一个士人叫刘幾,多次被国子监选为第一人。他经常用怪僻险涩的语言写文章,学者都一味地效仿他,于是形成了一时文风。欧阳修非常讨厌这种文风,正好赶上他主持贡举,决心革除这种文风,凡是写这种风格文章的举子一律黜落。当时的文风为之一变,这是欧阳修的功劳,有一个举人在文章中论道:"天地轧,万物茁,圣人发。"欧阳修说:"这必定是刘幾的卷子。"因而戏谑地补续道:"秀才刺,试官刷。"用大红笔把文章从头到尾横着涂抹了一遍,称为"红勒帛",并写上"大纰缪"几个字张榜公布。后来一看,果然是刘幾的卷子。过了几年,欧阳修担任殿试考官,而刘幾也在这场考试中。欧阳修说:"除恶务尽,现在一定要痛斥轻薄士子,以革除文章之害。"有一个士人在文章中论道:"主上收精藏明于冕旒之下。"欧阳修说:"我已经找到刘幾的卷子了。"等罢黜后,发现是江浙人萧稷的。这次考试题为《尧舜性仁赋》,有人写到:"故得静而延年,独高五帝之寿;动而有勇,形为四罪之诛。"欧阳修大为称赏,举为第一名,等到发榜唱名,乃是刘辉。有人认识他,就说:"这其实是刘幾,他是改名参加考试的。"欧阳修愕然了很久。于是想成就他的名声,他的小赋中有"内积安行之德,盖禀于天"一句,欧阳修说"积"字近于"学",不如改为"蕴"字,人们都说欧阳修改得好。

古人谓贵人多知人,以其阅人物多也。张邓公为殿中丞①,一见王东城②,遂厚遇之,语必移时,王公素所厚唯杨大年③,公有一茶囊,唯大年至,则取茶囊具茶,他客莫与也。

公之子弟,但闻"取茶囊",则知大年至。一日公命"取茶囊",群子弟皆出窥大年;及至,乃邓公。他日,公复取茶囊,又往窥之,亦邓公也。子弟乃问公:"张殿中者何人,公待之如此?"公曰:"张有贵人法,不十年当据吾座。"后果如其言。

又文潞公为太常博士④,通判兖州,回谒吕许公⑤。公一见器之,问潞公:"太博曾在东鲁,必当别墨。"令取一丸墨濒阶磨之,揖潞公就观:"此墨何如?"乃是欲从后相其背。既而密语潞公曰:"异日必大贵达。"即日擢为监察御史,不十年入相。潞公自庆历八年登相⑥,至七十九岁,以太师致仕,凡带平章事三十七年,未尝改易。名位隆重,福寿康宁,近世未有其比。

【注释】

①张邓公:即张士逊(964—1049),字顺之,阴城(今湖北老河口)人。太宗淳化三年(992)进士,为郧县主簿,累迁转运使、礼部尚书、刑部尚书、同中书门下平章事、集贤殿大学士,后拜太傅,封邓国公,谥文懿。《宋史》卷三一一有传。殿中丞:殿中省负责皇帝起居饮食的官员。

②王东城:即王旦。字子明,北宋太尉。参《故事》卷二注。

③杨大年:即杨亿,字大年,北宋大臣。参《故事》卷一注。

④文潞公:即文彦博,字宽夫,北宋大臣。封潞国公。参《辨证》卷三注。太常博士:主管谥法等礼仪的官职。

⑤吕许公:即吕夷简(978—1044),字坦夫,寿州(今安徽凤阳一带)人。咸平三年(1000)进士,后以刑部郎中权知开封府,进右谏议大夫,以给事中职参知政事。天圣六年(1028),拜同中书门下平章事、集贤殿大学士。后加右仆射,封申国公。庆历元年(1041),改

封许国公,兼枢密使。卒赠太师、中书令,谥文靖。《宋史》卷三一
一有传。

⑥庆历八年:公元 1048 年。

【译文】

　　古人说贵人大多能知人,因为他们见人识物多。张士逊担任殿中
丞时,王旦一看到他就热情相待,每次对谈时间都很长,王旦素来厚待
的只有杨亿,他有一个装茶的袋子,只有杨亿来了,才会拿出这个袋子
备茶,其他客人都没有这项待遇。王旦的子弟们,只要听到说"取茶
囊",就知道杨亿来了。一天,王旦命"取茶囊",一群子弟们都出来想偷
偷看看杨亿,等人来了,发现是张士逊。又有一天,王旦又命"取茶囊",
子弟们又过去偷看,发现又是张士逊。子弟们就问王旦:"这个殿中丞
张士逊是什么人啊,您待他如此热情?"王旦说:"张士逊有贵人相貌,不
出十年,必当接替我的位置。"后来果然如其言。

　　文彦博任太常博士时,为兖州通判,回京后拜见吕夷简。吕夷简一
看到他就非常器重,借故问文彦博道:"您曾经去过东鲁,一定能识别墨
的优劣。"于是命人取来一颗墨球,在临近的台阶上打磨,拉着文彦博来
看,并问道:"这块墨怎么样?"其实是想从后面观察他的背部。接着小
声对文彦博说:"你以后一定会十分显贵。"不久,文彦博就升为监察御
史,不到十年就升为宰相。文彦博从庆历八年拜相,到七十九岁以太师
的身份退休,带着同中书门下平章事的职衔有三十七年,从未改易。位
高名重,福寿康安,近世以来,无人能比。

　　王延政据建州①,令大将章某守建州城,尝遣部将刺事
于军前,后期当斩,惜其材,未有以处,归语其妻。其妻连氏
有贤智,私使人谓部将曰:"汝法当死,急逃乃免。"与之银数
十两,曰:"径行,无顾家也。"部将得以潜去,投江南李主,以

隶查文徽麾下②。文徽攻延政，部将适主是役。城将陷，先喻城中："能全连氏一门者，有重赏。"连氏使人谓之曰："建民无罪，将军幸赦之。妾夫妇罪当死，不敢图生。若将军不释建民妾愿先百姓死，誓不独生也。"词气感慨，发于至诚。不得已为之，戢兵而入③，一城获全。至今连氏为建安大族，官至卿相者相踵，皆连氏之后也。

又李景使大将胡则守江州④，江南国下，曹翰以兵围之三年⑤，城坚不可破。一日，则怒一饔人鲙鱼不精⑥，欲杀之。其妻遽止之曰："士卒守城累年矣。暴骨满地⑦，奈何以一食杀士卒耶？"则乃舍之。此卒夜缒城⑧，走投曹翰，具言城中虚实。先是，城西南依险，素不设备，卒乃引王师自西南攻之，是夜城陷，胡则一门无遗类。二人者，其为德一也，何其报效之不同？

【注释】

①王延政（？—951）：五代时闽康宗王延羲之弟，兄弟反目，王延政乃以建州建国，国号殷，改元天德，后被南唐所灭。王延政迁居金陵，封光山王，谥恭懿。

②查文徽（885—954）：字光慎，歙州休宁（今属安徽）人。仕南唐，官至枢密副使，以讨伐建州有功，迁建州留侯，以工部尚书致仕。

③戢（jí）：收敛。

④李景（916—961）：又名"李璟"，为后周所胁，称"江南国主"。在位期间灭楚、闽二国。

⑤曹翰（924—992）：大名（今河北邯郸）人。初隶后周世宗帐下，入宋为均州刺史兼西南诸州转运使，太平兴国四年（979）从太宗灭北汉。雍熙间，起为右千牛卫大将军、分司西京。卒赠太尉，谥

武毅。

⑥饔（yōng）人：厨师。鲙（kuài）：同"脍"，细切肉。这里指烹调鱼肉。

⑦暴：显露，暴露。

⑧缒（zhuì）：用绳索拴住人或物从上往下放。

【译文】

王延政占据建州，命大将章某镇守建州，章某曾派部将刺探敌方军情，部将因为延误了军期，按律当斩，章某爱惜他的才华，不知如何处置，回去后就和妻子商量。他的妻子连氏贤惠并且有智谋，偷偷派人和部将说："按照军法你罪当斩，你赶快逃跑，可免一死。"给了他数十两银子并说："直接走，不要顾家了。"部将因此得以逃走，投靠了江南李主，隶属于查文徽的麾下。后来，查文徽攻打王延政，部将恰好是这场战役的主将。城将要沦陷时，部将先对城中军民说："谁能保全连氏一门，我有重赏。"连氏派人对他说："建州百姓无罪，希望将军能赦免他们。妾夫妇有罪当死，不敢图谋生计。您如果不赦免建州百姓，我愿意死在百姓前面，发誓不会单独生存。"话语慷慨动人，出于至诚之心。部将不得已，只好听从，于是整顿好部队入城，一城百姓得以保全。至今连氏还是建州的大家族，官至卿相的人接连不断，都是连氏的后裔。

南唐中主李景派大将胡则镇守江州，南唐兵败，曹翰将江州包围了三年，而江州城坚固难以攻破。一天，胡则因为一名厨师烧鱼没烧好而发怒，想要杀了他。胡则的妻子赶忙阻止他说："士卒守城已经好几年了。现在尸骨遍地，你怎么能因为一顿饭杀士卒呢？"于是胡则放了这个人。这个人夜里就从城墙上顺着绳子逃跑，投靠了曹翰，把城中虚实情况全部告诉了曹翰。在这之前，城的西南一带仗着有天险，素来没有设防备，这个士兵就带着曹翰的部队从西南方向攻城，这一夜，江州城沦陷，胡则被满门抄斩。他们两人的妻子，给予的恩德是一样的，为什么最后的报应不同呢？

王文正太尉局量宽厚①,未尝见其怒。饮食有不精洁者,但不食而已。家人欲试其量,以少埃墨投羹中,公唯啖饭而已②。问其何以不食羹,曰:"我偶不喜肉。"一日又墨其饭,公视之曰:"吾今日不喜饭,可具粥。"其子弟愬于公曰③:"庖肉为饔人所私,食肉不饱,乞治之。"公曰:"汝辈人料肉几何?"曰:"一斤,今但得半斤食,其半为饔人所廋④。"公曰:"尽一斤可得饱乎?"曰:"尽一斤固当饱。"曰:"此后人料一斤半可也。"其不发人过皆类此。尝宅门坏,主者彻屋新之,暂于廊庑下启一门以出入。公至侧门,门低,据鞍俯伏而过,都不问。门毕,复行正门,亦不问。有控马卒,岁满辞公,公问:"汝控马几时?"曰:"五年矣。"公曰:"吾不省有汝。"既去,复呼回曰:"汝乃某人乎?"于是厚赠之。乃是逐日控马,但见背,未尝视其面,因去见其背,方省也。

【注释】

①王文正:即王旦,字子明,北宋太尉。参《故事》卷二注。

②啖(dàn):吃。

③愬(sù):同"诉",告诉。

④廋(sōu):藏匿。

【译文】

太尉王旦为人宽宏大量,从未见到他发怒。遇到食物不干净,他只是不吃而已。家人想试探他的度量,就把一些小墨渣放到羹里,王旦只是吃饭而已。问他为什么不吃羹,他说:"我偶尔不想吃肉。"一天,又把墨渣倒进他的饭里,王旦看了一下,说:"我今天不想吃饭,可以给我准备一点粥。"他的子弟告诉他说:"厨房里的肉被厨师私占了,我们都吃不饱,希望您整治一下。"王旦问:"你们吃多少肉能饱?"答道:"一斤,现在只能得到半斤，另外半斤被厨师中饱私囊了。"王旦说："给够你们一斤的话能吃饱么？"答道："给足一斤当然能吃饱。"王旦就说："那以后给你们每人一斤半就行了。"他不愿意揭发别人的过错就像这样。曾经遇上家里大门坏了，管事的人把门拆下来重修，临时在门廊下开了一个小门进出。王旦走到侧门，发现门太低了，就在马鞍上俯下身子过去，都不过问。门修好了，又继续走正门，也不过问。有一个负责牵马的人因为服役期满，和王旦告辞，王旦问："你掌马多久了？"答道："五年了。"王旦说："我怎么不记得你呢？"等这人往外走，王旦又叫他回来说："你是某某吧？"于是给了很多赏赐。原来是因为以前他牵马时，王旦看到的都是他的后背，没有见过他的脸，因为士卒离开时又看到他的后背，这才想起来。

石曼卿居蔡河下曲①，邻有一豪家，日闻歌钟之声。其家僮仆数十人，常往来曼卿之门。曼卿呼一仆，问："豪为何人？"对曰："姓李氏，主人方二十岁，并无昆弟，家妾曳罗绮者数十人。"曼卿求欲见之，其人曰："郎君素未尝接士大夫，他人必不可见。然喜饮酒，屡言闻学士能饮酒，意亦似欲相见。待试问之。"一日，果使人延曼卿，曼卿即着帽往见之。坐于堂上，久之方出。主人著头巾、系勒帛②，都不具衣冠。见曼卿，全不知拱揖之礼。引曼卿入一别馆，供张赫然。坐良久，有二鬟妾③，各持一小檠至曼卿前④，檠中红牙牌十余⑤。其一檠是酒，凡十余品，令曼卿择一牌；其一檠肴馔名，令择五品。既而二鬟去，有群妓十余人，各执肴果乐器，妆服人品皆艳丽粲然。一妓酌酒以进，酒罢乐作，群妓执果肴者，萃立其前⑥，食罢则分列其左右，京师人谓之"软檠"⑦。

酒五行，群妓皆退，主人者亦翩然而入，略不揖客，曼卿独步而出。曼卿言："豪者之状，懵然愚骏⑧，殆不分菽麦⑨，而奉养如此，极可怪也。"他日试使人通郑重⑩，则闭门不纳，亦无应门者。问其近邻，云："其人未尝与人往还，虽邻家亦不识面。"古人谓之"钱痴"，信有之。

【注释】

①石曼卿：即石延年，字曼卿，北宋大臣。参《辨证》卷四注。

②勒帛：丝制腰带。

③鬟妾：年幼的婢女。

④槃（pán）：木盘。

⑤红牙牌：染成红色的象牙骨牌，用于行酒令。

⑥萃：簇拥。

⑦软槃：即不设桌案，令婢女手持佳肴、果蔬，故称。

⑧懵然愚骏（ái）：懵懂而愚蠢。

⑨菽（shū）：豆的总称。

⑩通郑重：问候。

【译文】

石曼卿住在蔡河下曲，邻家有一个富豪，每天都听到他家传来歌舞演奏的声音。他家有数十个仆人，经常从石曼卿门口过。一天，石曼卿叫住一个仆人，问道："这富豪是什么人？"回答说："主人姓李，大概二十岁，并无兄弟，家里穿着罗绮的婢女有数十人。"石曼卿表示想见见这个人，那个仆人说："郎君从来没接待过士大夫，一般人绝对是见不到他的。但是他喜欢饮酒，又经常说听说您酒量好，好像也想和您相见。等我试着问问他。"一天，富豪果然派人延请石曼卿，石曼卿马上穿好衣帽前去拜见。坐在堂上，等了很久主人才出来。主人戴着头巾，系着丝制腰带，也没穿正装。见到石曼卿，也全不知作揖打躬的礼节。带着石曼卿进入一间别馆，陈设非常华丽。坐了一会儿，有两名年幼的婢女出来，各自拿着一个小盘来到石曼卿面前，盘中有十余支红牙牌。其中一盘是酒名，有十几种，让石曼卿选一种喝。其中一盘是菜肴名，让他选择五种。然后两名婢女退下，有十几名婢女，各自拿着菜肴、果品、乐器上来，妆服、相貌都艳丽夺目。一名婢女斟酒送上，喝完酒就开始奏乐，那群拿着水果、菜肴的婢女，簇拥在他们面前，吃完了就分开站在左右，京城人士称此为"软盘"。酒过五行，那群婢女都退下，主人也翩然回去了，也没有作揖送客，石曼卿自己走了出来，说："看这富豪的样子，懵懂而愚蠢，恐怕连豆和麦都分不清楚，而条件如此优越，真是太奇怪了。"他日又试着派人去问候，却闭门不接待，也没有回话的人。问他的近邻，说道："这人从来没见与人来往，即使是邻家也没见过面。"古人所谓的"钱癖"，看来还真有。

颍昌阳翟县有一杜生者①，不知其名，邑人但谓之"杜五郎"。所居去县三十余里，唯有屋两间，其一间自居，一间其子居之。室之前有空地丈余，即是篱门。杜生不出篱门凡三十年矣。黎阳尉孙轸曾往访之，见其人颇萧洒，自陈："村民无所能，何为见访？"孙问其不出门之因，其人笑曰："以告者过也。"指门外一桑曰："十五年前，亦曾到此桑下纳凉，何谓不出门也？但无用于时，无求于人，偶自不出耳，何足尚哉？"问其所以为生，曰："昔时居邑之南，有田五十亩，与兄同耕。后兄之子娶妇，度所耕不足赡，乃以田与兄，携妻子至此。偶有乡人借此屋，遂居之。唯与人择日，又卖一药，以具饘粥②，亦有时不继。后子能耕，乡人见怜，与田三十亩，令子耕之，尚有余力，又为人佣耕，自此食足。乡人贫，以医自给者甚多，自食既足，不当更兼乡人之利，自尔择日卖药，一切不为。"又问："常日何所为？"曰："端坐耳，无可为也。"问："颇观书否？"曰："二十年前，亦曾观书。"问："观何书？"曰："曾有人惠一书册，无题号。其间多说《净名经》③，亦不知《净名经》何书也。当时极爱其议论，今亦忘之，并书亦不知所在久矣。"气韵闲旷，言词精简，有道之士也。盛寒，但布袍草履。室中枵然一榻而已④。问其子之为人，曰："村童也。然质性甚淳厚，未尝妄言，未尝嬉游。唯买盐酪，则一至邑中，可数其行迹，以待其归。径往径还，未尝傍游一步也。"余时方有军事，至夜半未卧，疲甚，与官属闲话，轸遂及此。不觉肃然，顿忘烦劳。

【注释】

①颍昌：今河南许昌。阳翟县：今河南禹县。

②馆（zhān）粥：浓稠的粥。

③《净名经》：《维摩诘经》的异称，是大乘佛教的经典，辑录了维摩诘与舍利弗、弥勒及文殊大士等的问答之辞。

④枵（xiāo）然：空虚的样子。

【译文】

颍昌阳翟县有一个杜生，不知道其名号，当地人称呼他为"杜五郎"。他家距离县城三十余里，只有两间屋子，其中一间自己住，一间是他儿子住。屋前有空地几丈，再前面就是篱门。杜生三十年没出过篱门了。黎阳尉孙轸曾经去拜访过他，发现这个人颇为潇洒，自己说："我作为一介村民没什么能耐，您为什么要来拜访呢？"孙轸问他不出门的原因，他笑道："这是告诉您的人说错了。"然后指指门外的一棵桑树说："十五年前，我还曾经到这棵桑树下纳凉呢，怎么能说不出门呢？只是我对这个时代没什么用，又无求于别人，偶尔自己不出门而已。有什么可称赏的呢?"又问他如何营生，他说:"以前曾经住在县城南面，有五十亩田，和兄长一起耕作。后来兄长的儿子娶媳妇，计算了一下耕地不足以养活一家人，我就把自己的田产让给兄长了，自己带着妻子和儿女来到这里。碰巧有乡人把这间屋子借给我，就居住了下来。只靠给人算命，再卖些草药，混口饭吃，也有时接济不上。后来儿子能耕地了，乡人觉得可怜，就给了他三十亩田去耕，还有余力呢，就帮别人干干，这样就能填饱肚子了。乡人都比较贫穷，很多人也靠行医维持生计，既然自己能吃饱，就不该再赚乡人的钱了，从此什么算命啊、卖药啊，就都不干了。"又问他:"平日都做些什么呢?"他说:"就是端坐，也不干什么。"问他:"你看书吗?"他说:"二十年前，也曾经看看书。"问道:"看什么书?"他答道:"曾经有人送给我一本书，也没有书名。书里主要说《净名经》的事，也不知道《净名经》是什么书。当时特别喜欢谈论这本书，现在也忘了，而且连书也好久不知道放在哪了。"气韵悠闲旷达，言词精简，像是个有道之士。隆冬时节，只穿布袍草履。屋里空空荡荡，只有一张床而已。又问他儿子的为人，他答道:"就是一个村童而已。但是气质、品性非常淳厚，从没有过妄言，也不曾嬉戏游荡。只有在买盐酪的时候，才去一趟县城，可以计算他往来的路程，等他按时回来。从来都是直接来直接去，未曾闲游一步。"我当时正好军务在身，到半夜还没睡下，非常疲惫，就和官属闲话，孙轸就说起这个人。不觉肃然起敬，顿时忘却了烦恼和疲劳。

　　唐白乐天居洛，与高年者八人游，谓之"九老"①。洛中士大夫至今居者为多，继而为九老之会者再矣。元丰五年②，文潞公守洛，又为"耆年会"③，人为一诗，命画工郑奂图于妙觉佛寺，凡十三人:守司徒致仕韩国公富弼④，年七十九;守太尉判河南府潞国公文彦博,年七十七;司封郎中致仕席汝言⑤,年七十七;朝议大夫致仕王尚恭⑥,年七十六;太常少卿致仕赵丙,年七十五;秘书监刘几⑦,年七十五;卫州防御使冯行己⑧,年七十五;太中大夫充天章阁待制楚建中⑨,年七十三;朝议大夫致仕王慎言⑩,年七十二;宣徽南院使检校太尉判大名府王拱辰,年七十一;太中大夫张问⑪,年七十;龙图阁直学士通议大夫张焘⑫,年七十;端明殿学士兼翰林侍读学士太中大夫司马光⑬,年六十四。

【注释】

①九老:又称香山九老、洛中九老、会昌九老。唐武宗会昌五年(845),白居易、胡杲、吉皎、刘真、郑据、卢贞、张浑、李元爽、僧如满九位七十岁以上的友人在龙门香山寺以诗文酒会形式聚会,并作《九老诗》、绘《九老图》。

②元丰五年:公元1082年。

③耆年会:据宋司马光《司马文正公传·家集》卷六八《洛阳耆年会序》载:元丰五年(1082),太尉兼西京留守文彦博仿效白居易九老会,集洛中致仕官员年高德劭者如司马光、富弼等十三人为洛阳耆年会。

④富弼(1004—1083):字彦国,洛阳(今属河南)人。天圣八年(1030)举茂才异等,庆历年间拜枢密副使,与范仲淹等共同推行庆历新政,遭排挤,出知郓州、青州。至和二年(1055)拜相。英宗时,拜枢密使,封郑国公,谥文忠。《宋史》卷三一三有传。

⑤司封:吏部主管封爵、赠官、袭荫等的官员。席汝言:字君从,元丰中以尚书司封郎中致仕。

⑥王尚恭(1007—1084):字安之,洛阳(今属河南)人。景祐元年

(1034)进士,历庆成军、袁州判官,以著作佐郎知陕州芮城、缑氏
等县,官至朝议大夫。《宋史翼》卷一有传。

⑦秘书监:秘书省长官,掌管经籍图书、国史、天文历数等。刘几
(1008—1088):字伯寿,号玉华庵主,洛阳(今属河南)人。仁宗
时进士,通判邠州,知宁州。神宗时以秘书监致仕,隐居嵩山玉
华峰下。《宋史》卷二六二有传。

⑧防御使:无实职,仅为武官的寄禄官。冯行己:字肃之,河阳(今
河南焦作孟州)人。以父荫为右侍禁,累官卫州防御使。《宋史》
卷二八五有传。

⑨太中大夫:掌规谏讽喻,后为寄禄官。楚建中(1010—1090):字
叔正,洛阳(今属河南)人。初官荥河知县,历夔路、淮南、京西转
运使,进度支副使。熙宁五年(1072),为天章阁待制、陕西都转
运使、知庆州。历知广州、江宁、成德军。元丰八年(1085),以正
议大夫致仕。《宋史》卷三三一有传。

⑩王慎言:字不疑。荫补将作监主簿,改太常寺奉礼郎、光禄寺监
等。《宋史翼》卷四有传。

⑪张问(995—1046):字昌言,襄阳(今属湖北)人。以进士起家,通
判大名府。徙江东、淮南转运使,加直集贤院、户部判官,复为河
北转运使。熙宁末,知沧州,历知河阳、潞州。元祐初,为秘书
监、给事中,累官正议大夫。《宋史》卷三三一有传。

⑫张焘:字景元,临濮(今山东甄城西南)人。以进士起家,提点河
北刑狱,领澶州,累官通议大夫。《宋史》卷三三三有传。

⑬端明殿学士:本为草拟奏令、参与机密的官员,后为虚衔。翰林
侍读学士:负责为皇帝讲解经义、书史。司马光(1019—1086):
字君实,陕州夏县(今属山西)人,世称涑水先生。宋仁宗时中进
士,英宗时进龙图阁直学士。极力反对王安石变法,退居洛阳十
五年,哲宗即位,拜尚书左仆射,尽废新法。卒赠太师、温国公,

谥文正。《宋史》卷三三六有传。

【译文】

唐代白居易晚年居住在洛阳,和八位年长者交游,称为"九老"。现在居住在洛阳的士大夫很多,于是接着又一次发起了类似九老会的聚会。元丰五年,文彦博知洛阳,又发起了"耆年会",每人写一首诗,命画工郑奂画在妙觉佛寺内,共有十三人:守司徒致仕韩国公富弼,七十九岁;守太尉判河南府潞国公文彦博,七十七岁;司封郎中致仕席汝言,七十七岁;朝议大夫致仕王尚恭,七十六岁;太常少卿致仕赵丙,七十五岁;秘书监刘几,七十五岁;卫州防御使冯行己,七十五岁;太中大夫充天章阁待制楚建中,七十三岁;朝议大夫致仕王慎言,七十二岁;宣徽南院使检校太尉判大名府王拱辰,七十一岁;太中大夫张问,七十岁;龙图阁直学士通议大夫张焘,七十岁;端明殿学士兼翰林侍读学士太中大夫司马光,六十四岁。

王文正太尉气羸多病,真宗面赐药酒一注瓶①,令空腹饮之,可以和气血,辟外邪。文正饮之,大觉安健,因对称谢。上曰:"此苏合香酒也②。每一斗酒,以苏合香丸一两同煮。极能调五脏,却腹中诸疾。每冒寒夙兴,则饮一杯。"因各出数榼赐近臣③。自此臣庶之家皆仿为之,苏合香丸盛行于时。此方本出《广济方》④,谓之"白术丸",后人亦编入《千金》《外台》⑤,治疾有殊效。余于《良方》叙之甚详⑥。然昔人未知用之。钱文僖公集《箧中方》⑦,"苏合香丸"注云:"此药本出禁中,祥符中尝赐近臣⑧。"即谓此也。

【注释】

①注:灌满。

②苏合香：落叶乔木，金缕梅科，树脂可提取油膏，为苏合香油，与其他药材可配制为苏合香丸。

③榼（kē）：古代盛酒的器皿。

④《广济方》：唐玄宗开元十一年（723）颁布的医书。

⑤《千金》：唐代孙思邈著《备急千金方》与《千金翼方》两书，为中国最早的临床百科全书。《外台》：唐代王焘所编《外台秘要》，汇集初唐以前医学成果的著作。

⑥《良方》：沈括曾编有医书，十五卷，后人将苏轼医药杂说附益其后，称为《苏沈良方》，今已亡佚。《四库全书》从《永乐大典》中辑出八卷。

⑦钱文僖公：即钱惟演（962—1034），字希圣，钱塘（今浙江杭州）人。历右神武将军、太仆少卿、直秘阁。累迁工部尚书，拜枢密使，官终崇信军节度使，卒赠侍中，谥号思，改谥文僖。《宋史》卷三一七有传。

⑧祥符：即大中祥符，宋真宗年号，公元1008—1017年。

【译文】

王旦太尉羸弱多病，真宗当面赏赐一瓶药酒，让他空腹喝下，可以调和气血，排除外邪。王旦喝了，深感安定康健，就当面称谢。皇帝说："这是苏合香酒。每一斗酒配上苏合香丸一两一起浸泡。最能调理五脏，治疗腹中各种疾病。每次寒天早起时，就喝一杯。"于是拿出几瓶赐给近臣。自此之后，官民之家都仿造这种酒，苏合香丸也盛行一时。这个方子本来出自《广济方》，称为"白术丸"，后人又把它编入《千金方》《外台秘要》，治疗疾病很有效。我在《良方》中描述得很详细。但是前人不知道使用它。钱惟演编辑的《箧中方》"苏合香丸"注说："这药本来出于宫廷，祥符年间曾经赏赐给近臣。"说的就是此事。

李士衡为馆职①，使高丽，一武人为副。高丽礼币赠遗之物,士衡皆不关意,一切委于副使。时船底疏漏,副使者以士衡所得缣帛藉船底②,然后实己物,以避漏湿。至海中,遇大风,船欲倾覆,舟人大恐,请尽弃所载,不尔,船重必难免。副使仓惶,悉取船中之物投之海中,更不暇拣择,约投及半,风息船定。既而点检所投,皆副使之物,士衡所得在船底,一无所失。

【注释】

①李士衡(959—1032):字天均,秦州成纪(今甘肃天水秦安)人,官至尚书左丞。

②缣(jiān)帛:丝织品。

【译文】

李士衡担任馆职时出使高丽,一名武人作为副使。高丽赠送给他们的钱币、礼物,李士衡都不关心,一切交给副使管理。当时船底漏水,副使就用李士衡得到的那些丝织品塞入船底缝隙,把他的东西垫在下面,然后把自己的东西放在上,以避免被弄湿。船行至海上,遇到大风浪,将要倾覆,驾舟的人很恐惧,请求他们把所载的东西都扔掉,不然的话,船太重,难免会沉没。副使仓皇失措,把船中之物都拿出来投入海中,也没时间挑选,大约投了一半,风停息了,船稳定下来。然后点检所投,都是副使的东西,而李士衡所得都在船底,一无所失。

刘美少时善锻金①,后贵显,赐与中有上方金银器,皆刻工名,其间多有美所造者。又杨景宗微时②,常荷畚为丁晋公筑第③,后晋公败,籍没其家,以第赐景宗。二人者,方其微贱时,一造上方器,一为宰相筑第,安敢自期身飨其用哉。

【注释】

①刘美(962—1021)：本姓龚。字世济，益州华阳(今四川成都)人。真宗刘皇后之兄，真宗即位，任右侍禁、都指挥使及武胜军节度观察留后等。

②杨景宗：字正臣，章惠皇太后从父弟。章惠为太后，进崇仪使，领连州刺史、扬州兵马钤辖。未几，授秦州刺史，徙滑州钤辖，迁舒州团练使，为兵马总管。

③畚(běn)：竹筐。丁晋公：即丁谓(966—1037)，字谓之，后更字公言，苏州长洲(今属江苏)人。历任三司户部判官、工部员外郎、三司盐铁副使。大中祥符元年(1008)，召为右谏议大夫，权三司使，加枢密直学士。累官参知政事、枢密使、同中书门下平章事。《宋史》卷二八三有传。

【译文】

刘美少年时善于打造金器，后来显贵了，被皇帝赐予了一些御用的金银器，上面都刻着工匠的名字，其中有不少是刘美他自己打造的。杨景宗贫贱的时候，曾经挑着竹筐为丁谓修建宅子，后来丁谓获罪下台，被没收了家产，就把宅子赐给了杨景宗。这两个人，当他们地位卑贱时，一个锻造御用金银器，一个为宰相建造宅子，哪敢梦想自己享用那些呢。

旧制：天下贡举人到阙，悉皆入对，数不下三千人，谓之"群见"。远方士皆未知朝廷仪范，班列纷错，有司不能绳勒。见之日，先设禁围于著位之前①，举人皆拜于禁围之外，盖欲限其前列也。至有更相抱持，以望黼座者②，有司患之。近岁遂止令解头入见③，然尚不减数百人。嘉祐中，余忝在解头④，别为一班，最在前列，目见班中唯从前一两行稍应拜起之节,自余亦终不成班缀而罢,每为阁门之累。常言殿庭中班列不可整齐者,唯有三色,谓举人、蕃人、骆驼。

【注释】

①著位:指安排好的站位。

②黼(fǔ)座:天子之御座。

③解头:解元,乡试第一名。

④忝:谦词,表示有愧。

【译文】

按照旧制:天下推选的举人到京城后,都要面见皇帝,人数不下三千人,称为"群见"。远方来的士子们都不知道朝廷的礼仪规范,队列站得纷乱错杂,管理人员也无法约束他们。面见之日,先在举人面前设置禁围,举人们都在禁围以外拜见行礼,希望用这种办法控制前排秩序。以至于有互相抱举,以便观望御座的情况,管理人员非常头痛。近年来就只允许解元拜见,然而人数还是不少于数百人。嘉祐年间,我有幸在解元之列,另外排为一队,排在最前列的行列,亲眼见到队列中只有前面一两排稍微行了拜见的礼节,其余的最终也形不成班列而作罢,此事每每成为内阁的负担。常言道,殿庭中队列排不整齐的只有三种情况:举人、外族人、骆驼。

　　两浙田税,亩三斗。钱氏国除,朝廷遣王方贽均两浙杂税①,方贽悉令亩出一斗。使还,责擅减税额,方贽以谓:"亩税一斗者,天下之通法。两浙既已为王民,岂当复循伪国之法?"上从其说,至今亩税一斗者,自方贽始。唯江南、福建犹循旧额,盖当时无人论列,遂为永式。方贽寻除右司谏,终于京东转运使。有五子:皋、准、覃、巩、罕。准之子珪②,

为宰相,其他亦多显者。岂惠民之报欤?

【注释】

①王方赟(zhì):身份不明。据《宋史》卷三一二《王珪传》,其曾祖为王永,事迹与此同。另据龚明之《中吴纪闻》,当为王赟。均不合此处记载。

②珪:即王珪(1019—1085),字禹玉,舒州(今安徽安庆潜山县)人。庆历二年(1042)榜眼,初通判扬州,召直集贤院。历任知制诰、翰林学士、知开封府等。熙宁三年(1070),拜参知政事。熙宁九年(1076),进同中书门下平章事、集贤殿大学士。元丰五年(1082),拜尚书左仆射兼门下侍郎。元丰六年(1083),封郇国公。哲宗即位,封岐国公。卒赠太师,谥文恭。《宋史》卷三一二有传。

【译文】

两浙的田税是每亩三斗。吴越国被灭后,朝廷派王方赟去调查两浙杂税,王方赟下令每亩只出一斗。回来后,朝廷责备他擅自减免税额,王方赟说:"每亩收一斗税,这是天下通法。两浙之民既然已经是朝廷的子民,难道还继续遵循伪国的法吗?"皇帝听从了他的主张,至今每亩收税一斗的规定,就是从王方赟开始的。只有江南、福建还遵循旧的税额,是因为当时没人提出讨论,于是就成为固定法令了。王方赟后来升为右司谏,在京东转运使任上去世。生有五子:王皋、王准、王罩、王巩、王罕。王准的儿子王珪,后来做了宰相,其他的后代也多有显贵。这难道不是他惠民的报应吗?

　　孙之翰①,人尝与一砚,直三十千。孙曰:"砚有何异,而如此之价也?"客曰:"砚以石润为贵,此石呵之则水流。"孙曰:"一日呵得一担水,才直三钱,买此何用?"竟不受。

【注释】

①孙之翰:即孙甫(998—1057),字之翰,许州阳翟(今河南禹县)人。举进士第,为华州推官、转运使,又迁大理寺丞、知翼城县,累官刑部郎中、天章阁待制、河北都转运使。《宋史》卷二九五有传。

【译文】

曾经有人送给孙之翰一块砚,价值三万钱。孙之翰说:"这砚有什么特别的,而价值如此呢?"客人道:"砚石以润泽为贵,这块砚石呵一口气就会结成水流。"孙之翰说:"那就算一天呵出一担水,也才值三钱,买这个有什么用?"最终没有接受。

王荆公病喘①,药用紫团山人参,不可得。时薛师政自河东还②,适有之,赠公数两,不受。人有劝公曰:"公之疾非此药不可治,疾可忧,药不足辞。"公曰:"平生无紫团参,亦活到今日。"竟不受。公面黧黑③,门人忧之,以问医,医曰:"此垢汗,非疾也。"进澡豆令公頮面④。公曰:"天生黑于予,澡豆其如予何⑤?"

【注释】

①王荆公:即王安石,北宋宰相,封荆国公。参《故事》卷一注。

②薛师政:即薛向,字师政,万泉(今山西蒲州)人。以父荫为太庙斋郎,为永寿主簿,权京兆户曹。熙宁四年(1072),权三司使。后加枢密直学士、给事中、知定州。元丰元年(1078),召同知枢密院。谥恭敏。《宋史》卷三二八有传。

③黧（lí）：黑黄色。

④澡豆：古人以豆粉和药粉混合制成的洗涤用品。颒（huì）：洗脸。

⑤"天生黑于予"二句：这里是幽默地化用《论语·述而》典故："天生德于予，桓魋其如予何？"

【译文】

王安石患了哮喘，配药需要用紫团山人参，一时又找不到。当时薛向从河东还京，恰好有这种药，就赠给他数两，王安石推辞不接受。有人劝王安石说："您的病必须用此药来治，疾病令人担忧，既然送的是药就不需要推辞了。"王安石说："我平生没有吃紫团参，也活到今日了。"最终没有接受。王安石面色黑黄，门人都很担忧，就去问医生，医生说："这是汗渍，不是什么病。"送了一些澡豆让王安石洗脸。王安石说："天生给我这张黑脸，澡豆对我有什么用呢？"

王子野生平不茹荤腥①，居之甚安。

【注释】

①王子野：即王质（1001—1045），大名莘县（今属山东聊城）人，工旦之侄。初以恩荫补官太常寺奉礼郎，后进士及第，任馆阁校勘，改集贤校理，仁宗时通判苏州，后加史馆修撰、同判吏部流内铨，擢天章阁待制，出知陕州。《宋史》卷二六九有传。茹：吃。

【译文】

王子野生平吃饭不沾荤腥，过得也很满足。

赵阅道为成都转运使①，出行部内唯携一琴一龟②，坐则看龟鼓琴。尝过青城山，遇雪，舍于逆旅。逆旅之人不知其使者也，或慢狎之。公颓然鼓琴不问③。

【注释】

①赵阅道：即赵抃，字阅道，号知非，衢州西安（今属浙江衢州）人。景祐元年（1034）进士，除武安军节度推官。英宗朝除天章阁待制、河北都转运使，治平元年（1064），以龙图阁直学士知成都。神宗朝知谏院，擢右谏议大夫、参知政事。历知杭州、青州、成都、越州，以太子少保致仕。卒赠太子少师，谥清献。《宋史》卷三一六有传。

②龟：弘治本、津逮本等作"鹤"，或亦可从。

③颓然：精神不振的样子。这里指恭顺。

【译文】

赵抃担任成都转运使，在辖内巡察时只带着一琴一龟，闲坐时就看龟鼓琴。曾经路过青城山，遇到大雪，就住在旅舍里。旅舍之人不知道他是转运使，有的人还轻慢、戏弄他。赵抃恭顺地鼓琴，不问其他。

　　淮南孔旻①，隐居笃行②，终身不仕，美节甚高。尝有窃其园中竹，旻愍其涉水冰寒③，为架一小桥渡之，推此则其爱人可知。然余闻之，庄子妻死，鼓盆而歌。妻死而不辍鼓可也，为其死而鼓之，则不若不鼓之愈也。犹邴原耕而得金，掷之墙外，不若管宁不视之愈也④。

【注释】

①孔旻：字宁极，隐居于汝州（今河南临汝）龙兴山。以其行高，卒赠太常丞。

②笃行：行为敦厚。

③愍（mǐn）：哀怜，怜悯。

④"犹邴（bǐng）原耕而得金"三句：邴原，字根矩，汉末北海朱虚（今

山东临朐以东)人。与华歆、管宁齐名,人称"三人一龙"。后随曹操征吴。与管宁的事迹见《世说新语·德行》篇,然据此所记,得金而掷者当为华歆。管宁(158—241),字幼安,北海朱虚人。汉末大乱,避乱辽东,屡拒征辟。

【译文】

淮南人孔旻,隐居避世,行为敦厚,终身不做官,有很高的名节。曾经有人偷窃他园中的竹子,孔旻可怜贼人涉水时寒冷,就为他架了一座小桥来方便他,据此可以知其爱人之心。然而我听说,庄子的妻子死了,他敲着盆歌唱。妻子死了而不停下敲盆是可以的,但如果为了她的死而特意去敲,那就不如不敲更好。就像邴原耕地挖出黄金,扔到墙外,不如管宁不看金子更好。

狄青为枢密使①,有狄梁公之后②,持梁公画像及告身十余通,诣青献之,以谓青之远祖。青谢之曰:"一时遭际,安敢自比梁公?"厚有所赠而还之。比之郭崇韬哭子仪之墓③,青所得多矣。

【注释】

①狄青(1008—1057):字汉臣,汾州西河(今山西汾阳)人。行伍出身,为尹洙荐于韩琦、范仲淹,范仲淹授以《春秋左传》。累迁经略招讨副使、枢密使。卒赠中书令,谥武襄。《宋史》卷二九〇有传。

②狄梁公:即狄仁杰(630—700),字怀英,并州太原(今属山西)人。天授二年(691)拜同凤阁鸾台平章事,为来俊臣所诬,贬为彭泽县令。神功元年(697),再拜鸾台侍郎、同凤阁鸾台平章事。卒赠文昌右相,谥文惠,后又追赠司空、梁国公。

③郭崇韬(865—926)：字安时，代州雁门(今山西代县)人。五代时
　　后唐庄宗大将，灭梁，以功授侍中、冀州节度使，封赵郡公，邑二
　　千户。有人奉承他是唐代名将郭子仪的后人，故于征蜀途中哭
　　拜郭子仪之墓。

【译文】

　　狄青担任枢密使时，有一位狄仁杰的后人，拿着狄仁杰的画像及委
官任命十余张献给狄青，说是狄青的远祖。狄青辞谢说："我侥幸取得
现在的成功，哪里敢自比梁公呢？"于是赠给那人很多财物，并把东西还
给了他。比起郭崇韬去哭郭子仪的墓来说，狄青的所作所为得到的反
而更多。

　　郭进有材略①，累有战功。尝刺邢州②，今邢州城乃进所
筑，其厚六丈，至今坚完，铠仗精巧，以至封贮亦有法度。进
于城北治第，既成，聚族人宾客落之，下至土木之工皆与。
乃设诸工之席于东庑③，群子之席于西庑。人或曰："诸子安
可与工徒齿④？"进指诸工曰："此造宅者。"指诸子曰："此卖
宅者，固宜坐造宅者下也。"进死，未几果为他人所有。今资
政殿学士陈彦升宅⑤，乃进旧第东南一隅也。

【注释】

①郭进(922—979)：深州博野(今河北蠡县)人。五代时历仕后汉、
　　后周，太祖时任洺州防御使、充西山巡检。太宗时领云州观察
　　使、判邢州，兼西山巡检，卒赠安国军节度使。

②邢州：今河北邢台。

③庑(wǔ)：堂下周围的廊屋。

④齿：并列。

⑤资政殿:龙图阁东序为资政殿,景德二年(1005)置资政殿学士,班在翰林学士之下。陈彦升:即陈荐,字彦升,邢州沙河(今属河北)人。入韩琦幕府,累迁资政殿学士、提举崇福宫。《宋史》卷三二二有传。

【译文】

郭进有才干、有谋略,积累了很多战功。曾经担任邢州刺史,现在的邢州城就是郭进当年筑造的,城墙厚六丈,到现在还坚固完好,兵器十分精巧,以至于封存贮藏也很有法度。郭进在城北修建了私宅,建好后,把族人、宾客聚在一起组织落成典礼,下到土木工匠都参与其中。于是在东厢安排了各位工匠的席位,在西厢安排了子弟们的席位。有人说:"子弟们怎么能和工匠并列呢?"郭进指着各位工匠说:"这些是给我造宅子的人。"指着各位子弟说:"这些是卖我宅子的人,固然应该坐在造宅子的人下位。"等郭进死了,不久果然宅子归他人所有。现在资政殿的学士陈彦升的宅第,就是郭进原来宅第东南的一角。

有一武人,忘其名,志乐闲放,而家甚贫。忽吟一诗曰:"人生本无累,何必买山钱①?"遂投檄去②,至今致仕,尚康宁。

【注释】

①买山:归隐。出自《世说新语·排调》支道林隐居典故。
②檄(xí):官方征召的文书。

【译文】

有一个武人,忘了他的名字了,本性喜欢闲散自在,但是家里非常贫穷。忽然有一天吟出一句诗说:"人生本无累,何必买山钱?"于是辞官回乡,到现在已经正式退休,依然很健康平安。

真宗皇帝时,向文简拜右仆射①,麻下日②,李昌武为翰林学士③,当对。上谓之曰:"朕自即位以来,未尝除仆射,今日以命敏中,此殊命也,敏中应甚喜。"对曰:"臣今日早候对,亦未知宣麻,不知敏中何如?"上曰:"敏中门下,今日贺客必多。卿往观之,明日却对来,勿言朕意也。"昌武候丞相归,乃往见。丞相谢客,门阑④,悄然已无一人。昌武与向亲,径入见之。徐贺曰:"今日闻降麻,士大夫莫不欢慰,朝野相庆。"公但唯唯。又曰:"自上即位,未尝除端揆⑤。此非常之命,自非勋德隆重,眷倚殊越,何以至此?"公复唯唯,终未测其意,又历陈前世为仆射者勋劳德业之盛,礼命之重,公亦唯唯,卒无一言。既退,复使人至庖厨中,问:"今日有无亲戚宾客、饮食宴会?"亦寂无一人,明日再对,上问:"昨日见敏中否?"对曰:"见之。""敏中之意何如?"乃具以所见对。上笑曰:"向敏中大耐官职。"向文简拜仆射年月,未曾考于国史,熙宁中,因见中书题名记:天禧元年八月⑥,敏中加右仆射。然密院题名记:天禧元年二月,王钦若加仆射⑦。

【注释】

①向文简:即向敏中(949—1020),字常之,开封(今属河南)人。太平兴国五年(980)进士,任工部郎中、给事中等,咸平四年(1001),拜同中书门下平章事。卒赠太尉、中书令,谥号文简,后加赠燕王。《宋史》卷二八二有传。仆射(yè):即宰相之职。

②麻下:宣布任命书。因诏书以麻纸书写,故称"降麻"。

③李昌武:即李宗谔(965—1013),字昌武,深州饶阳(今属河北)人。进士第后,授校书郎,迁秘书郎,集贤校理,真宗时,累迁翰

林学士、右谏议大夫。《宋史》卷二六五有传。

④门阑：门口很寂静。

⑤端揆：尚书省长官，即左、右仆射。

⑥天禧元年：公元1017年。

⑦王钦若（962—1025）：字定国，临江新喻（今属江西）人。大中祥
符五年（1012），为枢密使，同平章事。宋仁宗即位，改秘书监，起
为太常卿、知濠州，以刑部尚书知江宁府，复拜司空、门下侍郎、
同平章事、玉清昭应宫使、昭文馆大学士，监修国史。卒赠太师、
中书令，谥文穆。主导编纂《册府元龟》。《宋史》卷二八三有传。

【译文】

真宗皇帝时，向敏中擢升右仆射，下诏的那天，李宗谔作为翰林学
士，恰好要面见皇帝。皇帝对他说："朕自从即位以来，还没有授予过仆
射的官职，今日任命向敏中，这不是寻常的任命啊，向敏中应该很高兴
才是。"李宗谔回答说："臣今日一早就在等候面圣，也不知道宣诏的事
情，不知道向敏中现在什么情况？"皇帝说："向敏中今日门下必然有很
多前来庆贺的客人。你去看一看，明天来告诉我，别说是朕的意思。"李
宗谔等丞相回府了，就前往拜见。发现丞相府今日谢客，门口非常安
静，已经悄然没有一个人了。李宗谔素来与向敏中亲近，就自己直接进
去见他。缓缓地向他道喜说："我今天听说降下圣旨拜您为相，士大夫
没有不欢欣鼓舞的，朝野都在庆祝。"向敏中只是顺着答应。李宗谔又
说："自从皇帝即位以来，还没有授予过宰相。这真是不一般的任命，如
果不是您功勋卓著、德望隆重，再加上皇帝恩宠眷顾，怎么能有这样的
任命呢？"向敏中还是顺着答应，最终也不能揣测他的意思，李宗谔又历
数前代担任仆射的人的功勋与德行之盛，对他们的礼遇、任命之隆重，
向敏中还是顺着答应，最终不说一句话。李宗谔告辞后，又派人到厨房
中去问："今天有没有亲戚宾客需要招待？有没有准备饮食宴会？"也寂
静没有一个人，明日面见圣上，皇帝问："昨日见到向敏中了吗？"李宗谔

回答说:"见到了。""向敏中的情况怎么样?"李宗谔就据实把所见所闻都奏明。皇帝笑道:"向敏中很有气度,能当大官啊。"向敏中拜仆射的具体年月没有记载在国史中,熙宁年间,我曾看到中书题名记写道:天禧元年八月,向敏中加右仆射。但是枢密院的题名却记道:天禧元年二月,王钦若加仆射。

晏元献公为童子时①,张文节荐之于朝廷②,召至阙下。适值御试进士,便令公就试。公一见试题,曰:"臣十日前已作此赋,有赋草尚在,乞别命题。"上极爱其不隐。及为馆职时,天下无事,许臣寮择胜燕饮。当时侍从文馆士大夫为燕集,以致市楼酒肆,往往皆供帐为游息之地。公是时贫甚,不能出,独家居,与昆弟讲习。一日选东宫官,忽自中批除晏殊。执政莫谕所因,次日进覆,上谕之曰:"近闻馆阁臣寮,无不嬉游燕赏,弥日继夕。唯殊杜门,与兄弟读书。如此谨厚,正可为东宫官。"公既受命,得对,上面谕除授之意,公语言质野,则曰:"臣非不乐燕游者,直以贫,无可为之。臣若有钱,亦须往,但无钱不能出耳。"上益嘉其诚实,知事君体,眷注日深。仁宗朝,卒至大用。

【注释】

①晏元献公:即晏殊(991—1055),字同叔,抚州临川(今属江西)人。景德初以神童荐,真宗赐以进士出身,命为秘书省正字,官至右谏议大夫、集贤殿学士、同平章事兼枢密使、礼部刑部尚书、观文殿大学士知永兴军、兵部尚书。封临淄公,谥号元献。《宋史》卷三一一有传。

②张文节：即张知白（？—1028），字用晦，沧州清池（今属河北）人。端拱二年（989）进士，历任龙图阁待制、御史中丞、参知政事等，后知剑、邓、青三州，官河阳节度判官。天圣三年（1025），以工部尚书同中书门下平章事。卒赠太傅、中书令，谥文节。《宋史》卷三一〇有传。

【译文】

晏殊还是童子时，张知白把他推荐给朝廷，真宗下诏命其入京。正好赶上进士考试，就让晏殊也一起考。晏殊一见到试题就说："臣十日前已经写过这个题目的赋，赋的草稿还留着呢，请求另外命题。"皇帝非常喜欢他的诚实。等到他进入馆职时，天下无事，就允许臣寮们选择胜地聚会燕饮。当时侍从文馆的士大夫都各自集会燕饮，以致市楼酒肆之间，往往成为士大夫设帐嬉游的场所。晏殊这时候还很贫穷，不能参与聚会，就独自在家，和兄弟讲习。一日皇帝要选东宫官，忽然从宫中传旨，派晏殊担任。执政大臣不明白其中原因，第二天入见核实，皇帝解释说："近来听说馆阁的臣寮们，没有几个不喜欢嬉游燕赏的，夜以继日。只有晏殊闭门不出，与兄弟读书。如此恭谨敦厚，正可为东宫官。"晏殊受命之后，得以面见皇帝，皇帝当面解释了让他担任太子属官的原因，晏殊语言质朴，说："臣并非不喜欢燕游，只是因为贫穷，没办法参与。臣如果有钱，也会去的，只是因为没钱才不能出门的。"皇帝更加嘉赏他的诚实，认为他懂得事君的大体，日益眷顾关注他。到仁宗朝，终于得到了重用。

宝元中①，忠穆王吏部为枢密使②。河西首领赵元昊叛③，上问边备，辅臣皆不能对，明日，枢密四人皆罢，忠穆谪虢州④。翰林学士苏公仪与忠穆善，出城见之。忠穆谓公仪曰："夷简之此行，前十年已有人言之。"公仪曰："必术士也。"忠穆曰："非也。昔时为三司盐铁副使，疏决狱囚，至河北。是时曹南院自陕西谪官初起为定帅⑤。随至定，治事毕，玮谓随曰：'决事已毕，自此当还，明日愿少留一日，欲有所言。'随既爱其雄材，又闻欲有所言，遂为之留。明日，具馔甚简俭⑥，食罢，屏左右曰：'公满面颧骨，不为枢辅，即边帅。或谓公当作相，则不然也。然不十年，必总枢柄。此时西方当有警，公宜预讲边备，搜阅人材，不然，无以应卒。'随曰：'四境之事，唯公知之，幸以见教。'曹曰：'玮实知之，今当为公言。玮在陕西日，河西赵德明尝使人以马博易于中国⑦，怒其息微，欲杀之，莫可谏止。德明有一子，方十余岁，极谏不已，曰：'以战马资邻国，已是失计；今更以货杀边人，则谁肯为我用者？'玮闻其言，私念之曰：'此子欲用其人矣，是必有异志。'闻其常往来牙市中⑧，玮欲一识之，屡使人诱致之，不可得。乃使善画者图形容，既至，观之，真英物也。此子必须为边患，计其时节，正在公秉政之日。公其勉之！'随是时殊未以为然。今知其所画，乃元昊也。皆如其言也。"四人：夏守赟、随、陈执中、张观⑨。康定元年二月⑩，守赟加节度，罢为南院；随、执中、观各守本官罢。

【注释】

①宝元：宋仁宗年号，公元 1038—1040 年。

②忠穆王：即王随（zōng，978—1041），字总之，赵州临城（今属河北）人。举进士，授婺州观察推官。后出知湖州，徙苏州，还为三司盐铁副使。景祐五年（1038），拜参知政事。累迁工部侍郎、知枢密院事，以备边不利，贬知河南府。卒赠户部尚书，谥忠穆。"吏

部"当为"工部"之误。《宋史》卷二九一有传。

③河西：黄河以西，今宁夏、甘肃一带。赵元昊（1003—1048）：原名李元昊，宋室赐其父李德明赵姓。西夏国的建立者，谥为武烈皇帝。

④虢（guó）州：即河南府。治所在今河南灵宝。

⑤曹南院：即曹玮（973—1030），字宝臣，真定灵寿（今属河北）人。出身将门，真宗时，任内殿崇班、渭州知州。后累迁至宣徽北院使、镇国军节度观察留后、签书枢密院事。天禧四年（1020），为丁谓所诬，谪左卫大将军、容州观察使、莱州知州。天圣元年（1023），复华州观察使、知青州，历知天雄、永兴、河阳军，官至彰武节度使，封武威郡开国公。卒赠侍中，谥武穆。《宋史》卷二五八有传。定：指定州，今河北定县。

⑥馔（zhuàn）：饮食，吃喝。

⑦赵德明：元昊之父，党项族首领。

⑧牙市：边境上的集市。

⑨夏守赟（yūn）：字子美，夏守恩弟，并州榆次（今属山西）人。真宗时累官定州路都总管，知枢密院。后以宣徽南院使、天平军节度使判澶州，徙相州。复为真定府定州等路都总管，徙高阳关，就判瀛州。谥忠僖。《宋史》卷二九〇有传。陈执中（990—1059）：字昭誉，洪州南昌（今属江西）人。以父荫为秘书省正字。累迁卫尉寺丞，知梧州。后历知江宁府、扬州、永兴军。宝元元年（1038）同知枢密院事，庆历元年（1041）出知青州，改永兴军。四年（1044），召拜参知政事。五年（1045），同平章事兼枢密使。以司徒致仕，谥号恭。《宋史》卷二八五有传。张观：字思正，绛州绛县（今属山西）人。大中祥符七年（1014）状元，授将作监丞、通判解州。仁宗即位，迁太常丞，为三司度支判官、知制诰，出知杭州。还朝后，进为翰林学士、知审官院，累迁左司郎中，以给事中

权御史中丞,拜同知枢密院事。以边备不利,罢以资政殿学士、尚书礼部侍郎知相州,徙潭州。卒赠吏部尚书,谥文孝。《宋史》卷二七六有传。

⑩康定元年:公元 1040 年。

【译文】

宝元年间,王鬷担任枢密使。河西首领赵元昊叛变,皇帝问边境武备情况,执政大臣都不能应对,第二天,同时罢免了枢密院的四个人,王鬷贬知虢州。翰林学士苏公仪和王鬷友善,就出城为他送行。王鬷对苏公仪说:"我这次被贬,十年前就有人告诉我了。"苏公仪说:"一定是术士告诉你的。"王鬷说:"不是。当年我作为三司盐铁副使,为清理积滞的案件,来到河北。这时曹玮从陕西贬官后,刚刚起用为定州长官。我来到定州,事情都处理完毕,曹玮对我说:'案件已经处理完了,您也该回去了,但是希望您明天能多留一天,我有话想和您说。'我喜爱他的雄才,又听到他有话要对我说,就为此停留一日。第二天,准备了简便的食物,吃完以后,把左右的人支走,他说:'您颧骨突出,将来不入枢密院,就是成为边境大帅。有人可能说您能当丞相,恐怕就未必了。然而不到十年,你必定会执掌枢密院大权。此时西方边境会有边警,您应该先整饬边防,搜罗人材,不然的话,最终会无法应对。'我说:'四方边境上的事情,只有您最了解,希望您能指教一二。'曹玮说:'我确实知道一些,现在就对您说。我在陕西的时候,河西赵德明曾经派人用马匹和中原交易物资,因为赚钱少了就发怒,想要杀人,没人能劝阻他。赵德明有一个儿子,才十几岁,不停地坚决劝阻,说:'把战马卖给邻国,已经是失策了;现在更因为贸易就杀边境上的人,那以后谁还能为我所用呢?'我听到他的话,私底下琢磨:'这孩子想让边境上的人为他所用,将来必定会有异志。'听说他经常往来边境集市,我就想见一见他,多次派人想把他招引过来而未成功。就让善绘画的人为他画了一幅画像,等画像送来后我一看,真是英雄的模样。这个人以后必定会成为边患,计算一下作乱的时间,正好在您主政的时候。您要早作准备啊.'我当时还很不以为然。现在知道画像上的人,正是元昊。一切都如曹玮预料的。"

这四个人是:夏守赟、王鬷、陈执中、张观。康定元年二月,夏守赟加节度,贬为宣徽南院使;王鬷、陈执中、张观各以守本官贬职。

　　石曼卿喜豪饮①,与布衣刘潜为友②。尝通判海州③,刘潜来访之,曼卿迎之于石闼堰④,与潜剧饮⑤。中夜酒欲竭,顾船中有醋斗余,乃倾入酒中并饮之。至明日,酒醋俱尽。每与客痛饮,露发跣足⑥,着械而坐,谓之"囚饮"。饮于木杪⑦,谓之"巢饮"。以稿束之⑧,引首出饮,复就束,谓之"鳖饮"。其狂纵大率如此。廨后为一庵,常卧其间,名之曰"扪虱庵",未尝一日不醉。仁宗爱其才,尝对辅臣言,欲其戒酒,延年闻之,因不饮,遂成疾而卒。

【注释】

①石曼卿:即石延年,字曼卿,北宋大臣。参《辨证》卷四注。

②刘潜:字仲方,曹州定陶(今山东济宁一带)人。以进士起家,为淄州军事推官,后知蓬莱县。《宋史》卷四四二有传。

③海州:今江苏连云港一带。

④闼(tà):门,小门。这里是地名。

⑤剧饮:痛饮。

⑥跣(xiǎn)足:光着脚。

⑦木杪(miǎo):树梢。

⑧稿:谷类植物的茎干。这里指席子。

【译文】

石延年喜欢豪饮,与布衣刘潜友善。石延年通判海州时,刘潜来拜访他,石延年在石阁堰迎接了他,并与刘潜痛饮。半夜,酒要喝光了,看到船中有几斗醋,于是就倒入酒中,继续痛饮。到第二天,酒和醋都喝完了。他每次与客人痛饮,就披散头发光着脚,带着枷锁坐着喝,称为"囚饮"。或者在树梢上喝,称为"巢饮"。或者裹在席子里,把头露出来喝,喝完再缩回去,称为"鳖饮"。他的狂纵大概就像这样。在官署后面有一座小庙,他经常躺在里面,称之为"扪虱庵",没有一天不醉的。仁宗爱惜他的才华,曾经对执政大臣说,希望石延年能戒酒,石延年听到后,就不再饮酒了,由此而生病去世。

工部胡侍郎则为邑日^①,丁晋公为游客^②,见之。胡待之甚厚,丁因投诗索米。明日,胡延晋公,常日所用樽罍悉屏去^③,但陶器而已,丁失望,以为厌已,遂辞去。胡往见之,出银一箧遗丁曰^④:"家素贫,唯此饮器,愿以赆行^⑤。"丁始谕设陶器之因,甚愧德之。后晋公骤达,极力推挽,卒至显位。

庆历中^⑥,谏官李兢坐言事,谪湖南物务。内殿承制范亢为黄、蔡间都监^⑦,以言事官坐谪后多至显官,乃悉倾家物,与兢办行。兢至湖南,少日遂卒。前辈有言:"人不可有意,有意即差。"事固不可前料也。

【注释】

①胡侍郎:即胡则(963—1039),字子正,婺州永康(今属浙江)人。端拱二年(989)进士,先后知浔州、睦州、温州、福州、杭州、陈州,任尚书户部员外郎、礼部郎中、工部侍郎、兵部侍郎等。《宋史》卷二九九有传。

②丁晋公:即丁谓,字谓之,北宋宰相,封晋国公。参本卷前篇注。

③樽罍(léi):盛酒器。

④箧(qiè)：小箱子。

⑤赆(jìn)：临别时送给远行人的路费。

⑥庆历：宋仁宗年号，公元1041—1048年。

⑦黄：黄州，今湖北黄冈。蔡：蔡州，今属河南。

【译文】

工部侍郎胡则任知县的时候，丁谓还是四方游历的平民，去拜访胡则。胡则很热情地招待了他，丁谓于是献上了诗篇求取口粮。第二天，胡则宴请丁谓，日常所用的酒器都撤换了下去，只有一些陶器而已，丁谓很失望，以为胡则讨厌自己，就告辞了。胡则到丁谓的住处见他，拿出一小箱银器送给丁谓说："我家素来贫穷，家里的银子只有这些盛酒器了，希望以此当你的盘缠。"丁谓这才明白宴会用陶器的原因，非常惭愧并感激胡则。后来丁谓飞黄腾达，极力提拔胡则，使他最终官至高位。

庆历年间，谏官李兟因为进谏而获罪，被贬往湖南。内殿承制范元在黄州、蔡州任都监，觉得谏官被贬后大多都能升为高官，于是就把家里的钱物都拿出来，为李兟置办行李。李兟到了湖南，没过几天就死了。前辈有言道："人不能别有意图，别有意图就难以如愿。"事情本来就不可能事先预料。

朱寿昌①，刑部朱侍郎巽之子。其母微，寿昌流落贫家，十余岁方得归，遂失母所在。寿昌哀慕不已。及长，乃解官访母，遍走四方，备历艰难。见者莫不怜之。闻佛书有水忏者②，其说谓欲见父母者诵之，当获所愿。寿昌乃昼夜诵持，仍刺血书忏，摹版印施于人，唯愿见母。历年甚多，忽一日至河中府③，遂得其母。相持恸绝，感动行路。乃迎以归，事母至孝。复出从仕，今为司农少卿。士人为之传者数人，丞相荆公而下，皆有《朱孝子诗》数百篇。

【注释】

①朱寿昌：字康叔，扬州天长（今属安徽）人。以父荫任将作监主
　簿，后通判陕州、荆南，权知岳州。以孝闻名，苏轼、王安石等多
　有诗歌颂之。《宋史》卷四五六有传。

②水忏：指修行悔过的一种佛教仪式。

③河中府：治所在今山西永济。

【译文】

　　朱寿昌是刑部侍郎朱巽的儿子。他的母亲地位卑微，朱寿昌曾经
流落到贫穷人家，到十几岁时才回来，于是与母亲失去了联系。朱寿昌
思念不已。等他长大了，就辞官访母，遍走四方，历尽艰难。见到他的
人没有不怜悯他的。他听说佛书上有"水忏"法，说是想见到父母的人
吟诵它，就能如愿。于是朱寿昌就昼夜诵读，还刺破手指，用血书写忏
悔经文，并刻印书版赠送给别人，就是希望能见到母亲。这样过了很多
年，忽然有一天来到河中府，见到了他的母亲。母子相拥而哭，连路人
都为之感动。于是就把母亲迎接回去，侍奉母亲非常孝顺。然后再出
来当官，现在已经是司农少卿了。很多士人都为他作传，传颂其事迹，
自王安石丞相以下，都写有《朱孝子诗》，得诗一共数百篇。

　　朝士刘廷式①，本田家。邻舍翁甚贫，有一女，约与廷式
为婚。后契阔数年②，廷式读书登科，归乡闾，访邻翁，而翁
已死，女因病双瞽③，家极困饿。廷式使人申前好，而女子之
家辞以疾，仍以佣耕，不敢姻士大夫。廷式坚不可："与翁有
约，岂可以翁死子疾而背之？"卒与成婚。闺门极雍睦④，其
妻相携而后能行，凡生数子。廷式尝坐小谴⑤，监司欲逐之，
嘉其有美行，遂为之阔略⑥。其后廷式管干江州太平宫而妻
死⑦，哭之极哀。苏子瞻爱其义⑧，为文以美之。

【注释】

①刘廷式:据苏轼《书刘庭式事》,疑当作"刘庭式"。字得之,齐州历城(今山东济南)人。进士出身,任齐州通判,后监江州太平宫。《宋史》卷四五九有传。

②契阔:离别。

③双瞽(gǔ):双目失明。

④雍睦:和睦。

⑤谴:过错,过失。

⑥阔略:宽恕。

⑦江州:治所在今江西九江。

⑧苏子瞻:即苏轼(1037—1101),字子瞻,号东坡居士,世称苏东坡,眉州眉山(今属四川)人。嘉祐二年(1057)进士,历知杭州、密州、徐州、湖州,以乌台诗案被贬黄州任团练副使。哲宗即位,迁翰林学士、侍读学士、礼部尚书,出知杭州、颍州、扬州、定州等。晚年再贬惠州、儋州。卒后追赠太师,谥文忠。《宋史》卷三三八有传。

【译文】

朝士刘廷式本来出身田家。邻家老翁很贫穷,有一个女儿,与刘廷式约为婚姻。后来二人分别数年,刘廷式读书中了进士,回到乡里,拜访邻翁,而邻翁已经去世,其女儿因病而双目失明,家里非常困窘。刘廷式托人重申之前的婚约,而女子之家以女子有病为由推辞,并且觉得靠佣耕为生的人,不敢嫁给士大夫。刘廷式坚决不同意,说:"与老翁有约在先,怎么可以因为老翁去世、女儿患病就背弃约定呢?"最终与女子成婚。闺门非常和睦,他的妻子需要搀扶着才能行走,二人生了几个孩子。刘廷式曾经犯了一些小过失,监司想要罢免他,但是嘉赏他的美德,就宽恕了他。后来刘廷式任职江州太平宫时妻子去世了,他哭得非常哀恸。苏轼欣赏他的节义,写了文章赞美他。

柳开少好任气①，大言凌物。应举时，以文章投主司于帘前，凡千轴，载以独轮车。引试日，衣襕，自拥车以入，欲以此骇众取名。时张景能文②，有名，唯袖一书，帘前献之。主司大称赏，擢景优等。时人为之语曰："柳开千轴，不如张景一书。"

【注释】

①柳开(948—1000)：原名肩愈，字绍先，号东郊野夫，后改名开，字仲涂，大名(今属河北)人。开宝六年(973)进士，累官殿中侍御史。倡导韩柳古文。《宋史》卷四四○有传。

②张景(970—1018)：字晦之，江陵府公安县(今属湖北)人。咸平三年(1000)进士，真宗诏有司征天下士，张景居首。后为房、参二州文学参军，官至大理评事。

【译文】

柳开少年时好意气用事，说话经常盛气凌人。应科举时，曾当场把自己的文章投赠给主考官，有上千卷，用独轮车装着。考试的那天，穿着襕衫，自己推着独轮车进场，希望以此阵势吓倒考生们，取得功名。当时，张景也善于写文章，并且很出名，他只带了一篇文章放在袖子里，到考官的帘前呈献。主考官大为称赏，选拔张景为优等。当时人就说："柳开千轴，不如张景一书。"

卷十

蒋堂侍郎为淮南转运使日^①，属县例致贺冬至书，皆投书即还。有一县令使人，独不肯去，须责回书，左右谕之皆不听，以至呵逐亦不去，曰：“宁得罪。不得书，不敢回邑。”时苏子美在坐^②，颇骇怪，曰：“皂隶如此野很，其令可知。”蒋曰：“不然，令必健者^③，能使人不敢慢其命令如此。”乃为一简答之，方去。子美归吴中月余，得蒋书曰：“县令果健者。”遂为之延誉^④，后卒为名臣。或云乃天章阁待制杜杞也^⑤。

【注释】

①蒋堂（980—1054）：字希鲁，常州宜兴（今属江苏）人。举进士第，真宗时，授大理寺丞、知临川县。累迁枢密直学士，以礼部侍郎致仕。《宋史》卷二九八有传。

②苏子美（1008—1048）：即苏舜钦，字子美，开封（今属河南）人。举进士第，累官大理评事、集贤殿校理，监进奏院等，支持范仲淹新政，罢居苏州。著有《苏学士集》。《宋史》卷四四二有传。

③健者：能干的人。

④延誉：宣扬美名。

⑤杜杞（1005—1050）：字伟长，常州无锡（今属江苏）人。以父荫入仕，庆历六年（1046），官两浙转运使，七年（1047），从河北转运使，拜天章阁待制，充环庆路兵马都部署、经略安抚使，知庆州。《宋史》卷三〇〇有传。

【译文】

蒋堂侍郎担任淮南转运使的时候，下属县令按照惯例致信祝贺冬至，送信的人都放下信就回去了。唯独有一位县令派来的人不肯回去，必须拿到回信才肯走,左右官吏告诉他可以走了都不管用,以至于呵斥驱逐他也不肯回去,说:"宁可得罪。如果得不到回信,不敢回去。"此时苏舜钦恰好在座,非常惊骇奇怪,说:"差役如此蛮不讲理,其县令的水平可想而知。"蒋堂说:"不是这样的,县令必定是个能干的人,能让下属如此地不敢怠慢他的命令。"于是写了一封答信给他,这才回去。苏舜钦回到吴中一个多月后,得到蒋堂的来信说:"县令果然是能干的人。"于是广泛传播县令的美名,最终县令成为名臣。有人说那人就是天章阁待制杜杞。

　　国子博士李馀庆知常州①,强于政事,果于去恶,凶人恶吏,畏之如神,末年得疾甚困。有州医博士,多过恶,常惧为馀庆所发,因其困,进利药以毒之②,服之洞泄不已③,势已危。馀庆察其奸,使人扶舁坐厅事④,召医博士,杖杀之,然后归卧,未及席而死。葬于横山,人至今畏之,过墓者皆下。有病虐者,取墓土着床席间,辄差⑤,其敬惮之如此。

【注释】

①李馀庆:字昌宗,开封陈留(今属河南)人。官至国子博士。王安石为撰墓志铭。

②利药:泻药。

③洞泄:腹泻。

④舁(yú):抬。

⑤差(chài):同"瘥",痊愈,病除。

【译文】

　　国子博士李馀庆担任常州知州时,处理政事、惩治凶恶很强硬,凶悍之人与作恶之吏都像对待神灵一样畏惧他,晚年他患病非常痛苦。

有一位医官做了不少坏事,常常担心被李馀庆揭发,趁着他得病痛苦之际,送上泻药毒害他。李馀庆吃下以后,顿时腹泻不止,生命已在旦夕。李馀庆察觉到医官的奸计,就派人把他抬到府衙上,召来医官,乱棍打死,然后回去躺下,还没到床上就去世了。葬在横山,人们至今还敬畏他,经过他的墓都会下车祭拜。有得了重病的人,把墓边的土捧回病床上,即可痊愈,人们对他的敬畏到了这种程度。

　　盛文肃为尚书右丞①,知扬州,简重少所许可②。时夏有章自建州司户参军授郑州推官③,过扬州,文肃骤称其才雅,明日置酒召之。人有谓有章曰:"盛公未尝燕过客,甚器重者方召一饭。"有章荷其意,别日为一诗谢之,至客次④,先使人持诗以入。公得诗不发封,即还之,使人谢有章曰:"度已衰老,无用此诗。"不复得见。有章殊不意,往见通判刁绎⑤,具言所以。绎亦不谕其由,曰:"府公性多忤⑥,诗中得无激触否?"有章曰:"无,未曾发封。"又曰:"无乃笔札不严?"曰:"有章自书,极严谨。"曰:"如此,必是将命者有所忤耳。"乃往见文肃而问之:"夏有章今日献诗何如?"公曰:"不曾读,已还之。"绎曰:"公始待有章甚厚,今乃不读其诗,何也?"公曰:"始见其气韵清修,谓必远器。今封诗乃自称'新圃田从事',得一幕官,遂尔轻脱⑦。君但观之,必止于此官,志已满矣。切记之,他日可验。"贾文元时为参政⑧,与有章有旧,乃荐为馆职。有诏候到任一年召试,明年除馆阁校勘。御史发其旧事⑨,遂寝夺⑩,改差国子监主簿,仍带郑州推官。未几卒于京师。文肃阅人物多多如此,不复挟他术。

【注释】

①盛文肃:即盛度(968—1041),字公量,馀杭(今浙江杭州)人。端
　拱间进士,补济阴尉、尚书屯田员外郎,迁三司户部判官。奉使
　山西,绘《西域图》及《河西陇右图》。擢知制诰、翰林学士等,后
　以礼部侍郎参知政事,迁知枢密院事,谥文肃。奉诏编《续通典》
　《文苑英华》。《宋史》卷二九二有传。

②简重:严肃郑重。

③建州:今福建建瓯一带。

④客次:旅店,客栈。

⑤刁绎:天圣二年(1024)进士,授太常博士,后通判扬州,王安石为
　作祭文。

⑥忤:逆,不顺从。这里指不通常情。

⑦轻脱:轻佻,不稳重。

⑧贾文元:即贾昌朝,字子明,北宋宰相,封魏国公。参见《故事》
　卷一。

⑨御史:指欧阳修。时欧阳修为谏官,弹劾夏有章曾经贪赃。

⑩寝夺:中止,剥夺

【译文】

　　盛度以尚书右丞的身份出知扬州,严肃郑重很少轻易肯定别人。
这时,夏有章从建州司户参军的位置擢升郑州推官,路过扬州,盛度忽
然称赏他的才华与风度,第二天还设置酒宴招待他。有人对夏有章说:
"盛公从来没有宴请过客人,只有非常器重的人才会招待他一顿饭。"夏
有章接受了盛度的情意,他日写了一首诗答谢他,到了客栈后,先派人
带着诗去拜见盛公。盛度得到诗以后,没有打开看就还了回去,命人答
谢夏有章说:"我已经衰老了,不敢再接受此诗。"从此不再接见他。夏
有章完全没想到会这样,就去拜见通判刁绎,把情况详细地说明了。刁
绎也不明白其中缘由,问道:"盛公性格多不通人情,你的诗中不会有刺

激冒犯他的地方吧?"夏有章曰:"不会,他都没打开信封。"刁绎又问道:"是不是你信封得不讲究?"夏有章答道:"我亲自书写的信封,非常严谨。"刁绎回答说:"既然如此,想必是送信的人惹恼了盛公。"于是刁绎前往拜见盛度,并且询问这个情况说:"夏有章今天献的诗怎么样?"盛度说:"没读过,已经还给他了。"刁绎说:"您一开始热情地招待夏有章,现在却不读他的诗,为什么呢?"盛度说:"开始的时候,我见他气韵清操不凡,以为他必有大器量。现在诗封上竟然自称'新圃田从事',得了一个幕府属官,就这样轻佻。您往后看吧,一定也就做到这种官为止了,因为他已经志得意满了。您切记着我的话,他日会有验证。"贾昌朝当时担任参知政事,因为与夏有章有旧交,就推荐他入馆阁任职。皇帝有旨命他到任一年后再参加考试,第二年除授馆阁校勘。结果御史揭发了他以前犯下的过错,于是取消了任命,改任国子监主簿,仍兼带郑州推官的职衔。不久就在京城去世了。盛度观察人物大多如此,并没有什么诀窍。

　　林逋隐居杭州孤山①,常畜两鹤,纵之则飞入云霄,盘旋久之,复入笼中。逋常泛小艇,游西湖诸寺。有客至逋所居,则一童子出应门,延客坐,为开笼纵鹤。良久,逋必棹小船而归②。盖尝以鹤飞为验也。逋高逸倨傲,多所学,唯不能棋。常谓人曰:"逋世间事皆能之,唯不能担粪与着棋。"

【注释】

①林逋(967—1028):字君复,杭州钱塘(今属浙江)人。恬淡好古,隐居孤山。仁宗赐谥"和靖先生",人称"梅妻鹤子"。《宋史》卷四五七有传。

②棹(zhào)：划船。

【译文】

　　林逋隐居在杭州孤山，常养着两只鹤，放出来就会飞入云霄，盘旋很长时间后，又回到笼中。林逋经常划着小艇游访西湖附近的各个寺庙。有客人到林逋的住处，就有一个童子出来开门，接待客人坐下，然后打开笼子把鹤放出去。过一段时间，林逋必定会划着小船回来。大概他是以两只鹤飞起来作为信号的。林逋清高闲逸，倨傲不群，多有所学，唯独不会下棋。经常对人说："世间各种事情我都会做，唯独不能担粪与下棋。"

　　庆历中，有近侍犯法，罪不至死，执政以其情重，请杀之。范希文独无言①，退而谓同列曰："诸公劝人主法外杀近臣，一时虽快意，不宜教手滑。"诸公默然。

【注释】

①范希文：即范仲淹(989—1052)，字希文，苏州吴县(今属江苏)人。大中祥符八年(1015)进士，授广德军司理参军，历任兴化县令、秘阁校理、陈州通判、苏州知州等。康定元年(1040)，与韩琦同任陕西经略安抚招讨副使，庆历三年(1043)，任参知政事，推行新政。庆历五年(1045)，新政受挫，被贬出京，历任邠州、邓州、杭州、青州知州等。谥文正。《宋史》卷三一四有传。

【译文】

　　庆历年间，有皇帝身边的侍从犯了法，罪不当死，执政大臣以其情节严重，请求杀了他。只有范仲淹一言不发，退朝后和同僚们说道："诸公劝君主在法律之外杀近臣，虽然一时痛快，但是不应该教皇帝手滑乱杀人啊。"诸公默然无语。

　　景祐中①，审刑院断狱②，有使臣何次公具狱。主判官方进呈，上忽问："此人名'次公'者何义？"主判官不能对，是时庞庄敏为殿中丞、审刑院详议官③，从官长上殿，乃越次对曰："臣尝读《前汉书》，黄霸字次公，盖以'霸'次'王'也，此人必慕黄霸之为人。"上颔之。异日复进谳④，上顾知院官问曰："前时姓庞详议官何故不来？"知院对："任满，已出外官。"上遽指挥中书，与在京差遣⑤，除三司检法官，俄擢三司判官，庆历中，遂入相。

【注释】

①景祐：宋仁宗年号，公元 1034—1038 年。

②审刑院：按宋制，大理寺裁断的案件，须交由审刑院复查，再奏请皇帝决定。

③庞庄敏：即庞籍（988—1063），字醇之，单州成武（今属山东）人。大中祥符八年（1015）进士，任黄州司理参军，累官江州军事判官，开封府司法参军，刑部详复官，群牧判官，大理寺丞，殿中侍御史，擢枢密副使、枢密使，太子太保等，封颍国公。谥庄敏。《宋史》卷三一一有传。

④谳（yàn）：审判定罪。

⑤差遣：按宋代官制，差遣为官员的实际职务。

【译文】

　　景祐年间，审刑院断案，有使臣何次公上奏的案情。主判官正要进呈，皇帝忽然问道："此人名字叫做'次公'，是什么意思？"主判官答不上来，这时庞籍作为殿中丞、审刑院详议官，跟随长官上殿奏对，就越级回答道："臣曾经读《前汉书》，里面有'黄霸，字次公'，大概是以'霸'次于'王'的意思，此人想必是仰慕黄霸的为人。"皇帝点点头。过了一段时间又赶上审刑院递交案情,皇帝看到知院长官就问道:"前一段时间那个姓庞的详议官为什么不来?"知院长官回答道:"他的任期已满,现在出任外官去了。"皇帝立即命令中书省给他安排在京的职务,授予三司检法官,不久又升为三司判官,庆历年间,拜为丞相。

官政

【题解】

《官政》门凡两卷,以记载行政制度为主,其中又以经济制度为主,特别是记录了大量与宋代边境缴纳钱粮有关的税法、盐法、茶法等,如"三分法"、"盐引"、"茶引"等制度。值得一提的是,沈括还大量开列了相关部门的统计数字,当为沈括任三司使时收集的资料,对研究宋代经济史来说,具有重要的文献价值。此外,本门还有涉及城楼防御、侦查断案、安民救灾、河流水利、裁撤州县等方面的记载,同样提供了社会史研究资料。一些水利方面的记录,如"淆柱"、"复闸"等篇还具有一定科学价值。

卷十一

世称陈恕为三司使^①,改茶法^②,岁计几增十倍。余为三司使时^③,考其籍,盖自景德中北戎入寇之后^④,河北籴便之法荡尽^⑤,此后茶利十丧其九。恕在任,值北虏讲解,商人顿复,岁课遂增,虽云十倍之多,考之尚未盈旧额。至今称道,盖不虞之誉也。

【注释】

①陈恕(945—1004)：字仲言，洪州南昌（今属江西）人。太平兴国二年(977)进士，任澧州通判。后升工部郎中、知大名府。以功升右谏议大夫，知澧州。后改任河北东路营田制置使，再升为盐铁使。淳化二年(991)，拜参知政事。《宋史》卷二六七有传。

②茶法：为增加国家财政收入实行的茶叶征税以及专营制度。

③余为三司使：沈括以熙宁九年(1076)至熙宁十年(1077)曾权三司使。

④景德中：辽军于景德元年(1004)大举南下侵宋。

⑤籴(dí)便：即"便籴"，指二线边境地区的商人先纳粮草，然后再到京师领取便钱。籴，指政府向民间征购粮食。

【译文】

世称陈恕担任三司使的时候，改革了茶法，每年的税收几乎增加了十倍。我担任三司使的时候，考察簿籍记载，自从景德年间辽军入侵之后，河北的便籴之法就完全不存在了，此后茶的税利丧失了九成。陈恕在任时，赶上与辽国和解，商人顿时又活跃起来，每年的税收也增加了，虽说增长了十倍之多，但核查下来，还没有超过原先的税额。而陈恕至今仍被称道，真是想不到的赞誉啊。

世传算茶有"三说法"最便①。"三说"者，皆谓见钱为一说，犀牙、香药为一说，茶为一说，深不然也。此乃三分法，其谓缘边入纳粮草，其价折为三分，一分支见钱，一分折犀象杂货，一分折茶尔，后又有并折盐为四分法，更改不一，皆非"三说"也。余在三司，求得"三说"旧案。"三说"者，乃是三事：博籴为一说，便籴为一说，直便为一说。其谓之"博籴"者，极边粮草，岁入必欲足常额，每岁自三司抛数下库务,先封椿见钱、紧便钱、紧茶钞。"紧便钱"谓水路商旅所便处,"紧茶钞"谓上三山场榷务②。然后召人入中③。"便籴"者,次边粮草,商人先入中粮草,乃诣京师算请慢便钱、慢茶钞及杂货。"慢便钱"谓道路货易非便处,"慢茶钞"谓下三山场榷务。"直便"者,商人取便,于缘边入纳见钱,于京师请领。三说,先博籴,数足,然后听便籴及直便。以此商人竞趋争先赴极边博籴,故边粟常先足,不为诸郡分裂,粮草之价,不能翔踊,诸路税课,亦皆盈衍,此良法也。余在三司,方欲讲求,会左迁,不果建议。

【注释】

①算茶:对茶叶买卖收取赋税。

②上三山场榷(què)务:官府设在茶场榷卖茶叶的机构。榷,指国家专营。

③入中:招募商人于沿边地区入纳粮草,根据地理远近给予钞引优惠,到京师领取现金,或到东南地区领取茶、盐、香、药等。

【译文】

世传茶税有"三说法"最为便利。所谓的"三说",都说是现金为一说,犀角、象牙、香料、药物为一说,茶为一说,其实完全不是这样的。这乃是"三分法",指的是商人在边境入纳粮草,官府用三种方式结算,一部分支予现金,一部分折算成犀角、象牙等杂货,一部分折算成茶,后来又有折算成盐作为第四种方法,更改不一,都不是所谓的"三说"。我在三司任上,找到了"三说"的旧档案。所谓的"三说",实际上是三件事:博籴是一说,便籴是一说,直便是一说。所谓的"博籴",是说最边远地区的粮草,每年入纳必须保证足够的定额,每年从三司下达计划数额给有关仓库,都先封存检点现钱、紧便钱和紧茶钞。"紧便钱"指水路商旅较为便利之处的国库钱,"紧茶钞"指上三山场榷务的茶钞。然后招募商人入中纳粮。所谓的"便籴",是说在次边远地区的粮草,由商人先入中交纳粮草,再到京城结算领取慢便钱、慢茶钞及杂货。"慢便钱"指道路货易不便利之处的国库钱,"慢茶钞"指下三山场榷务的茶钞。所谓的"直便",是说商人根据自己的便利,在沿边入纳现钱,在京城请领货物。这种"三说",优先保证博籴的数量充足,然后才允许便籴以及直便。因此,商人趋利而争先到极边远地区进行"博籴",所以边境的粮食常常能首先保证充足,不为内地的州郡所分占,粮草的价格,也不会飞涨,各路的税收,也都充足,这是很好的方法。我在三司时,正想推行此法,赶上被贬官,没有来得及向朝廷提出建议。

延州故丰林县城①,赫连勃勃所筑②,至今谓之赫连城。紧密如石,劚之皆火出③。其城不甚厚,但马面极长且密④。予亲使人步之,马面皆长四丈,相去六七丈,以其马面密,则城不须太厚,人力亦难兼也。余曾亲见攻城,若马面长则可反射城下攻者,兼密则矢石相及,敌人至城下,则四面矢石临之。须使敌人不能到城下,乃为良法。今边城虽厚,而马面极短且疏,若敌人可到城下,则城虽厚,终为危道。其间更多刓其角⑤,谓之团敌,此尤无益。全藉倚楼角以发矢石,以覆护城脚。但使敌人见备处多,则自不可存立。赫连之城,深可为法也。

【注释】

①延州:治所在今陕西延安。丰林:在今陕西延安东南。

②赫连勃勃(381—425):字屈孑,匈奴人,十六国时期夏政权建立者。公元407—425年在位。

③劚(zhǔ)：砍。

④马面：古代沿着城墙上的女墙而修建的作战棚，探出城墙外，长
　数丈，上有小楼，可以加固城体，并且便于观察城下情况。

⑤刓(wán)：削，磨。

【译文】

　　延州的旧丰林县城，是赫连勃勃时建造的，至今还称为"赫连城"。城墙紧密如石头一样，砍它就会冒出火花。城墙实际上并不非常厚，但是马面极长而且还很密。我亲自派人丈量过，马面都长达四丈，相距有六七丈远，因为马面很密，所以城墙不须太厚，人力也很难攻下。我曾经亲眼见到攻城时的场景，如果马面长就可以用弓弩反射城下的进攻者，再加上马面密的话，就可以一并使用箭矢和炮石，敌人来到城下，可以四面齐发箭矢与炮石，砸到他们头上。一定要让敌人无法攻到城下，这才是良法。现在边境的城墙虽然很厚，但是马面很短并且稀疏，如果敌人可以攻到城下，那么虽然城墙很厚，可最终还是危险。其间还有很多把马面削成圆形的，称为"团敌"，这么做尤其无益。马面全靠在楼角上发射箭矢与炮石，来保护城脚。只要让敌人需要防备的地方多了，就自然无法站住脚。赫连城的建造模式，很值得作为法式。

　　刘晏掌南计①，数百里外物价高下，即日知之。人有得晏一事，余在三司时，尝行之于东南，每岁发运司和籴米于郡县②，未知价之高下，须先具价申禀，然后视其贵贱，贵则寡取，贱则取盈。尽得郡县之价，方能契数行下，比至则粟价已增，所以常得贵售。晏法则令多粟通途郡县，以数十岁籴价与所籴粟数高下，各为五等，具籍于主者。今属发运司。粟价才定，更不申禀，即时廪收③，但第一价则籴第五数，第五价即籴第一数，第二价则籴第四数，第四价即籴第二数，

乃即驰递报发运司。如此，粟贱之地，自籴尽极数，其余节级，各得其宜，已无极售。发运司仍会诸郡所籴之数计之，若过于多，则损贵与远者；尚少，则增贱与近者。自此粟价未尝失时，各当本处丰俭。即日知价，信皆有术。

【注释】

①刘晏（716—780）：字士安，曹州南华（今山东菏泽东明）人。开元时以神童授太子正字，肃宗时，任度支郎中，兼侍御史，领江淮租庸事，迁户部侍郎，兼御史中丞，领度支、铸钱、盐铁等使，擢吏部尚书，同中书门下平章事。大历中，与户部侍郎第五琦分管全国财赋，又与户部侍郎韩晃分领关内、河东、山东、剑南道租庸、青苗使，升尚书左仆射。为杨炎所害，赐死。《旧唐书》卷一二三、《新唐书》卷一四九有传。南计：《类苑》二十一引作"国计"，或当从之。

②发运司：宋代掌管江南漕运和赋税的行政机构。

③廪收：收购入仓。

【译文】

刘晏执掌国家财政，数百里外的物价高低，当天就知道了。有人了解到刘晏的一项措施，我在三司任上时，曾经在东南一带施行，每年发运司从各州县征购粮食时，不知道物价的高低，必须先开列价格呈报，然后根据粮价的高低，贵就少买，贱就多买。等各地的价格都了解后，才能根据核定后的数字发到郡县执行，等到这时候粮价已经上涨了，所以常常得高价购粮。刘晏的方法则是让产量多、交通便利的郡县，将几十年的粮食收购价与粮食收购数量按照高低顺序分为五等，全部在主管部门备案。现在属于发运司管理。粮价一确定，就不需要申报，立刻收购入仓，第一等价格按第五等数量收购，第五等价格按第一等数量收购，第二等价格按第四等数量收购，第四等价格按第二等数量收购，然后即刻快递呈报给发运司。如此一来,粮价低的地方,自然收购了最多的粮食,其余各等级,也各得其宜,避免了过高价格的收购。发运司还要统计诸郡收购粮食的数目,如果收得过多,就减少粮价高或者偏远州郡的收购量;如果还不足,就增加粮价低或者就近州郡的收购量。从此粮价就从没有失去好的时机,各自与当地粮食收成相应。刘晏能当天就知道粮价,看来是有办法的。

旧校书官多不恤职事,但取旧书,以墨漫一字①,复注旧字于其侧,以为日课②。自置编校局,只得以朱围之,仍于卷末书校官姓名。

【注释】

①漫:涂抹,涂掉。

②日课:每天的工作量。

【译文】

以往的校书官多不尽心工作,只拿来旧书,用墨涂黑一格字,再把原来的字注在旁边,以此作为每天的工作量。自从设置了编校局以后,规定只允许用朱笔把错字圈起来,并且还要在卷末写上校书官的姓名。

五代方镇割据,多于旧赋之外,重取于民。国初悉皆蠲正①,税额一定。其间有或重轻未均处,随事均之。福、歙州税额太重,福州则令以钱二贯五百折纳绢一匹,歙州输官之绢止重数两②。太原府输赋全除③,乃以减价籴粜补之④。后人往往疑福、歙折绢太贵,太原折米太贱,盖不见当时均赋之意也。

【注释】

①蠲(juān)：除去，免除。

②歙(shè)州：今安徽黄山市歙县。

③输赋：缴纳的赋税。

④籴粜(dí tiào)：买卖粮食。

【译文】

　　五代时期由于方镇割据，经常在原有赋税之外再向百姓收税。本朝建国之初，就全部免除了，税额有确定的标准。其间如果有赋税标准轻重不均之处，就根据各自情况进行调整。比如福州、歙州的税额太重，那么在福州就规定用二贯五百钱折合交纳官府的一匹绢，歙州缴纳给官府的绢只有几两。太原府缴纳的赋税全部免除，就用减价买卖粮食来弥补。后人往往不理解福州、歙州折合的绢价太贵，而太原折合的米价太贱，这是没有看到当时均赋税的意图。

　　夏秋沿纳之物，如盐曲钱之类①，名件烦碎。庆历中②，有司建议并合，归一名以省帐钞。程文简为三司使③，独以谓仍旧为便，若没其旧名，异日不知。或再敷盐曲④，则致重复。此亦善虑事也。

【注释】

①曲(qū)：酒曲，用曲霉与麦子、麸皮、大豆等的混合物制成的块状物，可用于酿酒或造酱。

②庆历：宋仁宗年号，公元1041—1048年。

③程文简：即程琳(985—1054)，字天球，永宁军博野(今属河北)人。大中祥符四年(1011)举服勤辞学科。历知制诰、权御史中丞，知开封府。景祐四年(1037)，除参知政事，旋黜知颍州，徙青

　　州、大名府。皇祐初年,拜同平章事、判大名府。卒赠中书令,谥
　　文简。《宋史》卷二八八有传。
　　④敷:设置。

【译文】

　　夏、秋之季交纳的钱物,比如盐、曲之类的,名目、事项很繁杂琐碎。
庆历年间,有关部门建议合并事项,将多种名目归并为一,以节省账本。
程琳当时是三司使,坚持认为仍以旧的名目记录方便,如果没有那些旧
名目,等以后不了解情况时。就有可能再设置盐、曲的名目另行征收,
从而造成重复。这也是考虑事情很周到啊。

　　近岁邢、寿两郡①,各断一狱,用法皆误,为刑曹所驳。
寿州有人杀妻之父母昆弟数口,州司以不道,缘坐妻子。刑
曹驳曰:"殴妻之父母,即是义绝,况其谋杀。不当复坐其
妻。"邢州有盗杀一家,其夫妇即时死,唯一子明日乃死。其
家财产户绝法给出嫁亲女。刑曹驳曰②:"其家父母死时,其
子尚生,财产乃子物。出嫁亲女,乃出嫁姊妹,不合有分。"
此二事略同,一失于生者,一失于死者。

【注释】

　　①邢:今河北邢台。寿:今安徽寿县。
　　②刑曹:刑部官署。

【译文】

　　几年来邢州、寿州两郡,各判了一个案子,使用的法令都不对,被刑
曹驳回。寿州有人杀妻子的父母兄弟一家几口,州郡官员认为大逆不
道,因此把妻子也连坐定罪。刑曹回驳道:"殴打妻子的父母,就已经是
恩断义绝,况且还是谋杀。不应当再连坐其妻子。"邢州有大盗杀害了

一家,夫妇当场毙命,只有一个孩子第二天才断气。他们家的财产按照户绝法继承给已经出嫁的亲生女。刑曹回驳道:"那一家的父母死时,儿子还活着,那么财产就已经是儿子的了。此时出嫁的亲生女儿,变成了出嫁的姐妹,不应当再继承财产。"这两件事差不多,一件对活着的人不公,一件对死去的人不公。

深州旧治靖安①,其地碱卤②,不可艺植,井泉悉是恶卤。景德中③,议迁州。时傅潜家在李晏④,乃奏请迁州于李晏,今深州是也。土之不毛,无以异于旧州,盐碱殆与土半⑤,城郭朝补暮坏,至于薪刍⑥,亦资于他邑。唯胡卢水粗给居民,然原自外来,亦非边城之利。旧州之北,有安平、饶阳两邑,田野饶沃,人物繁庶,正当徐村之口,与祁州、永宁犬牙相望⑦。不移州于此,而恤其私利,瓯城李晏者⑧,潜之罪也。

【注释】

①深州:今河北深县、安平、饶阳等地。

②碱卤(lǔ):盐卤,这里指土地盐碱化。

③景德:宋真宗年号,公元 1004—1007 年。

④傅潜:冀州衡水(今属河北)人。从太祖征太原、范阳等,擢为内殿直都虞候,加马步都军头、领罗州刺史。真宗即位,领忠武军节度。咸平二年(999),出为镇、定、高阳关三路行营都部署。契丹入侵,潜畏懦无方略,闭门自守,流房州,遇赦,起为汝州团练副使。《宋史》卷二七九有传。李晏:地名,在今河北深县东南。

⑤殆(dài):几乎,差不多。

⑥薪刍:泛指柴草。

⑦祁州:今河北安固。永宁:今河北博野。

⑧亟(jí)：急切。

【译文】

深州旧的治所在靖安，当地土地盐碱化，不能种植作物，井泉都是苦水。景德年间，开始商议要迁州。当时傅潜的家在李晏，就上奏请求迁州到李晏去，也就是现在的深州。当地水土不毛，和旧州没什么区别，盐碱地几乎占土地的一半，城墙则是早晨修好、晚上又坏了，至于柴草，也需要从其他州县供应。只有胡卢河可以勉强供给居民用水，但是水源还是从外面引来的，这也不利于边境的防守。旧州的北面，有安平、饶阳两县，田野富饶肥沃，人口物产繁盛，正对着徐村的要道，与祁州、永宁两地成犬牙相望之势。当时不往这里迁州，而为了一己私利就急着迁到李晏，这是傅潜的罪过。

律云："免官者，三载之后，降先品二等叙。免所居官及官当者①，期年之后，降先品一等叙。""降先品"者，谓免官二官皆免，则从未降之品降二等叙之。"免所居官及官当，"止一官，故降未降之品一等叙之。今叙官乃从见存之官更降一等者，误晓律意也。

【注释】

①所居官：宋代的官制，往往官职仅代表品级与薪俸。实际职务称差遣。此外还有荣誉性的勋官、爵官。所居官当指实职。官当：指允许有罪的官员用现任的官职、差遣等抵消一定的罪名，但是勋官不得用于赎罪。

【译文】

律条说："免官的人，三年之后，降原品级二等录用。免除了实际官职以及用官职抵罪的人，满一年之后，降低原品级一等录用。"所谓的

"降低原先品级",是说免官时官职和勋官都免去了,那么就从没降级之前的品级往下降两级录用。所谓的"免去实际官职和以官职抵罪",是说只免去了官职,所以从没降级之前的品级往下降一级录用。现在录用时从存留的官职再降一等,误解了条律的本意。

律累降虽多,各不得过四等。此止法者,不徒为之,盖有所碍,不得不止。据律:"更犯有历任官者,仍累降之;所降虽多,各不得过四等。"注:"各,谓二官各降,不在通计之限。"二官,谓职事官、散官、卫官为一官①,勋官为一官②。二官各四等,不得通计,乃是共降八等而止。余考其义,盖除名叙法:正四品于正七品下叙,从四品于正八品上叙,即是降先品九等。免官、官当若降五等,则反重于除名,此不得不止也。此律今虽不用,然用法者须知立法之意,则于新格无所柢梧③。余检正刑房公事日,曾遍询老法官,无一人晓此意者。

【注释】

①职事官:指官员的实际职务。散官:表示官员等级而无实际职务的官称,又称散阶。卫官:寄禄官,用以表示品级与俸禄。

②勋官:宋延唐制,设勋官十二等,不得用于赎罪。

③柢梧:即"抵牾",矛盾。

【译文】

按条律规定,接连降职的时候,降再多也不能超过各四等的限度。这种规定不是凭空设置的,因为执行时有一些问题,所以不得不规定其限度。按照条律:"官员在犯罪而还有历任官职的情况下,仍然继续降低他的品级;但是降级再多,也各不能超过四等。"注:"'各'的意思是二官各自降级,不在合计限定之内。"二官,说的是职事官、散官、卫官是一官,勋官是一官。二官各自降四等,不能合并计算,就是一共最多降八等才停止。我考察这一规定,关于除名与叙用之法:正四品再任为正七品下,从四品再任为正八品上,就是降低原品级的九等。那么免官、官当如果降低了五等,就反而比除名的惩罚还重,所以不得不规定降级的限度。这项律令现在虽然不用了,但是执法者应该明白立法的本意,这样对于新的规定就不会有矛盾的地方。我担任检正刑房公事的时候,曾经到处询问年长的法官,没有一个人明白这一规定的意图。

　　边城守具中有战棚,以长木抗于女墙之上①,大体类敌楼②,可以离合,设之顷刻可就,以备仓卒③,城楼摧坏或无楼处受攻,则急张战棚以临之。梁侯景攻台城④,为高楼以临城,城上亦为楼以拒之,使壮士交槊⑤,斗于楼上,亦近此类。预备敌人,非仓卒可致。近岁边臣有议,以谓既有敌楼,则战棚悉可废省,恐讲之未熟也。

【注释】

①抗:架。女墙:城墙上凹凸形的小墙。

②敌楼:城墙上攻击敌人的城楼。

③仓卒:仓促,突然。

④侯景(503—552):字万景,北魏怀朔镇(今内蒙古固阳以南)人。先为东魏将领,后降梁。梁武帝太清二年(548),叛乱起兵攻占梁都建康,之后自立为南梁汉帝,改国号为"汉",史称"侯景之乱"。

⑤槊(shuò):古代类似于长矛的重型武器。

【译文】

边城的防御设施中有战棚，用长木头架在女墙上，大体上类似于敌楼，可以拆卸组合，架起来很快就能完成，这是为了准备仓促之下城楼被摧坏或在没有城楼处遭到攻击时，也可以紧急张开战棚来应战。梁代的侯景进攻台城，架起高楼来攻城，城上也架起城楼应战，壮士们长矛相接，在城楼上格斗，也近于这类设施。防备敌人，不是仓促之间就能准备好的。近年来边疆大臣有人商议，说既然已经有敌楼了，那么战棚就都可以废弃了，恐怕筹划得不够周全。

鞠真卿守润州①，民有斗殴者，本罪之外，别令先殴者出钱以与后应者。小人靳财②，兼不愤输钱于敌人，终日纷争，相视无敢先下手者。

【注释】

①鞠真卿：身世不详。润州：今江苏镇江一带。

②靳财：吝惜钱财。

【译文】

鞠真卿镇守润州，民间有斗殴的人，在本来的罪责之外，另外下令让先动手的人出钱给后动手的人。小人吝惜钱财，又不甘心把钱输给对方，结果整天纷争，互相怒视却又不敢先下手。

曹州人赵谏尝为小官①，以罪废，唯以录人阴事控制闾里，无敢迕其意者。人畏之甚于寇盗，官司亦为其羁绁②，俯仰取容而已。兵部员外郎谢涛知曹州③，尽得其凶迹，逮系有司，具前后巨蠹状奏列④，章下御史府按治。奸赃狼籍，遂论弃市⑤，曹人皆相贺。因此有"告不干己事法"著于敕律。

【注释】

①曹州:今山东菏泽一带。赵谏:身世不详。

②羁绁(jī xiè):原指马络头和马缰绳,这里意为受控制。

③谢涛(960—1034):字济之,杭州富阳(今属浙江)人。淳化间进士,为梓州榷盐判官,后知曹州。官至太子宾客。《宋史》卷二九五有传。

④蠹(dù):本义为蛀虫,这里指罪恶事件。

⑤弃市:在闹市处斩。

【译文】

曹州人赵谏曾经担任小官,因为犯罪而被除名,只能靠记录别人私下里干的坏事来控制乡里,乡人没人敢忤逆他的意愿。人们怕他比怕强盗还严重,官府也被他牵制,要看他的脸色行事。兵部员外郎谢涛任曹州知州,完全掌握了他的劣迹,就把他逮捕并关押了起来,把他前前后后各种罪行都开列出来向上呈报,案件下到御史台办理。以其奸邪贪赃的狼藉罪行,被判在闹市处斩,曹州的人们都互相庆贺。因此就有了"告不干己事法"列入条律。

驿传旧有三等,曰步递、马递、急脚递。急脚递最遽,日行四百里,唯军兴则用之。熙宁中①,又有金字牌急脚递,如古之羽檄也②。以木牌朱漆黄金字,光明眩目,过如飞电,望之者无不避路,日行五百余里。有军前机速处分,则自御前发下,三省、枢密院莫得与也。

【注释】

①熙宁:宋神宗年号,公元1068—1077年。

②羽檄(xí):古代的军事文书,插鸟羽以示紧急。

【译文】

驿传过去有三种等级，称为"步递"、"马递"、"急脚递"。"急脚递"最迅速，日行四百里，只有在发生战争的时候才用。熙宁年间，又有金字牌急脚递，就像古代的羽檄一样。用木牌红漆黄金字，光明眩目，经过时就如飞过的闪电，看到他的人无不避开路途，金字牌急脚递日行五百余里。有前线的机密文件需要快速处理时，就从皇帝那里直接下发，三省、枢密院都不得参与。

皇祐二年①，吴中大饥，殍殣枕路②，是时范文正领浙西③，发粟及募民存饷④，为术甚备，吴人喜竞渡，好为佛事。希文乃纵民竞渡，太守日出宴于湖上，自春至夏，居民空巷出游。又召诸佛寺主首，谕之曰："饥岁工价至贱，可以大兴土木之役。"于是诸寺工作鼎兴。又新敖仓吏舍⑤，日役千夫。监司奏劾杭州不恤荒政⑥，嬉游不节，及公私兴造，伤耗民力，文正乃自条叙所以宴游及兴造，皆欲以发有余之财，以惠贫者。贸易饮食、工技服力之人，仰食于公私者，日无虑数万人。荒政之施，莫此为大。是岁，两浙唯杭州晏然，民不流徙，皆文正之惠也。岁饥发司农之粟，募民兴利，近岁遂著为令。既已恤饥，因之以成就民利，此先王之美泽也。

【注释】

①皇祐二年：公元 1050 年。

②殍殣(piǎo jìn)：饿死的人。

③范文正：即范仲淹，字希文，北宋大臣，主持推行新政。参见《人事》卷十注。

④存：慰问。饷：馈赠。

⑤敖仓：粮仓。

⑥不恤：不顾。

【译文】

皇祐二年，吴中一带发生饥荒，饿死的人多得都叠压在道路上，这时范仲淹主持两浙西路，于是发放粮食，并且募捐以慰问灾民，准备得非常周到。江浙一带的人喜欢划船，喜欢做佛事。范仲淹就鼓励百姓划船，太守每天在湖上设宴，从春到夏，居民都离开家出来玩。又召集各个佛寺的住持，对他们说："荒年的工价非常低，此时可以大兴土木工程。"于是各个寺院的工程也很兴盛。又翻新了粮仓和官吏的住处，每天也使用着上千的劳力。监察部门弹劾杭州长官不顾救荒，百姓嬉游不加节制，并且公、私营造，大量损耗民力，范仲淹于是自拟奏章条陈之所以鼓励宴游以及兴造工程的原因，表示这都是想发掘有余的财力，以惠及贫穷之人。贸易、饮食、建筑等服役之人，仰仗官府或私人为生的，每天不下数万人。救荒的政策，没有比这更好的了。这一年，两浙一带只有杭州平安无事，百姓不用流浪迁徙，都是范仲淹的惠政。饥荒之年发放官府的粮食，募集百姓以兴利，近年来已列为法令。不仅能救荒灾，还能借此为民兴利，这是先王的德政。

凡师行，因粮于敌，最为急务，运粮不但多费，而势难行远。余尝计之，人负米六斗，卒自携五日干粮，人饷一卒①，一去可十八日；米六斗，人食日二升，二人食之，十八日尽。若计复回，只可进九日。二人饷一卒，一去可二十六日；米一石二斗，三人食，日六升，八日，则一夫所负已尽，给六日粮遣回。后十八日，二人食日四升并粮②。若计复回，止可进十三日。前八日，日食六升。后五日并回程，日食四升并粮。三人饷一卒，一去可三十一日;米一石八斗,前六日半,四人食,日八升。减一夫,给四日粮。十七日③,三人食,日六升。又减一夫,给九日粮。后十八日,二人食日四升并粮。计复回,止可进十六日。前六日半,日食八升。中七日,日食六升,后十一日并回程,日食四升并粮。三人饷一卒,极矣,若兴师十万,辎重三之一,止得驻战之卒七万人,已用三十万人运粮,此外难复加矣。放回运夫,须有援卒。缘运行死亡疾病,人数稍减,且以所减之食,准援卒所费。运粮之法,人负六斗,此以总数率之也。其间队长不负,樵汲减半④,所余皆均在众夫。更有死亡疾病者,所负之米,又以均之。则人所负,常不啻六斗矣⑤。故军中不容冗食,一夫冗食,二三人饷之,尚或不足。若以畜乘运之,则驼负三石,马骡一石五斗,驴一石。比之人运,虽负多而费寡,然刍牧不时⑥,畜多瘦死,一畜死,则并所负弃之。较之人负,利害相半。

【注释】

①饷:供应。

②并粮:指加上士兵带的干粮。

③十七日:据上下文,疑当作"中七日"。

④樵汲(qiáo jí):指负责砍柴、打水的勤杂人员。

⑤不啻(chì):不止。

⑥刍(chú)牧:割草放牧,这里指喂养牲口。

【译文】

　　凡是部队出征,从敌方获取粮草才是最紧急的任务,靠后方运粮,不但花费很多,而且势必难以行得远。我曾经计算过,一人能背六斗米,士兵自带五天的干粮,一个民夫供应一个士兵,单程可维持十八天;一共六斗米,一人每天吃二升,两个人吃,十八天吃完。如果算上返程,只能供应九天。两个民夫供给一个士兵，单程可维持二十六天；一共一石二斗米，三个人吃，每天吃掉六升，第八天，一个民夫背的就吃完了，给他六天的口粮让他返回。后十八天，两个人吃，加上士兵的干粮每天吃四升。如果算上返程，只能供应十三天。前八天，每天吃六升。后五天加上返程，加上士兵的干粮每天吃四升。三个民夫供应一个士兵，单程可维持三十一天；一共一石八斗米，前六天半，四个人吃，每天吃八升。减少一个民夫，给他四天口粮。中间七天，三个人吃，每天吃六升。又减去一个民夫，给他九天的口粮。最后十八天，两个人吃，加上带的干粮每天吃四升。如果算上返程，只能供应十六天。前六天半，每天吃八升。中间七天，每天吃六升，后十一天加上返程，加上带的干粮每天吃四升。三个人供应一个士兵就是极限了，如果兴师十万，辎重要占三分之一，防守作战的士兵只有七万人，就已经需要用三十万人来运粮了，此外再难以增加人力了。遣返的民夫，必须同时配置支援的士兵。因为回程路上会遇到死亡、疾病等情况，人数还会减少，因为减员而省出来的粮食，就可以抵充支援士兵的供应。按运粮的规定，每人背六斗，这是按总数计算的平均值。其中队长不背，砍柴、打水的人减半，其余的都要分摊到众民夫头上。还有死亡、生病的人，本来由他们背负的米，又要分摊到其他人那里。那么每个人背负的粮食，常常不止六斗。所以军中容不下吃闲饭的人，一个民夫吃闲饭，就需要二三个人供应他，有时尚且不够。如果用牲口搬运的话，骆驼能背三石，马骡能背一石五斗，驴能背一石。和用人力运输相比，虽然背得多而且花费少，但是不能按时喂养的话，牲口多会病死，一头牲口病死了，就要连同背的粮食一起弃置。和人力运输的弊端比起来，其实是利害各半。

忠、万间夷人[①]，祥符中尝寇掠[②]，边臣苟务怀来[③]，使人招其酋长，禄之以券粟。自后有效而为之者，不得已，又以券招之。其间纷争者，至有自陈："若某人，才杀掠若干人，遂得一券；我凡杀兵民数倍之多，岂得亦以一券见给？"互相计校，为寇甚者，则受多券。熙宁中会之④，前后凡给四百余券，子孙相承，世世不绝。因其为盗，悉诛锄之，罢其旧券，一切不与。自是夷人畏威，不复犯塞。

【注释】

①忠：今重庆忠县。万：今重庆万县。

②祥符：即大中祥符，宋真宗年号，公元1008—1017年。

③苟务怀来：只想着用怀柔笼络的方式来处理。

④熙宁：宋神宗年号，公元1068—1077年。

【译文】

忠州、万州一带的外族人，曾经在祥符年间侵犯劫掠边境百姓，守边官员只图谋怀柔笼络的办法，派人把他们的酋长招来，用领取粮食的官券笼络他们。此后就有仿效他们也来侵犯边境的人，迫不得已，又用官券招抚他们。其间为了争利多有纠纷，甚至有人自称道："像某人，只杀了几个人，就得到一张券；而我杀的兵民超过他几倍，怎么能也只给一张券呢？"这样互相算计比较，侵犯边境越严重，给的官券就越多。熙宁年间进行了统计，前后一共给出了四百多张券，得券者子孙相承，世世不绝。后来趁着他们杀人时，全部铲除了他们，罢免了以前发放的官券，从此再也不给。从此外族人畏惧国家的威力，不再侵犯边塞。

庆历中①，河决北都商胡②，久之未塞，三司度支副使郭申锡亲往董作③。凡塞河决垂合④，中间一埽⑤，谓之"合龙门"，功全在此，是时屡塞不合。时合龙门埽长六十步，有水工高超者献议，以谓埽身太长，人力不能压，埽不至水底，故河流不断，而绳缆多绝。今当以六十步为三节，每节埽长二十步，中间以索连属之，先下第一节，待其至底方压第二、第三。旧工争之，以为不可，云："二十步埽，不能断漏。徒用三节，所费当倍，而决不塞。"超谓之曰："第一埽水信未断，然势必杀半。压第二埽，止用半力，水纵未断，不过小漏耳。第三节乃平地施工，足以尽人力。处置三节既定，即上两节自为浊泥所淤，不烦人功。"申锡主前议，不听超说。是时贾魏公帅北门⑥，独以超之言为然，阴遣数千人于下流收漉流埽⑦。既定而埽果流，而河决愈甚，申锡坐谪。卒用超计，商胡方定。

【注释】

①庆历中：事在庆历八年（1048）。

②河：黄河。商胡：今河南濮阳以东。

③郭申锡（998—1074），字延之，大名（今属河北）人。天圣八年（1030）进士，为晋陵尉。累迁侍御史、盐铁副使、加直史馆、知江宁府，进天章阁待制，官至给事中。《宋史》卷三三〇有传。商胡决口事在庆历八年（1048）。

④垂：将要。

⑤埽（sào）：古代治河时，将秫秸、石块、树枝捆扎成圆柱形用以堵口或护岸的东西。

⑥贾魏公：即贾昌朝。时判大名府，兼河北安抚使，驻北京大名府北门。

⑦漉流：在水中拦截。

【译文】

　　庆历年间，黄河在北都商胡决口，很长时间都堵不上，三司度支副使郭申锡亲自前往督察施工。填河的时候，决口将要合拢时，中间的那个埽称为"合龙门"，能否成功全在这里，这时多次填塞都无法合龙。当时合龙门的埽长达六十步,有一位名叫高超的水工献计,认为埽身太长,人力压不住它,这样埽沉不到底,所以水流截不断,而且绳缆多被拉断。现在应该把六十步分成三节,每节埽长二十步,中间用绳索连起来,先放下第一节,等它沉到水底再压上第二、第三节。老河工与他争执,认为这么做不行,说:"二十步一埽,无法阻断水流。还白白填进去三节,花费加倍,而决口却填不住。"高超对他们说:"下第一节埽时水确实不会被阻断,但是水势必会减半。这时再压第二埽,只需要使用一半的力气,即使水流还没截断,也不过是小的漏洞而已。第三节是在平地施工,足以充分使用人力。安放好三节埽后,其中的前两节自然会被淤泥堆积起来,也就不废人力了。"郭申锡主张沿用老办法,不听高超的建议。这时贾昌朝在大名府为帅,唯独认为高超的方法好,就暗自派了数千人在下流拦截合龙失败后冲下来的埽。郭申锡用旧的办法堵上之后,埽果然被冲了下来,而黄河决堤更加严重,郭申锡因此被贬。最后采用了高超的计策,才平定了商胡的决口。

　　盐之品至多,前史所载,夷狄间自有十余种,中国所出亦不减数十种。今公私通行者四种:一者"末盐",海盐也,河北、京东、淮南、两浙、江南东西、荆湖南北、福建、广南东西十一路食之①。其次"颗盐",解州盐泽及晋、绛、潞、泽所出②,京畿、南京、京西、陕西、河东、褒、剑等处食之③。又次"井盐",凿井取之,益、梓、利、夔州四路食之④。又次"崖盐",生于土崖之间,阶、成、凤等州食之⑤。唯陕西路颗盐有定课⑥,岁为钱二百三十万缗⑦,自余盈虚不常⑧,大约岁入二千余万缗。唯末盐岁自抄三百万⑨,供河北边籴,其他皆给本处经费而已。缘边籴买仰给于度支者,河北则海、末盐,河东、陕西则颗盐及蜀茶为多。运盐之法,凡行百里,陆运斤四钱,船运斤一钱,以此为率。

【注释】

①河北:治所在今河北大名东。京东:治所在今河南商丘南。淮南:治所在今江苏扬州。两浙:治所在今浙江杭州。江南东西:即江南东、西路。江南东路,治所在今江苏南京。江南西路,治所在今江西南昌。荆湖南北:即荆湖南、北路。荆湖南路,治所在今湖南长沙。荆湖北路,治所在今湖北江陵。福建:治所在今福建福州。广南东西:即广南东、西路。广南东路,治所在今广东广州。广南西路,治所在今广西桂林。

②解州:治所今山西运城西南。晋:即晋州,治所在今山西临汾东北。绛:即绛州,治所在今山西新绛。潞:即潞州,治所在今山西长治。泽:即泽州,治所在今山西晋城。

③京畿:包括今河南开封及附近郊县。南京:今河南商丘一带。京西:治所在今河南洛阳。陕西:治所在今陕西西安。河东:治所在今山西太原。襄:今陕西襄城。剑:今四川剑阁。

④益:即益州,治所在今四川成都。梓:即梓州,治所在今四川三台。利:即利州,治所在今陕西汉中。夔:即夔州,治所在今重庆奉节。

⑤阶:即阶州,治所在今甘肃武都。成:即成州,治所在今甘肃成县。凤:即凤州,治所在今陕西凤县。

⑥定课:定额的税收。

⑦缗(mín):古代一千钱为一贯,又称一缗。

⑧自余:除此之外,其余的。

⑨自抄:从中提取。

【译文】

盐的品类很多,据前代史籍记载,外族地区就有十余种,中原所产也不下数十种。现在公私通行的有四种：一是"末盐"，也就是海盐，河北、京东、淮南、两浙、江南东西、荆湖南北、福建、广南东西等十一路食用。其次是"颗盐"，产自解州盐泽以及晋州、绛州、潞州、泽州等地，京畿、南京、京西、陕西、河东、褒城、剑阁等地食用。再次是"井盐"，通过凿井获取，益州、梓州、利州、夔州四路食用。又次是"崖盐"，出产于土崖之间，阶州、成州、凤州等地食用。只有陕西路的颗盐有定额的税收，每年二百三十万贯，其余的税收则多寡不均，大约每年总收入二千余万贯。唯独末盐每年从收入中取出三百万贯，供给河北边境地区官方购买粮食，其他的都作为本地的经费而已。边境地区购买粮食依赖于度支司，河北则靠海盐、末盐收入，河东、陕西则主要靠颗盐以及蜀茶。运盐的规定，凡是走一百里，陆运每斤四钱，水运每斤一钱，以此为标准。

　　太常博士李处厚知庐州慎县①，尝有殴人死者，处厚往验伤，以糟藉灰汤之类薄之②，都无伤迹，有一老父求见曰："邑之老书吏也③。知验伤不见其迹，此易辨也。以新赤油伞日中覆之④，以水沃其尸⑤，其迹必见。"处厚如其言，伤迹宛然。自此江淮之间官司往往用此法。

【注释】

①李处厚：庆历二年（1042）进士，授知庐州。庐州：治所在今安徽合肥。慎县：今安徽颍上县。

②藉（zǐ）：肉。薄：这里指涂抹。

③书吏：官府中负责起草文书的办事员。原作"书史"，据《说郛》卷七引改。

④赤油伞：用红油伞是为了从阳光中滤取红色波段的光。皮下伤痕一般呈青紫色，在白光下不易看清，而通过红光提高其反衬度

就能使伤口显现。

⑤沃:浇。

【译文】

太常博士李处厚知任庐州慎县知县,曾经有被人们打致死者,李处厚前往检验尸体伤口,用糟肉灰汤之类的涂在尸体上,并没有伤口的痕迹,有一位老人求见,说:"我是县里的老书吏。了解到您检验尸体的伤口却不见有痕迹,这很好辨别。您用新的红油伞在太阳底下罩着尸体,用水浇在尸体上,伤痕一定会出现。"李处厚按他说的做了,伤痕果然清晰地显现出来。从此江淮之间的官府常常用这种方法检验尸体。

钱塘江,钱氏时为石堤①,堤外又植大木十余行,谓之"滉柱"②。宝元、康定间③,人有献议取滉柱,可得良材数十万。杭帅以为然。既而旧木出水,皆朽败不可用。而滉柱一空,石堤为洪涛所激,岁岁摧决。盖昔人埋柱以折其怒势,不与水争力,故江涛不能为患。杜伟长为转运使④,人有献说,自浙江税场以东,移退数里为月堤⑤,以避怒水。众水工皆以为便,独一老水工以为不然,密谕其党曰:"移堤则岁无水患,若曹何所衣食?"众人乐其利,乃从而和之。伟长不悟其计,费以巨万,而江堤之害,仍岁有之。近年乃讲月堤之利,涛害稍稀。然犹不若滉柱之利,然所费至多,不复可为。

【注释】

①钱氏:指五代时吴越王钱镠。

②滉(huàng):水深的样子。

③宝元:宋仁宗年号,公元 1038—1040 年。康定:宋仁宗年号,公

元 1040—1041 年。

④杜伟长：即杜杞，字伟长，北宋大臣。参《人事》卷十。转运使：宋
　代主管粮盐运输，并兼及地方行政管理的官员。

⑤月堤：半月形的堤坝。

【译文】

　　钱塘江在五代吴越时修筑了石堤，石堤外又埋了十几排大木桩，称
为"滉柱"。宝元、康定年间，有人建议把滉柱取出来，认为这样可以得
到数十万根良材。杭州长官认为可行。等旧的木材取出水后，发现都
已经朽败不可用了。而滉柱一经取空，石堤被江水的洪涛冲激，每年都
会决堤。原来前人埋设滉柱是为了减轻浪涛的冲击，不让石堤与水发
生直接碰撞，所以江涛也不能造成危害。杜杞担任转运使时，有人献计
说，从浙江盐税场以东，退后数里修筑月堤，这样也能避免水浪的冲击。
水工们都觉得这样做可行，只有一个老水工认为不好，就暗中和同党们
说："把月堤后移每年就没有水灾了，没有水灾了你们靠什么吃饭？"众
人都贪图利益，于是就附和他的意见。杜杞也没有察觉其中的阴谋，结
果花费巨大，而江堤的水害，仍然每年都有。近年来地方长官才认识到
月堤的好处，终于使水害稍稍减轻。然而还是比不上滉柱的好处，可惜
筑造滉柱的开销太大，已经不能重建了。

　　陕西颗盐，旧法官自般运①，置务拘卖②。兵部员外郎范
祥始为钞法③，令商人就边郡入钱四贯八百售一钞，至解池
请盐二百斤，任其私卖，得钱以实塞下，省数十郡般运之劳。
异日辇车牛驴以盐役死者，岁以万计，冒禁抵罪者，不可胜
数，至此悉免。行之既久，盐价时有低昂，又于京师置都盐
院，陕西转运司自遣官主之。京师食盐，斤不足三十五钱，
则敛而不发，以长盐价；过四十，则大发库盐，以压商利，使

盐价有常。而钞法有定数，行之数十年，至今以为利也。

【注释】

①般：同"搬"。下"般"亦然。

②务：管理贸易与税收的机构。

③范祥(？—1060)：字晋公，邠州三水(今属陕西)人。进士出身，自乾州推官迁殿中丞、通判镇戎军。后历知庆、汝、华三州，改任制置解盐使。《宋史》卷三〇三有传。钞法：盐商在边境缴纳钱粮，官府给予一定的盐钞，再另行兑换。

【译文】

对于陕西的颗盐，以前的办法是官府自行搬运，专门设置机构来管理买卖。从兵部员外郎范祥开始实行钞法，让商人到边境州郡，每缴纳四贯八百钱，官府售予他一张盐钞，商人再到解州盐池提领两百斤盐，并任由他们自行出售，得到的钱可以充实边塞开支，还省下了数十州郡搬运食盐的辛劳。以前用牛驴拉着辇车运盐，因为运盐而死的人，每年数以万计，而违反食盐专卖法令而获罪的人也不可胜数，自此以后都不再发生了。这项制度实行一段时间后，盐价时有起伏波动，就又在京城设置了都盐院，由陕西转运司自行派遣官员主管。京城的食盐，如果每斤不足三十五钱，就敛藏入库而不发卖，以此使盐价上涨；如果超过每斤四十，就大批发放库存的食盐，以压制商人的利润，使盐价回归正常。而钞法的实行是有定额的，推行了几十年，到现在都还很便利。

河北盐法，太祖皇帝尝降墨敕①，听民间贾贩，唯收税钱，不许官榷。其后有司屡请闭固②，仁宗皇帝又有批诏云："朕终不使河北百姓常食贵盐。"献议者悉罢遣之。河北父老，皆掌中掬灰③，藉火焚香，望阙欢呼称谢④。熙宁中，复有献谋者。余时在三司,求访两朝墨敕不获,然人人能诵其言,议亦竟寝⑤。

【注释】

①墨敕:皇帝手书的命令。

②闭固:指禁绝私盐买卖。固,同"锢",禁止。

③掬(jū):用双手捧着。

④阙:帝王的住所,泛指京城。

⑤寝:搁置,停止。

【译文】

对于河北一带的盐法,太祖皇帝曾经降下亲笔书写的御旨,允许民间买卖,只收取税钱而已,不允许官方专营。后来有关部门屡次请求禁止私营,仁宗皇帝又下有手批的诏书说:"朕始终不能让河北的百姓常吃贵盐。"凡是建议专营的人都被罢官外放了。河北的百姓,都手捧香灰,点火焚香,望着京城欢呼拜谢。熙宁年间,又有人献计要求专营。我当时在三司任职,求访太祖、仁宗两朝的御旨却没找到,然而人人都能记诵那些话,最终这个建议也被搁置了。

卷十二

　　淮南漕渠①,筑埭以畜水②,不知始于何时,旧传召伯埭谢公所为③。按李翱《来南录》④,唐时犹是流水,不应谢公时已作此埭。天圣中⑤,监真州排岸司右侍禁陶鉴始议为复闸节水⑥,以省舟船过埭之劳。是时工部郎中方仲荀、文思使张纶为发运使、副⑦,表行之,始为真州闸。岁省冗卒五百人,杂费百二十五万。运舟旧法,舟载米不过三百石。闸成,始为四百石船。其后所载浸多,官船至七百石,私船受米八百余囊,囊二石。自后,北神、召伯、龙舟、茱萸诸埭,相次废革,至今为利。余元丰中过真州⑧,江亭后粪壤中见一卧石,乃胡武平为《水闸记》⑨,略叙其事,而不甚详具。

【注释】

①漕渠:人工开凿的运粮水道,这里指隋开凿的一段运河。

②埭(dài):石坝。

③谢公:这里指谢安。据《晋书》记载,谢安曾于广陵修建召伯埭。

④李翱(áo,772—844):字习之,陇西成纪(今甘肃秦安)人。唐德宗贞元年间进士,累官国子博士、史馆修撰、考功员外郎、礼部郎中、中书舍人、桂州刺史、山南东道节度使等。《来南录》:原当为一书,今本《李文公集》中存其遗篇。

⑤天圣:宋仁宗年号,公元1023—1031年。

⑥真州:治所在今江苏仪征。排岸司:宋代掌管河渠水利的机构。复闸:即双道水闸,闸室两侧各有一道水闸,可以控制水位以便于航船。

⑦方仲荀:身世不详。文思使:掌管宫廷手工艺品的官员。张纶

（961—1035）：字公信，安徽汝阴人。举进士不第，补三班奉职，迁右班殿直。擢阁门祗候，累迁文思使、昭州刺史、乾州刺史，徙知颍州。《宋史》卷四二六有传。

⑧元丰：宋神宗年号，公元 1078—1085 年。

⑨胡武平：即胡宿（995—1067），字武平，常州晋陵（今属江苏）人。天圣二年（1024）进士，历任通判宣州、知湖州、两浙转运使、修起居注、知制诰、翰林学士、枢密副使等，谥文恭。《宋史》卷三一八有传。《水闸记》：即《真州水闸记》，见胡宿《文恭集》卷三十五，作于天圣五年（1027）。

【译文】

　　淮南的运粮水道，修筑石坝来蓄水，此事不知从何时开始，旧时传说召伯埭是谢安所建。但是按照李翱的《来南录》记载，这条水道在唐时还是流水，不可能谢安时已经修建了这道石坝。天圣年间，真州排岸司右侍禁陶鉴开始提议设置复闸来控制水位，以节省拖船通过石坝时的劳力。这时工部郎中方仲荀、文思使张纶担任发运使以及副使，上表获准施行，这才修建了真州闸。每年能节省士兵五百人，杂费一百二十五万。按以往的行船规定，每条船载米不得超过三百石。等水闸修建好，开始允许每船装载四百石。其后所载量日益增多，官船达到了七百石，私船装米八百多袋，每袋重二石。自此以后，北神、召伯、龙舟、茱萸各埭，先后废止革新，到现在都有很大便利。我在元丰年间路过真州，在江亭后的污泥中看见一块倒了的石碑，原来是胡武平写的《水闸记》，简略地记载了这件事，但是不很详细。

　　张呆卿丞相知润州日①，有妇人夫出外数日不归，忽有人报菜园井中有死人，妇人惊往视之，号哭曰："吾夫也。"遂以闻官。公令属官集邻里就井验是其夫与非，众皆以井深不可辨，请出尸验之。公曰："众皆不能辨，妇人独何以知其为夫?"收付所司鞫问^②,果奸人杀其夫,妇人与闻其谋。

【注释】

①张杲(gǎo)卿:即张升(992—1077),字杲卿,同州夏阳(今陕西韩城)人。大中祥符八年(1015)进士,仁宗时任御史中丞,嘉祐中,拜参知政事、兼枢密使等,以太子太师致仕,谥康节。《东都事略》卷七一有传。

②鞫:通"鞠(jū)",审讯犯人。

【译文】

张杲卿丞相以前担任润州知州的时候,有一位妇人的丈夫外出数日不归,忽然有人告知说菜园的井中有一具尸体,妇人吃惊地过去一看,就号啕大哭说:"这是我丈夫啊。"于是报了案。张公让下属官吏将邻里聚集起来,到井边指认死者是不是妇人的丈夫,众人都觉得井太深,不能辨认,请求把尸体捞出来再检验。张公说:"大家都认不出来,为什么唯独这个妇人知道死者就是她丈夫呢?"于是将妇人抓到官府审讯,果然是与她通奸的人杀害了她丈夫,而这位妇人参与了谋划。

庆历中^①,议弛茶盐之禁及减商税^②。范文正以为不可^③"茶盐商税之入,但分减商贾之利耳,行于商贾未甚有害也。今国用未减,岁入不可阙,既不取之于山泽及商贾,须取之于农。与其害农,孰若取之于商贾? 今为计莫若先省国用,国用有余,当先宽赋役,然后及商贾。弛禁非所当先也。"其议遂寝。

【注释】

①庆历:宋仁宗年号,公元 1041—1048 年。

②弛(chí)：放松，解除。

③范文正：即范仲淹，字希文，北宋大臣，主持推行新政。参见《人事》卷十注。

【译文】

庆历年间，有人提出解除茶盐专营的禁令，以及减轻商人的赋税。范仲淹认为不可，他指出："茶盐以及商业税的收入，只是为了削减商人的利益罢了，实行起来对商人并没有什么过大的损害。现在国家的开支没有减少，那么每年的税收收入就不可或缺，既然不从茶盐贸易以及商人这里获得，就必然会从农民那里收取。与其伤害农民，何如从商人那里收取呢？现在考虑计划不如先从节省国家的开支入手，国家的开支有了节余，也应当先减轻农民的赋税和徭役，然后再惠及商人。解除茶盐专营的禁令不应该排在前面。"于是那些议论就停止了。

真宗皇帝南衙日①，开封府十七县皆以岁旱放税，即有飞语闻上，欲有所中伤，太宗不悦。御史探上意，皆露章言开封府放税过实，有旨下京东、西两路诸州选官覆按。内亳州当按太康、咸平两县，是时曾会知亳州②，王冀公在幕下③，曾爱其识度，常以公相期之。至是遣冀公行，仍戒之曰："此行所系事体不轻，不宜小有高下。"冀公至两邑，按行甚详。其余抗言放税过多，追收所税物，而冀公独乞全放，人皆危之。明年，真宗即位，首擢冀公为右正言，仍谓辅臣曰："当此之时，朕亦自危惧。钦若小官，敢独为百姓伸理，此大臣节也。"自后进用超越，卒至入相。

【注释】

①南衙：对开封府的惯称。

②曾会(952—1033)：字宗元，泉州晋江(今属福建)人。端拱二年
(989)榜眼，授光禄丞，出为两浙转运使，累迁刑部郎中、集贤殿
修撰。卒赠太师中书令兼尚书令，封楚国公。《东都事略》卷六
九有传。

③王冀公：即王钦若，字定国，北宋宰相。

【译文】

真宗皇帝任开封府长官时，开封府十七县都因为大旱而减免税收，马上就有流言蜚语传到皇帝耳中，想要中伤真宗，太宗很不高兴。御史刺探皇帝的意图，都公开上奏说开封府减税过分了，于是皇帝下旨京东、京西两路各州选派官员调查此事。其中亳州应当核查太康、咸平两县，当时曾会任亳州长官，王钦若在他的幕府里，曾会一直很欣赏王钦若的见识，一直认为他以后能当公相。因此，这事就派遣王钦若去办，并且告诫他说："此行事关大体，不宜稍有出入。"王钦若来到两县，考察得非常详细。其他的县都说减税太多，并且追收了纳税的财物，唯独王钦若请求全免税收，人们都替他担心。第二年，真宗即位，上来就擢升王钦若为右正言，并且对宰辅大臣说："当时，朕自己都感觉危险和害怕。王钦若只是个小官，却敢一人站出来为百姓伸张正义，这是大臣的节操啊。"从此以后王钦若的晋升超出常规，最终做了丞相。

国朝初平江南，岁铸七万贯。自后稍增广，至天圣中①，岁铸一百余万贯。庆历间，至三百万贯。熙宁六年以后②，岁铸铜铁钱六百余万贯。

【注释】

①天圣：宋仁宗年号，公元 1023—1031 年。

②熙宁六年：公元 1073 年。

【译文】

本朝刚刚平定江南的时候,每年铸钱七万贯。此后逐渐增加,到天圣年间,每年铸钱一百多万贯。庆历年间,达到每年三百万贯。熙宁六年以后,每年铸铜钱、铁钱六百余万贯。

天下吏人^①,素无常禄,唯以受赇为生^②,往往致富者。熙宁三年^③,始制天下吏禄,而设重法以绝请托之弊。是岁,京师诸司岁支吏禄钱三千八百三十四贯二百五十四。岁岁增广,至熙宁八年^④,岁支三十七万一千五百三十三贯一百七十八。自后增损不常皆不过此数,京师旧有禄者,及天下吏禄,皆不预此数。

【注释】

①吏人:各级官府中没有官位的下属办事人员。

②赇(qiú):贿赂。

③熙宁三年:公元 1070 年。

④熙宁八年:公元 1075 年。

【译文】

天下的属吏,一向没有固定的俸禄,只靠接受贿赂为生,往往有因此而致富的。熙宁三年,开始制定天下属吏的俸禄标准,并且设制重法来杜绝请托受贿的弊政。这一年,京城各部门一年支取了属吏的俸禄三千八百三十四贯二百五十四钱。此后年年增加,到熙宁八年,一年支取了三十七万一千五百三十三贯一百七十八钱。此后或增或减,但都不超过这个数字,京城原有拿俸禄的属吏,以及京城以外属吏的俸禄,都不在此内。

国朝茶利,除官本及杂费外①,净入钱禁榷时取一年最中数,计一百九万四千九十三贯八百八十五,内六十四万九千六十九贯茶净利。卖茶,嘉祐二年收十六万四百三十一贯五百二十七②,除元本及杂费外,得净利十万六千九百五十七贯六百八十五。客茶交引钱③,嘉祐三年④,除元本及杂费外,得净利五十四万二千一百一十一贯五百二十四。四十四万五千二十四贯六百七十茶税钱。最中嘉祐元年所收数⑤,除川茶钱在外。通商后来⑥,取一年最中数,计一百一十七万五千一百四贯九百一十九钱,内三十六万九千七十二贯四百七十一钱茶租。嘉祐四年通商⑦,立定茶交引钱六十八万四千三百二十一贯三百八十,后累经减放,至治平二年⑧,最中分收上数。八十万六千三十二贯六百四十八钱茶税。最中治平三年,除川茶税钱外会此数。

【注释】

①官本:官府的本钱。

②嘉祐二年:公元1057年。

③交引:与前面的"盐钞"类似,即官府募集商人于边境缴纳钱粮,官府给予盐券或茶券,可以到内地领取盐、茶等物,这种券称为"交引",有钱交引、茶交引、盐交引等,又简称为"引"。

④嘉祐三年:公元1058年。

⑤嘉祐元年:公元1056年。

⑥通商:允许商人自由买卖。

⑦嘉祐四年:公元1059年。

⑧治平二年:公元1065年。

【译文】

本朝的茶叶收入,除去官府的本钱以及杂费以外,净收入在官府专营时取一年的中间数，共计一百九万四千九十三贯八百八十五钱，其中六十四万九千六十九贯钱是茶的净利润。卖茶，嘉祐二年收入十六万四百三十一贯五百二十七钱，除了原来的成本以及杂费外，得到净利润十万六千九百五十七贯六百八十五钱。茶商交给官府的交引钱，嘉祐三年，除去原来的成本以及杂费外，得到净利润五十四万二千一百一十一贯五百二十四钱。四十四万五千二十四贯六百七十是茶税钱。中间数是指嘉祐元年所收钱数，川茶钱不在此内。允许商人自由买卖之后，取一年收入的中间数，共计一百一十七万五千一百四贯九百一十九钱，其中三十六万九千七十二贯四百七十一钱是茶租钱。嘉祐四年允许自由买卖，规定茶交引的钱额为六十八万四千三百二十一贯三百八十，后来经过多次减免，到治平二年的中间数就是上面的数字。八十万六千三十二贯六百四十八钱是茶税钱。中间数是治平三年的收入，除去川茶税钱以外，就是这个数了。

本朝茶法，乾德二年①，始诏在京、建州、汉、蕲口各置榷货务②。五年，始禁私卖茶，从不应为情理重③。太平兴国二年④，删定禁法条贯，始立等科罪。淳化二年⑤，令商贾就园户买茶，公于官场贴射，始行贴射法⑥。淳化四年，初行交引，罢贴射法。西北入粟，给交引，自通利军始⑦。是岁，罢诸处榷货务，寻复依旧。至咸平元年⑧，茶利钱以一百三十九万二千一百一十九贯三百一十九为额。至嘉祐三年，凡六十一年，用此额，官本杂费皆在内，中间时有增亏，岁入不常。咸平五年，三司使王嗣宗始立三分法⑨，以十分茶价，四分给香药，三分犀象，三分茶引。六年，又改支六分香药犀象，四分茶引。景德二年⑩，许人入中钱帛金银，谓之三说。至祥符九年⑪，茶引益轻，用知秦州曹玮议，就永兴、凤翔以官钱收买客引，以拯引价⑫，前此累增加饶钱⑬。至天禧二年⑭，镇戎军纳大麦一斗⑮，本价通加饶，共支钱一贯二百五十四。乾兴元年⑯，改三分法，支茶引三分，东南见钱二分半，香药四分半。天圣元年⑰，复行贴射法，行之三年，茶利尽归大商，官场但得黄晚恶茶⑱，乃诏孙奭重议⑲，罢贴射法。明年，推治元议省吏、计覆官、勾献等⑳，皆决配沙门岛㉑；元详定枢密副使张邓公、参知政事吕许公、鲁肃简各罚俸一月㉒，御史中丞刘筠、入内内侍省副都知周文质、西上阁门使薛昭廓、三部副使㉓，各罚铜二十斤；前三司使李谘落枢密直学士㉔，依旧知洪州。皇祐三年㉕，算茶依旧只用见钱。至嘉祐四年二月五日㉖，降敕罢茶禁。

【注释】

①乾德二年：公元 964 年。

②建州：今福建建瓯一带。蕲口：在今湖北蕲春西南。

③从不应为情重：指不遵守法律私营茶叶者，按情节严重的条款，从重处罚。

④太平兴国二年：公元 977 年。

⑤淳化二年：公元 991 年。

⑥贴射法：指商人如果能缴纳官府经营茶叶应得的净利润，就允许其直接向茶场园户购进茶叶，然后自行贩卖。交易中，有茶官居中估价，园户出价加上官府利润，就是商人实际购买时的价格。

⑦通利军：治所在今河南浚县东北。

⑧咸平元年：公元 998 年。

⑨王嗣宗（944—1021）：字希阮，汾州（今属山西）人。开宝八年（975）状元，补秦州司寇参军，累官大理寺丞，通判睦州、河州、以左正言出任河北路转运副使、以右谏议大夫充三司户部使，改盐

铁使等,咸平中,拜枢密副使。与寇准不和,出为检校太傅、大同军节度,知许州,移知河南府,改成德军节度,徙知陕州。

⑩景德二年:公元 1005 年。

⑪祥符九年:公元 1016 年。

⑫捄(jiù):同"救"。

⑬饶钱:以各种损耗为名目增加的税费。

⑭天禧二年:公元 1018 年。

⑮镇戎军:治所在今宁夏固原。

⑯乾兴元年:公元 1022 年。

⑰天圣元年:公元 1023 年。

⑱黄晚恶茶:发黄的茶叶,以及晚季节采摘的低劣茶。因为施行贴射法时,茶场产茶后,商人只购买上等茶叶,所以官方最后会剩下这些劣质茶。

⑲孙奭(962—1033):字宗古,博州博平(今属山东)人。九经及第,太宗时,为国子监直讲,后迁龙图阁待制。仁宗时,召为翰林侍讲学士,判国子监,迁兵部侍郎、龙图阁学士、礼部尚书,以太子少傅致仕,谥号宣。《宋史》卷四三一有传。

⑳计覆官、句献:均为三司的官吏。

㉑沙门岛:在今山东蓬莱西北海中,今名长岛。

㉒张邓公:即张士逊,字顺之,封邓国公,北宋宰相。参《人事》卷九。吕许公:即吕夷简,字坦夫,封许国公,北宋宰相。参《人事》卷九。鲁肃简:即鲁宗道(966—1029),字贯之,亳州谯(今安徽亳州)人。进士出身,为濠州定远尉,改海盐县令,后任歙州军事判官,迁秘书丞。天禧元年(1017)擢右正言。仁宗时,升至吏部侍郎、参知政事。卒赠兵部尚书,谥简肃。《宋史》卷二八六有传。

㉓刘筠(971—1031):字子仪,大名(今属河北)人。咸平元年(998)

进士,任秘阁校理,累迁翰林学士,以龙图阁直学士知庐州,谥文恭。《宋史》卷三〇五有传。周文质、薛昭廓:身世不详。

㉔李谘(968—1036):字仲询,新喻(今属江西)人。真宗间进士,任大理评事、通判舒州,累官翰林学士。仁宗时知永兴军,迁户部侍郎,知枢密院事,谥宪成。《宋史》卷二九二有传。

㉕皇祐三年:公元 1051 年。

㉖嘉祐四年:公元 1059 年。

【译文】

本朝的茶法,乾德二年,开始下诏在京城、建州、汉口、蕲口分别设置官府专营机构。乾德五年,开始禁止私人卖茶,有犯者从重处罚。太平兴国二年,删定禁止私人贩卖的条例,开始正式设立罪名和等级。淳化二年,命令商人到园户那里买茶,官方在官办茶场张榜招标,开始实行贴射法。淳化四年,开始施行交引制度,停止贴射法。商人在西北边境上缴钱粮,官府发放交引,从通利军开始。这一年,同时停止了各地的官府专营机构,但不久又恢复了。到咸平元年,茶利钱以一百三十九万二千一百一十九贯三百一十九为额度。到嘉祐三年,一共经过了六十一年,一直采用这一额度,官府的成本以及杂费都在其内,期间时有盈亏,每年的收入也不固定。咸平五年,三司使王嗣宗开始创立三分法,把茶价分为十份,四分支付香料、药物,三分支付犀角、象牙,三分支付茶引。咸平六年,又改为支付六分的香料、药物、犀角、象牙,支付四分的茶引。景德二年,允许商人到边地缴纳钱帛金银,称为“三说”。到祥符九年,茶引逐渐贬值,又采纳秦州知州曹玮的建议,在永兴、凤翔用官钱收买茶引,以维持茶引的价格,此前还多次设立名目增加税费。到天禧二年,在镇戎军缴纳大麦一斗,本钱加上饶钱,一共需要支付一贯二百五十四钱。到乾兴元年,改为施行“三分法”,三分用茶引支付,二分半在东南一带领取现金,四分半用香料、药物支付。到天圣元年,又恢复施行贴射法,实行了三年,茶叶贸易的利润都落入大商人手中,官方只得到了质量低下的劣质茶,于是下诏命孙奭重新提出建议,并停止了贴射法。第二年,追究原来建议推行贴射法的官员责任,三司官员都判处流放沙门岛,原来的详定枢密副使张士逊、参知政事吕夷简、鲁宗道各自罚一个月俸禄,御史中丞刘筠、入内内侍省副都知周文质、西上阁门使薛昭廓以及户部、度支、盐铁三部副使,各自罚铜二十斤;前三司使李谘罢免枢密直学士,依旧担任洪州知州。皇祐三年,茶税依旧只用现钱缴纳。到嘉祐四年二月五日,降旨解除茶禁。

国朝六榷货务,十三山场,都卖茶岁一千五十三万三千七百四十七斤半,祖额钱二百二十五万四千四百四十七贯一十①。其六榷货务取最中,嘉祐六年抛占茶五百七十三万六千七百八十六斤半②,祖额钱一百九十六万四千六百四十七贯二百七十八。荆南府祖额钱三十一万五千一百四十八贯三百七十五③,受纳潭、鼎、澧、岳、归、峡州、荆南府片散茶共八十七万五千三百五十七斤④。汉阳军祖额钱二十一万八千三百二十一贯五十一⑤,受纳鄂州片茶二十三万八千三百斤半⑥。蕲州蕲口祖额钱三十五万九千八百三十九贯八百一十四,受纳潭、建州、兴国军片茶五十万斤。无为军祖额钱三十四万八千六百二十贯四百三十,受纳潭、筠、袁、池、饶、建、歙、江、洪州、南康、兴国军片散茶共八十四万二千三百三十三斤⑦。真州祖额钱五十一万四千二十二贯九百三十二⑧,受纳潭、袁、池、饶、歙、建、抚、筠、宣、江、吉、洪州、兴国、临江、南康军片散茶共二百八十五万六千二百六斤⑨。海州祖额钱三十万八千七百三贯六百七十六⑩,受纳睦、湖、杭、越、衢、温、婺、台、常、明、饶、歙州片散茶共四十二万四千五百九十斤①。十三山场祖额钱共二十八万九千三百九十九贯七百三十二,共买茶四百七十九万六千九百六十一斤。光州光山场买茶三十万七千二百十六斤②,卖钱一万二千四百五十六贯。子安场买茶二十二万八千三十斤,卖钱一万三千六百八十九贯三百四十八。商城场买茶四十万五百五十三斤,卖钱二万七千七十九贯四百四十六。寿州麻步场买茶三十三万一千八百三十三斤③,卖钱三万四千八百一十一贯三百五十。霍山场买茶五十三万二千三百九斤,卖钱三万五千五百九十五贯四百八十九。开顺场买茶二十六万九千七十七斤,卖钱一万七千一百三十贯。庐州王同场买茶二十九万七千三百二十八斤④,卖钱一万四千三百五十七贯六百四十二。黄州麻城场买茶二十八万四千二百七十四斤⑤,卖钱一万二千五百四十贯。舒州罗源场买茶一十八万五千八十二斤⑥,卖钱一万四百六十九贯七百八十五。太湖场买茶八十二万九千三十二斤,卖钱三万六千九十六贯六百八十。蕲州洗马场买茶四十万斤,卖钱二万六千三百六十贯。王祺场买茶一十八万二千二百二十七斤,卖钱一万一千九百五十三贯九百九十二。石桥场买茶五十五万斤,卖钱三万六千八十贯。

【注释】

①祖:通"租"。稗海本作"租",下同。

②嘉祐六年:公元1061年。

③荆南府:治所在今湖北江陵。

④潭:即潭州,今湖南长沙。鼎:即鼎州,今湖南常德。澧:即澧州,

　今属湖南常德。岳:即岳州,今湖南岳阳。归:即归州,今湖北秭
　归。峡州:今湖北宜昌。

⑤汉阳军:治所在今湖北汉阳。

⑥鄂州:今湖北武昌。

⑦筠:即筠州,今江西高安。袁:即袁州,今江西宜春。池:即池州,
　今安徽贵池。饶:即饶州,今江西鄱阳。建:即建州,今福建建
　瓯。歙:即歙州,今安徽歙县。江:即江州,今江西九江。洪州:
　今江西南昌。南康:今江西星子县。兴国军:治所在今江西
　兴国。

⑧真州:今江苏仪征。

⑨抚:即抚州,今江西抚州。宣:即宣州,今安徽宣城。吉:即吉州,
　今江西吉安。临江:今江西清江。

⑩海州:今江苏连云港。

⑪睦:即睦州,今浙江建德。湖:即湖州,今浙江湖州。杭:即杭州,
　今浙江杭州。越:即越州,今浙江绍兴。衢:衢州,今浙江衢州。
　温:即温州,今浙江温州。婺:即婺州,今浙江金华。台:即台州,
　今浙江临海。常:即常州,今江苏常州。明:明州,今浙江宁波。

⑫光州:今河南潢川。

⑬寿州:今安徽寿县。

⑭庐州:今安徽合肥。

⑮黄州:今湖北黄冈。

⑯舒州:今安徽安庆。

【译文】

　本朝有六个专卖机构,十三个山场,总计每年卖茶一千五十三万三
千七百四十七斤半,支付租额钱二百二十五万四千四十七贯一十钱。
那六个专营机构出售的茶叶取中间数,嘉祐六年抛占茶五百七十三万
六千七百八十六斤半,支付租额钱一百九十六万四千六百四十七贯二

百七十八钱。荆南府支付租额钱三十一万五千一百四十八贯三百七十五钱，收取潭、鼎、澧、岳、归、峡州、荆南府片散茶共八十七万五千三百五十七斤。汉阳军支付租额钱二十一万八千三百二十一贯五十一钱，收取鄂州片茶二十三万八千三百斤半。蕲州蕲口支付租额钱三十五万九千八百三十九贯八百一十四钱，收取潭、建州、兴国军片茶五十万斤。无为军支付租额钱三十四万八千六百二十贯四百三十钱，收取潭、筠、袁、池、饶、建、歙、江、洪州、南康、兴国军片散茶共八十四万二千三百三十三斤。真州支付租额钱五十一万四千二十二贯九百三十二钱，收取潭、袁、池、饶、歙、建、抚、筠、宣、江、吉、洪州、兴国、临江、南康军片散茶共二百八十五万六千二百六斤。海州支付租额钱三十万八千七百三贯六百七十六钱，收取睦、湖、杭、越、衢、温、婺、台、常、明、饶、歙州片散茶共四十二万四千五百九十斤。十三山场支付租额钱共二十八万九千三百九十九贯七百三十二钱，共买茶四百七十九万六千九百六十一斤。光州光山场买茶三十万七千二百十六斤，卖钱一万二千四百五十六贯。子安场买茶二十二万八千三十斤，卖钱一万三千六百八十九贯三百四十八钱。商城场买茶四十万五百五十三斤，卖钱二万七千七十九贯四百四十六钱。寿州麻步场买茶三十三万一千八百三十三斤，卖钱三万四千八百一十一贯三百五十钱。霍山场买茶五十三万二千三百九斤，卖钱三万五千五百九十五贯四百八十九钱。开顺场买茶二十六万九千七十七斤，卖钱一万七千一百三十贯。庐州王同场买茶二十九万七千三百二十八斤，卖钱一万四千三百五十七贯六百四十二钱。黄州麻城场买茶二十八万四千二百七十四斤，卖钱一万二千五百四十贯。舒州罗源场买茶一十八万五千八十二斤，卖钱一万四百六十九贯七百八十五钱。太湖场买茶八十二万九千三十二斤，卖钱三万六千九十六贯六百八十钱。蕲州洗马场买茶四十万斤，卖钱二万六千三百六十贯。王祺场买茶一十八万二千二百二十七斤，卖钱一万一千九百五十三贯九百九十二钱。石桥场买茶五十五万斤，卖钱三万六千八十贯。

发运司岁供京师米，以六百万石为额。淮南一百三十万石①，江南东路九十九万一千一百石②，江南西路一百二十万八千九百石③，荆湖南路六十五万石④，荆湖北路三十五万石，两浙路一百五十万石，通余羡岁入六百二十万石⑤。

【注释】

①淮南：今江苏、安徽的淮北地区及河南永城、鹿邑、郸城等地。

②江南东路：今江苏长江以南、大茅山、长荡湖一线以西，安徽长江以南，江西瑞昌、德安、鄱阳湖、信江下游和白塔河以东。

③江南西路：今江西鄱阳湖、信江下游、白塔河及武宁、永修以西南，湖北黄冈、大治、阳新、通山等地。

④荆湖：荆湖南路称湖南、荆湖北路称湖北。在今湖南全省、湖北荆山、蛮河、应山、天门以南，鄂城、崇阳以西，巴东、五峰以东，以及广西越岭以东的湘水、灌江流域。

⑤羡：余。

【译文】

发运司每年供应京城粮食，以六百万石为定额。淮南出一百三十万石，江南东路出九十九万一千一百石，江南西路出一百二十万八千九百石，荆湖南路出六十五万石，荆湖北路出三十五万石，两浙路出一百五十万石，加上多余的部分，每年收取六百二十万石。

熙宁中，废并天下州县。迄八年，凡废州、军、监三十一：仪、滑、慈、郑、集、万、乾、儋、南仪、复、蒙、春、陵、宪、辽、窦、壁、梅、汉阳、通利、宁化、光化、清平、永康、荆门、广济、高邮、江阴、富顺、涟水、宣化①。废县一百二十七：晋州、赵城。杭州、南新。普州、普康。磁州、昭德。华州、渭南。德州、德平。陵州、贵平、籍县。忠州、桂溪。兖州、邹县。广州、信安、四会。陕府、湖城、硖石。河中、西河、永乐。巴州、七盘、其章。坊州、升平。春州、铜陵。北京、大名、洹水、经城、永济。莫州、莫、长丰。梧州、戎城。邛州、临溪。梓州、永泰。河阳、汜水。沧州、饶安、临津。融州、武阳、罗城。象州、武化。归州、兴山。汝州、龙兴。怀州、脩武、武陟。道州、营道。庆州、乐蟠、华池。瀛州、束城、景城。顺安、高阳。澶州、顿邱。洺州、曲周、临洺。丹州、云岩、汾川。潞州、黎城。琼州、舍城。火山、火山。横州、永定。宜州、古阳、礼丹、金城、述昆。汾州、孝义。延州、金明、丰林、延水。太原、平晋。随州、光化。邢州、尧山、任县、平乡。秦州、长道。达州、三冈、石鼓、蜀。扬州、广陵。赵州、隆平、柏乡、赞皇。雅州、百丈、荣经。祁州、深泽。同州、夏阳。嘉州、平羌。河南、洛阳、福昌、颍阳、缑氏、伊阙。滨州、招安。慈州、文城、吉乡。成都、犀浦。戎州、宜宾。绵州、西昌。荣州、公井。宁化、宁化。乾宁、乾宁。真定、灵寿、井陉。荆南、建宁、枝江。辰州、麻阳、招谕。陈州、南顿。桂州、脩仁、永宁。安州、云梦。忻州、定襄。剑门关、剑门。汉阳、汉川。恩州、清阳。熙州、狄道。河州、枹罕。卫州、新乡、卫。渝州、南川。虢州、玉城。果州、流溪。利州、平蜀。许州、许田。岢岚、岚石。蓬州、蓬山、良山。冀州、新河。涪州、温山。阆州、晋安、岐平。复州、玉沙。润州、延陵[②]。

【注释】

①仪：即仪州,今甘肃华亭。滑：即滑州,今河南滑县。慈：即慈州,今山西吉县。郑：即郑州,今河南郑县。集：即集州,今四川南江

县。万：即万州，今重庆万县。乾：即乾州，今陕西乾县。儋：即儋州，今海南儋县。复：即复州，今湖北沔阳以西。蒙：即蒙州，今广西蒙山县。春：即春州，今广东阳春。陵：即陵州，今四川仁寿东。宪：即宪州，今山西静乐。辽：即辽州，今山西昔阳。窦：即窦州，今广东信宜东南。壁：即壁州，今四川通江。梅：即梅州，今广东梅县。汉阳：今湖北武汉。通利：今河南浚县东北。宁化：今山西宁武西南。光化：今湖北光化西。清平：今陕西周至东南。永康：今四川都江堰市。荆门：今湖北荆门。广济：今山东定陶西北。高邮：今属江苏。江阴：今属江苏。富顺：今四川富顺。涟水：今属江苏。宣化：今山东高苑。

②晋州：今河北石家庄晋州。普州：今四川安岳。磁州：今河北邯郸磁县。华州：今陕西华县。德州：今属山东。陵州：今四川仁寿。忠州：今重庆忠县。兖州：今山东济宁。巴州：今四川巴中。坊州：今陕西延安黄陵。春州：今广东阳春。莫州：今河北任丘北。梧州：今属广西。邛州：今四川邛崃东南。梓州：今四川三台潼川镇。河阳：今河南孟州。沧州：今属河北。融州：今广西柳州大苗山县。象州：今广西来宾象州。归州：今湖北秭归。汝州：今属河南。怀州：今河南焦作。道州：今湖南道县。庆州：今甘肃庆阳。瀛洲：今河北沧州河间。顺安：今安徽铜陵义安区东。澶州：今河南濮阳西。洺州：今河北永年广府镇。丹州：今陕西宜川东北。潞州：今山西长治。琼州：今海南琼山。横州：今广西横县。宜州：今广西宜山县。汾州：今山西隰县。延州：今陕西延安。随州：今属湖北。秦州：今甘肃天水。达州：今四川达州。赵州：今河北石家庄赵县。雅州：今四川雅安。祁州：今河北安国。同州：今陕西渭南大荔。嘉州：今四川乐山。滨州：今属山东。慈州：今河北磁县。戎州：今四川宜宾。绵州：今四川绵阳。荣州：今四川自贡西。辰州：今湖南怀化沅陵。陈

州：今河南周口淮阳。桂州：今广西桂林。安州：今湖北安陆。忻州：今山西忻州。剑门关：今四川剑阁。汉阳：今湖北武汉。恩州：今广东恩平北。熙州：今安徽潜山县。河州：今甘肃临夏西南。卫州：今河南卫辉。渝州：今重庆渝中。虢州：今河南灵宝。果州：今四川南充。利州：今四川广元。许州：今河南许昌。岢岚：今山西忻州岢岚县。蓬州：今四川营山。冀州：今河北衡水。涪州：今重庆涪陵。阆州：今四川阆中。复州：今湖北天门。润州：今江苏镇江。

【译文】

熙宁年间，撤销、合并天下州县。到熙宁八年，共撤销州、军、监三十一处：仪、滑、慈、郑、集、万、乾、儋、南仪、复、蒙、春、陵、宪、辽、宾、壁、梅、汉阳、通利、宁化、光化、清平、永康、荆门、广济、高邮、江阴、富顺、涟水、宣化。撤销县一百二十七处：晋州、赵城。杭州、南新。普州、普康。磁州、昭德。华州、渭南。德州、德平。陵州、贵平、籍县。忠州、桂溪。兖州、邹县。广州、信安、四会。陕府、湖城、硖石。河中、西河、永乐。巴州、七盘、其章。坊州、升平。春州、铜陵。北京、大名、洹水、经城、永济。莫州、莫长丰。梧州、戎城。邛州、临溪。梓州、永泰。河阳、汜水。沧州、饶安、临津。融州、武阳、罗城。象州、武化。归州、兴山。汝州、龙兴。怀州、脩武、武陟。道州、营道。庆州、乐蟠、华池。瀛州、束城、景城。顺安、高阳。澶州、顿邱。洺州、曲周、临洺。丹州、云岩、汾川。潞州、黎城。琼州、舍城。火山、火山。横州、永定。宜州、古阳、礼丹、金城、述昆。汾州、孝义。延州、金明、丰林、延水。太原、平晋。随州、光化。邢州、尧山、任县、平乡。秦州、长道。达州、三冈、石鼓、蜀。扬州、广陵。赵州、隆平、柏乡、赞皇。雅州、百丈、荣经。祁州、深泽。同州、夏阳。嘉州、平羌。河南、洛阳、福昌、颍阳、缑氏、伊阙。滨州、招安。慈州、文城、吉乡。成都、犀浦。戎州、宜宾。绵州、西昌。荣州、公井。宁化、宁化。乾宁、乾宁。真定、灵寿、井陉。荆南、建宁、枝江。辰州、麻阳、招谕。陈州、南顿。桂州、脩仁、永宁。安州、云梦。

忻州、定襄。剑门关、剑门。汉阳、汉川。恩州、清阳。熙州、狄道。河州、枹罕。卫州、新乡、卫。渝州、南川。虢州、玉城。果州、流溪。利州、平蜀。许州、许田。岢岚、岚石。蓬州、蓬山、良山。冀州、新河。涪州、温山。阆州、晋安、岐平。复州、玉沙。润州、延陵。

权智

《权智》门凡一卷,以记载谋略、机智故事为主。特别是北宋在与西夏、辽等周边少数民族的战争中,诸将的谋略,比如狄青用兵出奇制胜、不赶尽杀绝,曹玮以利诱引敌军,李允则暗中扩建城池,种世衡巧设反间计等,均深得行军用兵之道。此卷又涉及一些科学智慧,比如盐井换气、颡叫子、驯鹇术、造长堤、平水患等,展现了古代运用科学知识的巧妙。亦有一些对待敌人时使用的诈术等。本卷中叙事常惊心动魄、引人入胜。

卷十三

陵州盐井①,深五百余尺,皆石也。上下甚宽广,独中间稍狭,谓之杖鼓腰。旧自井底用柏木为干②,上出井口,自木干垂绠而下③,方能至水,井侧设大车绞之。岁久,井干摧败,屡欲新之,而井中阴气袭人④,入者辄死,无缘措手。惟候有雨入井,则阴气随雨而下⑤,稍可施工,雨晴复止。后有人以一木盘⑥,满中贮水,盘底为小窍,酾水一如雨点⑦,设于井上,谓之雨盘,令水下终日不绝。如此数月,井干为之一新,而陵井之利复旧。

【注释】

①陵州:今四川仁寿、井研一带。

②干:指支撑井壁的木柱。

③绠(gěng):汲水用的绳子。

④阴气:当为井中的有毒气体,如硫化氢(H_2S)等,或者可令人窒息的气体,如二氧化碳(CO_2)、甲烷(CH_4)等。

⑤随雨而下:一方面因为硫化氢可溶于水,其溶解体积比为1:2.9,加水可以起到"洗井"的效果。此外,通过持续滴入液体,可以促进井下气体流动,降低有害气体浓度。

⑥有人:据《宋史》卷三三三载,此人为时任陵州推官的杨佐。

⑦酾(shī):洒。

【译文】

陵州有一口盐井,深五百多尺,井壁都是石头。其上部和下部都很宽广,只有中间稍微狭窄一点,称为"杖鼓腰"。以前从井底用柏木作为井壁的支架,上达井口,从柏木的井架位置垂一根绳子下去,才能取到井底的盐水,井的旁边设有大型绞车,可以把水绞上来。时间一长,井架腐烂折断了,人们多次想要换新的,但是井中阴气袭人,人一下井就会死,所以无法施工。只有等到有雨的时候下井,这时的阴气会随着雨水而沉下去,稍微可以施工,等到雨停了就又得停工。后来有人拿来一个木盘,盘中贮满水,盘底钻出若干小孔,用它洒水,就像雨点落下一样,将此装置设置在井口,称为"雨盘",让水终日不绝地洒下。这样过了几个月,井架终于更新完毕,而陵井也像以前一样可以获利了。

世人以竹、木、牙、骨之类为叫子①,置人喉中吹之,能作人言，谓之"颡叫子"②。尝有病喑者③，为人所苦，烦冤无以自言。听讼者试取叫子令颡之，作声如傀儡子。粗能辨其一二，其冤获申。此亦可记也。

【注释】

①叫子：即哨子。

②颡（sǎng）：嗓子，喉咙。

③喑（yīn）：哑。

【译文】

世人用竹木、象牙、骨头之类的材料制作哨子，放在人的口中吹，能发出人的声音，称为"颡叫子"。曾经有个人患病致哑，苦于被冤枉而无法自己表达。判案的人试着拿来颡叫子让他吹，发出的声音就像傀儡说话。大略能辨别一二，于是他的冤屈得以申诉。这也值得记下来。

《庄子》曰："畜虎者不与全物、生物①。"此为诚言。尝有人善调山鹧，使之斗，莫可与敌。人有得其术者，每食则以山鹧皮裹肉哺之，久之，望见其鹧，则欲搏而食之。此以所养移其性也。

【注释】

①畜虎者不与全物、生物：出自《庄子·人间世》。

【译文】

《庄子》里说："养虎的人不给老虎吃完整的或者活的东西。"这是有道理的。曾经有一个人善于调教山鹧，让他的山鹧和别人的打斗，没有能战胜他的山鹧的。有人得知了他的方法，每次喂山鹧时都用山鹧皮裹着肉来喂，时间一长，那山鹧看到其他山鹧，就想捕过来吃掉。用这种方法驯养，从而改变它的性情。

　　宝元中①，党项犯塞，时新募万胜军，未习战陈②，遇寇多北。狄青为将③，一日尽取万胜旗付虎翼军，使之出战。虏望其旗，易之④，全军径趋，为虎翼所破，殆无遗类。又青在泾原⑤，尝以寡当众，度必以奇胜。预戒军中，尽舍弓弩，皆执短兵器。令军中：闻钲一声则止⑥；再声则严阵而阳却；钲声止则大呼而突之。士卒皆如其教，才遇敌，未接战，遽声钲，士卒皆止；再声，皆却。虏人大笑，相谓曰："孰谓狄天使勇？"时虏人谓青为"天使"。钲声止，忽前突之，虏兵大乱，相蹂践死者，不可胜计也。

【注释】

①宝元：宋仁宗年号，公元 1038—1040 年。

②陈：通"阵"。

③狄青：字汉臣，北宋名将。参见《人事》卷九注。

④易：掉以轻心。

⑤泾原：今甘肃平凉。

⑥钲（zhēng）：古代行军时的铜制打击乐器，形状像钟而略狭长。

【译文】

　　宝元年间，党项羌族侵犯边境，当时新招募的万胜军，不习战法，遇到敌军大多败北。狄青作为将军，一次把万胜军的战旗全部取来交给虎翼军，让虎翼军出战。敌人望见是万胜军战旗，就掉以轻心了，全军都冲过来，结果被虎翼军击破，几乎全军覆没。又有一次，狄青在泾原以寡敌众，他想着必须出奇制胜。就预先命令军队，把弓弩都舍弃掉，用短兵器作战。并号令战士们：听到钲响一声，就停下来；再响就按严格的阵形而假装退败；钲声停止就大叫着全军突击。士兵们都按照他的教导行动，才一遇敌，尚未接战，立刻敲响了钲，士兵们都停了下来；又敲了一次，士兵们都开始后撤。敌人大笑，互相说道："谁说狄天使的部队勇猛呢？"原来当时敌人称狄青为"天使"。这边钲声停止，将士们忽然向前突击，敌军大乱，相互践踏而死的人，数不胜数。

狄青为枢密副使，宣抚广西。时侬智高守昆仑关①，青至宾州②，值上元节，令大张灯烛，首夜燕将佐③，次夜燕从军官，三夜饷军校④。首夜乐饮彻晓，次夜二鼓时，青忽称疾，暂起如内。久之，使人谕孙元规⑤，令暂主席行酒，少服药乃出，数使人勤劳座客。至晓，各未敢退，忽有驰报者云，是夜三鼓，青已夺昆仑矣。

【注释】

①侬智高（1025—1055）：广西广源州一带的少数民族首领。庆历元年（1041）建立"大历国"，向北宋请官遭拒，又建"南天国"并称帝，年号景瑞。皇祐四年（1052）起兵攻宋，陷邕州，改"大南国"。次年为狄青所败，出走流亡，不知所终。昆仑关：在今广西南宁东北昆仑山上。

②宾州：今广西宾阳。

③燕：通"宴"，宴请。

④饷（xiǎng）：用酒食招待客人。

⑤孙元规：即孙沔（997—1067），字元规，越州会稽（今浙江绍兴）人。天禧三年（1019）进士，补赵州司理参军。宋仁宗时历监察御史、陕西转运使，两知庆州。皇祐间，任湖南、江西路安抚使，兼广南东、西路安抚使，以征侬智高有功，拜枢密副使。后为观

文殿学士、知庆州,徙延州。卒赠兵部尚书,谥威敏。《宋史》卷二八八有传。

【译文】

狄青担任枢密副使时,被派往广西任宣抚使。当时侬智高据守昆仑关,狄青来到宾州的时候,正值上元佳节,就下令大规模地挂上灯烛,第一夜宴请各位高级军官,第二夜宴请次级军官,第三夜招待下级军官。第一夜通宵欢歌宴饮,第二夜二鼓时,狄青忽然称病,暂时起身入内室休息。过了很久,派人告诉孙元规,让他暂时代理宴会主席,自己吃了药就出来,还多次派人向军官劝酒。到第二天早上,军官们都不敢退席,忽然有快马传信道,这夜三鼓时分,狄青已夺下昆仑关。

曹南院知镇戎军日①,尝出战小捷,虏兵引去。玮侦虏兵去已远,乃驱所掠牛羊辎重,缓驱而还,颇失部伍②。其下忧之,言于玮曰:"牛羊无用,徒縻军,不若弃之,整众而归。"玮不答,使人候③。虏兵去数十里,闻玮利牛羊而师不整,遽袭之。玮愈缓,行得地利处,乃止以待之。虏军将至,迎使人谓之曰:"蕃军远来,必甚疲。我不欲乘人之急,请休憩士马,少选决战。"虏方苦疲甚,皆欣然,严军歇良久。玮又使人谕之:"歇定可相驰矣。"于是各鼓军而进,一战大破虏师,遂弃牛羊而还。徐谓其下曰:"吾知虏已疲,故为贪利以诱之。比其复来,几行百里矣,若乘锐便战,犹有胜负。远行之人若小憩,则足痹不能立,人气亦阑④,吾以此取之。"

【注释】

①曹南院:即曹玮,字宝臣,北宋大臣。参《人事》卷九注。南院,宣徽南院使的简称。镇戎军:治所在今甘肃固原。

②部伍:队伍。

③候:侦查。

④阑:衰败。

【译文】

　　曹玮主持镇戎军的时候,曾经在一次战争中获得小胜,敌兵退去。曹玮侦查得知敌兵退去已远,就命令驱赶着掠夺来的牛羊辎重,慢慢驱赶着回去,队伍有些零散不整。他的部下都很担心,和曹玮说:"牛羊没有用处,白白拖累了队伍,不如丢弃掉,把部队整顿好再回去。"曹玮不答应,让人继续侦查。敌兵退去数十里,听说曹玮贪图牛羊之利而使队伍不整,急忙掉头想要偷袭他。曹玮的部队反而走得更慢,走到地形有利的地方,就下令停下来等待敌军。敌军快要到了,曹玮派人迎接敌方首领,对他说:"贵军远来,想必非常疲惫了。我不想乘着别人懈怠的时候进攻,请让将士和马匹休息一下吧,我们过一会儿再决战。"敌方正苦于奔波疲劳,都欣然应允,整理好队伍休息了很长时间。曹玮又派人和他们说:"休息好了就可以开战了。"于是两军各自击鼓进军,曹玮一战而大破敌军,于是抛弃了牛羊而回军。曹玮慢慢地对部下说:"我知道敌人已经疲惫了,所以故意展现出我们贪图小利而引诱他们。等他们再来的时候,几乎已经走了一百里了,这时如果敌人乘着锐气开战,恐怕还是互有胜负。而远行之人如果稍微休息了一下,就会腿脚酸软,不能站立,士气也会丧失,我借此而取胜。"

　　余友人有任术者①,尝为延州临真尉②,携家出宜秋门。是时茶禁甚严,家人怀越茶数斤,稠人中马惊③,茶忽坠地。其人阳惊,回身以鞭指城门鸱尾④,市人莫测,皆随鞭所指望之,茶囊已碎于埃壤矣。监司尝使治地讼,其地多山,险不可登,由此数为讼者所欺。乃呼讼者告之曰:"吾不忍尽尔,当贳尔半⑤。尔所有之地，两亩止供一亩，慎不可欺，欺则尽覆入官矣。"民信之，尽其所有供半。既而指一处覆之，文致其参差处⑥，责之曰："我戒尔无得欺，何为见负？今尽入尔田矣。"凡供一亩者，悉作两亩收之，更无一犁得隐者⑦。其权数多此类，其为人强毅恢廓，亦一时之豪也。

【注释】

①任术：指善于应变之术。

②临真：在今陕西甘泉县东。

③稠人：指人员稠密之处。

④鸱（chī）尾：古代建筑上屋脊的一种兽形装饰。

⑤贳（shì）：宽纵，赦免。

⑥参差：差错。

⑦一犁：一点土地。

【译文】

　　我的一位友人善于应变，他曾经担任延州临真尉，带着家人从宜秋门外出。这时茶禁很严，家人怀揣着几斤越茶，在人员稠密的地方因为马匹受惊，茶包忽然落到地下。他装作非常吃惊，回身用马鞭指向城门上的鸱尾，街市上的人不知道发生了什么，都朝着马鞭所指的方向望去，而茶包已经被踩碎踏入土壤了。监司曾经派他处理关于土地赋税的诉讼，那地方多山，而且险峻不可攀登，因此多次被诉讼的人欺骗。他就把诉讼的人叫来，对他们说："我不忍心全部没收你们的土地，可以宽纵你们一半。你们所有的土地中，两亩地只要纳一亩的税，但是你们要小心不要再欺骗官府了，如果再欺骗官府，就把你们的土地全部没收。"这些人就相信了他，都按全部土地的一半纳税。过了一段时间，我这位友人指定一处土地要求核查，引据条文挑出一些差错，斥责他们说:"我告诫过你们不要欺骗官府,为什么违背诺言?现在要求全部没收你们的土地。"凡是之前纳一亩税的,都改按两亩收税,再也没有一寸土地能隐瞒。他的权术大多像这样,为人强毅宽宏,也是一时的豪杰。

王元泽数岁时①,客有以一獐一鹿同笼以问雰:"何者是獐,何者为鹿?"雰实未识,良久对曰:"獐边者是鹿,鹿边者是獐。"客大奇之。

【注释】

①王元泽:即王雰(pāng,1044—1076),字元泽,抚州临川(今江西抚州)人,王安石之子。治平四年(1067)中进士,历任旌德尉、太子中允、崇政殿说书、天章阁待制兼侍读等。熙宁九年(1076)迁龙图阁直学士,未上任而卒,赠左谏议大夫。《宋史》卷三二七有传。

【译文】

王雰几岁的时候,有位客人把一头獐和一头鹿放在一个笼子里问王雰:"哪只是獐,哪只是鹿?"王雰其实并不认识,想了一会儿,回答说:"獐的旁边是鹿,鹿的旁边是獐。"客人感到非常惊奇。

濠州定远县一弓手①,善用矛,远近皆伏其能。有一偷,亦善击刺,常蔑视官军,唯与此弓手不相下,曰:"见必与之决生死。"一日,弓手者因事至村步②,适值偷在市饮酒,势不可避,遂曳矛而斗,观者如堵墙。久之,各未能进。弓手者忽谓偷曰:"尉至矣。我与尔皆健者,汝敢与我尉马前决生死乎?"偷曰:"诺。"弓手应声刺之,一举而毙,盖乘其隙也。又有人曾遇强寇斗,矛刃方接,寇先含水满口,忽噀其面③。

其人愕然，刃已揕胸④。后有一壮士复与寇遇，已先知噀水之事。寇复用之，水才出口，矛已洞颈。盖已陈刍狗，其机已泄，恃胜失备，反受其害。

【注释】

①濠州：今安徽凤阳。

②村步：村边泊船处。步，通"埠"，停船的码头。

③噀（xùn）：含在口中而喷出。

④揕（zhèn）：用刀剑等刺。

【译文】

濠州定远县的一位弓手，擅长使用矛，远近的人都佩服他的能力。有一个小偷，也善于用矛击刺，经常蔑视官军，唯独和这个弓手不相上下，说："见面了一定要与他决一死战。"一天，弓手因为公事而来到村口码头，正巧那个小偷在街市上饮酒，二人已经不可避免地相遇了，就拿起长矛开始决斗，围观的人围成一堵墙。打了很久，互相都不能取胜。弓手忽然对小偷说："县尉到了。我与你都是高手，你敢和我在县尉的马前决战吗？"小偷说："敢。"弓手应声刺去，一招刺死了小偷，这是乘其不备。又有人曾经遇到强盗并且打斗起来，矛刃相接之际，强盗事先含满一口水，突然喷了那人一脸。那人愕然一惊，结果被兵刃刺穿了胸部。后来又有一个壮士与这个强盗相遇，他已经事先知道强盗喷水的伎俩。强盗又用这招，水才喷出口，就被长矛刺穿了颈部。对于已经用过的伎俩，天机早已泄露，仗恃着凭这招就能取胜而失去了防备，结果反受其害。

陕西因洪水下大石，塞山涧中，水遂横流为害。石之大有如屋者，人力不能去，州县患之。雷简夫为县令①，乃使人各于石下穿一穴,度如石大,挽石入穴窨之,水患遂息也。

【注释】

①雷简夫(1001—1067):字太简,同州郃阳(今陕西合阳)人。庆历二年(1042),为杜衍所荐,任秘书省校书郎、秦州观察判官。后历任坊州、简州、雅州、虢州、同州知州等,升尚书职方员外郎。曾向张方平、欧阳修等推荐三苏父子。《宋史》卷二七八有传。

【译文】

陕西某地因为洪水冲下一块大石,阻塞在山涧中,水于是横流而造成水患。石头像一间屋子那么大,人力不能去除,州县官员感到很忧虑。雷简夫时任县令,就派人分别在石下挖一个坑,规模和石头一样大,把石头拉入坑里填进去,水患就平息了。

熙宁中①,高丽入贡,所经州县,悉要地图,所至皆造送,山川道路,形势险易,无不备载,至扬州,牒州取地图②。是时丞相陈秀公守扬③,给使者欲尽见两浙所供图④,仿其规模供造。及图至,都聚而焚之,具以事闻。

【注释】

①熙宁:宋神宗年号,公元1068—1077年。

②牒:官方的公文。

③陈秀公:即陈升之(1101—1079),初名旭,字旸叔,建州建阳(今属福建)人。进士出身。历知封州、汉阳军、监察御史。熙宁元年(1068),任知枢密院事,后拜同中书门下平章事、集贤殿大学士。与王安石不和,出为镇江军节度使、知扬州。谥成肃。《宋史》卷三一二有传。

④绐（dài）：欺骗。

【译文】

　　熙宁年间，高丽国进贡，到所经过的州县，都索要当地地图，所到之处都制作了地图送给他们，各州县的山川道路，地势险易，没有不详细记载的，到了扬州，又呈上公文索取地图。当时丞相陈秀公镇守扬州，就欺骗使者说想看看两浙地区提供给他们的所有地图，以便仿照其规模绘制。等图送到了，就把地图聚在一起全烧了，并把此事上报朝廷。

　　狄青戍泾原日，尝与虏战，大胜，追奔数里。虏忽壅遏山踊①，知其前必遇险。士卒皆欲奋击，青遽鸣钲止之，虏得引去。验其处，果临深涧，将佐皆悔不击。青独曰：“不然。奔亡之虏，忽止而拒我，安知非谋？军已大胜，残寇不足利，得之无所加重；万一落其术中，存亡不可知。宁悔不击，不可悔不止。”青后平岭寇，贼帅侬智高兵败奔邕州②，其下皆欲穷其窟穴。青亦不从，以谓趋利乘势，入不测之城，非大将军，智高因而获免。天下皆罪青不入邕州，脱智高于垂死。然青之用兵，主胜而已。不求奇功，故未尝大败。计功最多，卒为名将。譬如弈棋，已胜敌可止矣，然犹攻击不已，往往大败。此青之所戒也，临利而能戒，乃青之过人处也。

【注释】

　　①壅遏（yōng è）：阻塞，拥挤。

　　②邕州：治所在今广西南宁南。

【译文】

　　狄青戍守泾原的时候，曾经和敌人交战，大胜，追赶了数里。敌军忽然拥挤在山脚下,狄青知道前面必定遇到险境。士兵们都想一举追击,狄青却立即鸣钲收兵,敌人得以逃脱。后来检查敌军拥挤之处,果然面临深涧,部将们都后悔没有出击。唯独狄青说:"不是这样的。对于奔逃的敌人来说,忽然停下来抵抗我们,怎么知道不是计谋呢?我军已经大胜,追击残余的贼寇不足扩大战绩,取胜了也没什么可加功的;但是万一落入陷阱,我们的存亡就不可知了。宁可后悔没有出击,也不能后悔没有及时停止。"狄青后来平定岭南的贼寇,叛军统帅侬智高兵败而出奔邕州,部下都希望穷追不舍,打到侬智高的老巢。狄青也不同意,认为顺着胜利而追求扩大战功,进入不测虚实的城池,不是大将军的举动,侬智高因而获免。天下都怪罪狄青不攻入邕州城,使得侬智高垂死之际得以逃脱。然而狄青用兵,力主取胜而已。不追求奇功,所以未曾大败过。算起来功劳最多,最后成为一代名将。这就好比下棋,大势上已经战胜对方,就可以停止进攻了,但是如果还不停地攻击,往往会大败。这是狄青时常告诫自己的,面临有利局面而能保持警惕,这是狄青的过人之处。

瓦桥关北与辽人为邻①,素无关河为阻。往岁六宅使何承矩守瓦桥②,始议因陂泽之地③,潴水为塞④。欲自相视⑤,恐其谋泄。日会僚佐,泛船置酒赏蓼花,作《蓼花游》数十篇,令座客属和⑥;画以为图,传至京师,人莫喻其意。自此始壅诸淀⑦。庆历中,内侍杨怀敏复踵为之,至熙宁中,又开徐村、柳庄等泺⑧,皆以徐、鲍、沙、唐等河⑨,叫猴、鸡距、五眼等泉为之原,东合滹沱、漳、淇、易、白等水并大河⑩。于是自保州西北沈远泺⑪,东尽沧州泥枯海口⑫,几八百里,悉为潴潦⑬,阔者有及六十里者,至今倚为藩篱。或谓侵蚀民田,岁失边粟之入,此殊不然。深、冀、沧、瀛间、惟大河、滹沱,漳水所淤，方为美田；淤淀不至处，悉是斥卤，不可种艺。异日惟是聚集游民，刮碱煮盐，颇干盐禁，时为寇盗。自为潴泺，奸盐遂少，而鱼蟹菰苇之利⑭，人亦赖之。

【注释】

①瓦桥关：在今河北雄县南易水上。

②何承矩：字正则。初为棣州衙内指挥使，端拱元年(988)，领潘州刺史，命护河阳屯兵。淳化四年(993)，擢西上阁门使、知沧州，徙雄州。景德元年(1004)，领英州团练使。卒赠相州观察使。《宋史》卷二七三有传。

③陂(bēi)泽：泛指沼泽。

④潴(zhū)水：蓄水。

⑤相视：视察。

⑥属和：即和诗。

⑦壅：堵塞。

⑧泺(pō)：通"泊"，湖泊，水塘。

⑨徐：徐河，源出今河北易县狼牙山附近。鲍：即鲍河，又称瀑河，源出今河北易县。沙：沙河，源出今河北、山西交界一带。唐：唐河，源出今山西灵丘。

⑩滹沱：源出今山西五台山，北汇入子牙河。漳：漳河，源出今山西东南部，流入卫河。淇：淇河，源出今陕西，流入卫河。易：易水，源出今河北易县。白：白沟河，在今河北新城东。

⑪保州：今河北保定。

⑫沧州：今河北沧州东南。

⑬潦(lǎo)：积水。

⑭菰(gū)：多年生草本植物，生在浅水中，嫩茎称为"茭白"。

【译文】

瓦桥关北部与辽国相邻,素来没有关河等地形可资防守。往年的时候,六宅使何承矩镇守瓦桥,开始建议利用周边沼泽的地形,蓄水作为屏障。他想要亲自去视察地形,又担心谋略被泄漏。于是每天都约请官僚们聚会,在水中划船饮酒赏蓼花,并作《蓼花游》数十篇,让在座的客人和诗,并且画成图,传到京城,人们一开始都不明白他的用意。从此开始填堵部分池塘以聚水成湖。庆历年间,内侍杨怀敏又继续这样做,到了熙宁年间,又开挖了徐村、柳庄等处的湖泊,都以徐水、鲍水、沙水、唐水等河,叫猴、鸡距、五眼等泉作为水源,东面汇合滹沱、漳水、淇水、易水、白水等水流并入黄河。于是从保州西北的沈远泺,向东到沧州泥枯海口,将近八百里的地域都形成了湖泊,宽阔处有的达到六十里,至今仍倚仗为屏障。有人说这种举措侵蚀了民田,减少了每年边境的粮食收入,这种说法是很错误的。深州、冀州、沧州、瀛州一带,只有被黄河、滹沱、漳水浸灌的土地,才是良田;浸灌不到的地方,都是盐碱地,不能种植作物。过去只是聚集一些游民,刮碱而煮盐,经常触犯盐禁,有时还成为盗贼。自从聚池成湖后,私盐就少了,而人们也从此依赖鱼、蟹、茭白、芦苇等水产带来的收益为生。

浙帅钱镠时[①],宣州叛卒五千余人送款,钱氏纳之,以为腹心。时罗隐在其幕下[②],屡谏,以谓敌国之人,不可轻信,浙帅不听。杭州新治城叠,楼橹甚盛,浙帅携寮客观之。隐指却敌[③],佯不晓曰:"设此何用?"浙帅曰:"君岂不知欲备敌邪?"隐谬曰:"审如是,何不向里设之?"浙帅大笑曰:"本欲拒敌,设于内何用?"对曰:"以隐所见,正当设于内耳。"盖指宣卒将为敌也,后浙帅巡衣锦城,武勇指挥使徐绾、许再思挟宣卒为乱[④],火青山镇,入攻中城。赖城中有备,绾等寻败，几于覆国。

【注释】

①钱镠（852—932）：字具美，杭州临安（今属浙江）人。唐末以镇海
　军节度使镇守杭州，后创建吴越国。

②罗隐（833—909）：字昭谏，馀杭（今浙江杭州）人。屡举进士不
　第。后入钱镠幕府，迁节度判官、给事中等。著有《谗书》等。

③却敌：城上的一种防御工事。

④徐绾：晚唐武将，投奔钱镠，后作乱被诛。许再思：身世不详。

【译文】

　　钱镠担任镇海军节度使的时候，有宣州叛军五千余人前来投诚，钱氏接纳了他们，并把他们当作腹心。当时罗隐在钱镠幕府，屡次进谏，认为敌国之人，不可轻信，钱镠不听。杭州新建了城楼，防御设施很完备，钱镠带着幕僚们去视察。罗隐指着却敌，装作不知道地说：“设此有什么用呢？”钱镠说：“您难道不知道这是用来防备敌人的吗？”罗隐故意说：“真如此的话，为什么不冲着内城设置？”钱镠大笑道：“本是用来拒敌的，朝内设置有什么用？”罗隐回答道：“以我所见，正应当朝城内设置。”其意指宣州来的叛将将会再度叛乱为敌，后来钱镠巡视衣锦城的时候，武勇指挥使徐绾、许再思挟持宣州兵作乱，火烧青山镇，攻入中城。幸亏城中早有防备，徐绾等人很快就败了，钱镠差点遭遇灭顶之灾。

　　淳化中①，李继捧为定难军节度使②，阴与其弟继迁谋叛③，朝廷遣李继隆率兵讨之④。继隆驰至克胡，度河入延福县⑤，自铁茄驿夜入绥州⑥，谋其所向。继隆欲径袭夏州⑦，或以谓夏州贼帅所在，我兵少，恐不能克，不若先据石堡⑧，

以观贼势。继隆以为不然，曰："我兵既少，若径入夏州，出其不意，彼亦未能料我众寡。若先据石堡，众寡已露，岂复能进？"乃引兵驰入抚宁县⑨，继捧犹未知，遂进攻夏州，继捧狼狈出迎，擒之以归。抚宁旧治无定河川中，数为虏所危。继隆乃迁县于滴水崖，在旧县之北十余里，皆石崖，峭拔十余丈，下临无水，今谓之罗瓦城者是也。熙宁中所治抚宁城⑩，乃抚宁旧城耳，本道图牒皆不载，唯李继隆《西征记》言之甚详也。

【注释】

①淳化：宋太宗年号，公元990—994年。

②李继捧（962—1004）：党项族首领，任定难军节度使，后入宋放弃世袭割据，授彰德军节度使，赐名赵保忠，后迁右金吾卫上将军，判岳州，移复州。卒赠威塞军节度使。

③继迁：即李继迁（963—1004），党项族首领。其族兄李继捧朝宋后，李继迁率部叛乱，并勾结辽国，被辽国授为定难军节度使、夏银绥宥静五州观察使、特进检校太师，都督夏州诸军事。其子李元昊建国，被尊为太祖。

④李继隆（950—1005）：字霸图，上党（今山西长治）人。以父荫补供奉官，雍熙三年（986），迁侍卫马军都虞候，为沧州都部署。淳化四年（993），以河西行营都部署，破李继迁、李继捧等。真宗时，加同中书门下平章事、开府仪同三司。卒赠中书令，谥忠武。《宋史》卷二五七有传。

⑤延福县：今陕西绥德东南。

⑥绥州：今陕西绥德。

⑦夏州：今陕西横山西。

⑧石堡：今陕西志丹北。

⑨抚宁县：今陕西米脂西。

⑩熙宁：宋神宗年号，公元 1068—1077 年。

【译文】

　　淳化年间，李继捧担任定难军节度使，与其族弟李继迁阴谋发动叛乱，朝廷派遣李继隆率兵讨伐。李继隆的部队赶到克胡，渡过黄河进入延福县，又从铁茄驿连夜进入绥州，谋划下一步进攻的方向。李继隆想直接偷袭夏州，有人说，夏州是叛军首领所在之地，我军兵少，恐怕不能取胜，不如先占据石堡，凭借有利地形观察叛军动向。李继隆不这么认为，他说："我军既然兵力不足，如果直接攻入夏州，出其不意，敌人也未必会料到我军的众寡。如果先占据石堡，我军的众寡就已暴露，到时候还怎么再发动进攻呢？"于是率兵迅速攻入抚宁县，李继捧还不知道，于是进攻夏州，李继捧狼狈出战，战败被擒而归。抚宁过去的治所在无定河川中，多次遭敌方侵扰。李继隆就把县所迁到滴水崖，在旧县的北面十余里，附近都是石崖，峭拔高达十余丈，下临无定河水，就是现在所谓的罗瓦城。熙宁年间抚宁县的治所乃是抚宁旧城，当地的地图、文书中都没有记载，唯独李继隆的《西征记》中记载得非常详细。

　　熙宁中，党项母梁氏引兵犯庆州大顺城①。庆帅遣别将林广拒守②，虏围不解。广使城兵皆以弱弓弩射之。虏度其势之所及，稍稍近城，乃易强弓劲弩丛射③。虏多死，遂相拥而溃。

【注释】

①庆州：今甘肃庆阳。

②林广：莱州（今属山东）人。以战功拜卫州防御使、马军都虞候。

《宋史》卷三三四有传。

③丛射：乱箭集射。

【译文】

熙宁年间，党项首领的母亲梁氏率兵侵犯庆州大顺城。庆州主帅派遣别将林广拒守，敌兵围困不退。林广让城上士兵都用威力弱的弓弩射他们。敌人估量弓弩手的攻击范围后，稍稍逼近了城墙，这时林广就命令换上强弓劲弩一起射击。敌人死伤惨重，于是相拥而败逃。

苏州至昆山县凡六十里，皆浅水，无陆途①，民颇病涉。久欲为长堤，但苏州皆泽国，无处求土。嘉祐中②，人有献计，就水中以蘧蒢、刍藁为墙③，栽两行，相去三尺。去墙六丈又为一墙，亦如此。漉水中淤泥实蘧蒢中④，候干，则以水车汰去两墙之间旧水⑤。墙间六丈皆土，留其半以为堤脚，掘其半为渠，取土以为堤，每三四里则为一桥，以通南北之水。不日堤成，至今为利。

【注释】

①陆途：即陆路。

②嘉祐：宋仁宗年号，公元 1056—1063 年。

③蘧蒢(qú chú)：用芦苇编成的粗席。刍藁：干草。

④漉：洒。实：填塞。

⑤汰(tài)：去除，排水。

【译文】

苏州到昆山县之间一共六十里，都是浅水滩，没有陆路，百姓苦于涉水。一直就想建造一道长堤，但是苏州一带都是泽国，无处获取土石。嘉祐年间，有人献计，在水中用苇席和干草编成墙，分别栽种两行，相距三尺。离墙六丈再做一道墙,也像这样。把水中的淤泥洒在苇席和干草之间填满,等它们干了,再用水车把两道墙之间原来的水抽干。这样两道墙之间的六丈就都是泥土,留下其中一半作为堤脚,挖掘另一半作为沟渠,挖出来的土用于筑堤,每三四里造一座桥,以沟通南北的水流。不多久,长堤建成,到现在都为百姓带来便利。

　　李允则守雄州①,北门外民居极多,城中地窄,欲展北城,而以辽人通好,恐其生事。门外旧有东岳行宫,允则以银为大香炉,陈于庙中,故不设备。一日,银炉为盗所攘②,乃大出募赏,所在张榜,捕贼甚急。久之不获,遂声言庙中屡遭寇,课夫筑墙围之,其实展北城也,不逾旬而就,虏人亦不怪之,则今雄州北关城是也。大都军中诈谋,未必皆奇策,但当时偶能欺敌,而成奇功。时人有语云:"用得着,敌人休;用不着,自家羞。"斯言诚然。

【注释】

①李允则(953—1028):字垂范,太原府盂县(今属山西)人。以父荫补衙内指挥使,改左班殿直。后历知沧州、雄州,为镇、定、高阳三路行营兵马督监。仁宗时,为康州防御使。《宋史》卷三二四有传。雄州:今河北雄县。

②攘(rǎng):侵夺,偷窃。

【译文】

　　李允则镇守雄州时,城北门外的民居极多,而城中土地窄狭,李允则想要扩展北城,但是因为正与辽国通好,担心扩建城池会生出事端。北门外以前有东岳庙,李允则用白银铸造了一个大香炉,摆放在庙中,故意不设防备。一天,银炉被盗贼偷走,于是出了很高的赏钱,并在各处张榜紧急追捕盗贼。过了很久还是没有抓到，于是声称庙中屡次遭到寇盗，便派民夫筑墙把庙围起来，其实是在扩展北城，不出十天就筑成了，敌人也没有怪罪，就是现在的雄州北关城。大多数军中的诈谋，未必都是奇策，但是当时偶然能起到欺骗敌人的作用，从而成就奇功。当时有俗语说："用得着，敌人休；用不着，自家羞。"这话是很对的。

　　陈述古密直知建州浦城县日①，有人失物，捕得莫知的为盗者②。述古乃绐之曰："某庙有一钟，能辨盗，至灵。"使人迎置后阁祠之，引群囚立钟前，自陈不为盗者，摸之则无声；为盗者摸之则有声。述古自率同职，祷钟甚肃，祭讫③，以帷帷之，乃阴使人以墨涂钟，良久，引囚逐一令引手入帷摸之，出乃验其手，皆有墨。唯有一囚无墨，讯之，遂承为盗。盖恐钟有声，不敢摸也。此亦古之法，出于小说。

【注释】

①陈述古：即陈襄（1017—1080），字述古，人称"古灵先生"，侯官（今福建闽侯）人。庆历间进士，累官枢密院直学士、知通进银台司、提举进奏院，后又兼侍读、提举司天监、兼尚书都省事等。著有《古灵集》。《宋史》卷三二一有传。密直：枢密院直学士的简称。

②的（dí）：究竟，到底。

③讫：结束，完毕。

【译文】

　　陈述古以枢密院直学士出知建州浦城县的时候，有人丢失了财物，抓获了一些嫌疑人而不知道究竟哪个是盗贼。陈述古就骗他们说："某座庙里有一口钟，能辨别盗贼，非常灵验。"派人把钟迎来放在后室供奉起来,带着抓来的嫌疑人站在钟面前,解释说没有偷盗的人摸钟时,钟就不会发出声音;而盗贼摸钟时,钟就会发出声音。陈述古亲自率领同僚,非常严肃地祭祀了灵钟,祭祀完毕,用帷幕把钟帷起来,于是暗地里派人在钟上涂墨,过了一会儿,带着嫌疑人,让他们逐一把手伸入帷幕摸钟,出来以后检查他们的手,手上都有墨迹。唯独一个人手上没有墨,讯问他,于是他承认自己是盗贼。因为担心摸到钟会出声,所以不敢摸。这也是以前的方法,出于小说。

　　熙宁中,澶阳界中发汴堤淤田①,汴水暴至,堤防颇坏陷,将毁,人力不可制。都水丞侯叔献时涖其役②,相视其上数十里有一古城,急发汴堤注水入古城中③,下流遂涸,急使人治堤陷。次日,古城中水盈,汴流复行,而堤陷已完矣,徐塞古城所决,内外之水,平而不流,瞬息可塞,众皆伏其机敏。

【注释】

①澶阳:即睢阳,今河南商丘。

②侯叔献(1023—1076):字景仁,宜黄(今属江西)人。庆历六年(1046)进士,授雍丘县尉,改桐庐县令。神宗时,调淮南提举、两浙常平使,擢河北水路转运使、都水监。涖:通"莅(lì)",官员履行职务。

③发:挖掘。

【译文】

　　熙宁年间,澶阳地界挖开汴河河堤,引出淤泥造田,遇到汴水暴涨,堤防损坏严重,眼看就要崩溃,人力不能控制。都水丞侯叔献当时负责治水,视察地形后发现上游数十里有一座古城,于是挖开那一段汴水河堤,将汴水注入古城中,于是下流水位就下降了很多,马上派人修筑河堤。第二天,古城被水灌满了,汴水又大量流向下游,而河堤已经修好了,再慢慢堵住古城一段的决口,此时古城内外的水势平缓、水流很慢,瞬间就能堵住,大家都佩服侯叔献的机敏。

　　宝元中①,党项犯边,有明珠族首领骁悍,最为边患。种世衡为将②,欲以计擒之。闻其好击鼓,乃造一马持战鼓,以银裹之,极华焕,密使谍者阳卖之入明珠族③。后乃择骁卒数百人,戒之曰:"凡见负银鼓自随者,并力擒之。"一日,羌酋负鼓而出,遂为世衡所擒。又元昊之臣野利④,常为谋主,守天都山,号天都大王,与元昊乳母白姥有隙⑤。岁除日,野利引兵巡边,深涉汉境数宿,白姥乘间乃谮其欲叛⑥,元昊疑之。世衡尝得蕃酋之子苏吃曩,厚遇之,闻元昊尝赐野利宝刀,而吃曩之父得幸于野利,世衡因使吃曩窃野利刀,许之以缘边职任、锦袍、真金带。吃曩得刀以还,世衡乃唱言野利已为白姥谮死,设祭境上,为祭文,叙岁除日相见之欢。入夜,乃火烧纸钱,川中尽明,虏见火光,引骑近边窥觇⑦,乃佯委祭具⑧,而银器凡千余两悉弃之。虏人争取器皿,得元昊所赐刀,乃火炉中见祭文已烧尽,但存数十字,元昊得之,又识其所赐刀,遂赐野利死。野利有大功,死不以罪,自此君臣猜贰,以至不能军。平夏之功,世衡计谋居多,当时人未甚知之。世衡卒,乃录其功,赠观察使。

【注释】

①宝元:宋仁宗年号,公元1038—1040年。

②种世衡（985—1045）：字仲平，洛阳（今属河南）人。官至东染院
　使、环庆路兵马钤。《宋史》卷三二五有传。

③谍：间谍。

④元昊：党项族首领，西夏国建立者。参见《人事》卷九注。

⑤隙：嫌隙，矛盾。

⑥谮（zèn）：诬陷，中伤。

⑦窥觇（chān）：侦查，暗中查看。

⑧委：抛弃。

【译文】

　　宝元年间，党项羌族侵犯边境，其中有位明珠族首领骁勇强悍，是
边境最大的威胁。种世衡作为主将，想用计擒住他。听说他喜欢击鼓，
于是就造了一面马背上手持的战鼓，用银饰包裹好，极其华丽，暗中派
间谍假装卖到明珠族。然后选择数百名骁勇善战的士兵，告诉他们说：
"只要见到随身携带银鼓的人，你们就合力擒住他。"一天，羌族首领背
着银鼓出来，于是被种世衡擒获。元昊的大臣野利，经常作为军师，他
镇守天都山，号称天都大王，但是和元昊的乳母白姥有嫌隙。除夕的时
候，野利带着士兵巡视边境，深入汉族境内好几天，白姥趁机诬陷野利
将要谋反，元昊对野利产生了怀疑。种世衡曾经结交了一位西夏首领
的儿子苏吃曩，待他很周到，听说元昊曾经把一把宝刀赏赐给野利，而
苏吃曩的父亲深得野利信赖，种世衡就请苏吃曩把野利的那把宝刀偷
过来，答应事成之后给他边境的官职、锦袍、真金带。苏吃曩把宝刀偷
了回来，种世衡就散布言论称野利已经被白姥陷害致死，在边境上设置
祭坛，还写了祭文描述除夕夜二人相见之欢。入夜，就用火烧纸钱，把
原野照得通明，敌人看见火光，就出动骑兵靠近边境侦查，于是种世衡
命士兵假装抛弃祭具，把几乎千余两的银器都扔了，敌人争着拾取这些
银制器皿，其中就得到了元昊赏赐的宝刀，在火炉中看到祭文已经烧
尽，只留下数十个字，元昊得到这些，又看到他赐给野利的宝刀，于是杀

死了野利。野利有大功，没有过错却被处死，从此君臣之间相互猜疑，以至军心涣散。平定西夏之功劳，种世衡的计谋居多，当时人并不十分了解。等种世衡死了，才核实他的功劳，追赠为观察使。

艺文

【题解】

《艺文》门凡三卷,主要记载与文学有关的内容。沈括于此门不仅讨论了诗文作法,比如诗文的相错成文、诗的取意为主、律诗难工、古文简质、诗格、诗病、赋用典等,还有大量对训诂、音韵学的考证,尤其是古音押韵、反切起源、切韵字母等,具有一定的小学功底。此外,本门还记载了不少诗歌逸文,比如卢宗回诗、毗陵女子诗、鹳雀楼诗、《海陵王墓铭》等,可补前人别集、总集之阙漏,具有文献价值。又有不少文献考证的内容,比如书之阙误的文本互勘、平王东迁时间考、《香奁集》作者考等,现在看来其中虽然不免有疏漏,但仍然是古代文学、语言学、文献学等方面的重要研究材料。

卷十四

欧阳文忠常爱林逋诗"草泥行郭索,云木叫钩辀"之句①,文忠以谓语新而属对新切。钩辀,鹧鸪声也,李群玉诗云②:"方穿诘曲崎岖路③,又听钩辀格磔声④。"郭索,蟹行貌也。扬雄《太玄》曰⑤:"蟹之郭索,用心躁也。"

【注释】

① 欧阳文忠：即欧阳修，字永叔，北宋大臣，谥文忠。参见《故事》卷一注。林逋：字君复，北宋隐士。参见《人事》卷十注。钩辀（zhōu）：鹧鸪叫声。

② 李群玉（808—826）：澧州（今湖南常德）人。以诗献唐宣宗，得赐弘文馆校书郎，后辞官归故里。

③ 诘（jié）曲：曲折，屈曲。

④ 格磔（zhé）：鸟鸣声。

⑤ 扬雄（前53—18）：字子云，蜀郡成都（今属四川）人。汉成帝时任给事黄门郎，王莽时任大夫，校书天禄阁。有《甘泉》《河东》等赋，著有《太玄》《法言》等。

【译文】

欧阳修喜欢林逋诗中"草泥行郭索，云木叫钩辀"一句，认为语言清新而对仗贴切。"钩辀"说的是鹧鸪的叫声，李群玉的诗有："方穿诘曲崎岖路，又听钩辀格磔声。""郭索"说的是蟹行走的状貌。扬雄的《太玄》说："蟹之郭索，用心躁也。"

　　韩退之集中《罗池神碑铭》有"春与猿吟兮秋与鹤飞"①，今验石刻，乃"春与猿吟兮秋鹤与飞。"古人多用此格，如《楚词》"吉日兮辰良"，又"蕙肴蒸兮兰藉，奠桂酒兮椒浆"②。盖欲相错成文③，则语势矫健耳。杜子美诗④："红稻啄余鹦鹉粒⑤，碧梧栖老凤凰枝。"此亦语反而意全。韩退之《雪诗》："舞镜鸾窥沼，行天马度桥。"亦效此体，然稍牵强，不若前人之语浑成也。

【注释】

①韩退之：即韩愈，字退之，唐代大臣。参见《辨证》卷四注。

②"吉日兮辰良"三句：出自《九歌·东皇太一》。

③相错成文：语词颠倒成文，即倒装。

④杜子美：即杜甫（712—770），字子美，河南巩县（今河南巩义）人。自号少陵野老，被后人称为"诗圣"，亦称杜拾遗、杜工部、杜少陵等。玄宗时上三《大礼赋》，待制集贤院，安史之乱后，追随肃宗到凤翔，被授左拾遗。因疏救房琯被贬华州司功参军。后入蜀，受严武接济，表荐为检校工部员外郎。严武去世后流落夔州等地。有《杜工部集》。

⑤稻：原作"飰"，据津逮本等及杜甫诗改。按：《秋兴八首》诗原作"香稻啄余鹦鹉粒"。

【译文】

韩愈集中《罗池神碑铭》有"春与猿吟兮秋与鹤飞"一句，现在对照石刻参看，乃是"春与猿吟兮秋鹤与飞。"古人多用这种格式，比如《楚辞》"吉日兮辰良"，又如"蕙肴蒸兮兰藉，奠桂酒兮椒浆"。这是有意形成相错成文的效果，使语势更加矫健。杜甫的诗有："香稻啄余鹦鹉粒，碧梧栖老凤凰枝。"这也是语词颠倒而诗意丰富。韩愈的《雪诗》："舞镜鸾窥沼，行天马度桥。"也是仿效这种格式，但是稍显牵强，不如前人的用语自然浑成。

唐人作富贵诗，多纪其奉养器服之盛，乃贫眼所惊耳，如贯休《富贵曲》云①："刻成筝柱雁相挨。"此下里鬻弹者皆有之②，何足道哉？又韦楚老《蚊诗》云③："十幅红绡围夜玉。"十幅红绡为帐，方不及四五尺，不知如何伸脚？此所谓不曾近富儿家。

【注释】

①贯休(832—912)：俗姓姜，字德隐，婺州兰溪(今属浙江)人，五代时画僧，著有《禅月集》。

②鬻(yù)弹者：卖唱的人。

③韦楚老：字寿朋，长庆四年(824)进士，官至国子祭酒。

【译文】

唐人写作的富贵诗，多描写其衣食器用的丰盛，不过是穷人眼中感到惊奇罢了，比如贯休的《富贵曲》道："刻成筝柱雁相挨。"这些东西乡间卖唱的人都有，有什么值得称道的呢？又比如韦楚老的《蚊诗》道："十幅红绡围夜玉。"拿十幅红绡做帐子，四面还不到四五尺，不知如何伸脚？这就是没见过富贵世面。

诗人以诗主人物，故虽小诗，莫不挻蹂极工而后已①。所谓句锻月炼者，信非虚言。小说崔护《题城南诗》②，其始曰："去年今日此门中，人面桃花相映红。人面不知何处去，桃花依旧笑春风。"后以其意未全，语未工，改第三句曰："人面只今何处在。"至今传此两本，唯《本事诗》作"只今何处在。"唐人工诗，大率多如此，虽有两"今"字，不恤也③，取语意为主耳，后人以其有两"今"字，只多行前篇。

【注释】

①挻蹂(shān róu)：反复修改、锤炼诗文。

②崔护(772—846)：字殷功，博陵(今河北定州)人。贞元十二年(796)进士，大和三年(829)，任京兆尹，迁御史大夫、岭南节度使。

③不恤：近体诗，特别是绝句，一般避免出现重复用字的现象，这里

　　说崔护为了表达诗意,不惜犯此忌讳。

【译文】

　　诗人作诗以表现人物为主,因此即使是小诗,也没有不花功夫仔细锤炼润色之后才成稿的。所谓的"句锻月炼",即经年累月的锤炼,确实不是虚言。小说家记载崔护的《题城南诗》,开始作:"去年今日此门中,人面桃花相映红。人面不知何处去,桃花依旧笑春风。"后来因为其诗意表达不完整,语言不工稳,于是就改了第三句作:"人面只今何处在。"到现在流传了这两种版本,唯独《本事诗》作"只今何处在。"唐人作诗工稳,大多如此,即使有两个"今"字也不在乎,作诗以语言和诗意为主,但是后人因为其中有两个"今"字,所以一般只通行前一篇。

　　书之阙误,有可见于他书者。如《诗》:"天夭是椓①。"《后汉·蔡邕传》作"夭夭是加",与"速速方谷"为对。又"彼岨矣岐,有夷之行②。"《朱浮传》作"彼岨者岐,有夷之行③。"《坊记》:"君子之道,譬则坊焉④。"《大戴礼》:"君子之道,譬犹坊焉。"《夬卦》:"君子以施禄及下,居德则忌。"王辅嗣曰⑤:"居德而明禁。"乃以"则"字为"明"字也。

【注释】

　　①天夭是椓(zhuó):出自《诗经·小雅·正月》,意为上天降祸于民。夭,灾祸。椓,打击,加害。其下改"天"为"夭",意为灾祸一个连一个地降临百姓。

　　②彼岨矣岐,有夷之行:出自《诗经·周颂·天作》,为祭祀先王之诗。

　　③彼岨者岐,有夷之行:本句沈括指出于《后汉书》,然《后汉书·朱浮传》中无此句,见于《后汉书·西南夷列传》。

④君子之道，譬则坊焉：出自《礼记》。此句意为君子之道就像设防
　　而使之不逾礼。坊，通"防"。

⑤王辅嗣：即王弼（226—249），字辅嗣，山阳郡（今山东金乡）人。
　　曾任尚书郎。好儒道，著有《老子注》《周易注》等。

【译文】

　　典籍的缺漏、谬误之处，有的可以在别的书中见到。比如《诗经》中
有："天天是椓。"《后汉书·蔡邕传》作"天天是加"并与"速速方谷"对
仗。又如《诗经·周颂·天作》的"彼岨矣岐，有夷之行。"《后汉书·朱
浮传》作"彼岨者岐，有夷之行。"《礼记·坊记》中有："君子之道，譬则坊
焉。"《大戴礼》作："君子之道，譬犹坊焉。"《夬卦》有："君子以施禄及下，
居德则忌。"王弼说："居德而明禁。"这是误把"则"字作为"明"字了。

　　音韵之学，自沈约为四声①，及天竺梵学入中国②，其术
渐密。观古人谐声③，有不可解者。如"玖"字、"有"字多与
"李"字协用；"庆"字、"正"字多与"章"字、"平"字协用。如
《诗》"或群或友，以燕天子"；"彼留之子，贻我佩玖"；"投我
以木李，报之以琼玖"；"终三十里，十千维耦"；"自今而后，
岁其有，君子有谷，贻孙子"；"陟降左右，令闻不已"；"膳夫
左右，无不能止"；"鱼丽于罶，鰋鲤，君子有酒，旨且有④。"如
此极多。又如："孝孙有庆，万寿无疆"；"黍稷稻粱，农夫之
庆"；"唯其有章矣，是以有庆矣"；"则笃其庆，载锡之光"；
"我田既藏，农夫之庆"；"万舞洋洋，孝孙有庆"；《易》云"西
南得朋，乃与类行；东北丧朋，乃终有庆"；"积善之家，必有
余庆；积不善之家，必有余殃"⑤；班固《东都赋》"彰皇德兮侔
周成，永延长兮膺天庆"，如此亦多。今《广韵》中"庆"一音

"卿"⑥。然如《诗》之"未见君子,忧心怲怲;既得君子,庶几式臧";"谁秉国成,卒劳百姓;我王不宁,覆怨其正"⑦,亦是"怲"、"正"与"宁"、"平"协用,不止"庆"而已,恐别有理也。

【注释】

①四声:指古代汉语中的平、上、去、入四声。沈约曾著有《四声谱》,提出"四声八病"说,开创了永明体。

②天竺:指印度。

③谐声:即押韵。下面的"协用"亦指押韵。

④"或群或友"数句:分别出自《诗经》中《小雅·吉日》《王风·丘中有麻》《卫风·木瓜》《周颂·噫嘻》《鲁颂·有駜》《大雅·文王》《大雅·云汉》《小雅·鱼丽》。

⑤"孝孙有庆"数句:分别出自《诗经》中《小雅·楚茨》《小雅·甫田》《小雅·裳裳者华》《大雅·皇矣》《小雅·甫田》《鲁颂·閟宫》及《易·坤》卦、《白雉诗》。

⑥《广韵》:本名《切韵》,隋陆法言撰,将12158个汉字分为206韵,唐代重新刊定,改名《唐韵》,北宋大中祥符年间,又命陈彭年、邱雍等重修,赐名《大宋重修广韵》。

⑦"未见君子"数句:分别出自《诗经》中《小雅·頍弁》《小雅·节南山》。

【译文】

音韵学,从沈约发明四声开始,等到来自印度的梵学传入中国,其理论逐渐精密。看古人的押韵谐声,有一些不能理解的情况。比如"玖"字、"有"字多与"李"字通押;"庆"字、"正"字多与"章"字、"平"字通押。比如《诗经》中的"或群或友,以燕天子";"彼留之子,贻我佩玖";"投我以木李,报之以琼玖";"终三十里,十千维耦";"自今而后,岁其有,君子有谷,贻孙子";"陟降左右,令闻不已";"膳夫左右,无不能止";

"鱼丽于罶,鳣鲤,君子有酒,旨且有。"像这样的例子有很多。又比如:
"孝孙有庆,万寿无疆";"黍稷稻粱,农夫之庆";"唯其有章矣,是以有庆
矣";"则笃其庆,载锡之光";"我田既藏,农夫之庆";"万舞洋洋,孝孙有
庆";《易》有"西南得朋,乃与类行;东北丧朋,乃终有庆";"积善之家,必
有余庆;积不善之家,必有余殃";班固《东都赋》"彰皇德兮侔周成,永延
长兮膺天庆",像这样的例子也很多。现在的《广韵》中"庆"又读为
"卿"。然而像《诗经》中的"未见君子,忧心忡忡;既得君子,庶几式臧";
"谁秉国成,卒劳百姓;我王不宁,覆怨其正",也是"忡"、"正"与"宁"、
"平"通押,不只是"庆"而已,恐怕另有道理。

　　小律诗虽末技①,工之不造微②,不足以名家。故唐人皆
尽一生之业为之,至于字字皆炼,得之甚难,但患观者灭
裂③,则不见其工,故不唯为之难,知音亦鲜,设有苦心得之
者,未必为人所知。若字字是,皆无瑕可指,语意亦掞丽④,
但细论无功⑤,景意纵全,一读便尽,更无可讽味⑥,此类最易
为人激赏,乃诗之《折杨》《黄华》也⑦。譬若三馆楷书作字⑧,
不可谓不精不丽,求其佳处,到死无一笔,此病最难为医也。

【注释】
①小律诗:此相对于排律而言,指八句的律诗。
②造微:达到微妙的境地。
③灭裂:草率,粗略。
④意:原作"音",据《类苑》三十九引改。掞(shàn):铺张。
⑤功:《类苑》引作"切",胡道静据改,亦可通。
⑥讽味:讽诵玩味。
⑦《折杨》《黄华》:古代的民俗小曲。

⑧三馆:指广文馆、太学馆、律学馆。

【译文】

小律诗虽然是末等技艺,但是锤炼得不细腻,也不足以成名。所以唐人都穷尽一生的精力去作诗,以至于字字都要锤炼,要写好很难,就怕读者匆匆读过,无法领略其中的精妙之处,所以不仅写作很难,能得知音的也很少,即使有费尽心力而写作的诗句,也未必被别人了解。如果一首诗每个字都没有瑕疵,语意也铺张而华丽,但是仔细推敲起来又没什么佳处,即使写景与意境周全完备,也是一读就透,没有什么可以讽诵玩味的,这类诗反而最容易为人激赏,属于诗中的《折杨》《黄华》之类。就像三馆学士用楷书写字,不可谓不精致、不典丽,但是要找出其中佳处,到死也找不出一笔,这种病最难医治。

王圣美治字学①,演其义以为右文。古之字书,皆从左文。凡字,其类在左,其义在右。如木类,其左皆从"木"②。所谓右文者,如"戋",小也,水之小者曰"浅",金之小者曰"钱",歹而小者曰"残"③,贝之小者曰"贱"④。如此之类,皆以"戋"为义也。

【注释】

①王圣美:即王子韶,字圣美,太原(今属山西)人。进士出身,为王安石引入条例司,擢监察御史里行。后出知上元县,迁湖南转运判官。神宗召论字学,擢礼部员外郎。累官吏部郎中、卫尉少卿,出知济州,后以太常少卿召,进秘书监,拜集贤殿修撰、知明州。卒赠显谟阁待制。《宋史》卷三二九有传。治:研究。

②其左皆从"木":指表示与木有关的字,其左边都以"木"为意符。现在一般认为,下面所举"戋"的例子中,"戋"仍然是声符,但是

声符可兼表意，未必一定以右符为意符。

③歺：残骨。

④贝：上古时期曾以贝为货币。

【译文】

王子韶研究文字学，推演文字的规律，认为右边的部件表示字义。古代的字书，字义都从左边的部件。一个汉字，其类别在左半边，其语义在右半边。比如木类，其左半边都从木旁。所谓的"右文"之说，比如"戋"字表示小的意思，所以小的水称为"浅"，小的金称为"钱"，小的歺称为"残"，小的贝称为"贱"。像这样的情况，都由"戋"来表达字义。

王圣美为县令时，尚未知名，谒一达官，值其方与客谈《孟子》，殊不顾圣美，圣美窃哂其所论①。久之，忽顾圣美曰："尝读《孟子》否？"圣美对曰："平生爱之，但都不晓其义。"主人问："不晓何义？"圣美曰："从头不晓。"主人曰："如何从头不晓？试言之。"圣美曰："'孟子见梁惠王'，已不晓此语。"达官深讶之，曰："此有何奥义？"圣美曰："既云孟子不见诸侯，因何见梁惠王？"其人愕然无对。

【注释】

①哂（shěn）：讥笑。

【译文】

王子韶担任县令的时候，还不知名，一次去谒见一位达官，赶上他正与客人谈论《孟子》，完全没有理会王子韶，王子韶私下讥笑他们的谈论。过了很久，那位达官忽然想起王子韶，问道："你也曾经读过《孟子》吗？"王子韶回答道："我平生爱读此书，但是都不明白其中的意思。"主人问："什么地方不明白？"王子韶答道："从头不明白。"主人问："怎么就从头不明白了？说说看。"王子韶说："'孟子见梁惠王'，这句就已经不明白了。"达官非常惊讶，问道："这有什么深奥的意义？"王子韶说："既然说了孟子不见诸侯，那为什么要见梁惠王？"那人惊讶得无言以对。

　　杨大年因奏事论及《比红儿诗》①，大年不能对，甚以为恨。遍访《比红儿诗》，终不可得。忽一日，见鬻故书者有一小编②，偶取视之，乃《比红儿诗》也，自此士大夫始多传之。予按《摭言》③，《比红儿诗》乃罗虬所为④，凡百篇，盖当时但传其诗而不载名氏，大年亦偶忘《摭言》所载。

【注释】

①杨大年：即杨亿，字大年，北宋大臣。参《故事》卷一注。

②鬻：卖。

③《摭言》：即《唐摭言》，五代时王定保撰，记载唐代士人贡举活动及制度、文人逸事、诗文等。

④罗虬(qiú)：台州(今属浙江)人。唐代士人，累举进士不第，作有《比红儿诗》百首。

【译文】

　　杨亿因为奏事时皇帝谈起《比红儿诗》，自己不能对答，感到特别遗憾。于是到处寻找《比红儿诗》，最终还是找不到。忽然有一天，看见卖旧书的人有一个小册子，偶然拿来阅读，发现是《比红儿诗》，从此《比红儿诗》在士大夫之间开始流传起来。我查阅《唐摭言》，《比红儿诗》是罗虬所作，一共有百篇，当时只是流传了诗歌而没有记载作者姓名，杨亿也是偶然间忘记了《唐摭言》的记载。

　　晚唐士人专以小诗著名，而读书灭裂。如白乐天《题座隅诗》云①："俱化为饿殍②。"殍作孚字押韵。杜牧《杜秋娘诗》云③："厌饫不能饴④。"饴乃饧耳⑤，若作饮食，当音"飤"⑥。又陆龟蒙作《药名诗》云⑦："乌啄蠹根回。"乃是乌喙⑧，非乌啄也。又"断续玉琴哀"，药名止有续断⑨，无断续，此类极多。如杜牧《阿房宫赋》误用"龙见而雩"事⑩，宇文时斛斯椿已有此缪⑪，盖牧未尝读《周》《隋书》也。

【注释】

①白乐天：即白居易，字乐天，唐代大臣，诗人。参《乐律》卷五注。

②殍(piǎo)：饿死的人。

③杜牧：字牧之，晚唐诗人。参《辨证》卷四注。

④厌饫(yù)：吃得太饱。饴(yí)：麦芽糖。

⑤饧(xíng)：麦芽糖。

⑥飤：同"饲"，喂养。

⑦陆龟蒙(？—881)：字鲁望，号天随子、江湖散人，长洲(今属江苏)人。曾任湖州、苏州刺史幕僚，后隐居松江甫里，著有《甫里先生文集》等。

⑧乌喙(huì)：附子的别称，多年生草本，可入药，主治中风瘫痪、腰痛脚冷、头风、耳鸣等。

⑨续断：多年生草本植物，其根可入药。主治腰膝疼痛、筋伤骨折等。

⑩龙见而雩(yú)：指《阿房宫赋》"长桥卧波，未云何龙"一句，沈括认为典出"龙见而雩"，所以"未云何龙"应该作"未雩何龙"。其实杜牧盖用《易》"云从龙"典。雩，古代求雨的一种祭祀活动。

⑪斛斯椿(493—534)：字法寿，广牧富昌(今内蒙古准格尔旗东南)人。狡猾多能，先后投靠尔朱荣、元悦、尔朱兆等，官至侍中、开

府仪同三司,卒赠大司马。

【译文】

晚唐士人专以写作小诗而著名,但是读书方面却粗疏不精。比如白居易的《题座隅诗》道:"俱化为饿殍。""殍"字当成了"孚"字押韵。杜牧的《杜秋娘诗》道:"厌饫不能饴。""饴"是指麦芽糖,如果用作饮食的意思,应当读作"飤"。又如陆龟蒙《药名诗》道:"乌啄蠹根回。"说的乃是乌喙,而不是乌啄。又如"断续玉琴哀",如果是药名的话只有"续断",没有"断续",这类例子极多。又如杜牧的《阿房宫赋》误用"龙见而雩"一事,宇文氏王朝时的斛斯椿就已经犯了同样的错误,是杜牧没有读过《周书》《隋书》的原因。

往岁士人多尚对偶为文。穆修、张景辈始为平文^①,当时谓之古文。穆、张尝同造朝,待旦于东华门外,方论文次,适见有奔马践死一犬,二人各记其事,以较工拙。穆修曰:"马逸^②,有黄犬遇蹄而毙。"张景曰:"有犬死奔马之下。"时文体新变,二人之语皆拙涩,当时已谓之工,传之至今。

【注释】

①穆修(979—1032):字伯长,郓州汶阳(今山东汶上)人。大中祥符间进士,授泰州司理参军,后为颍州、蔡州文学参军,徙居蔡州。继柳开之后倡导古文,著有《穆参军集》。《宋史》卷四四二有传。张景(970—1018):少年时曾与柳开结交,柳开赠其藏书。

②马逸:指马脱离缰绳而奔跑。

【译文】

以往的士人多喜欢对偶的骈文。穆修、张景等人开始写散文,当时称为古文。一天,穆修、张景一起去上朝,在东华门外等待天明,在他们正讨论文章写法的时候,恰好看见有一匹奔马踩死了一条狗,二人分别记下这件事,来比较行文的工拙。穆修写道:"马逸,有黄犬遇蹄而毙。"张景写道:"有犬死奔马之下。"当时文风刚刚发生变化,二人的语言都比较呆板生硬,但是当时就已经算是好的了,所以一直流传到现在。

　　按《史记·年表》,周平王东迁二年,鲁惠公方即位。则《春秋》当始惠公,而始隐,故诸儒之论纷然,乃《春秋》开卷第一义也。唯啖、赵都不解始隐之义①,学者常疑之。唯于《纂例》隐公下注八字云②:"惠公二年③,平王东迁。"若尔,则《春秋》自合始隐,更无可论,此啖、赵所以不论也。然与《史记》不同,不知啖、赵得于何书? 又尝见士人石端集一纪年书,考论诸家年统,极为详密。其叙平王东迁,亦在惠公二年。余得之甚喜,亟问石君④,云出一史传中,遽检未得,终未见的据。《史记·年表》注东迁在平王元年辛未岁⑤,《本纪》中都无说,《诸侯世家》言东迁却尽在庚午岁⑥,《史记》亦自差谬,莫知其所的。

【注释】

①啖:即啖助(724—770),字叔佐,赵州(今属河北)人。历官任临海尉、丹杨主簿。通经学,著有《春秋集传》《春秋纂例》等。赵:即赵匡,字伯循,河东(今属山西)人。官至洋州刺史。师从啖助,著有《春秋阐微纂类义疏》。二人之说现保存于陆淳《春秋集传纂例》中。

②《纂例》:即《春秋集传纂例》。

③惠公二年:公元767年。

④亟(jí):急切。

⑤平王元年：公元前 770 年。

⑥庚午岁：公元前 771 年。

【译文】

根据《史记·年表》，周平王东迁第二年，鲁惠公才即位。那么《春秋》应当从惠公开始，实际上却始于隐公，所以学者们对此说法不一，这是《春秋》开篇第一个问题。唯独啖助、赵匡都不解释《春秋》从隐公开始的意义，学者常存疑问。在《春秋集传纂例》中，只在隐公下面注了八个字说："惠公二年，平王东迁。"如果是这样的话，那么《春秋》自然应该从隐公开始，没什么可讨论的，这是啖助、赵匡之所以不讨论这个问题的原因。但是这与《史记》的记载不同，不知啖助、赵匡是根据哪本书得出的结论？我又曾经见到士人石端编纂的一本纪年书，考论各家的纪年统序，极为详细周密。他叙及平王东迁，也说在惠公二年。我看到以后非常高兴，马上问石君出自何处，石端说出自某一史传，我马上去检查，也没找到，最终还是没有确凿的证据。《史记·年表》注东迁的时间在平王元年辛未岁，《周本纪》中却没有提及，《诸侯世家》却说东迁时间在庚午岁，《史记》本身记载也有差错，不知以哪种说法为准。

长安慈恩寺塔，有唐人卢宗回一诗颇佳①，唐人诸集中不载，今记于此："东来晓日上翔鸾，西转苍龙拂露盘。渭水冷光摇藻井②，玉峰晴色堕阑竿。九重宫阙参差见，百二山河表里观。暂辍去蓬悲不定，一凭金界望长安③。"

【注释】

①卢宗回：字望渊，南海（今广东广州）人。元和十年（815）进士，官至集贤校理。

②藻井：绘有纹饰如井状的天花板。

③金界：指佛寺。

【译文】

　　长安慈恩寺塔上，有唐人卢宗回的一首题诗很好，唐人的别集中没有记载，现在记在这里："东来晓日上翔鸾，西转苍龙拂露盘。渭水冷光摇藻井，玉峰晴色堕阑竿。九重宫阙参差见，百二山河表里观。暂辍去蓬悲不定，一凭金界望长安。"

　　古人诗有"风定花犹落"之句，以谓无人能对，王荆公以对"鸟鸣山更幽"①。"鸟鸣山更幽"本宋王籍诗②，元对"蝉噪林逾静，鸟鸣山更幽"，上下句只是一意③；"风定花犹落，鸟鸣山更幽"则上句乃静中有动，下句动中有静。荆公始为集句诗，多者至百韵，皆集合前人之句，语意对偶，往往亲切过于本诗。后人稍稍有效而为者。

【注释】

①王荆公：即王安石，字介甫北宋宰相，封荆国公。参《故事》卷一注。

②王籍：字文海，琅邪临沂（今属山东）人。南朝梁诗人，非南朝宋人。天监末任湘东王萧绎咨议参军，迁中散大夫等。

③一意：即诗病中的"合掌"，指一联之中出句和对句完全同义或基本同义，为诗家之忌。

【译文】

　　古人的诗中有"风定花犹落"的句子，认为无人能对出下句，王安石对以"鸟鸣山更幽"。"鸟鸣山更幽"本来是南朝王籍的诗，原来的对仗句是"蝉噪林逾静，鸟鸣山更幽"，上下句只是一个意思；而"风定花犹落，鸟鸣山更幽"则上句是静中有动，下句是动中有静。王安石开始写作集句诗，写的长的达到百句，都是集合前人诗句而成，语意对偶，往往比原诗更佳。后人逐渐开始仿效着作。

欧阳文忠尝言曰："观人题壁，而可知其文章矣。"

【译文】

欧阳修曾经说："看一个人在墙上的题辞，就能知道他的文章水平。"

毗陵郡士人家有一女①，姓李氏，方年十六岁，颇能诗，甚有佳句，吴人多得之。有《拾得破钱诗》云②："半轮残月掩尘埃，依稀犹有开元字。想得清光未破时，买尽人间不平事。"又有《弹琴诗》云："昔年刚笑卓文君，岂信丝桐解误身。今日未弹心已乱，此心元自不由人。"虽有情致，乃非女子所宜也。

【注释】

①毗陵：今江苏常州。

②《拾得破钱诗》：此诗的妙处在于以残月比喻残破的铜钱，以清光比喻完整的铜钱，可谓不着一字，尽得风流。

【译文】

毗陵郡士人家有一位女子，姓李，年方十六岁，颇能写诗，有不少佳句，江浙士人多有耳闻。她有《拾得破钱诗》道："半轮残月掩尘埃，依稀犹有开元字。想得清光未破时，买尽人间不平事。"又有《弹琴诗》道："昔年刚笑卓文君，岂信丝桐解误身。今日未弹心已乱，此心元自不由人。"虽然很有情致，但不是女子应该作的。

退之《城南联句》首句曰："竹影金锁碎。"所谓金锁碎者，乃日光耳，非竹影也。若题中有日字，则曰"竹影金锁碎"可也。

【译文】

韩愈的《城南联句》首句说："竹影金锁碎。"所谓的"金锁碎"说的是日光，而不是竹影。如果题目中有"日"字，那么说"竹影金锁碎"就可以了。

卷十五

切韵之学本出于西域，汉人训字止曰"读如某字"，未用反切。然古语已有二声合为一字者，如"不可"为"叵"，"何不"为"盍"，"如是"为"尔"，"而已"为"耳"，"之乎"为"诸"之类，以西域二合之音，盖切字之原也，如"輭"字文从而、犬①，亦切音也，殆与声俱生，莫知从来。今切韵之法，先类其字，各归其母，唇音、舌音各八，牙音、喉音各四，齿音十，半齿、半舌音二，凡三十六，分为五音，天下之声总于是矣。每声复有四等，谓清、次清、浊、平也，如颠、天、田、年、邦、胮、庞、厐之类是也，皆得之自然，非人为之。如帮字横调之为五音②，帮、当、刚、臧、央是也。帮，宫之清。当，商之清。刚，角之清。臧，徵之清。央，羽之清。纵调之为四等③，帮、滂、傍、茫是也。帮，宫之清。滂，宫之次清。傍，宫之浊。茫，宫之不清不浊。就本音本等调之为四声，帮、牓、傍、博是也。帮，宫清之平。牓，宫清之上。傍，宫清之去。博，宫清之入。四等之声，多有声无字者，如封、峰、逢，止有三字；邕、胸，止有两字；辣，火、欲，以，皆止有一字。五音亦然，滂、汤、康、苍，止有四字。四声，则有无声，亦有无字者。如"萧"字、"肴"字，全韵皆无入声，此皆声之类也。所谓切韵者④，上字为切，下字为韵，切须归本母，韵须归本等。切归本母，谓之"音和"，如"德红为东"之类，"德"与"东"同一母也。字有重、中重、轻、中轻，本等声尽泛入别等⑤，谓之"类隔"。虽隔等，须以其类，谓唇与唇类，齿与齿类，如"武延为绵"、"符兵为平"之类是也。

韵归本等,如"冬"与"东"字母皆属"端"字,"冬"乃"端"字中第一等声,故都宗切,"宗"字第一等韵也,以其归"精"字,故"精"徵音第一等声;"东"字乃"端"字中第三等声,故德红切,"红"字第三等韵也,以其归"匣"字,故"匣"羽音第三等声。又有互用借声,类例颇多。大都自沈约为四声,音韵愈密。然梵学则有华、竺之异,南渡之后,又杂以吴音,故音韵庬驳⑥,师法多门,至于所分五音,法亦不一。如乐家所用,则随律命之,本无定音,常以浊者为宫,稍清为商,最清为角,清浊不常为徵、羽。切韵家则定以唇、齿、牙、舌、喉为宫、商、角、徵、羽。其间又有半徵、半商者,如"来"、"日"二字是也,皆不论清浊。五行家则以韵类清浊参配,今五姓是也。梵学则喉、牙、齿、舌、唇之外,又有折、摄二声。折声自脐轮起至唇上发⑦,如鈝浮金反。字之类是也;摄字鼻音,如歆字鼻中发之类是也。字母则有四十二⑧,曰阿、多、波、者、那、啰、拖、婆、荼、沙、嚩、哆、也、瑟吒、二合。迦、娑、麼、伽、他、社、锁、呼、拖、前一拖轻呼,此一拖重呼。奢、佉、叉、娑多、二合。壤、曷拶多、三合。婆、上声。车、娑麼、二合。诃婆、缝、伽、上声。吒、拏、娑颇、二合。娑迦、二合。也娑、二合。室者、二合。佗、陀⑨,为法不同,各有理致,虽先王所不言,然不害有此理,历世浸久,学者日深,自当造微耳。

【注释】

①輭(ruǎn):沈括认为此字从而、从犬,故而反切得音。然而据《说文》,"奭"字从大、而声,并非从犬。

②五音:即前面的喉音、舌音、齿音、唇音、牙音。

③四等：古代发声方法的归类，各家说法不一，沈括这里以清浊分为四等。

④切韵：这里即是反切，用上一个字的声母和下一个字的韵母及声调相拼，来表示某字的字音。

⑤本等声尽泛入别等：指反切上字与所切之字有重唇、轻唇或舌头、舌上等的差异。其实古无轻唇音，古无舌上音，所以都是同声相切，不存在严格的"类隔"现象。

⑥厖（páng）驳：驳杂散乱。厖，通"庞"。

⑦脐轮：肚脐。

⑧字母：指梵文字母，其实有五十个。

⑨茶：原作"荼"，胡道静据《大藏经》字母谱校改，今从之。

【译文】

切韵之学本来出于西域，汉代人解释字音只说"读如某字"，不用反切。然而古语已经有二音合为一字的例子，比如"不可"作"叵"，"何不"作"盍"，"如是"作"尔"，"而已"作"耳"，"之乎"做"诸"之类的，类似西域的两个字拼成一个字，是反切读字的起源，比如"辄"字的字形从而、从犬，也是反切拼音，大概是与字音同时产生，没人知道其起源。现在的切韵之法，先把字归类，分到各个不同的声母，唇音、舌音各八个，牙音、喉音各四个，齿音十个，半齿、半舌音两个，一共三十六个，总分为五音，天下所有的声音都包含其中。每个声母又有四等，就是所谓的清、次清、浊、平，比如颠、天、田、年、邦、胮、庞、厖之类的，这些都是自然形成而非人为的。比如帮字横调的五音，是帮、当、刚、臧、央。帮是宫之清。当是商之清。刚是角之清。臧是徵之清。央是羽之清。帮字纵调的四等，是帮、滂、傍、茫。帮是宫之清。滂是宫之次清。傍是宫之浊。茫是宫之不清不浊。在本音、本等基础上又根据音调分为四声，就是帮、榜、傍、博。帮是宫清之平。榜是宫清之上。傍是宫清之去。博是宫清之入。四等之声多会出现有声而无字的现象，比如封、峰、逢，只有个三字；邕、胸，只有两个字；

竦，火，欲，以，都只有一个字。五音也是这样，比如滂、汤、康、苍，只有四个字。四声则会出现没有声调的情况，也有一个声调内没有字的情况。比如"萧"字、"肴"字，整个韵部都没有入声，这些都是声母会出现的情况。所谓的切韵，是说上字为切，下字为韵，上字须与被切字的声母相同，下字须与被切字的韵母相同。上字和被切字的声母相同，称为"音和"，比如"德红为东"之类的，"德"与"东"是同一声母。字的读音有重、中重、轻、中轻的区别，如果本等声都散入别等，就称为"类隔"。虽然隔等，仍然要同类相切，指唇音与唇音同类、齿音与齿音同类，比如"武延为绵"、"符兵为平"之类的。下字与被切字的韵母相同，比如"冬"与"东"的韵母都属于"端母"，"冬"是"端母"中的第一等声，所以都宗切为"冬"，"宗"是第一等韵，它属于"精母"，所以读"精母"徵音的第一等声；"东"字是"端母"中的第三等声，所以德红切为东，"红"字是第三等韵，它属于"匣母"，所以读"匣母"羽音的第三等声。又有互相借用声母的，例子也有很多。大概从沈约创为四声之后，音韵之学越发精密。然而梵学则有中土与印度的差异，晋室南渡之后，又夹杂了南方的吴音，所以音韵系统更加庞杂散乱，有不同的师法传承，至于对五音等的分类，方法也不一。比如乐律家使用的五音，就是根据音律来命名的，本来没有定音，常以浊音为宫，稍清音为商，最清音为角，清浊音不定的为徵、羽。切韵家则根据唇、齿、牙、舌、喉的发音部位确定宫、商、角、徵、羽。其间又有半徵、半商两音，比如"来"、"日"两个字母就是这样，它们都不论清浊。五行家则根据韵的清浊搭配确定五音，就是现在的五姓。梵学则在喉、牙、齿、舌、唇之外，还有折、摄二声。折声从肚脐开始到唇上发出，比如钋浮金发。字之类的；摄声是鼻音，如歆字是从鼻中发音之类的。梵文的字母有四十二个，是阿、多、波、者、那、啰、拖、婆、茶、沙、嚩、哆、也、瑟吒、二合。迦、娑、麽、伽、他、社、锁、呼、拖、前一拖轻呼，此一拖重呼。奢、佉、叉、娑多、二合。壤、曷㘄多、三合。婆、上声。车、娑麽、二合。诃婆、缝、伽、上声。吒、拏、娑颇、二合。娑迦、二合。也娑、二合。室者、二合。佗、陀。采用方法不同,各有各的道理,虽然先王不曾讲过,但并不妨碍有这些理论,经历的时间越久,学者的研究也会逐渐深入,自然会日渐精微。

　　幽州僧行均集佛书中字为切韵训诂①,凡十六万字,分四卷,号《龙龛手镜》,燕僧智光为之序,甚有词辩,契丹重熙二年集②。契丹书禁甚严,传入中国者法皆死。熙宁中,有人自虏中得之,入傅钦之家③,蒲传正帅浙西④,取以镂版。其序末旧云:"重熙二年五月序。"蒲公削去之。观其字音韵次序,皆有理法,后世殆不以其为燕人也。

【注释】

①行均:俗姓于,字广济。精通小学,著有《龙龛手镜》。《龙龛手镜》,今本做《龙龛手鉴》,收入约 26430 字。然其序中纪年称"统合",非"重熙"。

②重熙二年:公元 1033 年。

③傅钦之:即傅尧俞(1024—1091),字钦之,郓州须城(今山东东平)人。庆历二年(1042)进士,累官殿中侍、御史、右司谏,以反对新法被贬。哲宗时,任给事中、御史中丞、吏部尚书兼侍讲等,官至中书侍郎,谥献简。

④蒲传正:即蒲宗孟(1022—1088),字传正,阆州新井(今四川阆中)人。皇祐五年(1053)进士,任夔州观察推官。神宗时为馆阁校勘,进集贤校理,同修起居注、知制诰,转翰林学士兼侍读。后与司马光不和被贬知亳、扬、杭、郓等州。《宋史》卷三二八有传。

【译文】

　　幽州和尚行均把佛书中的字收集起来做了注音和解释,一共十六万字,分为四卷,称为《龙龛手镜》,燕地的僧人智光为之作序,很有说服力,该书于契丹重熙二年编集成书。契丹的书禁很严,如果把书传入中原,依法都要处死。熙宁年间,有人从契丹那里得到此书,传到傅尧俞那里,蒲宗孟任浙西长官时,拿来用雕版进行了印刷。该书序的末尾以前写作:"重熙二年五月序。"蒲宗孟把这句删去了。看书中字的音韵次序,都很有逻辑法度,后世大概不会认为作者是燕人。

　　古人文章,自应律度,未以音韵为主。自沈约增崇韵学,其论文则曰:"欲使宫羽相变,低昂殊节,若前有浮声,则后须切响。一简之内,音韵尽殊,两句之中,轻重悉异。妙达此旨,始可言文①。"自后浮巧之语,体制渐多,如傍犯、蹉对、蹉,音千过反。假对、双声、叠韵之类②,诗又有正格、偏格,类例极多。故有三十四格、十九图、四声、八病之类③。今略举数事,如徐陵云④:"陪游驳娑⑤,骋纤腰于《结风》⑥;长乐鸳鸯,奏新声于度曲。"又云:"厌长乐之疏钟⑦,劳中宫之缓箭⑧。"虽两"长乐",意义不同,不为重复,此类为傍犯。如《九歌》:"蕙肴蒸兮兰藉,奠桂酒兮椒浆。"当曰"蒸蕙肴"对"奠桂酒",今倒用之,谓之蹉对。如"自朱耶之狼狈,致赤子之流离",不唯"赤"对"朱","耶"对"子",兼"狼狈"、"流离"乃兽名对鸟名;又如"厨人具鸡黍,稚子摘杨梅",以"鸡"对"杨",如此之类,皆为假对。如"几家村草里,吹唱隔江闻"⑨,"几家"、"村草"与"吹唱"、"隔江",皆双声。如"月影侵簪冷,江光逼屦清"⑩,"侵簪"、"逼屦"皆叠韵。诗第二字侧入谓之正格⑪,如:"凤历轩辕纪,龙飞四十春"之类。第二字平入谓之偏格⑫,如"四更山吐月,残夜水明楼"之类。唐名贤辈诗,多用正格,如杜甫律诗,用偏格者,十无一二。

【注释】

①"欲使宫羽相变"几句:出自《宋书·谢灵运传》。浮声,轻音,一说为平声。切响,重音,一说为仄声。

②傍犯:指在一首诗中出现意义不同而文字相同的词语,此为诗家所忌。蹉对:指对仗中对应词的位置不同,参差为对。假对:指借同音或谐音为对。双声:指两个字的声母相同。叠韵:指两个字的韵母相同。

③三十四格:诗歌的对句形式,如隔句对、双声对、叠韵对、回文对等。八病:八种诗病,即平头、上尾、蜂腰、鹤膝、大韵、小韵、旁纽、正纽。

④徐陵(507—583):字孝穆,东海郯城(今山东兰陵)人。梁时任东宫学士,入陈后历任尚书左仆射,中书监等。谥号章。工诗文,尤以宫体诗见长,与庾信齐名,人称"徐庾"。著有《徐孝穆集》,编有《玉台新咏》。

⑤馺娑(sà suō):汉代宫殿名。

⑥《结风》:古代歌曲名。

⑦长乐:前一句的长乐指长久欢乐,这一句的长乐指长乐宫。

⑧中宫:皇后。缓箭:指刻漏的浮标。

⑨吹唱:声母都是 ch,故为双声。隔江:古代汉语中无 j、q、x,其部分来自 g、k、h,所以现在读的 g 与 j,在古代也是双声。

⑩履:《修辞鉴衡》引一作"屐",似当从。逼、屐皆为职部韵。

⑪侧入:即以仄声字起句。

⑫平入:指以平声字起句。

【译文】

古人的文章,自然符合法则,并不以音韵为主。从沈约开始推崇韵律之学,他评论文章说:"要使宫声、羽声相互变化,高低强弱分明,如果前有清扬之音,那么后面就要有重浊之音。一章之内,要使音韵完全不同,两句之中,要使轻重都不一样。能完美地达到这种境界,才能谈论文章。"从此以后浮艳精巧的语言、体制规范逐渐多起来,比如傍犯、蹉对、蹉,音千过反。假对、双声、叠韵之类的,诗又有正格、偏格,类似的例子非常多。因此有三十四格、十九图、四声、八病之类的说法。现在大略举出几例,比如徐陵说:"陪游驳婆,骋纤腰于《结风》;长乐鸳鸯,奏新声于度曲。"又说:"厌长乐之疏钟,劳中宫之缓箭。"虽然用了两个"长乐",但是意义不同,不算重复,这是傍犯。比如《楚辞·九歌》有:"蕙肴蒸兮兰藉,奠桂酒兮椒浆。"应该写作"蒸蕙肴"才能对上"奠桂酒",现在却颠倒使用,称为蹉对。比如"自朱耶之狼狈,致赤子之流离",不仅"赤"对"朱","耶"对"子",而且"狼狈"和"流离"也是以兽名对鸟名;又如"厨人具鸡黍,稚子摘杨梅",以"鸡"对"杨",如此之类的,都是假对。比如"几家村草里,吹唱隔江闻","几家"、"村草"与"吹唱"、"隔江",都是双声。比如"月影侵簪冷,江光逼履清","侵簪"、"逼履"都是叠韵。诗的第二字以仄声起句,称为正格,比如:"凤历轩辕纪,龙飞四十春"之类的。第二字以平声起句,称为偏格,比如"四更山吐月,残夜水明楼"之类的。唐代知名诗人的诗多用正格,比如杜甫的律诗,用偏格的,十首中不到一二首。

文潞公保洛日①,年七十八。同时有中散大夫程珣、朝议大夫司马旦、司封郎中致仕席汝言②,皆年七十八。尝为同甲会,各赋诗一首。潞公诗曰:"四人三百十二岁,况是同生丙午年。招得梁园为赋客③,合成商岭采芝仙。清谈亹亹风盈席④,素发飘飘雪满肩。此会从来诚未有,洛中应作画图传。"

【注释】

①文潞公：即文彦博，字宽夫，北宋大臣，封潞国公。参《辨证》卷三注。保：弘治本、学津本一作"归"，亦通。

②程珦：原作"程煦"，据胡道静考证改。程珦（xiàng，1006—1090），字伯温，洛阳（今属河南）人，程颐、程颢之父。庆历间，通判南安，后历知磁州、汉州等，官至太中大夫。《宋史》卷四二七有传。司马旦（1006—1087）：陕州夏县（今属山西）人，字伯康，司马光之兄。仁宗时为秘书省校书郎，官至太中大夫。席汝言：字君从，北宋大臣。

③梁园：汉代梁孝王所筑园名，又名菟园。

④亹亹（wěi）：勤勉不倦的样子。

【译文】

文潞公知洛阳的时候，年高七十八岁。同时有中散大夫程珦、朝议大夫司马旦、司封郎中致仕席汝言，都是七十八岁。他们曾经发起"同甲会"，各自赋诗一首。文彦博的诗写道："四人三百十二岁，况是同生丙午年。招得梁园为赋客，合成商岭采芝仙。清谈亹亹风盈席，素发飘飘雪满肩。此会从来诚未有，洛中应作画图传。"

晚唐五代间，士人作赋用事，亦有甚工者。如江文蔚《天窗赋》①："一窍初启，如凿开混沌之时；两瓦欹飞②，类化作鸳鸯之后。"又《土牛赋》："饮渚俄临，讶盟津之捧塞③；度关傥许④，疑函谷之丸封⑤。"

【注释】

①江文蔚（901—952）：字君章，建阳（今福建建瓯）人。后唐长兴二年（931）进士，后投奔李昇，任宣州观察判官。南唐建国，任中书

舍人,因弹劾冯延巳被贬江州,冯延巳罢相,还任礼部侍郎,谥
号简。

②鴥(yù):鸟类疾飞的样子。此句用《庄子·应帝王》"混沌开七窍"
典,以及《魏志》周宣占梦,"瓦化鸳鸯"典。

③盟津:即孟津。

④关:此句用老子骑牛出函谷关典。

⑤丸封:比喻函谷关守备士兵之少。

【译文】

晚唐五代之间,士人作赋的用典,也有很精工的。比如江文蔚的
《天窗赋》:"一窍初启,如凿开混沌之时;两瓦鴥飞,类化作鸳鸯
之后。"又如《土牛赋》:"饮诸俄临,讶盟津之捧塞;度关倪许,疑函
谷之丸封"。

河中府鹳雀楼,三层,前瞻中条,下瞰大河。唐人留诗
者甚多,唯李益、王之奂、畅诸三篇能状其景①。李益诗曰:
"鹳雀楼西百尺墙,汀洲云树共茫茫。汉家箫鼓随流水,魏
国山河半夕阳。事去千年犹恨速,愁来一日即知长。风烟
并在思归处,远目非春亦自伤。"王之涣诗曰:"白日依山尽,
黄河入海流。欲穷千里目,更上一层楼。"畅诸诗曰②:"迥临
飞鸟上,高出世尘间,天势围平野,河流入断山。"

【注释】

①李益(约750—约830):字君虞,陇西姑臧(今甘肃武威)人。大历
四年(769)进士,授郑县尉,建中四年(783)登书判拔萃科,官至
礼部尚书。以边塞诗见长,尤工七绝。王之奂:当作王之涣
(688—742),字季凌,绛州(今山西新绛)人。曾任冀州衡水主
簿,后出为文安县尉。亦以边塞诗见长。畅诸:汝州(今河南临

汝)人。开元间进士,开元九年(721)登书判拔萃科,官至许昌尉。

②畅诸诗:《全唐诗》误为畅当诗。

【译文】

河中府有鹳雀楼,高三层,前面对着中条山,下面可以俯瞰黄河。唐人在此留诗的人很多,只有李益、王之涣、畅诸三篇能描绘其景致。李益诗说:"鹳雀楼西百尺墙,汀洲云树共茫茫。汉家箫鼓随流水,魏国山河半夕阳。事去千年犹恨速,愁来一日即知长。风烟并在思归处,远目非春亦自伤。"王之涣诗说:"白日依山尽,黄河入海流。欲穷千里目,更上一层楼。"畅诸诗说:"迥临飞鸟上,高出世尘间,天势围平野,河流入断山。"

庆历间,余在金陵,有饔人以一方石镇肉①,视之,若有镌刻。试取石洗濯,乃宋海陵王墓铭②,谢朓撰并书③。其字如钟繇④,极可爱。余携之十余年,文思副使夏元昭借去⑤,遂托以坠水,今不知落何处。此铭朓集中不载,今录于此:"中枢诞圣,膺历受命⑥,於穆二祖⑦,天临海镜。显允世宗⑧,温文著性。三善有声⑨,四国无竞。嗣德方衰⑩,时唯介弟⑪。景祚云及⑫,多难攸启。载骤轾猎⑬,高辟代邸⑭。庶辟欣欣⑮,威仪济济⑯。亦既负扆⑰,言观帝则。正位恭己,临朝渊嘿⑱。虔思宝缔⑲,负荷非克⑳,敬顺天人,高逊明德。西光已谢,东龟又良。龙纛夕俨㉑,葆挽晨锵㉒。风摇草色,日照松光。春秋非我,晚夜何长。"

【注释】

①饔(yōng)人:厨师。

②宋海陵王:当为齐海陵王,事见《南史·齐本纪·废帝海陵王传》。

③谢朓(464-499):字玄晖,南朝诗人。参《故事》卷二注。

④钟繇(yáo,151—230):字元常,颍川长社(今河南许昌)人。汉末任尚书郎、黄门侍郎等,封东武亭侯。后为曹操所重,以功迁前军师。曹丕称帝,为廷尉,进封崇高乡侯。后迁太尉,转封平阳乡侯。明帝继位,迁太傅,进封定陵侯。谥号成。工于书法,尤善隶书、行书,与王羲之齐名,人称"钟王"。

⑤文思副使:文思院,宋代掌管金银等工艺品制造的机构。

⑥膺(yīng)历受命:指受命于天。膺,接受。

⑦於(wū)穆:对美好的赞叹。

⑧显允:英明信诚。世宗:指南齐文惠太子长懋。

⑨三善:指事君、事父、事长三件善事。

⑩嗣:继承。

⑪时唯介弟:实际上是他弟弟干的。

⑫景祚(zuò):大的福气。

⑬轺猎:打猎时乘坐的小车。

⑭邸:高级的住所。

⑮辟(bì):君主。

⑯济济:端庄礼敬的样子。

⑰负扆(yǐ):背靠着屏风,指皇帝临朝听政。

⑱嘿:用同"默",深沉静默。

⑲虔思宝缔:虔敬地记诵先帝的宝训。

⑳负荷非克:指先祖的功业不易继承。

㉑龙纛(dào):龙旗。俨:庄严。这里是描写海陵王的葬礼隆重。

㉒葆:通"宝",珍贵的。挽:挽歌。

【译文】

庆历年间,我在金陵,有个厨师拿一块石板压肉,我看到石板上好像有刻痕。就试着把石头冲洗了一下,原来是《齐海陵王墓铭》,谢朓撰文并书写。上面的文字像是钟繇的字体,非常令人喜爱。我带在身上有十多年,后来被文思副使夏元昭借去,就借口掉入水中,现在不知落在何处了。这篇铭文,谢朓集中没有记载,现在记录在这里:"中枢诞圣,膺历受命,於穆二祖,天临海镜。显允世宗,温文著性。三善有声,四国无竞。嗣德方衰,时唯介弟。景祚云及,多难攸启。载骤轮猎,高辟代邸。庶辟欣欣,威仪济济。亦既负扆,言观帝则。正位恭己,临朝渊嘿。虔思宝缔,负荷非克,敬顺天人,高逊明德。西光已谢,东龟又良。龙蠹夕俨,葆挽晨锵。风摇草色,日照松光。春秋非我,晚夜何长。"

枣与棘相类,皆有刺。枣独生,高而少横枝;棘列生,卑而成林,以此为别。其文皆从束音刺,木芒刺也。束而相戴立生者①,枣也;束而相比横生者②,棘也③。不识二物者,观文可辨。

【注释】

①相戴:指上下相叠。因"枣"字繁体作"棗",乃两"束(cì)"相叠而成。

②相比:指左右并列。

③棘:乃两"束"并列而成。

【译文】

枣与棘类似,都有刺。枣树独生,树干高而少横枝;棘树并生,树形低矮而丛生,以此作为二者的分别。它们的文字都从束,读音为刺,表示草木上的小刺。朿上下相叠而直立的是枣字;朿左右并列而横排的是棘字。不认识这两种植物的人,看着字形也能分辨。

　　金陵人胡恢博物强记^①,善篆隶,臧否人物^②,坐法失官十余年,潦倒贫困,赴选集于京师。是时韩魏公当国^③,恢献小诗自达,其一联曰:"建业开山千里远,长安风雪一家寒。"魏公深怜之,令篆太学石经,因此得复官,任华州推官而卒。

【注释】

①胡恢:金陵(今江苏南京)人。一说任华州推官任上罢免,后得高若讷推荐复官。精通书法,奉命书《石经》。撰有《南唐书》,今已亡佚。

②臧否(zāng pǐ):褒贬。

③韩魏公:即韩琦(1008—1075),字稚圭,号赣叟,相州安阳(今属河南)人。天圣五年(1027)进士,授将作监丞、通判淄州。累迁开封府推官、度支判官、太常博士、右司谏。后与范仲淹一起被任命为陕西经略安抚副使,庆历间又同为枢密副使,与范仲淹、富弼等推行新政。新政失败遭贬,以资政殿学士出知扬州。嘉祐中,召还为三司使,寻拜枢密使、同中书门下平章事、集贤殿大学士,迁昭文馆大学士、监修国史,封魏国公。神宗即位,出知相州。卒赠尚书令,谥忠献。《宋史》卷三一二有传。

【译文】

　　金陵人胡恢博闻强识,擅长篆书和隶书,喜欢褒贬人物,因为犯法而失去官职十多年,贫困潦倒,为参加官员选拔而来到京城。当时韩琦主持国政,胡恢献上小诗自通姓名,其中一联写道:"建业开山千里远,长安风雪一家寒。"韩琦很同情他,就命他用篆书刻写太学石经,因此得以恢复官职,在华州推官任上去世。

　　熙宁六年①,有司言日当蚀四月朔。上为彻膳,避正殿。一夕微雨,明日不见日蚀,百官入贺,是日有皇子之庆。蔡子正为枢密副使②,献诗一首,前四句曰:"昨夜薰风入舜韶③,君王未御正衙朝。阳辉已得前星助④,阴沴潜随夜雨消⑤。"其叙四月一日避殿、皇子庆诞、云阴不见日蚀,四句尽之,当时无能过之者。

【注释】

①熙宁六年:公元1073年。

②蔡子正(1014—1079):即蔡挺,字子政,宋城(今河南商丘)人。景祐元年(1034)进士,累官至直龙图阁,知庆州,屡拒西夏犯边。神宗时,加天章阁待制,知渭州。熙宁五年(1072),拜枢密副使,卒赠工部尚书,谥敏肃。《宋史》卷三二八有传。

③韶:舜时的音乐。

④阳辉:比喻皇子。

⑤阴沴(lì):灾害。

【译文】

　　熙宁六年,掌管天文历法的官员汇报说四月初一将有日蚀。皇帝为此撤掉了宴席,并且暂停上朝。而前一天晚上恰好下小雨,第二天看不到日蚀,百官入宫庆贺,这天又有皇子诞生之喜。蔡挺时任枢密副使,献诗一首,前四句说:"昨夜薰风入舜韶,君王未御正衙朝。阳辉已得前星助,阴沴潜随夜雨消。"叙述了四月一日暂停上朝、皇子诞生、阴天不见日蚀,用四句诗说完了,当时没有人能超过他。

欧阳文忠好推挽后学。王向少时为三班奉职①,干当滁州一镇②,时文忠守滁州③。有书生为学子不行束脩④,自往诣之,学子闭门不接。书生讼于向,向判其牒曰⑤:"礼闻来学,不闻往教。先生既已自屈,弟子宁不少高? 盍二物以收威⑥,岂两辞而造狱?"书生不直向判,径持牒以见欧公。公一阅,大称其才,遂为之延誉奖进,成就美名,卒为闻人。

【注释】

①王向:字子直,侯官(今福建闽侯)人。嘉祐二年(1057)进士,官峡石主簿。《宋史》卷三四二有传。

②干当:即"勾当",管理,办理。为避宋高宗赵构讳而改为"干当"。

③滁州:今属安徽。

④束脩(shù xiū):原指送给老师的报酬,这里是指拜师礼。脩,干肉。

⑤牒:文书,这里指诉状。

⑥二物:《礼记·学记》:"夏楚二物,收其威也。"夏楚二物为古代体罚工具。

【译文】

欧阳修喜欢推荐后学。王向年轻时在三班供职,管辖滁州一镇,当时欧阳修为滁州长官。有一个书生因为学子不行拜师礼,就亲自去见学子,学子却闭门不予接待。书生于是向王向提出诉讼,王向在诉状上判道:"按礼只听说前来学习的,没听说前去教学的。先生既然已经屈尊了,弟子怎么会不自高呢? 为什么不用体罚的方法使他收敛威风,哪里用得着为此而打官司呢?"书生不服王向的判决,直接拿着诉状去见欧阳修。欧阳修一看到判词,极为称赏王向的才华,于是播扬他的名誉、并且奖掖提携他,成就他的美名,王向最终成了名人。

卷十六

士人刘克博观异书①。杜甫诗有"家家养乌鬼,顿顿食黄鱼②。"世之说者,皆谓夔、峡间至今有鬼户③,乃夷人也,其主谓之鬼主④,然不闻有"乌鬼"之说。又鬼户者,夷人所称,又非人家所养。克乃按《夔州图经》,称峡中人谓鸬鹚为"乌鬼"⑤。蜀人临水居者,皆养鸬鹚,绳系其颈,使之捕鱼,得鱼则倒提出之,至今如此。余在蜀中⑥,见人家养鸬鹚使捕鱼,信然,但不知谓之乌鬼耳。

【注释】

①刘克:身世不详。

②"家家养乌鬼"二句:出自杜甫《戏作俳谐体遣闷二首之一》。关于乌鬼的说法,黄朝英《靖康缃素杂记》赞同刘克的说法,认为是鸬鹚;马永卿《懒真子录》认为是猪;蔡宽夫《诗话》认为是鬼神之名;惠洪《冷斋夜话》认为是"乌蛮鬼"的俗称。

③夔:即夔州,今重庆奉节。峡:即峡州,今湖北宜昌。

④鬼主:唐宋时期,西南一带的乌蛮及两爨首领称"鬼主",又有都鬼主、大鬼主、小鬼主的区别。

⑤鸬鹚(lú cí):即鱼鹰,羽毛黑色并有紫色金属光泽,驯化后可用于捕鱼。

⑥余在蜀中:康定元年(1040)以前,沈括随父在四川居住,其父沈周时任简州平泉县知县。

【译文】

士人刘克博览奇书。杜甫诗中有"家家养乌鬼,顿顿食黄鱼。"解诗的人都说夔州、峡州一带至今有"鬼户",是夷人,他们的首领称为"鬼主"，然而没听说有"乌鬼"的说法。所谓的"鬼户"是夷人的称呼，不是人家所养的东西。刘克根据《夔州图经》的记载，指出峡州人称鸬鹚为"乌鬼"。蜀地那些临水而居的人都养鸬鹚，用绳子系住它们的颈部，让它们捕鱼，得到鱼后就从嘴中倒提出来，至今还是这样。我在蜀中的时候，见到人家养鸬鹚捕鱼，确实是这样，但是不知道它们还被称为"乌鬼"。

　　和鲁公有艳词一编①，名《香奁集》。凝后贵，乃嫁其名为韩偓②，今世传韩偓《香奁集》，乃凝所为也。凝生平著述，分为《演纶》《游艺》《孝悌》《疑狱》《香奁》《籯金》六集，自为《游艺集序》云："余有《香奁》《籯金》二集，不行于世。"凝在政府，避议论，讳其名，又欲后人知，故于《游艺集序》实之，此凝之意也。余在秀州，其曾孙和惇家藏诸书，皆鲁公旧物，末有印记甚完。

【注释】

①和鲁公：即和凝（898—955），字成绩，郓州须昌（今山东东平）人。五代梁贞明二年（916）进士，后唐时官至中书舍人，工部侍郎，后晋天福五年（940）拜中书侍郎、同中书门下平章事。入后汉，封鲁国公。

②韩偓：字致光，唐代诗人。参《辨证》卷三。按宋葛立方《韵语阳秋》及宋严羽《沧浪诗话》的说法，韩偓自有《香奁集》。当时或二人各有一部《香奁集》亦未可知。

【译文】

　　和凝有一部写艳情的词集名叫《香奁集》。和凝后来地位显贵，就把此集嫁名于韩偓，现在流传韩偓的《香奁集》，是和凝所作。和凝生平的著述,分为《演纶》《游艺》《孝悌》《疑狱》《香奁》《薇金》六集,自作《游艺集序》说:"我有《香奁》《薇金》二集,没有在世上流传。"和凝当时执政,为了避免他人议论,就隐匿了他自己的名字,但又想让后人知道,于是在《游艺集序》中说明,这是和凝的本意。我在秀州的时候,和凝的曾孙和惇家里藏有这些书,都是和凝的旧物,后面都有保存得很完好的印记。

　　蜀人魏野①,隐居不仕宦,善为诗,以诗著名。卜居陕州东门之外②,有《陕州平陆县诗》云:"寒食花藏县,重阳菊绕湾。一声离岸橹,数点别州山。"最为警句。所居颇萧洒,当世显人多与之游,寇忠愍尤爱之③。尝有《赠忠愍诗》云:"好向上天辞富贵,却来平地作神仙。"后忠愍镇北都,召野置门下。北都有妓女,美色而举止生梗,士人谓之"生张八"。因府会,忠愍令乞诗于野,野赠之诗曰:"君为北道生张八,我是西州熟魏三。莫怪樽前无笑语,半生半熟未相谙④。"吴正宪《忆陕郊诗》云⑤:"南郭迎天使,东郊访隐人。"隐人谓野也。野死,有子闲⑥,亦有清名,今尚居陕中。

【注释】

①魏野(960—1019):字仲先,号草堂居士。以诗名,隐居不仕,卒赠秘书省校书郎。《宋史》卷四五七有传。

②陕州:今河南三门峡市西北一带。

③寇忠愍:即寇准,字平仲,北宋大臣,封莱国公。参《人事》卷九注。

④谙(ān):熟悉,精通。

⑤吴正宪:即吴充,字冲卿,北宋大臣,谥正宪。参《故事》卷二注。

⑥闲:即魏闲(980—1063),字云夫,魏野之子。亦喜为诗,隐居不

仕,赐号清逸处士。

【译文】

蜀地人魏野,隐居不做官,擅长写诗,并以诗著名。在陕州东门外居住,有《陕州平陆县诗》说:"寒食花藏县,重阳菊绕湾。一声离岸橹,数点别州山。"最是佳句。他日常生活的居处很潇洒,当世的达官贵人也多和他交游,寇准尤其欣赏他。他曾经有《赠忠愍诗》说:"好向上天辞富贵,却来平地作神仙。"后来寇准镇守大名府,把魏野招入门下。大名府有一位妓女,虽然美貌,但是举止生硬,士人称她为"生张八"。有一次官府宴会,寇准让她向魏野求诗,魏野赠她诗道:"君为北道生张八,我是西州熟魏三。莫怪樽前无笑语,半生半熟未相谙。"吴正宪的《忆陕郊诗》说:"南郭迎天使,东郊访隐人。"其中的隐人说的就是魏野。魏野死后,有儿子魏闲,也很有清名,现在还居住在陕中。

书画

【题解】

《书画》门凡一卷，以记载书画艺术方面的内容为主。从沈括所记笔记内容看，他在艺术方面讲求揣摩书画家命意，比如吴育揣摩牡丹花时、高益揣摩绘画拨弦指法等。又贵神韵，如论王维雪中芭蕉图之妙、以败壁为助体会江山活笔等。至于书画之结构、细节，亦有提及，比如讨论马毛如何画、佛光画法、合体字部件组合等。可以全方位把握书画之技巧与意蕴。此外，本卷还有一些讨论汉字的内容，比如"己"、"鲤"字义、篆书到隶楷转化中的舛误等，本当属于上卷艺文门的内容，亦阑入本卷。

卷十七

藏书画者多取空名，偶传为钟、王、顾、陆之笔^①，见者争售，此所谓"耳鉴"。又有观画而以手摸之，相传以谓色不隐指者为佳画^②，此又在"耳鉴"之下，谓之"揣骨听声"^③。

【注释】

①钟、王、顾、陆：分别指三国时的钟繇、东晋的王羲之、顾恺之、南

朝宋的陆探微,前二人为书法家,后二人为画家。

②色不隐指:指画面着色均匀,手摸上去没有高低不平的感觉。

③揣骨听声:本为术士相面术语,指通过摸骨骼、听声音来预测人的未来。

【译文】

收藏书画作品的人大多只是为了博取虚名,没有鉴赏力,偶然遇到相传是钟繇、王羲之、顾恺之、陆探微的笔墨就争相购买,这是所谓的"耳鉴"。又有人观画用手去摸,相传着色没有高低不平的就是好画,这水平又在"耳鉴"之下,称为"揣骨听声"。

欧阳公尝得一古画牡丹丛①,其下有一猫,未知其精粗。丞相正肃吴公与欧公姻家②,一见曰:"此正午牡丹也。何以明之? 其花披哆而色燥③,此日中时花也;猫眼黑睛如线,此正午猫眼也。有带露花,则房敛而色泽④。猫眼早暮则睛圆,日渐中狭长,正午则如一线耳。"此亦善求古人心意也。

【注释】

①欧阳公:即欧阳修,字永叔,北宋大臣,谥文忠。北宋文坛领袖。参见《故事》卷一注。

②正肃吴公:即吴育(1004—1058),字春卿,建州浦城(今属福建)人。太平兴国间进士,累官临安、诸暨、襄城知县、大理寺丞、著作郎等。庆历中,拜谏议大夫,参知政事。后以资政殿大学士、尚书左丞知河中府。卒赠吏部尚书,谥正肃。《宋史》卷二九一有传。

③披哆(chǐ):展开,散开,这里指花朵张开,涣散无力。

④房敛:花瓣收紧。

【译文】

欧阳修曾经得到一幅古画,画的是牡丹丛,牡丹下面有一只猫,不知道画得怎么样。丞相吴育与欧阳修是亲家,一见到这幅画就说:"这是正午的牡丹。为什么这么说呢? 因为花瓣散开而且颜色干燥,这是正午时的花;猫的黑眼睛就像线一样,这是正午时的猫眼。如果是带着露水的花朵,那么花瓣会收紧而且颜色润泽。猫眼在早晨和日暮时是圆的,随太阳升高而逐渐狭长,到正午时就像一根线一样。"这也是善于揣摩古人的心意啊。

相国寺旧画壁[①],乃高益之笔[②],有画众工奏乐一堵,最有意。人多病拥琵琶者误拨下弦[③],众管皆发"四"字,琵琶"四"字在上弦[④],此拨乃掩下弦,误也。余以谓非误也,盖管以发指为声,琵琶以拨过为声,此拨掩下弦,则声在上弦也。益之布置尚能如此,其心匠可知。

【注释】

①相国寺:在今河南开封市内。北齐天保六年(555)始建,唐睿宗时重建,改称大相国寺。

②高益:本为契丹涿郡(今河北涿州)人,太祖时来中国,以卖药为生,以绘画知名,后被授翰林待诏,传世有《南国斗象》《卫士骑射》《蕃汉出猎》等图。

③病:指责。

④四:工尺谱中的一音。详见《乐律》。

【译文】

相国寺以前的壁画出自高益的手笔,其中有一堵墙上画着众乐工奏乐,最有意趣。人们大多质疑画中抱着琵琶的乐者误拨了琵琶下弦,因为各种管乐器都在发"四"字音,而琵琶的"四"字音在上弦,这里的动作却在拨下弦,所以画错了。我认为并没有画错,管乐器是手指离开孔而发声,琵琶则是手指拨过弦而发声,这里拨掩下弦,那么声应该在上弦发出。高益对画面的布置能够这样细致,他的匠心可以想见。

书画之妙,当以神会,难可以形器求也。世之观画者,多能指摘其间形象、位置、彩色瑕疵而已,至于奥理冥造者,罕见其人。如彦远《画评》言①:"王维画物②,多不问四时,如画花往往以桃、杏、芙蓉、莲花同画一景。"余家所藏摩诘画《袁安卧雪图》,有雪中芭蕉,此乃得心应手,意到便成,故其理入神,迥得天意,此难可与俗人论也。谢赫云③:"卫协之画④,虽不该备形妙,而有气韵,凌跨群雄,旷代绝笔。"又欧文忠《盘车图》诗云:"古画画意不画形,梅诗咏物无隐情⑤。忘形得意知者寡,不若见诗如见画。"此真为识画也。

【注释】

①彦远:即张彦远(815—907),字爱宾,蒲州猗氏(今山西临猗)人。曾任舒州刺史、左仆射补阙、祠部员外郎、大理寺卿。精于绘画,著有《历代名画记》《法书要录》《彩笺诗集》等。

②王维(701—761):字摩诘,河东蒲州(今山西运城永济)人。开元十九年(731)状元,历官右拾遗、监察御史、河西节度使。天宝年间,拜吏部郎中、给事中。安史之乱后,谪太子中允。乾元年间任尚书右丞,世称"王右丞"。著有《王右丞集》。

③谢赫:齐梁时人,工于绘画,著有《古画品录》。

④卫协:西晋画家,工于人物画,与张墨并称"画圣"。

⑤梅诗:指梅尧臣的诗。梅,指梅尧臣(1002—1060),字圣俞,世称

宛陵先生,宣州宣城(今属安徽)人。皇祐三年(1051)进士,为太常博士,被欧阳修荐为国子监直讲,累迁尚书都官员外郎。工诗,与苏舜钦齐名,人称"苏梅",又与欧阳修并称为"欧梅"。著有《宛陵集》等。《宋史》卷四四三有传。

【译文】

书画的奥妙,要靠神会,难以从具体的形象寻求。世上那些观画的人,大多只能批评画面上形象、位置、色彩上的瑕疵而已,至于那些深奥的意蕴,则很少能够领会。比如张彦远的《画评》说:"王维画的景物,大多不管四季时令,比如画花往往把桃、杏、芙蓉、莲花画在同一风景中。"我家收藏有王维画的《袁安卧雪图》,其中有雪中芭蕉,这正是得心应手、意到便成之处,所以画理入神,深得天机,这很难和俗人讨论。谢赫说:"卫协的画,虽然不能全面细致地描绘事物的形象,但是很有气韵,所以可谓超越群雄,旷世绝笔。"又比如欧阳修的《盘车图》诗说:"古画画意不画形,梅诗咏物无隐情。忘形得意知者寡,不若见诗如见画。"这才真是懂得绘画之妙。

　　王仲至阅吾家画①,最爱王维画《黄梅出山图》,盖其所图黄梅、曹溪二人②,气韵神检,皆如其为人。读二人事迹,还观所画,可以想见其人。

【注释】

①王仲至:即王钦臣(约1034—1101),字仲至,应天宋城(今河南商丘)人,王洙之子。赐进士出身,累官集贤殿修撰、知和州、提举太平观、知成德军等。藏书万卷,手自校正。《宋史》卷二九四有传。

②黄梅:指禅宗五祖弘忍(602—675),以居黄梅山东禅院得称。曹溪:指禅宗六祖慧能(638—713),以居曲江县曹溪得称。

【译文】

　　王钦臣看我家的藏画，最欣赏王维画的《黄梅出山图》，因为画中所画的黄梅、曹溪二人，气韵神韵都很像他们的为人。读了二人的生平事迹，再看王维的画，就可以想见他们的形象。

　　《国史补》言①："客有以《按乐图》示王维，维曰：'此《霓裳》第三叠第一拍也。'客未然，引工按曲，乃信。"此好奇者为之。凡画奏乐，止能画一声，不过金石管弦同用一字耳，何曲无此声，岂独《霓裳》第三叠第一拍也？或疑舞节及他举动拍法中，别有奇声可验，此亦不然。《霓裳曲》凡十三叠，前六叠无拍，至第七叠方谓之叠遍，自此始有拍而舞作。故白乐天诗云："中序擘䃜初入拍②。"中序即第七叠也，第三叠安得有拍？但言"第三叠第一拍"，即知其妄也。或说：尝有人观画《弹琴图》，曰："此弹《广陵散》也。"此或可信。《广陵散》中有数声，他曲皆无，如泼撦声之类是也③。

【注释】

①《国史补》：即《唐国史补》，三卷。唐李肇撰，以记唐开元、长庆间逸事为主。
②擘䃜(bò huō)：形容刀割裂东西的声音。白居易有《霓裳羽衣歌》。
③泼撦(lì)：一种弹弦的声音。

【译文】

　　《唐国史补》中描写说："有一位客人把《按乐图》拿给王维看，王维说：'这弹的是《霓裳》第三叠第一拍。'客人不以为然，于是找来乐工演奏此曲，这才相信。"这是好奇之人编的故事。但凡画奏乐，只能画其中一声的场景,不过是金石管弦都同时演奏一字之音而已,哪首曲子没有这个声音呢,难道只能是《霓裳》第三叠第一拍吗?又有人怀疑在舞蹈的节拍以及其他动作的拍法中,另有独特的音声可以证明,这也是不对的。《霓裳曲》一共十三叠,前六叠没有拍,到第七叠才叫作"叠遍",从此才开始有拍,并开始起舞。所以白居易的诗说:"中序擘騞初入拍。"中序就是第七叠,第三叠怎么会有拍呢?只要说"第三叠第一拍",就知道他是错的。又有人说曾经有人看《弹琴图》,说:"这弹的是《广陵散》。"这或许可信。《广陵散》中有几个音声,是其他曲调都没有的,比如泼撋声之类的就是。

画牛、虎皆画毛,惟马不画。余尝以问画工,工言:"马毛细,不可画。"余难之曰:"鼠毛更细,何故却画?"工不能对。大凡画马,其大不过盈尺,此乃以大为小,所以毛细而不可画;鼠乃如其大,自当画毛。然牛、虎亦是以大为小,理亦不应见毛,但牛、虎深毛,马浅毛,理须有别。故名辈为小牛、小虎,虽画毛,但略拂拭而已。若务详密,翻成冗长,约略拂拭,自有神观,迥然生动,难可与俗人论也。若画马如牛、虎之大者,理当画毛,盖见小马无毛,遂亦不摹,此庸人袭迹,非可与论理也。

又李成画山上亭馆及楼塔之类①,皆仰画飞檐,其说以谓自下望上,如人平地望塔檐间,见其榱桷②,此论非也。大都山水之法,盖以大观小,如人观假山耳。若同真山之法,以下望上,只合见一重山,岂可重重悉见?兼不应见其溪谷间事。又如屋舍,亦不应见其中庭及后巷中事。若人在东立,则山西便合是远境;人在西立,则山东却合是远境。似此如何成画？李君盖不知以大观小之法，其间折高、折远，自有妙理，岂在掀屋角也？

【注释】

①李成（919—967）：字咸熙，营丘（今山东青州）人。开宝间进士，工书画，以画寒林著名。存世有《寒林平野图》《茂林远岫图》等。

②榱桷（cuī jué）：屋椽。

【译文】

画牛、画虎都要画毛，只有画马时不画毛。我曾经带着这个问题去问画工，画工说："马毛细，所以不能画。"我诘难道："鼠毛更细，为什么反而要画？"画工无言以对。大凡画马，其大小不超过一尺，这是把大的画成小的，所以毛细就不能画；画鼠则和本体一样大，自然应当画毛。然而画牛、画虎也是把大的画成小的，按理也不应该看到毛，但是牛、虎的毛长，马的毛短，论理应该有区别。所以名家画小牛、小虎，虽然也画毛，但只是稍微拂拭一下而已。如果追求细密，反而显得累赘，稍微拂拭一下，则自有神韵，迥然生动，这道理难以和俗人讨论。假如画马像画牛、虎那样大，理应画毛，可能开始是看到小马无毛，于是也就不画毛，后来庸人沿袭旧套，不能和他们论画理。

又如李成画山上亭馆及楼塔之类的，都以仰视的角度画飞檐，他认为是从下往上望，就像人在平地望塔檐之间，能看到塔楼的椽子，这说法是错的。大凡画山水，视角是以大观小，就像人看假山一样。如果像画真山那样，从下往上望，只应该看到一重山，怎么可能重重山都看得见呢？而且也不应该连溪谷之间的情形都看到。又比如画屋舍，也不应该看到屋子的中庭以及后巷中的事物。如果人在东边，那么山的西边就应该是远景；人在西边，那么山的东边就应该是远景。像这样该怎么画呢？李君大概不知道以大观小之法，其间处理高低、远近，自然有微妙的道理，哪里在于仰观屋角呢？

画工画佛身光,有匾圆如扇者①,身侧则光亦侧,此大谬也。渠但见雕木佛耳②,不知此光常圆也。又有画行佛,光尾向后,谓之顺风光,此亦谬也。佛光乃定果之光③,虽劫风不可动④,岂常风能摇哉?

【注释】

①匾:通"扁"。

②渠:他。

③定果:修成正果。

④劫风:佛教认为劫有成、往、坏、空四个阶段,坏劫之末有水、火、风三灾,劫风为其中之一。

【译文】

画工画佛身上的光环,有的画成像扇子那样扁圆形的,身子侧过来时光环也侧过来,这是非常错误的。他是只见过木雕的佛像而已,不知道这光环始终是圆的。又有人画行脚佛,光有尾巴朝向后边,称为"顺风光",这也是错的。佛光乃是定果之光,即使是劫风也不能动摇它,哪里是一般的风就能动摇的?

古文"己"字从一、从亡,此乃通贯天、地、人,与"王"字义同。中则为"王",或左或右则为"己"。僧肇曰①:"会万物为一己者,其惟圣人乎?子曰:'下学而上达。'人不能至于此,皆自成之也。"得己之全者如此。

【注释】

①僧肇(384—414):东晋僧人。俗姓张,京兆(今陕西西安)人,为鸠摩罗什弟子,擅长般若学。著有《肇论》《维摩诘经注》等。

【译文】

　　古文的"己"字从一、从亡,这是贯通天、地、人之道,与"王"的字义相同。竖笔在中间就是"王",在左或者在右就是"己"。僧肇说:"能融会万物为一己的,只有圣人吧?孔子说:'下学而上达。'人不能达到这一境界,都是自己束缚自己造成的。"参悟了"己"字全部内涵的人才能这样解释。

　　度支员外郎宋迪工画①,尤善为平远山水②,其得意者有《平沙雁落》《远浦帆归》《山市晴岚》《江天暮雪》《洞庭秋月》《潇湘夜雨》《烟寺晚钟》《渔村落照》,谓之"八景",好事者多传之。往岁小窑村陈用之善画③,迪见其画山水,谓用之曰:"汝画信工,但少天趣。"用之深伏其言,曰:"常患其不及古人者,正在于此。"迪曰:"此不难耳,汝先当求一败墙,张绢素讫,倚之败墙之上,朝夕观之。观之既久,隔素见败墙之上,高平曲折,皆成山水之象。心存目想:高者为山,下者为水,坎者为谷,缺者为涧,显者为近,晦者为远。神领意造,恍然见其有人禽草木飞动往来之象,了然在目。则随意命笔,默以神会,自然境皆天就,不类人为,是谓活笔。"用之自此画格进。

【注释】

①宋迪:字复古,洛阳(今属河南)人。进士出身,为司封郎。性嗜山水画。

②平远:宋人郭熙提出的绘画"三远"(即高远、平远、深远)理论之一。

③陈用之:郾城(今河南漯河)人,善画佛道人物、山川林木。

【译文】

　　度支员外郎宋迪工于绘画,尤其擅长画平远山水,他得意的画作有《平沙雁落》《远浦帆归》《山市晴岚》《江天暮雪》《洞庭秋月》《潇湘夜雨》《烟寺晚钟》《渔村落照》,称为"八景",喜爱的人广为传颂。往年小窑村的陈用之也善于绘画,宋迪见到他画的山水图,对他说:"你的画确实很精致,但是缺少了天趣。"陈用之非常佩服他的话,说:"我常常担心自己的画比不上古人的地方,正在这里。"宋迪说:"这也不难,你先去找一堵破墙,在墙上挂上白色的绢,让它贴在破墙上,每天早晚都来观察。等观察的时间长了,隔着素绢看到破墙的表面,高平曲折,都成了山水的景象。心中留下那些景象,闭目想象:高出的是山,低下的是水,坑洼的是山谷,缺损的是山涧,清晰的是近景,晦暗的是远景。心领神会,恍然见到上面有人、禽、草、木飞动往来的景象,清楚地展现在眼前。这时随意下笔,默然神会,自然意境都浑然天成,不像是人为的,这就是'活笔'了。"陈用之从此绘画的格调日渐长进。

　　古文自变隶①,其法已错乱,后转为楷字,愈益讹舛②,殆不可考。如言"有口为吴,无口为天"。按字书,"吴"字本从口、从矢③,音掀。非天字也。此固近世谬从楷法言之。至如两汉篆文尚未废,亦有可疑者。如汉武帝以隐语召东方朔云④:"先生来来。"解云:"来来,棗也。"按"棗"字从朿,音刺。不从来。此或是后人所传,非当时语。如"卯金刀"为"劉","货泉"为"白水真人",此则出于纬书⑤,乃汉人之语。按:劉字从卯、音酉。从金,如柳、骊、留皆从"卯",非"卯"字也。货从贝,真乃从具,亦非一法,不知缘何如此? 字书与本史所记,必有一误也。

【注释】

①古文：这里指金文、大篆、小篆等字体。

②讹舛（chuǎn）：错误，谬误。

③矢：原作"失"，然与注音异，据胡道静等改。

④隐语：用谐音、析字等隐含的方式表达意义。

⑤纬书：流行于汉代的谶纬之书，有不少根据经义而讲符箓瑞应的
　　内容。

【译文】

　　古文自从变为隶书以后，字法就已经开始错乱，后来转为楷书，就
更加错乱了，字义几乎都无从考证。比如说"有口为吴，无口为天"。按
照字书，"吴"字本来从口、从矢，音捩。下面的不是"天"字。这固然是近
代误从楷书的字形解说而导致的错误。至于像两汉时候，篆书还没有
废弃，也有可疑的解释。比如汉武帝用隐语招来东方朔说："先生来
来。"解释说："来来就是棗。"据考证，"棗"字从朿，音刺。不从来。这或
许是后人传说的，不是当时的原话。又比如把"卯金刀"解释为"劉"，把
"货泉"解释为"白水真人"，这些则是出于谶纬之书，是汉代人的话。据
考证：劉字从丣、音酉。从金，就像柳、駵、留等字都从"丣"，而不是从
"卯"字。货字从贝，真字从具，也不一样，不知道为什么会这样？字书
和原来的史书记载，必定有一种是错误的。

　　唐韩偓为诗极清丽①，有手写诗百余篇，在其四世孙奕
处。偓天复中避地泉州之南安县②，子孙遂家焉。庆历中予
过南安③，见奕出其手集，字极淳劲可爱。后数年，奕诣阙献
之，以忠臣之后，得司士参军，终于殿中丞。又余在京师见
偓《送訾光上人》诗，亦墨迹也，与此无异。

【注释】

①韩偓：字致光，唐代诗人。参《辨证》卷三注。

②天复：唐昭宗年号，公元 901—903 年。避地：避世隐居。

③庆历：宋仁宗年号，公元 1041—1048 年。

【译文】

唐人韩偓写诗非常清丽，有手写的诗稿百余篇，收藏在他的四世孙韩奕那里。韩偓于天复年间隐居在泉州的南安县，子孙就在此安居。庆历年间，我路过南安，见到韩奕出示韩偓的手稿，字体淳朴有力，令人非常喜爱。后来过了几年，韩奕把此手稿献给了朝廷，以忠臣后代的身份，被任命为司士参军，最终官至殿中丞。我在京城还曾经见过韩偓的《送雪光上人》诗，也是墨迹手稿，字体和这个稿本没有差异。

江南徐铉善小篆①，映日视之。画之中心，有一缕浓墨，正当其中；至于屈折处，亦当中，无有偏侧处。乃笔锋直下不倒侧，故锋常在画中，此用笔之法也。铉尝自谓："吾晚年始得蠲匾之法②。"凡小篆喜瘦而长，蠲匾之法，非老笔不能也。

【注释】

①徐铉（916—991）：字鼎臣，广陵（今江苏扬州）人。南唐时任知制诰、翰林学士、吏部尚书。降宋后，官至散骑常侍。精通小学，曾受诏校定《说文解字》。

②蠲（wāi）匾之法：一种小篆字体，一般认为是将隶书、篆书相结合的笔法，字形偏于隶，笔法作篆。

【译文】

江南徐铉擅长小篆，对着阳光看他的字。笔画的中心有一缕浓墨，正在笔画的正中；至于笔画曲折的地方，这缕浓墨也在正中，没有偏到两边的。这是因为他下笔时笔锋直下，不往别处偏斜的原因，所以笔锋常在笔画的正中，这是正宗的运笔方法。徐铉曾经自称："我到晚年才学会蝙匾笔法。"凡是小篆一般喜欢瘦而长，蝙匾笔法，不是老手写不出来。

《名画录》①："吴道子尝画佛②，留其圆光，当大会中，对万众举手一挥，圆中运规，观者莫不惊呼。"画家为之自有法，但以肩倚壁，尽臂挥之，自然中规。其笔画之粗细，则以一指拒壁以为准，自然均匀。此无足奇，道子妙处，不在于此，徒惊俗眼耳。

【注释】

①《名画录》：或指为唐朱景玄撰《唐朝名画录》。

②吴道子（约 680—759）：又名道玄，阳翟（今河南禹州）人。曾任兖州瑕丘县尉，玄宗时召为翰林供奉、内教博士。工画，人称"画圣"。

【译文】

《名画录》记载："吴道子有一次画佛，留着圆形的佛光不画，在众人集会时，对着万众举手一挥，画出来的佛光就像用圆规画出来的一般，观看的人无不惊呼。"画家画圆自有方法，只需要用肩倚着墙壁，伸直了胳臂一挥，自然就合乎圆规标准。至于笔画的粗细，则用一根手指抵着墙壁为准，自然均匀。这没什么可称奇的，吴道子绘画的妙处不在这里，只不过是让俗人感到吃惊而已。

晋、宋书墨迹，多是吊丧问疾书简。唐贞观中①，购求前世墨迹甚严,非吊丧问疾书迹,皆入内府。士大夫家所存,皆当日朝廷所不取者,所以流传至今。

【注释】

①贞观:唐太宗年号,公元 627—649 年。

【译文】

晋、宋书家的墨迹,多是吊丧问病的书信。唐贞观年间,朝廷购求前代墨迹非常彻底,只要不是那些吊丧问病的书信,就都被收入内府。士大夫家里保存的,都是当时朝廷不收的,所以才能流传至今。

鲤鱼当胁一行三十六鳞①,鳞有黑文如十字,故谓之鲤。文从鱼、里者,三百六十也。然井田法即以三百步为一里②,恐四代之法,容有不相袭者。

【注释】

①胁:这里指鲤鱼胸鳍以下的侧面。

②井田法:上古的土地制度,以九百亩的土地为一里,划分为九块,中间的是公田,又称甫田,周围八块各家自行耕种,中间一块各家共同耕作,产出的粮食上缴国家。因为形如井字,故称“井田”。

【译文】

鲤鱼胁部的一排鳞有三十六片,鳞上有像十字一样的黑色纹路,所以称为鲤。鲤字从鱼、从里,“里”就是三百六十。然而井田制以三百步为一里,恐怕上古四代的法令,或许有不相沿袭的地方。

国初,江南布衣徐熙、伪蜀翰林待诏黄筌①,皆以善画著名,尤长于画花竹。蜀平,黄筌并二子居宝、居实,弟惟亮,皆隶翰林图画院,擅名一时。其后江南平,徐熙至京师,送图画院品其画格。诸黄画花,妙在赋色,用笔极新细,殆不见墨迹②,但以轻色染成,谓之写生。徐熙以墨笔画之,殊草草,略施丹粉而已,神气迥出,别有生动之意。筌恶其轧己③,言其画粗恶不入格,罢之。熙之子乃效诸黄之格,更不用墨笔,直以彩色图之,谓之"没骨图"④,工与诸黄不相下。筌等不复能瑕疵,遂得齿院品,然其气韵皆不及熙远甚。

【注释】

①徐熙:金陵(今江苏南京)人,世为江南显族,尚高雅而不肯出仕,工画,尤善花鸟。黄筌(约 903—965):字要叔,成都(今属四川)人。于后蜀官至检校户部尚书兼御史大夫,入宋后任太子左赞善大夫。工画,亦善花鸟。

②殆(dài):几乎。

③轧(yà):排挤。

④没骨图:指不用墨线勾勒,直接以彩色描绘物象的画法。

【译文】

本朝之初,江南布衣徐熙、后蜀翰林待诏黄筌,都以擅长绘画著名,尤其长于画花竹。后蜀被灭,黄筌带着两个儿子黄居宝、黄居实,弟弟黄惟亮一行人,都进入翰林图画院供职,闻名一时。后来南唐被灭,徐熙来到京城,把自己的绘画送到图画院评定他的画格。黄氏一家画的花,妙在着色,用笔极其新奇细腻,几乎看不见墨迹,只用淡彩点染而成,称为写生。徐熙用墨笔画花,非常潦草,只是稍微点染一些丹粉而已,而神气迥然而出,别有一番生动的意境。黄筌嫉妒徐熙的水平,认为他以后会排挤自己，就说他的画风粗恶不入格，不让他进入图画院。徐熙的儿子就效法黄氏一家的画格，完全不用墨笔，直接用彩色来画，称为"没骨图"，其精致程度与黄氏一家不相上下。黄筌等人不再能指出画面的瑕疵，于是和他们一并进入院品，然而其气韵都远远比不上徐熙。

　　余从子辽喜学书①，尝论曰："书之神韵，虽得之于心，然法度必资讲学，常患世之作字，分制无法。凡字有两字、三、四字合为一字者，须字字可拼。若笔画多寡相近者，须令大小均停②。所谓笔画相近，如'殺'字，乃四字合为一，当使'乂'、'木'、'几'、'又'四者大小皆均。如'朱'字，乃二字合，当使'上'与'小'二者，大小长短皆均。若笔画多寡相远，即不可强牵使停。寡在左，则取上齐；寡在右，则取下齐。如从口、从金，此多寡不同也，'唫'即取上齐，'釦'则取下齐。如从朱、从又，及从口、从胃三字合者，多寡不同，则'叔'当取下齐，'喟'当取上齐。"如此之类，不可不知，又曰："运笔之时，常使意在笔前。"此古人良法也。

【注释】

①辽：即沈辽（1032—1085），字睿达，钱塘（今属浙江）人。熙宁初，任审官西院主簿，寻罢。后以太常寺奉礼郎监杭州军资库，任转运使，又遭贬永州，徙池州。

②均停：均匀。

【译文】

　　我的侄子沈辽爱好学习书法，曾经论书法说："书法的神韵，虽说得之于心，但是也必须讲究法度，我经常担心世人写字时，部件拆分都没有法度。大凡一个字由两个,或者由三、四个字组合而成时,必须字字可以相互拼合。如果笔画多少相近,必须令各部分大小均匀。所谓的笔画相近,比如'殺'字,是由四个字组合而成的,应当使'乂'、'木'、'几'、'又'这四部分的大小都均匀一致。比如'朿'字,是由两个字组合而成的,应当使'上'与'小'两部分的大小、长短都均匀一致。如果笔画多少相差较远,就不能勉强使各部分均匀。笔画少的在左边,就取上对齐;笔画少的在右边,就取下对齐。比如从'口'、从'金',这时笔画多少不等,'唫'字的'口'就要取上对齐,'釦'字的'口'则要取下对齐。比如从'朿'、从'又',以及从'口'、从'胃'这种三个字组合的情况,也是笔画多少不同,那么'叔'字的'又'应当取下对齐,'喟'字的'口'应当取上对齐。"像这样的例子,不能不知道,又说:"运笔的时候,要时常使立意在落笔之前。"这是古人的好方法。

王羲之书①,旧传唯《乐毅论》乃羲之亲书于石,其他皆纸素所传。唐太宗袁聚二王墨迹②,惟《乐毅论》石本,其后随太宗入昭陵。朱梁时③,耀州节度使温韬发昭陵得之④,复传人间。或曰公主以伪本易之,元不曾入圹⑤。本朝人高绅学士家。皇祐中⑥,绅之子高安世为钱塘主簿,《乐毅论》在其家,余尝见之。时石已破缺,末后独有一"海"字者是也。其家后十余年,安世在苏州,石已破为数片,以铁束之。后安世死,石不知所在。或云苏州一富家得之,亦不复见。今传《乐毅论》皆摹本也,笔画无复昔之清劲。羲之小楷字,于此殆绝,《遗教经》之类,皆非其比也。

【注释】

①王羲之(303—361,一作 321—379):字逸少,琅邪临沂(今属山

东)人。东晋时任秘书郎、宁远将军、江州刺史,后为会稽内史,领右将军,世称"王右军"。工书,隶、草、楷、行各体皆精,又称"书圣",与其子王献之并称"二王"。

②裒(póu)聚:搜集,聚敛。

③朱梁:指朱温叛唐后建立的后梁政权,公元 907—923 年。

④温韬:原名李彦韬,华原(今陕西耀州)人。初事李茂贞,为耀州刺史,后任耀州、崇州、裕州等地节度使。盗发唐诸陵,后为唐明宗所杀。

⑤圹(kuàng):墓穴,坟墓。

⑥皇祐:宋仁宗年号,公元 1049—1054 年。

【译文】

　　王羲之的书法,旧传只有《乐毅论》是他亲手书写刻在石碑上的,其他的都是写在纸和绢上流传的。唐太宗搜集了二王的墨迹,后来只有《乐毅论》的石刻本随太宗入葬昭陵。后梁时,耀州节度使温韬盗挖昭陵得到它,于是又得以流传人间。有人说当时有公主用赝品调换过了,本来就未曾埋入陵墓。本朝《乐毅论》石碑流入高绅学士家收藏。皇祐年间,高绅的儿子高安世担任钱塘主簿,《乐毅论》就藏在他家,我曾经亲眼见到。当时石碑已经破损,末尾单独有一个"海"字的就是了。在其后的十余年中,高安世一家居住在苏州,石碑已经破碎为数片了,于是用铁索箍起来。后来高安世去世,石碑就不知所在了。有人说是苏州的一位富家得到了,但也没有再见到。现在流传的《乐毅论》都是摹本,笔画不再像当年那样清劲。王羲之的小楷字,从此差不多就绝迹了,《遗教经》之类的都不能和它相比。

　　王钅共踞陕州①,集天下良工画寿圣寺壁,为一时妙绝。画工凡十八人,皆杀之,同为一坎②,瘗于寺西厢③,使天下不复有此笔,其不道如此。至今尚有十堵余,其间西廊迎佛舍利、东院佛母壁最奇妙④，神彩皆欲飞动。又有鬼母、瘦佛二壁差次⑤，其余亦不甚过人。

【注释】

①王铣(hóng，？—752)：太原祁县(今属山西)人。玄宗时历任户部郎中、御史中丞、京畿采访使、御史大夫、兼京兆尹等，后以谋反被赐死。《新唐书》卷一四七有传。陕州：今河南三门峡市。

②坎：墓穴。

③瘞(yì)：埋葬。

④舍利：即佛骨。

⑤鬼母：即鬼子母，佛教护法神。瘦佛：疑为达摩，禅宗的创始者。

【译文】

　　王铣占据陕州的时候，召集天下优秀的画工为寿圣寺画壁画，堪称一时妙绝。画工共有十八人，都被他杀了，一并挖了一个坟墓，葬在圣寿寺的西边，使天下不再有这样的妙笔，他的残暴大致如此。至今还留有十余幅壁画，其中西廊的迎佛舍利画、东院的佛母壁画最为奇妙，都神彩飞动、栩栩如生。又有鬼母、瘦佛二幅壁画，稍微差一点，其余的也没什么过人之处。

　　江南中主时，有北苑使董源善画①，尤工秋岚远景②，多写江南真山，不为奇峭之笔。其后建业僧巨然③，祖述源法④，皆臻妙理。大体源及巨然画笔，皆宜远观。其用笔甚草草，近视之，几不类物象；远观则景物粲然⑤，幽情远思，如睹异境。如源画《落照图》，近视无功；远观村落杳然深远⑥，悉是晚景，远峰之顶，宛有反照之色，此妙处也。

【注释】

①董源(？—约962)：一作董元，字叔达，钟陵(今江西南昌)人。李璟时任北苑副使，故又称"董北苑"，工于山水画，存世有《夏景山口待渡图》《潇湘图》《夏山图》《溪岸图》等。

②秋岚：秋天的山色雾气。

③巨然：钟陵(今江西南昌)人。五代画僧，入宋后居开宝寺。工于山水画，存世画作有《万壑松风图》《秋山问道图》《山居图》等。

④祖述：继承。

⑤粲(càn)然：鲜明灿烂的样子。

⑥杳然：深远的样子。

【译文】

南唐中主时，有北苑使董源擅长绘画，尤其精于秋岚远景，多描写江南的真山，不为奇峭的笔法。后来建业僧人巨然，继承董源的画法，二人都达到了神妙的境界。大体上说，董源和巨然的画风，都适宜远观。他们用笔非常潦草，近看会觉得几乎不成景物；远观则觉得景物鲜明，幽情远思，就像目睹了人间异境。比如董源画的《落照图》，近看感觉没什么功夫；但是远观就觉得村落深邃悠远，都是一派晚景，远处山峰的顶端，宛然有日光返照的色彩，这是他的画的妙处。

技艺

【题解】

《技艺》门凡一卷，涉及古代科技、数理、几何、医药等方面的内容。值得一提的是，本卷中记载了几篇古代科技史的重要文献，比如对毕昇活字印刷术的详细描述，还有关于造屋舍、造弓、造塔等相关技艺的介绍。几则数学公式、算法的推演也非常值得注意。沈括提出的算法处理了高阶级数运算，在世界数学史上相当领先；沈括还运用了指数运算的思路处理复杂运算，并提出了一些简化运算的方法，可见其数学造诣也极高。此外，本卷记载了部分关于历法、考证、医药等的内容，疑从其他各卷阑入。

卷十八

贾魏公为相日①，有方士姓许，对人未尝称名，无贵贱皆称"我"，时人谓之"许我"。言谈颇有可采，然傲诞，视公卿蔑如也②。公欲见，使人邀召数四，卒不至。又使门人苦邀致之，许骑驴，径欲造丞相厅事。门吏止之，不可，吏曰："此丞相厅门，虽丞郎亦须下。"许曰："我无所求于丞相，丞相召我来,若如此,但须我去耳。"不下驴而去。门吏急追之,不还,以白丞相。魏公又使人谢而召之,终不至,公叹曰:"许市井人耳,惟其无所求于人,尚不可以势屈,况其以道义自任者乎?"

【注释】

①贾魏公:即贾昌朝,字子明,北宋宰相,封魏国公。本条元刻本原抹去,今以汲古阁本为底本补录。

②蔑如:轻视的样子。

【译文】

贾昌朝担任丞相的时候,有一个方士姓许,对人从来不说自己的姓名,无论贵贱都自称"我",时人称他"许我"。他的言谈中颇有可取之处,但是性格高傲怪诞,看不起权贵。贾昌朝想见他,多次派人邀请他,却始终都没来。又派门人苦苦邀他来,一天许我骑着驴,径自要闯进丞相府厅室。守门人阻止了他,说:"这是丞相府的厅门,即使是寺丞、郎官也必须下马。"许我说:"我对丞相别无所求,是丞相请我来的,既然这样,那我只好走了。"也不下驴就走了。守门人赶紧追上去,还是没追回来,就回来禀告丞相。贾昌朝又派人道歉并再次邀请他,最终也没有再来,贾昌朝感叹道:"许我只是一介市井小民,只因为他对别人无所求,尚且不能用权势让他屈服,何况是以道义自任的人呢?"

造舍之法,谓之《木经》,或云喻皓所撰①。凡屋有三分:去声。自梁以上为上分,地以上为中分,阶为下分。凡梁长几何,则配极几何②,以为榱等③。如梁长八尺,配极三尺五寸,则厅堂法也,此谓之"上分"。楹若干尺④,则配堂基若干尺,以为榱等。若楹一丈一尺,则阶基四尺五寸之类,以至承拱、榱桷⑤，皆有定法，谓之"中分"。阶级有峻、平、慢三等，宫中则以御辇为法⑥：凡自下而登，前竿垂尽臂，后竿展尽臂为峻道⑦；荷辇十二人：前二人曰前竿，次二人曰前绦⑧，又次曰前胁，后二人曰后胁⑨，又后曰后绦，末后曰后竿。辇前队长一人，曰传倡，后一人，曰报赛。前竿平肘，后竿平肩，为慢道；前竿垂手，后竿平肩，为平道：此之谓"下分"。其书三卷。近岁土木之工，益为严善，旧《木经》多不用，未有人重为之，亦良工之一业也。

【注释】

①喻皓：浙东人，五代末宋初工匠，擅长造塔，相传著有《木经》。

②极：这里指房梁到屋顶最高点的距离。

③榱（cuī）等：等级，比例。

④楹（yíng）：厅堂前部的柱子。

⑤承拱：即斗拱，古代建筑上柱头与梁架之间的承重部件。榱桷（jué）：椽子，屋面基层承接屋瓦的部件。

⑥御辇（niǎn）：皇帝的坐轿。

⑦展：这里是举起的意思。

⑧绦（tāo）：用丝编成的带子。

⑨二：原作"一"，据弘治本、崇祯本改。

【译文】

关于营造屋舍的技术，有一本书叫作《木经》，有人说是喻皓写的。一栋屋子分成三部分：从房梁往上算是"上分"，从地面往上算是"中分"，台阶是"下分"。确定了房梁长多少，那么房梁到屋顶的高度就要相应地按比例搭配好。比如房梁长八尺，那么适配的屋脊高度就是三尺五寸，这是造厅堂的规格，这称为"上分"。确定了屋柱高多少，那么堂基的尺寸也要相应地按比例搭配好。比如屋柱高一丈一尺，那么对应台阶的宽度就是四尺五寸之类，以至于斗拱、椽子等等，都有规定的尺寸，这称为"中分"。台阶有峻、平、慢三等，皇宫中则以御辇作为标准：抬着御辇从下往上登阶，前竿下垂尽手臂之长，后竿上举也尽手臂之长，这样才能保持御辇平衡的台阶称为"峻道"；抬辇一共十二人：前二人称为"前竿"，次二人称为"前绦"，又次二人称为"前胁"，后二人称为"后胁"，又后二人称为"后绦"，最后二人称为"后竿"。辇前有队长一人，称为"传倡"，辇后有一人，称为"报赛"。前竿与肘部相平，后竿与肩部相平，这样就能保持御辇平衡的台阶称为"慢道"；前竿下垂尽手臂之长，后竿与肩部相平，这样就能保持御辇平衡的台阶称为"平道"：这些称为"下分"。这本书一共三卷。近年来，土木工程技术更加严谨完善了，以前的《木经》多已不用，但是还没有人重新编写新的《木经》，这也是优秀的木工应该做的一项事业。

　　审方面势①，覆量高深、远近，算家谓之"串术"②，串文象形，如绳木所用墨斗也③。求星辰之行，步气朔消长，谓之"缀术"④。谓不可以形察，但以算数缀之而已。北齐祖亘有《缀术》二卷⑤。

【注释】

①审方面势：推算方位和地形。

②算：原作"等"，据弘治本、津逮本等改。串（wèi）术：爱庐本一作"串术"，指测定星体在天球上各个时刻的经纬度和地面的高低远近。

③绳木：在木头上画线以取料。墨斗：木匠用来打直线的器具。

④缀术：如象数门中所谈，在测量行星运行时，会遇到白昼、阴雨等情况而无法准确观测，所缺的数据就要通过数学运算来推导，并

需要进行误差修正，对数据进行"补缀"，所以称为"缀术"。

⑤祖亘：即祖暅（gèng），字景烁，祖冲之之子，曾参与修订历法，并自造浑象，还曾提出准确计算球体体积的公式。

【译文】

推算方位和地形，测量高低、远近，数学家称这些为"叀术"，叀是象形字，像在木头上画线时使用的墨斗。计算星辰的运行、节气朔望的变化，这些称为"缀术"。意思是说不可以从外形考察，只能用数学方法推演而已。北齐的祖亘著有《缀术》二卷。

算术求积尺之法①，如刍萌、刍童、方池、冥谷、堑堵、鳖臑、圆锥、阳马之类②，物形备矣，独未有"隙积"一术。古法：凡算方积之物③，有"立方"④，谓六幂皆方者⑤，其法再自乘则得之。有"堑堵"⑥，谓如土墙者，两边杀、两头齐⑦，其法并上下广折半以为之广，以直高乘之；又以直高为句，以上广减下广，余者半之为股⑧，句股求弦⑨，以为斜高。有"刍童"，谓如覆斗者，四面皆杀，其法倍上长加入下长，以上广乘之；倍下长加入上长，以下广乘之；并二位法，以高乘之，六而一⑩。"隙积"者，谓积之有隙者，如累棋、层坛及酒家积罂之类⑪，虽似覆斗⑫，四面皆杀，缘有刻缺及虚隙之处，用"刍童法"求之，常失于数少。余思而得之，用"刍童法"为上行、下行，别列下广，以上广减之，余者以高乘之，六而一，并入上行⑬。假令积罂：最上行纵横各二罂，最下行各十二罂，行行相次，先以上二行相次，率至十二，当十一行也。以"刍童法"求之，倍上行长得四，并入下长得十六，以上广乘之，得之三十二⑭；又倍下长得二十四⑮，并入上长，得二十六⑯，以下广乘之，得三百一十二，并二位得三百四十四①，以高乘之，得三千七百八十四⑱。重列下广十二，以上广减之余十，以高乘之，得一百一十，并入上行，得三千八百九十四，六而一，得六百四十九，此为罍数也。"刍童"求见实方之积，"隙积"求见合角不尽，益出羡积也。

【注释】

①积尺：这里指体积。

②刍甍：长方楔，底面为矩形，两个侧面为梯形。刍童：上下底都是矩形的棱台体。方池：上下底都是正方形的棱台体。冥谷：形状与刍童相同。堑堵：底面为等腰三角形的直三棱柱。鳖臑（biē nào）：四个面均为直角三角形的三棱锥。圆锥：正圆锥体。阳马：底面为矩形且有一条侧棱与底面垂直的四棱锥。这些多面体的体积计算在《九章算术·商功》中均有论述。

③方积之物：以平面作为界面的实体。

④立方：即正方体。

⑤六幕：六个面。

⑥堑堵：这里指底面为等腰梯形的棱柱，与上文"堑堵"不同。胡道静等疑"堵"字为衍文。

⑦杀：倾斜。

⑧半之：二字原缺，从张文虎《舒艺室杂著》甲编卷下说补。

⑨句股求弦：这里是指运用勾股定理求直角三角形斜边的方法，以直角三角形的两个直角边互为勾（a）、股（b），斜边为弦（c），则有 $a^2 + b^2 = c^2$。句，通"勾"，下文亦作"勾"。求，原作"乘"，从张文虎说改。

⑩一：原作"二"，据下文运算的数理公式改。设刍童的上长为 a，宽为 b，下长为 c，下宽为 d，高为 h，则刍童体积 $V = \dfrac{h}{6}\big[(2a + c)b +$

$(2c+a)d]$

⑪层坛：分层而筑土坛。罌：酒坛一类的容器。这里的"隙积"法，处理的实际上是高阶等差级数求和的问题。

⑫似：原作"以"，据爱庐本改。

⑬"余思"七句：这里是指在原来刍童法公式基础上，加上因边长亏缺和中间空隙而造成的差量，其体积 $V=\dfrac{h}{6}\big[(2a+c)b+(2c+a)d\big]+\dfrac{h}{6}(d-b)$

⑭三十二：原作"二十二"，据上面公式计算，当为三十二。

⑮二十四：原作"十六"，据公式计算，当为二十四。

⑯二十六：原作"四十六"，据公式计算，当为二十六。

⑰并二位：原作"并二倍"，根据公式，此为两项求和，没有乘二的部分，当为二位。

⑱三千七百八十四：原作"二千七百八十四"，据公式计算，当为三千七百八十四。

【译文】

算术求体积的方法，如刍萌、刍童、方池、冥谷、堑堵、鳖臑、圆锥、阳马之类，各种形体都具备了，唯独没有"隙积"这种算法。古法：凡是计算立体之物，有"立方"，指六个面都是正方形的物体，其算法是边长求立方就算出来了。有"堑堵"，指像土墙那样的物体，两边斜、两头平，其算法是底面的上底加下底的和，乘以二分之一底面的宽，再乘以柱体的高；或者以柱体的高为"勾"，用底面的上底减下底的差，乘以二分之一为"股"，用勾股法求"弦"就能得出斜高。有"刍童"，指倒扣着的斗那样的物体，四面都是倾斜的，其算法是用上长的二倍加下长，再乘以上宽为第一项；下长的二倍加上长，再乘以下宽为第二项；把这两项相加，再乘以高除以六。所谓的"隙积"，是指堆积起来有空隙的物体，比如累棋、层坛及酒家堆积酒坛之类的，虽然形似倒扣的斗，四面都是斜的，但是因为边缘上有亏缺、中间有空隙,所以用"刍童法"计算时,往往比实际的数要小。我思考后找到了办法,先按"刍童法"计算其上行、下行,再单列下底宽减上底宽,乘以高除以六,再加上前面的项就是实际体积。假设堆积酒坛:最上一层纵横各二坛,最下一层各十二坛,每层比上一层少一个,先从最上层的两只数起,数到十二,正好是十一层。用"刍童法"计算,最上一层长乘二得四,加上最下一层长(十二)得十六,乘以最上一层的宽(二)得三十二;再把最下一层长乘二得二十四,加上最上一层长(二)得二十六,乘以最下一层的宽(十二)得三百一十二;把这两项加起来得三百四十四,乘以高(十一)得三千七百八十四。另外计算最下一层宽十二,减去最上一层宽(二)余十,乘以高(十一)得一百一十,加上前面算的那项,得三千八百九十四,再除以六,得六百四十九,这就是酒坛的数目了。"刍童"法求出的是实方体积,"隙积"法求出的截去边角,就是"刍童"法没算进去的多余部分。

　　履亩之法,方圆曲直尽矣,未有"会圆"之术①。凡圆田,既能拆之②,须使会之复圆。古法惟以中破圆法拆之,其失有及三倍者。余别为"拆会"之术,置圆田,径半之以为弦,又以半径减去所割数,余者为股,各自乘,以股除弦,余者开方除为勾,倍之为割田之直径③,以所割之数自乘,退一位倍之,又以圆径除所得,加入直径,为割田之弧。再割亦如之,减去已割之数,则再割之数也。假令有圆田,径十步,欲割二步,以半径为弦,五步自乘得二十五,又以半径减去所割二步,余三步为股,自乘得九,用减弦外,有十六,开平方,除得四步为勾,倍之为所割直径。以所割之数二步自乘为四,倍之得为八,退上一位为四尺④,以圆径除。今圆径十,已是盈数,无可除,只用四尺加入直径,为所割之弧,凡得圆径八步四尺也。再割亦依此法,如圆径二十步求弧数,则当折半,乃所谓以圆径除之。**此二类皆造微之术,古**

书所不到者,漫志于此。

【注释】

①"会圆"之术:这里计算的是已知圆的直径和弓形的高,求弓形弧长的方法。据现代证明,沈括的方法在圆心角不超过 45°时,所得弧长的相对误差小于 20%。

②拆:原作"折",据崇祯本改。下一"拆"字同此。拆圆法的理论由三国时刘徽提出,假设当圆的弓形趋向于无限小时,弓形的弧长近似等于它的弦长。但是当弓形等于半圆时,其误差就会很大。因为圆周率为 $\pi \approx 3.14$,所以每段弧长的实际误差最大应该是 $\dfrac{\pi}{2}$ 倍,两段半圆形的弧长加起来就是三倍。

③直径:此处是指所割弓形的弦长。设圆的直径为 d,弓形高为 h,则得其弦长 $C = \sqrt[2]{(\dfrac{d}{2})^2 - (\dfrac{d}{2} - h)^2}$,进而计算弓形的弧长 $S \approx \dfrac{2h^2}{d} + c$,这个公式是根据《九章算术》所载弓形面积的近似公式 $A \approx \dfrac{1}{2}(hc + h^2)$ 求得的。

④退上一位:位,原作"倍",与数理颇不合。退上一位就是指小数点前移一位,因为假设圆的直径是 10,所以根据公式 $\dfrac{2h^2}{d}$,恰好分母是 10,即退上一位,"倍"字无据。古代一步等于五尺,所以 0.8 步即 4 尺。

【译文】

测量田亩的算法,方圆曲直都能计算,但是没有求"会圆"的方法。凡是圆形的田,既然能分开它,就应该能使它复原为圆。古法中只用平分一个圆的方法拆分计算弧长,这种算法有时误差会达到三倍。我另外推导了"折会"算法,设有圆形田地,用半径作为直角三角形的斜边"弦",用这个半径减去所割圆之弓形的高,得到的差为直角三角形的一条直角边"股",把"弦"和"股"平方后相减,再开方得到另一条直角边"勾"的长,再乘以二,就可得到所割圆的弓形的弦长,把所割圆之弓形的高求平方再乘二,然后除以圆的直径所得的商与前面的弦长相加,就是所割弧形的弧长。再割一块的算法也是这样,总弧长减去已割部分的弧长,就是再割田的弧长。假设有一块圆田,直径十步,要求高两步的弧长,就以半径为"弦",五步平方得二十五,再以半径减去所割的二步,剩下三步为"股",求平方得九,两者相减得十六,开平方得四步为"勾",乘以二就是所割的弦长。用所割的高二步平方得四,乘二得八,除以直径,退一位就是四尺。现在圆的直径是十,已是整数,无可除,只用四尺加上弦长,就是为所割之弧的弧长,所以得到弧长是八步四尺。再割一块也是这么算,如果圆的直径是二十步来求弧长,就应当折半,再用圆径来除。这两种算法都是非常精微的算法,古书上没有提到,随笔记录在这里。

蹙融[1],或谓之"蹙戎",《汉书》谓之"格五",虽止用数棋,共行一道,亦有能否。徐德占善移[2],遂至无敌。其法己常欲有余裕,而致敌人于险。虽知其术止如是,然卒莫能胜之。

【注释】

①蹙(cù)融:古代一种棋类游戏,类似于后来的跳棋。

②徐德占:即徐禧(?—1082),字德占,洪州分宁(今江西修水)人。王安石变法时,以布衣献策,得到任用。后战死,卒谥忠愍。《宋史》卷三三四有传。

【译文】

蹙融，或者称为"蹙戎"，《汉书》称为"格五"，虽然只用几枚棋子，在一条棋道中争行，但也有技艺高下之分。徐德占擅长移步争道，以至于没有敌手。他的下法是让自己常有余地，而把敌人置于险境。即使知道他的战术是这样的，但最终还是战胜不了他。

予伯兄善射，自能为弓。其弓有六善：一者往体少而劲①，二者和而有力，三者久射力不屈，四者寒暑力一，五者弦声清实，六者一张便正。凡弓往体少则易张而寿，但患其不劲，欲其劲者，妙在治筋。凡筋生长一尺，干则减半，以胶汤濡而梳之，复长一尺，然后用，则筋力已尽，无复伸弛。又揉其材令仰②，然后傅角与筋，此两法所以为筋也。凡弓节短则和而虚③，"虚"谓挽过吻则无力④。节长则健而柱，"柱"谓挽过吻则木强而不来，"节"谓把梢裨木⑤，长则柱，短则虚。节得中则和而有力，仍弦声清实。凡弓初射与天寒，则劲强而难挽；射久、天暑，则弱而不胜矢，此胶之为病也。凡胶欲薄而筋力尽，强弱任筋而不任胶，此所以射久力不屈，寒暑力一也。弓所以为正者，材也。相材之法视其理，其理不因矫揉而直，中绳则张而不跛，此弓人之所当知也。

【注释】

①往体：即弓体。指弓体的外挠部分，与"来体"相对。来体指弓体的内向部分。

②仰：指与开弓相反的方向。

③弓节：指弓体中间用硬木加强的把手部位。

④吻：拉弓拉满时，弓弦的位置应该在弓手口部，这里表示拉满弓。

⑤裨(bì)木：衬木。

【译文】

我大哥擅长射箭，还能自己造弓。他的弓有六样好处：一是弓体外挠的部分少而刚劲，二是容易拉开而弹力大，三是长时间射击后力道不减，四是无论寒暑弓力保持一致，五是弓弦的声音清脆而坚实，六是张弓时弓体不偏扭。一般弓的外挠部分少就容易张开并且寿命长，但是就怕不够强劲，想让弓强劲，绝招在处理筋上。一尺长的生筋，干了就会减半，用胶汤浸泡并揉搓，重新恢复为一尺长度，然后再用，这时筋力已尽，不会再伸长松弛了。再把木材向弓的反方向弯曲，然后缠上角和筋，这两种办法是用来处理筋的。一般弓的弓节短小就容易拉开，但是弹力弱，"虚"是指弓拉满时，显得没有力量。弓节长的话，弓就坚硬，但是难以拉开，"柱"是指弓拉满时，显得弓臂强硬而难以弯曲，"节"是指弓把上的衬木，长了就会坚硬，短了就会力虚。弓节长短适当，则既容易拉开又有弹力，而且弦声清脆坚实。一般弓第一次射或是天冷的时候，弓就硬而难以拉开；射的时间长了或者天热的时候，弓力就会减弱而不能发箭，这是胶的问题。一般胶要涂得薄，这样筋力才能发挥，弓的强弱靠的是筋而不是胶，这样就能使弓射得时间长了力量不减，寒暑天力道保持一致。张弓时弓体不偏扭，靠的是木材好。判断木材的标准是看它的纹理，如果纹理不经校正就是直的，那么开弓时就不会偏，这些都是造弓师傅应该知道的。

小说：唐僧一行曾算棋局都数①，凡若干局尽之。余尝思之，此固易耳，但数多，非世间名数可能言之，今略举大数。凡方二路，用四子，可变八十一局②，方三路，用九子，可变一万九千六百八十三局。方四路，用十六子，可变四千三百四万六千七百二十一局。方五路，用二十五子，可变八千四百七十二亿八千八百六十万九千四百四十三局。古法：十万为亿，十亿为兆，万兆为秭。算家以万万为亿③，万万亿为兆，万万兆为垓。今且以算家数计之。方六路，用三十六子，可变十五兆九十四万六千三百五十二亿八千二百三万一千九百二十六局。方七路以上，数多无名可纪。尽三百六十一路，大约连书万字四十三④，即是局之大数。万字四十三，最下万字是万局，第二是万万局，第三是万亿局，第四是亿兆局，第五是万兆局，第六是万万兆，谓之一垓，第七是万垓局⑤，第八是万万垓，第九是万亿垓⑥。此外无名可纪，但四十三次万倍乘之，即是都大数，零中数不与。其法：初一路可变三局，一黑、一白、一空。自后不以横直，但增一子，即三因之。凡三百六十一增，皆三因之，即是都局数。又法：先计循边一行为"法"，凡十九路，得十一亿六千二百二十六万一千四百六十七局⑦。凡加一行，即以"法"累乘之，乘终十九行，亦得上数。又法：以自"法"相乘，得一百三十五兆八百五十一万七千一百七十四亿四千八百二十八万七千三百三十四局，此是两行，凡三十八路变得此数也。下位副置之，以下乘上，又以下乘下，置为上位；又副置之，以下乘上，以下乘下；加一"法"，亦得上数⑧。有数法可求，唯此法最径捷。只五次乘，便尽三百六十一路。千变万化，不出此数，棋之局尽矣。

【注释】

①一行（683—727）：原名张遂，唐代和尚，精通天文、历算。都：总，总共。

②八十一局：原作"八千十一局"，误。两路见方，则棋盘有四格，每格有黑、白、空三种可能，四个位置就可能出现 $3^4 = 81$ 种可能性。

③算家：原作"合家"，据弘治本、津逮本等改。

④四十三：原作"五十二"，误。按照沈括的计算方法，361格，每格有3种可能，那么总的可能性是$3^{361}=1.72\times10^{172}$种可能，$10^4$为一万，则$10^{172}$当为一万的43次方。下文"五十二"并误。

⑤万：字原缺，据文意当填一"万"字。

⑥万亿垓：原作"万亿万万垓"，据文意，仅增一"万"字不当涨如此多倍。

⑦十一亿：原作"一十亿"，误。一行19路，就有3^{19}种可能，$3^{19}=$ 1162261467，显然当作十一亿。

⑧得上数：最后一种计算最便捷，因为用了指数运算的方法。首先计算一行19路，即3^{19}种，称为"法"（为了方便，设"法"为x），"法"自乘就是x^2，然后乘上一路、乘下一路，即$(x^2)^3=x^6$，再把这个数字乘两遍，即$(x^6)^3=x^{18}$，再乘一遍"法"就是x^{19}，即完成对$(3^{19})^{19}=3^{361}$的运算。

【译文】

小说中记载：唐代和尚一行曾经计算过围棋的棋局总数，共算了若干局穷尽了。我曾经考虑过，这问题其实很容易，但是数目太大，不是世间数字单位能表达的，现在略举大数。二路见方的棋盘，用四子，可变化出八十一种棋局，三路见方的棋盘，用九子，可变化出一万九千六百八十三种棋局。四路见方的棋盘，用十六子，可变化出四千三百零四万六千七百二十一种棋局。五路见方的棋局，用二十五子，可变化出八千四百七十二亿八千八百六十万九千四百四十三种棋局。按照古法：十万为亿，十亿为兆，万兆为秭。算家以万万为亿，万万亿为兆，万万兆为垓。这里姑且用算家的记数法。六路见方的棋盘，用三十六子，可变化出十五兆九十四万六千三百五十二亿八千二百二十零三万一千九百二十六局。七路见方以上，数目太大无法记录。穷尽三百六十一路的运算，大约连写四十三个万字，就是棋局的大约数字。四十三个万字，最后一个万字是万局，第二个是万万局，第三个是万亿局，第四个是亿兆局，第五个是万兆局，第六个是万万兆局，称为一垓，第七个是万垓局，第八个是万万垓局，第九个是万亿垓局。此外就没有名称可用了，只把万乘四十三次，就是大约的数目了，零头数字不算在内。计算方法是：第一个位置有三种变化，或黑、或白、或空。此后不论纵横，只要增加一子，就乘以三。增加到三百六十一路，每次都乘以三，就是棋局总数。还有一种方法：先计算边上一行的局数，以此作为"法"，一行共有十九路，得十一亿六千二百二十六万一千四百六十七局。只要增加一行，就把"法"累乘一次，这样乘到第十九行，也能得到上面的数字。还有一种方法：先用"法"自乘，得出一百三十五兆八百五十一万七千一百七十四亿四千八百二十八万七千三百三十四种棋局，这是计算了两行，一共三十八路可以变化出的棋局。然后乘积作为乘数，连续自乘两次；即"法"的六次方。再把得出的数字连续自乘两次；即"法"的十八次方。再乘一次"法"，也能得到上面的数字。有多种算法可以计算，只有这种方法最快捷。只要乘五次，就能穷尽三百六十一种变化。千变万化，不超出此数，棋局的总数就穷尽了。

《西京杂记》云①："汉元帝好蹴鞠②，以蹴鞠为劳，求相类而不劳者，遂为弹棋之戏③。"余观弹棋绝不类蹴鞠，颇与击鞠相近④，疑是传写误耳。唐薛嵩好蹴鞠⑤，刘钢劝止之曰⑥："为乐甚众，何必乘危邀顷刻之欢？"此亦"击鞠"，《唐书》误述为"蹴鞠"。弹棋今人罕为之，有谱一卷，尽唐人所为。其局方二尺，中心高，如覆盂⑦；其巅为小壶，四角微隆起。今大名开元寺佛殿上有一石局，亦唐时物也。李商隐诗曰⑧："玉作弹棋局，中心最不平。"谓其中高也。白乐天诗："弹棋局上事，最妙是长斜。"长斜谓抹角斜弹，一发过半局，今谱中具有此法。柳子厚《叙棋》用二十四棋者⑨，即此戏也。《汉书》注云："两人对局，白、黑子各六枚。"与子厚所记小异。如弈棋，古局用十七道，合二百八十九道，黑白棋各百五十，亦与后世法不同。

【注释】

①《西京杂记》：晋葛洪撰小说集，多记载西汉逸事，或志怪传说。

②汉元帝：据《西京杂记》卷二，当为汉成帝。蹴鞠（cù jū）：古代一种球类游戏，类似于今天的足球。

③弹棋：两人对局，黑白棋各六枚，先弹中对方六枚者为胜。魏改用十六枚，唐又改为二十四枚。

④击鞠（jū）：古代一种球类游戏，类似于今天的马球。

⑤薛嵩（？—773）：绛州万泉（今山西万荣）人，薛仁贵之孙。安史之乱时投叛军，被封为邺郡节度使，后以相、卫、洺、邢四州降唐，被封为昭义节度使，后迁检校尚书右仆射，卒赠太保。

⑥刘钢：身世不详。

⑦盂（yú）：盆状器皿。

⑧李商隐（约813—约858）：字义山，号玉谿生，怀州河内人（今河南沁阳）。开成二年（837）进士，官秘书省校书郎、弘农尉等，以卷入牛李党争而郁郁不得志。工诗，与杜牧并称"小李杜"。

⑨柳子厚：即柳宗元（773—819），字子厚，山西河东（今山西运城）人，世称"柳河东"。贞元九年（793）进士，任秘书省校书郎，后应博学宏词科，授集贤殿正字，累官蓝田尉、监察御史里行，参加王叔文集团革新，被贬永州司马，改柳州刺史，故世称"柳柳州"。与韩愈倡导古文，世称"韩柳"，又工诗，与刘禹锡并称"刘柳"。

【译文】

《西京杂记》记载："汉元帝爱好蹴鞠，但是因为玩蹴鞠太累，就想找玩法类似但是不费力的东西，于是发明了弹棋的游戏。"据我看，弹棋绝不像蹴鞠，倒是和击鞠很像，我怀疑是传写的错误。唐代的薛嵩爱好蹴鞠，刘钢劝阻他说："能带来快乐的游戏很多，何必要冒着危险享受顷刻的欢乐呢?"这也是"击鞠"，《唐书》误记作"蹴鞠"了。弹棋这种游戏现在人很少玩了，但传有棋谱一卷，都是唐人所编。棋盘二尺见方，中间高，就像倒扣的盆;顶部是一个小壶，四角微微隆起。现在大名府开元寺的佛殿上有一石制棋盘，也是唐代的遗物。李商隐的诗说："玉作弹棋局，中心最不平。"说的是棋盘中间高。白居易的诗说："弹棋局上事，最妙是长斜。""长斜"是指贴着边角斜弹，一发弹过半局，现在的棋谱中都有这种方法。柳宗元的《叙棋》说用二十四颗棋子，就是这种游戏。《汉书》注说："两人对局，用白、黑子各六枚。"和柳宗元记载的略有不同。这就像弈棋，古局用十七道，共计二百八十九路，黑白棋各一百五十枚，也和后代的下法不同。

　　算术多门，如求一、上驱、搭因、重因之类①，皆不离乘除。唯增成一法稍异②，其术都不用乘除，但补亏就盈而已。假如欲九除者，增一便是;八除者，增二便是。但一位一因之。若位数少，则颇简捷;位数多，则愈繁，不若乘除之有常。然算术不患多学，见简即用，见繁即变，不胶一法，乃为通术也。

【注释】

①求一:把首位是 2—9 的乘数和除数，用加倍或折半的方法，使首位变为 1，从而进行简化运算。上驱:当乘数的结尾是 1 时，可将被乘数先按乘数减一运算，然后再加上被乘数，从而实现简化运算，比如 $25 \times 31 = 25 \times 30 + 25$。搭因:据胡道静等推测，可能是把乘数或除数拆成简单因数后重新搭配进行简化运算。重因:

即因式分解的方法,把乘数或除数拆分为简单的因数再分别完成乘除运算。

②增成:原作"增减",据《类苑》卷五十二引改。

【译文】

算术有多种门类,比如求一、上驱、搭因、重因之类,都离不开乘除运算。只有"增成"这种方法不太一样,运算时都不用乘除,只需要补亏就盈即可。假如一个数被九除,只要将被除数小数点前移一位,再加上该数本身即可;被八除,只要将被除数小数点前移一位,再加上该数的两倍就行。但是多补一次就多加一次。如果位数少,就颇为简捷;如果位数多,反而愈加繁琐,不如乘除运算那样有一定规律。但是算术不怕多学,见到有简便的算法就用,见到算法繁琐了就换,不拘泥于一种方法,才是算术的通则。

版印书籍①,唐人尚未盛为之,自冯瀛王始印五经②,已后典籍,皆为版本。庆历中,有布衣毕昇③,又为活版。其法用胶泥刻字,薄如钱唇④,每字为一印,火烧令坚。先设一铁版,其上以松脂、腊和纸灰之类冒之⑤。欲印则以一铁范置铁板上⑥,乃密布字印。满铁范为一板,持就火炀之⑦,药稍镕,则以一平板按其面,则字平如砥⑧。若止印三、二本,未为简易;若印数十百千本,则极为神速。常作二铁板,一板印刷,一板已自布字。此印者才毕,则第二板已具。更互用之,瞬息可就。每一字皆有数印;如"之""也"等字,每字有二十余印,以备一板内有重复者。不用则以纸贴之,每韵为一贴,木格贮之。有奇字素无备者,旋刻之,以草火烧,瞬息可成。不以木为之者,木理有疏密,沾水则高下不平,兼与药相粘,不可取。不若燔土⑨,用讫再火令药镕,以手

拂之,其印自落,殊不沾污。昇死,其印为余群从所得,至
今保藏。

【注释】

①版印:雕版印刷。

②冯瀛王:即冯道(882—954),历任后唐、后晋、后汉、后周四朝宰
相,封瀛王。参《故事》卷一注。

③毕昇(约970—1051):徽州(今属安徽)人,以发明泥活版著名。

④钱唇:铜钱的边缘。

⑤冒:覆盖。

⑥铁范:铁框子。

⑦炀(yáng):烘烤。

⑧砥(dǐ):磨刀石。

⑨燔(fán)土:指用胶泥烧制成的字模。

【译文】

雕版印书,唐人还没有盛行,从五代冯道开始用雕版印五经,此后
的典籍,就都刻版印刷了。庆历年间,有平民毕昇,发明了活版。他的
方法是用胶泥刻字,笔画凸出部分像铜钱的边缘那样薄,每个字做一枚
印,用火烧它使其坚固。先准备一块铁版,在上面用松脂、蜡和纸灰之
类的东西盖上。想要印了就用一个铁框子放在铁板上,在其中密密地
排布活字印。排满铁框就是一板,然后拿起来放在火上烤,等松脂、蜡
等逐渐融化了,再用一块平板压在字面上,这样字印就像磨刀石一样平
整了。如果只印两三本的话,这种方法并不简易,但若是印数十、乃至
成百上千本,这种方法就极为神速。一般准备两块铁板,一块用来印
刷,一块则进行排字。这一板才印完,第二板就已经准备好了。交替使
用,瞬息可就。每一个字都有数枚活字印;像"之"、"也"这些字,每个字
有二十几个活字印,用来预备一板之内有重复用字的情况。不用时,就

用纸贴好标签,每个韵部作一个标签,放在木盒子里存放。有特殊字平常没有准备的,就现场刻一个活字印,用火烧一下,瞬息可成。之所以不用木料做活字印,是因为木料的纹理有疏密,沾上水就会高低不平,而且还会和药料相粘,难以取下。不如用泥烧的字印,用完了再用火把药料熔化,用手拂去,字印自己就脱落下来,完全不会沾上药料。毕昇死后,他的字印被我的子侄们得到,珍藏至今。

　　淮南人卫朴精于历术①,一行之流也。《春秋》日蚀三十六,诸历通验,密者不过得二十六七,唯一行得二十九②,朴乃得三十五,唯庄公十八年一蚀,今古算皆不入蚀法,疑前史误耳。自夏仲康五年癸巳岁③,至熙宁六年癸丑④,凡三千二百一年,书传所载日食,凡四百七十五。众历考验,虽各有得失,而朴所得为多。朴能不用算,推古今日月蚀,但口诵乘除,不差一算。凡大历悉是算数,令人就耳一读,即能暗诵,傍通历则纵横诵之⑤。尝令人写历书,写讫,令附耳读之,有差一算者,读至其处,则曰:"此误某字。"其精如此。大乘除皆不下照位,运筹如飞,人眼不能逐。人有故移其一算者⑥,朴自上至下,手循一遍,至移算处,则拨正而去。熙宁中撰《奉元历》,以无候簿,未能尽其术。自言得六七而已,然已密于他历。

【注释】

①卫朴:淮南(今江苏淮安)人,精于历算。经沈括推荐,进入司天监编制《奉元历》。

②二十九:原作"二十七",据津逮本、崇祯本等改。

③夏仲康五年:约公元前 2128 年。

④熙宁六年:公元 1073 年。

⑤傍通历:民间历书。

⑥算:算筹。

【译文】

　　淮南人卫朴精于历法,是像唐代和尚一行那样的人物。《春秋》记载了三十六次日蚀,把各种历书全部检验一遍,精密的不过仅能算中二十六七次,只有一行和尚算中了二十九次,卫朴则能算中三十五次,只有庄公十八年的一次日蚀,用今人和古人的历法演算,都没有算中,我怀疑是前代史书记载有误。从夏代仲康五年癸巳,到熙宁六年癸丑,一共三千二百零一年,史书所记载的日食,一共四百七十五次。拿各种历法检验,虽然各有得失,但是卫朴算中的次数最多。卫朴可以不用工具而心算,推算古今的日月蚀,只要口念乘除运算,分毫不差。但凡著名历书中经过验证的数据,只要让人在他耳边读一遍,就能暗自背诵,民间的历书也反复诵读多遍。他曾经让人抄写历书,写完了,让人给他念一遍,稍微差一点的,只要读到错误的位置,他就能说出:"这是误字。"他就是如此精通历算。大数字的乘除运算都不用定位,算筹拨起来像飞一样,人眼都跟不上他。有人故意移动了一个算筹,卫朴从上到下用手摸过一遍,到被移动了的算筹的位置,就随即拨正。熙宁年间,编订《奉元历》时,因为没有详密的天象观测记录,没能充分发挥他的才能。他自称《奉元历》的准确率只有六七成而已,但是已经比其他历法准确了。

　　医用艾一灼谓之"一壮"者①,以壮人为法②。其言若干壮,壮人当依此数,老幼赢弱量力减之③。

【注释】

　　①艾:多年生草本植物,可入药,供针灸使用。一灼:烧一根艾柱。

一壮:每用一根艾柱称为一壮。

②壮人:强壮的人。

③赢(léi)弱:瘦弱。

【译文】

　医生每用一根艾柱称为"一壮",这是以强壮的人为标准。中医说的多少壮,是说强壮的人应当以此为剂量,老幼赢弱之人则要根据情况减少用量。

　　四人分曹共围棋者①,有术可令必胜,以我曹不能者,立于彼曹能者之上,令但求急,先攻其必应,则彼曹能者其所制,不暇恤局②,则常以我曹能者当彼不能者。此虞卿斗马术也③。

【注释】

①分曹:分组,分队。

②恤局:照应全局。

③虞卿:战国时人,被赵孝成王任命为上卿,故称虞卿。斗马事迹不详,据胡道静等推断,当与田忌赛马事类似。

【译文】

　　四人分两组下围棋时,有办法可使我方必胜,用我方水平不佳的人对阵对方的高手,让他迅速落子,只要先手攻击,对方必定会回应,那么对方的高手就会被我方牵制住,无暇照应全局,这时就派我方高手对阵对方水平较差的人。这是虞卿斗马的方法。

　　西戎用羊卜,谓之"跋焦",卜师谓之"厮乩"①。必定反。以艾灼羊髀骨②,视其兆,谓之"死跋焦"。其法:兆之上为神明；近脊处为坐位，坐位者，主位也；近傍处为客位。盖西戎之俗，所居正寝，常留中一间，以奉鬼神，不敢居之，谓之"神明"，主人乃坐其傍，以此占主客胜负。又有先咒粟以食羊，羊食其粟，则自摇其首，乃杀羊视其五藏，谓之"生跋焦"。其言极有验，委细之事，皆能言之。"生跋焦"，土人尤神之。

【注释】

①厮乩(jī)：指西戎的占卜师。

②髀(bì)骨：大腿骨。

【译文】

西戎人用羊进行占卜，称为"跋焦"，卜师则称为"厮乩"。必定反。用艾烧灼羊的大腿骨，看它的裂纹判断征兆，称为"死跋焦"。占验的方法是：裂纹的上端是神明；靠近脊椎的是坐位，坐位就是主位；靠近边缘的地方是客位。大概西戎一带的风俗，居室的正房中，常常把中间空出来，用来侍奉鬼神，不敢自己居住，称为"神明"，主人则坐在它的旁边，用这种方法占卜主客胜负。又有先对谷物念咒，然后喂给羊吃，等羊吃了那些谷物，就会自动摇头，然后把羊杀了，看它的五脏，这种占卜称为"生跋焦"。卜师说的话都很灵验，不管多小的事，都能说出来。这种"生跋焦"，当地土人尤其信奉。

钱氏据两浙时①，于杭州梵天寺建一木塔②，方两三级，钱帅登之③，患其塔动。匠师云："未布瓦，上轻，故如此。"方以瓦布之，而动如初。无可奈何，密使其妻见喻皓之妻④，赂以金钗，问塔动之因。皓笑曰："此易耳。但逐层布板讫，便实钉之，则不动矣。"匠师如其言，塔遂定。盖钉板上下弥束⑤，六幕相联如胠箧⑥。人履其板，六幕相持，自不能动。

人皆伏其精练。

【注释】

①钱氏据两浙：公元907年，吴越王钱镠在杭州（今属浙江）建立政
权，至公元978年钱俶降于宋。两浙，今浙江、上海、江苏南部
地区。

②梵天寺：始建于后梁贞明二年（916），宋乾德二年（964）重建。

③钱帅：这里指吴越国君钱俶（chù，929—988），钱镠（liú）之孙，亡国
后归降北宋。

④喻皓：五代末宋初著名工匠。

⑤弥束：紧密约束。

⑥六幕：六个侧面。胠箧（qū qiè）：这里指箱子。

【译文】

钱氏占据两浙时，在杭州梵天寺建造了一座木塔，才建了两三层，
钱俶登塔视察，担心塔有晃动。工匠说："因为还没有布瓦，上面轻，所
以才这样晃。"等把瓦布满之后，还是那样晃动。工匠无可奈何，就私下
里让他的妻子去找喻皓的妻子，拿金钗作为礼物，询问木塔晃动的原
因。喻皓笑道："这很容易。只要每层木板铺完之后，用钉子钉牢，就不
会晃动了。"工匠们按照他的说法去做，木塔就稳定了。钉牢的木板上
下连接更紧密，六面相连就像箱子一样。人在木板上走，六面相互支
撑，自然就不会晃动了。人们都佩服喻皓的精明能干。

医者所论人须、发、眉，虽皆毛类，而所主五藏各异①，故
有老而须白、眉发不白者，或发白而须眉不白者，藏气有所偏
故也。大率发属于心，禀火气，故上生；须属肾，禀水气，故下
生；眉属肝，故侧生。男子肾气外行，上为须，下为势②。故女

子、宦人无势，则亦无须，而眉发无异于男子，则知不属肾也。

【注释】

①所主：从属于。五藏：即五脏，指的是心、肝、脾、肺、肾。中医把
　五脏与五行相互匹配，心属火，肝属木，脾属土，肺属金，肾属水。

②势：指男性生殖器。古人认为肾与生长、发育、生殖有关。

【译文】

医生认为人的胡须、头发、眉毛，虽然都属于体毛类，但是从属于不同的五脏，所以有人年老胡须都白了但是眉毛和头发没白，又有人头发白了但是胡须、眉毛没白，这是脏气有所偏的缘故。一般来说，头发从属于心，承受火气，所以向上生长；胡须从属于肾，承受水气，所以向下生长；眉毛从属于肝，所以向侧面生长。男子的肾气向外发散，上面表现为胡须，下面表现为生殖器。所以女子、太监没有男性生殖器，因此也没有胡须，但是眉毛、头发却无异于男子，可知眉毛、头发不从属于肾。

医之为术，苟非得之于心，而恃书以为用者，未见能臻其妙。如术能动钟乳①，按《乳石论》曰："服钟乳，当终身忌术。"五石诸散用钟乳为主②，复用术，理极相反，不知何谓。余以问老医，皆莫能言其义。按《乳石论》云："石性虽温，而体本沉重，必待其相蒸薄然后发③。"如此，则服石多者，势自能相蒸，若更以药触之，其发必甚。五石散杂以众药，用石殊少，势不能蒸，须藉外物激之令发耳。如火少，必因风气所鼓而后发；火盛，则鼓之反为害，此自然之理也。故孙思邈云④："五石散大猛毒。宁食野葛⑤，不服五石。遇此方即须焚之，勿为含生之害⑥。"又曰："人不服石，庶事不佳；石在

身中，万事休泰。唯不可服五石散。"盖以五石散聚其所恶，激而用之，其发暴故也。古人处方，大体如此，非此书所能尽也。况方书仍多伪杂，如《神农本草》最为旧书，其间差误尤多，医不可以不知也。

【注释】

①术（zhú）：即白术，菊科、苍术属，多年生草本植物，可入药，具有健脾益气、燥湿利水、止汗、安胎的功效。

②五石诸散：以紫石英、钟乳石、白石英、赤石脂、石膏等混合而成的药，魏晋时流行一时，传说能长生不老，其实长期服用具有毒性。

③相蒸薄：指药物相互作用。

④孙思邈（581—682）：京兆华原（今陕西铜川）人，通医术，世人尊称为"药王"。著有《备急千金要方》和《千金翼方》。

⑤野葛：古时又称钩吻，蝶形花科植物，卵形叶，开黄花，有剧毒。

⑥含生：泛指人类。

【译文】

医术如果不能得之于心，而是靠套用医书获得的话，就不能达到神妙境界。比如说白术能激发钟乳，按照《乳石论》的说法："服食钟乳，就应当终身禁服白术。"各种五石散都以钟乳石为主，再用白术，药理完全相反，不知怎么解释。我曾经为此询问老中医，他们都不能解释清楚其中的道理。根据《乳石论》的说法："钟乳石的药性虽然温和，但是药体本身沉重，必须让药物之间相互作用，药性才能激发出来。"这样说来，只要服下足够的钟乳石，它们势必能发生作用，如果再用别的药引发药性，药性的发挥就会加快。五石散夹杂着众多别的药物，而钟乳石的用量很少，势必不能自相反应，必须靠外物激发使其发挥药性。这就像火势小，必须靠风的力量吹动后才能燃烧；如果火势旺，那么鼓风反而不利于燃烧，这是自然的道理。所以孙思邈说："五石散毒性猛烈。宁可吃野葛，也不能吃五石散。遇到五石散的方子要立即焚毁，以免危害别人。"又说："人不服用钟乳石，各种功能都不好；钟乳石在身体里，万事都安康。唯独不能服用五石散。"大概因为五石散中聚集了恶性药物，用白术一类的药去激发，毒性暴发的就特别猛烈。古人的处方大体都是这样，不是这本书所能概括全的。况且医方的书还有很多伪杂的成分，比如《神农本草》是最古老的医书，其中的差误尤其严重，医生不可以不知啊。

　　余一族子，旧服芎䓖①。医郑叔熊见之云："芎䓖不可久服，多令人暴死。"后族子果无疾而卒。又余姻家朝士张子通之妻，因病脑风，服芎䓖甚久，亦一旦暴亡，皆余目见者。又余尝苦腰重，久坐，则旅拒十余步然后能行②。有一将佐见余曰："得无用苦参洁齿否③？"余时以病齿，用苦参数年矣。曰："此病由也。苦参入齿，其气伤肾，能使人腰重。"后有太常少卿舒昭亮用苦参揩齿，岁久亦病腰。自后悉不用苦参，腰疾皆愈。此皆方书旧不载者。

【注释】

①芎䓖(xiōng qióng)：即川芎，多年生草本植物，可入药，常用于活血行气，祛风止痛。

②旅拒：形容走路不方便。

③苦参：豆科植物苦参的干燥根，可入药，有清热燥湿、杀虫、利尿之效。《本草纲目》记载："治龋齿用苦参，取其去风湿热、杀虫之义。"

【译文】

我的一个子侄，以前曾服用芎䓖。医生郑叔熊见到后说："芎䓖不可长期服用，容易使人突然死亡。"后来那孩子果然无疾而死。我的亲家朝官张子通的妻子，因为患有头痛病，服用芎藭很长时间，后来也是突然死去，这些都是我亲眼看见的。我曾经苦于腰部沉重，坐久了，就要艰难地走十几步，然后才能正常行走。有一位将军见到我这样，说："你是不是在用苦参洁齿？"我当时患牙疼，用苦参已经几年了。将军说："这就是腰病的根由。苦参进入牙齿，其药性伤肾，能使人腰部沉重。"后来有太常少卿舒昭亮也用苦参擦牙，时间长了也患了腰病。此后我们都不用苦参，腰病都好了。这些都是旧的医方书没有记载的。

世之摹字者，多为笔势牵制，失其旧迹，须当横摹之①，泛然不问其点画，惟旧迹是循，然后尽其妙也。

【注释】

①横摹：古代文字都是纵向书写，横摹即横向临摹，这样可以忘记笔画而更关注字体的神韵。

【译文】

世上那些临摹字帖的人，大多被笔势所牵制，失去了书法的神韵，应该横向临摹，完全不顾字体的笔画，只遵循字体的原貌，然后就能完全得其奥妙。

古人以散笔作隶书，谓之"散隶"。近岁蔡君谟又以散笔作草书①，谓之"散草"，或曰"飞草"。其法皆生于飞白②，亦自成一家。

【注释】

①蔡君谟：即蔡襄（1012—1067），字君谟，兴化军仙游县（今属福

建)人。天圣八年(1030)进士，累官馆阁校勘、知谏院、直史馆、知制诰、龙图阁直学士、枢密院直学士、翰林学士、三司使、端明殿学士等，出为福建路转运使，知泉州、福州、开封、杭州府事，卒赠吏部尚书、加少师，谥忠惠。工书法，兼通诗文，著有《茶录》《荔枝谱》等。

②飞白：东汉蔡邕所创，这种字体在书写时，笔画中间夹杂点点白痕，并且笔势给人以飞动的感觉。

【译文】

古人用散笔写隶书，称为"散隶"。近年来蔡襄又用散笔写草书，称为"散草"，或者叫"飞草"。这些书法都从飞白体衍生，也自成一家。

四明僧奉真①，良医也。天章阁待制许元为江淮发运使②，奏课于京师。方欲入对，而其子疾亟③，瞑而不食④，惙惙欲逾宿矣⑤。使奉真视之，曰："脾已绝，不可治，死在明日。"元曰："观其疾势，固知其不可救，今方有事须陛对，能延数日之期否？"奉真曰："如此似可⑥，诸脏皆已衰，唯肝脏独过。脾为肝所胜，其气先绝，一脏绝则死。若急泻肝气，令肝气衰，则脾少缓，可延三日。过此无术也。"乃投药，至晚乃能张目，稍稍复啜粥，明日渐苏而能食。元甚喜，奉真笑曰："此不足喜，肝气暂舒耳，无能为也。"后三日果卒。

【注释】

①四明：今浙江宁波。奉真：身世不详。

②许元(989—1057)：字子春，宣州宣城(今属安徽)人。以父荫入仕，累迁国子监博士、江淮、两浙、荆湖发运判官，后历知扬州、越州、泰州。《宋史》卷二九九有传。

③疾亟:病危。

④瞑:闭眼。

⑤惙惙(chuó):昏昏沉沉,衰弱的样子。逾宿(xiǔ):超过一夜。

⑥似:原作"事",从诸明刻本改。

【译文】

　　四明和尚奉真是一位良医。天章阁待制许元担任江淮发运使时,入京汇报税收情况。正要面圣,赶上他的儿子病危,闭眼不吃东西,奄奄一息已经超过一夜了。就请奉真来诊视,说:"脾脏已经完全丧失功能,救不过来了,明天就会死。"许元说:"看他的病势,固然知道救不过来了,但是现在正赶上我有事要面见皇帝,能不能再延长几天?"奉真说:"这样似乎还可以,他的各个脏器都已经衰竭了,唯独肝脏过于旺盛。脾脏被肝脏所克,所以脾脏先衰竭,人体任何一个脏器衰竭都会死亡。如果马上疏泄肝气,使肝气衰减,那么脾脏还能稍微缓一缓,可以延长三天。但是此后就没办法了。"于是下了药,到晚上许元的儿子就睁开了眼,稍稍又能吃了点粥,第二天逐渐复苏而且能吃饭了。许元非常高兴,奉真笑着说:"这不值得高兴,只是肝气暂时疏泄了而已,还是救不了。"三天以后,果然还是死了。

器用

【题解】

《器用》门凡一卷,以记载、讨论古代器物为主。包括黄彝、铜钲、蒲谷璧、罍、吴钩、弩机、神臂弓、古剑、凸面镜、肺石、古钱、透光镜、铜匜、铠甲、玉钗、印章、玉辂等,多为沈括亲见的出土文物。沈括一方面从文献考证的角度对古籍所载的情况进行了分析,比如讨论《三礼图》不可尽信等,一方面从理论上讨论了器物的工作原理,比如凸面镜、透光镜等,亦体现了较为科学的眼光,对于古代文物的研究是重要的补充。

卷十九

礼书所载黄彝^①,乃画人目为饰,谓之"黄目"。余游关中,得古铜黄彝,殊不然,其刻画甚繁,大体似缪篆^②,又如阑盾间所画回波曲水之文^③,中间有二目,如大弹丸,突起煌煌然,所谓"黄目"也。视其文,仿佛有牙、角、口吻之象,或说"黄目"乃自是一物。又余昔年在姑熟王敦城下土中得一铜钲^④,刻其底曰"诸葛士全苔鸣钲","苔"即古"落"字也,此部落之"落",士全,部将名耳。钲中间铸一物,有角,羊头,其身亦如篆文,如今时术士所画符。傍有两字,乃大篆"飞廉"字,篆文亦古怪,则钲间所图,盖飞廉也。飞廉,神兽之名。淮南转运使韩持正亦有一钲⑤,所图飞廉及篆字,与此亦同。以此验之,则"黄目"疑亦是一物。飞廉之类,其形状如字非字,如画非画,恐古人别有深理。大底先王之器,皆不苟为,昔夏后铸鼎以知神奸⑥,殆亦此类,恨未能深究其理⑦,必有所谓。或曰:《礼图》樽彝,皆以木为之,未闻用铜者。此亦未可质,如今人得古铜樽者极多,安得言无? 如《礼图》瓮以瓦为之⑧,《左传》却有瑶瓮⑨;律以竹为之,晋时舜祠下乃发得玉律,此亦无常法。如蒲谷璧,《礼图》悉作草稼之象,今世人发古冢,得蒲璧,乃刻文蓬蓬如蒲花敷时,谷璧如粟粒耳,则《礼图》亦未可为据。

【注释】

①礼书:一说为宋代陈祥道所撰《礼书》。一说为聂崇义所撰《三礼图集注》,下文《礼图》显系此《三礼图》,"礼书"或亦当为此书。

②缪(miù)篆:汉代摹制印章用的篆文,为王莽六书之一。

③阑盾:即栏杆。

④钲(zhēng):古代一种铜制乐器,形状似钟,一般用于行军时敲打。

⑤韩持正:即韩存中,字持正,颍川(今河南许昌)人。为蔡京所排斥,宣和间曾知郑州。

⑥铸鼎以知神奸:详见《左传·宣公三年》。现在一般认为是夏后氏的大禹把各种神物或妖物的图像铸在鼎上,如图谱一般,使人遇到神魔时有所预备。

⑦恨:遗憾。

⑧瓦:这里指陶制。

⑨瑶瓮：玉制的瓮。

【译文】

礼书所记载的黄彝，是画人的眼睛作为装饰，称为“黄目”。我游历关中时，得到一件古铜黄彝，完全不是这样的，上面的纹饰非常繁缛，大体上像是缪篆字体，又像栏杆上画的回旋的水波纹，中间有两只眼睛，像大弹丸一样突起，而且还发亮，这就是所谓的“黄目”。观察它的纹饰，仿佛有牙、角、口吻的形象，有人说“黄目”自是一件东西。我当年在姑熟王敦城下的土中得到一件铜钲，底部刻有“诸葛士全茖鸣钲”几个字，“茖”就是古代的“落”字，就是部落的“落”字，“士全”是部将的名字。钲的中间铸有一个动物，有角，羊头，它的身体也像篆文一样，类似现在术士画的符。旁边还有两个字，是大篆体的“飞廉”二字，篆文也很古怪，那么钲中间所画的应该就是“飞廉”了。飞廉是神兽的名字。淮南转运使韩持正也有一件钲，上面画的飞廉和篆字，与此相似。根据这些判断，怀疑“黄目”也是一种动物。飞廉这类图案，形状像字又不是字，像画又不是画，恐怕古人另有深意。大盖先王作器，都不是随意为之的，当时夏代的帝王铸鼎是为了使人知神奸，大概也是这样的，遗憾的是现在还不能深究其中的道理，但一定是有缘故的。有人说：《三礼图》中所记载的樽彝，都是木制的，没听说有用铜制的。这也未必可信，就像今人也经常得到古代的铜樽，怎么能说没有铜制的呢？又比如说《三礼图》说瓮是用陶制作的，但是《左传》中却有玉制的瓮；说律管是竹制的，但是晋代舜祠地下却发掘出了玉制律管，可见这些也没有常规。又如蒲璧和谷璧，《三礼图》都画的是草稼的形象，现代人发掘古墓，得到的蒲璧刻的纹样却是茂盛的蒲花，谷璧刻的纹样像粟粒，可见《三礼图》也未必就能作为依据。

礼书言罍画云雷之象①，然莫知雷作何状。今祭器中画雷，有作鬼神伐鼓之象，此甚不经。余尝得一古铜罍，环其腹皆有画,正如人间屋梁所画曲水。细观之,乃是云、雷相间为饰,如�𝄇者,古云字也,象云气之形;如◎者,雷字也,古文◎为雷,象回旋之声。其间铜罍之饰,皆一�𝄇一◎相间,乃所谓云、雷之象也。今《汉书》罍字作䍆,盖古人以此饰罍,后世自失传耳。

【注释】

①罍(léi):古代的一种盛酒器,形状像壶。

【译文】

礼书上说,罍上刻的是云雷的形象,但不知道雷是什么形象。现在的祭器上画有雷,有的画成鬼神敲鼓的样子,这很荒诞。我曾经得到一件古铜罍,整个腹部都有图画,就像人们在屋子的梁上画的曲水纹样。仔细观察,原来是云、雷相间的纹饰,比如�𝄇是古代的云字,形状像云气的样子;比如◎是雷字,古文的雷字作◎,象征回旋的声音。铜罍上的纹饰,都是一�𝄇一◎相间,这就是所谓云、雷的形象。现在《汉书》的"罍"字作䍆,大概是古人以此为罍的纹饰,后来就失传了。

唐人诗多有言"吴钩"者。吴钩,刀名也,刃弯。今南蛮用之,谓之"葛党刀"。

【译文】

唐诗中经常提到"吴钩"。吴钩是刀的名字,它是一种弯刀。现在南蛮一带的人还在使用,称为"葛党刀"。

古法以牛革为矢服①,卧则以为枕。取其中虚,附地枕之,数里内有人马声,则皆闻之。盖虚能纳声也。

【注释】

①矢服：即矢箙(fú)，箭袋。

【译文】

古法用牛皮做箭袋，休息时以此为枕头。利用它中空的特点，放在地上当枕头，几里之内只要有人马声，就都能听到。大概因为中空的东西能接纳声音。

郓州发地得一铜弩机①。甚大，制作极工。其侧有刻文曰："臂师虞士，牙师张柔。"②史传无此色目人③，不知何代物也。

【注释】

①郓州：治所在今山东东平。

②牙：原作"耳"，从王国维之说改。本句意为造弩臂的工匠是虞士，造钩弦的工匠是张柔。

③色目人：对西北少数民族的统称。

【译文】

郓州掘地发掘出一架铜弩机。非常大，而且制作得非常精致。它的侧面刻有文字："臂师虞士，牙师张柔。"史传中没有这样的色目人，不知道这是什么年代的东西。

熙宁中①，李定献偏架弩②，似弓而施干镫③。以镫距地而张之，射三百步，能洞重札④，谓之"神臂弓"，最为利器。李定本党项羌酋，自投归朝廷，官至防团而死，诸子皆以骁勇雄于西边。

【注释】

①熙宁：宋神宗年号，公元 1068—1077 年。

②李定：身世不详。偏架弩：一种机械弓，一说因其弓架上没有箭槽，发射时箭在弓架一边而得名。

③干镫(dèng)：圆形的踏脚环，脚踏用以张弓。

④重札：原作"重扎"，据诸明刻本改。意为多层的铠甲。

【译文】

熙宁年间，李定进献了一台偏架弩，形状像弓而安装了一种铁镫。用脚踩着镫，抵着地面而张弓，箭射出三百步，还能穿透基层铠甲，称为"神臂弓"，堪称最厉害的武器。李定本来是党项羌族的首领，自从他投归于朝廷，官至团练使、防御使而去世，他的儿子们都以骁勇善战而在西部边疆上称雄。

古剑有沈卢、鱼肠之名①，沈音湛。沈卢谓其湛湛然黑色也。古人以剂钢为刃②，柔铁为茎干，不尔则多断折。剑之钢者，刃多毁缺，巨阙是也③，故不可纯用剂钢。鱼肠即今蟠钢剑也④，又谓之"松文"，取诸鱼燔熟，褫去胁⑤，视见其肠，正如今之蟠钢剑文也。

【注释】

①沈：同"沉"。"湛"的古音亦读如"沉"。卢：黑色。

②剂钢：即今天的合金钢，因为不是纯钢，所以称为"剂钢"。

③巨阙：古剑名。

④蟠钢剑：即蟠龙剑，又称为"松纹剑"。

⑤褫(chǐ)：剥去或解下衣服。胁：腋下到肋骨的部分。

【译文】

古剑有沈卢、鱼肠等名目，沈音湛。沈卢是说剑有深黑色的光泽。古人用剂钢铸剑刃，用柔铁铸剑柄，不这样的话就容易折断。剑如果过于坚硬，剑刃就容易缺损，巨阙就是这样的，所以不能纯用剂钢。鱼肠就是现在的蟠钢剑，又称为"松纹"，为什么取名"鱼肠"呢？把鱼烤熟，剥去两边的肉，露出鱼肠，那样子就像现在蟠钢剑的花纹。

济州金乡县发一古冢①，乃汉大司徒朱鲔墓②，石壁皆刻人物、祭器、乐架之类。人之衣冠多品，有如今之幞头者，巾额皆方，悉如今制，但无脚耳。妇人亦有如今之垂肩冠者，如近年所服角冠，两翼抱面，下垂及肩，略无小异。人情不相远，千余年前冠服已尝如此，其祭器亦有类今之食器者。

【注释】

①济州金乡县：今属山东济宁。

②朱鲔（wěi）：字长舒，汉阳（今湖北武汉）人。西汉末，以拥立刘玄为帝，被拜为大司马。后降刘秀，拜为平狄将军，封扶沟侯。

【译文】

济州金乡县发掘了一座古墓，是汉大司徒朱鲔的墓，石壁上刻有人物、祭器、乐架之类的壁画。人物穿戴的衣冠有很多样式，有的像现在的幞头，巾额都是方的，都像现在的样式，只是没有幞脚而已。妇人也有的戴着像今人的垂肩冠，就像近年所戴的角冠，两翼贴着脸部，下面垂到肩头，和现在的样式没什么区别。可见人情不相远，一千多年前的衣帽就已经是这样了，至于那些祭器，也有的类似于现在的食器。

　　古人铸鉴,鉴大则平,鉴小则凸。凡鉴洼则照人面大①,凸则照人面小。小鉴不能全视人面,故令微凸,收人面令小,则鉴虽小而能全纳人面,仍复量鉴之小大,增损高下,常令人面与鉴大小相若。此工之巧智,后人不能造,比得古鉴②,皆刮磨令平,此师旷所以伤知音也③。

【注释】

①鉴洼:指镜面向内凹陷。

②比:等到。

③师旷:字子野,洪洞(今属山西临汾)人。春秋时晋国宫廷乐师。

【译文】

　　古人铸铜镜,镜面大就铸成平面镜,镜面小就铸成凸面境。凡是镜面凹陷的,照出来人脸就大,镜面凸起的,照出来人脸就小。小镜子不能照全人脸,所以让它微微凸起,使收进去的人脸变小,这样镜子虽然小但却能完整地照出人脸,再根据镜子的大小,增损打磨,使人脸与镜面的大小相当。这是工匠的巧智,后人不能这么造,等得到古镜后,又都把镜面刮磨成平面镜,这就是为什么师旷会感伤没有知音的原因。

　　长安故宫阙前,有唐肺石尚在①。其制如佛寺所击响石而甚大,可长八九尺,形如垂肺,亦有款志,但漫剥不可读。按《秋官·大司寇》:"以肺石达穷民。"原其义,乃伸冤者击之,立其下,然后士听其辞,如今之挝登闻鼓也②。所以肺形者,便于垂。又肺主声,声所以达其冤也。

【注释】

①肺石:相传为古代设在朝廷门外的石头,百姓可以站在石上

　　伸冤。

　　②挝（zhuā）：敲打。登闻鼓：悬挂在朝堂外的一面大鼓。

【译文】

　　长安旧的宫殿前面，还有一块唐代的肺石。它的形制就像佛寺里敲击的响石那样，不过更大，大约长达八九尺，形状像垂下的肺，上面还刻有文字，只是侵蚀剥落而难以识读了。按照《秋官·大司寇》的记载："用肺石传达百姓的意见。"推究其义，应该是提供给伸冤的人敲击的，敲完之后就站在石下，然后就有官员听他申诉，就像现在敲登闻鼓一样。之所以用肺的形状，是为了便于垂挂。此外，肺负责发声，发声是为了表达冤屈的。

　　熙宁中，尝发地得大钱三十余千文，皆"顺天"、"得一"。当时在庭皆疑古无"得一"年号，莫知何代物。余按《唐书》，史思明僭号铸"顺天"、"得一"钱①。"顺天"其伪年号，"得一"特以名铸钱耳，非年号也。

【注释】

　　①史思明（703—761）：宁夷州突厥人，为安禄山亲信。安史之乱时，被安禄山任为范阳节度使，乾元二年（759）自立为大圣燕王，年号应天。后又称大燕皇帝，年号顺天。后被其义子史朝义所杀。僭（jiàn）号：冒用帝王的称号。

【译文】

　　熙宁年间，曾经出土了一批古钱，有三十余千文，都铸有"顺天"、"得一"的字样。当时在场的人都怀疑古代没有"得一"的年号，不知道是哪个年代的东西。我查阅《唐书》，发现史思明曾经僭号铸造了"顺天"、"得一"的铜钱。"顺天"是他的伪年号，"得一"是特别用来给铸的钱命名的,不是年号。

　　世有透光鉴,鉴背有铭文,凡二十字,字极古,莫能读。以鉴承日光,则背文及二十字[①],皆透在屋壁上,了了分明。人有原其理,以谓铸时薄处先冷,唯背文上差厚,后冷而铜缩多。文虽在背,而鉴面隐然有迹,所以于光中现。余观之,理诚如是。然余家有三鉴,又见他家所藏,皆是一样,文画铭字无纤异者,形制甚古。唯此一样光透,其他鉴虽至薄者皆莫能透,意古人别自有术[②]。

【注释】

①文:纹饰。

②术:现代对这一现象的分析,认为是镜面存在微小的凹凸不平的曲率差异造成的,凹处光线会聚,凸处光线发散,于是在映像中出现与背面图文相应的亮部和暗部,从而形成投影。至于原因,有人认为是通过研磨而成,有人认为是通过淬火而成。

【译文】

　　世上有透光镜,镜的背面刻有铭文,共有二十字,字体非常古奥,不能识读。把镜子放在阳光下,背后的纹饰以及二十个字,都通过镜子照在墙壁上,非常清晰。有人考察其中原理,认为铸镜时薄的地方先冷却,而背面有纹饰及文字的地方稍微厚一点,冷却得慢,因而铜收缩得就多。纹饰虽然在背面,但是镜面隐约还有痕迹,所以能在光的照射下显现。据我观察,理论上讲确实是这样的。但是我家有三面这样的铜镜,又见到别人家收藏的铜镜,都是一样的,纹饰以及铭文没有丝毫差异,形制都很古雅。却只有这一面能透光,其他的铜镜虽然也很薄,但都不能透光,我估计古人还有别的技术。

余顷年在海州^①，人家穿地得一弩机，其望山甚长^②，望山之侧为小矩，如尺之有分寸。原其意，以目注镞端^③，以望山之度拟之，准其高下，正用算家句股法也^④。《太甲》曰："往省括于度则释^⑤。"疑此乃度也。汉陈王宠善弩射^⑥，十发十中^⑦，中皆同处，其法以"天覆地载，参连为奇，三微三小。三微为经，三小为纬，要在机牙"。其言隐晦难晓。大意天覆地载，前后手势耳；参连为奇，谓以度视镞，以镞视的，参连如衡，此正是句股度高深之术也；三经、三纬，则设之于堋^⑧，以志其高下左右耳。余尝设三经、三纬，以镞注之发矢，亦十得七八。设度于机，定加密矣。

【注释】

①顷年：近年。海州：治所在今江苏连云港西南海州镇。

②望山：弩机的瞄准部件，类似于现在的准星。

③镞（zú）端：箭头。

④句股法：即运用勾股定理。这里是以望山上的某一刻度为勾，弩臂为股，望山到箭头为弦，构成一个直角三角形。

⑤省（xǐng）：察看。括：箭端，箭头。释：射。

⑥陈王宠：指东汉明帝的儿子，陈王刘宠。

⑦十发：原作"一发"，据津逮本、崇祯本改。

⑧堋（péng）：射击瞄准用的土墙，也指箭靶、靶场。

【译文】

我近年在海州，看见有人家掘地时挖出一台弩机，它的瞄准部件很长，瞄准部件的旁边还有一行小刻度，像尺子一样有分寸。推测其用意，是用眼睛盯着箭头，用瞄准部件旁边的刻度来和它匹配，计算发射的角度，用的正是算术家的勾股之法。《尚书·太甲》篇说："看清箭端的标度再放箭。"我怀疑说的就是这个刻度。汉代陈王宠善于发射弓弩，十发十中，而且命中的位置都一样，他的方法是："天覆地载，参连为奇，三微三小。三微为经，三小为纬，要在机牙。"这些话隐晦难懂。推测其大意，"天覆地载"是说发射前后的手势；"参连为奇"说的是使刻度、箭头与目标三点一线，这正是利用勾股定理测量高低的方法；"三经"、"三纬"，则是设置在靶墙上的三条经线、三条纬线，是用来标记箭靶的上下左右的。我曾经设置过这种三经、三纬标度，把箭头瞄准靶子发射，也能十中七八。如果设置在机械上，一定会更加准确。

　　余于关中得一铜匜①，其背有刻文二十字曰②："律人衡兰注水匜③，容一升。始建国元年二月癸卯造④。"皆小篆。律人当是官名，《王莽传》中不载。

【注释】

①关中：秦岭以北的地区。铜匜(yí)：古代用来盥洗的器具。

②背：原作"臂"，据诸明刻本改。

③律人衡：据清阮元《积古斋钟鼎彝器款识》解释，当以"律人衡"而非"律人"作为官名。兰：当为人名。

④始建国元年：此为王莽年号，公元9年。

【译文】

　　我在关中得到一件铜匜，其背面刻有铭文二十字，说："律人衡兰注水匜，容一升。始建国元年二月癸卯造。"都是小篆字体。"律人"应该是官名，《王莽传》中没有记载。

　　青堂羌善锻甲①，铁色青黑，莹彻可鉴毛发，以麝皮为绲旅之②，柔薄而韧。镇戎军有一铁甲，椟藏之③，相传以为宝器。韩魏公帅泾原④,曾取试之。去之五十步,强弩射之,不能入。尝有一矢贯札⑤,乃是中其钻空⑥;为钻空所刮,铁皆反卷,其坚如此。凡锻甲之法,其始甚厚,不用火,冷锻之,比元厚三分减二乃成。其末留筋头许不锻⑦,隐然如瘊子⑧,欲以验未锻时厚薄,如浚河留土笋也⑨,谓之"瘊子甲"。今人多于甲札之背隐起,伪为瘊子,虽置瘊子,但无非精钢,或以火锻为之,皆无补于用,徒为外饰而已。

【注释】

①青堂羌:生活在青堂一带的羌人,原为吐蕃的一支。

②麝(shè):又称为麝獐、香獐,皮可制革。缃(xiǔ):连缀铠甲的带子。旅:按顺序排列。

③椟(dú):柜子,匣子。

④韩魏公:指韩琦,字稚圭,北宋宰相。支持范仲淹新政。参《艺文》卷十五注。

⑤札:甲片。

⑥钻空:指甲片上用来穿带子用的小孔。

⑦筋(zhù):同"箸",筷子。

⑧瘊(hóu)子:即疣,皮肤上长的小瘤子。

⑨土笋:土桩子。

【译文】

青堂羌人擅长锻造铠甲,铠甲铁片的颜色青黑,晶莹透亮可以照见毛发,用麝皮作成缀有甲片的带子,按顺序排列好,柔软轻薄而坚韧。镇戎军有这么一件铁甲,用木匣收藏着,代代相传作为宝器。韩琦作为泾原路主帅,曾经取来试验。离开铠甲五十步以外,用强弩射击,箭都射不穿它。曾经有一支箭穿透了甲片,原来是射中了甲片中间的钻孔;

而箭头被钻空所刮,导致铁片都反卷起来,这件铠甲竟坚硬如此。锻造铠甲的方法是,开始的时候铁片很厚,不用火加热,直接冷锻打,等到只有原来厚度的三分之一时就成了。在末端留下筷子头大小的地方不锻,隐约像个瘊子,这是用来检查没有经过锻打时铁片的厚度,就像疏浚河道时留下的土桩子,这称为"瘊子甲"。今人铸甲,多在甲片背上暗留一个伪造的瘊子,虽然留了瘊子,但用的材料原本不是精钢,或者是用火煅烧出来的,都没什么大用,只是徒为装饰而已。

朝士黄秉少居长安①,游骊山②,值道士理故宫石渠③,石下得折玉钗,刻为凤首,已皆破缺,然制作精巧,后人不能为也。郑嵎《津阳门》诗云④:"破簪碎钿不足拾⑤,金沟浅溜和缨绥⑥。"非虚语也。余又尝过金陵⑦,人有发六朝陵寝,得古物甚多。余曾见一玉臂钗,两头施转关,可以屈伸,合之令圆,仅于无缝,为九龙绕之,功侔鬼神。世多谓前古民醇,工作率多卤拙⑧,是大不然。古物至巧,正由民醇故也,民醇则百工不苟。后世风俗虽侈,而工之致力不及古人,故物多不精。

【注释】

①黄秉:身世不详。

②骊山:在今陕西临济东南。

③石渠:石砌的排水沟。

④郑嵎:字宾先,唐代诗人,大中五年进士。

⑤钿(diàn):这里指镶嵌在装饰品上的宝石。原作"细",据诸明刻本改。

⑥缨绥(ruí):帽子和饰物。

⑦金陵：今江苏南京。

⑧卤拙：粗鲁笨拙。

【译文】

　　朝官黄秉年轻的时候居住在长安，曾经游骊山，赶上道士清理旧时宫殿的石渠，在石头下面得到一枚折断的玉钗，钗头刻成凤首形状，已经破损了，但是制作非常精巧，是后人做不出来的。郑嵎的《津阳门》诗道："破簪碎钿不足拾，金沟浅溜和缨緌。"不是虚传。我曾经路过金陵，有人发掘了六朝的陵寝，得到很多古物。我曾经见到一支玉臂钗，两头都设有可以旋转的机关，可以伸缩，合起来就可以变成圆形，几乎看不出有缝隙，雕了九条龙绕在上面，真是鬼斧神工。世人多称古时民风淳朴，手工大多粗鲁笨拙，根本不是这样的。古物如此精巧，正是因为民风淳朴的缘故，民风淳朴则百工做事不苟且。后世的风俗虽然奢侈，但是工匠下工夫不如古人，所以器物大多不够精致。

　　屋上覆橑①，古人谓之"绮井"，亦曰"藻井"，又谓之"覆海"。今令文中谓之"斗八"，吴人谓之"罳顶"②。唯宫室祠观为之。

【注释】

①橑（liáo）：屋椽。

②罳（sī）顶：一种经雕饰后连缀而成的天花板。

【译文】

　　在屋顶上铺设屋椽，古人称为"绮井"，又称为"藻井"，又称为"覆海"。现在的规程中称为"斗八"，江浙之人称为"罳顶"。只有宫室、祠庙、寺观中才有这种装饰。

　　今人地中得古印章，多是军中官。古之佩章，罢免、迁、死皆上印绶①，得以印绶葬者极稀。土中所得，多是没于行阵者。

【注释】

①印绶(shòu)：印章和缎带，这里特指印章。

【译文】

　　今人从地下挖掘出来的古印章，大多是军中武官的印。古人佩带印章，在罢免、迁官、病故的时候，都要上交印章，能带着印章埋葬的人很少。挖掘出土的那些印章，大多是在死于行军途中的武官身上发现的。

　　大驾玉辂①，唐高宗时造，至今进御。自唐至今，凡三至泰山登封②。其他巡幸，莫记其数。至今完壮，乘之安若山岳，以措杯水其上而不摇。庆历中③，尝别造玉辂，极天下良工为之，乘之动摇不安，竟废不用。元丰中，复造一辂，尤极工巧，未经进御，方陈于大庭，车屋适坏，遂压而碎，只用唐辂。其稳利坚久，历世不能窥其法。世传有神物护之，若行诸辂之后，则隐然有声。

【注释】

①玉辂(lù)：用玉装饰的皇帝的专车。

②登封：这里指封禅泰山。

③庆历：宋仁宗年号，公元1041—1048年。

【译文】

　　皇帝乘坐的玉辂，是唐高宗时造的，到现在还在使用。从唐代到现在，经历了三次封禅泰山。其他的各次巡幸，不计其数。至今依然完好无缺，乘坐上去稳如山岳，把一杯水放在上面，水面也不会摇晃。庆历年间，曾经另外造了一辆玉辂，召集了天下的良工打造，结果乘上去晃动不平稳，最后就废弃不用了。元丰年间，又造了一辆，非常精致，但还没有送入皇宫，正陈列在大庭中，碰巧存车的屋子塌了，结果玉辂也跟着被压碎了，只好继续使用唐代的玉辂。那辆玉辂坚固而且平稳，多年以来都不能了解其制作方法。世人相传有神物保护它，如果外出时排在其他车辆后面，就会听到隐约的响声。

神奇

【题解】

《神奇》门凡一卷，以记载神异事件为主。部分是自然现象，比如雷击、陨石、菜花变异、雷火等，更多的则是超自然现象，特别是种种神奇的预言，往往能预言人的死亡日期、一生经历等，类似于志怪小说笔法。但是另一方面，沈括又不完全相信事可前定，故而有专条从逻辑上反驳宿命论的事皆前定观点，于此亦可见人类在面对超自然现象时感性思维与理性思维之间的矛盾。

卷二十

世人有得雷斧、雷楔者①，云："雷神所坠，多于震雷之下得之。"而未尝亲见。元丰中，予居随州②，夏月大雷震一木折，其下乃得一楔，信如所传。凡雷斧多以铜铁为之，楔乃石耳，似斧而无孔。世传雷州多雷③，有雷祠在焉，其间多雷斧、雷楔。按《图经》，雷州境内有雷、擎二水，雷水贯城下，遂以名州。如此，则"雷"自是水名，言"多雷"乃妄也。然高州有电白县④，乃是邻境，又何谓也？

【注释】

①楔(xiē)：插在木器榫子里的木片。

②随州：在今湖北北部。

③雷州：今广东雷州半岛。

④高州：今广东鉴江及漠阳流域。电白县：在高州东北。

【译文】

世人有声称得到雷斧、雷楔的，说："是雷神坠下人间的，常在震击后得到。"但是都未曾亲眼见到。元丰年间，我住在随州，夏天的时候，大雷击断了一棵树，后来在下面找到一件楔子，真如传说一样。大凡雷斧多是用铜铁做的，雷楔则是石制的，像斧头而又没有孔。世人传说雷州多雷，这里还有雷祠，里面有很多雷斧、雷楔。根据《图经》记载，雷州境内有雷水、擎水两条河流，雷水贯穿城下，所以用"雷"作为州名。如果是这样的话，那么"雷"自是水的名字，说雷州"多雷"就是虚妄的了。但是高州有电白县，它和雷州相邻，又如何解释呢？

越州应天寺有鳗井①，在一大磐石上，其高数丈，井才方数寸，乃一石窍也，其深不可知，唐徐浩诗云②："深泉鳗井开。"即此也，其来亦远矣。鳗时出游，人取之置怀袖间，了无惊猜。如鳗而有鳞，两耳甚大，尾有刃迹，相传云黄巢曾以剑刺之③。凡鳗出游，越中必有水旱疫疠之灾，乡人常以此候之。

【注释】

①越州：今浙江绍兴。

②徐浩(703—783)：字季海，越州(今浙江绍兴)人。肃宗时任中书舍人，后封会稽郡公，谥号定。《旧唐书》卷一三七、《新唐书》卷

一六〇有传。

③黄巢(820—884)：曹州冤句(今山东菏泽西南)人,唐末农民军领
　袖。乾符四年(877)起兵攻陷郓州,次年被举为领袖,广明元年
　(880)攻入洛阳、长安,称帝,国号大齐。中和四年(884)兵败而
　死。刜(fú)：砍。

【译文】

　　越州应天寺有一口鳗井,在一块大磐石上,高达几丈,而井口只有
几寸宽,其实就是一个石洞,里面有多深则不知道,唐代徐浩有诗道：
"深泉鳗井开。"说的就是这里,可见由来也很久远了。井鳗时而游出水
面,人把它拿起来放在怀里或者袖子里,它也不惊异。那东西长得像鳗
而有鳞片,两只耳朵很大,尾巴上有刀刃的痕迹,相传是黄巢曾经用剑
砍的。而一旦这只井鳗游出水面,越中一带就必有水旱、瘟疫之灾,当
地人经常据此来预测。

　　治平元年①,常州日禺时②,天有大声如雷,乃一大星,几
如月,见于东南；少时而又震一声,移著西南；又一震而坠在
宜兴县民许氏园中,远近皆见,火光赫然照天③,许氏藩篱皆
为所焚。是时火息④,视地中有一窍如杯大,极深。下视之,
星在其中,荧荧然⑤。良久渐暗,尚热不可近。又久之,发其
窍,深三尺余,乃得一圆石,犹热,其大如拳,一头微锐,色如
铁,重亦如之。州守郑伸得之⑥,送润州金山寺⑦,至今匣藏,
游人到则发视,王无咎为之传甚详⑧。

【注释】

①治平元年：公元1064年。

②日禺(yú)：日落。传说中把太阳落下的地方称为禺谷。

③赫然：形容令人惊讶或引人注目的事物突然出现。

④息：熄灭。

⑤荧荧然：光闪烁的样子。

⑥郑伸：身世不详。

⑦润州：今江苏镇江。

⑧王无咎（1024—1069）：字补之，南城县（今江西抚州）人。嘉祐二年（1057）进士，授江都县尉，调卫真县主簿、天台县令。后师从王安石，之后补为南康县主簿。《宋史》卷四四四有传。

【译文】

治平元年，常州正逢太阳落山时，天上传来如雷般的巨响，只见一颗大星，像月亮那么大，出现在东南方；不一会儿，又震了一声，大星移动到西南方；又一声震动后，坠落在宜兴县民许氏的园子里，远近的人都看到了，火光照亮天空，许氏园子里的藩篱都被烧毁了。等到火熄灭以后，发现地里有个像杯子那么大的洞，非常深。往下看，大星就落在里面，还在闪闪发光。过了很久，渐渐暗下来，但还是很热，不能接近。又过了很久，挖开那个洞，深达三尺左右，得到一块圆石，还是热的，像拳头那么大，一头稍微尖锐，颜色像铁一样，重量也和铁类似。州长官郑伸得到它，送到了润州金山寺，至今收藏在盒子里，有游人参观时才打开供欣赏，王无咎为此还写了一篇文章，记载得非常详细。

山阳有一女巫①，其神极灵。予伯氏尝召问之②，凡人间物，虽在千里之外，问之皆能言，乃至人中心萌一意，已能知之。坐客方弈棋，试数白黑棋握手中，问其数，莫不符合。更漫取一把棋，不数而问之，则亦不能知数。盖人心所知者，彼则知之，心所无，则莫能知。如季咸之见壶子③，大耳三藏观忠国师也④。又问以巾箧中物，皆能悉数。时伯氏有

《金刚经》百册,盛一大箧中,指以问之:"其中何物?"则曰:"空箧也。"伯氏乃发以示之,曰:"此有百册佛经,安得曰空箧?"鬼良久又曰⑤:"空箧耳,安得欺我!"此所谓文字相空⑥,因真心以显非相,宜其鬼神所不能窥也。

【注释】

①山阳:今江苏淮安一带。

②伯氏:指沈括的堂兄沈批一门。

③季咸:古代巫师。壶子:战国时期道家人物。其事见于《列子》。季咸为壶子看相,壶子分别展示无生之相、有生之相、太虚之象、无相之相,而季咸自失而逃。

④大耳三藏:通晓佛教三藏(经、律、论)的僧人,相传其有心通能力。忠国师:即慧忠国师,唐肃宗时高僧。慧忠国师曾与大耳三藏斗法,最终大耳三藏测不出慧忠国师心中所想的地理位置。

⑤鬼:指山阳女巫。

⑥相:佛教术语,佛教把事物外显的形象、状态称为相。相空、非相,都是说不能外显的形象、状态。禅宗讲不立文字,因为文字无法反映出宇宙终极的真理。

【译文】

山阳县有一位女巫,她的神力特别灵异。我堂兄的家里人曾经把她请来试问,但凡人间事物,即使是在千里之外,只要被问起就都能说出来,以至于人内心中萌生出的想法,也能知道。在座的一位客人正在下棋,就试着数出若干枚白、黑棋子,握在手中,问她棋子数目,都能准确说出。又随意地抓了一把棋子,没有数过就问她,这时她就不知道有多少了。大概她能测知人心中知道的事情,但是如果心中空无一物,她就无法测知了。这就像季咸看不出壶子的相,大耳三藏不知道慧忠国师所想的地理位置一样。又问她箱子里有什么东西,都能说出来。当

时我胞兄家有一百册《金刚经》,放在一个大箱子中,就指着箱子问道:
"这里面放了什么?"女巫说:"是一个空箱子。"我堂兄于是打开箱子给
她看,说道:"这里面有一百册佛经,你怎么说是空箱子呢?"女巫看了很
久,还是说:"明明就是空箱子,为什么要骗我呢!"这就是所谓的文字本
身显现不出相,要依靠真心来显现,当然那些鬼神就窥探不到了。

　　神仙之说,传闻固多,余之目睹者二事。供奉官陈允任
衢州监酒务日^①,允已老,发秃齿脱。有客候之,称孙希龄^②,
衣服甚褴褛,赠允药一刀圭^③,令揩齿^④。允不甚信之。暇
日,因取揩上齿,数揩而良,及归家,家人见之,皆笑曰:"何
为以墨染须?"允惊,以鉴照之,上髯黑如漆矣^⑤。急去巾,视
童首之发^⑥,已长数寸,脱齿亦隐然有生者。余见允时年七
十余,上髯及发尽黑,而下髯如雪。

【注释】

①陈允:身世不详。衢州:今浙江衢州一带。

②孙希龄:身世不详。

③刀圭:本为中药的量器,这里用作量词。

④揩(kāi):擦,抹。

⑤髯(rán):两腮的胡子。

⑥童首:秃顶。

【译文】

　　关于神仙的说法,有很多传闻,我亲眼目睹了两件事。供奉官陈允
担任衢州监酒务的时候,他已经衰老了,头发秃了、牙齿也脱落了。一
天,有一位客人等着要见他,自称叫孙希龄,衣衫褴褛,送给陈允一些
药,让他擦在牙齿上。陈允也不太相信。等空闲时,就把药拿出来擦在

上牙齿上,擦了几次感觉还不错,等他回家后,家人看见他,都笑着说:"你为什么要用墨染胡须呢?"陈允大惊,对着镜子一照,果然两腮上的胡子黑得像漆过一样。赶忙把头巾摘下,发现本来的秃顶上长出了头发,已经有几寸长了,脱落的牙齿也好像隐约在生长。我见到陈允的时候他年纪已经七十多了,两腮上的胡子以及头发都还是乌黑的,而下巴上的胡子却已雪白。

　　又正郎萧渤罢白波辇运①,至京师,有黥卒姓石,能以瓦石沙土,手挼之悉成银②,渤厚礼之,问其法,石曰:"此真气所化,未可遽传。若服丹药,可呵而变也。"遂授渤丹数粒。渤饵之,取瓦石呵之,亦皆成银。渤乃丞相荆公姻家,是时丞相当国,余为宰士,目睹此事,都下士人求见石者如市,遂逃去,不知所在。石才去,渤之术遂无验。石,齐人也。时曾子固守齐③,闻之,亦使人访其家,了不知石所在。渤既服其丹,亦宜有补年寿,然不数年间,渤乃病卒,疑其所化特幻耳。

【注释】

①正郎:正侍郎的简称,是一种武官。萧渤:身世不详。白波:今山西曲沃侯马镇北。

②挼(ruó):揉搓。

③曾子固:即曾巩(1019—1083),字子固,南丰(今属江西)人,后居临川。嘉祐二年(1057)进士,任太平州司法参军,熙宁间,历知齐州、襄州、洪州、福州、明州、亳州、沧州等,后擢为史馆修撰,谥文定。著有《元丰类稿》。《宋史》卷三一九有传。

【译文】

另外一件事：正郎萧渤被罢免了白波辇运，来到京城，有一个被刺了字的士兵姓石，有异术，经他用手揉搓之后，就能把瓦石沙土都变成银子，萧渤热情地招待了他，问他用的什么方法，石氏说："这是真气所化，不能马上传给你。如果服下我的丹药，对着石头呵一口气也能变成银子。"于是给了萧渤几粒丹药。萧渤吃下后，对着瓦石呵了口气，也都变成银子了。萧渤是丞相王安石的亲家，当时王安石主持朝政，我作为宰相的属官，目睹了这件事，京城的士人都想要见一见石氏，他就逃跑了，不知去了哪里。石氏才走，萧渤的法术就不灵验了。石氏是齐州人。当时曾巩任齐州长官，听说此事后，也派人去他家找他，最终也不知道石氏在哪。萧渤既然服用了他的丹药，按理也应该能延长寿命，但是没过几年，萧渤就病死了，怀疑当时石头变银子的法术只不过是幻术而已。

熙宁中，予察访过咸平①，是时刘定子先知县事②，同过一佛寺。子先谓余曰："此有一佛牙，甚异。"余乃斋洁取视之。其牙忽生舍利③，如人身之汗，飒然涌出④，莫知其数，或飞空中，或堕地。人以手承之，即透过，著床榻，摘然有声，复透下。光明莹彻，烂然满目。余到京师，盛传于公卿间。后有人迎至京师，执政官取入东府⑤，以次流布士大夫之家。神异之迹，不可悉数。有诏留大相国寺⑥，创造木浮图以藏之⑦，今相国寺西塔是也。

【注释】

①咸平：今河南通许。

②刘定子先：刘定，字子先，身世不详。

③舍利：佛教高僧火化后剩下的坚硬珠状物称为舍利。

④飒(sà)然：形容风吹过的声音。

⑤东府：宰相的居住地。

⑥大相国寺：北齐天保六年(555)始建，初名建国寺，于唐睿宗时重建，改名大相国寺，宋代又进行了扩建。

⑦木浮图：木塔。

【译文】

熙宁年间，我以察访使的身份路过咸平，当时刘子先担任知县，我与他一同经过一座佛寺。子先对我说："这寺里有一颗佛牙，非常神异。"我斋戒之后取来观察。那颗佛牙忽然生出舍利，就像人身上的汗，飒然涌出，不知有多少，有的飞向空中，有的堕落地下。有人用手去接，结果穿透了手掌，落在床榻上，铮铮有声，然后又穿透床榻而下。一时间光明莹彻，满目璀璨。我到京城之后，在公卿间盛传此事。后来有人把佛牙迎到京城，宰相把它带入自己的府邸，然后依次在士大夫之家流传。各种神异的迹象都数不清楚。皇帝下诏，把它留在大相国寺，并建造木塔收藏它，现在大相国寺的西塔就是为了贮藏这颗佛牙而建的。

菜品中芜菁、菘、芥之类①，遇旱其标多结成花②，如莲花，或作龙蛇之形。此常性③，无足怪者。熙宁中，李宾客及之知润州，园中菜花悉成荷花，仍各有一佛坐于花中，形如雕刻，莫知其数。暴干之，其相依然。或云："李君之家奉佛甚笃，因有此异。"

【注释】

①芜菁(wú jīng)：一种外形像萝卜的根菜，可食用。菘(sōng)：即白菜。芥：芥菜。这三种蔬菜都是十字花科芸薹属蔬菜。

②标:指菜的顶部。

③常性:现代科学认为,十字花科芸薹属的植物引发霜霉病或者白锈病时,花轴会肿胀弯曲,花瓣肥厚、经久不凋,不能结实。这种畸形的花形似荷花,而膨大的子房形似佛像。李宾客及之:即李及之,字公达,濮阳(今属河南)人。由荫登第,通判安肃军,徙判河南府。后历开封府判官,知泾、晋、陕三州,以太中大夫致仕。著有《君臣龟鉴》等。《宋史》卷三一〇有传。宾客,即太子宾客,东宫最高级别属官。润州:今江苏镇江。

【译文】

菜品中芜菁、菘、芥之类的植物,遇到干旱时,其顶部多结成花,就像莲花一样,也有的结成龙蛇的样子。这是自然规律,没什么好奇怪的。熙宁年间,李及之任润州知州,园中的菜花都长成了荷花的样子,还各有一尊佛坐在花中,就像雕刻出来的一样,数不清有多少。晒干后,那些形状依然不变。有人说:"李君家里笃信佛法,因此才有这种异象。"

彭蠡小龙①,显异至多,人人能道之,一事最著。熙宁中,王师南征,有军仗数十船,泛江而南。自离真州②,即有一小蛇登船。船师识之,曰:"此彭蠡小龙也,当是来护军仗耳。"主典者以洁器荐之③,蛇伏其中。船乘便风,日棹数百里,未尝有波涛之恐。不日至洞庭,蛇乃附一商人船回南康④。世传其封域止于洞庭,未尝逾洞庭而南也。有司以状闻,诏封神为顺济王,遣礼官林希致诏⑤。子中至祠下,焚香毕,空中忽有一蛇坠祝肩上⑥,祝曰:"龙君至矣。"其重一臂不能胜。徐下至几案间,首如龟,不类蛇首也。子中致诏意曰:"使人至此,斋三日,然后致祭。王受天子命,不可以不斋戒。"蛇受命，径入银香奁中⑦，蟠三日不动⑧。祭之日，既酌酒，蛇乃自奁中引首吸之。俄出，循案行，色如湿胭脂，烂然有光。穿一剪彩花过，其尾尚赤，其前已变为黄矣，正如雌黄色。又过一花，复变为绿，如嫩草之色。少顷，行上屋梁。乘纸幡脚以行⑨，轻若鸿毛。倏忽入帐中，遂不见。明日，子中还，蛇在船后送之，逾彭蠡而回。此龙常游舟楫间，与常蛇无辨。但蛇行必蜿蜒，而此乃直行，江人常以此辨之。

【注释】

①彭蠡(lǐ)：一般认为即今江西鄱阳湖。

②真州：今江苏仪征。

③荐：垫，承放。

④南康：今属江西赣州。

⑤林希：字子中，福州(今属福建)人。嘉祐二年(1057)进士，神宗时同知太常寺礼院。绍圣间，知成都府，迁中书舍人、同知枢密院等，谥文节。《宋史》卷三四三有传。

⑥祝：祭祀场合中，主持祭祀的人。

⑦香奁(lián)：古代女性的梳妆匣。

⑧蟠(pán)：屈曲，盘伏。

⑨纸幡：纸做的旗帜，用于祭祀。

【译文】

彭蠡小龙显现的神异非常多，人人都能讲出一二，有一件事最为著名。熙宁年间，王师南征，有几十艘载着军械的船，沿江南下。自从离开真州，就有一条小蛇爬到船上。船上的师傅认识它，说："这就是彭蠡小龙，应该是来保护军械的。"负责典礼的官员拿出洁净的容器承放它，蛇就卧在里面。船借着顺风,日行百里,一路上未曾遇到凶险的波涛。没过几天,船到了洞庭,蛇就跟着一艘商人的船返回南康了。世人相传是因为它的封域到洞庭为止,从来没有越过洞庭往南的情况。主管的官员把这件事上奏朝廷,皇帝下诏,封小龙神为顺济王,派礼官林希去宣读诏书。林希来到神祠下,焚香之后,空中忽然出现一条蛇,坠落在祝的肩上,祝说:"龙君来了。"它重得单只手臂不能承受。慢慢地爬到几案中间,头像是龟的样子,不像是蛇首。林希宣读诏书意旨道:"使者来到这里,斋戒了三日,然后祭祀。王接受天子册封,不可以不斋戒。"蛇于是受命,径自爬入银香奁中,盘伏了三天不动。祭祀的那天,酌酒之后,蛇就自己从香奁中把头伸出来吸酒。过一会儿爬出来,沿着桌子爬行,颜色就像湿胭脂一样,璀璨发光。穿过一朵彩花,它的尾巴还是红色的,而前面已经变为黄色了,就像雌黄色一样。又穿过一朵花,又变为绿色,就像嫩草的颜色一样。过了一会儿,爬上屋梁。乘着纸幡的尾部爬行,轻如鸿毛。忽然又穿入帐中,于是就不见了踪影。第二天,林希还朝,蛇在船后送他,送过了彭蠡就回去了。这条龙经常游走于舟船之间,和一般的蛇没什么区别。但是蛇必定蜿蜒爬行,而这条小龙却是直行,江上的人经常用这一点来分辨它们。

天圣中①,近辅献龙卵②,云:"得自大河中。"诏遣中人送润州金山寺③。是岁大水,金山庐舍为水所飘者数十间,人皆以为龙卵所致。至今椟藏,余屡见之。形类、色理,都如鸡卵④,大若五升囊,举之至轻,唯空壳耳。

【注释】

①天圣:宋仁宗年号,公元 1023—1031 年。

②近辅:皇帝亲近、宠信的大臣。

③中人：宦官，太监。

④如：原作"是"，据诸明刻本改。

【译文】

天圣年间，有亲近大臣献上龙卵，说："是从黄河中得到的。"皇帝下诏，派宦官送到润州金山寺。这一年发大水，金山寺的房舍被洪水冲走了几十间，人们都认为是收藏龙卵导致的。龙卵至今还收藏在小盒子里，我见过好几次。形状、颜色都和鸡蛋差不多，大小有五升的袋子那么大，举起来非常轻，只有空壳而已。

　　内侍李舜举家曾为暴雷所震①。其堂之西室，雷火自窗间出，赫然出檐，人以为堂屋已焚，皆出避之。及雷止②，其舍宛然，墙壁窗纸皆黔③。有一木格，其中杂贮诸器，其漆器银扣者④，银悉镕流在地，漆器曾不焦灼。有一宝刀，极坚钢，就刀室中镕为汁⑤，而室亦俨然。人必谓火当先焚草木，然后流金石，今乃金石皆铄⑥，而草木无一毁者，非人情所测也⑦。佛书言："龙火得水而炽，人火得水而灾"，此理信然。人但知人境中事耳，人境之外，事有何限？欲以区区世智情识，穷测至理，不其难哉？

【注释】

①内侍：宦官。李舜举（1033—1082）：字公辅，开封（今属河南）人。熙宁中进内侍押班，制泾原军马，后转嘉州团练使，谥忠敏。曾与沈括共同抵御西夏。《宋史》卷四六七有传。

②止：原作"火"，据诸明刻本改。

③黔（qián）：黑。

④银扣：用银饰镶嵌。

⑤刀室：刀鞘。

⑥铄（shuò）：融化金属。

⑦非人情所测：现代科学认为，高压雷击放电时，可在周围产生高频交变电磁场，使其中的导体发生电磁感应现象，从而产生高强度电流，电流生热从而使金属融化。草木不会产生感应电流，也不会生热，所以不受影响。

【译文】

　　内侍李舜举家曾经被雷暴击中。他家屋堂的西室，有雷火从窗户里冒出来，明晃晃地窜上屋檐，人们都以为堂屋已经被焚毁了，都跑出来躲避。等到雷击停止后，他家的屋舍还在，只是墙壁上的窗户纸都黑了。屋里有一个木头格子，上面杂放着各种器皿，那些镶银的漆器，银都融化了流在地上，漆器却没有烧焦。有一把宝刀，钢质非常坚硬，在刀鞘中也融化了，而刀鞘还是原来的样子。人们都说火总是先烧着草木，然后才会把金石熔化，现在却是金石都被熔化了，而草木却无一损毁，这不是人的常识所能预料的。佛书上说："龙火遇到水会更旺盛，人火遇到水会熄灭"，道理确实是这样的。人只知道人世上的事情，人世以外的事哪有止境呢？想靠区区人世上的知识、情理去穷究天理，不也很难吗？

　　知道者苟未至脱然，随其所得浅深，皆有效验。尹师鲁自直龙图阁谪官①，过梁下，与一佛者谈，师鲁自言以静退为乐。其人曰："此犹有所系，不若进退两忘。"师鲁顿若有得，自为文以记其说。后移邓州②，是时范文正公守南阳。少日，师鲁忽手书与文正别，仍嘱以后事，文正极讶之。时方馈客③，掌书记朱炎在坐④，炎老人，好佛学，文正以师鲁书示炎曰："师鲁迁谪失意，遂至乖理⑤，殊可怪也。宜往见之，为致意开譬之,无使成疾。"炎即诣尹,而师鲁已沐浴衣冠而坐,见炎来道文正意,乃笑曰:"何希文犹以生人见待? 洙死矣。"与炎谈论顷时,遂隐几而卒。炎急使人驰报文正,文正至,哭之甚哀。师鲁忽举头曰:"早已与公别,安用复来?"文正惊问所以,师鲁笑曰:"死生常理也,希文岂不达此?"又问其后事,尹曰:"此在公耳。"乃揖希文,复逝。俄顷,又举头顾希文曰:"亦无鬼神,亦无恐怖。"言讫,遂长往。师鲁所养至此,可谓有力矣,尚未能脱有无之见,何也? 得非进退两忘犹存于胸中欤?

【注释】

①尹师鲁:即尹洙(zhū,1001—1047),字师鲁,洛阳人,世称河南先生。天圣二年(1024)进士,授绛州正平县主簿,累迁河南府户曹参军、馆阁校勘、太子中允等。因为范仲淹辩护遭贬,后起为经略判官、右司谏等,又遭诬陷,贬监均州酒税。著有《河南先生文集》。《宋史》卷二九五有传。

②邓州:治所在今河南邓州。

③馔(zhuàn):饮食,这里指招待、宴请。

④朱炎:身世不详。

⑤乖理:违背常理。

【译文】

学道的人如果没有达到超脱的境界,那么根据他得道的程度,都会有所应验。尹洙从直龙图阁的位置上被贬官,路过汴梁,和一位佛家弟子交谈,尹洙自称以静心恬退为乐。那人说:"这还是有所牵挂,不如进退两忘。"尹洙顿时觉得若有所得,回去自己写了篇文章记下僧人的话。后来他移官邓州,当时范仲淹正主管南阳。没过几天,尹洙忽然寄来亲笔信和范仲淹诀别，并且嘱咐了后事，范仲淹非常惊讶。当时正好在招待客人，掌书记朱炎也在座，朱炎年长并且喜好佛学，范仲淹就把尹洙的信拿给朱炎看，并说道："尹洙因为迁谪失意，以至于说出违反常理的话，实在是奇怪得很。您应该去看看他，为他开导开导，不要因此落下病来。"于是朱炎就去见尹洙，尹洙已经沐浴干净、穿好衣冠坐下，见到朱炎来转达范仲淹的意思，就笑道："为什么范仲淹还用对待活人的方式对我呢？我已经死了。"和朱炎谈了一会儿，就靠着桌子死去了。朱炎赶忙派人快马报知范仲淹，范仲淹来了以后，哭得非常哀恸。尹洙忽然抬头道："早就和您告别过了，何必又来呢？"范仲淹吃惊地问是怎么回事，尹洙笑道："死生是人之常理，您难道不明白这个道理吗？"范仲淹又问起后事，尹洙道："这就拜托您了。"于是向他拱手作揖，就又逝去了。一会儿，又抬头和范仲淹说："也没有鬼神，也没什么可怕的。"说完，就溘然长逝了。尹洙修炼到这个程度，可以说是有功力的了，但还没能超脱有无之见，为什么呢？莫不是"进退两忘"的意念还留存在心中吧？

吴人郑夷甫①，少年登科，有美才。嘉祐中②，监高邮军税务，尝遇一术士，能推人死期，无不验者。令推其命，不过三十五岁。忧伤感叹，殆不可堪。人有劝其读老庄以自广。久之，润州金山一僧端坐与人谈笑间遂化去③。夷甫闻之，喟然叹息曰④："既不得寿，得如此僧，复何憾哉？"乃从佛者授《首楞严经》⑤，往还吴中。岁余，忽有所见，曰："生死之理，我知之矣。"遂释然放怀，无复芥蒂⑥。后调封州判官⑦，预知死日，先期旬日，作书与交游亲戚叙诀，及次叙家事备尽，至期，沐浴更衣。公舍外有小园，面溪一亭洁饰，夷甫至其间，亲督人洒扫及焚香，挥手指画之间，屹然立化。家人奔出呼之，已立僵矣，亭亭如植木，一手犹作指画之状。郡守而下，少时皆至，士民观者如墙。明日，乃就敛。高邮崔伯易为墓志⑧，略叙其事。余与夷甫远亲，知之甚详。士人中盖未曾有此事。

【注释】

①郑夷甫：身世不详。

②嘉祐：宋仁宗年号，公元 1056—1063 年。

③润州：今江苏镇江。

④喟（kuì）然：叹气的样子。

⑤《首楞严经》：即《佛说首楞严三昧经》，东晋时由鸠摩罗什翻译。

⑥芥蒂（jiè dì）：细小的梗塞物，比喻内心的不快。

⑦封州：今广东封川一带。

⑧崔伯易：即崔公度，字伯易，高邮人。英宗时，授和州防御推官，擢国子直讲。为王安石所器重，进光禄丞，擢御史，加集贤校理，知太常理院。累迁兵部、礼部郎中，国子司业，知颍、润、宣、通等州，官至朝散大夫，直龙图阁。《宋史》卷三五三有传。

【译文】

江浙人郑夷甫，少年就考中科第，很有才华。嘉祐年间，负责监督高邮军的税务，曾经遇到一位术士，能推算人的死期，没有不应验的。郑夷甫让他推算自己的命运，结果算出来活不过三十五岁。郑夷甫忧伤感叹，几乎要活不下去了。有人劝他读读老庄的书，来开阔心胸。过了一段时间，润州金山寺有一位僧人，端坐与人谈笑间就去世了。郑夷甫听说后，感慨地叹息道："既然不得长寿，如果能像这位僧人这样，又有什么遗憾呢？"于是跟从佛家弟子学习《首楞严经》，往来于吴中。过了几年，忽然有所领悟，道："生死的道理，我已经明白了。"于是就放开心怀，彻底释然了，心中也不再有芥蒂。后来他调任封州判官，预先知道死期，在那之前十天左右，就写信和朋友、亲戚们诀别，把家里的事情都详细安排妥当，到那一天，就沐浴更衣、做好准备。他屋舍外有一座小园子，面对着小溪有一座亭子很洁净，郑夷甫就来到园中，亲自督促下人洒扫并且焚香，就在挥手指画之间，站着去世了。家人跑出来喊他，尸体已经站着僵硬了，亭亭地像棵树一样，一只手还在做着指画的动作。没过多久，郡守以下的官员都来了，士民前来观看的人多得围成了一堵墙。第二天，就把他入殓安葬了。高邮崔伯易为他作了墓志，简略地叙述了这件事情。我和郑夷甫是远亲，了解得很详细。士人中恐怕也没有过这种事情。

　　人有前知者，数千百年事皆能言之①，梦寐亦或有之，以此知万事无不前定。余以谓不然，事非前定。方其知时，即是今日，中间年岁，亦与此同时，元非先后。此理宛然②，熟观之可谕。或曰："苟能前知，事有不利者，可迁避之。"亦不然也。苟可迁避，则前知之时，已见所避之事，若不见所避之事，即非前知。

【注释】

①数千：诸明刻本一作"数十"，亦通。

②宛然：真切、清晰的样子。

【译文】

　　有人号称是先知，数千百年以后的事都能预言，甚至做梦的事也能知道，以此知道万事都是事先预定好的。我认为不是这样的，事情并非事前预定的。当将来的某件事被人知道的时候，那就已经是那一刻"今日"的事了，从现在到将来这中间的岁月，也都与这个"今日"等同，本来就没有先后之分。这道理是很清楚的，仔细想想就能明白。有人说：

"如果能够事先预知未来，那么有不好的事发生，就可以及时避免。"这也是不可能的。如果能够避免，那么预知未来的时候，就已经见到需要避免的那件事了，如果看不到需要避免的事，那就不是预知未来。

　　吴僧文捷①，戒律精苦，奇迹甚多，能知宿命，然罕与人言。余群从为知制诰②，知杭州，礼为上客。遭尝学诵《揭帝咒》，都未有人知，捷一日相见曰："舍人诵咒，何故阙一句？"既而思其所诵，果少一句。浙人多言文通不寿，一日斋心③，往问捷，捷曰："公更三年为翰林学士，寿四十岁。后当为地下职任，事权不减生时，与杨乐道待制联曹④。然公此时当衣衰绖视事⑤。"文通闻之，大骇曰："数十日前，曾梦杨乐道相过云：'受命与公同职事，所居甚乐，慎勿辞也。'"后数年，果为学士，而丁母丧，年三十九矣。明年秋，捷忽使人与文通诀别，时文通在姑苏，急往钱塘见之。捷惊曰："公大期在此月，何用更来？宜即速还。"屈指计之，曰："急行，尚可到家。"文通如其言，驰还，遍别骨肉，是夜无疾而终。捷与人言多如此，不能悉记，此吾家事耳。捷尝持如意轮咒，灵变尤多，瓶中水咒之则涌立。畜一舍利，昼夜常转于琉璃瓶中，捷行道绕之，捷行速，则舍利亦速，行缓，则舍利亦缓。士人郎忠厚事之至谨，就捷乞以舍利，捷遂与之，封护甚严。一日忽失所在，但空瓶耳。忠厚斋戒，延捷加持，少顷，见观音像衣上一物，蠢蠢而动，疑其虫也，试取，乃所亡舍利，如此者非一。忠厚以余爱之，持以见归，予家至今严奉，盖神物也。

【注释】

①文捷：身世不详。

②群从：子侄。稗海本、学津本"群从"下多一"遘"字。沈遘（gòu，1025—1067），字文通，杭州钱塘（今属浙江）人。皇祐元年（1049）榜眼，通判江宁府，上《本治论》十篇，为仁宗所欣赏，除集贤校理，迁起居舍人，加知制诰。后出知越州，徙杭州，迁龙图阁直学士、知开封府。拜翰林学士，遭母丧，未就而卒。《东都事略》卷七六有传。

③斋心：指静心休养，祛除杂念。

④杨乐道：即杨畋，字乐道，北宋大臣。参《故事》卷一注。联曹：一起分职掌权。

⑤衰绖（cuī dié）：丧服。

【译文】

　　江浙僧人文捷，遵守戒律严格刻苦，身边有很多奇迹发生，他能预知人的宿命，但是很少和人说。我的侄子沈遘以知制诰的身份出知杭州，将文捷视为上宾招待。沈遘曾经学习诵读《揭帝咒》，没人知道他念的是什么，一天，文捷见到他说："您诵读咒语，为什么少念了一句？"沈遘回想自己诵读的咒语，果然少念一句。浙江一带的人常说沈遘不会长寿，一天，沈遘静修之后，前去拜访文捷，文捷说："您再过三年会升任翰林学士，但寿命只有四十岁。此后会在阴间供职，权力不比活着的时候小，会与杨乐道待制一起掌权。但是您那时正在穿着丧服办丧事。"沈遘听说后，非常惊骇地说："几十天前，我曾梦到杨乐道拜访我，并说道：'受命与您共同担任职事，相处得会很快乐，您千万不要推辞。'"此后数年，果然拜为翰林学士，又遭遇母亲的丧事，年纪正好三十九岁。第二年秋天，文捷忽然派人和沈遘诀别，当时沈遘在姑苏，急忙赶往钱塘去见文捷。文捷惊道："您的死期就在这个月，还来找我干什么？您要赶紧回去。"然后屈指计算道："抓紧走，还来得及到家。"沈遘听了他的话，马上往回赶，回去后向家人一一告别，当夜，没有疾病而去世了。文捷和人说的话大多如此，不能全部记下来，这只是我家遇到的事而已。文捷曾经拿着如意轮念咒，灵异的变化尤其多，瓶子里的水被念了咒就会涌起。他收藏了一枚舍利，昼夜常常在琉璃瓶中转动，文捷绕着瓶子走，走得快，舍利也跟着快速地转，走得慢，舍利也跟着慢慢地转。有位叫郎忠厚的士人侍奉他非常周到，请求文捷给他舍利，文捷就把舍利给他了，保护得很严密。一天，忽然找不到了，只留下一个空瓶子。郎忠厚虔诚地斋戒，并请文捷加持，过了一会儿，见到观音像的衣服上有一物，蠢蠢而动，怀疑是虫子，试着取下来，则是丢失的舍利，像这样的事情不止一件。郎忠厚因为我喜爱这颗舍利，就拿来送给我，我家至今还敬奉着，因为是神物啊。

　　郢州渔人掷网于汉水^①，至一潭底，举之觉重。得一石，长尺余，圆直如断椽，细视之，乃群小蛤，鳞次相比，绸缪巩固。以物试抉其一端，得一书卷，乃唐天宝年所造《金刚经》^②，题志甚详，字法奇古，其末云："医博士摄比阳县令朱均施。"比阳乃唐州属邑^③。不知何年坠水中，首尾略无沾渍。为土豪李孝源所得^④，孝源素奉佛，宝藏其书，蛤筒复养之水中。客至欲见，则出以视之。孝源因感经像之胜异，施家财万余缗，写佛经一藏于郢州兴阳寺，特为严丽。

【注释】

①郢州：今湖北钟祥、京山两县。

②天宝：唐玄宗年号，公元 742—753 年。《金刚经》："经"字原缺，据崇祯本补。《金刚经》即《金刚般若波罗蜜经》的简称，以金刚比喻斩断烦恼的智慧。东晋时由鸠摩罗什翻译传入。

③比阳：今河南泌阳，唐代为唐州治所。

④李孝源：身世不详。

【译文】

　　郢州渔人在汉水中撒网，网下到潭底，拉起来时觉得很沉。结果捞得一块石头，长一尺多，形状尺寸就像一根断了的橡子，仔细观察，原来是一群小蛤蜊，鳞次栉比，粘得很牢固。拿工具试着挖开它的一端，结果得到一个书卷，乃是唐代天宝年间所造的《金刚经》，题款都很详细，字法奇古，最后写道："医博士摄比阳县令朱均施。"比阳是唐州下属的县邑。不知是何年坠入水中的，书的首尾没有一处被浸湿。后来被土豪李孝源得到，李孝源素来信奉佛法，非常珍惜这本佛经，就把那个蛤筒又放到水里养起来。有客人来了想看一看，就拿出来观看。李孝源因为有感于这一经卷的神异，便把家财万贯都施舍出去，还写了一套佛经藏在郢州兴阳寺中，特别庄重华丽。

　　张忠定少时①，谒华山陈图南②，遂欲隐居华山。图南曰："他人即不可知，如公者，吾当分半以相奉。然公方有官职，未可议此，其势如失火家待君救火，岂可不赴也？"乃赠以一诗曰："自吴入蜀是寻常，歌舞筵中救火忙。乞得金陵养闲散，亦须多谢鬓边疮。"始皆不谕其言。后忠定更镇杭、益，晚年有疮发于顶后，治不差，遂自请得金陵，皆如此诗言。忠定在蜀日，与一僧善。及归，谓僧曰："君当送我至鹿头③，有事奉托。"僧依其言。至鹿头关，忠定出一书，封角付僧曰："谨收此，后至乙卯年七月二十六日，当请于官司，对众发之。慎不可私发，若不待其日及私发者，必有大祸。"僧得其书。至大中祥符七年，岁乙卯④，时凌侍郎策帅蜀⑤，僧乃持其书诣府，具陈忠定之言。其僧亦有道者，凌信其言，集从官共开之,乃忠定真容也。其上有手题曰:"咏当血食于此⑥。"后数日,得京师报,忠定以其年七月二十六日捐馆⑦。凌乃为之筑庙于成都。蜀人自唐以来,严祀韦南康⑧,自此乃改祠忠定至今。

【注释】

①张忠定:即张咏(946—1015),字复之,号乖崖,濮州鄄城(今属山东)人。太平兴国间进士,累擢枢密直学士,两知益州,真宗时官至礼部尚书,出知陈州,谥忠定。著有《乖崖集》。《宋史》卷二九三有传。

②陈图南:即陈抟(871—989),字图南,号扶摇子。后唐末举进士不第,遂隐居武当山,太宗时赐号"希夷先生",著有《指玄篇》《高阳集》《钓潭集》等。《宋史》卷四五七有传。

③鹿头:山名。在今四川德阳。

④岁乙卯:大中祥符七年(1014)岁甲寅,非乙卯。一说张咏卒于大中祥符七年,乙卯岁乃其周年忌日。

⑤凌侍郎策:即凌策(957—1018),字子奇,宣州泾县(今属安徽)人。雍熙二年(985)进士,授广安军判官,后知数州,迁江南转运使,拜右谏议大夫、集贤殿学士、知益州。又拜给事中,权御史中丞,官至工部侍郎。《宋史》卷三〇七有传。

⑥血食:指接受祭祀。

⑦捐馆:去世的婉称。

⑧韦南康:即韦皋(764—805),字城武。京兆万年(今陕西西安)人。大历初,任华州参军。德宗时,以功擢陇州节度使,入为左金吾卫大将军。贞元间,出任剑南节度使,累加至中书令、检校太尉,封南康郡王。卒赠太师,谥忠武。《旧唐书》卷一四〇、《新唐书》卷一五八有传。

【译文】

张咏年少时曾经去华山拜见陈抟，于是就想隐居华山。陈抟对他说："别人我不知道，但是像您这样的人，我应当分出一半地盘给您。然而您现在正有官运，不能和您谈隐居的问题，这情势就像是失火的人家等着您去救火一样紧急，您难道能不去吗？"于是赠给他一首诗道："自吴入蜀是寻常，歌舞筵中救火忙。乞得金陵养闲散，亦须多谢鬓边疮。"一开始，大家都不明白诗的意思。后来张咏先后任杭州、益州知州，晚年在脑后生出恶疮，无法治愈，就自请调到金陵任闲职，这些事都像诗中写的那样。张咏在益州的时候，和一位僧人友善。等他要离开蜀地的时候，对僧人说："您送我到鹿头关吧，我有事想拜托您。"僧人听了他的话。到鹿头关时，张咏拿出一封书信，把信角都封好，交给僧人道："请谨慎地收藏好这封信，等到了乙卯年的七月二十六日，要请官府的人当众打开。千万不能私自打开，如果不到那天就打开或者私自打开的话，必有大祸。"僧人收下了这封信。转眼到了大中祥符七年，岁逢乙卯，侍郎凌策当时镇守蜀地，僧人就拿着这封信拜谒州府，把陈咏当时的话都对凌策说了。那位僧人也是有道之人，凌策相信了他的话，就把各位从官都召集起来，一起打开看，原来是张咏的画像。上面有手书道："咏当血食于此。"过了几天，从京城得到消息，张咏在那年的七月二十六日去世。凌策于是为他在成都修筑了祠庙。蜀地之人从唐代以来，一直虔诚地祭祀韦皋，从此就改为祭祀张咏，直到现在。

熙宁七年①，嘉兴僧道亲，号通照大师，为秀州副僧正②。因游温州雁荡山③，自大龙湫回④，欲至瑞鹿院。见一人衣布襦，行涧边，身轻若飞，履木叶而过，叶皆不动。心疑其异人，乃下涧中揖之，遂相与坐于石上，问其氏族、闾里、年齿，皆不答。须发皓白，面色如少年。谓道亲曰："今宋朝第六帝也。更后九年，当有疾，汝可持吾药献天子。此药人臣不可服，服之有大责，宜善保守。"乃探囊出一丸，指端大，紫色，重如金锡，以授道亲曰："龙寿丹也。"欲去，又谓道亲曰："明年岁当大疫，吴越尤甚，汝名已在死籍。今食吾药，勉修善业，当免此患。"探囊中取一柏叶与之，道亲即时食之。老人曰："定免矣。慎守吾药，至癸亥岁⑤，自诣阙献之。"言讫遂去。南方大疫，两浙无贫富皆病，死者十有五六，道亲殊无恙。至元丰六年夏，梦老人趣之曰⑥："时至矣，何不速诣阙献药？"梦中为雷电驱逐，惶惧而起，径诣秀州，具述本末，谒假入京⑦，诣尚书省献之。执政亲问，以为狂人，不受其献。明日因对奏知，上急使人追寻，付内侍省问状，以所遇对。未数日，先帝果不豫⑧，乃使勾当御药院梁从政持御香⑨，赐装钱百千，同道亲乘驿诣雁荡山，求访老人，不复见，乃于初遇处焚香而还。先帝寻康复，谓辅臣曰："此但预示服药兆耳。"闻其药至今在彰善阁，当时不曾进御⑩。

【注释】

①熙宁七年：公元1074年。

②秀州：今浙江嘉兴一带。僧正：管理僧人的官员。

③雁荡山：在今浙江东北部海滨。

④大龙湫：雁荡山中一瀑布，现为著名景区。

⑤癸亥岁：即下文元丰六年，公元1083年。

⑥趣（cù）：督促，催促。

⑦谒（yè）假：请假。

⑧不豫：天子患病的讳称。

⑨勾当：管理。

⑩当时不曾进御：宋神宗崩于元丰八年(1085)。

【译文】

熙宁七年，嘉兴僧人道亲和尚，号通照大师，担任秀州副僧正。趁着游温州雁荡山的机会，从大龙湫返回，想到瑞鹿院去。路上遇见一个人，身穿布袄，在山涧边行走，身轻如飞，从树叶上踏过，树叶都不动。道亲心里怀疑这是一位高人，就走下涧中和他行礼，然后在石头上相对坐下，询问他的氏族、籍贯、年纪，他都不回答。他的胡须、头发都已雪白，但是面色却如同少年。老人对道亲说："现在是宋朝第六位皇帝了。往后九年，天子会生一场病，你可以拿着我的药献给他。这药人臣不可服用，服用了就会有大的处罚，你要把它保护好。"于是从囊中取出一颗丸药，像指尖那么大，紫色，像金锡一样重，把药交给道亲说："这是龙寿丹。"要走的时候，又对道亲说："明年会爆发瘟疫，吴越一带尤其严重，你的名字已经列在死亡名录里了。现在吃下我的药，勤勉地修行善业，就可免一死。"又从囊中取出一枚柏叶给他，道亲当场就吃了。老人说："必定可以免去一死了。小心保护好我的药，到癸亥年的时候，亲自到京城去献药。"说完就走了。到了南方爆发瘟疫，两浙一带无论贫富都得了病，死者十有五六，道亲却安然无恙。到元丰六年夏天，梦到老人催促他说："时候到了，还不快去京城献药？"梦中被雷电驱逐，惊惶恐惧而醒，于是直接来到秀州，把事情的始末交代清楚，请假入京，拜谒尚书省想要献药。执政大臣亲自询问了情况，认为他是个疯子，不接受他的献药。第二天把这件事情奏报皇帝，皇帝急忙派人去追，交付内侍省询问具体情况，道亲把事情的始末都汇报了。没过几天，皇帝果然患病，于是派管理御药院的梁从政带着御香，赏赐了很多钱，和道亲乘驿车拜访雁荡山，求访那位老人，却没有再见到，于是就在和他初次相遇的地方焚香之后返回了。皇帝不久就康复了，对身边的大臣说："这只是预示着服药的征兆而已。"听说这颗药至今还放在彰善阁，当时没有送给皇帝服用。

　　庐山太平观,乃九天采访使者祠①,自唐开元中创建②。元丰二年③,道士陶智仙营一舍④,令门人陈若拙董作⑤。发地忽得一瓶,封镉甚固⑥,破之,其中皆五色土,唯有一铜钱,文有"应元保运"四字。若拙得之,以归其师,不甚为异。至元丰四年,忽有诏进号九天采访使者为应元保运真君,遣内侍廖维持御书殿额赐之,乃与钱文符同。时知制诰熊本提举太平观⑦,具闻其事,召本观主首,推诘其详,审其无伪,乃以其钱付廖维表献之。

【注释】

①九天采访使者:此为道教信奉的神仙职事名。

②开元:唐玄宗年号,公元713—741年。

③元丰二年:公元1078年。

④陶智仙:身世不详。董:监督。

⑤陈若拙:身世不详。

⑥镉(jué):器物上装锁的钮。

⑦熊本(1026—1091):字伯通,番阳(今江西鄱阳)人。庆历六年(1046)进士,累官建德县知县、秦凤路都转运使、桂州知州兼广西经略使、吏部侍郎、洪州知州等。《宋史》卷三三四有传。

【译文】

　　庐山太平观是九天采访使者的祠庙,唐代开元年间始建。元丰二年,道士陶智仙营造了一处屋舍,派他的弟子陈若拙监督工程。挖地时忽然得到一个瓶子,密封得非常严密,打开以后,里面都是五色土,只有一枚铜钱,写着"应元保运"四个字。陈若拙得到后,就拿回去交给师傅,也不觉得有什么奇怪。到了元丰四年,忽然下诏,给九天采访使者晋升封号,称应元保运真君,派内侍廖维拿着皇帝手书的殿额赐给太平观,居然和挖出来的钱上刻的文字相同。当时知制诰熊本掌管太平观,听说了这件事,就把太平观的住持找来,详细地询问情况,知道不是伪造的,就把那枚铜钱交给了廖维并上表进献。

　　祥符中①,方士王捷②,本黥卒③,尝以罪配沙门岛④,能作黄金。有老锻工毕升⑤,曾在禁中为捷锻金。升云:"其法为炉灶,使人隔墙鼓韝⑥,盖不欲人觇其启闭也⑦。其金,铁为之,初自冶中出,色尚黑。凡百余两为一饼,每饼辐解⑧,凿为八片,谓之'鸦觜金'者是也⑨。"今人尚有藏者。上令上坊铸为金龟、金牌各数百⑩,龟以赐近臣,人一枚。时受赐者,除戚里外,在庭者十有七人,余悉埋玉清昭应宫宝符阁及殿基之下,以为宝镇。牌赐天下州、府、军、监各一,今谓之"金宝牌"者是也。洪州李简夫家有一龟⑪,乃其伯祖虚己所得者⑫,盖十七人之数也。其龟夜中往往出游,烂然有光,掩之则无所得。其家至今匮藏。

【注释】

①祥符:即大中祥符,宋真宗年号,公元1008—1016年。

②王捷:汀州长汀(今属福建)人。通炼金之术,以其能得授许州参军,留止京师,累官至左神武军大将军,康州团练使。卒赠镇南军节度使。

③黥(qíng)卒:因为犯罪,而被在脸上刺字并涂墨的士兵。

④沙门岛:今山东蓬莱西北海中的大岛。

⑤毕升:身世不详,非前书造活字之毕昇。

⑥鞴(bài)：各类机械中的活塞。这里是指风箱。

⑦觇(chān)：偷偷地察看。

⑧辐解：分解。

⑨鹚觜(zuǐ)金：像乌鸦嘴一样的金块。觜，同"嘴"。

⑩上坊：即尚方署，负责制作御用器物的官署。

⑪洪州：今江西南昌。李简夫：即李宗易(？—1075)，字简夫，宛丘(今河南淮阳)人。天禧三年(1019)进士，历官尚书屯田员外郎，知光化军事，终于太常少卿，诗学白居易。

⑫虚己：李虚己，字公受，建安(今属福建)人。进士出身，太宗时，任沈丘县尉，迁殿中丞，后知遂州，官至工部侍郎，分司南京。著有《雅正集》。《宋史》卷三〇〇有传。

【译文】

大中祥符年间，有一位方士叫王捷，他本来是脸上刺字的士兵，曾经因为犯罪发配沙门岛，能锻造黄金。有一位老锻工叫毕升，曾经在宫中帮助王捷锻金。毕升说："他的方法是用炉灶锻金，派人隔着墙鼓动风箱，因为他不想被人看到自己的动作。他的金子是铁变的，刚从炉灶中取出的时候，颜色还是黑的。大概百余两为一饼，每饼分开，凿成八片，称为'鹚觜金'。"现在还有人收藏着。皇帝命令尚方署铸造金龟、金牌各数百件，把金龟赐给亲近大臣，每人一件。当时接受赏赐的，除了外戚之外，在朝廷的还有十七人，其余的都埋在了玉清昭应宫宝符阁以及殿基下面，作为宝物镇藏。金牌赐给天下州、府、军、监各一块，就是现在所称的"金宝牌"。洪州李简夫家里有一只金龟，是他的伯祖李虚己当时得到的，大概他就在那十七个人之中。那只金龟夜里往往会爬出来，璀璨有光，遮盖起来的话就什么也没有了。他家至今珍藏着。

异事（异疾附）

【题解】

《异事》门凡一卷，亦以记载奇异的自然现象为主。其中不乏科学考证的内容，比如虹、冷光等的形成，亦有单纯记载异常事件，而不认为与其他现象有联系的条目，比如苏州民家墙上显字、邕州泥佛会动等，这些都体现出沈括较为科学的眼光。当然，与上卷同样，本卷依然对无法解释的超自然现象展现了强烈的兴趣，记录了一些异梦、咒术杀人、紫姑显灵、杀人报应、预知未来、宅第风水等无法解释的神秘现象。此外，本卷还略及一些名物分析，如夹镜、印子金、夜明珠、息石、天禄、宝剑、鳄鱼等，以及对一些气象灾害的记录，比如地震、海市蜃楼、龙卷风等。

卷二十一

世传虹能入溪涧饮水，信然。熙宁中，余使契丹，至其极北黑水境永安山下卓帐①。是时新雨霁②，见虹下帐前涧中。余与同职扣涧观之③，虹两头皆垂涧中。使人过涧，隔虹对立，相去数丈，中间如隔绡縠④。自西望东则见，盖夕虹也。立涧之东西望，则为日所铄⑤，都无所睹。久之，稍稍正东，逾山而去。次日行一程，又复见之。孙彦先云⑥："虹，雨中日影也⑦，日照雨即有之。"

【注释】

①卓帐：安营扎寨。

②霁(jì)：雨止天晴。

③扣：靠近，临近。

④绡縠(xiāo gǔ)：生丝织成的薄纱。

⑤铄：通"烁"，耀眼，闪耀。

⑥孙彦先：即孙思恭，字彦先，登州(今山东蓬莱)人。曾先后弃官，后补国子直讲，加秘阁校理，神宗时，擢天章阁待制，出知江宁府、邓州。精易学，曾修天文院浑仪，亦通历算之学。《宋史》卷三二二有传。

⑦雨中日影：虹的形成是由于日光照射到水滴上发生折射以及反射等现象产生的，因为不同波长的光折射率不同，紫光折射程度最大，红光折射程度最小，所以就形成了内紫外红的彩色光带。

【译文】

世人相传虹能到溪涧中饮水，确实如此。熙宁年间，我出使契丹，到了最北部的黑水境永安山下安营扎寨。当时新雨初晴，看见虹下垂到帐前的溪涧之中。我和同事靠近溪涧观察，虹的两头都垂入溪涧中。派人跨过溪涧，隔着虹相向而立，相去几丈远，中间就像隔着一层薄纱。从西向东望就可以看见，因为是傍晚的虹。站在溪涧的东面向西望，因为太阳耀眼，就什么也看不见。过了一会儿，虹稍稍向正东方向移动，慢慢地越过山远去了。第二天又行了一程，再次看到了虹。孙彦先说："虹是太阳在雨中的影子，太阳照射雨时就会出现。"

皇祐中^①，苏州民家一夜有人以白垩书其墙壁^②，悉似"在"字，字稍异。一夕之间，数万家无一遗者，至于卧内深隐之处，户牖间无不到者。莫知其然，后亦无他异。

【注释】

①皇祐：宋仁宗年号，公元 1049—1053 年。

②白垩(è)：石灰岩的一种，白色，主要成分是碳酸钙的沉积物，常用来做粉刷材料。

【译文】

皇祐年间的一天夜里，苏州民家被人用白垩在墙壁上写了字，写的字都像"在"字，只是各个字稍微有差异。一夜之间，几万家无一户墙上没被写字的，甚至是卧室内部隐蔽的地方，以及那些门窗之间也都留下了字。没有人知道原因，但是后来也没发生什么别的怪事。

延州天山之巅^①，有奉国佛寺，寺庭中有一墓，世传尸毗王之墓也^②。尸毗王出于佛书《大智论》，言尝割身肉以饲饿鹰，至割肉尽。今天山之下有濯筋河，其县为肤施县^③。详"肤施"之义，亦与尸毗王说相符。按《汉书》，肤施县乃秦县名，此时尚未有佛书，疑后人傅会县名为说。虽有唐人一碑，已漫灭断折不可读。庆历中^④，施昌言镇鄜延^⑤，乃坏奉国寺为仓，发尸毗墓，得千余秤炭，其棺椁皆朽，有枯骸尚完，胫骨长二尺余，颅骨大如斗。并得玉环玦七十余件，玉冲牙长仅盈尺，皆为在位者所取，金银之物，即入于役夫。争取珍宝，遗骸多为拉碎，但贮一小函中埋之。东上阁门使夏元象时为兵马都监，亲董是役，为余言之甚详。至今天山仓侧,昏后独行者往往与鬼神遇,郡人甚畏之。

【注释】

①延州:今陕西延安。

②尸毗(pí)王:佛教中的人物,曾经为普救众生而割肉饲鹰。

③肤施县:今属陕西延安。

④庆历:宋仁宗年号,公元 1041—1048 年。

⑤施昌言(? —1064):字正臣,通州静海(今江苏南通)人。仁宗时
　进士,授将作监丞、通判滁州。累迁三司度支副使、天章阁待制、
　河北都转运使,历知沧州、河阳、应天府、延州、澶州、滑州、杭州
　等,官至龙图阁学士。《宋史》卷二九九有传。鄜(fū)延:治所在
　今陕西延安。辖今陕西宜君、黄龙、宜川以北,吴堡、大里河、白
　于山以南地区。

【译文】

　　延州的天山之巅,有奉国佛寺,寺庭中有一座坟墓,世人相传是尸
毗王的墓。尸毗王的故事出于佛书《大智论》,里面讲他曾经割下身上
的肉来喂饿鹰,直到把肉割尽。现在天山下面有濯筋河,其县名为肤施
县。考察"肤施"的意思,也和尸毗王的故事相符。但是根据《汉书》的
记载,肤施县是秦代的县名,当时还没有佛书传入,怀疑是后人把县名
附会到这个故事上。当地虽然有一块唐人的碑志,但是已经模糊断折,
无法识读了。庆历年间,施昌言镇守鄜延,把奉国寺拆了,改建为仓库,
发掘了尸毗王的墓,得到了千余秤的炭,他的棺椁都腐朽了,但是枯骸
还完好,胫骨长二尺多,颅骨大得像斗一样。还得到玉环、玉玦等共七
十余件,玉冲牙只有近一尺长,这些都被有权势的人拿走了,至于那些
金银财物,就落入服役的民夫手中。为了争夺珍宝,墓中的遗骸多被拉
碎,最后就放在一个小匣子里埋了。东上阁门使夏元象当时担任兵马都
监,亲自监督了这件事,和我说得很详细。至今在天山的这座仓库旁

边,黄昏以后独行者往往还会遇到鬼神,郡里的人都很害怕。

　　余于谯亳得一古镜①,以手循之②,当其中心,则摘然如灼龟之声③。人或曰:"此夹镜也。"然夹不可铸,须两重合之。此镜甚薄,略无焊迹,恐非可合也。就使焊之,则其声当铣塞④,今扣之,其声泠然纤远⑤。既因抑按而响,刚铜当破,柔铜不能如此澄莹洞彻。历访镜工,皆罔然不测。

【注释】

①谯亳(qiáo bó):今安徽亳州一带。

②循:抚摸。

③摘然:象声词,形容开裂的声音。

④铣(xiǎn)塞:指像敲击被塞住口的钟那样发出的沉闷的声音。铣,指古代钟下的两角。

⑤泠(líng)然:形容声音清越激扬。

【译文】

　　我在谯亳得到一面古镜,用手抚摸,按到镜子中心的位置,就会发出灼烧龟甲时开裂的声音。有人说:"这是夹镜。"但是夹镜无法直接铸造,必须用两半铜片合成。这面古镜很薄,而且一点也没有焊接过的痕迹,恐怕不是合成的。就算是焊接的,那它的声音应该比较沉闷才对,现在敲它,声音清脆悠长。既然是因为按压而发出声响,如果是硬铜的话应该会有所破裂,柔铜则不能像这样声音清脆。我为此遍访铸镜工匠,都说不出个中原因。

　　世传湖湘间因震雷①,有鬼神书"谢仙火"三字于木柱上②,其字入木如刻,倒书之,此说甚著。近岁秀州华亭县③,亦因雷震,有字在天王寺屋柱上,亦倒书,云:"高洞杨雅一十六人火令章。"凡十一字,内"令章"两字特奇劲,似唐人书体,至今尚在,颇与"谢仙火"事同。所谓"火"者④,疑若队伍若干人为一火耳。余在汉东时⑤,清明日雷震死二人于州守园中⑥,胁上各有两字,如墨笔画,扶疏类柏叶⑦,不知何字。

【注释】

①湖湘:即洞庭湖、湘江一带。

②谢仙火:据王得臣《麈史》引孙载的分析,这些字可能是伐木工伐木时刻在木头上的记号,建筑时因为涂了漆故而人们不察,后来无论是因为时间长久还是遭遇雷击,漆剥落下来,原来的文字就得以显现了。

③秀州:今浙江嘉兴及上海松江一带。华亭:今上海松江。

④火:兵制单位,以十人为一火。

⑤汉东:今湖北钟祥。

⑥州守园:地方官的园子。

⑦扶疏:象枝叶密布之形。

【译文】

世人相传在湖湘一带,有一次发生了雷击事故后,在一个木柱上出现了鬼神写的"谢仙火"三个字,几个字深入木中,就像刻上去的一样,而且是倒着写的,这个传说很流行。近年在秀州华亭县,也出现了雷击,也有字出现在了天王寺的屋柱上,同样是倒着写的,作:"高洞杨雅一十六人火令章。"一共十一个字,其中"令章"两个字特别奇劲,像是唐人的字体,至今还保留着,颇与"谢仙火"的传说相同。所谓的"火",我怀疑就像是队伍中若干人为一"火"的意思。我在汉东时,清明那天发生了雷击,在州守的园中电死了两个人,他们的肋骨边上各有两个字,像是用墨笔画的,像是柏树叶的形状,不知是什么字。

元厚之少时①,曾梦人告之:"异日当为翰林学士,须兄弟数人同在禁林。"厚之自思素无兄弟,疑此梦为不然。熙宁中,厚之除学士,同时相先后入学士院,一人韩持国维②,一陈和叔绎③,一邓文约绾④,一杨元素绘⑤,并厚之名绛。五人名皆从"糸",始悟弟兄之说。

【注释】

①元厚之:元绛(1008—1083),字厚之,钱塘(今属浙江)人。天圣间进士,调江宁推官。迁江西转运判官,知台州。侬智高叛乱时,元绛以供给军饷有功,迁翰林学士,拜参知政事。后罢知颍州,以太子太保致仕。谥章简。《宋史》卷二四三有传。

②韩持国维:韩维(1017—1098),字持国,开封雍丘(今属河南)人。为欧阳修荐知太常礼院,后出为泾州通判。英宗时,诏同修起居注,进知制诰。神宗时,拜翰林学士、知开封府,与王安石不和,出知襄州、许州、河阳、邓州、汝州等,以太子少傅致仕。著有《南阳集》。《宋史》卷三一五有传。

③陈和叔绎:陈绎,字和叔,开封(今属河南)人,北宋大臣。参《故事》卷一注。

④邓文约绾:邓绾(1028—1086),字文约,成都双流(今属四川)人。进士出身,任职方员外郎。熙宁间,通判宁州,除集贤校理、检正中书孔目房,同知谏院。后擢御史中丞,加龙图阁待制,迁翰林学士。后忤王安石,贬知虢州,历知陈、陕、永兴、青、邓等州。《宋史》卷三二九有传。

⑤杨元素绘：杨绘（1032—1116），字元素，绵竹（今属四川）人。仁
宗时进士，任荆南通判、开封推官等。神宗时，召修起居注，忤曾
公亮，改兼侍读。累迁翰林学士、御史中丞。又忤王安石，贬知
亳州。官至天章阁待制、知杭州。《宋史》卷三二二有传。

【译文】

　　元绛年轻时，曾经梦到有人告诉他说："以后你会当上翰林学士，而
且必定兄弟数人同时在禁院为官。"元绛自己琢磨，他素来没有兄弟，怀
疑这个梦说得不准。熙宁年间，元绛拜官翰林学士，同时先后有几人进
入翰林学士院，一是韩维，一是陈绎，一是邓绾，一是杨绘，加上他名字
叫绛。五个人的名字都从"糸"旁，这才领悟了梦中兄弟的说法。

　　木中有文，多是柿木。治平初①，杭州南新县民家折柿
木，中有"上天大國"四字。余亲见之，书法类颜真卿②，极有
笔力。"國"字中间"或"字，仍挑起作尖吕，全是颜笔，知其
非伪者。其横画即是横理，斜画即是斜理。其木直剖，偶当
"天"字中分，而"天"字不破，上下两画并一脚皆横挺出半指
许，如木中之节。以两木合之，如合契焉。

【注释】

①治平：宋英宗年号，公元1064—1067年。

②颜真卿（709—785）：字清臣，京兆万年（今陕西西安）人，唐朝大
臣，著名书法家。

【译文】

　　木中有文字，大多是柿木。治平初年，杭州南新县民家劈开柿木，
中间有"上天大國"四个字。这是亲眼见到的，书法很像颜真卿的字体，
极有笔力。"國"字中间的"或"字，挑起一笔是尖口，全是颜真卿的笔

法,可知绝对不是伪造的。字的横画就是木头的横纹,斜画就是木头的斜纹。那段木头是纵向剖开的,正好从"天"字的中间分开,而"天"字没被破坏,上下两横笔加上左右的一脚都横向突出半个手指左右,就像木里面的结节。把两半木头合起来,就像合契一样。

卢中甫家吴中①,尝未明而起,墙柱之下,有光熠然②,就视之,似水而动,急以油纸扇挹之③,其物在扇中混漾④,正如水银,而光艳烂然,以火烛之,则了无一物。又魏国大主家亦尝见此物⑤。李团练评尝与余言⑥,与中甫所见无少异,不知何异也。余昔年在海州⑦,曾夜煮盐鸭卵,其间一卵,烂然通明如玉,荧荧然屋中尽明。置之器中十余日,臭腐几尽,愈明不已⑧。苏州钱僧孺家煮一鸭卵⑨,亦如是。物有相似者,必自是一类。

【注释】

①卢中甫:即卢秉(?—1092),字仲甫,湖州德清(今属浙江)人。皇祐元年(1049)进士,官吉州推官。神宗时,进制置发运副使,加集贤殿修撰、知渭州。《宋史》卷三三一有传。

②熠(wèi):光明的样子。诸明刻本一作"熠"。现代科学一般认为,这可能是磷火发光,如联磷(P₂H₄)之类的气体在空气中自燃的现象,这种气体燃点低,又比空气轻,所以有可能发生所描述的现象。

③挹(yì):把液体舀起来。

④混(huàng)漾:水晃动的样子。

⑤大主:大长公主。

⑥李团练评:李评,字持正,上党(今山西长治)人。由东头供奉官

　　迁皇城使,旋为枢密都承旨。官至成州团练使、知蔡州。《宋史》
　　卷四六四有传。

⑦海州:今江苏连云港西南。

⑧愈明不已:现代科学认为这可能是某种成光蛋白质或者发光细
　　菌发出的光。

⑨钱僧孺:北宋官员,曾任苏州长州主簿。

【译文】

　　卢秉家在吴中,他曾经天还没亮就起床,发现在墙柱下面,有东西
在发光,靠近去看,像水一样晃动,他急忙用油纸扇舀起来,那团物质在
扇中晃动,就像水银一样,而且还光亮灿烂,用烛火照一下,又什么都没
了。魏国大长公主家也曾经见到这种东西。团练李评也曾经和我说
过,与卢秉所见的没什么差别,不知道是什么样的异物。我以前在海州
的时候,曾经夜里煮咸鸭蛋,其中一只蛋,像玉石一般璀璨明亮,把整个
屋子都照亮了。把它放在容器中十几天,等全都腐败变质了,反而更加
明亮。苏州钱僧孺家煮过一只鸭蛋,也像这样。这些东西有相似的现
象,想必自是属于同一类。

　　余在中书检正时,阅雷州奏牍①,有人为乡民诅死。问
其状,乡民能以熟食咒之,俄顷脍炙之类悉复为完肉②;又咒
之,则熟肉复为生肉;又咒之,则生肉能动,复使之能活,牛
者复为牛,羊者复为羊,但小耳;更咒之,则渐大;既而复咒
之,则还为熟食。人有食其肉,觉腹中淫淫而动③,必以金帛
求解;金帛不至,则腹裂而死,所食牛羊,自裂中出。狱具案
上,观其咒语,但曰"东方王母桃,西方王母桃"两句而已。
其他但道其所欲,更无他术。

【注释】

①雷州：今广东海康一带。

②脍炙（kuài zhì）：切细并烤熟的肉。

③淫淫而动：反复搅动。

【译文】

我在中书省担任检正官时，阅读到雷州的一份奏状，说有人被乡民诅咒而死。官府去调查情况，说这个乡民能对熟肉念咒，很快被烧熟并切细的肉就都变成一块完整的肉；再念咒，熟肉就变成生肉；再念咒，生肉变得能动，各种组织又活了起来，牛肉复活为牛，羊肉复活为羊，只是比较小而已；再念咒，开始逐渐变大；然后再念咒，就又变成熟食了。人如果吃了这种肉，就会觉得腹中有东西在反复搅动，必须用金帛贿赂那人寻求解法；交不出金帛的话，就会腹部破裂而死，吃的那些牛羊肉，会从裂缝中涌出。结案后上报案情，看那人的咒语，只是说"东方王母桃，西方王母桃"两句而已。其他的只是说他所希望的，再没有什么别的法术了。

寿州八公山侧土中及溪涧之间①，往往得小金饼，上有篆文"刘主"字，世传"淮南王药金"也②。得之者至多，天下谓之"印子金"是也③。然止于一印，重者不过半两而已，鲜有大者。余尝于寿春渔人处得一饼④，言得于淮水中，凡重七两余，面有二十余印，背有五指及掌痕，纹理分明。传者以谓埏之所化⑤，手痕正如握埏之迹。襄、随之间⑥，故舂陵、白水地⑦，发土多得金麟趾、裛蹄⑧。麟趾中空⑨，四傍皆有文，刻极工巧。裛蹄作团饼，四边无模范迹，似于平物上滴成，如今干柿，土人谓之"柿子金"。《赵飞燕外传》："帝窥赵昭仪浴⑩，多袖金饼，以赐侍儿私婢。"殆此类也。一枚重四两余，乃古之一斤也。色有紫艳，非他金可比。以刃切之，柔甚于铅；虽大块，亦可刀切，其中皆虚软。以石磨之，则霏霏成屑⑪。小说谓麟趾袅蹄，乃娄敬所为药金⑫，方家谓之"娄金"，和药最良。《汉书》注亦云："异于他金。"余在汉东一岁凡数家得之。有一窨数十饼者，余亦买得一饼。

【注释】

①寿州：今安徽寿县、六安、霍山等地。

②淮南王：指汉代淮南王刘安（前179—前122），武帝时以谋反被杀，相传他好养方士，化丹炼金。死后在八公山埋金升天。

③印子金：战国时期楚国的货币，上有"郢爰"二字戳记，"刘主"二字或为"郢爰"之误，据说其含金量在90%以上。

④寿春：今安徽寿县。

⑤埿（ní）：同"泥"，湿土。

⑥襄、随：今湖北襄阳、随州。

⑦春陵：今湖北枣阳一带。白水：水名。在枣阳境内。

⑧金麟趾：麟趾金。袅（niǎo）蹄：马蹄金。均为汉代的金币，麟趾与马蹄都有吉祥的寓意。

⑨麟：原作"妙"，据津逮本等改。

⑩赵昭仪：指赵飞燕的妹妹赵合德。

⑪霏霏：本来形容雨雪之密，这里代指纷纷貌。

⑫娄敬：西汉初齐国卢人，以协助刘邦有功，赐姓刘，拜为郎中，号奉春君。后建议刘邦与匈奴和亲。

【译文】

寿州八公山旁边的土地中及溪涧之中，往往能发现小金饼，上面有篆文的"刘主"字样，世传是"淮南王药金"。找到的人很多，各地称之为

"印子金"。但是只有一印那么大，重的也不过半两而已，很少有更大的。我曾经在寿春的渔人处得到一块金饼，渔人说是从淮水中捞出的，重七两左右，上面有二十几个印，背后有五指以及手掌的印记，纹理分明。传给我的人认为这是湿泥所化，因为上面的手痕正如握住湿泥的痕迹一样。襄州、随州之间，就是原来的春陵、白水一带，挖土经常能挖出麟趾金和马蹄金。麟趾金中间是空的，四旁都有文字，刻得极为工巧。马蹄金像团饼一样，四边没有模铸的痕迹，好像是在物体平整的表面上滴成的，就像现在的干柿饼，当地人称为"柿子金"。《赵飞燕外传》记载："汉成帝偷看赵昭仪洗澡，经常怀揣小金饼，用来收买她的侍女和奴婢。"用的大概就是这类金币。金币一枚重四两左右，就是古代的一斤。其中有紫色的，其他金饼都不能比。用刀切开，比铅还柔软；即使是大块的，也可以用刀切，中间都是空软的。用石头打磨，就变成纷纷碎屑。小说家说麟趾金、马蹄金是娄敬所做的药金，方术家称为"娄金"，用来和药最好。《汉书》注也说："和别的金不一样。"我在汉东时，一年中有好几家得到了这种金币。有一个地窖里有几十饼这种金币，我也买得一饼。

旧俗正月望夜迎厕神，谓之"紫姑"，亦不必正月，常时皆可召。余少时见小儿辈等闲则召之，以为嬉笑。亲戚间曾有召之而不肯去者，两见有此，自后遂不敢召。景祐中[1]，太常博士王纶家因迎紫姑[2]，有神降其阁女，自称上帝后宫诸女，能文章，颇清丽，今谓之《女仙集》，行于世。其书有数体，甚有笔力，然皆非世间篆隶。其名有藻笺篆、茁金篆十余名。纶与先君有旧，余与其子弟游，亲见其笔迹。其家亦时见其形，但自腰以上见之，乃好女子，其下常为云气所拥。善鼓筝，音调凄婉，听者忘倦。尝谓其女曰："能乘云与我游乎?"女子许之。乃自其庭中涌白云如蒸,女子践之,云不能载。神曰:"汝履下有秽土,可去履而登。"女子乃袜而登,如履缯絮③,冉冉至屋复下。曰:"汝未可往,更期异日。"后女子嫁,其神乃不至,其家了无祸福,为之记传者甚详。此余目见者,粗志于此。近岁迎紫姑者极多,大率多能文章歌诗,有极工者,余屡见之,多自称蓬莱谪仙,医卜无所不能,棋与国手为敌,然其灵异显著,无如王纶家者。

【注释】

①景祐:宋仁宗年号,公元 1034—1038 年。

②王纶:身世不详。

③缯(zēng)絮:丝绵。

【译文】

旧俗在正月十五夜迎厕神,称为"紫姑",其实也不一定要正月,平时都可以迎紫姑。我小时候见到小孩儿们没事干就招紫姑,以此作为游戏。亲戚中曾经有招来紫姑而不肯离开的情况,两次见到这种事,此后就不敢再招了。景祐年间,太常博士王纶家因为迎紫姑,导致有神灵附身在他女儿身上,自称是上帝后宫的女子,能写文章,颇为清丽,现在集起来称为《女仙集》流传于世。她的书法有多种字体,很有笔力,但都不是世间的篆书、隶书。自称有"藻笺篆"、"茁金篆"等十余种名称。王纶与家父有交情,我和他家的孩子们游玩时,曾经亲眼见到她的笔迹。在她家也能时常看到她的形态,只从腰部往上看的话,就是一个美女,但是腰部以下常常被云气环绕。她擅长鼓筝,音调凄婉,使听的人都忘记了疲倦。紫姑曾对那女孩说:"你能乘云与我游玩吗?"女孩答应了。于是从庭中涌起一股升腾的白云,女孩踩上去,云不能载起她。紫姑说:"你鞋下有秽土,可以脱掉鞋子再踩上来。"女孩就只穿着袜子踩上去,就像踩在丝绵上,慢慢升到屋顶上又降下来。说:"你还不能去,改天再说吧。"后来那女孩出嫁了,紫姑就不再来了,她们家中没什么祸福,记载这件事的人描写得很详细。这些是我亲眼见到的,粗略地记录在这里。近年来迎紫姑的人非常多,大多都能写文章和诗歌,有一些写得还非常精致的,我见到好几次,大多都自称是"蓬莱谪仙",医药、占卜等无所不能,下棋可以与国手匹敌,但是她们的灵异显著之处,都比不上王纶家的紫姑。

　　世有奇疾者。吕缙叔以知制诰知颍州①,忽得疾,但缩小,临终仅如小儿。古人不曾有此疾,终无人识。有松滋令姜愚②,无他疾,忽不识字③,数年方稍稍复旧。又有一人家妾,视直物皆曲,弓弦、界尺之类,视之皆如钩,医僧奉真亲见之。江南逆旅中一老妇,啖物不知饱。徐德占过逆旅④,老妇诉以饥,其子耻之,对德占以蒸饼啖之,尽一竹簋⑤,约百饼,犹称饥不已;日饭一石米,随即痢之,饥复如故。京兆醴泉主簿蔡绳⑥,余友人也,亦得饥疾⑦,每饥立须啖物,稍迟则顿仆闷绝。怀中常置饼饵,虽对贵官,遇饥亦便龁啖⑧。绳有美行,博学有文,为时闻人,终以此不幸。无人识其疾,每为之哀伤。

【注释】

①吕缙叔:吕夏卿(1015—1068),字缙叔,泉州(今属福建)人。庆历二年(1042)进士,授江宁县尉。参与欧阳修、宋祁同编《新唐书》。神宗时,迁兵部员外郎、知制诰,后出知颍州。《宋史》卷三三一有传。颍州:治所在今安徽阜阳。

②松滋:今湖北松滋西北。姜愚:身世不详。

③忽不识字：从现代科学来看，这可能是因为脑部视觉语言中枢受抑制或损害。

④徐德占：即徐禧（1035—1082），字德占，洪州分宁（今江西修水）人。为王安石赏识，擢太子中允、馆阁校勘、监察御史里行，后累官御史中丞、给事中，奉命进攻西夏，阵亡于永乐城。

⑤篑（kuì）：筐。

⑥蔡绳：山阳人，为沈括友人。曾为李慎言之梦作《抛球传》。参《乐律》卷五。

⑦饥疾：从现代科学来看，应该是某种神经性进食障碍，或为暴食症。焦虑症或抑郁症也会伴随类似症状。但是下文描述的饿时昏倒又疑似低血糖症状。

⑧龁（hé）：咬。

【译文】

　　世上有一些奇怪的疾病。吕缙叔以知制诰的身份主管颍州，忽然得了一种病，身体不断缩小，临终时只有小孩那么大。古人不曾有这种病，最终也没人知道是怎么回事。还有松滋令姜愚，没有别的问题，就是忽然不识字了，过了好几年才渐渐恢复。又有一人家的妾，看直的东西都是弯曲的，比如那些弓弦、界尺之类的东西，看上去都像钩子一样，医僧奉真曾经亲自诊视过。江南旅店中的一位老妇人，吃东西始终不觉得饱。徐禧经过那家旅店，老妇人向他诉说肚子饿，她的儿子觉得很难为情，就当着徐禧的面给她蒸饼吃，结果整整吃了一竹筐，大约百张饼，还是不停地说饿；每天要吃一石的米，随即就腹泻排掉，结果又像原来一样饥饿。京兆府醴泉县主簿蔡绳是我的朋友，也得了这种老觉得饿的病，每次一饿就需要马上吃东西，稍微慢了一点，就会昏倒在地。他的怀中经常准备着饼食，即使是面对着高官，遇到饿了也马上进食。蔡绳品性良好，博学有文才，当时也是个名人，最终却有此不幸。没人知道这是什么病，我每每为他感到哀伤。

　　嘉祐中,扬州有一珠,甚大,天晦多见。初出于天长县陂泽中①,后转入甓社湖②,又后乃在新开湖中,凡十余年,居民行人常常见之。余友人书斋在湖上,一夜忽见其珠,甚近。初微开其房,光自吻中出,如横一金线,俄顷忽张壳,其大如半席,壳中白光如银,珠大如拳,烂然不可正视。十余里间林木皆有影,如初日所照,远处但见天赤如野火,倏然远去③,其行如飞,浮于波中,杳杳如日④。古有明月之珠,此珠色不类月,荧荧有芒焰,殆类日光。崔伯易尝为《明珠赋》⑤。伯易,高邮人,盖常见之。近岁不复出,不知所往。樊良镇正当珠往来处,行人至此,往往维船数宵以待现⑥,名其亭为"玩珠"。

【注释】

①天长县:在今安徽滁州以东,江苏扬州以西。陂(bēi)泽:湖边。

②甓(pì)社湖:在今江苏高邮。

③倏(shū)然:很快,转瞬间。

④杳杳:幽远。

⑤崔伯易:即崔公度,字伯易,高邮(今属江苏)人。英宗时授和州防御推官,为国子直讲。后为王安石器重,进光禄丞,擢御史,加集贤校理,历兵部、礼部郎中,官至朝散大夫、直龙图阁。

⑥维船:把船系住。

【译文】

　　嘉祐年间,扬州有一颗很大的明珠,经常在阴天的时候见到。开始时出现在天长县陂泽中,后来转入甓社湖,又后来出现在新开湖中,有十几年,居民和路人常常能见到。我的友人在湖上有一处书斋,一天晚上,忽然见到那颗明珠,离得很近。开始的时候略微张开蚌,光线从壳缝中射出，就像横着一条金线，不一会儿，忽然张开了壳，壳大得像是半张席子，壳中的白光像银子一般，明珠大得如拳头，光芒耀眼以至不能正眼去看。十余里范围内，林木都有光影，就像初升的太阳照射一样，远处看来，只看到天红得像野火，很快就远去了，行动如飞，浮在水波中，远看就像太阳。古代有明月之珠，而这颗珠的颜色不像月亮，发出的光有芒焰，完全像是太阳光。崔伯易曾经还写了《明珠赋》。崔伯易是高邮人，大概经常能见到。近年来明珠不再出现了，不知道它去了哪里。樊良镇正好处在明珠往来的地方，过路的人来到这里，往往会把船系住待几天，等那颗明珠出现，并且把那座亭子取名为"玩珠"。

登州巨嵎山①，下临大海。其山有时震动，山之大石皆颓入海中②。如此已五十余年③，土人皆以为常，莫知何谓。

【注释】

①登州：今山东蓬莱、栖霞以东一带。

②颓：崩坏，倒塌。

③五十余年：据《宋史·五行志》记载，登州地震发生于庆历六年（1046）三月庚寅（4月18日）。

【译文】

登州巨嵎山，下临大海。那座山有时会震动，山上的大石都会坠入海中。这种情况已经五十多年了，当地人都习以为常，但不知道为什么会这样。

士人宋述家有一珠①，大如鸡卵，微绀色②，莹彻如水。手持之映空而观，则末底一点凝翠，其上色渐浅；若回转，则翠处常在下，不知何物，或谓之"滴翠珠"。佛书："西域有

'琉璃珠'，投之水中，虽深皆可见，如人仰望虚空月形。"疑此近之。

【注释】

①宋述：身世不详。

②绀（gàn）色：微红带深青色。

【译文】

士人宋述家里有一颗珍珠，像鸡蛋一样大，微微呈现红青色，晶莹透彻如水一般。手拿着它，对着天空看，可以看到它的底部有一点深青绿色，往上的颜色逐渐变浅；如果反过来看，则深青绿色总在下面，不知道这是什么东西，有人称为"滴翠珠"。据佛书记载："西域有'琉璃珠'，投入水中，即使水再深都能看见，就像人仰望水下虚空的月影一样。"我怀疑和这颗珍珠的情况相近。

登州海中，时有云气，如宫室、台观、城堞、人物、车马、冠盖①，历历可见，谓之"海市"。或曰："蛟蜃之气所为"②，疑不然也。欧阳文忠曾出使河朔③，过高唐县④，驿舍中夜有鬼神自空中过，车马人畜之声一一可辨，其说甚详⑤，此不具纪。问本处父老，云："二十年前尝昼过县，亦历历见人物。"土人亦谓之"海市"⑥，与登州所见大略相类也。

【注释】

①城堞：城上的矮墙。冠盖：本来指官员的帽子和车盖，这里指仪仗队伍。

②蛟蜃（jiāo shèn）：传说中蛟龙一类的动物，能制造幻影。

③欧阳文忠：即欧阳修，字永叔，北宋大臣，文坛领袖。谥文忠。

④高唐县:今属山东。

⑤其说甚详:欧阳修之说,见于宋敏求《春明退朝录》卷中。

⑥海市:这种现象就是现在说的海市蜃楼,是物体反射的光经过大
气的折射而形成的虚像,一般出现在沙漠和沿海地区,这是由于
其空气密度不均导致的。

【译文】

登州一带的海上,不时会有云气出现,像宫室、台观、城堞、人物、车
马、冠盖等等,都历历可见,称为"海市"。有人说:"是蛟龙之气幻化出
来的",我怀疑不是这样的。欧阳修曾经出使河朔,路过高唐县,住在驿
舍中,夜里听到有鬼神从空中经过,车马、人畜的声音一一可辨,他也说
得很详细,这里就不再细说了。我问当地的父老,说:"二十年前,那些
鬼神曾经在白天经过县里,也是历历可见其人物。"当地人都称为"海
市",和登州见到的那些大略相似。

近岁延州永宁关大河岸崩①,入地数十尺,土下得竹笋
一林,凡数百茎,根干相连,悉化为石。适有中人过,亦取数
茎去,云欲进呈。延郡素无竹,此入在数十尺土下,不知其
何代物。无乃旷古以前,地卑气湿而宜竹耶? 婺州金华山
有松石②,又如核桃、芦根、地蟹之类,皆有成石者,然皆其地
本有之物,不足深怪。此深地中所无,又非本土所有之物,
特可异耳。

【注释】

①延州:今陕西延安一带。永宁关:在今陕西延川东南。

②婺州:今浙江金华。

【译文】

　　近年来延州永宁关附近的黄河岸堤崩塌，入地下数十尺，结果在地下发现一林竹笋，共有数百茎，根干相连，都已化为石头。正好有宦官路过这里，也拿走几棵，说是要进呈给皇帝。延州素来没有竹子，这次的竹笋埋在几十尺深的地下，也不知道是什么年代的。莫非是旷古以前，此地地势低洼、气候湿润而适宜竹子生长吗？婺州金华山也有松树化石，又比如像核桃、芦根、地蟹之类的，都有成为化石的，但是那些都是当地本来就有的事物，不足为奇。这次发现的是在很深的地下本来没有的东西，而且又不是当地原有的植物，所以很奇怪。

　　治平中①，泽州人家穿井②，土中见一物，蜿蜒如龙蛇。大畏之，不敢触，久之，见其不动，试摸之，乃石也。村民无知，遂碎之，时程伯纯为晋城令③，求得一段，鳞甲皆如生物。盖蛇蜃所化④，如石蟹之类。

【注释】

①治平：宋英宗年号，公元 1064—1067 年。

②泽州：治所在今山西晋城。

③程伯纯：即程颢（1032—1085），字伯淳，洛阳人，学者称明道先生。嘉祐间进士，神宗时，任太子中允、监察御史里行，反对王安石变法。为理学大师。《宋史》卷四二七有传。

④蜃(shèn)：一说为蛟龙，一说为大蛤蜊。现代人认为这块化石可能不是蛇蜃所化，而是一种石炭二叠纪的古植物，名为鳞木，枝干上的叶片脱落后会呈现出鳞片之状。

【译文】

　　治平年间，泽州一户人家凿井，在土中发现一样东西，蜿蜒如龙蛇。

他们非常畏惧,不敢碰它,但是过了一段时间,发现那东西也不动,试着摸了一下,原来是石头。村民无知,就把它敲碎了,当时程颢担任晋城县令,找到其中一段碎片,石上的鳞甲都像活物一样。大概是蛇蜃所化,就像蟹的化石之类的东西。

　　随州医蔡士宁常宝一息石^①,云:"数十年前得于一道人。"其色紫光,如辰州丹砂^②,极光莹如映^③,人搜和药剂,有缠纽之纹,重如金锡。其上有两三窍,以细篾剔之^④,出赤屑如丹砂,病心狂热者,服麻子许即定。其斤两岁息。士宁不能名,乃以归余。或云:"昔人所炼丹药也。"形色既异,又能滋息,必非凡物,当求识者辨之。

【注释】

①随州:今属湖北。常:曾经。息石:在大气中能显著自行增重的矿石,乃受水化、氧化等作用而引起。蔡士宁:身世不详。

②辰州:今湖南沅陵、辰溪一带。丹砂:即硫化汞(HgS),红色晶体,亦有黑色的。中医用作安神之药。砂,原作"沙",据诸刻明本本改。

③映:字原缺,据津逮本、崇祯本等补。

④细篾(miè):细竹片。

【译文】

　　随州医生蔡士宁曾经珍藏有一块息石,他说:"是几十年前从一位道士那里得到的。"它有紫色的光,就像辰州的丹砂一样,非常光莹剔透,人们用它来配药,表面有缠绕的纹路,像金锡一样重。上面有两三个小洞,用细竹片剔挖,可以挖出像丹砂一样的红色粉末,给躁狂患者服用,只要芝麻大小就能安定下来。它的重量每年都会增加。蔡士宁叫不出它的名字，就送给我了。有人说："这是古人炼制的丹药。"但是它的形状、颜色既然如此特殊，又能自行生长，想必不是寻常之物，应当请认识的人仔细辨别。

随州大洪山人李遥[①]，杀人亡命。逾年，至秭归，因出市，见鬻拄杖者，等闲以数十钱买之。是时秭归适又有邑民为人所杀，求贼甚急。民之子见遥所操杖，识之，曰："此吾父杖也。"遂以告官司。执遥验之，果邑民之杖也，榜掠备至[②]。遥实买杖，而鬻杖者已不见，卒未有以自明。有司诘其行止来历，势不可隐，乃通随州，而大洪杀人之罪遂败。卒不知鬻杖者何人，市人千万，而遥适值之，因缘及其隐匿，此亦事之可怪者。

【注释】

①大洪山：下原多一"作"字，似衍文，据津逮本、崇祯本等删。李遥：身世不详。

②榜掠：拷打。

【译文】

随州大洪山人李遥，杀人之后亡命天涯。过了一年，来到了秭归，在集市上见到一个卖拄杖的人，就随便花几十文钱买了一根。这时秭归恰好也有一起杀人事件，官府正紧急捉拿凶手。被害人的儿子看到李遥手里拿的拄杖，认出来说："这是我父亲的杖。"于是把李遥告上官府。官府把李遥捉拿之后验看那根杖，果然是死者的拄杖，就对李遥进行拷打。李遥确实是买来的拄杖，但卖杖的人已经不见踪影，最终也无法证明自己的清白。官吏讯问他的行踪来历，由于情势无法隐瞒，只好把在随州的事情交代了，而大洪山杀人的罪行就败露了。可惜最终还是不知道卖杖的是何人，集市上有那么多人，恰好就让李遥赶上了，由此导致他败露了藏匿的罪行，这也是一件怪事。

    至和中①，交趾献麟，如牛而大，通身皆大麟，首有一角。考之记传，与麟不类，当时有谓之山犀者。然犀不言有鳞，莫知其的。回诏欲谓之麟，则虑夷獠见欺②；不谓之麟，则未有以质之。止谓之"异兽"，最为慎重有体。今以余观之，殆"天禄"也。按《汉书》："灵帝中平三年，铸天禄、虾蟆于平津门外③。"注云："天禄，兽名。今邓州南阳县北宗资碑旁两兽④，镌其膊，一曰天禄，一曰辟邪。"元丰中⑤，余过邓境，闻此石兽尚在，使人墨其所刻天禄、辟邪字观之，似篆似隶。其兽有角鬣⑥，大鳞如手掌。南丰曾阜为南阳令⑦，题宗资碑阴云⑧："二兽膊之所刻独在，制作精巧，高七八尺，尾鬣皆鳞甲，莫知何象而名此也。"今详其形，甚类交趾所献异兽，知其必天禄也。

【注释】

①至和：据范镇《东斋纪事》卷一、王得臣《麈史》卷中等记载，此次交趾进贡当在嘉祐年间，沈括记载有误。

②夷獠(liáo)：泛指少数民族。

③平津门：东汉时洛阳的南面四门之一。

④邓州南阳县：今河南南阳。

⑤元丰：宋神宗年号，公元1076—1085年。

⑥鬣(liè)：野兽颈上的长毛。

⑦曾阜：曾巩的堂弟。江西南丰（今属江西）人，嘉祐二年(1069)进士。

⑧宗资:东汉人。字叔都,南阳安众(今河南邓州附近)人。曾任汝南太守。碑阴:石碑的背面。

【译文】

至和年间,交趾进献麒麟,和牛很像,但比牛大一点,浑身都有大麟片,头上长有一角。通过各种记传的考证,觉得和麒麟不是一种东西,当时有人认为是山犀。但是犀牛身上应该没有鳞片,不知道到底是什么。回复的诏书想说是麟,又怕被夷獠欺骗;不说是麟,又没有什么来称呼它。只好称为"异兽",最为慎重得体。现在以我之见,估计是"天禄"。根据《汉书》记载:"汉灵帝中平三年,在平津门外铸造了天禄、虾蟆铜像。"注称:"天禄是兽名。现在邓州南阳县北的宗资碑旁边有两尊石兽,在其臂膊上刻着字,一个叫天禄,一个叫辟邪。"元丰年间,我路过邓州境内,听说这两尊石兽还在,就派人把上面刻的"天禄"、"辟邪"几个字样拓回来看,像篆书又像隶书。那石兽有角有翼,身上的大鳞片像手掌那么大。南丰人曾阜曾经担任南阳令,在宗资碑的背面题词道:"两尊石兽臂膊上所刻的文字还在,制作精巧,高七八尺,尾巴上都有鳞甲,不知是根据什么命名的。"现在详考其形态,和交趾所进献的异兽很像,由此可知那必定是天禄。

　　钱塘有闻人绍者①,尝宝一剑。以十大钉陷柱中,挥剑一削,十钉皆截,隐如秤衡②,而剑锷无纤迹③。用力屈之如钩,纵之铿然有声,复直如弦。关中种谔亦畜一剑④,可以屈置盒中⑤,纵之复直。张景阳《七命》论剑曰⑥:"若其灵宝,则舒屈无方。"盖自古有此一类,非常铁能为也。

【注释】

①钱塘:今浙江杭州。闻人绍:身世不详。

②秤衡：秤杆。

③剑鑞(là)：这里指剑刃。

④关中：指秦岭以北地区。种谔(chóng'è，1027—1083)：字子正，洛阳人，种世衡之子。以父荐，知青涧城，累迁鄜延经略安抚副使，屡次击败西夏入侵。《宋史》卷三三五有传。

⑤盒：原作"合"，据弘治本等改。

⑥张景阳：即张协(？—307)，字景阳，安平(今属河北)人。历官公府掾、秘书郎、华阳令等，后迁中书侍郎，转河间内史。时天下纷乱，遂辞官隐居。作有《七命》等。

【译文】

钱塘人闻人绍曾经珍藏一把宝剑。把十根大钉子钉在柱子上，挥剑一削，十根钉子都被砍断，柱子表面平得像秤杆一样，而剑刃上没有一点痕迹。用力把剑弯曲成钩子那样，松开手，铿然一声，又恢复到原来那样直。关中的种谔也珍藏有一把宝剑，可以弯曲后放在盒子里，拿出来又伸直了。张协的《七命》论剑说："如果像灵宝那样，那么伸直、弯曲都没有限制。"看来自古就有这样一类宝剑，不是一般的铁能铸成的。

嘉祐中，伯兄为卫尉丞①，吴僧持一宝鉴来，云："斋戒照之，当见前途吉凶。"伯兄如其言，乃以水濡其鉴②，鉴不甚明，仿佛见如人衣绯衣而坐③。是时伯兄为京寺丞，衣绿，无缘遽有绯衣④。不数月，英宗即位，覃恩赐绯⑤。后数年，僧至京师，蔡景繁时为御史⑥，尝照之，见已著貂蝉⑦，甚自喜。不数日，摄官奉祠，遂假蝉冕。景繁终于承议郎，乃知鉴之所卜，唯知近事耳。

【注释】

①伯兄:指沈括的堂兄沈批。卫尉丞:掌管仪仗卫兵械、甲胄的
　官员。

②濡(rú):沾湿,润湿。

③绯(fēi)衣:红色的衣服。

④遽(jù):立即,马上。

⑤覃(tán)恩:广施恩惠。覃,遍及,广施。

⑥蔡景繁:即蔡承禧(1035—1084),字景繁,临川(今属江西)人。
　嘉祐二年(1057)进士,历太平州司理参军、知雩都县。神宗时,
　擢太子中允、监察御史等,又加集贤院校理,出为淮南计度转运
　副使。《宋史翼》卷二有传。

⑦貂蝉:古代王公贵族冠上的饰物。

【译文】

　　嘉祐年间,我堂兄担任卫尉丞,有一个江浙僧人拿着一面宝镜前
来,说:"斋戒后照它,能看见前途的吉凶。"我堂兄照他的话做了,就用
水淋湿那面镜子,镜子不太清楚,仿佛看到有人穿着红色衣服坐着。当
时我堂兄担任京寺丞,官服是绿色的,没有理由马上穿上红官服。不到
几个月,英宗即位,广施恩惠,因而获赐红色官服。又过了几年,那僧人
来到京城,蔡承禧当时担任御史,也曾经照过那面镜子,见到自己头戴
饰有貂蝉的冠帽,非常高兴。没过几天,命他代理主持祭祀的官职,于
是就借戴了貂蝉冠。蔡承禧最后官至承议郎,可知宝镜能够占卜的,只
是近期将要发生的事。

　　三司使宅,本印经院,熙宁中,更造三司宅,自薛师政经
始,宅成,日官周琮曰①:"此宅前河,后直太社②,不利居者。"
始自元厚之③,自拜日入居之。不久,厚之谪去,而曾子宣继
之④。子宣亦谪去,子厚居之⑤。子厚又逐,而余为三司使,

亦以罪去。李奉世继为之^⑥，而奉世又谪。皆不缘三司职事，悉以他坐褫削^⑦。奉世去，安厚卿主计^⑧，而三司官废，宅毁为官寺，厚卿亦不终任。

【注释】

①周琮：北宋天文官，曾改铸浑仪，改进漏刻、圭表等。英宗时，迁殿中丞、判司天监，主持编订《明天历》。熙宁三年（1070），因日食与历不合遭夺官。

②太社：古代祭祀土神、谷神的场所。

③元厚之：即元绛，字厚之，北宋大臣。

④曾子宣：即曾布（1036—1107），字子宣，江西南丰（今属江西）人，曾巩之弟。嘉祐二年（1057）与曾巩同登进士，授宣州司户参军、怀仁县令。熙宁初，为集贤校理，进翰林学士，兼三司使。以忤王安石，出知饶州。哲宗时拜枢密使，排挤章惇。徽宗时，拜右仆射，为蔡京所害，终舒州司户。《宋史》卷四七一有传。

⑤子厚：即章惇（1035—1105），字子厚，浦城（今福建南平一带）人。嘉祐二年（1057）进士，历商洛县令、雄武军节度推官等。王安石变法，擢为编修三司条例官，加集贤校理、中书检正。元祐八年（1093）拜相。以反对徽宗即位被贬。卒赠太师，追封魏国公。《宋史》卷四七一有传。

⑥李奉世：即李承之，字奉世，幽州（今河北北部地区）人。进士出身，英宗时任明州司法参军。后为王安石所欣赏，命以察访淮浙常平农田水利差役事，迁集贤殿修撰，擢宝文阁待制，入为三司使。后拜给事中、吏部侍郎、户部尚书，复以枢密直学士知青州。历应天府、河阳、陈、郓、扬等州。《宋史》卷三一〇有传。

⑦褫削（chǐ xuē）：革除官职。

⑧安厚卿：即安焘，字厚卿，开封（今属河南）人。嘉祐四年（1059）

进士,授蔡州观察推官。为欧阳修所荐,迁秘阁校理,出为荆湖北路转运判官、提点刑狱兼常平农田水利差役事等。神宗时,诏修起居注,出使高丽、契丹。徽宗即位,知枢密院,后出知河南。《宋史》卷三二八有传。

【译文】

三司使的宅第,本来在印经院,熙宁年间,又另造了三司宅,从薛师政开始经办,宅子建好了,天文官周琮说:"这座宅子前面是河,后面是太社,对居住的人不利。"开始是元绛,从拜官之日就搬入居住。不久,元绛被贬官,而曾布继任。曾布也被贬官,章惇继任。后来章惇又被罢免,我担任三司使,也因获罪而离任。李承之接替我,结果也被贬官。而且都不是因为三司本职的事情,全是因为其他事情被罢免。李承之离任后,安焘主持三司工作,而三司的官职被撤销,三司宅也改为官寺,安焘也没有干到最后。

《岭表异物志》记鳄鱼甚详①。余少时到闽中,时王举直知潮州②,钓得一鳄,其大如船,画以为图,而自序其下。大体其形如鼍③,但喙长等其身,牙如锯齿。有黄、苍二色,或时有白者。尾有三钩,极铦利④,遇鹿、豕即以尾戟之以食⑤。生卵甚多,或为鱼,或为鼍、鼋⑥,其为鳄者不过一二。土人设钩于大豕之身,筏而流之水中,鳄尾而食之,则为所毙。

【注释】

①《岭表异物志》:即《岭表录异》,唐刘恂撰,记载岭南各地风俗及物产。

②王举直:身世不详。

③鼍（tuó）：即扬子鳄。

④铦（xiān）：锋利。

⑤戟（jǐ）：古代的一种长兵器。这里用作动词，刺，钩。

⑥鼋（yuán）：大龟。

【译文】

《岭表异物志》记载鳄鱼的事很详细。我年轻时曾经到闽中，当时王举直主管潮州，钓到一只鳄鱼，身形像船一样大，把鳄鱼形态画成了图，并且亲自在下面作了序。大体上说，鳄鱼的形态像是鼍，只是嘴巴差不多和身体一样长，牙就像锯齿。有黄色、青色两种颜色，有时还有白色的。尾巴上有三行钩子，极其锋利，遇到鹿、猪等动物就用尾巴攻击后吃掉。鳄鱼生下的卵很多，有的长成鱼，有的长成鼍、鼋，能长成鳄鱼的不过一两只。当地人在大猪身上埋设钩子，用竹筏载着放到水里漂流，鳄鱼跟上来把猪吃下去，就被人杀死了。

嘉祐中，海州渔人获一物①，鱼身而首如虎，亦作虎文，有两短足在肩，指爪皆虎也，长八九尺，视人辄泪下。舁至郡中②，数日方死。有父老云："昔年曾见之，谓之'海蛮师'③。"然书传小说未尝载。

【注释】

①海州：今江苏连云港西南。

②舁（yú）：抬。

③师：同"狮"。

【译文】

嘉祐年间，海州的渔民捕获到一种动物，长着鱼的身体和老虎的头，身上也有虎纹，背部长有两只短足，指爪都和老虎一样，长达八九尺，它见到人就流泪。把它抬到城中，过了几天才死。有乡里年长者说："以前曾经见过，叫作'海蛮师'。"然而书传以及小说中都没有记载。

邕州交寇之后^①，城垒方完，有定水精舍泥佛辄自动摇，昼夜不息，如此逾月。时新经兵乱，人情甚惧。有司不敢隐，具以上闻，遂有诏令，置道场禳谢^②，动亦不己。时刘初知邕州，恶其惑众，乃舁像投江中。至今亦无他异。

【注释】

①邕州：治所在今广西南宁附近。

②禳（ráng）谢：被除不祥的宗教仪式。

【译文】

邕州经过与敌军交战之后，城池、壁垒才修筑完毕，有一尊定水精舍的泥佛自己会动，昼夜不停，这样过了一个月。当时因为刚遭遇了兵乱，人们都很害怕。官府不敢隐瞒，就详细地向上级汇报，于是朝廷下诏，让安排道场来祛除不祥，结果那泥佛还是动个不停。当时刘初主管邕州，厌恶它迷惑百姓，就让人抬着佛像投入江中。至今也没什么异常出现。

洛中地内多宿藏^①，凡置第宅未经掘者，例出掘钱。张文孝左丞始以数千缗买洛大第^②，价已定，又求掘钱甚多。文孝必欲得之，累增至千余缗方售，人皆以为妄费^③。及营建庐舍，土中得一石匣，不甚大，而刻镂精妙，皆为花鸟异形，顶有篆字二十余，书法古怪，无人能读。发匣，得黄金数百两。鬻之，金价正如买第之直^④，虨掘钱亦在其数^⑤，不差一钱。观其款识文画，皆非近古所有。数已前定，则虽欲无妄费，安可得也？

【注释】

①宿藏：前人埋下的宝藏。

②张文孝：即张观，字思正，北宋大臣。参《人事》卷九注。

③为：字原缺，据津逮本等补。

④直：同"值"，价值，价格。

⑤斸（zhú）：挖掘。

【译文】

洛阳地下有很多以前留下的埋藏品，所以凡是所购买的宅第未经挖掘过地下的，照例都要出掘地钱。左丞张观一开始以数千缗的价钱买了一处洛阳的大宅子，价钱已经敲定，卖主又提出要一大笔掘地钱。张观一定要买下这块地，最后又增加了一千多缗才成交，人们都觉得他花了冤枉钱。等到营建屋舍时，在土中挖出一个石匣子，不太大，但是刻镂得非常精妙，都是花鸟等奇异形状，匣子上面有二十几个篆字，书法很古怪，没人能读。打开匣子，得到几百两黄金。卖掉后，黄金的价钱正好和买宅子的钱相当，连掘地钱也包括在内，不差一分。看匣子上面的款识、字画，都不是近古的样式。可见命数已经预先注定了，即使想不多花那笔钱，又怎么可能呢？

熙宁九年①，恩州武成县有旋风自东南来②，望之插天如羊角，大木尽拔，俄顷旋风卷入云霄中。既而渐近，乃经县城，官舍民居略尽，悉卷入云中。县令儿女奴婢，卷去复坠地，死伤者数人。民间死伤亡失者，不可胜计。县城悉为丘墟，遂移今县。

【注释】

①熙宁九年:据李焘《续资治通鉴长编》记载,此事发生在熙宁十年
　（1077）。

②恩州:今山东平原县西。

【译文】

　　熙宁九年,恩州武成县有旋风从东南方向刮来,望去风柱像羊角一样直插天际,粗大的树木都被拔起,很快就被旋风卷入云霄间。旋风慢慢靠近,接着就经过了县城,官舍民居差不多都被卷入云中。县令的家人、奴婢,被旋风卷起又坠落,死伤的有好几人。民间的死伤、失踪人员,数都数不清。整个县城化为废墟,于是就移到了现在的县城。

　　宋次道《春明退朝录》言①:"天圣中,青州盛冬浓霜②,屋瓦皆成百花之状。"此事五代时已尝有之,余亦自两见如此。庆历中,京师集禧观渠中,冰纹皆成花果林木。元丰末,余到秀州,人家屋瓦上冰亦成花。每瓦一枝,正如画家所为折枝③,有大花似牡丹、芍药者,细花如海棠、萱草辈者,皆有枝叶,无毫发不具,气象生下,虽巧笔不能为之。以纸拓之,无异石刻。

【注释】

①宋次道:即宋敏求,字次道,北宋大臣。参《故事》卷一注。《春明退朝录》:为宋敏求所撰笔记,多记载唐宋典故。

②青州:今属山东。

③折枝:花卉画法之一,所画花卉不带根部。

【译文】

宋敏求的《春明退朝录》记载："天圣年间,青州在隆冬时节下了很重的霜,屋瓦上的冰霜都结成了百花的形状。"这件事五代时就已经发生过了,我也曾亲眼见到两次。庆历年间,京城集禧观的沟渠中,冰霜凝结成了花果林木的纹样。元丰末年,我在秀州,人家屋瓦上的冰也凝结成花的样子。每片瓦上一枝,就像画家画的折枝图,大的像是牡丹、芍药,小的像是海棠、萱草之类的,都有枝叶,细微之处无所不有,气韵、形象都非常生动,即使再巧的笔法也画不出来。用纸去拓,和石刻没什么差别。

　　熙宁中,河州雨雹①,大者如鸡卵,小者如莲芡②,悉如人头、耳、目、口、鼻皆具,无异镌刻。次年,王师平河州,蕃戎授首者甚众③,岂克胜之符豫告邪?

【注释】

①河州:今甘肃兰州西南一带。

②莲芡(qiàn):莲子和芡实。芡,一种大型水生植物,睡莲科,红花,种子可食用或酿酒,亦可入药。

③蕃戎:西北少数民族的统称。授首:指投降或被杀。

【译文】

熙宁年间,河州下了冰雹,大的像鸡蛋一样大,小的像莲子和芡实一样小,而且还都像人头一样,耳、目、口、鼻都很完整,和刻出来的没什么差别。第二年,官军平定河州,很多敌人投降或被斩首,那些冰雹难道是克敌制胜的征兆吗?

谬误(谲诈附)

【题解】

《谬误》门凡一卷,以记载、批评谬误为主。本卷的谬误是广义上的,并不专指民间误说(如混淆竹箭)、文人误用(如误解反坫之意、误解依檐)或文献误载(如《酉阳杂俎》误记植物、郑玄不解车渠)等,还包括了对一些诡诈逸事(如丁谓的权谋、卜者算卦),以及对不良政治风气的批评(如转运使进贡),既有正直良知,亦不乏风趣幽默之处。

卷二十二

东南之美,有会稽之竹箭①。竹为竹,箭为箭,盖二物也。今采箭以为矢,而通谓矢为"箭"者,因其箭名之也②。至于用木为笴③,而谓之箭,则谬矣。

【注释】

①会稽:今浙江绍兴。

②箭:胡道静据《墨客挥犀》五改"箭"为"材",亦可从。

③笴(gǎn):箭杆。

【译文】

东南一带的好东西,有会稽的竹箭。竹是竹,箭是箭,这是两种植物。现在收集箭做成矢,而把矢都通称为"箭",是用"箭"这种材料来给它命名的。至于用木头造箭杆,也称为"箭",就不对了。

丁晋公之逐①,士大夫远嫌,莫敢与之通声问。一日,忽有一书与执政,执政得之,不敢发,立具上闻。洎发之②,乃表也,深自叙致,词颇哀切。其间两句曰:"虽迁、陵之罪大③,念立主之功多。"遂有北还之命。谓多智变,以流人无因达章奏,遂托为执政书,度以上闻,因蒙宽宥④。

【注释】

①丁晋公:即丁谓,字谓之,北宋宰相,封晋国公。参《人事》卷九注。

②洎(jì):到。

③迁、陵:指司马迁、李陵。

④宽宥(yòu):宽容,宽恕。

【译文】

丁谓被放逐后,士大夫为了避嫌,都与他保持距离,没人敢和他通信问候。一天,忽然有一封信送给了执政大臣,执政大臣得到信后,不敢私自打开,就把这封信汇报给了皇帝。等打开信封,原来是丁谓的谢罪表,自叙悔过之意,言语颇为哀伤恳切。其中有两句说:"虽然我有像司马迁、李陵那样的大罪,但希望能念及曾经在拥立君主的事情上立过功。"于是皇帝下了让他回京的命令。丁谓机智多权变,因为流放之人没有办法上达奏章,于是就假托执政大臣来上书,考虑这样就能让皇帝看到,也因此获蒙宽恕。

　　尝有人自负才名,后为进士状首,扬历贵近①。曾谪官知海州,有笔工善画水,召使画便厅掩障,自为之记,自书于壁间。后人以其时名,至今严护之。其间叙画水之因曰:"设于听事,以代反坫②。"人莫不怪之。余切意其心,以谓:"邦君屏塞门,管氏亦屏塞门;邦君为两君之好,有反坫,管氏亦有反坫。"③其文相属,故缪以屏为反坫耳。

【注释】

①扬历:指仕宦的经历。

②反坫(diàn):黏土筑的台子,古人敬酒后把空酒杯放还到坫上,是周代诸侯宴会时的礼节。

③"邦君"六句:出自《论语·八佾》。屏,《论语》作"树",系宋人避英宗讳改。塞门,屏风,照壁。

【译文】

　　曾经有个人自负有才,后来考中状元,担任过贵官近臣。他曾经贬官任海州知州,有一位画家擅长画水,就找来让他画一幅休息厅的屏风,自己作了记文,亲自写在厅壁上。后人因为知道他是名人,所以严密地保护至今。文中叙述画水的原因说:"设在厅堂里,以代替反坫。"人们都很奇怪。我私下里琢磨他的意思,是因为《论语》里说:"国君有屏风,管仲也有屏风;国君为了两国友好而设有反坫,管仲也设有反坫。"因为两句话互相联属,所以错误地以为反坫就是屏风了。

　　段成式《酉阳杂俎》记事多诞①。其间叙草木、异物,尤多缪妄,率记异国所出,欲无根柢。如云:"一木五香:根旃檀②,节沉香③,花鸡舌④,叶藿⑤,胶薰陆⑥。"此尤谬。旃檀与沉香,两木元异。鸡舌即今丁香耳,今药品中所用者亦非。

藿香自是草叶，南方至多。薰陆，小木而大叶，海南亦有薰陆，乃其胶也，今谓之"乳头香"。五物迥殊，元非同类。

【注释】

①段成式（803—863）：字柯古，段文昌之子。官至太常少卿。著有《酉阳杂俎》等。诞：荒诞，虚妄。

②栴檀（zhān tán）：即檀香。主要产于印度、东南亚等地，有"香料之王"的美誉。

③沉香：产于我国南部及东南亚等地，树根或树干可入药，可以行气止痛，温中止呕。

④鸡舌：即鸡舌香，通称丁香。主要产于东南亚，蒸馏花芽所得的油可以治疗牙痛。

⑤藿：即藿香，主要产于我国南方。管状花目，唇形科多年生草本植物，茎有香气，可入药或提取芳香油，可解暑止吐。

⑥薰陆：即乳香，又名乳头香。主要产于欧洲南部或红海沿岸，乳香乃其茎浸出的树脂凝固后的产物。

【译文】

段成式的《酉阳杂俎》记事有很多荒诞之处。其中描述草木、异物的错误尤其多，那些记载外国所出的东西，大多没什么根据。比如说："有一种树可以生出五种香药：根部是檀香，树节是沉香，花是鸡舌香，叶是藿香，胶是薰陆香。"这条尤其错误。檀香与沉香，这两种植物本来就不一样。鸡舌就是现在的丁香，而且现在药品中使用的也不是真的鸡舌香。藿香本来是草叶，南方有很多。薰陆这种植物，枝干小而叶子大，海南也有薰陆，用的是它分泌的胶，现在称为"乳头香"。这五种植物完全不同，本来就不是一种东西。

丁晋公从车驾巡幸，礼成，有诏赐辅臣玉带。时辅臣八人，行在祇候库止有七带①。尚衣有带②，谓之"比玉"，价直数百万，上欲以赐辅臣，以足其数。晋公心欲之，而位在七人之下，度必不及已。乃谕有司，不须发尚衣带，自有小私带，且可服之以谢，候还京别赐可也。有司具以此闻。既各受赐，而晋公一带仅如指阔。上顾谓近侍曰："丁谓带与同列大殊，速求一带易之。"有司奏"唯有尚衣御带"，遂以赐之。其带熙宁中复归内府③。

【注释】

①行在：指皇帝巡行所到之地。祇（zhī）候库：官库名，负责收纳钱帛、器皿、衣服等，以备皇帝赏赐时使用。

②尚衣：指殿中省尚衣局，掌管皇帝的服饰。

③熙宁：宋神宗年号，公元 1068—1077 年。

【译文】

丁谓跟着皇帝的车马出行巡视，仪式完成后，皇帝下诏赏赐辅臣玉带。当时有八个辅臣，当地的祇候库里只有七条玉带。而尚衣局还有玉带，称为"比玉"，一条价值数百万，皇帝想拿一条赐给辅臣，来凑足八人之数。丁谓心里想要，但是位在七人之下，料想肯定轮不到自己。于是对主管官员说，你们不必发尚衣局的玉带了，我有自己的小玉带，可以暂且戴上谢恩，等还京以后再另行赏赐就行了。那些官员就这样禀报执行了。等到各位大臣都接受赏赐后，唯独丁谓的玉带只有一个手指那样宽。皇帝回头对近侍说："丁谓的玉带与同列的相差太多，快点找一条玉带给他换了。"主管官员上奏说"只有尚衣局的御用玉带了"，于是就把尚衣局的玉带赏赐给了丁谓。那条玉带在熙宁年间又还给了内府。

　　黄宗旦晚年病目①。每奏事,先具奏目,成诵于口。至上前,展奏目诵之,其实不见也。同列害之,密以他书易其奏目,宗旦不知也。至上前,所诵与奏目不同,归乃觉之。遂乞致仕②。

【注释】

①黄宗旦(973—1030):字叔才,晋江(今属福建)人。咸平元年(998)榜眼,曾知苏州,晚年直史馆,以眼疾,授刑部郎中知襄州。
②致仕:退休。

【译文】

黄宗旦晚年患了眼病。每次奏事,都先准备好纲目,把它完全背诵下来。到面圣的时候,展开奏书背诵一遍,其实眼睛看不见。同僚想害他,就偷偷用其他奏书换了他准备好的纲目,黄宗旦不知道。来到皇帝面前,背诵出来的和手里拿的奏书不同,回去以后才察觉到。于是就请求退休。

　　京师卖卜者,唯利举场时举人占得失。取之各有术:有求目下之利者,凡有人问,皆曰“必得”。士人乐得所欲,竞往问之。有邀以后之利者,凡有人问,悉曰“不得”。下第者常过十分之七,皆以谓术精而言直,后举倍获。有因此著名、终身飨利者①。

【注释】

①飨(xiǎng):同“享”。《类苑》卷七十引作“享”。

【译文】

京城那些靠占卜为生的人,就喜欢给参加科举考试的举人占卜得失。各有不同的牟利手段：有人追求眼前的利益，但凡有人问能不能考中，都说"必中"。士人喜欢听自己想听的，就都去问他。也有人追求日后的利益，但凡有人问能不能考中，都说"不中"。落榜的人一般都在七成以上，就都说他占卜的技术精湛而且还敢于直言，以后赚的钱就更多了。有人因此而出名，终身从中获利。

　　包孝肃尹京①，号为明察。有编民犯法②，当杖脊③。吏受赇④，与之约曰："今见尹，必付我责状。汝第呼号自辩，我与汝分此罪。汝决杖⑤，我亦决杖。"既而包引囚问毕，果付吏责状，囚如吏言，分辩不已，吏大声呵之曰⑥："但受脊杖出去，何用多言！"包谓其市权⑦，捽吏于庭⑧，杖之十七。特宽囚罪，止从杖坐⑨，以抑吏势，不知乃为所卖，卒如素约。小人为奸，固难防也。孝肃天性峭严，未尝有笑容，人谓"包希仁笑比黄河清"。

【注释】

①包孝肃：即包拯（999—1062），字希仁，庐州合肥（今属安徽）人。天圣五年（1027）进士，授大理评事，知建昌县。迁三司户部判官，京东、陕西、河北路转运使。仁宗时，除龙图阁直学士，后知开封府、权御史中丞、三司使、枢密副使。卒赠礼部尚书，谥孝肃。《宋史》卷三一六有传。

②编民：编入户籍的平民。

③杖脊：用刑杖击打脊背的刑罚。

④赇（qiú）：贿赂。

⑤决：判决。

⑥呵（hē）：同"呵"，呵斥。

⑦市权：卖权，以权谋私。

⑧捽(zuó)：揪，抓。

⑨杖坐：这里指由杖脊改为杖臀。

【译文】

包拯治理京城，号称明察秋毫。有一个平民犯法，依法当受脊杖。有官府的属吏接受了贿赂，和犯人约定说："等见到府尹，一定会把施刑判决书交给我。你就大喊着自己辩解，我和你分担处罚。你被判挨打，我也被判挨打。"等到包拯把犯人讯问完毕，果然把判决书交给这个属吏，犯人就照着属吏说的，不停地分辨，属吏大声呵斥道："只管接受了脊杖出去，有什么可多说的！"包拯觉得他有以权谋私之嫌，就把他揪到公堂上，也打了十七杖。还特别宽免了犯人的罪责，只是连带着判了臀杖，以此遏制属吏的威势，却不知道还是被属吏给骗了，最后的判决就像属吏和犯人约好的一样。小人行奸，本来就很难防范。包拯天性不苟言笑，人称"要包拯笑，比让黄河变清还难"。

李溥为江淮发运使①，每岁奏计②，则以大船载东南美货，结纳当途③，莫知纪极④。章献太后垂帘时⑤，溥因奏事，盛称浙茶之美，云："自来进御，唯建州饼茶⑥，而浙茶未尝修贡⑦。本司以羡余钱买到数千斤，乞进入内。"自国门挽船而入⑧，称进奉茶纲⑨，有司不敢问。所贡余者，悉入私室。溥晚年以贿败，窜谪海州⑩。然自此遂为发运司岁例，每发运使入奏，舳舻蔽川⑪，自泗州七日至京⑫。余出使淮南时⑬，见有重载入汴者，求得其籍⑭，言两浙笺纸三暖船⑮，他物称是。

【注释】

①李溥(pǔ)：河南人，初为三司小吏。真宗时，官至制置江淮等路

茶盐矿税兼发运司事。惯于贪赃贿赂、结交权贵,后被贬蔡州团
练副使,监徐州利国监。

②奏计:向皇帝汇报地方财政情况,亦称"会计"。

③当途:朝中掌权的大官。

④纪极:限度。

⑤章献太后(969—1033):宋真宗的皇后。宋仁宗即位时尚年幼,
由章献太后垂帘听政长达十一年。

⑥建州:今福建建瓯一带。

⑦修贡:进贡。

⑧国门:指京城的水运城门。

⑨纲:宋代水陆运输的单位。

⑩海州:今江苏连云港。

⑪舳舻(zhú lú):本指船尾和船头,这里泛指船只。

⑫泗州:汴水入淮之口。在今安徽泗县一带。

⑬出使淮南:沈括因受到吕惠卿的诬蔑,为王安石所嫌。于熙宁八
年(1075)出使淮南。

⑭籍:载货登记簿。

⑮笺纸:精美的纸张。暖船:装有帷幕的船。

【译文】

李溥担任江淮发运使时,每年进京上奏时,就用大船载着东南一带
的珍宝,交结朝中大官,行为肆无忌惮。章献太后垂帘听政的时候,李
溥借着奏事的机会,盛赞浙江的茶叶好,说:"从来进贡,只有建州的饼
茶,而浙江的茶未曾进贡过。本部门用富裕的钱买到数千斤,请求进献
入宫。"于是从京城水门拉着大船入京,称为"进奉茶纲",执法部门也不
敢过问。那些进贡后剩下来的物品,就都落入私人手中。李溥晚年因
为受贿事败露,被贬海州。但是从他以后,上贡就成为发运司每年的惯
例,每次发运使入京奏事,接连不断的船只就挤满了河川,从泗州到京

城需要走七天。我出使淮南的时候，见到满载货物的船驶入汴河，找来它们的运货清单，光运送两浙精美的纸张就用了三条暖船，其他东西也像这样。

　　崔融为《瓦松赋》云①："谓之木也，访山客而未详；谓之草也，验农皇而罕记。"段成式难之曰②："崔公博学，无不该悉，岂不知瓦松已有著说？"引梁简文诗③："依檐映昔耶。"成式以昔耶为瓦松，殊不知昔耶乃是垣衣④，瓦松自名昨叶，何成式亦自不识？

【注释】

①崔融(653—706)：字安成，齐州全节（今山东章丘）人。应制举及第，任崇文馆学士。李显为太子时，任侍读，东宫奏表多出其手，为武则天所赏识，擢为著作佐郎，转右史，又授著作郎，兼右史内供奉，后迁凤阁舍人。以忤张昌宗被贬，后被召回，为春官郎中，知制诰。又拜国子司业，兼修国史，封清河县子，卒赠卫州刺史，谥号文。瓦松：草名，出于屋瓦及石缝中。

②段成式：字柯古，唐代大臣。

③梁简文：南朝梁简文帝萧纲(503—551)，字世缵，兰陵（今江苏武进）人。在位两年，侯景之乱时被杀。太子时，常与文人吟咏创作，号为"宫体"。

④垣(yuán)衣：地衣，苔藓。

【译文】

　　崔融写《瓦松赋》道："说它是木，但是询问山民却不知详情；说它是草，但检查神农所尝却没有记载。"段成式责难道："崔公博学，没有不知道的，怎么会不知道瓦松已经有诗文写过了呢？"然后引用梁代简文帝的诗:"依檐映昔耶。"段成式认为"昔耶"就是"瓦松",殊不知"昔耶"其实是苔藓,"瓦松"本名叫"昨叶",怎么段成式也不知道呢?

　　江南陈彭年①,博学书史,于礼文尤所详练②。归朝列于侍从,朝廷郊庙礼仪,多委彭年裁定,援引故事,颇为详洽③。尝摄太常卿,导驾,误行黄道上,有司止之,彭年正色回顾曰:"自有典故。"礼曹素畏其该洽,不复敢诘问。

【注释】

①陈彭年(961—1017):字永年,江西南城县人。初为李煜幼子伴读,入宋后,举雍熙二年(985)进士,任江陵府司理参军,升秘书郎,调大理寺详断官。真宗时,召试学士院,擢直史馆兼崇文院检讨,修起居注,曾参与编写《册府元龟》。迁右正言,充龙图阁待制,加刑部员外郎,进工部郎中、加集贤殿修撰。大中祥符间,迁刑部侍郎、参知政事,卒赠右仆射,谥文僖。《宋史》卷二八七有传。

②详练:精熟。

③详洽:详备,广博。

【译文】

　　南唐人陈彭年,博学书史典籍,对礼仪文治尤其精熟。归附朝廷后,位居侍从之列,朝廷举行郊庙祭祀的礼仪,大多委派陈彭年负责裁定,他每次援引典章制度,都颇为详备。他曾经担任太常卿,一次为圣驾开导,因失误走到了黄道上,有官员出来阻止他,陈彭年严肃地回头道:"我这是有典故的。"礼官素来敬畏他的博学精干,就不敢再多问了。

　　海物有车渠①,蛤属也,大者如箕,背有渠垄,如蚶壳,故以为器，致如白玉。生南海。《尚书大传》曰："文王囚于羑里②，散宜生得大贝③，如车渠以献纣。"郑康成乃解之曰④："渠，车罔也。"⑤盖康成不识车渠，谬解之耳。

【注释】

①车渠：即砗磲，海产大型贝类，主要产于南海，长可达一米以上，壳厚，可制作工艺品。

②文王：即周文王，名姬昌。纣王曾封其为西伯，西周追封为文王。相传他曾被商纣王拘禁于羑（yǒu）里。

③散宜生：西周开国大臣，相传曾贿赂纣王搭救文王，后辅佐武王灭商。

④郑康成：即郑玄，字康成，东汉末经学家。

⑤渠，车罔也：原作"车渠，罔也"，据诸明刻本改。车罔，车轮周围的框子。

【译文】

海产中有车渠，属蛤类，个大的就像簸箕，背上有凹凸不平的沟槽，就像蚶的壳一样，拿它的壳作为器皿，能打磨得像白玉一样精致。这种动物产自南海。《尚书大传》里说："周文王被拘禁在羑里，散宜生得到了大贝，就像车渠一样，拿来献给纣王。"郑玄注解道："渠是车轮外圈框子的意思。"大概郑玄不认识车渠，所以解释错了。

李献臣好为雅言①。曾知郑州，时孙次公为陕漕罢赴阙②，先遣一使臣入京，所遣乃献臣故吏，到郑庭参，献臣甚喜，欲令左右延饭，乃问之曰："餐来未？"使臣误意"餐"者谓次公也，遽对曰："离长安日，都运待制已治装。"献臣曰："不问孙待制，官人餐来未？"其人惭沮而言曰："不敢仰昧③，为三司军将日，曾吃却十三。"盖鄙语谓遭杖为餐。献臣掩口曰："官人误也。问曾与未曾餐饭，欲奉留一食耳。"

【注释】

①李献臣：即李淑（1002—1059），字献臣，徐州丰县（今属江苏）人。真宗召试，赐进士及第，授秘书郎，进太常丞，累迁龙图阁学士。修有《国朝会要》《三朝训鉴图》《阁门仪制》等。《宋史》卷二九一有传。

②孙次公：即孙长卿（1004—1069），字次公，扬州（今属江苏）人。以荫补秘书省校书郎，后累迁至集贤院学士、河东都转运使，又拜龙图阁学士、知定州，官至兵部侍郎。《宋史》卷三三一有传。陕漕：陕西转运使。

③昧：隐瞒。

【译文】

李淑说话时喜欢用典。他曾经主管郑州，当时孙长卿卸任陕西转运使回京，先派了一位使臣入京，派遣的是李淑的老部下，他到郑州时入官府拜见，李淑见到以后很高兴，想让手下招待他吃饭，就问他说："餐来没有？"使臣误解其意，以为"餐"是指孙长卿，马上回答道："离开长安的时候，长官已经在整理行装了。"李淑说："我没问孙待制，是问你餐来没有？"那人惭愧而沮丧地说："不敢向您隐瞒，我担任三司军将的时候，曾经吃了十三军棍。"原来民间俚语把受杖刑叫做"餐"。李淑掩口笑道："你误解我的意思了。我就问你吃过饭没有，想留你吃顿饭而已。"

讥谑（谬误附）

【题解】

《讥谑》门凡一卷，以记载士大夫之间的幽默故事为主，如石延年受杖及登科逸事、官员戏嘲薪俸过低、民间俗语戏言等。有些故事还颇可深思，如梅询以不识字老兵为快活，可见对于人性自然的追求；由吴中士人自导自演的攀附高官行为，可见对于不良士风的讽刺。文段都很短小，却体现了笔记小品亦庄亦谐的一类风格。

卷二十三

石曼卿为集贤校理①，微行倡馆②，为不逞者所窘③。曼卿醉与之校，为街司所录④。曼卿诡怪不羁，谓主者曰："只乞就本厢科决⑤，欲诘旦归馆供职⑥。"厢帅不喻其谑，曰："此必三馆吏人也。"杖而遣之。

【注释】

①石曼卿：即石延年，字曼卿，北宋大臣。

②倡馆：妓院。

③不逞者：胡作非为的人。

④录：逮捕，拘留。

⑤科决：依法裁决。

⑥诘(jié)旦：指第二天早上。

【译文】

石延年担任集贤校理时，曾私下混迹妓院，被胡作非为的人为难。石延年喝醉了和他吵起来，被巡街的厢军士兵逮捕。石延年行为怪诞不拘束，对主事者说："只请求在你们这里依法裁决，希望明天早晨还能回三馆上班。"厢兵长官不知道这是玩笑话，道："这人必是三馆小吏。"于是打了一顿后把他放了。

司马相如叙上林诸水曰①：丹水、紫渊，灞、浐、泾、渭，"八川分流，相背而异态"，"灏溔潢漾"，"东注太湖"。李善注②："太湖，所谓震泽。"按八水皆入大河，如何得东注震泽？又白乐天《长恨歌》云："峨嵋山下少人行，旌旗无光日色薄。"峨嵋在嘉州，与幸蜀路全无交涉。杜甫《武侯庙柏》诗云："霜皮溜雨四十围③，黛色参天二千尺。"四十围乃是径七尺，无乃太细长乎？防风氏身广九亩，长三丈④，姬室亩广六尺，九亩乃五丈四尺，如此防风之身，乃一饼馂耳⑤。此亦文章之病也。

【注释】

①上林诸水：对本条之注解与考证可参见《辨证》卷四注。

②李善：唐代大臣，曾为《文选》作注。参《乐律》卷五注。

③霜皮：指柏树的树皮呈白色。

④丈：原作"尺"，据诸明刻本改。

⑤饼馉(dàn)：糕饼一类的吃食。

【译文】

司马相如《上林赋》叙述上林苑各条水系称："丹水、紫渊，灞、浐、泾、渭"，"八川分流，相互呼应而形态各异"，"水流荡漾无涯，向东流入太湖"。李善注说："太湖就是所谓的震泽。"据考证，八条河流都是流向黄河的，怎么会东流入震泽呢？另外，白居易的《长恨歌》中说："峨眉山下少人行，旌旗无光日色薄。"峨眉山在嘉州，和玄宗逃亡四川的路途完全没有关系。杜甫的《武侯庙柏》诗说："霜皮溜雨四十围，黛色参天二千尺。"四十围就是直径七尺，这树岂不是太细长了吗？传说防风氏身宽九亩，长三丈，按周代长度算，一亩宽六尺，九亩就是五丈四尺，这样算防风氏的身形，就是一块糕饼的样子。这也是写文章的问题。

库藏中物，物数足而名差互者，帐籍中谓之"色缴"。音叫。尝有一从官，知审官西院①，引见一武人，于格合迁官，其人自陈年六十，无材力，乞致仕，叙致谦厚，甚有可观。主判攘手曰②："某年七十二，尚能拳欧数人③。此辕门也，方六十岁，岂得遽自引退④？"京师人谓之"色缴"。

【注释】

①审官西院：审院，即审官院，负责考察京官与朝官的品级、职务，分为东、西两院。

②攘(rǎng)手：挥手。

③欧：通"殴"，殴打。

④遽(jù)：急促，匆忙。

【译文】

仓库里的物品，数目充足但是名称上有误的，在账本上就称为"色缴"。音叫。曾经有一位从官主管审官西院,想引见一名武人,按规定可以调任,那人自己说已经六十岁了,没什么才干,请求退休,讲述得谦虚诚恳,非常动人。管事的官员挥着手说道:"我年纪已经七十二了,还能拳打数人。这里是军营,你才刚刚六十岁,怎能匆忙让自己退休呢?"京城人戏称为"色缴"。

旧日官为中允者极少,唯老于幕官者,累资方至,故为之者多潦倒之人。近岁州县官进用者,多除中允。遂有"冷中允"、"热中允"。又集贤院修撰,旧多以馆阁久次者为之。近岁有自常官超授要任①,未至从官者多除修撰②,亦有"冷撰"、"热撰"。时人谓"热中允不博冷修撰"③。

【注释】

①常官:即常调官,指升迁时按正常程序授予相应职务的官员。

②从官:即侍从官,指各个馆阁的学士、直学士、待制以及翰林学士、给事中、六部尚书、侍郎。

③博:换取。

【译文】

过去被授予太子中允官职的人极少,只有那些长时间担任幕府属官的人,靠着多年的资历才能达到,所以被任命者多是失意潦倒之人。近年来,从州县官的位置上升迁的人,大多授予太子中允。于是有了"冷中允"和"热中允"的说法。另外,集贤院修撰以前大多也是授予那些长时间在馆阁担任职务却还没被提拔的人。近年来,那些从常调官越级提拔担任要职,却又没有侍从官资格的人,大多被授予集贤院修撰,所以也有"冷撰"和"热撰"的说法。当时人称"热中允不换冷修撰"。

梅询为翰林学士①,一日,书诏颇多,属思甚苦,操觚循阶而行②,忽见一老卒,卧于日中,欠伸甚适。梅忽叹曰:"畅哉!"徐问之曰:"汝识字乎?"曰:"不识字。"梅曰:"更快活也!"

【注释】

①梅询(964—1041):字昌言,宣城(今属安徽)人。端拱二年(989)进士,授利丰监判官。为真宗所赏识,任太常丞、三司户部判官,屡次上书言西北军务。历知苏、濠、鄂、楚、寿、陕等州,后入为翰林侍读学士,拜给事中,知审官院。《宋史》卷三○一有传。

②操觚(gū):原指执木简写作,后来代指写文章,这里指拿着笔。

【译文】

梅询担任翰林学士时,有一天,要起草的诏书很多,构思得很苦闷,就拿着笔沿着台阶散步,忽然见到一位老兵,躺在太阳底下,很舒服地伸着懒腰。梅询忽然感叹道:"真舒畅啊!"又慢慢问道:"你识字吗?"答道:"不识字。"梅询说:"这就更快活了!"

有一南方禅僧到京师,衣间绯袈裟①。主事僧素不识南宗体式,以为妖服,执归有司,尹正见之②,亦迟疑未能断。良久,喝出禅僧,以袈裟送报慈寺泥迦叶披之③。人以谓此僧未有见处,却是知府具一只眼。

【注释】

①间绯袈裟:杂染红色的袈裟。

②尹正:古代府官的统称。

③迦叶:全名摩诃迦叶波,释迦的十大弟子之一,禅宗认为他是传承佛法的第一代祖师。

【译文】

有一位南方禅僧来到京城,穿着杂染红色的袈裟。主事的和尚素来不了解南宗禅的服装式样,以为是妖服,就把他抓起来送到官府,知府见了,也迟疑不决。过了很久,大声叫出这位禅僧,让他把袈裟送到报慈寺,给泥塑的迦叶法师披上。人们认为主事的和尚没有见识,却是知府独具只眼。

士人应敌文章①,多用他人议论,而非心得。时人为之语曰:"问即不会,用则不错。"

【注释】

①应敌文章:类似于驳论文。

【译文】

士人写驳论文章时,经常使用他人的议论,而不是自己的心得。当时人们概括道:"问起来不会,用起来不错。"

张唐卿进士第一人及第①,期集于兴国寺②,题壁云:"一举首登龙虎榜,十年身到凤凰池。"有人续其下云:"君看姚晔并梁固③,不得朝官未可知。"后果终于京官。

【注释】

①张唐卿(1010—1037):字希元,青州(今属山东)人。景祐元年(1008)状元,通判陕州。因丁父忧,吐血而死。

②期集:指唐宋进士按惯例进行的集会游宴活动。

③姚晔(958—?):商水人(今属河南)。大中祥符元年(1008)状元，后任著作郎。梁固(987—1019):大中祥符二年(1009)状元，授将作监丞，入值史馆，历户部判官、判户部勾院。《宋史》卷二八五有传。

【译文】

张唐卿考中状元，在兴国寺集会宴游，写下题壁诗句道:"一举首登龙虎榜，十年身到凤凰池。"有人给续了下句道:"君看姚晔并梁固，不得朝官未可知。"后来张唐卿果然只做到了京官。

信安、沧、景之间①，多蚊虻。夏月，牛马皆以泥涂之，不尔多为蚊虻所毙②。效行不敢乘马，马为蚊虻所毒，则狂逸不可制。行人以独轮小车，马鞍蒙之以乘，谓之"木马"。挽车者皆衣韦裤③。冬月作小坐床，冰上拽之④，谓之"凌床"。余尝按察河朔⑤，见挽床者相属，问其所用，曰:"此运使凌床"，"此提刑凌床"也。闻者莫不掩口⑥。

【注释】

①信安:在今河北霸县东北信安镇。沧:沧州，治所在今河北沧州东南。景:景州，治所在今河北遵化。

②不尔:不然，否则。

③挽(wǎn):拉，牵引。韦裤:皮裤。

④拽:牵拉。

⑤按察河朔:沈括担任河北西路察访使时，曾经巡视河北边防。

⑥掩口:因"凌床"与停尸的"灵床"同音，所以引人发笑。

【译文】

信安、沧州、景州一带，有很多蚊蝇。夏天的时候，牛马的身上都要涂上泥,不然的话多半会被蚊蝇叮咬致死。在城郊出行时都不敢乘马,因为马被蚊蝇叮咬中毒后,就会狂奔不止。路人就用独轮小车,把马鞍放在小车上乘坐,称为"木马"。拉车的都身穿皮裤。冬天的时候,就制作一种小型坐床,在冰上拉着走,称为"凌床"。我曾经察访河朔一带,见到拉床的人接连不断,问是给谁使用的,说:"这是转运使凌床","这是提刑凌床"。听到的人都掩口而笑。

　　庐山简寂观道士王告①,好学有文,与星子令相善②。有邑豪修醮③,告当为都工④。都工薄有施利,一客道士自言衣紫,当为都工,讼于星子云:"职位颠倒,称号不便。"星子令封牒与告,告乃判牒曰:"客僧做寺主,俗谚有云:散众夺都工,教门无例。虽紫衣与黄衣稍异,奈本观与别观不同。非为称呼,盖利乎其中有物,妄自尊显,岂所谓大道无名? 宜自退藏,无抵刑宪。"告后归本贯登科⑤,为健吏,至祠部员外郎、江南西路提点刑狱而卒。

【注释】

①王告:身世不详。

②星子:星子县,临近今江西鄱阳湖。

③修醮(jiào):指道士设坛念经的宗教仪式。

④都工:即"都功",一种道教职称。

⑤本:字原缺,据《类苑》卷六十四引补。

【译文】

　　庐山简寂观的道士王告,好学有而文采,与星子县县令关系很好。县里有个富豪要做法事,王告应当担任都工。都工能稍微得到一些利益,一个外来道士自称穿紫色道袍,应当担任都工,就状告到星子县说:

"这么做是将职位颠倒了,不便于称呼。"星子县令将诉状封好交给王皋,王皋就对状子下了判词道:"外来和尚作本寺主持,这就是俗谚说的:闲散之众争当都工,教门没有这种先例。虽然紫衣道袍与黄衣道袍稍微不同,无奈本道观和别的道观不同。这不是为了称呼考虑,实际上是为了贪图利益而妄自尊大,哪里知道所谓的'大道无名'呢? 应该自行退避,不要触犯法典。"王皋后来回到原籍考中进士,成为一名能干的官员,做官做到祠部员外郎、江南西路提点刑狱而去世。

　　旧制,三班奉职月俸钱七百,驿羊肉半斤①。祥符中②,有人为诗,题所在驿舍间曰:"三班奉职实堪悲,卑贱孤寒即可知。七百料钱何日富? 半斤羊肉几时肥?"朝廷闻之曰:"如此何以责廉隅③?"遂增今俸。

【注释】

①驿:驿站,古代为传递政府文书的人中途更换马匹并休息的地方。羊,原作"券",据弘治本等改,下文亦作"羊肉"。
②祥符:即大中祥符,宋真宗年号,公元 1008—1016 年。
③廉隅(yú):比喻端正不苟的品行。

【译文】

　　按旧的规定,三班奉职每月给七百文俸钱,驿站供给羊肉半斤。大中祥符年间,有人写了首诗,题在所住的驿舍之中,道:"三班奉职实堪悲,卑贱孤寒即可知。七百料钱何日富? 半斤羊肉几时肥?"朝廷得知后,说:"像这样怎么能要求官员廉洁呢?"于是就增加到现在的俸额。

　　尝有一名公,初任县尉,有举人投书索米,戏为一诗答之曰:"五贯九百五十俸,省钱请作足钱用①。妻儿尚未厌糟糠,僮仆岂免遭饥冻? 赎典赎解不曾休,吃酒吃肉何曾梦? 为报江南痴秀才,更来谒索觅甚瓮②。"熙宁中,例增选人俸钱,不复有五贯九百俸者,此实养廉隅之本也。

【注释】

①省钱:古代以一百文钱称为足钱,不足一百文称为省钱。

②甚瓮:大型陶制容器。

【译文】

曾经有一位名人,最初担任县尉时,有举子写信想索要一些钱粮,他开玩笑地写了一首诗回答道:"五贯九百五十俸,省钱请作足钱用。妻儿尚未厌糟糠,僮仆岂免遭饥冻? 赎典赎解不曾休,吃酒吃肉何曾梦? 为报江南痴秀才,更来谒索觅甚瓮。"熙宁年间,按例提高入选官员的俸钱,就不再有"五贯九百俸"的戏谑了,这实在是养廉的根本之举。

石曼卿初登科①,有人讼科场,覆考落数人,曼卿是其数。时方期集于兴国寺,符至,追所赐敕牒靴服②。数人皆啜泣而起,曼卿独解靴袍还使人,露体戴幞头,复坐,语笑终席而去。次日,被黜者皆授三班借职。曼卿为一绝句曰:"无才且作三班借,请俸争如录事参? 从此罢称乡贡进,且须走马东西南。"③

【注释】

①石曼卿:即石延年,字曼卿,北宋大臣。参《辨证》卷三注。

②敕牒:皇帝颁发的诏令文书。

③"无才"四句:这是一首"缩脚体"诗,类似于歇后语,每句句末隐藏一字,首句隐"职",次句隐"军",三句隐"士",末句隐"北",倒

过来就是"北士军职"。北，败北，落选。军职，三班借职乃是武官官阶的闲职。所以这首诗意思就是"落选进士的闲职"。

【译文】

石延年刚考中进士时，有人申诉科场舞弊，经过复核，黜落了数人，石延年是其中之一。当时，新科进士正在兴国寺集会游宴，命令下来，追回了赏赐的文书诏令和官服。很多人都哭着起身离席，只有石延年解下赏赐的官服还给使者，赤身露体，只戴着幞头，又坐下继续谈笑，直到宴会散场才走。第二天，那些被黜落的进士都被授予三班借职。石延年就写了一首绝句道："无才且作三班借，请俸争如录事参？从此罢称乡贡进，且须走马东西南。"

蔡景繁为河南军巡判官日①，缘事至留司御史台阅案牍，得乾德中回南郊仪仗使司牒检云②："准来文取索本京大驾卤簿③，勘会本京卤簿仪仗，先于清泰年中④，末帝将带逃走，不知所在。"

【注释】

①蔡景繁：即蔡承禧，字景繁，北宋大臣。参《异事》卷二十一注。

②乾德：宋太祖年号，公元963—967年。

③卤簿：皇帝出行时的前后仪仗。

④清泰：唐末帝年号，公元934—936年。

【译文】

蔡承禧担任河南军巡判官的时候，因为有公务而来到留司御史台查阅案卷，得到乾德年间回复南郊仪仗使司的文书，写道："依照来文索取本朝皇帝的车马仪仗，经过调查，本朝的仪仗早在后唐清泰年间，就被末帝带着逃跑了，现在不知在哪里。"

　　江南宋齐丘①,智谋之士也,自以谓江南有精兵三十万:士卒十万,大江当十万,而已当十万。江南初主②,本徐温养子③,及僭号,迁徐氏于海陵④。中主继统⑤,用齐丘谋,徐氏无男女少长,皆杀之。其后,齐丘尝有一小儿病,闭阁谢客,中主置燕召之,亦不出。有老乐工⑥,且双瞽⑦,作一诗书纸鸢上,放入齐丘第中,诗曰:"化家为国实良图,总是先生画计谟。一个小儿抛不得,上皇当日合何如?"海陵州宅之东,至今有小儿坟数十,皆当时所杀徐氏之族也。

【注释】

①宋齐丘(887—959):本字超回,改字子嵩,豫章(今江西南昌)人。仕南唐,李昇时,任右谏议大夫、兵部侍郎,又拜中书侍郎,迁右仆射平章事。李璟时,拜太保、中书令。有人告发他阴谋篡位,后流放九华山,自缢而死。

②江南初主:南唐开国君主李昇(888—943),字正伦,小字彭奴,徐州(今属江苏)人。原名徐知诰,为南吴大将徐温养子。天祚三年(937)称帝,国号齐。升元三年(939)改国号为唐,史称南唐。

③徐温(862—927):字敦美,海州(今江苏连云港一带)人,五代时吴国人。初与杨行密起事,任右衙指挥使。后发动政变并拥立杨行密次子继位,任行军司马、润州刺史、镇海军节度使、同平章事,封齐国公,独揽大权。谥号武。《新五代史》卷六一有传。

④海陵:今江苏泰州。

⑤中主:南唐中主李璟(916—961)。李璟所杀实为杨行密一族,非徐温一族。沈括当误记。

⑥老乐工:据马令《南唐书》,其人名为李家明。

⑦瞽(gǔ):目盲。

【译文】

南唐的宋齐丘是智谋之士,自称江南有精兵三十万:其中士卒十万,长江可当十万,而自己可当十万。江南初主李昪本来是徐温的养子,等他僭号称帝之后,把徐氏一族迁到了海陵。中主继位,采纳了宋齐丘的计谋,将徐氏一家,无论男女老幼,全部杀光。后来,有一次宋齐丘的一个小儿子病了,他就闭门谢客,中主设宴招他,他也不出门。有一位老乐工,已经双目失明,写了首诗,题在风筝上,放入宋齐丘的府第中,诗中写道:"化家为国实良图,总是先生画计谟。一个小儿抛不得,上皇当日合何如?"海陵州府的东侧,至今还有几十个小儿坟,都是当时杀害的徐氏一族。

有一故相远派在姑苏①,有嬉游,书其壁曰:"大丞相再从侄某尝游。"有士人李璋②,素好讪谑③,题其傍曰:"混元皇帝三十七代孙李璋继至④。"

【注释】

①姑苏:苏州的别称。

②李璋:身世不详。

③讪(shàn)谑:讥讽,调侃。

④混元皇帝:即老子,名李耳,被道教尊为混元皇帝。

【译文】

有一位前宰相的远支族人在姑苏游玩,在墙壁上写道:"大丞相再从侄某到此一游。"有位士人名叫李璋,素来喜欢戏谑,就在旁边题了一句道:"混元皇帝三十七代孙李璋继而来访。"

吴中一士人,曾为转运司别试解头①,以此自负,好附托显位^②。是时侍御史李制知常州，丞相庄敏庞公知湖州^③。士人游毗陵^④，挈其徒饮倡家，顾谓一驺卒曰^⑤："汝往白李二，我在此饮，速遣有司持酒肴来。"李二，谓李御史也。俄顷，郡厨以饮食至，甚为丰腆。有一蓐医^⑥，适在其家，见其事，后至御史之家，因语及之。李君极怪，使人捕得驺卒，乃兵马都监所假，受士人教戒，就使庖买饮食，以绐坐客耳^⑦。李乃杖驺卒，使街司白士人出城^⑧。郡僚有相善者，出与之别，唁之曰^⑨："仓卒遽行，当何所诣？"士人应之曰："且往湖州，依庞九耳。"闻者莫不大笑。

【注释】

①转运司：负责粮食、财赋转运事务的官署。别试解头：临时借调的负责押运粮草的差役头目。

②附托显位：假托攀附高官。

③庄敏庞公：即庞籍，字醇之，北宋大臣，谥庄敏。参《人事》卷十注。

④毗（pí）陵：治所在今江苏镇江东丹徒镇。

⑤驺（zōu）卒：掌管车马的差役。

⑥蓐（rù）医：产科医生。

⑦绐（dài）：欺骗。

⑧白：《类苑》卷六五引作"押"，亦通，可从。

⑨唁（yàn）：慰问。

【译文】

吴中的一个士人，曾经担任转运司的别试解头，因此而自负，喜欢假托攀附高官。当时侍御史李制为常州知州，丞相庞籍为湖州知州。那个士人到毗陵游览，带着手下到妓院饮酒，看见一个赶车的差役说：

"你去告诉李二,说我在这里饮酒,快点派人把美酒佳肴送来。"李二,指的就是李御史。很快,府衙的厨子就把酒菜送到了,非常丰盛。有一位产科医生,正好在那里,目睹了这件事,后来来到李御史家中,就说起了这件事。李制很奇怪,就派人把那个赶车的差役抓回来讯问,原来是从兵马都监那里借来的,受了那个士人的指使,让厨师去买来酒菜,欺骗在座的客人。李制用杖刑惩罚了这个差役,并让街司押解那个士人出城。郡中有一些和他关系不错的小官吏,出城与他告别,慰问他说:"如此匆忙就走了,你要去什么地方呢?"士人回答道:"我要去湖州找庞九。"听到的人没有不大笑的。

馆阁每夜轮校官一人直宿①,如有故不宿,则虚其夜,谓之"豁宿"。故事,豁宿不得过四,至第五日即须入宿。遇豁宿,例于宿历名位下书②:"腹肚不安,免宿。"故馆阁宿历,相传谓之"害肚历"。

【注释】

①直宿:值夜班。直,值守。

②宿历:即值班排班表。

【译文】

馆阁每夜轮流由一名校官值夜班,如果因为有事而不值班,那么这夜就轮空,称为"豁宿"。按照惯例,豁宿不能超过四天,到第五天就必须值班。遇到豁宿时,按例要在排班表的名字下面写上:"肚子不舒服,免班。"所以馆阁的排班表,相传称为"害肚历"。

吴人多谓梅子为"曹公"①,以其尝望梅止渴也。又谓鹅为"右军"②,以其好养鹅也③。有一士人遗人醋梅与焐鹅④,

作书云："醋浸曹公一甏⑤，汤焊右军两只，聊备一馔。"

【注释】

①曹公：指曹操（155—220），字孟德，沛国谯县（今安徽亳州）人，东汉时任丞相，封魏王，开创魏国基业。曹丕称帝，追封为"魏武帝"。这里用曹操望梅止渴的典故。

②右军：指王羲之，字逸少，东晋书法家，官至右军将军。参《书画》卷十七注。

③以其好养鹅也：六字原缺，胡道静据《续墨客挥犀》卷八补，今从之。

④遗（wèi）：赠送。焊（xún）：用火烧熟。

⑤甏（bèng）：一种盛放食物的容器。

【译文】

江浙一带的人多称梅子为"曹公"，因为曹操曾经有望梅止渴的典故。又称鹅为"右军"，因为王羲之喜欢养鹅。有一个士人给别人送了醋梅和烧鹅，并写了封信道："醋浸曹公一甏，汤烧右军两只，姑且算作一顿便饭。"

杂志一

【题解】

《杂志》门凡两卷，凡沈括认为不宜归类的条目，均收入《杂志》门，本门所载条目甚多，一部分与自然科学有关，一部分与历史人文有关。在自然科学方面，较早地讨论了石油及其衍生产品，讨论了风与晒盐的关系，记录了跳兔等稀见动物，探讨了雁荡山的地形与变化，总结了指南针的用法，尝试解释了胆矾制铜的原因等等。在人文历史方面，尤其长篇记载了西夏、交趾、吐蕃三个少数民族部落与北宋关系的历史，对时间线索有较为清晰的梳理，一方面可佐史料之用，一方面又给人以清晰的发展脉络。此外，本门中还有一些嘉言逸事等，亦颇可观。

卷二十四

延州今有五城①，说者以谓旧有东、西二城，夹河对立，高万典郡②，始展南、北、东三关城。余因读杜甫诗云："五城何迢迢，迢迢隔河水。""延州秦北户，关防犹可倚。"③乃知天宝中已有五城矣④。

【注释】

①延州:今陕西延安。

②高万:当作高万兴(？—926),河西(在今甘肃)人。唐末藩镇将
　领,后降梁,任延州刺史,升鄜延节度使,进封延安郡王,徙封北
　平王。《新五代史》卷四〇有传。

③"五城"四句:出自《塞芦子》。据仇兆鳌《杜诗详注》引朱鹤龄说,
　杜诗的五城指朔方节度使所领定远、丰安二军,及东、中、西三座
　受降城,非延州的五城。

④天宝:唐玄宗年号,公元742—756年。

【译文】

　　延州现在有五座城,谈起来的人说以前只有东、西两座城,隔着河
水相对立,高万兴担任郡守时,开始扩建南、北、东三座关城。不过,我
因为读到杜甫的诗说:"五城何迢迢,迢迢隔河水。""延州秦北户,关防
犹可倚。"于是知道天宝年间已经有五座城了。

　　鄜延境内有石油①,旧说"高奴县出脂水"②,即此也。生
于水际,沙石与泉水相杂,惘惘而出③,土人以雉尾裛之④,乃
采入缶中⑤。颇似淳漆⑥,然之如麻⑦,但烟甚浓,所沾幄幕
皆黑。余疑其烟可用,试扫其煤以为墨⑧,黑光如漆,松墨不
及也⑨,遂大为之,其识文为"延川石液"者是也⑩。此物后必
大行于世,自余始为之。盖石油至多,生于地中无穷,不若
松木有时而竭。今齐、鲁间松林尽矣,渐至太行、京西、江
南,松山大半皆童矣⑪。造煤人盖未知石烟之利也⑫,石炭烟
亦大,墨人衣。余戏为《延州诗》云:"二郎山下雪纷纷,旋卓
穹庐学塞人⑬。化尽素衣冬未老,石烟多似洛阳尘。"

【注释】

①鄜(fū)延：治所在延州(今陕西延安)。

②高奴：在今延安附近的延水东岸。

③悁悁：缓缓流出的样子。

④裛(yì)：通"浥"，沾湿。

⑤缶(fǒu)：古代一种大肚小口的陶制容器。

⑥淳：纯粹。

⑦然：同"燃"，燃烧。

⑧煤：这里指烟灰。

⑨松墨：用松木燃烧后的灰制成的墨。

⑩识文：指墨上刻的文字。

⑪童：光秃秃的样子。

⑫造煤人：指用松烟制墨的人。

⑬旋卓穹庐：很快支起圆顶帐篷。

【译文】

鄜延境内有石油，旧说所谓的"高奴县出产脂水"，说的就是它。这东西产生在水边，从沙石与泉水相混杂的地方缓缓流出，当地人用鸡毛把它沾起来，采集到陶罐里。它的样子很像纯漆，点着了像麻杆，只是烟很浓，被浓烟沾染的帷幕都变黑了。我怀疑这种烟灰有利用价值，就试着把烟灰扫起来造墨，造出来的墨黑亮得像漆过一样，松墨可比不上它，于是就成规模地生产了一批，墨上刻有"延川石液"文字的就是了。这种墨以后必然会在世上广泛流行，是从我开始制作的。石油储量很大，它从地下生出，无穷无尽，不像松木那样有时会枯竭。现在齐、鲁一带的松林已经没有了，逐渐发展到太行、京西、江南一带，松山大半都已经光秃秃的了。用松烟造墨的人大概不知道用石油烟尘的好处，烧石炭产生的烟也很大，能把人的衣服染黑。我曾戏作一首《延州诗》道："二郎山下雪纷纷，旋卓穹庐学塞人。化尽素衣冬未老，石烟多似洛阳尘。"

解州盐泽之南①，秋夏间多大风，谓之"盐南风"。其势发屋拔木，几欲动地，然东与南皆不过中条②，西不过席张铺③，北不过鸣条④，纵广止于数十里之间。解盐不得此风不冰⑤，盖大卤之气相感，莫知其然也。又汝南亦多大风⑥，虽不及盐南之厉，然亦甚于他处，不知缘何如此？或云："自城北风穴山中出。"今所谓风穴者已夷矣，而汝南自若，了知非有穴也。方谚云："汝州风，许州葱⑦。"其来素矣。

【注释】

①解州：今山西运城。盐泽事参见《辨证》卷三。

②中条：山名。在今山西南部与河南交界处。

③席张铺：在今山西运城西。

④鸣条：鸣条冈，即今山西峨嵋岭。

⑤冰：指盐水结晶析出。风可帮助盐水蒸发，从而更快析出晶体。

⑥汝南：汝州（今河南临汝）以南。

⑦许州：今河南许昌。

【译文】

解州盐泽的南面，秋夏之间常有大风，称为"盐南风"。那风势可以把屋舍掀翻、把树木拔起，几乎要地动山摇，但是这股风向东和向南都不过中条山，向西不过席张铺，向北不过鸣条冈，范围仅限于纵横几十里之间。解州的盐池如果没有这股大风就无法结晶，大概含盐量高的水汽可与这股风相互感应，不知道是什么缘故。汝南也常有大风，虽然比不上"盐南风"的猛烈，但是也比其他地方强不少，也不知道为什么会这样？有人说："风是从城北的风穴山中吹出的。"现在所谓的"风穴"已经夷为平地了,但是汝南的风还是那么大,可知并非因为有风穴的缘故。地方谚语说:"汝州风,许州葱。"可见也是由来已久了。

昔人文章用北狄事,多言黑山。黑山在大幕之北①,今谓之"姚家族",有城在其西南,谓之庆州②。余奉使,尝帐宿其下。山长数十里,土石皆紫黑,似今之磁石,有水出其下,所谓黑水也③。胡人言黑水原下委高④,水曾逆流,余临视之,无此理,亦常流耳。山在水之东。大底北方水多黑色,故有卢龙郡⑤,北人谓水为龙,"卢龙"即黑水也。黑水之西有连山,谓之"夜来山"⑥,极高峻。契丹坟墓皆在山之东南麓,近西有远祖射龙庙,在山之上,有龙舌藏于庙中,其形如剑。山西别是一族,尤为劲悍,唯啖生肉血,不火食,胡人谓之"山西族",北与"黑水胡"、南与"达靼"接境。

【注释】

①大幕:即大漠。《类苑》卷六十引作"大漠"。此黑山在今内蒙古巴林左旗。

②庆州:治所在今内蒙古巴林左旗西北。

③黑水:今内蒙古查干伦河。

④原下委高:源头地势低而水流积聚处地势高。

⑤卢龙郡:今河北卢龙。

⑥夜来山:亦称"拽剌山",属今大兴安岭山脉。

【译文】

前人文章里写到北狄的事,经常说到黑山。黑山在大漠以北,现在称为"姚家族",其西南方向有一座城,叫做庆州。我奉命出使契丹的时候,曾经在山脚下扎帐篷过夜。山长达数十里,土石都是紫黑色的,就像现在的磁石一样,山下有一条水,称为"黑水"。契丹人说黑水的源头地势低而聚水处高,所以曾经发生黑水逆流的现象。我靠近后观察,觉得没有这种道理,这不过是一条平常的河流罢了。黑山在黑水东面。大概北方的水多是黑色的,所以有卢龙郡,北方人把水称为龙,"卢龙"就是黑水的意思。黑水以西有连绵不断的山脉,称为"夜来山",非常高耸险峻。契丹人的坟墓都在山的东南麓,靠近西面有契丹人供奉远祖的射龙庙,在山上面,有龙舌藏在庙里,形状像剑一样。山的西面是另外一个部落,他们尤其彪悍,只吃生肉,不吃熟食,契丹人称为"山西族",他们北与"黑水胡"、南与"鞑靼"接壤。

　　余姻家朝散郎王九龄常言①:其祖贻永侍中②,有女子嫁诸司使夏偕③,因病危甚,服医朱严药④,遂差⑤。貂蝉喜甚⑥,置酒庆之。女子于坐间求为朱严奏官⑦,貂蝉难之,曰:"今岁恩例已许门医刘公才⑧,当候明年。"女子乃哭而起,径归不可留,貂蝉追谢之,遂召公才,谕以女子之意。辍是岁恩命以授朱严⑨,制下之日而严死。公才乃嘱王公曰:"朱严未受命而死,法容再奏。"公然之,再为公才请。及制下,公才之尉氏县⑩,使人召之。公才方饮酒,闻得官,大喜,遂暴卒。一四门助教⑪,而死二医。一官不可妄得,况其大者乎?

【注释】

①王九龄:沈括娶继室张氏,张氏父为张刍,张刍第五女嫁王九龄。

②贻永:即王贻永,字季长,北宋大臣。参《故事》卷二注。侍中:门下省长官,地位很高,一般为荣誉性虚衔。

③诸司使:武官官阶,宋代在三班之上设诸司使、诸司副使。夏偕:身世不详。

④朱严:身世不详。

⑤差(chài):病除,痊愈。

⑥貂蝉:原指王公贵族冠上的饰物,后来代指高官,文中是指王
　　贻永。

⑦奏官:奏荐为官。宋代不同级别的官员有不同的恩荫限制和名
　　额,王贻永作为高官不仅可以恩荫亲属,还可以恩荫门客等。

⑧刘公才:身世不详。

⑨辍:停止。

⑩尉氏县:今属河南。

⑪四门助教:官学中的低级教官。

【译文】

　　我的姻亲朝散郎王九龄经常说起:他的祖父是王贻永任侍中,有个
女儿嫁给了诸司使贺偕,有一次病得很严重,吃了医生朱严的药,就好
了。王贻永很高兴,摆了酒席庆贺。他的女儿在席间请求给朱严谋一
个官当,王贻永很为难,说:"今年的荫官已经答应给门下的医生刘公才
了,只好等明年了。"他的女儿就哭着站起来自己走了,留也留不住,王
贻永追上去道歉,于是把刘公才找来,和他讲了女儿的意思。把这一年
荫官的机会给了朱严,结果诏书发下的那天,朱严死了。刘公才就去和
王贻永说:"朱严还没接受诏命就死了,按规定允许另行奏荐。"王贻永
答应了他,就再次为刘公才请官。等诏书发下来时,刘公才去了尉氏
县,于是派人把他请回来。刘公才正在喝酒,听说得了官,非常高兴,结
果就猝死了。为了一个四门助教的小官而死了两个医生。一个小官都
不能随随便便得到,何况那些大官呢?

　　赵韩王治第①,麻捣钱一千二百余贯,其他可知。盖屋
皆以板为笪②,上以方砖甃之③,然后布瓦,至今完壮。涂壁以
麻捣土,世俗遂谓涂壁麻为麻捣。

【注释】

①赵韩王:即赵普(921—991),字则平,幽州蓟(今北京)人。与赵匡胤发动陈桥兵变,建立北宋。乾德二年(964)拜太师,封魏国公,协助赵匡胤夺取藩镇兵权。卒封韩王,谥"忠献"。《宋史》卷二五六有传。

②筀(dá):用粗竹篾编成的席子。

③甃(zhòu):用砖砌。

【译文】

赵普修建宅第,光麻捣花的钱就有一千二百多贯,其他花费可想而知。覆盖屋顶时都用木板代替竹席,上面用方砖砌好,然后再铺上瓦片,到现在都完好无损。因为涂墙壁用的是麻混合泥土后捣烂的材料,所以世人就把涂墙壁用的麻称为"麻捣"。

契丹北境有跳兔①,形皆兔也,但前足才寸许,后足几一尺。行则用后足跳,一跃数尺,止则蹶然扑地②。生于契丹庆州之地大莫中③。余使虏日,捕得数兔持归。盖《尔雅》所谓"蹶兔"也,亦曰"蛩蛩巨驉"也。

【注释】

①契丹北境:泛指今东北大兴安岭一带。跳兔:今称跳鼠,啮齿目跳鼠科,栖息于荒漠地区。1912 年,英国动物学者梭厄比(A. Sowerby)曾经在内蒙古捕获两只,并确定其学名。

②蹶(jué):跌倒,颠仆。

③庆州:今内蒙古巴林左旗西北一带。莫:通"漠"。

【译文】

契丹边境的北部有一种跳兔,形状完全是兔子,但是上肢只有一寸多,下肢却几乎有一尺。行动的时候就用下肢跳跃,一下能跳起好几尺,停下来则跌倒在地。这种兔子生长在契丹庆州一带的大漠之中。我出使辽国的时候,抓到几只跳兔拿回来。大概就是《尔雅》所谓的"蹶兔",也叫做"蛩蛩巨虚"。

　　蟭蟟之小而绿色者①,北人谓之"蝽"②,即《诗》所谓"蝽首蛾眉"者也③,取其顶深且方也。又闽人谓大蝇为胡蝽,亦蝽之类也。

【注释】

　　①蟭蟟(jiāo liáo):蝉的一种,或即"知了"的古称。

　　②蝽(qín):一种小型的蝉,方头宽额,身体绿色。

　　③蝽首蛾眉:出自《诗经·卫风·硕人》。蝽首,喻指美人的额头。

【译文】

　　蟭蟟中身形小而绿色的一种,北方人叫做"蝽",就是《诗经》中所称的"蝽首蛾眉",取譬于蝽方头宽额的形态。另外,福建人把大蝇叫做"胡蝽",也是蝽一类的昆虫。

　　北方有白雁①,似雁而小,色白,秋深则来。白雁至则霜降,河北人谓之"霜信"②。杜甫诗云:"故国霜前白雁来。"③即此也。

【注释】

　　①白雁:即雪雁,一种候鸟。

　　②河北:泛指黄河下游的北部地区。

　　③"故国"句:出自杜甫《九日》诗。

【译文】

　　北方有白雁，形态像雁但比雁小，白色，深秋时节飞来。白雁到了就开始下霜，所以河北一带的人们称之为"霜信"。杜甫《九日》诗中说："故国霜前白雁来。"说的就是它。

　　熙宁中^①，初行淤田法^②。论者以谓《史记》所载："泾水一斛，其泥数斗，且粪且溉，长我禾黍。"^③所谓"粪"，即"淤"也。余出使至宿州^④，得一石碑，乃唐人凿六陂门^⑤，发汴水以淤下泽，民获其利，刻石以颂刺史之功。则淤田之法，其来盖久矣。

【注释】

　①熙宁：宋神宗年号，公元1068—1077年。

　②淤田法：王安石变法的一项措施。通过决放河水流入农田，使河泥可以沉积到田地里以改善土壤。熙宁四年(1071)，设"总领淤田司"，专门调集各州县士兵在河流沿岸放水淤田。

　③"泾水"四句：此段记载实见于《汉书·沟洫志》，非《史记》。斛(hú)，古代容量单位，《汉书》原作"石"。粪，原指肥料，这里指肥田，《汉书》原作"且溉且粪"。禾黍(shǔ)，泛指黍稷稻麦等粮食作物。

　④出使至宿州：沈括于熙宁八年(1075)七月担任淮南两浙灾伤州军体量安抚使，途径宿州。宿州，今属安徽。

　⑤陂门：亦作"斗门"，即前卷所谓"复闸"。

【译文】

　　熙宁年间，开始推行淤田法。议论的人说根据《史记》记载："泾水一斛，其泥数斗，且粪且溉，长我禾黍。"其中所谓的"粪"，说的就是淤田。我出使到宿州的时候，发现一块石碑，说的是唐人开凿六陂门，引汴水淤下游的沼泽，百姓由此获利，因此刻了石碑来歌颂刺史的功劳。可见淤田之法由来已久。

　　余奉使河北，边太行而北，山崖之间，往往衔螺蚌壳及石子如鸟卵者，横亘石壁如带。此乃昔之海滨，今东距海已近千里。所谓大陆者，皆浊泥所湮耳①。尧殛鲧于羽山②，旧说在东海中，今乃在平陆。凡大河、漳水、滹沱、涿水、桑干之类③，悉是浊流。今关、陕以西④，水行地中，不减百余尺，其泥岁东流，皆为大陆之土，此理必然。

【注释】

①湮(yān)：淤塞，沉积。

②殛(jí)：杀死。传说中尧曾派鲧(gǔn)治水，鲧从天帝处盗取息壤，用息壤造地以填水，将要成功之际，天帝震怒，派祝融将鲧杀死于羽山，而《左传》中说鲧是被尧所杀。鲧死后，又派禹治水，终于成功。羽山：传说在今江苏与山东交界处。

③大河：即黄河。漳水：今山西、河北一带的漳河。滹沱(hū tuó)：源出今山西五台山，至河北汇入子牙河。涿水：即今河北涿州附近的北拒马河。涿水：原作"河水"，据诸明刻本改。桑干：桑干河，源出今山西北部，为永定河的上游水系。

④关、陕以西：今河南洛阳西部。

【译文】

　　我奉命察访河北，沿着太行山向北走，山崖之间，往往会发现螺蚌壳以及像鸟卵一样的石子，它们镶嵌在石壁上像条带子一样。这里以前是海滨，现在东距大海已经有近千里远了。所谓的"大陆"都是水流夹带的泥沙沉积而形成的。尧在羽山处死了鲧，以前传说是在东海中，现在那里已经是大陆了。但凡黄河、漳水、滹沱、涿水、桑干河之类的河水，都是含有泥沙的浊流。现在关、陕以西的水流，都在地下不少于一百多尺处流动，那些泥沙每年都向东流去，最后都沉积为陆地的泥土，这是物理的必然。

　　唐李翱为《来南录》云①："自淮沿流，至于高邮，乃溯至于江。"②《孟子》所谓"决汝、汉，排淮、泗而注之江"③，则淮、泗固尝入江矣，此乃禹之旧迹也。熙宁中，曾遣使按图求之，故道宛然，但江、淮已深，其流无复能至高邮耳。

【注释】

①李翱(772—844)：字习之，陇西成纪(今甘肃秦安东)人。贞元十四年(798)进士，累官国子博士、史馆修撰、考功员外郎、礼部郎中、中书舍人、桂州刺史、山南东道节度使等。师从韩愈提倡古文。著有《复性书》等。

②"自淮"三句：宋光宗绍熙五年(1194)，黄河夺淮入海，淮河自洪泽湖以下主流合于运河，经高邮(今属江苏)、江都(今江苏扬州)进入长江。

③"《孟子》"句：出自《孟子·滕文公上》，《孟子》这里是引述《尚书·禹贡》篇的说法。汝，汝水，源出今河南鲁山县大盂山，注入淮河。汉，汉水，源出今陕西宁强北蟠冢山，流入长江。淮，淮河，源出今河南桐柏山，东入洪泽湖。泗，泗水，源出今山东泗水县陪尾山，流入淮河。

【译文】

唐人李翱作《来南录》说："从淮河沿着水流，到达高邮，于是溯游到达长江。"《孟子》中所谓的"开决汝水、汉水,排空淮水、泗水而注入长江",则淮水、泗水固然曾经流入过长江,这是禹治水的旧迹。熙宁年间,曾经派使者根据地图寻找过,以前的河道都还仿佛可见,但是长江、淮河的河床已深,它们的水流不能再流到高邮了。

予中表兄李善胜①,曾与数年辈炼朱砂为丹②。经岁余,因沐砂再入鼎③,误遗下一块,其徒丸服之,遂发懵冒④,一夕而毙。朱砂至凉药⑤,初生婴子可服,因火力所变,遂能杀人。以变化相对言之,既能变而为大毒,岂不能变而为大善?既能变而杀人,则宜有能生人之理,但未得其术耳。以此和神仙羽化之方⑥,不可谓之无,然亦不可不戒也。

【注释】

①李善胜:身世不详。

②年辈:同辈人。朱砂:又名丹砂,即硫化汞(HgS),可入药,有安神之效。

③沐:洗。硫化汞在炼制过程中会和氧气反应生成氧化汞(HgO),可以通过水洗的方法去除其中的氧化汞杂质。这是利用二者的溶解度不同,一升水中可以溶解52毫克氧化汞,而仅能溶解0.01毫克的硫化汞。

④懵(měng)冒:昏迷,不省人事。

⑤凉药:《类苑》卷四九引作"良药",胡道静据此而改,可从。

⑥羽化:得道成仙。

【译文】

我的中表兄李善胜,曾经和几位同辈炼朱砂为丹。过了一年多,因为要把洗净的朱砂再放入炼丹炉中炼化,一时失误留下了一块,他的徒弟把它当成丸药吃了，结果顿时昏迷不醒，一夜就死了。朱砂是很好的药，初生的婴儿都可以服用，但是因为炼丹时火力发生变化，就能致人死命。从变化的相对性而言，既然能变为剧毒，难道不能变成大善吗？既然能变为杀人之药，那也应该有能救人的道理，只是没找到方法而已。这样说来，那些修道成仙的丹方不能说没有，但也不能不谨慎啊。

温州雁荡山，天下奇秀，然自古图牒未尝有言者。祥符中，因造玉清宫①，伐山取材，方有人见之，此时尚未有名。按西域书②，阿罗汉诺矩罗居震旦东南大海际雁荡山芙蓉峰龙湫③。唐僧贯休为《诺矩罗赞》④，有"雁荡经行云漠漠，龙湫宴坐雨濛濛"之句。此山南有芙蓉峰，下芙蓉驿，前瞰大海，然未知雁荡、龙湫所在⑤。后因伐木，始见此山。山顶有大池，相传以为雁荡；下有二潭水，以为龙湫。又以经行峡、宴坐峰，皆后人以贯休诗名之也。谢灵运为永嘉守⑥，凡永嘉山水，游历始遍，独不言此山，盖当时未有雁荡之名。余观雁荡诸峰，皆峭拔险怪，上耸千尺，穹崖巨谷⑦，不类他山。皆包在诸谷中，自岭外望之，都无所见；至谷中，则森然干霄⑧。原其理，当是为谷中大水冲激，沙土尽去，唯巨石岿然挺立耳。如大小龙湫、水帘、初月谷之类，皆是水凿音漕。之穴，自下望之，则高岩峭壁；从上观之，适与地平，以至诸峰之顶，亦低于山顶之地面。世间沟壑中水凿之处，皆有植土龛岩⑨，亦此类耳。今成皋、峡西大涧中⑩，立土动及百尺，迥然耸立，亦雁荡具体而微者，但此土彼石耳。既非挺出地上，则为深谷林莽所蔽，故古人未见，灵运所不至，理不足怪也。

【注释】

①玉清宫:宋真宗时期斥巨资修建,位于京城南门外的管路西侧,用以供奉所谓的"天书"。大中祥符七年(1014)简称,天圣年间(1023—1032)遭雷击而焚毁。

②西域书:泛指佛教典籍。

③阿罗汉:即罗汉、尊者,小乘佛教理想的最高境界。诺矩罗:佛教十六罗汉中的第五尊。震旦:印度人对中国的称谓。龙湫(qiū):雁荡山的著名瀑布,下有水潭。

④贯休(823—912):本姓姜,字德隐,婺州兰溪(今浙江兰溪)人。唐末五代画僧,亦工诗,著有《禅月集》。

⑤雁荡:南方人称浅水湖为"荡",此为芙蓉峰顶的湖泊,相传为鸿雁南归时寄宿于此,故名雁荡。

⑥谢灵运:南朝文学家,又称谢康乐。参《乐律》卷五注。永嘉:今浙江温州。

⑦穹:高大。

⑧干霄:直上云霄。干,犯。

⑨植土:直立的土柱。龛(kān)岩:表面布满凹陷的岩石。

⑩成皋:治所在今河南荥阳汜水镇。

【译文】

温州雁荡山是天下闻名的神奇秀美的山,然而自古以来的图册中都未曾提到过。祥符年间,因为建造玉清宫,要砍伐山上的木材,这才有人见到它,当时还没什么名气。按照西域佛教典籍的记载,阿罗汉诺矩罗居住在震旦东南大海之滨的雁荡山芙蓉峰的龙湫。唐僧贯休作《诺矩罗赞》,其中有"雁荡经行云漠漠,龙湫宴坐雨濛濛"的句子。这座山的南部有芙蓉峰,下面有芙蓉驿,前可俯瞰大海,但是不知道雁荡、龙湫在什么地方。后来因为要伐木,这才见到这座山。山顶有一方大池,相传就是雁荡了;山下有两潭水,被认为是龙湫。还有经行峡、宴坐峰,这些都是后人根据贯休的诗来命名的。谢灵运担任永嘉太守时，凡是永嘉的山水，他都游览了个遍，唯独没有提到这座山，可能当时还没有雁荡山的名字。我看那雁荡山的几座山峰，都峭拔险怪，上耸千尺，高崖巨谷，不像别的山那样。它们都包孕在山谷之中，从山岭外面看，什么也看不到；而进入山谷之中，就看到山峰林立，直冲云霄。推究其中道理，应该是因为山石被山谷中的大水所冲激，沙土都被冲走了，只有巨石还岿然挺立在那里。比如大小龙湫、水帘、初月谷之类的地方，都是流水冲凿音漕。出来的洞穴，从山下望去，就见到高岩峭壁；而从山上看去，则刚好和地面相平，以至于有几座山峰的顶端，也都低于周围山顶的地面。世上沟壑中被流水冲凿的地方，都有直立的土柱和凹陷的岩石，也是这种情况。现在成皋、峡西的大山涧中，直立的土柱动辄高达百尺，突出地耸立着，也是雁荡山这种情况的缩影，只是这里是土柱而那里是石柱而已。既然雁荡山并非挺立在地面以上，又被深谷山林遮蔽起来，所以古人没有见到，谢灵运也没有去过，道理上也没什么可奇怪的。

　　内诸司舍屋①，唯秘阁最宏壮。阁下穹隆高敞，相传谓之"木天"②。

【注释】

①内诸司：设在官内的官署。

②木天：木构成的天，比喻建筑的宏伟。

【译文】

　　宫内各个官署的建筑，只有秘阁最为宏壮。阁内的穹顶高大宽广，相传被称为"木天"。

　　嘉祐中,苏州昆山县海上,有一船桅折,风飘抵岸。船中有三十余人,衣冠如唐人,系红鞓角带①,短皂布衫,见人皆恸哭,语言不可晓,试令书字,字亦不可读,行则相缀如雁行②。久之,自出一书示人,乃唐天祐中告授屯罗岛首领陪戎副尉制③;又有一书,乃是上高丽表④,亦称屯罗岛,皆用汉字,盖东夷之臣属高丽者。船中有诸谷,唯麻子大如莲的⑤,苏人种之,初岁亦如莲的,次年渐小,数年后只如中国麻子。时赞善大夫韩正彦知昆山县事⑥,召其人,犒以酒食。食罢,以手捧首而䜅⑦,意若欢感。正彦使人为其治桅,桅旧植船木上,不可动,工人为之造转轴,教其起倒之法。其人又喜,复捧首而䜅。

【注释】

①红鞓(tīng)角带:皮革制成的腰带,外面裹以红色的绫绢。

②相缀:互相跟随。

③告授:由皇帝封授。

④高丽:古代朝鲜国名。

⑤麻:芝麻。

⑥韩正彦:字师德,韩琦之侄。嘉祐间任昆山知县。

⑦䜅(chǎn):笑的样子。原作"骣",与文意不通,据胡道静改。

【译文】

　　嘉祐年间,苏州昆山县的海上,有一艘船上的桅杆被折断了,顺着风漂到岸边。船上有三十多人,衣着服饰都像唐代人,系着红色皮腰带,穿黑色短布衫,见到人就恸哭不已,语言也没人能听懂,试着让他们写成文字,字也不可识读,走路时就像大雁一样一起行动。过了一段时间,他们拿出一封信给别人看,原来是唐代天祐年间封授屯罗岛首领为陪戎副尉的诏书；此外还有一封书信，是上奏高丽国的表文，也自称屯罗岛，都用汉字书写，大概他们是东夷族群中臣属于高丽的部落。船上有各种谷物，只有芝麻大得像莲子一样，苏州人试着种植起来，第一年的时候也像莲子那么大，第二年就逐渐变小，数年后就只如中国芝麻那么大了。当时赞善大夫韩正彦任昆山知县，把那些人招来，用美酒佳肴慰问他们。吃完饭后，他们用手捧着脑袋露出笑容，看起来好像很高兴。韩正彦派人帮他们修理桅杆，桅杆以前是固定在船板上的，无法移动，工人们为他们造了个转轴，教他们起帆倒帆的方法。那些人又很高兴，又用手捧着脑袋露出笑容。

　　熙宁中①，珠辇国使人入贡②，乞依本国俗撒殿，诏从之。使人以金盘贮珠，跪捧于殿槛之间③，以金莲花酌珠，向御座撒之，谓之"撒殿"，乃其国至敬之礼也。朝退，有司扫彻得珠十余两，分赐是日侍殿阁门使、副、内臣。

【注释】

①熙宁：事在熙宁十年，公元 1077 年。

②珠辇国：南印度古国朱罗（cola）。

③槛（jiàn）：栏杆。

【译文】

　　熙宁年间，珠辇国派使者入朝进贡，请求依照本国的风俗行撒殿礼，皇帝下令表示同意。使者们就拿金盘盛着珍珠，捧着跪在宫殿栏杆之间，用金子制成的莲花舀起珍珠，向御座上抛撒，称为"撒殿"，这是他们国家最高规格的礼仪。退朝后，官员们打扫宫殿，得到十几两珍珠，分别赏赐给这天在殿上执勤的阁门官员以及宦官们。

方家以磁石磨针锋，则能指南，然常微偏东，不全南也。水浮多荡摇，指爪及碗唇上皆可为之①，运转尤速，但坚滑易坠，不若缕悬为最善。其法取新纩中独茧缕②，以芥子许蜡缀于针腰③，无风处悬之，则针常指南。其中有磨而指北者，余家指南、北者皆有之。磁石之指南，犹柏之指西，莫可原其理。

【注释】

①指爪：指甲。碗唇：碗的边缘。

②纩（kuàng）：丝绵絮。

③芥子：芥菜籽。

【译文】

方术家用磁石摩擦针尖，就能让针尖指向南方，但是经常向东微偏，不是正南方向。浮在水面的话经常会摇晃，在指甲和碗边上都可以放针，运转很灵活，但是这些东西坚硬而光滑，容易坠落，不如用丝线悬着针尖最好。方法是取新缫好的单根茧丝，用芥菜籽大小的蜡粘连在针的腰部，在没风的地方悬起来，这样针尖就能时常指向南方了。其中也有摩擦后指向北方的，我家里指南针、指北针都有。磁石可以指向南方，就像柏木向西生长一样，不知道是什么原理。

岁首画钟馗于门①，不知起自何时。皇祐中，金陵发一冢，有石志，乃宋宗悫母郑夫人②。宗悫有妹名钟馗，则知钟馗之设亦远。

【注释】

①岁首：元旦。钟馗（kuí）：民间信仰中能驱邪的神灵，在道教中作

为天师，又作为门神。参见《补笔谈》卷三注。

②宗悫(què，? —465)：字元干，南阳（今属河南）人，南朝宋将领。官至宁蛮校尉、雍州刺史，加都督衔。卒赠征西将军，谥肃侯。

【译文】

元旦时在门上画钟馗像，这种风俗不知道兴起于何时。皇祐年间，金陵发掘出一个坟墓，有石刻的墓志，原来是南朝宋宗悫的母亲郑夫人之墓。宗悫有个妹妹名字叫钟馗，可见钟馗的说法也很久了。

信州杉溪驿舍中①，有妇人题壁数百言。自叙世家本士族，父母以嫁三班奉职鹿生之子，鹿忘其名。娩娠方三日，鹿生利月俸②，逼令上道，遂死于杉溪。将死，乃书此壁，具逼迫苦楚之状，恨父母远，无地赴诉。言极哀切，颇有词藻，读者无不感伤。既死，藳葬之驿后山下③。行人过此，多为之愤激，为诗以吊之者百余篇。人集之，谓之《鹿奴诗》，其间甚有佳句。鹿生，夏文庄家奴④，人恶其贪忍，故斥为"鹿奴"。

【注释】

①信州：治所在今江西上饶。

②利月俸：只为了早一个月领取薪俸。

③藳(gǎo)葬：草草埋葬。

④夏文庄：即夏竦，字子乔，北宋宰相，谥文庄。参《人事》卷九注。

【译文】

信州杉溪驿舍中，有妇人在墙壁上写了几百字的一段话。自叙身世说她家本来是士族，父母把她嫁给了三班奉职鹿生的儿子。鹿某，忘记其名了。分娩后才三天，鹿生贪图一个月的薪俸，催促她动身，结果死在杉溪。临死前，就在这墙壁上写了这些诗，详细地道出受逼迫的痛苦状况，只恨父母太远，无法前去哭诉。言辞非常哀婉凄切，还颇有词藻，读者无不感伤。她死后，被草草安葬在驿舍的后山下。行人路过这里，多为她感到愤激，作诗吊唁她的也写了上百篇。有人收集起来，称为《鹿奴诗》，其间有不少佳句。鹿生，是夏竦的家奴，人们厌恶他的贪婪残忍，所以斥责他为"鹿奴"。

士人以氏族相高，虽从古有之，然未尝著盛。自魏氏铨总人物①，以氏族相高②，亦未专任门地。唯四夷则全以氏族为贵贱，如天竺以刹利、婆罗门二姓为贵种，自余皆为庶姓，如毗舍、首陀是也③。其下又有贫四姓，如工、巧、纯、陀是也。其他诸国亦如是，国主、大臣，各有种姓，苟非贵种，国人莫肯归之；庶姓虽有劳能，亦自甘居大姓之下，至今如此。自后魏据中原，此俗遂盛行于中国，故有八氏、十姓、三十六族、九十二姓。凡三世公者曰"膏粱"④，有令仆者曰"华腴"⑤，尚书、领、护而上者为"甲姓"⑥，九卿、方伯者为"乙姓"⑦，散骑常侍、太中大夫者为"丙姓"，吏部正员郎为"丁姓"，得入者谓之"四姓"。其后迁易纷争，莫能坚定，遂取前世仕籍，定以博陵崔、范阳卢、陇西李、荥阳郑为甲族⑧。唐高宗时又增太原王、清河崔、赵郡李⑨，通谓"七姓"。然地势相倾，互相排抵，各自著书，盈编连简，殆数十家，至于朝廷为之置官撰定。而流习所徇，扇以成俗，虽国势不能排夺。大率高下五等，通有百家，皆谓之士族，此外悉为庶姓，婚宦皆不敢与百家齿，陇西李氏乃皇族，亦自列在第三，其重族望如此。一等之内，又如冈头卢、泽底李、土门崔、靖恭杨之类，自为鼎族。其俗至唐末方渐衰息。

【注释】

①铨（quán）总人物：指三国时曹魏设立"九品官人法"，以九等评定士人才能的选官法。

②以氏族相高：司马懿掌权后，在各州设立大中正，任用世族豪门担任，使"九品"开始转向以家世为标准。

③"如天竺"三句：天竺，古代对印度的称呼。刹利，即刹帝利，该种姓为王族。婆罗门，该种姓为僧侣。毗舍，即吠舍，该种姓为平民。首陀，即首陀罗，该种姓为奴隶。

④公：指三公，即太尉、司徒、司空。

⑤令仆：指尚书省长官，尚书令或尚书左、右仆射。

⑥领、护：领军、护军，执掌禁军的军事长官。

⑦九卿：指太常、光禄勋、卫尉、太仆、廷尉、大鸿胪、宗正、大司农、少府。方伯：指州刺史。

⑧博陵：今河北蠡县南。范阳：今河北涿州。陇西：今甘肃陇西。荥阳：今河南荥阳东北。

⑨唐高宗时：高宗时，李义府曾修订了唐初编订的《氏族志》，更名为《姓氏录》。太原：今山西太原。清河：今河北清河。赵郡：今河北邯郸、赵县一带。

【译文】

士人按氏族来分别地位高低，虽然从古就有了，但是那时并未盛行成风。自从曹魏用九品官人法铨选人物，就开始用氏族来分高低了，但也没有专以门第为标准。只有四方少数民族才完全根据氏族来决定贵贱，比如印度以刹帝利、婆罗门两个种姓作为贵种，其余的都是为平民种姓，比如毗舍、首陀罗之类的。那下面又有贫民的四个种姓，比如工、巧、纯、陀之类的。其他各国也是这样，他们的国主以及大臣，都各有特别的种姓,如果不是贵族,那么国人就不肯归顺;平民种姓出身的人,即使有才能,也自甘居于大姓之下,至今还是这样。此后曹魏占据中原,这种风俗就开始在中国盛行,所以有所谓的八氏、十姓、三十六族、九十二姓。凡是三世以上担任过三公的就称为"膏粱",担任过尚书令、仆射的称为"华腴",担任过尚书、领军、护军以上的就称为"甲姓",担任过九卿、州刺史的就称为"乙姓",担任过散骑常侍、太中大夫的就称为"丙姓",担任过吏部正员郎的就称为"丁姓",得以进入这四类的称为"四姓"。其后经过变迁纷争,无法严格确定家世,于是就取前代的籍贯,确定以博陵崔氏、范阳卢氏、陇西李氏、荥阳郑氏为甲族。唐高宗时又增加太原王氏、清河崔氏、赵郡李氏,通称为"七姓"。但是这些势力相互倾轧、排挤,各自撰写族谱,连篇累牍,几乎达到数十家,以至于朝廷要专门设置官署来评定。而这种习惯沿袭下来,就称为一时风俗,即使国家权力都无法撼动其地位。大概高下分五等,统共有百家,都称为士族,此外的就都是庶姓,婚姻、仕宦都不敢与那百家士族同列,陇西李氏乃是皇族,也只把自己排在第三,可见当时重视族望到如此地步。同一等级之内,又如冈头卢氏、泽底李氏、土门崔氏、靖恭杨氏之类的,自是钟鼎之族。这种风俗到唐末才逐渐衰落下来。

茶牙[①],古人谓之"雀舌""麦颗",言其至嫩也。今茶之美者,其质素良,而所植之土又美,则新牙一发,便长寸余,其细如针。唯牙长为上品,以其质干、土力皆有余故也[②]。如雀舌、麦颗者,极下材耳,乃北人不识,误为品题。余山居有《茶论》,《尝茶》诗云:"谁把嫩香名雀舌? 定来北客未曾尝。不知灵草天然异,一夜风吹一寸长。"

【注释】

①牙：通"芽"。

②质干：品种，枝干。

【译文】

古人把茶芽叫做"雀舌""麦颗"，是说它非常细嫩。现为茶中精品，其品质优良，而且所种植的土壤又肥沃，所以新芽一长出来就有一寸多长，细得像针一样。只有芽长的才是上品，这是因为它品种、枝干、土壤都有余力的缘故。像那些雀舌、麦颗之类的，都是极下等的材质，只是北方人不了解，误作对茶芽的上品鉴定了。我山居时曾写有《茶论》，其中有《尝茶》诗道："谁把嫩香名雀舌？定来北客未曾尝。不知灵草天然异，一夜风吹一寸长。"

闽中荔枝，核有小如丁香者，多肉而甘。土人亦能为之，取荔枝木去其宗根①，仍火燔令焦，复种之，以大石抵其根，但令傍根得生，其核乃小，种之不复牙②。正如六畜去势③，则多肉而不复有子耳。

【注释】

①宗根：主根。

②牙：通"芽"。此处用作动词，发芽。

③去势：阉割。势，指雄性生殖器。

【译文】

福建的荔枝，有核小如丁香的品种，肉多而且甘甜。当地人也能种植，把荔枝树去掉主根，用火把根烧焦，再种下去，用大石抵住它的根部，只让旁根得以生长，结出来的荔枝核就小了，但是再种下去却不会发芽。这就像把畜牲阉割后，它们就会多肉，但不再有生育能力了。

元丰中,庆州界生子方虫^①,方为秋田之害。忽有一虫生,如土中狗蝎^②,其喙有钳,千万蔽地。遇子方虫,则以钳搏之,悉为两段。旬日,子方皆尽,岁以大穰^③。其是旧曾有之,土人谓之"傍不肯"。

【注释】

①庆州:今甘肃安化一带。子方虫:即"蚜蚄(zǐ fāng)",亦称"稻之小蟆蛉",是一种水稻的主要害虫。

②狗蝎:当指蝼蛄(lóu gū,土狗子)或蝎子一类的昆虫。

③穰(ráng):庄稼丰收。

【译文】

元丰年间,庆州地界闹了蚜蚄虫灾,正为秋季作物之害。忽然出现一种昆虫,就像土中的狗蝎,它的口部有钳子,成千上万地满地一片。遇到蚜蚄,就用钳子搏杀掉,那些害虫都被斩成两段。过了十来天,蚜蚄都被消灭干净了,结果这一年获得了大丰收。这种东西以前也有过,当地人称为"傍不肯"。

养鹰鹯者^①,其类相语谓之"咮以麦反。漱"。三馆书有《咮漱》三卷,皆养鹰鹯法度及医疗之术。

【注释】

①鹰鹯(zhān):指鹰、雕一类的猛禽。

【译文】

养鹰雕的人,把呼唤它们的叫声称为"咮以麦反。漱"。三馆的藏书中有《咮漱》三卷,讲的都是驯养以及治疗鹰雕疾病的方法。

处士刘易[①],隐居王屋山[②]。尝于斋中见一大蜂罥于蛛网[③],蛛搏之,为蜂所螫,坠地。俄顷,蛛鼓腹欲烈,徐行入草。蛛啮芋梗微破[④],以疮就啮处磨之,良久腹渐消,轻躁如故[⑤]。自后人有为蜂螫者,挼芋梗傅之则愈[⑥]。

【注释】

①处士:指隐居不做官的人。刘易(? —约1067):忻(xīn)州(今属山西)人。韩琦知定州,上其所著《春秋论》,授太学助教、并州州学说书,不仕。隐居习辟谷术,赵抃复荐其行谊,赐号退安处士。《宋史》卷四五八有传。

②王屋山:在今河南济源。

③罥(juàn):被缠绕挂住。

④芋梗:芋叶的叶柄部分。

⑤轻躁:轻便灵活。

⑥挼(ruó):揉搓。

【译文】

处士刘易隐居在王屋山中。他曾经在斋房中见到一只大蜂被缠在蜘蛛网上,蜘蛛要过去捕捉它,结果被蜂螫到,坠落到地下。过了一会儿,蜘蛛的腹部肿得快要炸开了,就慢慢爬入草丛中。只见那蜘蛛把芋梗的皮微微咬破,把疮口挨上去磨擦,过了很久,腹部的肿胀逐渐消退了,又像以前一样灵活。此后有人被蜂螫了,就拿芋梗揉搓一下敷上去就好了。

宋明帝好食蜜渍鱁鮧[①],一食数升。鱁鮧乃今之乌贼肠也,如何以蜜渍食之?大业中[②],吴郡贡蜜蟹二千头、蜜拥剑四瓮[③]。又何胤嗜糖蟹[④]。大底南人嗜咸,北人嗜甘。鱼、蟹加糖蜜,盖便于北俗也。如今之北方人,喜用麻油煎物,不问何物,皆用油煎。庆历中,群学士会于玉堂,使人置得生蛤蜊一篑,令饔人烹之。久且不至,客讶之,使人检视,则曰:"煎之已焦黑,而尚未烂。"坐客莫不大笑。余尝过亲家设馔,有油煎法鱼⑤,鳞鬣虬然⑥,无下箸处⑦。主人则捧而横啮,终不能咀嚼而罢。

【注释】

①宋明帝:指南朝刘宋明帝刘彧,公元 465—472 年在位。蜜渍鲢鮧(zhú yí):用蜜渍成的鱼肠酱。

②大业:隋炀帝年号,公元 605—617 年。

③吴郡:今江苏苏州。拥剑:即蟛蜞(péng qí),一种淡水产小型蟹类。

④何胤(446—531):字子季,庐江灊(今安徽庐江)人。初为齐秘书郎,出为建安太守。后入为太子中庶子,后隐居而终。通经学。胤,原作"嗣",据别本改。

⑤法鱼:是一种盐腌渍的鲫鱼。

⑥鬣(liè):鱼颔旁的小鳍。

⑦箸(zhù):同"箸",筷子。

【译文】

南朝的宋明帝喜欢吃蜜渍鲢鮧,一顿饭就要吃好几升。鲢鮧就是现在的乌贼肠,怎么能用蜜腌渍了吃呢?隋朝大业年间,吴郡上贡了两千头蜜蟹、四坛蜜蟛蜞。此外,梁代的何胤喜欢吃糖蟹。大概南方人喜欢吃咸的,北方人喜欢吃甜的。鱼蟹加上糖蜜,可以迎合北方的口味。就像现在的北方人,喜欢用麻油煎制食物,不管是什么东西,都用油来煎着吃。庆历年间,翰林学士们在玉堂集会,派人拿来一筐生蛤蜊,让厨师去烹制。过了好久都没端上来，客人们很奇怪，就派人去检查情况，回来说："煎得已经焦黑了，但是还没有烂熟。"坐客没有不大笑的。我曾经到亲家家里吃饭，有一道油煎腌鱼，鱼鳞、鱼鳍等部位都煎得卷了起来，没有下筷子的地方。主人就拿起来横着咬，最终因为无法咀嚼而作罢。

漳州界有一水，号乌脚溪，涉者足皆如墨。数十里间，水皆不可饮，饮则病瘴，行人皆载水自随。梅龙图公仪宦州县时①，沿牒至漳州②。素多病，预忧瘴疠为害，至乌脚溪，使数人肩荷之，以物蒙身，恐为毒水所沾。兢惕过甚③，睢盱矍铄④，忽坠水中，至于没顶。乃出之，举体黑如昆仑⑤，自谓必死。然自此宿病尽除，顿觉康健，无复昔之羸瘵⑥。又不知何也？

【注释】

①梅龙图公仪：指梅挚（994—1059），字公仪，成都府新繁县（今四川新都）人。天圣五年（1027）进士，历官大理评事、殿中侍御史、天章阁待制、龙图阁学士等，又先后出知数州。《宋史》卷二九八有传。

②沿牒：因公调动。牒，官员使用驿马的凭证。

③兢（jīng）惕：戒惧，警惕。

④睢盱矍铄（suī xū jué shuò）：惊恐地朝天而视。

⑤昆仑：指昆仑奴，指南洋诸岛来的皮肤黝黑的奴仆，也有部分来自非洲。

⑥羸瘵（léi zhài）：病弱。

【译文】

漳州界内有一条水流称为"乌脚溪"，涉水的人脚都是黑的。几十里之间的水都不能饮用,喝了就会患病,路人都自己随身带着水。梅挚担任州县官时,曾经因公路过漳州。他素来体弱多病,来之前就担心会被瘴疠之气侵害,到了乌脚溪,就让几个人用肩扛着他,并且拿东西把自己蒙起来,唯恐被毒水沾染。因为警惕太过,仰着头惊恐地渡河,结果忽然一下子掉到水里,以至于连头顶都被水没过。救上来以后,浑身就像昆仑奴那样黑,自以为必死无疑。不料从此各种旧病都没有了,顿时觉得身体健康,不再像以前那样羸弱了。这又不知道是什么原因?

　　北岳恒山,今谓之"大茂山"者是也①,半属契丹,以大茂山分脊为界。岳祠旧在山下,石晋之后②,稍迁近里,今其地谓之"神棚",今祠乃在曲阳,祠北有望岳亭,新晴气清,则望见大茂。祠中多唐人故碑,殿前一亭,中有李克用题名云③:"太原河东节度使李克用,亲领步骑五十万,问罪幽陵④,回师自飞狐路即归雁门⑤。"今飞狐路在大茂之西,自银冶寨北出倒马关⑥,度虏界,却自石门子、令水铺入瓶形、梅回两寨之间⑦,至代州⑧。今此路已不通,唯北寨西出承天阁路可至河东⑨,然路极峭狭。太平兴国中⑩,车驾自太原移幸恒山,乃由土门路⑪。至今有行宫。

【注释】

①今、山:此二字原合作"岑",据学津本改。

②石晋:指五代时的后晋(936—946),由后唐河东节度使石敬瑭所建,后为契丹所灭。

③李克用(856—908):神武川新城(今陕西应县)人,唐末沙陀族将领。曾镇压黄巢起义,被任命为河东节度使,封晋王。后被其子李存勖追封为后唐太祖。

④问罪幽陵：唐昭宗乾宁元年（894），李克用大举进攻幽州（今北京）。

⑤飞狐路：在今河北涞源北，蔚县南。雁门：在今山西代县。

⑥倒马关：在今河北唐县西北。

⑦瓶形：即今山西平型关。梅回：梅回寨，在平型关西北。

⑧代州：今山西代县。

⑨北寨：在今河北行唐附近。承天：承天寨，在今山西娘子关。

⑩太平兴国：事在太平兴国四年（979）。

⑪土门：今河北井陉口。

【译文】

北岳恒山就是现在所谓的"大茂山"，它一半属于契丹，以大茂山的山脊为分界线。岳神祠以前在山下，后晋之后，稍微南迁了一点，现在那地方称为"神棚"，现在的岳神祠在曲阳，祠的北面有望岳亭，赶上天气初晴空气清新的时候，就可以望见大茂山。岳神祠中有很多唐人的碑刻，大殿前有一座亭子，里面有李克用的题名，说："太原河东节度使李克用，亲率步骑五十万，讨伐幽陵，班师回朝时从飞狐路走到归雁门。"现在的飞狐路在大茂山以西，从银冶寨向北出倒马关，经过契丹的地界，再从石门子、令水铺穿过瓶形、梅回两座寨子之间，到达代州。现在这条路已经走不通了，只有从北寨西出承天阁路可以到河东，然而路途极为陡峭狭窄。太平兴国年间，皇帝的车驾从太原前往恒山，经过土门路，到现在还留有行宫。

镇阳池苑之盛①，冠于诸镇，乃王镕时海子园也②，镕尝馆李正威于此③。亭馆尚是旧物，皆甚壮丽。镇人喜大言矜大其池，谓之"潭园"，盖不知昔尝谓之"海子"矣④。中山人常好与镇人相雌雄⑤，中山城北园中亦有大池，遂谓之"海

子",以压镇之潭园。余熙宁中奉使镇定⑥,时薛师政为定
帅⑦,乃与之同议,展海子直抵西城中山王冢,悉为稻田。引
新河水注之,清波弥漫数里,颇类江乡矣。

【注释】

①镇阳:指镇州,在今河北正定一带。

②王镕(873—921):五代时人,成德(即宋代镇州)节度使王景崇的
　儿子,父死,继为成德节度使。朱温建立后梁,封为赵王,不久为
　部下所杀。《五代史》卷五四有传。

③李正威(?—893):即李匡威,这里是为避宋太祖讳而改为正威,
　唐末范阳(今河北涿州)人。卢龙节度使李全忠的儿子,父死,继
　为卢龙节度使。景福二年(893),率兵救王镕,遂被其弟李匡筹
　兵变夺位。投靠王镕,后以阴谋劫持王镕被杀。

④海子:北方称湖为海子。

⑤中山:指定州,今河北定州一带。

⑥熙宁中:沈括于熙宁七年(1074)八月至次年二月担任河北西路
　察访使。

⑦薛师政:即薛向,字师政,北宋大臣。参《人事》卷九注。

【译文】

　　镇阳园林的繁盛居于各镇之首,那里本是王镕时的"海子园",王镕
曾经留李匡威在这里居住。现在的亭台楼馆都还是以前的建筑,非常
壮丽。镇阳人喜欢吹嘘这池子,把它称为"潭园",大概不知道它以前曾
经被称为"海子"。中山人经常喜欢和镇阳人一决高下,中山城北的园
中也有一片大池,于是将它称为"海子",以此压倒镇阳的"潭园"。我在
熙宁年间曾经奉命察访镇定,当时薛向担任镇定主帅,就和他一起商
量,把"海子"扩展出去,直到城西的中山王墓地,把土地全部改成稻田,
引新河的水注入其中,清波荡漾数里之间,很像是江南水乡的感觉。

杂志二

卷二十五

宣州宁国县多枳首蛇①,其长盈尺,黑鳞白章②,两首文彩同,但一首逆鳞耳。人家庭槛间,动有数十同穴,略如蚯蚓。

【注释】

①宣州宁国县:今属安徽宣城。枳(zhǐ)首蛇:即双头蛇。现在一般认为这种蛇的尾部与颈部有相同的斑纹,又有倒行的习性,所以被误认为是两头蛇。

②章:斑纹。

【译文】

宣州宁国县有很多枳首蛇,身长一尺多,有黑鳞和白纹,两个头的纹采相同,只不过有一个头的鳞是逆着长的。人家的庭院和门槛之间,经常就有几十条同处一穴,大致和蚯蚓差不多。

太子中允关杞曾提举广南西路常平仓①,行部邕管②,一吏人为虫所毒，举身溃烂。有一医言能治，呼使视之，曰："此为天蛇所螫，疾已深，不可为也。"乃以药傅其创③，有肿起处，以钳拔之，有物如蛇，凡取十余条而疾不起。又余家祖茔在钱塘西溪④，尝有一田家，忽病癞⑤，通身溃烂，号呼欲绝。西溪寺僧识之，曰："此天蛇毒耳，非癞也。"取木皮煮，饮一斗许，令其恣饮，初日疾减半，两三日顿愈。验其木，乃今之秦皮也⑥，然不知天蛇何物。或云草间黄花蜘蛛是也，人遭其螫，仍为露水所濡，乃成此疾。露涉者亦当戒也。

【注释】

①关杞：字蔚宗，会稽（今浙江绍兴）人。治平中，为观察推官、监鄞县船场。熙宁中，为太子中允，提举广西常平仓。元丰中，知邵州，迁朝议郎。常平仓：地方上设置的用以救灾的粮仓。

②行部：巡视所部。邕管：邕州辖区，治所在今广西南宁南。

③傅：涂擦。

④祖茔（yíng）：祖坟。

⑤癞（lài）：癣疥等皮肤病。

⑥秦：即小叶梣（又名白蜡树），木樨科落叶乔木，可入药，具有清热燥湿、止泻痢、明目的功效。

【译文】

太子中允关杞曾经主管广南西路常平仓，巡视邕州地区，见到一名属吏中了虫毒，浑身溃烂。有一位医生说能治，就把他叫来诊视，说："这是被天蛇给螫了，中毒已深，无法救治了。"于是用药敷在创口上，但凡有肿起的地方，就用钳子往外拔，拔出的东西像蛇一样，一共取出十几条，但还是因病身亡了。我家祖坟在钱塘的西溪，当地曾经有一户田家，忽然患了癞病，浑身溃烂，哀叫得死去活来。西溪寺的僧人认识这种病,说:"这是天蛇的毒,不是癞病。"于是取来一种木皮煮水,给他灌了一斗左右,然后让他尽量多喝,第一天病就好了一半,过了两三天就痊愈了。检查那种树木,就是现在的秦树皮,但是不知道天蛇是什么东西。有人说就是草丛中的黄花蜘蛛,人被它螫到后,再被露水沾湿,就会生这种病。经常从有露水的草丛中走的人也要当心啊。

天圣中,侍御史知杂事章频使辽①,死于虏中。虏中无棺榇②,举至范阳方就殓,自后辽人常造数漆棺,以银饰之,每有使人入境,则载以随行,至今为例。

【注释】

①侍御史知杂事:御史台的副长官。章频:字简之,建州浦城(今属福建)人。景德间进士,任三司度支判官,诏鞫邛州牙校讼盐井事。后出知宣州,改殿中侍御史,迁侍御史。《宋史》卷三〇一有传。

②棺榇(chèn):棺材。

【译文】

天圣年间,侍御史知杂事章频出使辽国,死在辽国境内。辽国人没有棺材,于是把尸体运到范阳才入殓,从此以后辽国人经常准备好几口漆好的棺材,用银子装饰好,每次有使者入境,就带上随行,到现在还是常例。

景祐中,党项首领赵德明卒①,其子元昊嗣立,朝廷遣郎官杨告入蕃吊祭②。告至其国中,元昊迁延遥立,屡促之,然后至前受诏。及拜起,顾其左右曰:"先王大错!有国如此,而乃臣属于人。"既而飨告于厅,其东屋后若千百人锻声。

告阴知其有异志，还朝，秘不敢言。未几，元昊果叛。其徒遇乞③，先创造蕃书，独居一楼上，累年方成，至是献之。元昊乃改元，制衣冠、礼乐，下令国中，悉用蕃书、胡礼，自称大夏。朝廷兴师问罪，弥岁，虏之战士益少，而旧臣宿将如刚浪唛遇、野利辈，多以事诛④，元昊力孤，复奉表称蕃。朝廷因赦之，许其自新，元昊乃更称兀卒曩宵⑤。

【注释】

①赵德明（981—？）：本名李德明，小字阿移，为西夏创立者李继迁之子，被宋室赐姓赵。其战略为"依辽和宋"，故足以稳定内政。当死于天圣九年（1031）或明道元年（1032），非景祐中。

②杨告：据李焘《续资治通鉴长编》，祭奠赵德明者实为朱昌符，非杨告。杨告之行乃其后宋室为承认元昊继承赵德明的定难节度使、西平王、加封检校太师兼侍中而出使。杨告，字道之，绵竹（今属四川）人，杨允恭之子。赐同学究出身，调庐江尉，累迁开封府推官。出使元昊，拜右谏议大夫。官至寿州知州。《宋史》卷三〇四有传。

③遇乞：西夏人，创造了西夏文字。

④以事诛：元昊杀野利氏乃因宋边将从中挑唆反间，事在宋与西夏和议后第二年，非为和议之前。

⑤兀卒曩（nǎng）宵：兀卒是称号，类似于可汗等，曩宵是元昊的名字。据《续资治通鉴长编》引司马光日记，元昊自称兀卒曩宵事亦在和议之前。

【译文】

景祐年间，党项羌族首领赵德明去世，他的儿子元昊继立，朝廷派郎官杨告前往吊唁。杨告到了那里，元昊迟疑地站得很远，经过多次催促,然后才上前接受封诏。等到行礼完起身之后,回头对左右说:"先王大错! 有我们这样的势力,却臣属于别人。"接着在厅堂上宴请杨告,厅堂东屋后面好像有千百人打铁的声音。杨告暗中知道他怀有二心,但是回到朝廷后,却没敢说出来。不久,元昊果然反叛。他的属下遇乞,事先创造了西夏文字,遇乞曾独自居住在一座小楼上,过了一年才制成,到这时就献上来。元昊于是改元,制订了衣冠、礼乐制度,下令全国,都要使用西夏文、行西夏礼,自称"大夏"。朝廷兴师问罪,打了近一年,西夏的战士越来越少,而那些老臣宿将们,比如刚浪唛遇、野利等人,大多因故被杀,元昊势单力孤,就又上表称臣。朝廷于是赦免了他,允许他改过自新,元昊于是改称"兀卒曩宵"。

庆历中,契丹举兵讨元昊,元昊与之战,屡胜,而契丹至者日益加众。元昊望之,大骇曰:"何如此之众也?"乃使人行成①,退数十里以避之。契丹不许,引兵压西师阵。元昊又为之退舍②,如是者三。凡退百余里,每退必尽焚其草莱。契丹之马无所食,因其退,乃许平。元昊迁延数日,以老北师。契丹马益病,亟数军攻之,大败契丹于金肃城③,获其伪乘舆、器服、子婿、近臣数十人而还④。

【注释】

①行成:求和。

②舍:古代以三十里为一舍。

③金肃城:在今内蒙古准格尔旗以北。

④子婿:指契丹驸马都尉萧胡睹。

【译文】

庆历年间,契丹举兵讨伐元昊,元昊与契丹交战,屡战屡胜,而契丹投入的兵力则越来越多。元昊看着契丹军，非常惊恐地说："为什么来了这么多敌人？"于是派人求和，退避十里。契丹不答应议和，继续派兵进逼西夏军队的阵地。元昊退避三十里，反复这样三次。每次都后退百余里，每次后退必定要把牧草都烧掉。契丹的战马没有食物，于是趁着元昊后退，就答应了议和。元昊拖延了几天，为了消耗契丹军。契丹的战马更加瘦弱，这时西夏迅速派多股部队攻击，在金肃城大败契丹军，缴获了他们的皇帝车驾、器物、服饰，以及驸马、近臣等数十人。

先是，元昊后房生一子，曰宁令受①，"宁令"者，华言大王也。后来又纳没藏讹庞之妹，生谅祚而爱之。宁令受之母患忌，欲除没藏氏，授戈于宁令受，使图之。宁令受间入元昊之室，卒与元昊遇②，遂刺之，不殊而走。诸大佐没藏讹庞辈仆宁令，枭之。明日，元昊死，立谅祚，而舅讹庞相之。有梁氏者，其先中国人，为讹庞子妇。谅祚私焉，日视事于国，夜则从诸没藏氏。讹庞怼甚③，谋伏甲梁氏之宫，须其入以杀之。梁氏私以告谅祚，乃使召讹庞，执于内室。没藏，强宗也，子弟族人在外者八十余人，悉诛之，夷其宗。以梁氏为妻，又命其弟乞埋为家相④，许其世袭。谅祚凶忍，好为乱。治平中，遂举兵犯庆州大顺城⑤。谅祚乘骆马，张黄屋⑥，自出督战。陴者矿弩射之中⑦，乃解围去。创甚，驰入一佛祠，有牧牛儿不得出，惧伏佛座下，见其脱靴，血浣于踝⑧，使人裹创舁载而去。至其国死⑨。子秉常立⑩，而梁氏自主国事。梁乞埋死，其子移逋继之，谓之"没宁令"。"没宁令"者，华言天大王也。

【注释】

①宁令受：亦作宁凌噶，元昊妻野利氏第二子。

②卒：同"猝"，突然。

③怼（duì）：怨恨。

④家相：总管皇帝私人事务的官员。

⑤庆州大顺城：在今甘肃华池西北。

⑥黄屋：用黄布做的车盖，专为皇帝所使用。

⑦陴（pí）：即女墙，城上的矮墙。弆（guō）：拉满弓箭。

⑧涴（wò）：沾染。

⑨至其国死：谅祚此次战役后受伤，但未因伤去世。

⑩秉常立：秉常即位时年仅七岁，由其母梁太后摄政，梁乞埋为国相。

【译文】

先前，元昊的妻子生了一个孩子，叫做"宁令受"，"宁令"在汉语里是大王的意思。后来又娶了没藏讹庞的妹妹，生下谅祚并且非常喜爱他。宁令受的母亲又生气又妒忌，就想除掉没藏氏，她把武器交给宁令受，让他找机会杀掉没藏氏。宁令受就潜入元昊的房间，不料正好和元昊遇上，于是就干脆刺杀元昊，结果失败而逃。没藏讹庞等大臣们抓住宁令受，把他杀了。第二天，元昊也死了，于是立谅祚接班，而由舅舅没藏讹庞辅佐他。有一位梁氏，本来是中原人，是没藏讹庞的儿媳。谅祚与她私通，白天处理国事，晚上就和这个没藏氏的儿媳鬼混。没藏讹庞非常愤怒，在梁氏的宫中阴谋埋伏了甲士，想等谅祚进来就杀掉他。梁氏暗中告诉了谅祚，让他召见没藏讹庞，在内室把他抓起来。没藏氏是世家大族，其子弟族人在外的有八十多人，都被杀了，没藏一族从此被灭。谅祚娶梁氏为妻，又派梁氏的弟弟梁乞埋担任家相，允许他世袭此位。谅祚凶狠残忍，喜欢作乱。治平年间，就举兵侵犯庆州大顺城。谅祚乘着骆马，张着黄布车盖，亲自出兵督战。城上的弓弩手引弓射中了他，这才解围而去。谅祚受伤很严重，跑进一座佛祠，有一个牧牛的小儿没跑出来，就恐惧地趴在佛座下面，看到谅祚脱下战靴，鲜血浸满了脚踝，让人把伤口包扎后抬着回去了，等回到国中就死了。谅祚的儿子秉常即位，而太后梁氏亲自主持国事。梁乞埋死后，他的儿子移逋继任，称为"没宁令"。"没宁令"在汉语里的意思就是天大王。

　　秉常之世，执国政者有酋名浪遇，元昊之弟也，最老于军事，以不附诸梁，迁下治而死①。存者三人，移逋以世袭居长契，次曰都罗马尾，又次曰关萌讹，略知书，私侍梁氏。移逋、萌讹皆以昵倖进，唯马尾粗有战功，然皆庸才。秉常荒孱，梁氏自主兵，不以属其子。秉常不得志，素慕中国。有李青者②，本秦人，亡虏中。秉常昵之，因说秉常以河南归朝廷③。其谋泄，青为梁氏所诛，而秉常废。

【注释】
　　①下治：无关紧要的地方。
　　②李青：身世不详。
　　③河南：指河套地区。

【译文】
　　秉常主政时，执掌国政的有酋名浪遇，是元昊的弟弟，最精通军事，因为不肯依附梁氏一族，就被迁到无关紧要的地方死了。剩下的大臣有三人，移逋因为世袭而居住在长契，第二位叫都罗马尾，第三位叫关萌讹，都粗略地读过一些书，私下里侍奉梁氏。移逋、萌讹都因为受宠而进用，只有马尾稍微有点战功，但都是庸才。秉常荒淫而孱弱，梁氏自己掌握兵权，不肯交给儿子。秉常郁郁不得志，一直很羡慕中国。有个叫李青的人，本来是陇西人，后来流亡西夏。秉常很亲近他，他就趁机劝说秉常把河套南部归还朝廷。结果事情泄露，李青被梁氏所杀，而秉常也被废黜。

古人论茶，唯言阳羡、顾渚、天柱、蒙顶之类①，都未言建溪②。然唐人重串茶粘黑者③，则已近乎"建饼"矣④。建茶皆乔木，吴、蜀、淮南唯丛荙而已⑤，品自居下。建茶胜处曰郝源、曾坑⑥，其间又岔根、山顶二品尤胜。李氏时号为北苑⑦，置使领之。

【注释】

①阳羡：今江苏宜兴。顾渚：山名，在今浙江长兴西北，出产紫笋茶。天柱：山名，在今安徽潜山西。蒙顶：蒙山（在今四川雅安）之顶。

②建溪：水名，源出武夷山，流入闽江。

③串茶粘黑：指把茶叶加工成饼，外皮用黑茶叶裹着，中间穿一个洞，以便于携带。

④建饼：指建溪一带所产的团茶。

⑤丛荙(jiāo)：丛生的灌木。

⑥郝源、曾坑：皆在今福建建瓯境内。

⑦李氏：指南唐政权。

【译文】

古人论茶，只提到阳羡、顾渚、天柱、蒙顶之类的茶，都未曾言及建溪茶。然而唐人所重的粘黑串茶，已经近于"建饼"茶了。建溪的茶树都是乔木，江浙、四川、淮南只是丛生的灌木而已，品位自然居于建茶之下。建溪产茶胜地中著名的是郝源、曾坑，其中又以岔根、山顶两个品种最好。南唐时号称"北苑"，专门派官员掌管。

信州铅山县有苦泉①，流以为涧。挹其水熬之则成胆矾②。烹胆矾则成铜，熬胆矾铁釜，久之亦化为铜③。水能为铜，物之变化，固不可测。按《黄帝素问》有"天五行，地五行，土之气在天为湿，土能生金石，湿亦能生金石"，此其验也。又石穴中水，所滴皆为钟乳、殷孽④。春秋分时，汲井泉则结石花⑤，大卤之下，则生阴精石⑥，皆湿之所化也。如木之气在天为风，木能生火，风亦能生火。盖五行之性也。

【注释】

①信州：治所在今江西上饶。铅山县：在今江西铅山东南。

②挹(yì)：舀出。胆矾：硫酸铜水合物（$CuSO_4 \cdot 5H_2O$），蓝色结晶体，有毒。

③铜：这是因为铁锅中的铁与硫酸铜发生了置换反应，其化学方程式为：$Fe + CuSO_4 = FeSO_4 + Cu$

④殷孽(niè)：即通称的石笋。因石灰岩在地下微溶于水，形成碳酸氢钙（$Ca(HCO_3)_2$）溶液，在地面上分解成难溶于水的碳酸钙（$CaCO_3$），向下长的称为钟乳，向上长的称殷孽。

⑤汲(jí)：从井里打水。

⑥阴精石：即石膏的水合物晶体（$CaSO_4 \cdot 2H_2O$）。

【译文】

信州铅山县有一眼苦泉，流出来形成山涧。把泉水舀出来熬煮就能形成胆矾。再熬胆矾就能生成铜，熬胆矾的铁锅，时间长了也会变成铜。水能变化为铜，物质的变化，真是难以推测。根据《黄帝素问》的说法，"天五行，地五行，土气在天为湿，土能生金石，湿也能生金石"，上述现象就是验证。此外，石洞中的水，滴下来都成为钟乳、石笋。春秋分的时候，把井泉水打上来就会结成石花，放在浓度高的卤水中，就会生成阴精石,这些都是湿气所化。就像木气在天为风,木能生火,风也能生火。这是五行的性质。

古之节如今之虎符,其用则有圭璋龙虎之别①,皆椟②,将之英荡是也③。汉人所持节,乃古之旄也④。余在汉东⑤,得一玉琥⑥,美玉而微红,酣酣如醉肌⑦,温润明洁,或云即玫瑰也⑧。古人有以为币者,《春官》"以白琥礼西方"是也⑨;有以为货者,《左传》"加以玉琥二"是也⑩;有以为瑞节者,"山国用虎节"是也⑪。

【注释】

①圭璋:圭是一种上尖下方的玉制礼器,璋为半圭,合璋则成圭。

②椟:匣子。

③将之英荡:《周礼·地官·掌节》作"辅之英荡"。《周礼注疏》认为"英荡"即有花纹的匣子。干宝《周礼注》认为"英"为刻书,"荡"为竹箭,所谓"刻而书其所使之事,以助三节指信"。

④旄(máo):用牦牛尾装饰的旗子,汉人出使的节,在竹竿上就缀有牦牛尾的饰物,称为"节牦"。

⑤汉东:汉水以东地区。

⑥玉琥:雕成虎形的玉器。

⑦酣酣:色泽浓郁的样子。

⑧玫瑰:一种红色的玉石,有人认为可能是玛瑙或玉髓。

⑨以白琥礼西方:出自《周礼·春官·大宗伯》。

⑩加以玉琥二:出自《左传·昭公三十二年》,《左传》作"赐以玉琥二"。

⑪山国用虎节:出自《周礼·地官·掌节》。

【译文】

古代的节就像现在的虎符,使用时则有圭、璋、龙、虎的形状区别,都放在匣子里,就是所谓的"辅之英荡"。汉代使者手持的节,就是古代的旃。我在汉水以东一带,得到一件玉琥,是块美玉而带有微红,色泽浓郁就像醉后的肌肤,温润而洁净,有人说就是玫瑰。古人有拿来作为礼物的,《周礼·春官》中说的"以白琥礼西方"就是例子;有拿来作为财物的,《左传》中说的"加以玉琥二"就是例子;有拿来作为信符的,《周礼·地官》中说的"山国用虎节"就是例子。

国朝汴渠,发京畿辅郡三十余县夫,岁一浚。祥符中,阁门祗候使臣谢德权领治京畿沟洫①,权借浚汴夫。自尔后三岁一浚,始令京畿民官皆兼沟洫河道,以为常职。久之,治沟洫之工渐弛,邑官徒带空名,而汴渠有二十年不浚,岁岁堙淀②。异时京师沟渠之水皆入汴,旧尚书省都堂壁记云,"疏治八渠,南入汴水"是也。自汴流堙淀,京城东水门下至雍丘、襄邑③,河底皆高出堤外平地一丈二尺余。自汴堤下瞰,民居如在深谷。熙宁中,议改疏洛水入汴。余尝因出使,按行汴渠,自京师上善门量至泗州淮口④,凡八百四十里一百三十步。地势,京师之地比泗州凡高十九丈四尺八寸六分。于京城东数里白渠中穿井,至三丈方见旧底。验量地势,用水平、望尺、干尺量之⑤,不能无小差。汴渠堤外,皆是出土故沟,水令相通,时为一堰节其水⑥,候水平,其上渐浅涸,则又为一堰,相齿如阶陛。乃量堰之上下水面相高下之数,会之乃得地势高下之实。

【注释】

①谢德权(953—1010)：字士衡，福州(今属福建)人。南唐时，署庄宅副使。归宋，补殿前承旨，迁殿直、陕西巡检，加阁门祗候，迁内殿崇班、提辖三司衙司，官至西染院使，出知泗州。《宋史》卷三〇九有传。京畿(jī)：指京城及周围的各个州县。沟洫(xù)：即沟渠。

②堙(yīn)淀：淤积沉淀。

③雍丘：今河南杞县。襄邑：今河南睢县。

④泗州：治所在今江苏盱眙。

⑤水平、望尺、干尺：都是古代的测量工具，水平用水来测量水平程度，望尺用来测高，干尺用来测距。

⑥堰(yàn)：挡水的堤坝。

【译文】

本朝的汴渠，每年要发动京畿辅郡三十余县的民夫来疏浚。大中祥符年间，阁门祗候使臣谢德权负责治理京城地区的沟渠，权且借用负责疏浚汴渠的民夫。从此以后，每三年疏浚一次，开始让京城地区的官民都兼管沟渠河道，作为日常工作。时间长了，治理沟渠的工作就逐渐松懈下来，地方官只是徒带空名而已，而汴渠有二十年没有疏浚了，年年都有新的淤积沉淀。过去京城沟渠中的水都流入汴河，旧时尚书省都堂的厅壁记上写的"疏治八渠，南入汴水"，说的就是这个意思。自从汴流被淤塞，从京城东水门至雍丘、襄邑一带，河床都要高出堤外平地一丈二尺多。从汴水的河堤往下俯瞰，民居就像在深谷之中。熙宁年间，讨论要导洛水进入汴渠。我曾因此受命勘察汴渠，从京城的上善门量到泗州淮口，一共八百四十里一百三十步。从地势上说，京城比泗州一共高出十九丈四尺八寸六分。在京城以东几里的白渠中挖井，挖到三丈才见到汴渠以前的河床。测量地势时，要用水平、望尺、干尺等工具，难免会有误差。汴渠的河堤外，都是以前修堤时挖去留下的旧沟，我挖开沟使其连通，隔一段就筑一道堰拦截沟中的水，等到沟中的水与堤堰相平，就在其上游逐渐变浅或干涸的地方再筑一道堰，一道道堤堰排列起来就像台阶。然后测量堤堰上下水面的高低之差，加起来就是地势高低的实际落差。

唐风俗，人在远或闺门间，则使人传拜以为敬，本朝两浙仍有此俗。客至，欲致敬于闺阅①，则立使人而拜之，使人入见所礼乃再拜致命②。若有中外，则答拜，使人出，复拜客，客与之为礼如宾主。

【注释】

①闺阅（tà）：内室，这里特指女眷。

②致命：表达敬意。

【译文】

按照唐代风俗，人在外乡或闺门附近，就派使者传拜表示敬意，本朝两浙一带还有这种风俗。客人来了，想对女眷表示敬意，就派使者向其行礼，使者进入内室见到要致敬的对象，就再次行礼表达敬意。如果有亲戚关系，那女眷就要答拜还礼，使者出来，再向客人行礼，客人和使者行礼就如同宾主之间行礼一样。

庆历中，王君贶使契丹①。宴君贶于混融江②，观钓鱼③。临归，戎主置酒谓君贶曰④："南北修好岁久，恨不得亲见南朝皇帝兄，托卿为传一杯酒到南朝。"乃自起酌酒，容甚恭，亲授君贶举杯，又自鼓琵琶，上南朝皇帝千万岁寿。先是，戎主之弟宗元为燕王⑤，有全燕之众，久畜异谋。戎主恐其阴附朝廷，故特效恭顺，宗元后卒以称乱诛。

【注释】

①王君贶（kuàng）：即王拱辰，字君贶，北宋大臣。参《故事》卷二注。王拱辰出使当在仁宗至和二年（1055），非庆历年间。辽兴宗于庆历四年（1044）出征西夏失败，两国延续战争状态直到皇祐五年（1053），为了争取北宋的中立，辽兴宗需要努力与宋使保持良好关系。

②混融江：即混同江（今松花江）。

③钓鱼：实为北方冬季凿开冰层，用绳钩捕鱼。

④戎主：指辽兴宗耶律宗真，公元 1031—1054 年在位。

⑤宗元：辽兴宗的同母弟。辽兴宗未封宗元为燕王，此燕王当指燕京留守。

【译文】

庆历年间，王拱辰出使契丹。契丹人在混同江设宴招待王拱辰，请他观看钓鱼。临走时，辽兴宗设酒席，对王拱辰说："南北两朝多年修好，恨不得亲自会见南朝皇帝兄，拜托您为我传一杯酒到南朝。"于是亲自起身酌酒，容貌非常恭敬，亲自举起酒杯交给王拱辰，又亲自弹起琵琶，为南朝皇帝祝寿。在这之前，辽兴宗的弟弟宗元作为燕王，握有整个燕地军民之众，图谋作乱已经很久了。辽兴宗担心他暗中依附北宋朝廷，所以表现得特别恭顺，宗元后来终于因为作乱而被诛杀。

潘阆字逍遥①，咸平间有诗名②，与钱易、许洞为友③，狂放不羁。尝为诗曰："散拽禅师来蹴踘，乱拖游女上秋千。"此其自序之实也。后坐卢多逊党亡命④，捕迹甚急，阆乃变姓名，僧服入中条山⑤。许洞密赠之诗曰："潘逍遥，平生才气如天高。倚天大笑无所惧，天公嗔尔口呶呶⑥。罚教临老头补衲⑦，归中条。我愿中条山神镇长在，驱雷叱电依前趁出这老怪⑧。"后会赦，以四门助教召之，阆乃自归，送信州安置⑨。仍不惩艾⑩，复为《扫市舞》词曰："出砒霜，价钱可。赢得拨灰兼弄火，畅杀我。"以此为士人不齿，放弃终身。

【注释】

①潘阆(làng，？—1009)：自号逍遥子，大名(今属河北)人。太宗时赐进士第，性格狂放，坐事亡命。真宗时遇赦，任滁州参军。有诗名，著有《逍遥集》。

②咸平：宋真宗年号，公元998—1003年。

③钱易：字希白，杭州临安(今属浙江)人。咸平二年(999)进士，授光禄寺丞、通判蕲州。景德二年(1005)举贤良方正，除秘书丞、通判信州，改太常博士、直集贤院，又加知制诰。天圣三年(1025)，拜翰林学士。著有《南部新书》等。《宋史》卷三一七有传。许洞(976—1015)：字洞夫，一作渊夫，吴郡人，沈括的二舅。咸平三年(1000)进士，任雄武军推官，后为乌江县主簿。《宋史》卷四四一有传。

④坐卢多逊党：据《续资治通鉴长编》记载，潘阆曾劝王继恩向太宗进言，不要立赵恒(宋真宗)为太子，所谓"狂妄"或指此事，与卢多逊无关。卢多逊(934—985)：怀州河内(今河南沁阳)人。后周显德初进士，任秘书郎、集贤校理、左拾遗、集贤殿修撰等。入宋，累官祠部员外郎、权知贡举、兵部郎中、知太原行府事、翰林学士、中书舍人、吏部侍郎、中书侍郎、平章事、兵部尚书等，坐事流放崖州卒。《宋史》卷二六四有传。

⑤中条山：在今山西南部。

⑥嗔(chēn)：怒，生气。呶呶(náo)：喋喋不休。

⑦头：《诗话总龟》卷三引作"投"。补衲(nà)：袈裟，因袈裟为多块碎布补缀而成，故称。

⑧趁:《诗话总龟》卷三引作"赶"。

⑨信州:治所在今江西上饶。安置:对贬谪官员的监管措施。

⑩惩艾(yì):吸取教训。艾,通"乂",警戒。

【译文】

　　潘阆字逍遥,咸平年间以写诗著名,与钱易、许洞为友,狂放不羁。曾经写诗道:"散拽禅师来蹴踘,乱拖游女上秋千。"这是他的自我写照。后来因为与卢多逊一党而亡命天涯,官府追捕得很严,潘阆就改名换姓,穿着僧服潜入中条山。许洞偷偷给他写诗说:"潘逍遥,平生才气如天高。倚天大笑无所惧,天公嗔尔口呶呶。罚教临老头补衲,归中条。我愿中条山神镇长在,驱雷叱电依前趁出这老怪。"后来赶上大赦,朝廷以四门助教的官职至召他出来,潘阆就自己回来了,被遣送信州安置。但是仍然不吸取教训,又写了《扫市舞》词道:"出砒霜,价钱可。赢得拨灰兼弄火,畅杀我。"因此被士人所不齿,到死都被放逐在外。

　　江湖间唯畏大风。冬月风作有渐,船行可以为备,唯盛夏风起于顾盼间①,往往罹难。曾闻江国贾人有一术②,可免此患。大凡夏月风景,须作于午后,欲行船者,五鼓初起③,视星月明洁,四际至地,皆无云气,便可行,至于巳时即止④,如此,无复与暴风遇矣。国子博士李元规云⑤:"平生游江湖,未尝遇风,用此术。"

【注释】

①顾盼间:形容转瞬之间。

②江国贾人:往来江湖间的商人。江国,一说指江南,一说指江淮。

③五鼓:相当于凌晨四五点。

④巳时:相当于上午九时至十一时。

⑤李元规：身世不详。

【译文】

船行江湖间，就怕有大风。冬天的时候风是逐渐加大的，行船时可以提前防备，只有盛夏的风是转瞬间兴起的，船只往往会遇难。曾经听说往来江湖的商人有一种方法，可以避免这种危险。大凡夏天的风，都是在午后才兴起，想要行船的人，五鼓初的时候起来，看到星星、月亮明亮洁净，天际四周到地面都没有云气，就可以上路了，到巳时的时候就停下，这样做，就不会再和暴风遭遇了。国子博士李元规说："我平生在江湖上往来，从未遇到大风，用的就是这种方法。"

余使虏，至古契丹界，大蓟茇如车盖①，中国无此大者。其地名蓟，恐其因此也，如杨州宜杨、荆州宜荆之类②。荆或为楚，楚亦荆木之别名也。

【注释】

①大蓟茇(jì bá)：多年生草本植物，菊科，叶可食用，通常称"大蓟"。
②杨州宜杨：前"杨"字通"扬"。

【译文】

我出使契丹时，来到古契丹的地界，看到大蓟茇像车盖那样大，中原没有长这么大的。这地方名叫"蓟"，恐怕也是这个原因吧，就像扬州适宜长杨树、荆州适宜长荆木之类的。荆又称为楚，楚也是荆木的别名。

刁约使契丹①，戏为四句诗曰："押燕移离毕②，看房贺跋支③。钱行三匹裂，密赐十貔狸。"皆纪实也。移离毕，官名，如中国执政官。贺跋支，如执衣、防阁④。匹裂，小木罌⑤，以色绫木为之⑥，如黄漆。貔狸，形如鼠而大，穴居，食果谷，嗜肉，狄人为珍膳，味如独子而脆⑦。

【注释】

①刁约(？—1082)：字景纯，上蔡(今河南汝南)人，出使契丹事在嘉祐二年(1057)。

②押燕：主持宴会。

③看房：指护卫使者的房舍。

④执衣、防阁：唐代官员的侍从人员。

⑤木罂：小木罐。

⑥色绫木：一种纹理像绫纹的木料。

⑦独：同"豚"，小猪。

【译文】

刁约出使契丹，戏作了四句诗道："押燕移离毕，看房贺跋支。饯行三匹裂，密赐十貔狸。"这些都是纪实之笔。"移离毕"是指官名，相当于中国的执政官。"贺跋支"，相当于执衣、防阁。"匹裂"就是小木罐子，用色绫木制成，表面涂上黄漆。"貔狸"的形状像老鼠但比老鼠大，穴居，吃果子、谷物，尤其喜欢吃肉，契丹人用来烹制佳肴，味道像乳猪一样，但是更脆。

世传江西人好讼，有一书名《邓思贤》，皆讼牒法也。其始则教以侮文①；侮文不可得，则欺诬以取之；欺诬不可得，则求其罪劫之②。盖思贤，人名也，人传其术，遂以之名书。村校中往往以授生徒。

【注释】

①侮文：歪曲法律条文。

②劫：威胁。

【译文】

世上相传江西人喜欢打官司，有一本书名叫《邓思贤》，写的都是写诉讼状的方法。开始是教人歪曲法律条文；如果靠歪曲条文不能达到目的，那就靠欺骗诬陷的方法实现；欺骗诬陷也达不到目的，就找出对方的罪名威胁他。思贤大概是人名，人们传授他的方法，就用他的名字命名这本书。村子里的学校中往往拿这本书教授学生。

蔡君谟尝书小吴笺云①："李及知杭州②，市《白集》一部，乃为终身之恨。此君殊清节，可为世戒。张乖崖镇蜀③，当邀游时，士女环左右，终三年未尝回顾。此君殊重厚，可以为薄夫之检押④。"此帖今在张乖崖之孙尧夫家。余以谓买书而为终身之恨，近于过激。苟其性如此，亦可尚也。

【注释】

①蔡君谟：即蔡襄，字君谟，北宋大臣，书法家。参《技艺》卷十八注。

②李及：字幼几，新郑（今属河南）人。进士出身，为寇准所荐，任大理寺丞、兴化军通判。后历知杭州、郓州、应天、河南府，拜御史中丞。以清廉著称。《宋史》卷二九八有传。

③张乖崖：即张咏，字复之，号乖崖，北宋大臣，谥忠定。参《神奇》卷二十注。

④检押：规矩。

【译文】

蔡襄曾经在小吴笺上写道："李及任杭州知州，买了一部《白居易诗集》，结果成为终身遗憾。此君非常清廉，可以作为世人的榜样。张咏镇守四川，他在各处遨游时，士女环绕在其左右，却在三年任期上始终没有注意她们。此君非常稳重，可以作为轻薄子的榜样。"这幅书帖现在张咏的孙子张尧夫家里。我认为因为买书而称终身遗憾，也近于过激了。不过如果他的天性就是这样，那也是值得推崇的。

　　陈文忠为枢密①，一日，日欲没时，忽有中人宣召。既入右掖，已昏黑，遂引入禁中。屈曲行甚久，时见有帘帏、灯烛，皆莫知何处。已而到一小殿，殿前有两花槛，已有数人先至，皆立廷中，殿上垂帘，蜡烛十余炬而已，相继而至者凡七人，中使乃奏班齐。唯记文忠、丁谓、杜镐三人②，其四人忘之，杜镐时尚为馆职。良久，乘舆自宫中出，灯烛亦不过数十而已。宴具甚盛，卷帘，令不拜，升殿就坐。御座设于席东，设文忠之坐于席西，如常人宾主之位③。尧叟等皆惶恐不敢就位，上宣喻不已，尧叟恳陈："自古未有君臣齐列之礼。"至于再三，上作色曰④："本为天下太平，朝廷无事，思与卿等共乐之。若如此，何如就外朝开宴？今日只是宫中供办，未尝命有司⑤，亦不召中书辅臣。以卿等机密及文馆职任侍臣无嫌，且欲促坐语笑，不须多辞。"尧叟等皆趋下称谢⑥，上急止之曰："此等礼数皆置之。"尧叟悚慄危坐，上语笑极欢。酒五六行，膳具中各出两绛囊，置群臣之前，皆大珠也。上曰："时和岁丰，中外康富，恨不得与卿等日夕相会。太平难遇，此物助卿等燕集之费。"群臣欲起谢，上云：

"且坐,更有。"如是酒三行,皆有所赐,悉良金重宝。酒罢,已四鼓,时人谓之"天子请客"。文忠之子述古得于文忠,颇能道其详,此略记其一二耳。

【注释】

①陈文忠:即陈尧叟(961—1017),字唐夫,阆中(今属四川)人。端拱二年(989)状元,授秘书丞,累官河南东道判官、工部员外郎,出使交州,迁同平章事,拜右仆射。谥文忠。《宋史》卷二八四有传。

②丁谓:字谓之,北宋宰相,封晋国公。参《人事》卷九注。杜镐(938—1013):字文周,常州无锡(今属江苏)人。明经及第,历官直秘阁、郎中、右谏议大夫、龙图阁直学士、给事中、礼部侍郎。参与编修《册府元龟》。《宋史》卷二九六有传。

③常人宾主之位:按古代礼仪,客人坐西面东,以示尊贵,主人则坐东面西,以示谦卑。宋真宗此时坐在了地位较低的主人位上。

④作色:生气,摆脸色。

⑤有司:若正式宴请群臣,则当交由光禄寺办理。

⑥趋:恭敬地快走。

【译文】

陈尧叟担任枢密使的时候,有一天,太阳快落山时,忽然有宦官宣召他入宫。等进入右掖门时,天色已经黑了,于是被宦官引入宫中。弯弯曲曲地走了很久,不时看见有帘帏、灯烛等物,都不知道是在哪里。之后来到一座小宫殿,殿前有两列雕花栏杆,已经有几个人先到了,都站在庭中等待,殿上垂着帘子,只有十几支蜡烛而已,相继而来的共有七人,宦官于是宣奏称人已来齐。只记得有陈尧叟、丁谓、杜镐三人,其余四人忘记是谁了,杜镐当时正在馆阁供职。过了很久,皇帝乘着车辇从宫中出来,灯烛也不过几十盏而已。宴席准备得很丰盛,皇帝让人把帘子卷起来,要求大臣们不要叩拜,直接上殿就坐。皇帝的御座设在宴席东面,大臣们的座位设在宴席西面,就像常人的宾主座位一样安排。陈尧叟等人都惶恐而不敢就位,皇帝多次命他们就坐,陈尧叟恳切地陈说道:"自古以来,没用过君臣同列就坐的礼仪。"这样反复推辞了好几遍,皇帝生气地说道:"本来是因为天下太平,朝廷无事,想与卿等一起高兴一下。如果这样拘泥礼节,还不如就到外朝开宴。今日只是宫中设宴,没有通知光禄寺准备,也没有宣召中书省、门下省的辅臣。因为你们属于机密官员或是在文馆职任的侍臣,我们在一起没什么大碍,就是想和你们靠近点,坐下来说说笑笑,你们不必多说了。"陈尧叟等人都要恭敬地跑下台阶谢恩,皇帝急忙制止道:"这些礼数都免了。"陈尧叟惶恐地正襟危坐着,皇帝则说说笑笑很高兴。酒喝过五六巡,在餐具中间各放了两个红色袋子,摆在群臣面前,都是大珍珠。皇帝说:"现在风调雨顺,五谷丰登,天下富贵安康,恨不得与卿等朝夕相会。太平时节难遇,这些东西拿来资助你们作为宴饮聚会的费用。"群臣都要起来谢恩,皇帝说:"都坐下,一会儿还有呢。"这样又喝了三巡酒,每次都有赏赐,都是一些珍贵的金银珠宝。等酒宴结束,已经四更天了,当时人将这件事称为"天子请客"。陈尧叟的儿子陈述古从陈尧叟那里听说此事,说得颇为详细,这里只是简略地记载一二而已。

　　关中无螃蟹。元丰中,余在陕西,闻秦州人家收得一干蟹①。土人怖其形状,以为怪物。每人家有病虐者,则借去挂门户上,往往遂差②。不但人不识,鬼亦不识也。

【注释】

①秦州:治所在今甘肃天水。

②差(chài):治愈。

【译文】

关中地区没有螃蟹。元丰年间，我在陕西，听说秦州有一户人家收到一只晒干的蟹。当地人觉得它的形状很可怕，认为是一种怪物。每次人们家里有人生病时，就借去挂在门户上，往往病也就好了。看来不但人不认识，连鬼也不认识这东西。

丞相陈秀公治第于润州[1]，极为闳壮，池馆绵亘数百步。宅成，公已疾甚，唯肩舆一登西楼而已[2]。人谓之"三不得"：居不得，修不得，卖不得。

【注释】

①陈秀公：即陈升之，字旸叔，北宋宰相，封秀国公。参《权智》卷十三注。

②肩舆：让人抬着。

【译文】

丞相陈升之在润州修建了宅第，极为宏阔壮丽，池馆绵亘数百步。宅子修好的时候，陈升之已经病得很厉害了，只让人抬着上了一下西楼而已。人称此宅为"三不得"：居不得，修不得，卖不得。

福建剧贼廖恩[1]，聚徒千余人，剽掠市邑，杀害将吏，江浙为之搔然[2]。后经赦宥，乃率其徒首降，朝廷补恩右班殿直，赴三班院候差遣。时坐恩黜免者数十人。一时在铨班叙录其脚色[3]，皆理私罪或公罪，独恩脚色称："出身以来，并无公私过犯。"

【注释】

①廖恩：身世不详。

②搔然：惊扰不安的样子。

③铨（quán）班：吏部负责考察官员的机构。脚色：类似于候补官员的个人履历表。

【译文】

福建大盗廖恩，聚集党徒千余人，在城镇里抢劫掠夺，杀害官员，江浙一带被他搅得不得安宁。后来经过赦免，于是就率领着他的党徒投降了，朝廷恩赐他右班殿直的职衔，让他到三班院听候差遣。当时因为廖恩作乱而被罢免的官员也有几十人。一时都在吏部汇报履历，都注明了有什么私罪或者公罪，唯独廖恩的履历上自称："自从授官以来，并没有什么公私过错。"

曹翰围江州三年①，城将陷，太宗嘉其尽节于所事，遣使喻翰："城下日，拒命之人尽赦之。"使人至独木渡，大风数日，不可济。及风定而济，则翰已屠江州无遗类，适一日矣。唐吏部尚书张嘉福奉使河北②，逆韦之乱，有敕处斩，寻遣使人赦之。使人马上昏睡，迟行一驿，比至，已斩讫。与此相类，得非有命欤？

【注释】

①曹翰围江州：事在宋太祖开宝八年（975），而攻下江州城事在开宝九年（976），非三年。入城后，曹翰所部军纪不佳，被江州百姓状告给宋廷知州张霁，张霁依法将士兵治罪。曹翰怒，发兵屠城。事见《续资治通鉴长编》卷十七。

②张嘉福：事在唐中宗景龙四年（710），中宗去世，皇后韦氏秘不发

丧,任命吏部尚书张嘉福为同中书门下平章事,拥立温王李重茂为帝。不久,相王李旦之子李隆基发动政变,诛杀韦后,拥立李旦为帝,又搜捕"韦党",张嘉福因此被牵连处死。

【译文】

曹翰围攻江州三年,城池将被攻陷,太祖嘉赏江州军士尽忠于他们的君主,就派使者命令曹翰:"城被攻下的那天,将拒守人员尽行赦免。"使者来到独木渡,连着刮了几天大风,无法渡河。等风停下来顺利渡河之后,曹翰在江州的屠城,已经杀了一天了。唐代吏部尚书张嘉福奉命出使河北,韦后作乱时,有命令要将他处斩,但马上又派了使者赦免他。使者因为在马上昏睡,耽误了一站地的时间,等赶到的时候,已经处决完了。这件事和江州的事情相似,该不是死生有命吧?

庆历中①,河北大水,仁宗忧形于色。有走马承受公事使臣到阙,即时召对,问:"河北水灾何如?"使臣对曰:"怀山襄陵。"②又问:"百姓如何?"对曰:"如丧考妣。"③上默然。既退,即诏阁门:"今后武臣上殿奏事,并须直说,不得过为文饰。"至今阁门有此条,遇有合奏事人,即预先告示。

【注释】

①庆历中:河北大水事在庆历八年(1048)六月。

②怀山襄陵:出自《尚书·尧典》,意为洪水包围了高山,淹没了丘陵。

③如丧考妣:出自《尚书·尧典》,意为像死了父母一样悲伤。

【译文】

庆历年间,河北路发大水,仁宗满脸愁容。有一位走马承受公事使臣到京城汇报情况,仁宗马上召见他,问道:"河北的水灾情况怎么样?"

使臣回答说："怀山襄陵。"又问道："百姓情况怎么样?"回答说："如丧考妣。"皇帝默然不语。等使者退出后,就下令阁门司:"今后武臣上殿奏事,必须直接说,不要过分文饰辞藻。"至今阁门司还有这条规定,遇到有需要向皇帝奏事的人,就预先提醒他们。

予奉使按边,始为木图,写其山川道路①。其初遍履山川,旋以面糊、木屑写其形势于木案上。未几寒冻,木屑不可为,又熔蜡为之。皆欲其轻、易赍故也②。至官所,则以木刻上之。上召辅臣同观。乃诏边州皆为木图,藏于内府。

【注释】

①写:描摹,模拟。

②赍(jī):携带。

【译文】

　　我奉命出使察访边境,创制了木图,以模拟当地的山川道路。首先要走遍那里的山川,然后拿面糊、木屑把那里的地形做成模型,塑造在木案上。但是没过多久因为寒冻,木屑用不了了,于是又改用熔蜡来做。选这些材料都是因为它们轻便、容易携带的缘故。回到官署,再雕刻成木图献给皇帝。皇帝召集辅臣们一同观看。于是下诏要求边境各州都要制作木图,收藏在内府备查。

蜀中剧贼李顺①,陷剑南两川②,关右震动③,朝廷以为忧。后王师破贼,枭李顺,收复两川,书功行赏,了无间言。至景祐中④,有人告李顺尚在广州,巡检使臣陈文琏捕得之,乃真李顺也,年已七十余。推验明白,因赴阙,覆按皆实。

朝廷以平蜀将士功赏已行，不欲暴其事，但斩顺，赏文琏二官，仍阁门祗候。文琏，泉州人，康定中老归泉州，余尚识之。文琏家有《李顺案款》，本末甚详。顺本味江王小博之妻弟⑤，始王小博反于蜀中，不能抚其徒众，乃共推顺为主。顺初起，悉召乡里富人大姓，令具其家所有财粟，据其生齿足用之外⑥，一切调发，大赈贫乏；录用材能，存抚良善；号令严明，所至一无所犯。时两蜀大饥，旬日之间，归之者数万人，所向州县，开门延纳，传檄所至，无复完垒。及败，人尚怀之，故顺得脱去三十余年，乃始就戮。

【注释】

①李顺：北宋淳化四年（993）随王小波起义，后代为首领，攻克成
　　都，称大蜀王，聚数十万众。淳化五年（994）被镇压。

②剑南两川：指剑南东川和剑南西川，泛指今四川剑阁以南地区。

③关右：今陕西中部。

④景祐中：据陆游《老学庵笔记》等记载，李顺在广州案发，事在宋
　　真宗天禧初年，非仁宗景佑年间。

⑤王小博：即王小波。王小波于淳化四年（993）十二月战死，其后
　　李顺继位，并非王小波不能安抚叛军。

⑥生齿：人口。

【译文】

　　四川反贼李顺攻陷了剑南、两川一带，关中地区震动，朝廷感到很忧虑。后来官军击破贼兵，杀了李顺并收复了两川，论功行赏，当时没有任何怀疑的言论。到了景祐年间，有人告发说李顺还在广州，巡检使臣陈文琏抓住了他，确实是真的李顺，已经七十多岁了。将其身份核查清楚后，押解至京，复核后知其案情属实。朝廷考虑到对平蜀将士们的

赏赐已经执行了,就不想声张这件事,只是处斩了李顺并给陈文琏加了两级官衔,担任阁门祗候。陈文琏是泉州人,康定年间因年迈而回到泉州,我还认识他。陈文琏家中有《李顺案款》,事件的本末记载得很详细。李顺本来是味江王小博的妻弟,一开始和王小博在四川造反,但是王小博不能安抚跟随他的徒众,于是贼寇共推李顺为主。李顺开始起兵的时候,把乡里的富人大姓都召集起来,让他们把家里所有的钱财粮食都拿出来,除了按他们的家庭人数留下口粮外,剩下的全部拿出来赈济贫民百姓;并且在军中录用有才能的人,安抚良善的人;军纪严明,大军过处,秋毫无犯。当时两川正遭遇饥荒,十几天的时间,投奔他的人数超过了几万,他进攻的州县,都开门投降,号令檄文所到之处,没有攻不下的城池。等到他战败后,人们依然很怀念他,所以李顺才得以逍遥法外三十多年才被杀掉。

　　交趾乃汉、唐交州故地①。五代离乱,吴文昌始据安南②,稍侵交、广之地。其后文昌为丁琏所杀,复有其地。国朝开宝六年,琏初归附,授静海军节度使;八年,封交趾郡王。景德元年,土人黎威杀琏自立③;三年,威死,安南大乱,久无酋长。其后国人共立闽人李公蕴为主④。天圣七年,公蕴死,子德政立。嘉祐六年⑤,德政死,子日尊立。自公蕴据安南,始为边患,屡将兵入寇。至日尊,乃僭称"法天应运崇仁至道庆成龙祥英武睿文尊德圣神皇帝",尊公蕴为"太祖神武皇帝",国号大越。熙宁元年,伪改元宝象,次年又改神武。日尊死,子乾德立,以宦人李尚吉与其母黎氏号鷾鸾太妃同主国事。熙宁八年,举兵陷邕、钦、廉三州。九年,遣宣徽使郭仲通、天章阁待制赵公才讨之⑥,拔广源州⑦,擒酋领刘纪,焚甲峒,破机郎、决里,至富良江⑧。尚吉遣王子洪真率众来拒,大败之,斩洪真,众歼于江上,乾德乃降。是时,乾德方十岁,事皆制于尚吉。

【注释】

①交州:汉代辖今两广及越南承天以北,唐代辖今越南河内一带。

②吴文昌:当作"吴昌文",南汉静海军节度使牙将吴权(898—944)之子,吴权于南汉大有十二年(939)起兵称王,割据一方。吴权去世后,政权旁落其妻党手中,后吴昌文经政变夺回政权,被南汉册封为静海军节度使兼安南都护。又,吴昌文非为丁琏所杀,而是出征时中埋伏而死。死后一时大乱,丁琏及其父丁部领(923—979)平定各方割据势力后建国,丁部领称帝,将静海军节度使委于丁琏。安南:即越南。

③黎威:别本一作"黎桓"。丁部领与丁琏并非为黎氏所杀,乃死于其侍从之手,事亦在景德元年(1004)之前。

④李公蕴(974—1028):出身僧侣家庭,在越南前黎朝任殿前指挥使,后被拥立为帝,建立"李朝"。

⑤嘉祐六年:其事当在皇祐六年(1054)。

⑥郭仲通:即郭逵,字仲通,开封(今属河南)人。以恩荫补三班,隶属范仲淹麾下。以战功累官至签书枢密院事,因征交趾无功,贬左卫将军。《宋史》卷二九〇有传。赵公才:名离,字公才,邛州依政(今四川邛崃)人。进士出身,为汾州司法参军,后为郭逵征辟。

⑦广源州:治所在今越南高平省广渊。

⑧富良江:今越南红河。

【译文】

交趾是汉代、唐代的交州故地。五代时遭遇战乱,吴昌文开始占据安南,逐渐入侵交州、广州之地。后来吴昌文被丁琏所杀,丁琏又占据了那片土地。本朝开宝六年，丁琏前来归附，授予其静海军节度使；开宝八年，封为交趾郡王。景德元年，当地人黎威杀死丁琏自立为节度使；景德三年，黎威去世，安南大乱，长期没有领袖。之后，当地人一起拥立闽人李公蕴为主。天圣七年，李公蕴去世，他的儿子李德政继立。嘉祐六年，李德政去世，他的儿子李日尊继立。自从李公蕴占据安南开始，就成为边境之患，屡次发兵进犯本朝。到李日尊时，他僭越地自称"法天应运崇仁至道庆成龙祥英武睿文尊德圣神皇帝"，并尊奉李公蕴为"太祖神武皇帝"，国号大越。熙宁元年，又改元称"宝象"，次年又改元"神武"。李日尊去世，他的儿子李乾德继立，又宦官李尚吉与他的母亲黎氏（号为"鹙鸾太妃"）共同主持国政。熙宁八年，举兵攻陷邕、钦、廉三州。熙宁九年，朝廷派遣宣徽使郭仲通、天章阁待制赵公才讨伐李氏政权，攻陷广源州，俘虏了敌人首领刘纪，焚毁了甲峒，攻破了机郎、决里县，抵达富良江。李尚吉派王子李洪真率领部众抵御官军，大败而归，李洪真被斩，部众被歼灭于富良江上，李乾德这才投降。当时，李乾德才十岁，国政都被李尚吉把持着。

广源州者，本邕州羁縻①。天圣七年，首领侬存福归附②，补存福邕州卫职，转运使章频罢遣之③，不受其地，存福乃与其子智高东掠笼州④，有之七源⑤。存福因其乱杀其兄⑥，率土人刘川，以七源州归存福。庆历八年，智高自领广源州，渐吞灭右江、田州一路蛮峒⑦。皇祐元年，邕州人殿中丞昌协奏乞招收智高，不报。广源州孤立，无所归。交趾觇其隙⑧，袭取存福以归。智高据州不肯下，反欲图交趾；不克，为交人所攻，智高出奔右江文村，具金函表投邕州，乞归朝廷；邕州陈拱拒不纳⑨。明年⑩，智高与其匹卢豹、黎貌、黄仲卿、廖通等拔横山寨入寇⑪，陷邕州，入二广。及智高败走,卢豹等收其余众,归刘纪,下广河⑫。至熙宁二年,豹等归顺。未几,复叛从纪。至大军南征,郭帅遣别将燕达下广源⑬,乃始得纪,以广源为顺州。

【注释】

①羁縻(jī mí):怀柔,笼络。具体指中原王朝在少数民族聚集的边疆,用当地人首领担任地方长官,并允许其世袭的政策,这些地方受中原王朝派遣的都护府或节镇管辖。

②侬存福:《宋史》及《续资治通鉴长编》作"侬全福"。

③章频:字简之,建州浦城(今属福建)人。进士出身,授秘书省校书郎、知南昌县,改大理寺丞、知九陇县,迁殿中丞。后出知宣州、信州、福州、潭州等,改广西转运使,累迁至刑部郎中。

④笼州:即龙州,在今广西龙州以北。

⑤七源:即七源州,治所在今越南谅山府七溪。

⑥杀其兄:此处叙事不详,疑有脱漏。《宋史》及《续资治通鉴长编》载有侬全福杀害其弟侬存禄、妻弟侬当道事。

⑦右江:今广西右江流域。田州:治所在今广西田阳东南,在右江北岸。蛮峒(dòng):南方少数民族的聚集区。

⑧觇(chān):偷偷地观察。

⑨陈拱:时为邕州知州。

⑩明年:据《宋史》及《续资治通鉴长编》,事当在皇祐四年(1052)。

⑪匹:部下。横山寨:在今广西田东。

⑫广河:疑当作"广源"。

⑬燕达:字逢辰,开封(今属河南)人。行伍出身,哲宗时,官至武信军节度使,谥毅敏。《宋史》卷三四九有传。

【译文】

广源州本来是邕州下属的羁縻之地。天圣七年,当地首领侬存福归附本朝，被授予邕州卫一职，转运使章频排斥他，不接受他的土地，侬存福就与他的儿子侬智高向东劫掠了笼州，转攻七源州。侬存福趁乱杀害了他的兄弟，当地人刘川将七源州献给了侬存福。庆历八年，侬智高自任广源州首领，逐渐吞并、消灭了右江、田州一路的少数民族聚落。皇祐元年，邕州人殿中丞昌协上奏，请求朝廷招安侬智高，朝廷没有答复。广源州孤立，无所归依。交趾抓住机会，偷袭了侬存福，并把他抓了回去。侬智高占据广源州不肯投降，反而想进攻交趾；结果失败，遭到交趾的攻打，侬智高逃到右江文村，准备好财物和文书送到邕州，请求归顺朝廷；邕州知州陈拱拒不接纳。第二年，侬智高与他的部下卢豹、黎貌、黄仲卿、廖通等攻下横山寨，并继续进犯，攻陷邕州，进入两广一带。后来侬智高失败的时候，卢豹等人收拾余众，归附了交趾人刘纪，又攻下广源。到熙宁二年时，卢豹等人归顺朝廷。不久，又背叛朝廷依附刘纪。到北宋大军南征之时，主帅郭仲通派遣别将燕达攻下广源，这才抓到刘纪，并改广源州为顺州。

甲峒者，交趾大聚落，主者甲承贵，娶李公蕴之女，改姓甲氏。承贵之子绍泰，又娶德政之女，其子景隆，娶日尊之女，世为婚姻，最为边患。自天圣五年①，承贵破太平寨②，杀寨主李绪；嘉祐五年③，绍泰又杀永平寨主李德用，屡侵边境；至熙宁大举，乃讨平之，收隶机郎县。

【注释】

①天圣五年：公元 1027 年。

②太平寨：在今广西大新境内。

③嘉祐五年：公元 1060 年。

【译文】

甲峒是交趾的大聚落,控制者是甲承贵,他娶了李公蕴的女儿,改姓甲氏。甲承贵的儿子甲绍泰又娶了李德政的女儿,甲绍泰的儿子甲景隆又娶了李日尊的女儿,两家世代联姻,最是边境上的祸患。自从天圣五年,甲承贵攻破太平寨,杀害了寨主李绪;嘉祐五年,甲绍泰又杀死了永平寨主李德用,屡次侵犯边境;直到熙宁年间官军大举南下,这才讨灭他们,把甲峒收隶于机郎县。

太祖朝,常戒禁兵之衣,长不得过膝;买鱼肉及酒入营门者,皆有罪。又制更戍之法①,欲其习山川劳苦,远妻孥怀土之恋②。兼外戍之日多,在营之日少,人人少子,而衣食易足。又京师卫兵请粮者,营在城东者,即令赴城西仓;在城西者,令赴城东仓;仍不许佣僦车脚③,皆须自负,尝亲登右掖门观之。盖使之劳力,制其骄惰,故士卒衣食无外慕,安辛苦而易使。

【注释】

①更戍:定期轮换防区。

②孥(nú):子女。

③佣僦(jiù):雇佣。

【译文】

太祖朝的时候,曾经约束禁卫军的服饰,长度不得超过膝盖;并规定凡是买了鱼肉以及酒带回军营的人,都要治罪。又制定了定期轮换防区的法令,希望士兵们习惯于山川环境的艰苦,减少对家室以及乡土的依恋。这么做还有一个好处是,在外守卫的时间长,在军营的日子少,这样士兵们都少生孩子,衣食容易满足。此外,京城的卫兵领取军粮时，让那些营区在城东的士兵，到城西的仓库领取；那些营区在城西的士兵，到城东的仓库领取，而且不允许雇佣车马脚夫，必须全部自己背回来，太祖还曾经亲自登上右掖门视察情况。这样做是要让他们劳动，以此扼制他们骄傲、怠惰的习气，所以士兵们除了衣食方面也没什么可羡慕的，安于辛苦而容易指挥。

　　青堂羌本吐蕃别族。唐末，蕃将尚恐热作乱，率众归中国，境内离散。国初，有胡僧立遵者①，乘乱挟其主篯逋之子唃厮啰②，东据宗哥邈川城③。唃厮啰人号"瑑萨篯逋"者，胡言"赞普"也④。唃厮，华言"佛"也；啰，华言"男"也，自称"佛男"，犹中国之称"天子"也。立遵姓李氏，唃厮啰立，立遵与邈川首领温音温反。逋相之，有汉陇西、南安、金城三郡之地⑤，东西二千余里。宗哥邈川，即所谓"三河间"也。祥符九年⑥，立遵与唃厮啰引众十万寇边，入古渭州⑦，知秦州曹玮攻败之⑧，立遵归乃死。

【注释】

①胡僧：藏传佛教僧人。

②唃（gǔ）厮啰（997—1065）：本名欺南陵温，为吐蕃王族后裔。

③宗哥邈川城：其实是宗哥城和邈川城，宗哥城在今青海西宁东南，邈川城在宗哥城东南。

④赞普：吐蕃君主的称号，音讹为"篯逋"。

⑤陇西：汉代辖今甘肃东乡以东、武山以西、礼县以北，及天水东部。南安：汉代辖今甘肃陇西县东部及定西、武山。金城：汉代辖今甘肃兰州以西、青海湖以东地区。

⑥祥符九年：即大中祥符九年，公元 1016 年。

⑦古渭州：今甘肃陇西、定西、漳县、渭源、武山等县。

⑧曹玮：名将曹彬之子，字宝臣，北宋大臣。参《人事》卷九注。

【译文】

　　青堂羌本来是吐蕃族的别支。唐末时，吐蕃将领尚恐热作乱，率领部下归附中原，吐蕃内部分裂。本朝初年，一位名叫立遵的胡僧趁乱挟持了吐蕃王室钱逋的儿子唃厮啰，向东占据了宗哥邈川城。人们称唃厮啰为"瑕萨钱逋"，就是吐蕃人说的"赞普"。"唃厮"就是汉语里的"佛"，"啰"是汉语里的"男"，自称"佛男"，就像中原称"天子"。立遵姓李，唃厮啰继立，李立遵与邈川首领温音温反。逋辅佐他，据有汉陇西、南安、金城三郡的土地，东西国界长达二千余里。宗哥邈川就是所谓的"三河间"。大中祥符九年，李立遵与唃厮啰率领十万众侵犯我国边界，攻入古渭州，被秦州知州曹玮击败，回去后，李立遵就死了。

　　唃厮啰妻李氏，立遵之女也，生二子，曰瞎毡、磨毡角。立遵死，唃厮啰更取乔氏，生子董毡，取契丹之女为妇。李氏失宠，去为尼；二子亦去其父，瞎毡居河州①，磨毡角居邈川，唃厮啰往来居青堂城②。赵元昊叛命③，以兵遮厮啰，遂与中国绝。屯田员外郎刘涣献议通唃厮啰④，乃使涣出古渭州，循末邦山⑤，至河州国门寺，绝河，逾廊州⑥，至青堂，见唃厮啰，授以爵命，自此复通。磨毡角死，唃厮啰复取邈川城，收磨毡角妻子，质于结罗城。唃厮啰死，子董毡立，朝廷复授以爵命。

【注释】

①河州：在今甘肃兰州西南。

②青堂城：即青唐城，今青海西宁。

③赵元昊：西夏首领，于宝元元年(1038)称帝。

④刘涣(1000—1080)：字仲章，保州保塞(今河北保定)人。以父荫授将作监主簿。仁宗时，擢为右正言，出知辽州等，官至工部尚书。《宋史》卷三二四有传。

⑤末邦山：在今甘肃临洮以南一带。

⑥廓州：在今青海西宁东南、黄河东岸。

【译文】

唃厮啰的妻子姓李，是李立遵的女儿，生有二子，分别叫"瞎毡"和"磨毡角"。李立遵死后，唃厮啰又娶了乔氏，生下儿子"董毡"，又娶了契丹女子做媳妇。李氏失宠，于是出家当了尼姑；两个孩子也离开了他们的父亲，瞎毡占据河州，磨毡角占据邈川，唃厮啰则往来于几处而占据青堂城。赵元昊称帝，派兵阻断了吐蕃与中原的通道，于是唃厮啰就和中原断绝了联系。屯田员外郎刘涣建议与唃厮啰取得联系，于是派刘涣出使古渭州，沿着末邦山，来到河州国门寺，渡过黄河，再穿越廓州，来到青堂，见到了唃厮啰，并授予他官职，从此又和吐蕃建立了关系。磨毡角死后，唃厮啰又攻取了邈川城，把磨毡角的妻子儿女作为人质，关押在结罗城。唃厮啰死后，他的儿子董毡继立，朝廷又授予他官职。

瞎毡有子木征，木征者，华言"龙头"也。以其唃厮啰嫡孙，昆弟行最长，故谓之"龙头"。羌人语倒①，谓之"头龙"。瞎毡死，青堂首领瞎药鸡罗及胡僧鹿尊共立之，移居滔山②。董毡之甥瞎征伏，羌蕃部李铖星之子也，与木征不协，其舅李笃毡挟瞎征居结古野反。河③，瞎征数与笃毡及沈千族首领常尹丹波合兵攻木征，木征去，居安乡城④。有巴欺温者，唃氏族子，先居结罗城，其后稍强。董毡河南之城遂三分：巴欺温、木征居洮河涧，瞎征居结河，董毡独有河北之地。

熙宁五年秋⑤，王子醇引兵⑥，始出路骨山⑦，拔香子城⑧，平河州。又出马兰州，擒木征母弟结吴叱，破洮州，木征之弟已毡角降。尽得河南熙、河、洮、岷、叠、宕六州之地⑨，自临江寨至安乡城⑩，东西一千余里，降蕃户三十余万帐⑪。明年，瞎木征降，置熙河路。

【注释】

①语倒：指藏语与汉语语序相反，形容词修饰名词时，形容词放在名词之后。

②滔山：胡道静等认为是"洮州"之讹，可从。洮州在今甘肃临潭。

③结河：在今甘肃临洮以北洮水与结河川交汇处。

④安乡城：在今甘肃永靖西南。

⑤熙宁五年：公元1072年。

⑥王子醇：即王韶，字子纯，德安（今属江西）人。进士出身，以功拜枢密副使，后罢知洪州，谥襄敏。《宋史》卷三二八有传。

⑦路骨山：在今甘肃临潭以北。

⑧香子城：今甘肃和政。

⑨熙：熙州，今甘肃临洮。岷：岷州，今甘肃岷县。叠：叠州，今甘肃迭部。宕：宕州，今甘肃舟曲西北。

⑩临江寨：今甘肃宕昌以南。

⑪帐：就是中原所说的"户"。

【译文】

瞎毡有个儿子叫"木征"，木征就是汉语里的"龙头"。因为他是唃厮啰的嫡孙，兄弟之间论起来最为年长，所以称为"龙头"。羌人的语序是颠倒的，所以其实是"头龙"。瞎毡死后，青唐族首领瞎药鸡罗和胡僧鹿尊一起拥立了木征，移居于滔山。董毡的外甥瞎征伏，是吐蕃另一部族李钺星的儿子,与木征不和,他的舅舅李笃毡就挟持了瞎征,占据结古结反。河,瞎征多次和李笃毡以及沈千族的首领常尹丹波合兵攻打木征,木征于是移居安乡城。又有个叫巴斯温的人,是唃氏的后裔,开始时居住在结罗城,后来实力逐渐变强。董毡在黄河以南的城池就分裂为三部:巴欺温、木征分别占据洮水与黄河,瞎征占据结河,董毡一人占据黄河以北的土地。熙宁五年秋天,王韶带兵,从路骨山出击,攻陷香子城,平定河州。又进军马兰州,俘虏了木征的舅舅结吴叱,再击破洮州,木征的弟弟巳毡角投降。于是本朝完全控制了黄河以南熙、河、洮、岷、叠、宕六州的土地,从临江寨到安乡城,东西有一千多里地,投降的吐蕃人有三十多万帐。第二年,瞎木征投降,于是朝廷设置了熙河路管辖那一带。

范文正常言①:史称诸葛亮能用度外人②。用人者莫不欲尽天下之才,常患近己之好恶而不自知也,能用度外人,然后能周大事。

【注释】

①范文正:即范仲淹,字希文,北宋大臣,主持推行新政,参见《人事》卷十注。常:曾经。

②度外人:与自己关系不密切的人。

【译文】

范仲淹曾经说:史称诸葛亮能用那些与自己关系不好的人。用人的人没有不希望把天下之才都网罗殆尽的,但常常担心不能清晰地判断那些与自己亲近之人的好坏,能用那些与自己关系不好的人,然后才能办成大事。

　　元丰中①，夏戎之母梁氏遣将引兵卒②，至保安军顺宁寨③，围之数重。时寨兵至少，人心危惧。有倡姥李氏④，得梁氏阴事甚详⑤，乃掀衣登陴，抗声骂之，尽发其私。虏人皆掩耳，并力射之，莫能中。李氏言愈丑，虏人度李终不可得，恐且得罪，遂托以他事，中夜解去。鸡鸣狗盗皆有所用，信有之。

【注释】

①元丰：宋神宗年号，公元 1078—1085 年。

②梁氏：指西夏君主赵秉常的母亲梁氏。

③保安军：治所在今陕西志丹。顺宁寨：在今陕西志丹西北。

④倡：娼妓。

⑤阴事：指梁氏与元昊之子谅祚私通并谋杀其舅没臧讹哤之事。

【译文】

　　元丰年间，西夏太后梁氏率兵进攻保安军顺宁寨，把寨城围了好几重。当时寨里兵力很少，人们心中都很恐惧。有一个曾经是娼妓的老妇人李氏，对梁太后的秘事了解得很详细，就掀起衣裙登上城头，大声叫骂，把梁太后的隐私都泄露出来。敌人都把耳朵堵上，一起射击，但都射不中。李氏越骂越不堪入耳，敌人估计这个李氏最终也难以抓到，又怕将要得罪太后，就借口其他事情，在半夜就解围而去了。鸡鸣狗盗之徒也都有用武之地，确实是这样。

　　宋宣献博学①，喜藏异书，皆手自校雠②。常谓："校书如扫尘，一面扫，一面生。故有一书每三四校，犹有脱谬。"

【注释】

①宋宣献：即宋绶（991—1040），子公垂，赵州平棘（今属河北）人。

大中祥符元年（1008）赐进士出身，累迁户部郎中，权直学士院，后出知应天府。明道二年（1033），拜参知政事，后以礼部尚书知河南府。又拜兵部尚书兼参知政事。卒赠司徒兼侍中，追封燕国公，谥宣献。《宋史》卷二九一有传。

②校雠（chóu）：校勘。

【译文】

宋绶非常博学，喜欢收藏珍本图书，都亲手加以校勘。他经常说："校书就像扫尘土一样，一面扫，一面生。所以有时一部书即使校了三四遍，也还是有错误。"

药议

【题解】

《药议》门凡一卷，主要记载与中医、中药有关的内容。沈括在本卷中对各类药材进行了详细的考证，特别是辨析了很多误用的药材名称与重复的名称，既有文献依据，又从生物实际出发，结论真实可信。本卷内容亦见于《苏沈良方》中，该书将沈括与苏轼的医学论述合编为一书，亦可作为本卷的补充参考。

卷二十六

古方言："云母粗服^①，则著人肝肺不可去"，如枇杷、狗脊毛不可食^②，皆云"射入肝肺"。世俗似此之论甚多，皆谬说也。又言"人有水喉、气喉"者^③，亦谬说也。世传《欧希范真五脏图》^④，亦画三喉，盖当时验之不审耳。水与食同咽，岂能就中遂分入二喉^⑤？人但有咽、有喉二者而已。咽则纳饮食，喉则通气。咽则下入胃脘^⑥，次入胃，又次入肠^⑦，又次入大、小肠。喉则下通五脏，出入息。五脏之含气呼吸，正如冶家之鼓鞴^⑧。人之饮食药饵，但自咽入肠胃，何尝能至五脏？凡人之肌骨、五脏、肠胃虽各别，其入肠之物，英精之气味，皆能洞达，但滓秽即入二肠。凡人饮食及服药既入肠，为真气所蒸⑨，英精之气味，以至金石之精者⑩，如细研硫黄、朱砂、乳石之类，凡能飞走融结者⑪，皆随真气洞达肌骨，犹如天地之气，贯穿金、石、土、木，曾无留碍。自余顽石、草木，则但气味洞达耳。及其势尽，则滓秽传入大肠，润湿渗入小肠，此皆败物，不复能变化，惟当退泄耳⑫。凡所谓某物入肝、某物入肾之类，但气味到彼耳，凡质岂能至彼哉？此医不可不知也。

【注释】

①云母：硅酸盐一类的矿物，可入药，具有止泻、补肾等功效，亦为炼丹的主要物质。

②枇杷(pí pa)：蔷薇科植物，叶可入药，有润肺、下气、止渴的功效，其果实及叶部有绒毛。狗脊毛：多年生常绿草本植物，根茎可入药，具有清热解毒的功效，药用时需去掉根茎上的细毛。

③水喉、气喉：据《苏沈良方》，"水喉"、"气喉"之间另有"食喉"二字。

④《欧希范真五脏图》：宋代一部解剖学图书。欧希范是广西少数民族叛乱首领，后被官府所杀，官方并对尸体进行了解剖，将五脏等器官绘成了图谱，今已亡佚。

⑤"水与食"二句：《苏沈良方》"中"上多一"口"字，可从。

⑥胃脘(wǎn)：胃的内腔。此句与下句疑似颠倒。

⑦肠：《苏沈良方》作"广肠"，即直肠。然此处疑误，实际上应该是十二指肠。

⑧鞴(bèi)：古代皮制的鼓风机。

⑨为真气所蒸：实际上就是被人体的正常生理机能所代谢。

⑩金石：指矿物类药物。

⑪飞走融结：这里指挥发与融化。

⑫退泄：排泄。

【译文】

古代医方上说："云母如果不经加工就直接服用，会粘附在肝肺上去除不掉"，就像枇杷、狗脊毛不能直接吃一样，说这些东西都会"刺入肝肺"。世上像这样的议论很多，都是荒谬的说法。又有人说"人有水喉、气喉"，这也是错误的说法。世传的《欧希范真五脏图》上面也画有三个喉部，这是当时人检验得不够仔细的缘故。水和食物一起咽下去，怎么可能吃进去就自然分成水喉与食喉两部分呢？人体只有咽和喉二者而已。咽负责吞咽食物，喉负责通气。食物从咽部向下进入胃腔，又进入肠道，又进入大、小肠。喉则向下通到五脏，是气息的出入口。五脏的含气呼吸，就像炼铁家的鼓风机一样。人体服下的饮食药物，只能从咽喉进入到肠胃，怎么能到达五脏呢？人的肌骨、五脏、肠胃虽然各自有别，但是进入肠胃的食物，其中精华的气味，都能通达全身，只有其中的残渣会进入大、小肠。人的饮食以及服下的药物进入肠道以后，就会被人体的真气所蒸发，那些精华的气味，以至于金石药物中的精粹，比如精细研磨的硫黄、朱砂、乳石之类的，凡是能挥发融化的，都可以随着真气而通达全身肌骨，就像天地之气可以贯穿金、石、土、木而毫无阻碍一样。其余的顽石、草木之药，就只有气味能通达全身。等到功能用尽，其残渣就会进入大肠，水分则渗入小肠，这些都是废物，不能再进一步变化了，只能排泄出来。凡是所谓的"某物入肝，某物入肾"之类的说法，只是说气味能到达那里，那些物质性的东西怎能到达肝、肾等脏器呢？这些道理，医生不可不知啊。

余集《灵苑方》，论鸡舌香以为丁香母，盖出陈氏《拾遗》①。今细考之，尚未然。按《齐民要术》云②："鸡舌香，世以其似丁子③，故一名丁子香。"即今丁香是也。《日华子》云④："鸡舌香，治口气。"所以三省故事，郎官日含鸡舌香，欲其奏事对答，其气芬芳。此正谓丁香治口气，至今方书为然。又古方五香连翘汤用鸡舌香，《千金》五香连翘汤无鸡舌香，却有丁香，此最为明验。《新补本草》又出丁香一条⑤，盖不曾深考也。今世所用鸡舌香，乳香中得之，大如山茱萸⑥，剉开⑦，中如柿核，略无气味。以治疾，殊极乖谬。

【注释】

①陈氏《拾遗》：即唐代陈藏器编纂的《本草拾遗》。

②《齐民要术》：北魏时贾思勰著，是中国现存最早的农业科学专著。

③丁：同"钉"。

④《日华子》：即《日华子诸家本草》，著者说法不一，书当成于北宋开宝年间，今已亡佚。

⑤《新补本草》：北宋官方编修的《嘉祐补注神农本草》，今已亡佚，其内容收入《证类本草》。

⑥山茱萸（zhū yú）：山茱萸科，落叶乔木，开黄花，果实可入药，有补肾壮阳之效。

⑦剉（cuò）：同"锉"。《苏沈良方》本作"剖"。

【译文】

我编集《灵苑方》时，论定鸡舌香应该是丁香母，这个说法出自陈藏器的《本草拾遗》。现在详细考证，好像还不完全是这样的。根据《齐民要术》的说法："鸡舌香这种植物，世人因为它形似钉子，所以又称为丁子香。"就是现在的丁香。《日华子》上说："鸡舌香可以用来祛除口气。"

所以按照三省的惯例，郎官每天要口含鸡舌香，这是希望他们奏事对答的时候能够气息芬芳。这正是所谓的丁香能祛除口气，到现在的医方上还是这样说。此外，古方的五香连翘汤里也用鸡舌香，《千金方》中的五香连翘汤里没有鸡舌香，但是有丁香，这也是最明显的证据。《新补本草》这本书在鸡舌香之外又单列了丁香一条，这是没有深入考证的缘故。现在世上所用的鸡舌香是从乳香中得到的，大小就像山茱萸一样，剖开来，中间就像柿核，没什么气味，用这种东西来治病是极其错误的。

　　旧说有"药用一君、二臣、三佐、五使"之说①。其意以谓药虽众，主病者专在一物，其他则节级相为用，大略相统制，如此为宜，不必尽然也。所谓君者，主此一方者，固无定物也。《药性论》乃以众药之和厚者定以为君②，其次为臣、为佐，有毒者多为使，此谬说也。设若欲攻坚积③，如巴豆辈④，岂得不为君哉？

【注释】

①君：指起主要作用的主药。臣：指起辅助作用的配药。佐：指治疗兼症或抑制主药副作用的药。使：指药引子。

②《药性论》：隋唐间中医甄权所撰，今已亡佚。

③坚积：指顽固的积食症。

④巴豆：大戟科常绿乔木，其籽有毒，主要作为泻药使用。

【译文】

旧说中有"药用一君、二臣、三佐、五使"的说法。大意是说药虽然有很多，但是主治病症的专在一种药上，其他的药则是按一定次序发挥作用，大体上相互统属、制约，这样是最恰当的，但也不必尽然。所谓的"君药"，指在治疗过程中起主要作用的药，本来就没有一定之限。而

《药性论》中却把各种药物中药性平和淳厚的那些定为"君药"，其他的依次定为"臣药"、"佐药"，具有毒性的药则大多定为"使药"，这是错误的认识。假设想要用药物治疗顽固的积食症，那么像巴豆这样的药，难道不应该作为"君药"吗？

金罂子止遗泄①，取其温且涩也。世之用金罂者，待其红熟时，取汁熬膏用之，大误也。红则味甘，熬膏则全断涩味，都失本性。今当取半黄时采，干，捣末用之。

【注释】

①金罂子：即金樱子，常绿灌木，蔷薇科蔷薇属，结黄红色果实。遗泄：指遗精、泄泻等症状。

【译文】

金罂子可以治疗遗精、泄泻，这是取它温且涩的药性。世人用金罂都是等它的果实红熟时，榨取汁液熬成膏方使用，这是非常错误的。果实红熟就会味甘，熬成膏方就完全没了涩味，都失去了药的本性。应当在果实半黄时采摘，晒干后捣成末服用。

汤、散、丸①，各有所宜。古方用汤最多，用丸、散者殊少。煮散古方无用者②，唯近世人为之。大体欲达五脏四肢者莫如汤，欲留膈胃中者莫如散③，久而后散者莫如丸。又无毒者宜汤，小毒者宜散，大毒者须用丸。又欲速者用汤，稍缓者用散，甚缓者用丸。此其大概也。近世用汤者全少，应汤皆用煮散。大率汤剂气势完壮，力与丸、散倍蓰④。煮散者一啜不过三五钱极矣⑤，比功较力，岂敌汤势？然汤既力大，则不宜有失消息⑥。用之全在良工，难可定论拘也。

【注释】

①汤、散、丸:中药的三种剂型,把药煮成汁称为汤剂,研磨成粉末
　称为散剂,把研磨的粉末制成丸称为丸剂。

②煮散:先把药物研磨成粗制的粉末,再加水煮汤服用。

③膈:隔膜,即胸腔、腹腔交界处的横膈膜。

④倍蓰(xǐ):数倍。蓰,五倍。

⑤一啜(chuò):一服药。

⑥消息:指剂量的多少。

【译文】

中医上有汤剂、散剂、丸剂,治疗各种病有其适宜的用法。古方中
用汤剂的最多,用丸剂、散剂的情况很少。煮散这种方法,古方中是不
用的,只在近代以来世人才开始使用。大体上说,想要让药力通达五
脏、四肢的话最好用汤剂,想要让药力留在膈膜、肠胃中的话最好用散
剂,希望药力持久、最后才发散的话最好用丸剂。此外,无毒性的药适
宜用汤剂,有微弱毒性的药适宜用散剂,毒性比较强的药必须用丸剂。
又次,想要药效快的建议用汤剂,稍缓一点的用散剂,更缓的用丸剂。
这些是用药的大概方法。近代以来,世人很少用汤剂,应该用汤剂的时
候都用煮散方。大致上说,汤剂气势完整而壮实,药力是丸剂、散剂的
几倍。煮散的话,每服不过三五钱就到头了,其药效和功力哪里比得上
汤剂的力量呢? 然而汤剂既然药力大,就不应在剂量上有任何差错。
其实药剂用起来全靠好大夫,很难有某种定论。

　　古法采草药多用二月、八月,此殊未当。但二月草已
芽,八月苗未枯,采掇者易辩识耳,在药则未为良时。大率

用根者,若有宿根①,须取无茎叶时采,则津泽皆归其根②。欲验之,但取芦菔、地黄辈观③,无苗时采,则实而沉;有苗时采,则虚而浮。其无宿根者,即候苗成而未有花时采,则根生已足而又未衰。如今之紫草④,未花时采,则根色鲜泽;过而采⑤,则根色黯恶,此其效也。用叶者取叶初长足时,用芽者自从本说,用花者取花初敷时,用实者成实时采。皆不可限以时月,缘土气有早晚,天时有愆伏⑥。如平地三月花者,深山中则四月花。白乐天《游大林寺》诗云:"人间四月芳菲尽,山寺桃花始盛开。"盖常理也,此地势高下之不同也。如笙竹笋⑦,有二月生者,有三四月生者⑧,有五月方生者,谓之"晚笙";稻有七月熟者,有八九月熟者,有十月熟者,谓之"晚稻"。一物同一畦之间⑨,自有早晚,此性之不同也。岭、峤微草⑩,凌冬不凋,并、汾乔木⑪,望秋先陨;诸越则桃李冬实⑫,朔漠则桃李夏荣⑬,此地气之不同也。一亩之稼,则粪溉者先芽⑭;一丘之禾,则后种者晚实,此人力之不同也。岂可一切拘以定月哉?

【注释】

①宿根:一些多年生草本植物的根,在茎叶枯萎后可继续生存,隔年再发芽,称为宿根。

②津泽:植物的精华、养分。

③芦菔(fú):即萝卜。地黄:多年生草本植物,根茎可入药,鲜地黄可清热生津,生地黄可养阴凉血,熟地黄可生精补肾。

④紫草:多年生草本植物,根可入药,紫色,开白花。然而紫草并不属于没有宿根的植物。

⑤过:《苏沈良方》前多一"花"字,可从。

⑥愆(qiān)伏:指气候失常。

⑦筀(guì):一种竹子,一说为桂竹。

⑧三四月:原作"四月",据《苏沈良方》补。

⑨畦(qí):田园中分成的小区。

⑩岭、峤:泛指今湘赣、两广交界地区。

⑪并:并州,今山西太原一带。汾:汾州,今山西汾阳一带。

⑫诸越:泛指今两广地区。

⑬朔漠:泛指北方草原。

⑭粪溉:施肥灌溉。

【译文】

按古法,采草药多在二月和八月进行,这是很不合适的。只是因为二月时草已经发芽,八月时苗还未枯,所以采药的人容易辨识而已,但对药来说却不是好时候。大致上说,用根入药的话,如果有宿根,就必须在没有茎叶的时候采集,这时植物的精华都集中在根部。想要验证的话,只要拿芦菔、地黄这些植物观察一下,在没有苗的时候采摘,其根部充实饱满;长了苗以后再采,就会空虚轻浮。那些没有宿根的植物,就要等苗长成以后,而还没有开花的时候采摘,这样根部已经充分生长又还没到衰败的时候。就像紫草,没开花的时候采,根部就颜色鲜泽;如果花期过了再采,根部就颜色枯暗,这就是明证。用叶入药的植物,要在叶子刚刚长成的时候采;用芽入药的植物,按过去的时间采即可;用花入药的植物,要在花刚刚绽开时采;用果实入药的植物,要在果实刚刚长成的时候采。都不能限定在固定的时间,这是因为地气有早晚,天时也会有气候失常。比如在平原地区三月开花的植物,在深山中就要四月才开花。白居易的《游大林寺》诗说:"人间四月芳菲尽,山寺桃花始盛开。"这是常理,因为地势的高低不同。比如筀竹笋,有的二月萌生,有的三、四月萌生,有的到五月才萌生,称为"晚筀";稻子有七月成

熟的,有八九月成熟的,有十月才成熟的,称为"晚稻"。一种植物种在
同一垄畦里,也有早有晚,这是物性的不同。岭、峤一带的小草,经冬而
不凋谢,并、汾一带的乔木,将近秋天时就已经落叶;南越一带的桃李冬
天结果,朔漠一带的桃李夏天开花,这是地气的不同。同一亩的庄稼,
水肥充足的就先发芽;同一丘的禾苗,后种的就晚结实,这是人力的不
同。有这么多差别,怎么可以全都限定在固定的时间呢?

　　《本草注》:"橘皮味苦,柚皮味甘。"此误也。柚皮极苦,
不可向口,皮甘者乃橙耳。

【译文】
　　《本草注》上说:"橘皮味道苦,柚皮味道甜",这是错误的。柚皮味
道极苦,无法入口,皮有甜味的是橙子。

　　按《月令》:"冬至麋角解①,夏至鹿角解",阴阳相反如
此。今人用麋、鹿茸作一种②,殆疏也。又有刺麋、鹿血以代
茸,云"茸亦血耳",此大误也。窃详古人之意,凡含血之物,
肉差易长,其次筋难长,最后骨难长。故人自胚胎至成人,
二十年骨髓方坚。唯麋角自生至坚,无两月之久,大者乃重
二十余斤,其坚如石,计一昼夜须生数两。凡骨之顿成生
长,神速无甚于此,虽草木至易生者,亦无能及之。此骨之
至强者,所以能补骨血、坚阳道、强精髓也③,岂可与凡血为
比哉? 麋茸利补阳,鹿茸利补阴。凡用茸,无乐大嫩,世谓
之"茄子茸",但珍其难得耳,其实少力,坚者又太老。唯长
数寸,破之肌如朽木,茸端如玛瑙、红玉者最善④。又北方戎

狄中有麋、麖、麈⑤，驼鹿极大而色苍⑥，麂黄而无斑⑦，亦鹿之类。角大而有文，莹莹如玉，其茸亦可用⑧。

【注释】

①解：脱落。

②鹿茸：雄鹿未骨化的带茸毛的幼角，可入药，有补肾壮阳、生精益血之效。

③坚阳道：指增强男性的性功能。

④玛瑙、红玉：都是红色的珍贵矿物。

⑤麋(mí)、麖(jīng)、麈(zhǔ)：都是鹿类动物，体型较大。

⑥驼鹿：体型最大的鹿，分布于我国东北、西北地区。

⑦麂(jǐ)：一种善于跳跃的鹿。

⑧"角大而有文"三句：原为小字注，按其文意，实非注释之文，据弘治本改。

【译文】

根据《月令》的记载："冬至时麋角脱落，夏至时鹿角脱落"，其阴阳差异如此相反。今人把麋茸、鹿茸当作一种东西，这就疏于考察了。又有人刺麋、鹿的血来代替鹿茸，说"茸也是血"，这是完全错误的。我私下考究古人的意思，凡是含血的动物，肉比较容易生长，其次是筋，筋就比较难长，最后是骨，骨最难长。所以人类从胚胎开始到长大成人，需要二十年时间，骨髓才能足够坚实。只有麋角从开始生长到坚实，还不到两个月的时间，大的重达二十多斤，坚硬如石，算起来一昼夜就要长几两重。大凡那些骨质生长迅速的生物，没有比这更神速的，即使是草木那样最容易生长的生物，也比不过它。这就是骨性最强的东西，所以能用来补养骨血、壮实阳性、增强精髓，哪里是那些普通的骨血能比的呢？麋茸利于补阳，鹿茸利于补阴。凡是用茸，不是越嫩越好，世人所谓的"茄子茸"，只是因为珍稀难得而已，其实药力不大，而过于坚硬的茸又太老。只有那些几寸长的茸,剖开来质地像朽木,茸端像玛瑙、红玉的茸是最好的。此外,北方戎狄地区有麋、麎、麈,驼鹿体型极大而毛色苍灰,麎的毛色黄而没有斑纹,也是鹿的一种。角大而有花纹,光洁莹莹如玉,它的茸也能用。

枸杞①,陕西极边生者,高丈余,大可作柱,叶长数寸,无刺,根皮如厚朴②,甘美异于他处者。《千金翼》云:"甘州者为真,叶厚大者是。"大体出河西诸郡③,其次江池间埂上者④。实圆如樱桃,全少核,暴干如饼,极膏润有味⑤。

【注释】

①枸杞:茄科枸杞属落叶小灌木,茎有短刺,果实称枸杞子,可入药,有补肝肾、强筋骨、明目之效。这里提到的是宁夏枸杞,与其他地区品种不同。

②厚朴:木兰科落叶乔木,树皮可入药,有温中、下气、燥湿之效。

③河西诸郡:指酒泉、张掖、武威、敦煌等郡。

④埂:《苏沈良方》上多一"圩(wéi)"字,是堤坝之意。

⑤膏润:肥厚滋润。

【译文】

枸杞,生长在陕西极靠近边境的地方,高一丈多,大的能作柱子,叶子长几寸,没有刺,根皮就像厚朴一样,比其他地方的都要甘美。《千金翼》上说:"甘州产的才是真枸杞,叶片厚大的那种就是。"大体上产于河西地区的最好,稍次一点的是产于江河湖泊边的田埂上的。果实像樱桃一样圆,基本没有核,把它晒干了就像饼一样,特别肥厚滋润而有滋味。

　　"淡竹"对"苦竹"为文。除苦竹外,悉谓之"淡竹",不应别有一品谓之淡竹。后人不晓,于《本草》内别疏淡竹为一物。今南人食笋有苦笋、淡笋两色,淡笋即淡竹也。

【译文】

　　"淡竹"是相对"苦竹"而言的。除了苦竹以外,都可以称为"淡竹",不应另有一个品种称为淡竹了。后人不了解,在《本草》之中另外分列出一种淡竹。现在南方人吃的笋有苦笋和淡笋两种,所谓淡笋就是淡竹。

　　东方、南方所用细辛皆杜衡也①,又谓之"马蹄香",黄白,拳局而脆②,干则作团,非细辛也。细辛出华山,极细而直,深紫色,味极辛,嚼之习习如椒③,其辛更甚于椒。故《本草》云:"细辛,水渍令直。"是以杜衡伪为之也。襄、汉间又有一种细辛④,极细而直,色黄白,乃是鬼督邮⑤,亦非细辛也。

【注释】

①细辛:马兜铃科细辛属,多年生草本植物,叶呈心形,开暗紫色花。根可入药,用于治疗头痛、牙痛等。杜衡:亦马兜铃科细辛属,与细辛类似。

②拳局:卷曲。

③习习:形容咀嚼细辛时辛辣的感觉。椒:花椒。

④襄:今湖北襄樊。汉:汉水。

⑤鬼督邮:据李时珍《本草纲目》应该是独摇草的讹名。又据陶弘景说,徐长卿草亦称鬼督邮。

【译文】

东方、南方所用的细辛都是杜衡,又称为"马蹄香",颜色是黄白色的,卷曲而脆,晒干了就成团状,这其实不是细辛。细辛出产自华山,极细而且直,开深紫色花,味道极其辛辣,嚼起来像花椒一样,比花椒更辣。所以《本草》里说:"细辛,用水浸渍可以使它伸直。"是用杜衡冒充的。襄阳、汉水一带又有一种细辛,极细而且直,颜色是黄白色的,其实是鬼督邮,也不是细辛。

《本草注》引《尔雅》云:"蘦①,大苦。"注:"甘草也。蔓延生,叶似荷,青黄,茎赤。"②此乃黄药也③,其味极苦,谓之"大苦",非甘草也。甘草枝叶悉如槐,高五六尺,但叶端微尖而糙涩,似有白毛,实作角生,如相思角④,四五角作一本生⑤,熟则角坼⑥。子如小區豆,极坚,齿啮不破。

【注释】

①蘦(líng):通"苓",一种可食用的野生植物,古人一般解释为甘草,沈括则以为不然。

②"甘草"五句:甘草,豆科多年生草本植物,叶羽状,开紫色花,果实呈狭长椭圆形。根状茎可入药,有缓中补虚、泻火解毒之效。青黄,"黄"字原脱,据郭璞《尔雅注》补。今人或认为郭璞所谓的甘草不是特指这种植物,而是泛指味甘之草。

③黄药:即黄独,薯蓣科多年生蔓草植物,叶呈掌形。其块状茎可入药,称黄药子,可用于解毒凉血。

④相思:亦称"红豆",豆科木质藤本植物,叶长椭圆形,果实亦为长椭圆形。角:这里指荚状的果实。

⑤四五角:三字原缺,据《苏沈良方》补。

⑥坼（chè）：裂开。

【译文】

《本草注》引《尔雅》称："蘦，大苦。"郭璞注说："就是甘草，蔓延而生，叶像荷，青黄色，茎是红色的。"这其实是黄药，味道非常苦，所以说它"大苦"，不是甘草。甘草的枝叶都像槐树一样，高有五六尺，只是叶端稍微尖细并且粗糙，好像长有白毛，果实呈荚状，就像相思豆一样，四五个果实长在一枝上，成熟了果实就会裂开。结的籽就像小扁豆，非常坚硬，用牙都咬不破。

　　胡麻直是今油麻①，更无他说，余已于《灵苑方》论之。其角有六棱者、有八棱者。中国之麻，今谓之大麻是也②，有实为苴麻，无实为枲麻③，又曰牡麻。张骞始自大宛得油麻之种④，亦谓之麻，故以"胡麻"别之，谓汉麻为"大麻"也。

【注释】

①油麻：即芝麻。

②大麻：又称火麻，大麻科大麻属，雌雄异株，开花结实的雌株称为"苴（jū）"，开花而不能结实的雄株称为"枲（xǐ）"，其纤维可用来织布。

③麻：字原缺，据《苏沈良方》补。

④张骞（前163--前114）：字子文，汉中郡城固（今属陕西）人。奉汉武帝之命出使西域，开辟了丝绸之路，以此封博望侯。张骞引进芝麻的说法始自南北朝的陶弘景，今人多不信，据出土的新石器时代遗址文物可知，中原地区早有芝麻种子。大宛：今中亚费尔干纳盆地一带的古国。

【译文】

胡麻就是现在的油麻，再没有别的说法了，我已经在《灵苑方》中讨论过这个问题。它的荚果有六棱的、有八棱的。中原地区的麻，就是现在所说的大麻，开花结实的雌株称为苴麻，开花而不能结实的雄株称为枲麻，又称为牡麻。张骞最初从大宛国得到的油麻品种也叫做麻，所以用"胡麻"来区别，把汉族地区产的麻称为"大麻"。

赤箭①，即今之天麻也。后人既误出天麻一条，遂指赤箭别为一物。既无此物，不得已又取天麻苗为之，滋为不然。《本草》明称"采根阴干"②，安得以苗为之？草药上品，除五芝之外③，赤箭为第一，此神仙补理、养生上药。世人惑于天麻之说，遂止用之治风④，良可惜哉。以谓其茎如箭⑤，既言赤箭，疑当用茎，此尤不然。至如鸢尾、牛膝之类，皆谓茎叶有所似，用则用根耳，何足疑哉？

【注释】

①赤箭：兰科多年生寄生草本植物，茎高数尺，开黄白色花，地下有块茎，上茎入药称赤箭，块茎入药称天麻。

②《本草》：这里指陶弘景的《本草经集》。

③五芝：指青、赤、黄、白、黑五种灵芝，带有五行的印记。

④风：指中风、疬风等症。

⑤以谓：《苏沈良方》"以谓"前多"或"字，可从。

【译文】

赤箭就是现在的天麻，后人先是误分出天麻一条，于是又把赤箭当成了另一种东西。既然本来没有这种东西，不得已又把天麻苗说成是赤箭，其实完全不是这样的。《本草》很明白地说"采根阴干"，怎么能用苗来充当呢？草药中的上品，除了五种灵芝以外，就数赤箭为第一了，这是神仙用来调理、养生的上等药材。世人因为困惑于天麻的说法，所以就只用来治疗中风等症，实在是很可惜。有人认为它的茎部像箭，既然说是赤箭，就怀疑应该用茎来入药，这种说法更是不对的。就像鸢尾、牛膝之类的药，其名称都是和茎、叶有所相似的，但是入药时用的却是根，这有什么可怀疑的呢？

　　地菘即天名精也^①。世人既不识天名精，又妄认地菘为火蔹^②，《本草》又出鹤虱一条，都成纷乱。今按，地菘即天名精，盖其叶似菘^③，又似名精^④，名精即蔓精也。故有二名，鹤虱即其实也。世间有单服火蔹法，乃是服地菘耳，不当用火蔹。火蔹，《本草》名稀蔹，即是猪膏苗。后人不识，亦重复出之。

【注释】

①地菘(sōng)：即天名精，又称"天蔓菁"等，菊科多年生草本植物，开黄色花，结黑褐色果实，其根、叶、果实均可入药。根入药称土牛膝，果实入药称鹤虱，可治疗虫蛇咬伤。

②火蔹(liǎn)：菊科豨莶属多年生草本植物，叶狭长，开黄白色花，果实与天名精果实相似。

③菘：即大白菜。

④名精：《苏沈良方》作"蔓菁"，即芜菁，十字花科，类似于萝卜的球状根。

【译文】

　　地菘就是天名精。世人既然不认识天名精，又错误地把地菘当成是火蔹，于是《唐本草》中又列出鹤虱一条，全都搅乱了。现在据我考证，地菘就是天名精，大概因为它的叶子像菘，又像名精，名精就是蔓精。

所以有两个名字,鹤虱是它的果实。世间有单独服用火蔹的方法,其实是服用地菘,不能说是服用火蔹。火蔹在《唐本草》中叫做"稀蔹",就是猪膏苗。后人不认识,也重复设立了不同条目。

南烛草木①,记传、《本草》所说多端,今少有识者。为其作青精饭②,色黑,乃误用乌桕为之③,全非也。此木类也,又似草类,故谓之"南烛草木"④,今人谓之"南天烛"者是也。南人多植于庭槛之间⑤,茎如朔藋⑥,有节,高三四尺,庐山有盈丈者,叶微似楝而小⑦,至秋则实赤如丹。南方至多。

【注释】

①南烛草木:亦名南烛、南天烛,杜鹃花科常绿灌木,开白花,果实为球形,黑紫色,味甜,可食用。其根、叶、果实皆可入药,有强筋健骨之效。

②青精饭:道家的一种健身食品,据《本草纲目》引陶弘景的《登真隐诀》,就是一种用南烛的茎叶浸出的水泡米后蒸熟的饭。

③乌桕(jiù):大戟科落叶乔木,开黄色花,果实为球形,其籽可用于榨油。

④谓:原作"为",据诸明刻本改。烛:字原缺,从《苏沈良方》补。

⑤庭槛:即庭院。其实种在庭院里的不是南天烛,而是南天竹,属小蘗科常绿灌木,茎高一米,开白色小花,果实为球形,成熟后为红色或白色。

⑥朔藋(shuò diào):即蒴藋,灌木状草本植物,叶呈长椭圆形,开白花,果实球状。可入药,有抗菌消炎、清热解毒之效。

⑦楝(liàn):楝科落叶乔木,叶呈椭圆状卵形,开淡紫色花,果实为球形或长圆形。可入药,用于驱虫等。

【译文】

南烛草木,在记传、《本草》中有各种不同说法,现在很少有人认识了。因为用它做出来的青精饭是黑色的,就误用乌桕来充当,完全不是这样的。它属于木类,又类似于草类,所以称为"南烛草木",就是现在人说的"南天烛"。南方人大多种在庭院里,茎部像蒴藋,有节,高三四尺,庐山上有高一丈多的,叶子像棟而有点小,到秋天的时候,它的果实红得像丹砂一样。南方有很多。

太阴玄精①,生解州盐泽大卤中②,沟渠土内得之。大者如杏叶,小者如鱼鳞,悉皆六角③,端正如龟甲。其裙襕小堕④,其前则下剡⑤,其后则上剡,正如穿山甲,相掩之处,全是龟甲,更无异也。色绿而莹彻,叩之则直理而折⑥,莹明如鉴,折处亦六角,如柳叶。火烧过则悉解折,薄如柳叶,片片相离,白如霜雪,平洁可爱。此乃禀积阴之气凝结,故皆六角。今天下所用玄精,乃绛州山中所出绛石耳⑦,非玄精也。楚州盐城古盐仓下土中⑧,又有一物,六棱,如马牙硝⑨,清莹如水晶,润泽可爱,彼方亦名太阴玄精,然喜暴润⑩,如盐碱之类⑪。唯解州所出者为正。

【注释】

①太阴玄精:又称阴精石、玄精石等,即石膏晶体。

②解州:今山西运城西南一带。

③六角:原作"尖角",据《苏沈良方》改,下文作"六角"。

④裙襕(lán):指龟甲边缘的肉质部分。

⑤剡(yǎn):尖锐,锐利。这里形容倾斜。

⑥直理而折:顺着纹理裂开。

⑦绛州：今山西新绛。

⑧楚州：今江苏淮安一带。

⑨马牙硝：即芒硝(硫酸钠晶体，$Na_2SO_4 \cdot 10H_2O$)。

⑩暴润：指晶体吸水潮解。

⑪盐碱：一说这里指不纯净的氯化镁晶体($MgCl_2 \cdot 6H_2O$)。

【译文】

　　太阴玄精，产生于解州盐泽的卤水中，可以在沟渠的土壤里找到。大的像杏叶那么大，小的像鱼鳞那么大，都是六角形的，像龟甲一样端正。晶石的边缘部分微微低下，前端斜面向下倾斜，后部斜面向上倾斜，就像穿山甲那样，重叠相掩的地方全是龟甲，没什么不同。晶石的颜色是绿的，而且晶莹剔透，敲上去会顺着纹理裂开，晶莹明澈，像镜子一样，断裂的部分也是六角形，如同柳叶。用火烧过就会全部散裂开来，薄的像柳叶一样，片片分离，白如霜雪，平整洁净，十分可爱。这是禀受了积久的阴气而凝结形成的，所以都是六角形。现在天下所使用的玄精石，大都是来自绛州山中出产的绛石，不是玄精石。楚州盐城古盐仓下面的土壤中，又有另一种晶石，呈六棱状，和马牙硝相似，清澈透明，就像水晶一样润泽可爱，那里的人们也称其为"太阴玄精"，但是那种晶体容易潮解，就像盐碱之类的东西。只有解州产出的才是正宗的玄精石。

　　稷乃今之穄也①。齐、晋之人谓即、积皆曰"祭"，乃其土音，无他义也。《本草注》云②："又名穈子③。"穈子乃黍属。《大雅》："维秬维秠，维穈维芑。"④秬、秠、穈、芑皆黍属，以色别，丹黍谓之"穈"，音门。今河西人用穈字而音糜⑤。

【注释】

①穄(jì)：即稷的别称，一年生草本植物，是一种粮食。

②《本草注》:这里指唐代编修的《新修本草》,又称《唐本草》。

③穄(mén):一种谷物,随着植物的生长,其叶逐渐由红变青。

④"维秬(jù)"二句:出自《诗经·大雅·生民》篇。秬,黑黍。秠 (pī),一壳二米的黑黍。穄(mén),赤苗。芑(qǐ),白苗。它们都 是不同种类的谷物。

⑤穄:爱庐本一作"穈"。

【译文】

稷就是现在的"穄"。齐、晋一带的人把"即"、"积"都说成是"祭", 这是当地的方言,没有什么别的意义。《本草注》说:"又叫穄子。"穄子 属于黍类作物。《诗经·大雅》里说:"维秬维秠,维穄维芑。"秬、秠、穄、 芑都属于黍类作物,可以根据颜色相区别,红色的黍称为"穄",音门。现 在河西人用"穄"的字形而读作"穈"的音。

苦蚺即《本草》酸浆也①。新集《本草》又重出苦蚺一 条②。河西番界中,酸浆有盈丈者。

【注释】

①蚺:音 dān。酸浆:茄科多年生草本植物,开白花,果实为红色浆 果,可入药,有清热化痰之效。

②新集《本草》:指嘉祐年间苏颂编修的《本草图经》。

【译文】

苦蚺就是《本草》中的酸浆。新集《本草》中又重复单列了一条苦 蚺。河西的西夏境内,有的酸浆可高达一丈多。

今之苏合香①,如坚木,赤色,又有苏合油,如稠胶②,今 多用此为苏合香。按刘梦得《传信方》用苏合香云③:"皮薄,子如金色,按之即少,放之即起,良久不定如虫动。气烈者佳也④。"如此则全非今所用者,更当精考之。

【注释】

①苏合香:金缕梅科落叶乔木,产自广西。其树脂即"苏合香",可入药,有通窍、理气之效。

②糒(lí)胶:一说类似于现在的麦芽糖,一说为粘胶。

③《传信方》:唐代刘禹锡所撰医方,今已亡佚。现存刘禹锡文集中存有《传信方述》一篇。

④气烈:"气"字原缺,据《苏沈良方》补。

【译文】

现在的苏合香,就像坚硬的木头,是红色的,又有苏合油,就像糒胶,现在多把这种东西当作苏合香。根据刘禹锡《传信方》对苏合香的描述说:"皮薄,颜色像黄金,用手按上去就变小,把手松开就会弹起,长时间摇摆不定,就像虫子蠕动一样。气味浓烈的最好。"如果是这样的话,那么完全不是现在所用的苏合香,应当进一步仔细考证。

薰陆即乳香也。本名薰陆,以其滴下如乳头者,谓之"乳头香";镕塌在地上者,谓之"塌香"。如腊茶之有滴乳、白乳之品①,岂可各是一物?

【注释】

①腊茶:建州所产的一种茶,有滴乳、白乳、石乳等不同品种。

【译文】

薰陆就是乳香。它本名叫薰陆,将其滴下来像乳头的称为"乳头香",融化后摊在地上的称为"塌香"。就像腊茶有滴乳、白乳的不同品种,怎么能说它们分别是不同的东西呢?

山豆根味极苦①,《本草》言味甘者②,大误也。

【注释】

①山豆根:豆科植物,可入药,有清热解毒之效。

②《本草》:这里指北宋开宝年间官修的《开宝新详定本草》和《开宝重定本草》。

【译文】

山豆根味道非常苦,《本草》里说它味甘,完全是错误的。

蒿之类至多。如青蒿一类①,自有两种:有黄色者,有青色者。《本草》谓之"青蒿",亦恐有别也。陕西绥、银之间有青蒿②,在蒿丛之间,时有一两株,迥然青色,土人谓之香蒿,茎叶与常蒿悉同,但常蒿色绿,而此蒿色青翠,一如松桧之色③。至深秋,余蒿并黄,此蒿独青,气稍芬芳。恐古人所用,以此为胜。

【注释】

①青蒿(hāo):菊科草本植物,可入药,有清热解毒之效。现代科学通过提取青蒿素治疗疟疾。

②绥:绥德军,治所在今陕西绥德。银:银州,治所在今陕西榆林之南。

③桧(guì):柏科常绿乔木,常用来做建筑材料。

【译文】

蒿的种类很多。比如青蒿一类,就有两个品种:有黄色的,有青色的。《本草》上称为"青蒿",也可能还有别的品种。陕西的绥德、银州一带有青蒿,在蒿丛之间,时常有一两株青色的,与其他蒿完全不同,当地人称为"香蒿",它的茎叶与一般的蒿都不一样,但是一般的蒿是绿色的,而这种蒿是青翠色的,就像松桧的颜色。到了深秋,其他的蒿都发黄了,唯独这种蒿还是青色的,气味稍微有点芬芳。恐怕古人所用的蒿,以这种为好。

按,文蛤即吴人所食花蛤也,魁蛤即车螯也①。海蛤今不识其生时,但海岸泥沙中得之,大者如棋子,细者如油麻粒。黄、白或赤相杂,盖非一类。乃诸蛤之房②,为海水砻砺光莹③,都非旧质。蛤之属其类至多,房之坚久莹洁者,皆可用,不适指一物,故通谓之"海蛤"耳。

【注释】

①车螯(áo):蛤的一种,又名昌娥,和文蛤很相似。

②房:指贝壳。

③砻砺(lóng lì):指被海水冲刷、磨砺。

【译文】

据考证,文蛤就是江南人吃的花蛤,魁蛤就是车螯。我们现在不了解这些海蛤的生活情况,只是在海岸的泥沙中找到它们,大的就像棋子一样,小的就像油麻粒一样。黄色、白色或是红色相夹杂,应该不是同一种类。各种蛤类的壳,被海水冲刷、磨砺得非常光莹,已经都不是原来的样子了。蛤的种类很多,那些贝壳坚硬、持久光莹的都可以食用,不专指一种,所以通称为"海蛤"。

今方家所用漏芦乃飞廉也①。飞廉一名漏芦,苗似箬叶^②,根如牛蒡、绵头者是也^③,采时用根。今闽中所用漏芦,茎如油麻,高六七寸,秋深枯黑如漆,采时用苗。《本草》自有条,正谓之"漏芦"。

【注释】

①漏芦:即漏卢,菊科多年生草本植物,茎上有细密的白毛,开淡紫色花,根可入药,有清热解毒之效。

②箬(ruò)叶:百合科多年生常绿草本植物,叶单生,呈椭圆形。根状茎可入药,有活血散瘀、补虚止咳之效。《苏沈良方》作"苦芙(ǎo)",或为另一药用植物。

③牛蒡(bàng):菊科二年生大型草木,开紫红色花,结实如葡萄,壳似栗而有刺,籽可入药,有散风热、宣肺气、消肿毒之效。绵头:指根部有白色的细毛。

【译文】

现在方术家所用的漏芦就是飞廉。飞廉又名漏芦,苗像箬叶一样,根像牛蒡一样,有白色细毛的就是,采摘的时候用它的根部。现在福建一带所用的漏芦,茎像油麻一样,高六七寸,深秋时枯萎得像黑漆一样,采摘的时候用苗的部分。《本草》中自有条目,正称之为"漏芦"。

　　《本草》所论赭魁皆未详审^①,今赭魁南中极多^②,肤黑肌赤,似何首乌^③。切破,其中赤白理如槟榔^④,有汁赤如赭,南人以染皮制靴,闽、岭人谓之"余粮"。《本草》"禹余粮"注中所引,乃此物也。

【注释】

①赭魁(zhě kuí):又名薯莨,多年生宿根性缠绕藤本植物,常攀附在

乔木或灌木丛中，叶互生或对生，可入药，有活血、理气、解毒
之效。

②南中：这里指四川地区。

③何首乌：蓼科多年生缠绕草本植物，其块状茎可入药，有补肝肾、
益精血之效。

④槟榔：槟榔科常绿乔木，果实呈长椭圆形，橙红色，可食用。其籽
可入药，有消积杀虫之效。

【译文】

《本草》中对赭魁的论述都不够详细精确，现在四川有很多赭魁，外
面是黑色的，里面是红色的，就像何首乌一样。把它切破，里面红白色
肌理就像槟榔，有红得像赭色一样的汁液，南方人用来给皮革染色制成
靴子，福建、五岭一带的人称为"余粮"。《本草》"禹余粮"的注中所引述
的就是这种东西。

石龙芮今有两种①：水中生者叶光而末圆，陆生者叶毛
而末锐。入药用生水者②。陆生亦谓之"天灸"，取少叶揉系
臂上，一夜作大泡如火烧者是也。

【注释】

①石龙芮(ruì)：毛茛科一年生草本植物，开黄色花，果实为扁圆形，
籽可入药，有治风寒、祛邪气之效。

②生水：崇祯本作"水生"，亦可从。

【译文】

石龙芮现在有两种：水生的那种叶面光滑而末端浑圆，陆生的那种
叶面粗糙而末端尖锐。入药时要用水生的那种。陆生的也称为"天
灸"，取少量叶片揉碎后系在胳臂上，一夜间就能灼出大水泡，像是被火
烧的一样。

　　麻子,海东来者最胜,大如莲实,出屯罗岛①。其次上郡、北地所出②,大如大豆,亦善。其余皆下材。用时去壳,其法取麻子帛包之,沸汤中浸,候汤冷,乃取悬井中一夜,勿令著水。明日,日中暴干,就新瓦上轻挼③,其壳悉解。簸扬取肉,粒粒皆完。

【注释】

①屯罗岛:《苏沈良方》作"柘萝岛"。参《杂志一》卷二十四。

②挼(ruó):揉搓。

【译文】

　　芝麻,要数从东海传来的那种最好,大小像莲子一样,出自屯罗岛。其次是上郡、北地出产的,大小像大豆一样,也不错。其余的都属于下等材质了。食用的时候要去壳,方法是将麻子用布帛包好,在沸水中浸泡,等水冷却后,取出来悬挂在井里过一夜,不要让它沾着水。第二天,在太阳底下晒干,放在新瓦上轻轻揉搓,它的壳就都脱落下来。用簸箕把壳筛掉,取出籽实,粒粒都完好无损。

补笔谈卷一

故事

故事，不御前殿①，则宰相一员押常参官再拜而出②。神宗初即位，宰相奏事多至日晏③。韩忠献当国④，遇奏事退晚，即依旧例一面放班⑤，未有著令。王乐道为御史中丞⑥，弹奏语过当⑦，坐谪陈州⑧，自此令宰臣奏事至辰时未退，即一面放班，遂为定制。

【注释】

①不御前殿：北宋前期，皇帝在垂拱殿召见执政大臣，其他官员则在文德殿行朝见礼。元丰改制后，朝见礼也移到垂拱殿。

②押：带领百官。

③日晏：指时间很晚。晏，晚。

④韩忠献：即韩琦，字稚圭，北宋宰相，封魏国公。参《艺文》卷十五注。

⑤放班：按照礼仪规定，宰相首先赴垂拱殿奏事，其他官员在文德殿站班等候，待宰相退出后，由宰相带领百官再虚拜行礼而散。

若宰相奏事太久,则允许百官按次序自拜而退。

⑥王乐道:即王陶(1020—1080),字乐道,万年(今陕西西安)人。庆历二年(1042)进士,调岳州军事判官,嘉祐中,任监察御史里行。神宗时,迁枢密院直学士,拜御史中丞。后出知蔡州、汝州、陈州等。谥文恪。《宋史》卷三二九有传。

⑦弹奏语过当:王陶为排挤韩琦,弹劾他身为宰相"不押常朝班",韩琦因此被罢。王陶亦因此弹劾引起朝廷不满,被贬为陈州知州。

⑧陈州:治所在今河南淮阳。

【译文】

按照惯例,皇帝不在文德殿临朝时,就由一名宰相带领文武百官行朝拜礼,之后再退朝。神宗即位之初,宰相奏事经常说到很晚。韩琦当宰相时,遇到因奏事而晚退的情况,就按照旧例让其他官员自行朝拜后退朝,但没有成为正式法令。王陶担任御史中丞,以此为由弹劾韩琦,被朝廷认为太过分了,于是被贬到陈州,从此规定,宰臣奏事如果到辰时还没结束,就允许其他官员自行朝拜后退朝,自此被定为制度。

故事,升朝官有父致仕①,遇大礼则推恩迁一官②,不增俸。熙宁中,张丞相杲卿以太子太师致仕③,用子荫当迁仆射④。廷议以为执政官非可以子荫迁授,罢之。前两府致仕⑤,不以荫迁官,自此始。

【注释】

①升朝官:指可以朝见皇帝的中高级官员。致仕:指官员退休。

②大礼:指郊祀大典,一般三年举行一次。

③张丞相杲卿:即张昇(992—1077),字杲卿,韩城(今属陕西)人。

　　大中祥符八年(1015)进士,官至御史中丞、参知政事兼枢密使,
　　以太子太师致仕。谥康节。

④仆射(yè):尚书省长官,与三省长官同为宰相之任。

⑤两府:指中书省、枢密院。

【译文】

　　按照惯例,升朝官中如有人的父亲退休,遇到郊祀大典时就可以受
恩而晋升一级,但是不加俸禄。熙宁年间,丞相张果卿以太子太师的官
衔退休,他的儿子根据恩荫制度,应当升为仆射。朝廷讨论时认为执政
官不能由恩荫升迁而授予,于是没有批准。中书、枢密两府不因长官退
休而恩荫给亲属升官的制度,就从此开始。

　　故事,初授从官、给谏未衣紫者①,告谢日面赐金紫。何
圣从在陕西就任除待制②,仍旧衣绯。后因朝阙,值大宴,殿
上独圣从衣绯,仁宗问所以,中筵起,乃赐金紫,遂服以就
坐。近岁许冲元除知制诰③,犹著绿,告谢日面赐银绯④,后
数日别因对,方赐金紫。

【注释】

①衣紫:宋代规定,京朝官三品以上服紫,五品以上服朱,七品以上
　　服绿,九品以上服青。另外,达到一定年限可以升迁一级,出任
　　地方官亦可升迁一级。

②何圣从:即何郯(tán,1005—1073),字圣从,陵州(今四川仁寿)
　　人。景祐元年(1034)进士,累官至龙图阁直学士,以尚书右丞致
　　仕。《宋史》卷三二二有传。

③许冲元:即许将(1037—1111),字冲元,福州闽县(今福建闽清)
　　人。嘉祐八年(1063)状元,历任明州通判、兵部侍郎、尚书右丞

等职,拜门下侍郎、同平章事,出知河南府。谥文定。《宋史》卷
三四三有传。

④银绯(fēi):绯色官服上佩戴的银鱼符。绯,红色。

【译文】

按照惯例,首次被授中书、门下省属官、给事中、谏议大夫官职的人
如果还没有穿上紫色官服,可以在告谢时被当面赐予金紫官服。何郯
在陕西任上被授予待制职衔,却仍旧穿着红色官服。后来因为入京朝
见时赶上大宴,大殿之上只有何郯穿着红色官服,仁宗问起原因,于是
就在宴会上赐给他金紫官服,当场换了衣服就座。近年,许将被授予知
制诰时,还穿着绿色官服,告谢的时候当面赐给他银绯官服,过了几天,
另外因为奏对,才赐给他金紫官服。

　　自国初以来,未尝御正衙视朝。百官辞见①,必先过正
衙,正衙既不御,但望殿两拜而出,别日却赴内朝②。熙宁
中,草视朝仪,独不立见辞谢班③。正御殿日,却谓之“无正
衙”,须候次日依前望殿虚拜,谓之“过正衙”。盖阙文也。

【注释】

①辞见:京朝官出使地方,需要向皇帝辞行,称“辞”。返京时或新
　授官职时,需要接受皇帝召见,称“见”。

②内朝:指召见执政大臣的垂拱殿。

③辞谢班:百官在文德殿行常参礼时,辞见官单独列为一班。

【译文】

从本朝初年以来,皇帝没有到过文德殿视朝。但是百官辞见时,必
须先到文德殿,皇帝既然不在文德殿,他们就对着正殿行两次跪拜礼后
退出,另找时间到垂拱殿面圣。熙宁年间,重新起草了朝会的礼仪,唯

独没有规定召见辞谢班的礼仪。百官在垂拱殿朝见皇帝的日子，却称为"无正衙"，要等到第二天再像以前那样对着文德殿的正殿虚拜，称为"过正衙"。这是礼仪上的缺陷。

熙宁三年①，召对翰林学士承旨王禹玉于内东门小殿②。夜深，赐银台烛双引归院。

【注释】

①熙宁三年：公元 1070 年。

②王禹玉：即王珪（1019—1085），字禹玉，成都华阳（今四川双流）人。庆历二年（1042）榜眼，授扬州通判，召直集贤院，累迁知制诰、翰林学士、知开封府等。熙宁中，拜参知政事，进同中书门下平章事、集贤殿大学士。后又拜尚书左仆射兼门下侍郎，封岐国公。卒赠太师，谥文恭。《宋史》卷三一二有传。

【译文】

熙宁三年，皇帝在内东门小殿召见翰林学士承旨王珪。夜深之后，派两个宦官拿着银烛台的蜡烛送他回学士院。

夏郑公为忠武军节度使①，自河东中徙知蔡州②，道经许昌。时李献臣为守③，乃徙居他室，空使宅以待之，时以为知体。庆历中，张邓公还乡④，过南阳⑤，范文正公亦虚室以待之⑥，盖以其国爵也。遂守为故事。

【注释】

①夏郑公：即夏竦，字子侨，北宋宰相。因被封为郑国公，故称。参《人事》卷九注。

②河东中:据《宋史·夏竦传》、宋敏求《春明退朝录》等文献记载,
　疑当作"河中府"。蔡州:治所在今河南汝南。

③李献臣:即李淑,字献臣,北宋大臣。参《谬误》卷二十二注。

④张邓公:即张士逊,时以太傅致仕,封邓国公,故称。参《人事》卷
　九注。

⑤南阳:今属河南。

⑥范文正公:即范仲淹,字希文,北宋大臣,主持推行新政。

【译文】

　　夏竦担任忠武军节度使时,从河中府改知蔡州,路过许昌。当时李
淑为许昌守,于是就移到其他房间居住,把官署空出来接待他,当时人
们认为他懂得大体。庆历年间,张士逊退休还乡,路过南阳,范仲淹也
把官署空出来招待他,大概因为他有国公的封爵。于是这种做法就成
为惯例。

　　国朝仪制,亲王玉带不佩鱼①。元丰中②,上特制玉鱼
袋,赐扬王、荆王施于玉带之上③。

【注释】

①鱼:指鱼符。一种鱼形的金银饰品,最初作为进出宫门的凭证。
　根据官服的不同,服紫者佩金鱼符,服绯者佩银鱼符。

②元丰:宋神宗年号,公元 1078—1085 年。

③扬王:宋神宗之弟赵颢。荆王:宋神宗之弟赵頵。

【译文】

　　按本朝礼仪规定,亲王的玉带上不佩带鱼符。元丰年间,皇帝特制
了玉鱼袋,赐给扬王、荆王佩戴在玉带上。

　　旧制,馆职自校勘以上,非特除者,皆先试,唯检讨不试。初置检讨官,只作差遣①,未比馆职故也。后来检讨给职钱,并同带职在校勘之上,亦承例不试。

【注释】

①差遣:指官员的实际任职,宋代官员的"正官"是官阶,决定其品级、俸禄等,"差遣"则是实际职务。宋代的馆职一般只是作为"正官"的官衔,并不实际负责馆务,所以与作为"差遣"的检讨官不同。

【译文】

　　按照旧的规定,馆阁职员中从校勘官以上,除了特别任命的以外,都要先进行考试,只有检讨官不考。因为一开始设置检讨官,只是作为差遣职务,和其他馆职作为官衔不同。后来检讨官也给了俸禄,同时可以兼任,级别在校勘官之上,不过也延续惯例,不进行考试。

　　旧制,侍从官学士以上方腰金①。元丰初,授陈子雍以馆职②,使高丽,还除集贤殿修撰,赐金带。馆职腰金出特恩,非故事也。

【注释】

①腰金:指佩戴金带。

②陈子雍:即陈睦,字和叔,一字子雍,莆田(今属福建)人。嘉祐六年(1061)状元,授知潭州,累迁集贤校理,出为两浙提点刑狱,拜监察御史。又召为史馆修撰,以宝文阁待制知广州,移知潭州。

【译文】

　　按照旧的规定,侍从官中位在学士以上的官员才可以使用金带。

元丰初年,授予陈睦馆职,派他出使高丽,回来以后,授予他集贤殿修撰的官职,并赐予金带。馆职官员佩戴金带是出于特别的恩典,不是惯例。

今之门状称"牒件状如前,谨牒"①,此唐人都堂见宰相之礼。唐人都堂见宰相,或参辞谢事先具事因,申取处分②,有非一事,故称"件状如前"。宰相状后判"引",方许见。后人渐施于执政私第,小说记施于私第自李德裕始③。近世谄敬者,无高下一例用之,谓之"大状"。予曾见白乐天诗稿,乃是新除寿州刺史李_{忘其名}。门状④,其前序住京因宜,及改易差遣数十言,其末乃言"谨祗候辞⑤,某官"。至如稽首之礼⑥,唯施于人君,大夫家臣不稽首,避人君也。今则虽交游皆稽首。此皆生于谄事上官者,始为流传,至今不可复革。

【注释】

①门状:登门拜访时递上的自我介绍性文书,类似于今天的名片。

②处分:安排。

③李德裕(787—850):字文饶,赵郡赞皇(今属河北)人,以门荫入仕,累官校书郎、监察御史、翰林学士、中书舍人、兵部侍郎、西川节度使、兵部尚书、中书侍郎、镇海节度使、淮南节度使等,封卫国公。卒赠左仆射。《新唐书》卷一八〇有传。

④寿州:今安徽寿县。

⑤祗(zhī)候:恭候。

⑥稽首:跪拜磕头。

【译文】

现在登门造访的门状称"牒件状如前,谨牒",这是唐代人在都堂拜见宰相的礼仪。唐代人在都堂拜见宰相，如果有参拜、辞谢等事，要先写明事情的原因，申请后听取宰相的安排，有时不只一件事，所以称"件状如前"。宰相在门状后面批答"引"，才允许进见。后人逐渐将这种礼节施用于宰相的私宅之中，据小说家记载，施用于私宅的做法始自李德裕。近代那些谄媚的人，无论高下，一律使用这种格式，称为"大状"。我曾经见到一篇白居易的诗稿，背面是新任寿州刺史李某的门状，文章前面几十字叙述住在京城的原因以及改换的官职，最后写着"谨祗候辞，某官"。至于像稽首的礼节，以前只能在对君主时使用，士大夫的家臣不行稽首礼，这是避免使用对君主的礼节。现在却在朋友之间都行稽首礼。这些都源于谄媚高官的人，而从此开始流传起来，到现在已经无法再革除了。

辨证

　　今人多谓廊屋为庑。按《广雅》^①:"堂下曰庑。"盖堂下屋檐所覆处,故曰"立于庑下"。凡屋基皆谓之"堂",廊檐之下亦得谓之"庑",但庑非廊耳。至如今人谓两廊为东、西序,亦非也,序乃堂上东西壁,在室之外者。序之外谓之荣,荣,屋翼也。今之两徘徊,又谓之两厦,四柱屋则谓之东西溜,今谓之"金厢道"者是也。

【注释】

①《广雅》:疑当作"《广韵》",《广雅·释宫》释"庑,舍也",而《广韵》
　　上声虞部释"庑,堂下也"。《广韵》为陈彭年等于宋真宗景德四
　　年(1007)奉诏编写而成,参考了隋代陆法言的《切韵》。

【译文】

　　今人多把廊屋称为"庑"。根据《广韵》记载:"堂下曰庑。"庑是指堂下被屋檐所覆盖的地方,所以说"立于庑下"。凡是建在房屋地基之上的建筑称为"堂",走廊、屋檐之下的部分可以称为"庑",但庑不是廊。至于现在人们把房屋两侧的走廊称为东序、西序,这也是不对的,"序"是指堂屋的东墙、西墙,或者是堂室之外的厢房。序之外称为"荣",荣就是墙上和屋檐翼角相结合的部分。现在又把两侧的回廊称为两"厦",若是四柱的房屋则称为东溜、西溜,就是现在所谓的"金厢道"。

　　梓榆,南人谓之"朴",齐鲁间人谓之"驳马",驳马即梓榆也。南人谓之朴,朴亦言驳也,但声之讹耳,《诗》"隰有六驳"是也^①。陆玑《毛诗疏》^②:"檀木皮似系迷^③,又似驳马。人云'斫檀不谛得系迷^④,系迷尚可得驳马'。"盖三木相似

也。今梓榆皮甚似檀，以其班驳似马之驳者。今解《诗》用《尔雅》之说，以为"兽，锯牙，食虎豹"，恐非也。兽，动物，岂常止于隰者？又与苞栎、苞棣、树檖非类，直是当时梓榆耳。

【注释】

①隰(xí)有六驳：出自《诗经·秦风·晨风》。隰，低湿的地方。

②陆玑：又作"陆机"，字元恪，三国时期吴郡人。任太子中庶子、乌程令等。著有《毛诗草木鸟兽虫鱼疏》。

③系迷：当为一种落叶灌木，果实小，红色，味甘。

④斫(zhuó)：用刀斧砍。谛：仔细。

【译文】

梓榆这种植物，南方人称为"朴"，齐鲁一带的人称为"驳马"，驳马就是梓榆。南方人称为"朴"，因为"朴"就是"驳"，是声音相近而造成的讹误，就是《诗经》中所谓的"隰有六驳"。陆玑的《毛诗疏》说："檀木的皮像系迷，又像驳马。有人说'砍檀木不仔细砍成了系迷，砍系迷不注意又会砍成驳马'。"大概因为这三种树木形态相似。现在梓榆的皮很像檀木皮，因为它班驳的色彩很像马的花斑。现在解释《诗经》的人采用《尔雅》的说法，认为"驳"是一种野兽，有锯齿形的牙，可以吞食虎豹，恐怕不是这样的。兽应该是动物，怎么可能长时间停留在低湿的地方呢？又和苞栎、苞棣、树檖等不是同类，只能是指当时的梓榆。

自古言楚襄王梦与神女遇①，以《楚辞》考之，似未然。《高唐赋序》云："昔者先王尝游高唐②，怠而昼寝，梦见一妇人，曰：'妾巫山之女也，为高唐之客。朝为行云，暮为行雨。'故立庙号为朝云。"其曰"先王尝游高唐"，则梦神女者怀王也，非襄王也。又《神女赋序》曰："楚襄王与宋玉游于云梦之浦③，使玉赋高唐之事。其夜，王寝，梦与神女遇。王异之，明日以白玉。玉曰：'其梦若何？'对曰：'晡夕之后④，精神恍惚，若有所熹⑤，见一妇人，状甚奇异。'玉曰：'状如何也？'王曰：'茂矣，美矣，诸好备矣；盛矣，丽矣，难测究矣；环姿玮态，不可胜赞。'王曰：'若此盛矣，试为寡人赋之。'"以文考之，所云"茂矣"至"不可胜赞"，云云。皆王之言也。宋玉称叹之可也，不当却云："王曰：'若此盛矣，试为寡人赋之。'"又曰："明日以白玉⑥。"人君与其臣语，不当称"白"。又其赋曰："他人莫睹，玉览其状，望余帷而延视兮⑦，若流波之将澜⑧。"若宋玉代王赋之若玉之自言者，则不当自云"他人莫睹，玉览其状"。既称"玉览其状"，即是宋玉之言也，又不知称"余"者谁也。以此考之，则"其夜王寝，梦与神女遇"者，"王"字乃"玉"字耳。"明日以白玉"者，以白王也。"王"与"玉"字误书之耳。前日梦神女者，怀王也，其夜梦神女者，宋玉也，襄王无预焉，从来枉受其名耳。

【注释】

①楚襄王：即楚顷襄王，楚怀王之子，公元前298—前263年在位。楚怀王于公元前328—前299年在位。

②高唐：楚王室在云梦修建的台馆。

③宋玉：战国时期楚国人，相传为屈原的学生，善辞赋，作有《高唐赋》《神女赋》等。

④晡（bū）夕：指傍晚。

⑤熹（xī）：光芒。

⑥白：向……禀告。

⑦延视：目光留恋，不肯离开。

⑧澜（lán）：波浪。

【译文】

自古都说楚襄王在梦中与神女相遇，根据《楚辞》考证，好像不是这样的。《高唐赋序》说："过去先王曾经游览高唐，因为疲倦而在白天睡着了，梦见一位妇人，说：'我是巫山神女，在高唐作客。早晨化为流动的行云，晚上化为飘洒的雨水。'楚人于是在那里建了祠庙，并将庙命名为朝云。"文中说"先王曾经游览高唐"，那么梦到神女的应该是怀王而不是襄王。此外，《神女赋序》说："楚襄王与宋玉在云梦浦游览，命宋玉作《高唐赋》。这天夜里，襄王在梦中与神女相遇。襄王觉得很神奇，第二天就把这件事和宋玉说了。宋玉问：'那是一个怎样的梦呢？'襄王回答道：'傍晚以后，我感到精神恍惚，好像有一道光芒出现，就见到一位妇人，相貌非常奇异。'宋玉问：'那女子相貌怎么样？'襄王说：'容貌非常美丽，各种美好的品质都具备了；服饰非常华丽，难以估测她的来历；那美好的身材，简直无法胜赞。'襄王说：'就是这样美丽，请你为我作一篇赋吧。'"根据文意来考证，这里所说的"茂矣"到"不可胜赞"等，都是襄王说的话。宋玉对此表示称叹是可以的，但却不应该说："襄王说：'就是这样美丽，请你为我作一篇赋吧。'"文中又说："明日以白玉。"君主与他的臣下对话，不应当称"白"。此外，在他的赋中又说道："他人莫睹，玉览其状，望余帷而延视兮，若流波之将澜。"如果是宋玉模仿襄王的口气来描述这件事的话，就不应当说"他人莫睹，玉览其状"。既然说"玉览其状"，那么这就是宋玉的话了，这样又不知道文中所谓的"余"是指谁了。由此考证，在"其夜王寝，梦与神女遇"这句话中，"王"字应该是"玉"字。"明日以白玉"应该是"以白王"。"王"与"玉"两字相互误写了。所以说，之前梦到神女的是怀王，这一夜梦到神女的是宋玉，和襄王没什么关系，一直以来都错担了这个名声。

《唐书》载①：武宗宠王才人②，尝欲以为皇后。帝寝疾③，才人侍左右，熟视曰："吾气奄奄，顾与汝辞，奈何？"对曰："陛下万岁后④，妾得一殉。"及大渐⑤，审帝已崩，即自经于幄下。宣宗即位⑥，嘉其节，赠贤妃。按李卫公《文武两朝献替记》云⑦："自上临御，王妃有专房之宠⑧，以娇妒忤旨，日夕而殒。群情无不惊惧，以谓上成功之后，喜怒不测。"与《唐书》所载全别。《献替记》乃德裕手自记录，不当差谬。其书王妃之死，固已不同。据《献替记》所言，则王氏为妃久矣，亦非宣宗即位乃始追赠。按《张祐集》有《孟才人叹》一篇，其序曰："武宗皇帝疾笃，迁便殿。孟才人以歌笙获宠者，密侍其右。上目之曰：'吾当不讳⑨，尔何为哉？'指笙囊泣曰：'请以此就缢。'上悯然。复曰：'妾尝艺歌，愿对上歌一曲，以泄其愤。'上以其恳，许之。乃歌一声《何满子》，气亟立殒。上令医候之，曰：'脉尚温，而肠已绝。'"详此，则《唐书》所载者，又疑其孟才人也。

【注释】

①《唐书》：这里指欧阳修所撰《新唐书·后妃传》。

②武宗：唐武宗李瀍（chán），公元 840—846 年在位。

③寝疾：卧病。

④万岁后：皇帝去世的委婉说法，相当于一般人说的百年之后。

⑤大渐：病危。

⑥宣宗：唐宣宗李忱，公元 847—859 年在位。

⑦李卫公：即李德裕，唐代宰相。因为他曾被封为卫国公，故称。

⑧专房之宠：指皇帝只宠爱一位后妃。

⑨不讳：死亡的委婉说法。

【译文】

《新唐书》记载：唐武宗宠爱王才人，曾经想把她立为皇后。武宗卧病在床，王才人侍奉在他身边，武宗仔细地看着她很久，说："我已经气息奄奄了，就要和你永别了，你可怎么办呢？"王才人回答道："陛下万岁之后，我将以身相殉。"等到武宗病危时，她确定皇帝已经病故，就在宫帷后自尽了。唐宣宗即位，嘉赏她的节操，于是追赠她为贤妃。而根据李德裕的《文武两朝献替记》记载："自从武宗皇帝亲政，就只宠爱王妃一个人，不料她因为傲娇妒嫉忤逆了皇帝，一天晚上就死了。大臣们对此无不感到惊惧，都认为皇帝即位之后，喜怒便难以预测。"这里和《新唐书》的记载完全不同。《献替记》是李德裕亲手记录的，不应该有什么错误，这里记载的王妃之死，固然已经不一样了。而且根据《献替记》所说，那么王氏很早就已经是妃了，也不是唐宣宗即位后才追赠的。根据《张祐集》中有《孟才人叹》一篇，文章的序说："武宗皇帝病得很重，迁居到别殿。孟才人因为擅长歌笙而受到宠爱，亲密地侍奉在皇帝身边。皇帝看着她说道：'我就要不行了，你怎么办呢？'孟才人指着装笙的袋子，哭道：'我请求用它自尽。'皇帝感到很哀怜。孟才人又说：'我以前很会唱歌，现在希望能给您献上一曲，来抒发我的感情。'武宗看她很是恳切，就答应了。孟才人刚唱了一句《何满子》，就缓不上气去世了。武宗让医官检查，说：'才人的脉搏还有余温，但是肠子已断。'"根据这些内容，那么怀疑《新唐书》记载的可能又是孟才人了。

　　建茶之美者号"北苑茶"。今建州凤凰山①，土人相传，谓之"北苑"，言江南尝置官领之，谓之"北苑使"。予因读《李后主文集》有《北苑诗》及《文苑纪》，知北苑乃江南禁苑，在金陵，非建安也。江南北苑使，正如今之内园使②。李氏时有北苑使,善制茶,人竞贵之,谓之"北苑茶"。如今茶器中有"学士瓯"之类③,皆因人得名,非地名也。丁晋公为《北苑茶录》云④:"北苑,地名也,今曰龙焙⑤。"又云:"苑者,天子园圃之名。此在列郡之东隅,缘何却名北苑?"丁亦自疑之,盖不知北苑茶本非地名。始因误传,自晋公实之于书,至今遂谓之"北苑"。

【注释】

①建州:治所在今福建建瓯。

②内园使:唐代掌管宫中园圃的官员,宋代成为虚职,作为武官的官阶使用。

③瓯(ōu):小杯。

④丁晋公:即丁谓,字谓之,北宋宰相,封晋国公。

⑤龙焙(bèi):烤制龙凤贡茶的场所。

【译文】

建州最好的茶称为"北苑茶"。现在建州的凤凰山,就是当地人相传的"北苑",说是南唐时曾经派官员掌管此地,称为"北苑使"。我因此读了《李后主文集》有《北苑诗》及《文苑纪》,得知"北苑"乃是南唐的禁苑,在金陵,不在建安。南唐所设"江南北苑使",就像现在的"内园使"。李煜时有一位北苑使,擅长制茶,人们竞相称赞,称为"北苑茶"。就像现在的茶具中有"学士瓯"之类的,都是因为人而得名,不是地名。丁谓的《北苑茶录》说:"北苑是地名,现在叫做龙焙。"又说:"苑是天子园圃的名字。而北苑却在天下诸郡的东南角,为什么叫做北苑呢?"可见丁谓自己也有怀疑,大概是不知道"北苑茶"本来就不是因地而得名。开始的时候是因为误传,从丁谓写在书里之后,到现在人们就把那里称为"北苑"了。

唐以来，士人文章好用古人语，而不考其意。凡说武人，多云"衣短后衣"，不知短后衣作何形制。"短后衣"出《庄子·说剑篇》，盖古之士人衣皆曳后^①，故时有衣短后之衣者。近世士庶人衣皆短后，岂复更有短后之衣？

【注释】

①曳（yè）后：拖在身后。

【译文】

唐代以来，士人写文章喜欢用古人的话语，但是却不仔细考证古人的意思。凡是说到武人，就经常说"身穿短后衣"，却不知道短后衣是什么样子的。"短后衣"出自《庄子·说剑篇》，大概上古士人的衣服都拖在身后，所以当时有穿着后摆缩短的衣服的人。近世士民的衣服都缩短了后摆，哪里还再有什么"短后衣"呢？

班固论司马迁为《史记》，"是非颇谬于圣人，论大道则先黄老而后六经，序游侠则退处士而进奸雄^①，述货殖则崇势利而羞贫贱^②，此其蔽也"。予按《后汉》王允曰^③："武帝不杀司马迁，使作谤书流于后世。"班固所论，乃所谓谤也。此正是迁之微意，凡《史记》次序、说论，皆有所指，不徒为之。班固乃讥迁"是非颇谬于圣贤"，论甚不慊^④。

【注释】

①处士：指隐居不仕而自命清高的人。

②货殖：指商人。商人一般被排在四民之末（士、农、工、商），而《史记》却有《货殖列传》，肯定商人的行为。

③王允（137—192）：字子师，太原祁（今山西祁县）人。汉末任豫州

刺史、从事中郎、河南尹、司徒兼尚书令等。

④慊(qiè)：恰当，满意。原作"欵"，据稗海本、学津本改。

【译文】

　　班固论司马迁写的《史记》，说它"是非标准和圣人不合，论大道时把黄老放在前面而把儒家的六经放在后面，叙述游侠时贬低隐士而称赞奸雄，讲述商人时崇尚势利而以贫贱为羞耻，这是他见事不明啊"。我考察《后汉书》记载王允的说法："汉武帝不杀司马迁，使他写出了一部诽谤的书流传后世。"班固所论的那些问题，就是这里所谓的"诽谤"。然而这正是司马迁的微言大义，凡是《史记》中的篇目次序、文中的论说，都是有所指的，不是随便写上去的。班固却讥讽司马迁"是非标准和圣人不合"，这种说法很不合适。

　　人语言中有"不"字，可否世间事，未尝离口也，而字书中须读作"否"音也。若谓古今言音不同，如云"不可"，岂可谓之"否可"？"不然"岂可谓之"否然"？古人曰"否，不然也"，岂可曰"否，否然也"？古人言音，决非如此，止是字书谬误耳。若读《庄子》"不可乎不可"须云"否可"，读《诗》须云"曷否肃雍"、"胡否饮焉"①，如此全不近人情。

【注释】

　　①曷否肃雍：出自《诗经·召南·何彼秾矣》，原作"曷不肃雍"。胡否饮(cì)焉：出自《诗经·唐风·杕杜》，原作"胡不饮焉"。

【译文】

　　人们说话时常用"不"字，"不"字可以用来否定世间一切事物，几乎天天要用，而字书中说这个字的发音应该读作"否"。如果说古今发音不同，那比如说"不可"，难道能读作"否可"吗？"不然"难道能读作"否然"吗？古人说"否就是不然"，难道可以说"否就是否然"吗？古人的发音，绝对不是这样的，只是字书写错了而已。比如读《庄子》"不可乎不可"一定要读成"否可"，读《诗经》一定要读成"曷否肃雍"、"胡否伙焉"，这样读完全不近人情。

古人谓章句之学，谓分章摘句，则今之疏义是也①。昔人有鄙章句之学者，以其不主于义理耳。今人或谬以诗赋声律为章句之学，误矣。然章句不明，亦所以害义理。如《易》云"终日乾乾"②，两乾字当为两句，上乾知至至之，下乾知终终之也③。"王臣蹇蹇"，两蹇字为王与臣也。九五、六二，王与臣皆处蹇中。王任蹇者也，臣或为冥鸿可也④。六二所以不去者，以应乎五故也。则六二之蹇，匪躬之故也。后人又改"蹇蹇"字为"謇謇"⑤，以謇謇比谔谔⑤，尤为讹谬。"君子夬夬"⑥，夬夬二义也，以义决其外，胜己之私于内也。凡卦名而重言之，皆兼上下卦⑦，如"来之坎坎"是也⑧，先儒多以为连语，如虩虩、哑哑之类读之⑨，此误分其句也。又"履虎尾咥人凶"当为句⑩，君子则夬夬矣，何咎之有，况于凶乎？"自天祐之吉"当为句⑪，非吉而利，则非所当祐也。《书》曰："成汤既没，太甲元年。"⑫孔安国谓⑬："汤没，至太甲方称元年。"按《孟子》，成汤之后，尚有外丙、仲壬，而《尚书疏》非之⑭，又或谓古书缺落，文有不具。以予考之，《汤誓》《仲虺之诰》，皆成汤时诰命，汤没，至太甲元年，始复有《伊训》著于《书》。自是孔安国离其文于"太甲元年"下注之，遂若可疑。若通下文读之曰："成汤既没，太甲元年伊尹作《伊训》。"则文自足，亦非缺落。尧之终也，百姓如服考妣之丧三年⑮。百姓,有命者也⑯。为君斩衰⑰,礼也。邦人无服⑱,三年四海无作乐者⑲,况畿内乎⑳?《论语》曰:"先行。"㉑当为句,"其言"自当后也。似此之类极多,皆义理所系,则章句亦不可不谨。

【注释】

①疏义:即义疏,南北朝时期儒生接受佛教经典讲论方式的启发而形成的经典注释方式,即根据某一家的解释,逐字逐句地解释经文和注释的意思,"疏"作为对"注"的解释,必须坚持"疏不破注"的原则,即必须和原注者意见一致。

②终日乾乾:出自《易·乾》"九三"爻辞,意为整天勤勉不懈惰。

③"上乾"二句:出自《易·文言》,意为知道事情将要发展的程度,就持之以恒地做到那种程度。

④冥鸿:飞鸿,这里隐喻摆脱艰险。

⑤謇謇(jiǎn)、谔谔(è):均为正直、忠诚之意。

⑥君子夬夬:出自《易·夬》"九三"爻辞,意为君子以果决战胜优柔。

⑦上下卦:上卦指《易》六爻中的初爻、二爻、三爻,下卦指《易》六爻中的四爻、五爻、上爻。

⑧来之坎坎:出自《易·坎》"六三"爻辞,全句为"来之坎坎险且枕",有人认为应断在"坎坎"之后,沈括则认为应该断成"来之坎,坎险且枕",如此则意为来到陷阱边上,陷阱险而且深。

⑨虩虩(xì)、哑哑:恐惧的样子。

⑩履虎尾咥(dié)人凶:出自《易·履》"六三"爻辞,此句一般读为:"履虎尾,咥人,凶。"意为踩到老虎尾巴,会被咬到,所以是凶兆。

⑪自天祐之吉:出自《易·大有》"上九"爻辞,此句一般读为:"自天祐之,吉,无不利。"

⑫成汤既没,太甲元年:出自《尚书·伊训》书序,成汤即商汤王,又

名大乙。太甲是商汤的嫡长孙,商汤去世后,王位先后由太丁之弟外丙和外丙之弟仲壬继承,仲壬去世后,伊尹拥立太甲继位。

⑬孔安国:字子国,孔子十世孙,西汉大臣,经学家。参《辨证》卷三注。

⑭《尚书疏》:指唐代孔颖达所撰《尚书正义》。

⑮考妣(bǐ):原指父母,后用来称呼已经去世的父母。本句出自《尚书·尧典》,一般断为"百姓如丧考妣,三载四海遏,密八音",沈括则认为当断成"百姓如丧考妣三载,四海遏,密八音"。

⑯有命者:指封有爵位的贵族。

⑰斩衰(cuī):指最重的丧礼礼服,用最粗的生麻布制作,断处外露不缉边。

⑱邦人:指邦国之内的平民。

⑲四海:《尚书正义》认为指四方边境的少数民族。

⑳畿(jī):古代靠近国都的地方称"畿"。

㉑先行:出自《论语·为政》,一般断成"先行其言而后从之",意为自己要说的话应该先实行了,然后再说出来。沈括则认为应该断成"先行,其言而后从之",意为先自己做好,然后才能教育别人。

【译文】

古人所说的章句之学,是通过分章断句而解经的学问,就是现在说的解释意义的学问。以前有人鄙视章句之学,认为这种学问不重视发挥经典的义理。现在又有人错误地把诗赋声律的内容理解为章句之学,这是错误的。然而如果分章断句不明白,那也会有碍于义理的理解。比如《易》说"终日乾乾",两个"乾"字应当断为两句,上一"乾"字就是《文言》中的"知至至之",下一"乾"字是《文言》中的"知终终之"。又如"王臣蹇蹇"句,两个"蹇"字说的是王与臣。九五、六二两爻是说王与臣都处在艰险之中。王是艰险的承担者,而臣则有避免的机会。六二中的臣之所以不离开王,是要与王共渡难关,所以六二的"蹇"就是爻辞所谓的"匪躬之故"。后人又把"蹇蹇"说成是"謇謇",用"謇謇"来比"謏谔"的忠诚之意,这么解释尤其错误。又如"君子夬夬"句,"夬夬"也有两重意义,指对外要用义作为准则,对内要用义战胜私念。凡是卦名中遇到有叠字的情况,都是兼指上下卦,比如"来之坎坎"之类的,先儒多认为"坎坎"是联绵词,按照"虩虩"、"哑哑"之类的方法句读,这是错误的断句方式。又比如"履虎尾咥人凶"应当断为一句,君子刚毅果决,不会有什么过失,何况灾祸呢?"自天祐之吉"当断为一句,不吉而得利,那就不是天所保祐的。《尚书》说:"成汤既没,太甲元年。"孔安国说:"汤死后,到太甲即位时才称元年。"根据《孟子》记载,成汤之后,还有外丙、仲壬两位君主,而《尚书疏》又不承认,又有人说这是因为古书文字有缺失脱落,所以文献记载不详。按照我的考证,《汤誓》和《仲虺之诰》都是成汤时的诰命,应该是说汤去世后,到太甲元年,才有了《伊训》收进《尚书》。自从孔安国在"太甲元年"的位置断了句,并且做了注释,这才有了可疑之处。如果连通下面的文字读起来:"成汤既没,太甲元年伊尹作《伊训》。"那么文意就自然圆满了,也不是什么缺失脱落的原因。尧去世的时候,百姓像对待父母一样为他服丧三年。"百姓"是指有爵位的贵族,为君主服斩衰之丧,这是礼制。平民虽然没有服丧的规定,但是三年之中,连四方边境的少数民族都不奏乐了,何况君主自己的辖区呢?《论语》说:"先行。"当断为一句,"其言"自然应该是在行为之后的。像这样的例子极多,都和义理有关,可见分章断句也不能不谨慎。

古人引《诗》,多举《诗》之断章。断音段,读如断截之断,谓如一诗之中,只断取一章或一二句取义,不取全篇之义,故谓之"断章"。今之人多读为断章,断音锻,谓诗之断句,殊误也。诗之末句,古人只谓之"卒章",近世方谓"断句”。

【译文】

古人引用《诗经》，多取《诗经》的断章引用。"断"发音为"段"，读音如"断截"的"断"，意思是说一首诗中，只截取其中一章或者一两句的意思，不用全篇的涵义，所以称为"断章"。现在的人大多读为"断章"，"断"发音为"锻"，是说诗的末句，这完全是错误的。诗的末句，古人只称为"卒章"，近世才称为"断句"。

古人谓币言"玄纁五两"者①，一玄一纁为一两。玄，赤黑，象天之色。纁，黄赤，象地之色。故天子六服，皆玄衣纁裳，以朱渍丹秫染之②。《尔雅》曰："一染谓之縓"，縓，今之茜也，色小赤。"再染谓之竀"，竀，赪也③。"三染谓之纁"，盖黄赤色也。玄、纁二物也，今之用币，以皂帛为玄纁④，非也。古之言束帛者，以五匹屈而束之，今用十匹者，非也。《易》曰："束帛戋戋。"⑤戋戋者，寡也，谓之盛者非也。

【注释】

①币：指祭祀或赠送宾客的礼币。纁(xūn)：黄赤色。

②朱：指朱砂。丹秫(shú)：古代用作染料的赤粟。

③赪(chēng)：浅红色。

④皂帛：黑色的帛。

⑤束帛戋戋：出自《易·贲》"六五"爻辞。

【译文】

古人提到礼币时说的"玄纁五两"，是以一玄一纁为一两。玄是赤黑色，代表天的颜色。纁是黄赤色，代表地的颜色。所以天子的六种礼服，都用玄衣纁裳，用朱砂浸渍的丹秫来染色。《尔雅》说："第一次浸染称为缇"，缇就是现在的茜色，色泽淡红。"第二次浸染称为竁"，竁是浅红色。"第三次浸染称为纁"，就是黄赤色。玄与纁是两种东西，现在使用礼币，把黑色的帛当作玄纁，这是错误的。古代所谓的"束帛"，是把五匹布对折捆在一起，现在用十匹布是不对的。《易》说："束帛戋戋。"戋戋就是少的意思，说成是多，这是不对的。

　　《经典释文》如熊安生辈[1]，本河朔人[2]，反切多用北人音；陆德明，吴人，多从吴音；郑康成[3]，齐人，多从东音。如"璧有肉好"[4]，肉音揉者，北人音也。"金作赎刑"[5]，赎音树者，亦北人音也。至今河朔人谓肉为揉、谓赎为树。如打字音丁梗反，罢字音部买反，皆吴音也。如疡医"祝药劀杀之齐"[6]，祝音咒，郑康成改为注，此齐鲁人音也，至今齐谓注为咒。官名中尚书本秦官，尚音上，谓之尚书者，秦人音也，至今秦人谓尚为常。

【注释】

①《经典释文》：唐代陆德明编撰的音韵学著作，三十卷。陆德明（约550—630），名元朗，以字行，唐代经学家。熊安生（？—约578）：字植之，长乐阜城（今河北阜城）人。北齐时为国子博士，通经学。

②河朔：泛指黄河以北地区。

③郑康成：即郑玄，高密（今属山东）人。汉代经学家。参《辨证》卷三注。

④璧有肉好：古代把玉璧上的圆孔称为"好"，把玉的部分称为"肉"。

⑤金作赎刑：出自《尚书·舜典》，指用金钱赎减刑罚。

⑥疡（yáng）医：古代治疗疮伤的外科医生。祝药劀（guā）杀之齐：出自《周礼·天官·疡医》。劀，刮，刮除。齐，同"剂"。

【译文】

《经典释文》所收各家的注音中，熊安生本来是黄河以北的人，所以反切注音时多用北方人的语音；陆德明是江南人，所以注音时多从江浙语音；郑康成是山东人，所以注音时多从山东语音。比如"璧有肉好"，说"肉"读音为"揉"，这是北方人的语音。"金作赎刑"，说"赎"读音为"树"，也是北方人的语音。至今黄河以北的人还把"肉"读为"揉"、把"赎"读为"树"。又如"打"字读作"丁梗反"，"罢"字读作"部买反"，这些都是江浙语音。又如说疡医"祝药劀杀之齐"，"祝"读音为"咒"，郑玄改为"注"，这是山东人的语音，到现在山东人还把"注"读为"咒"。官名中的"尚书"本来是秦国的官职，"尚"读为"上"，"尚书"是秦人的语音，到现在西北人还把"尚"读为"常"。

乐律

兴国中,琴待诏朱文济鼓琴为天下第一。京师僧慧日大师夷中尽得其法,以授越僧义海,海尽夷中之艺,乃入越州法华山习之,谢绝过从,积十年不下山,昼夜手不释弦,遂穷其妙。天下从海学琴者辐辏①,无有臻其奥。海今老矣,指法于此遂绝。海读书,能为文,士大夫多与之游,然独以能琴知名。海之艺不在于声,其意韵萧然,得于声外,此众人所不及也。

【注释】

①辐辏(fú còu):形容聚集得像车辐集中向心一样。

【译文】

太平兴国年间,琴待诏朱文济弹琴的水平天下第一。京城僧人慧日大师夷中学得了他的全部技艺,并把琴艺传授给了越僧义海,义海完全学会了夷中的琴艺,于是就到越州法华山去练习,谢绝与人往来,连续十年不下山,昼夜不停地弹奏,终于掌握了其中奥妙。天下有很多人师从义海学琴,却没人能达到他的臻妙之境。义海现在衰老了,他的指法从此就失传了。义海喜欢读书,能作诗文,士大夫多有和他来往的,然而他独以擅长弹琴而知名。义海的琴艺不在于声音而在于意韵的萧然深远,其意韵来自声音之外,这是众人所不及的。

十二律,每律名用各别,正宫、大石调、般涉调七声①:宫、羽、商、角、徵、变宫、变徵也②。今燕乐二十八调,用声各别。正宫、大石调、般涉调皆用九声:高五、高凡、高工、尺、上、高一、高四、六、合③；大石角同此④，加下五，共十声。中吕宫、双调、中吕调皆用九声⑤：紧五、下凡、工、尺、上、下一、四、六、合⑥；双角同此，加高一，共十声。高工、高大石调、高般涉皆用九声⑦：下五、下凡、工、尺、上、下一、下四、六、合；高大石角同此，加高四，共十声。道调宫、小石调、正平调皆用九声：高五、高凡、高工、尺、上、高一、高四、六、合⑧；小石角加勾字，共十声。南吕宫、歇指调、南吕调皆用七声：下五、高凡、高工、尺、高一、高四、勾；歇指角加下工，共八声。仙吕宫、林钟商、仙吕调皆用九声：紧五、下凡、工、尺、上、下一、高四、六、合；林钟角加高工，共十声。黄钟宫、越调、黄钟羽皆用九声：高五、下凡、高工、尺、上、高一、高四、六、合；越角加高凡，共十声。外则为犯⑨。燕乐七宫：正宫、高宫、中吕宫、道调宫、南吕宫、仙吕宫、黄钟宫。七商：越调、大石调、高大石调、双调、小石调、歇指调、林钟商。七角：越角、大石角、高大石角、双角、小石角、歇指角、林钟角。七羽：中吕调、南吕调、又名高平调。仙吕调、黄钟羽、又名大石调。般涉调、高般涉、正平调。

【注释】

①正宫、大石调、般涉调：均为燕乐调名。

②羽：原作"与"，从胡道静说改。王国维认为"羽"当补在"徵"字下，亦可从。

③高五、高凡等：均为工尺谱记谱用字。六，原作"勾"，从张文虎《舒艺室杂著》说改。

④大石角："角"字原缺，从张文虎说改。

⑤中吕宫:"宫"字原缺,从张文虎说改。

⑥四:原作"下四",从张文虎说改。

⑦高大石调:四字原缺,从张文虎说改。

⑧高四:原作"下四",从张文虎说改。

⑨犯:犯调,指音乐中变换调高或调式的方法。

【译文】

　　十二律在不同律调上的名称和用法都不一样,正宫、大石调、般涉调为七声:宫、羽、商、角、徵、变宫、变徵。现在的燕乐二十八调,所用的音声也各不相同。正宫、大石调、般涉调都用九声:高五、高凡、高工、尺、上、高一、高四、六、合;大石角与此相同,再加上下五,一共十声。中吕宫、双调、中吕调都用九声:紧五、下凡、工、尺、上、下一、四、六、合;双角与此相同,再加上高一,一共十声。高工、高大石调、高般涉都用九声:下五、下凡、工、尺、上、下一、下四、六、合;高大石角与此相同,再加上高四,一共十声。道调宫、小石调、正平调都用九声:高五、高凡、高工、尺、上、高一、高四、六、合;小石角再加上勾字,一共十声。南吕宫、歇指调、南吕调都用七声:下五、高凡、高工、尺、高一、高四、勾;歇指角再加上下工,一共八声。仙吕宫、林钟商、仙吕调都用九声:紧五、下凡、工、尺、上、下一、高四、六、合;林钟角再加上高工,一共十声。黄钟宫、越调、黄钟羽都用九声:高五、下凡、高工、尺、上、高一、高四、六、合;越角再加上高凡,一共十声。此外的就是犯调了。燕乐有七个宫调:正宫、高宫、中吕宫、道调宫、南吕宫、仙吕宫、黄钟宫。有七个商调:越调、大石调、高大石调、双调、小石调、歇指调、林钟商。七个角调:越角、大石角、高大石角、双角、小石角、歇指角、林钟角。七个羽调:中吕调、南吕调、又名高平调。仙吕调、黄钟羽、又名大石调。般涉调、高般涉、正平调。

　　十二律并清宫,当有十六声。今之燕乐止有十五声,盖今乐高于古乐二律以下，故无正黄钟声。今燕乐只以合字配黄钟，下四字配大吕，高四字配太蔟，下一字配夹钟，高一字配姑洗，上字配中吕，勾字配蕤宾，尺字配林钟，下工字配夷则，高工字配南吕，下凡字配无射，高凡字配应钟，六字配黄钟清，下五字配大吕清，高五字配太蔟清，紧五字配夹钟清。虽如此，然诸调杀声^①，亦不能尽归本律。故有祖调、正犯、偏犯、傍犯^②，又有寄杀、侧杀、递杀、顺杀。凡此之类，皆后世声律渎乱，各务新奇，律法流散。然就其间亦自有伦理，善工皆能言之，此不备纪。

【注释】

①杀声：指结束音。

②祖调：指转调或犯调之前的原调。

【译文】

十二律加上清宫应当有十六声。现在的燕乐却只有十五声，因为现在的乐律高于古乐二律不到，所以没有准确的黄钟声。现在的燕乐只是用"合"字配黄钟，"下四"字配大吕，"高四"字配太蔟，"下一"字配夹钟，"高一"字配姑洗，"上"字配中吕，"勾"字配蕤宾，"尺"字配林钟，"下工"字配夷则，"高工"字配南吕，"下凡"字配无射，"高凡"字配应钟，"六"字配黄钟清，"下五"字配大吕清，"高五"字配太蔟清，"紧五"字配夹钟清。虽如此，但是各调的结束音，也还是不能都回到本调的音声上来。所以有祖调、正犯、偏犯、傍犯，又有寄杀、侧杀、递杀、顺杀。像这样的情况，都是因为后世乐律的混乱导致的，乐工各自追求新奇，律法流于散乱。不过这其中也还是自有条理，通晓音律的乐工都能说出其中的门道，这里就不详细记载了。

乐有中声,有正声。所谓中声者,声之高至于无穷,声之下亦无穷,而各具十二律。作乐者必求其高下最中之声,不如是不足以致大和之音①,应天地之节。所谓正声者,如弦之有十三泛韵②,此十二律自然之节也。盈丈之弦,其节亦十三;盈尺之弦,其节亦十三。故琴以为十三徽。不独弦如此,金石亦然。《考工》为磬之法:"已上则磨其耑,已下则磨其旁。"磨之至于击而有韵处,即与徽应,过之则复无韵,又磨之至于有韵处,复应以一徽。石无大小,有韵处亦不过十三,犹弦之有十三泛声也。此天地至理,人不能以毫厘损益其间。近世金石之工,盖未尝及此。不得正声,不足为器;不得中声,不得为乐。

【注释】

①大和之音:阴阳和谐的旋律。

②泛韵:古琴有十三个徽位,按徽位而轻触琴弦所发出的乐音即泛韵,也称泛音。徽位,即音位。

【译文】

音乐有中声和正声。所谓的中声,是说音声的高低虽然都没有界限,但是各自都要具备十二律的要求。作乐者必须找到音律高低中最合适的音声,不然就无法找到阴阳和谐的旋律,无法顺应天地自然的节律。所谓的正声,就像琴弦有十三个泛音,这也是十二律的自然节律。一丈多的弦,其韵节也是十三个;一尺多的弦,其韵节也是十三个。所以琴以这十三个韵节为徽位。不只是弦乐如此,金石打击乐器也是这样。《考工记》记载制磬的方法说:"造磬的人造磬时,声音太高就要磨其两侧,声音太低就要磨其顶端。"磨到敲击时有韵音的地方,就与徽音相应,超过了就不再有韵音了,再磨到另一个有韵音的地方,又与另一个徽音相应。金石不分大小，有韵音的地方也不超过十三处，就像琴弦上有十三个泛音。这是天地之间的自然规律，人不能在这上面增减毫厘。近世制作金石乐器的工匠，都认识不到这一点。不得正声，就不足以制作乐器；不得中声，就无法创造音乐。

律有四清宫①，合十二律为十六，故钟磬以十六为一堵。清宫所以为止于四者，自黄钟而降②，至林钟宫、商、角三律，皆用正律，不失尊卑之序。至夷则即以黄钟为角，南吕以大吕为角，则民声皆过于君声③，须当折而用黄钟、大吕之清宫。无射以黄钟为商，太蔟为角。应钟以大吕为商，夹钟为角④，不可不用清宫，此清宫所以有四也。其余徵、羽，自是事、物用变声，过于君声无嫌，自当用正律，此清宫所以止于四而不止于五也。君、臣、民用从声，事物用变声，非但义理次序如此，声必如此然后和，亦非人力所能强也。

【注释】

①四清宫：指黄钟清宫、大吕清宫、太蔟清宫、夹钟清宫。

②黄钟：指黄钟宫。参《乐律》卷五注。

③民声皆过于君声：民声、君声。参《乐律》卷五注。在音律上指角音高于宫音。

④夹钟为角：原作"角钟"，若为"角钟"，则句义不可解，从王国维《观堂校识》说改。

【译文】

乐律有四种清宫，加上十二律就是十六音，所以钟磬要十六个编为一堵。清宫之所以只有四个，是因为从黄钟宫以下，到林钟宫、商、角三个音律，都要用正律，不能失却尊卑高低的次序。到夷则宫就要以黄钟为角,南吕宫以大吕为角,这样角音高于宫音,就属于民声超过了君声,必须转而用黄钟、大吕的清宫。无射宫以黄钟为商,太蔟为角。应钟宫以大吕为商,夹钟为角,这些不能不用清宫,所以清宫只有四种。其余的徵、羽,自与事、物相配而属于变声,所以超过宫音(君声)没什么关系,自然可以取用相应的正律,这就是清宫之所以只有四种而没有第五种的原因。君、臣、民用从声相配,事、物用变声相配,不但义理、次序如此,声音也必须如此,然后才能和谐,这也不是人力能勉强的。

本朝燕部乐,经五代离乱,声律差舛。传闻国初比唐乐高五律,近世乐声渐下,尚高两律。予尝以问教坊老乐工,云:"乐声岁久,势当渐下。一事验之可见:教坊管色,岁月浸深,则声渐差,辄复一易,祖父所用管色,今多不可用。唯方响皆是古器①,铁性易缩②,时加磨莹,铁愈薄而声愈下。乐器须以金石为准,若准方响,则声自当渐变。"古人制器,用石与铜,取其不为风雨燥湿所移,未尝用铁者,盖有深意焉。律法既亡,金石又不足恃,则声不得不流,亦自然之理也。

【注释】

①方响:古代一种铁制的打击乐器。

②易缩:容易生锈,一说"缩"通"锈"。一说"缩"代指变化。

【译文】

本朝的燕乐,经过五代的动乱,声律上有很多差错。传闻说本朝初年的乐律比唐代高五律,近世的乐声逐渐低下,但还是比唐律高出两律。我曾经带着这个问题去问教坊的老乐工,他说:"乐声时间长了,势必逐渐低下。有一件事就可以证明:教坊的乐管,用的时间长了,音色上就会产生变化,这时就需要再更换一次,祖辈、父辈使用的乐管,现在大多无法使用了。只有方响都是古器,因为铁容易生锈,时时加以打磨,铁片被打磨得越薄,声音就越低。乐器必须以金石为标准,如果以方响为标准,那么音声自然会逐渐变化。"古人制作乐器,大多采用石器或铜器,这是看中它们不会因为风雨燥湿的环境而产生变化,影响音质,古人从未用铁来制作乐器,大概是有深意的。现在乐律的标准已经没了,金石乐器又不足以为据,那么音声就很难不出现差错,这也是自然的道理。

古乐钟皆匾如盒瓦①。盖钟圆则声长,匾则声短②。声短则节,声长则曲。节短处声皆相乱③,不成音律。后人不知此意,悉为匾钟,急叩之多晃晃尔,清浊不复可辨。

【注释】

①匾:同"扁"。爱庐本一作"扁"。盒:通"合"。

②钟圆则声长,匾则声短:这是因为钟的造型影响到了敲击后的振动差异,圆钟敲击后的振动衰减得慢,所以声音长,扁钟敲击后,在两侧形成共振,加快了衰减速度,所以声音短。

③节短:节拍短,即快速连续地敲打。

【译文】

古代的乐钟都扁得像合起来的瓦。钟越圆声音就越长,钟越扁声音就越短。声音短就有节奏,声音长就有杂音。快速敲打的话,声音就会混杂错乱,不成音律。后人不了解这些道理,把钟都铸成扁钟,快速敲击的时候经常发出晃晃的声响,声音的高低清浊都无法分辨了。

琴瑟弦皆有应声①:宫弦则应少宫,商弦即应少商,其余

皆隔四相应②。今曲中有声者,须依此用之。欲知其应者,
先调诸弦令声和,乃剪纸人加弦上,鼓其应弦,则纸人跃,他
弦即不动,声律高下苟同,虽在他琴鼓之,应弦亦震,此之谓
正声。

【注释】

①应声:这里指琴弦上声音的共振现象。

②隔四相应:琴瑟以五音阶标准定弦,所以每隔四弦相应。

【译文】

琴瑟的乐弦都有应声:宫弦对应少宫弦,商弦对应少商弦,其余
的都是相隔四弦而相应。现在的乐曲中想要有应声,就必须按照这
个规律来运用。想要知道哪两根琴弦相应,先要调整好各个琴弦,
让它们的音声和谐,然后剪下纸人放在弦上,当弹到对应的琴弦时,
纸人就会跃起,弹到其他琴弦时就不动,只要声律的高低相同,那么
即使是在别的琴上弹奏,这张琴上的对应弦也会跟着振动,这就是
所谓的正声。

乐中有敦、掣、住三声①。一敦、一住,各当一字②,一大
字住当二字,一掣减一字。如此迟速方应节,琴瑟亦然。更
有折声③,唯合字无,折一分、折二分,至于折七八分者皆是。
举指有浅深,用气有轻重,如笙箫则全在用气,弦声只在抑
按。如中吕宫一字、仙吕宫工字④,皆比他调低半格⑤,方应
本调。唯禁伶能知,外方常工多不喻也。

【注释】

①敦、掣、住:都是古代乐谱中表示节拍的符号,一般认为敦表示停

顿,住表示延长,掣表示加快。一说掣是升音符号。

②当一字:相当于一拍。字,即拍。

③折声:一说为降音符号。一说指音的长短与强弱。

④工:原作"五",据郑孟津《词源解笺》改。

⑤低:原作"高",据郑孟津《词源解笺》改。

【译文】

乐谱中有"敦"、"掣"、"住"三种声音符号。一敦、一住,各自相当于一拍,一个"大住"相当于两拍,一"掣"就是缩减一拍。这样音律的快慢才能适应节奏,琴瑟都是这样的。此外还有"折声",唯独没有"合"字,折一分、折二分,至于折七八分的也有。手指的按奏有深浅,发音的用气有轻重,像笙箫一类乐器就全靠用气,弦乐则只在于按指。如中吕宫的"一"字、仙吕宫的"工"字,都要比其他乐调低半音,才能与本调相应。这些道理只有宫廷乐工能知道,民间那些一般乐工大多不了解。

熙宁中宫宴,教坊伶人徐衍奏稽琴①,方进酒而一弦绝,衍更不易琴,只用一弦终其曲。自此始为"一弦稽琴格"。

【注释】

①稽琴:即奚琴,古代北方奚族人流行的弦乐,琴上有两根弦,用竹片摩擦琴弦发声。一般认为,就是胡琴的原型。

【译文】

熙宁年间一次宫廷宴会上,由教坊乐工徐衍弹奏稽琴,正在进酒时,忽然断了一根琴弦,徐衍也不换琴,就用剩下的一根琴弦奏完了整支曲子。从此就有了所谓的"一弦稽琴格"。

律吕宫、商、角声各相间一律,至徵声顿间二律,所谓变

声也。琴中宫、商、角皆用缠弦①,至徵则改用平弦,隔一弦
鼓之,皆与九徽应,独徵声与十徽应,此皆隔两律法也。古
法唯有五音,琴虽增少宫、少商②,然其用丝各半本律,乃律
吕清倍法也。故鼓之六与一应,七与二应,皆不失本律之
声。后世有变宫、变徵者,盖自羽声隔八相生再起宫③,而宫
生徵虽谓之宫、徵,而实非宫、徵声也。变宫在宫、羽之间,
变徵在角、徵之间,皆非正声,故其声庞杂破碎,不入本均,
流以为郑、卫④,但爱其清焦⑤,而不复古人纯正之音。惟琴
独为正声者,以其无间声以杂之也。世俗之乐,惟务清新,
岂复有法度,乌足道哉?

【注释】

①缠弦:指将几根弦绞在一起后,外面再用细弦缠绕起来而制成的
　弦。反之,外面没有用细弦缠绕的弦称为平弦。古琴有七弦,靠
　近外侧徽位的是第一弦,依次向内为二弦到七弦,其音阶关系,
　若第一弦为黄钟宫,则第二至第七弦依次为:太蔟商、姑洗角、林
　钟徵、南吕羽、黄钟清、太蔟清。

②少商:原作"少角",从王国维《观堂校识》改。所加的少宫、少商,
　就是黄钟清和太蔟清,所以乐弦比原来的宫、商二弦细一半。

③隔八相生:即通过三分损益法而损益出相应音声。参《乐律》卷
　五注。

④郑、卫:即"郑卫之音",春秋时期郑国、卫国的民间俗乐,被儒家
　视为淫乐的代表。

⑤清焦:指声音高昂而急促。

【译文】

在乐律上,宫、商、角声各自相间一律,到了徵声就顿改为间二律,

这是所谓的"变声"。琴上的宫、商、角声都用缠弦,到徵声就改用平弦,每隔一弦弹奏,都和第九个徽位的泛音相应,只有徵声与第十个徽位的泛音相应,这是因为角、徵相隔两律的缘故。古代的乐律只有五音,琴上虽然增加了少宫、少商两根弦,然而它们的用丝只是宫、商二弦的一半,这是音律上清半浊倍的法度。所以弹奏时,第六弦(少宫)与第一弦相应(宫),第七弦(少商)与第二弦相应(商),并没有改变本律的音声。后世又有变宫和变徵,是从羽声用"隔八相生"法再进行损益而产生的变宫,而变宫产生变徵,虽然它们也被称为宫、徵,但实际上并非宫声、徵声。变宫的音阶在宫、羽之间,变徵的音阶在角、徵之间,都不是标准音声,所以它们的音声庞杂而破碎,不是正音,而流为郑、卫之音,人们只是喜爱它的声音高昂急促,却不能再恢复古人那些纯正的乐音了。唯独琴所保留的还是正声,因为它没有夹杂变宫、变徵那样的间声。世俗的音乐,只追求新奇动听,哪里还有什么法度可言,而这又有什么可称道的呢?

　　十二律配燕乐二十八调,除无徵音外,凡杀声黄钟宫①,今为正宫,用六字②;黄钟商,今为越调,用六字;黄钟角,今为林钟角,用尺字;黄钟羽,今为中吕调,用六字;大吕宫,今为高宫,用四字;大吕商、大吕角、大吕羽、太蔟宫,今燕乐皆无;太蔟商③,今为大石调,用四字;太蔟角,今为越角,用上字;太蔟羽,今为正平调,用四字;夹钟宫,今为中吕宫,用一字;夹钟商,今为高大石调,用一字;夹钟角、夹钟羽、姑洗商,今燕乐皆无;姑洗角,今为大石角,用凡字;姑洗羽,今为高平调,用一字;中吕宫,今为道调宫④,用上字;中吕商,今为双调,用上字;中吕角,今为高大石调,用六字;中吕羽,今为仙吕调,用上字;蕤宾宫、商、羽、角,今燕乐皆无;林钟宫,今为南吕宫,用尺字;林钟商,今为小石调,用尺字;林钟角,今为双角,用四字;林钟羽,今为大吕调,用尺字;夷则宫,今为仙吕宫,用工字;夷则商、角、羽、南吕宫,今燕乐皆无;南吕商,今为歇指调,用工字;南吕角,今为小石角,用一字;南吕羽,今为般涉调,用四字;无射宫,今为黄钟宫,用凡字;无射商,今为林钟商,用凡字;无射角,今燕乐无;无射羽,今为高般涉调,用凡字;应钟宫、应钟商,今燕乐皆无;应钟角,今为歇指角,用尺字;应钟羽,今燕乐无。

【注释】

①黄钟宫:律调名,指以黄钟律高为宫音。参《乐律》卷五注。

②六字:及以下一字、上字、凡字、尺字等,都是工尺谱的记音符号。

③太簇商:原作"太簇调",据爱庐本改。

④道调宫:原作"游调宫",据爱庐本改。

【译文】

十二律可对应于燕乐二十八调,除了没有徵音外,黄钟宫的杀声,现在燕乐中是正宫,用"六"字;黄钟商现在是越调,用"六"字;黄钟角现在是林钟角,用"尺"字;黄钟羽现在是中吕调,用"六"字;大吕宫现在是高宫,用"四"字;大吕商、大吕角、大吕羽、太簇宫,现在的燕乐中都没有;太簇商现在是大石调,用"四"字;太簇角现在是越角,用"上"字;太簇羽现在是正平调,用"四"字;夹钟宫现在是中吕宫,用"一"字;夹钟商现在是高大石调,用"一"字;夹钟角、夹钟羽、姑洗商,现在的燕乐中都没有;姑洗角现在是大石角,用"凡"字;姑洗羽现在是高平调,用"一"字;中吕宫现在是道调宫,用"上"字;中吕商现在是双调,用"上"字;中吕角现在是高大石调,用"六"字;中吕羽现在是仙吕调,用"上"字;蕤宾的宫、商、羽、角,现在的燕乐中都没有;林钟宫现在是南吕宫,用"尺"

字；林钟商现在是小石调，用"尺"字；林钟角现在是双角，用"四"字；林钟羽现在是大吕调，用"尺"字；夷则宫现在是仙吕宫，用"工"字；夷则的商、角、羽、南吕宫，现在的燕乐中都没有；南吕商现在是歇指调，用"工"字；南吕角现在是小石角，用"一"字；南吕羽现在是般涉调，用"四"字；无射宫现在是黄钟宫，用"凡"字；无射商现在是林钟商，用"凡"字；无射角，现在的燕乐中没有；无射羽现在是高般涉调，用"凡"字；应钟宫、应钟商，现在的燕乐中都没有；应钟角现在是歇指角，用"尺"字；应钟羽，现在的燕乐中没有。

补笔谈卷二

象数

又一说①，**子、午属庚，**此纳甲之法。震初爻纳庚子、庚午也。**丑、未属辛，**巽初爻纳辛丑、辛未也。**寅、申属戊，**坎初爻纳戊寅、戊申也。**卯、酉属己，**离初爻纳己卯、己酉也。**辰、戌属丙，**艮初爻纳丙辰、丙戌也。**巳、亥属丁。**兑初爻纳丁巳、丁亥也。**一言而得之者②，宫与土也；**假令庚子、庚午，一言便得庚。辛丑、辛未，一言便得辛；戊寅、戊申，一言便得戊；己卯、己酉，一言便得己，故皆属土，余皆仿此。**三言而得之者，徵与火也；**假令戊子、戊午，皆三言而得庚；己丑、己未，皆三言而得辛；丙寅、丙申，皆三言而得戊；丁卯、丁酉，皆三言而得己，故皆属火。**五言而得之者，羽与水也；**假令丙子、丙午，皆五言而得庚；丁丑、丁未，皆五言而得辛；甲寅、甲申，皆五言而得戊；乙卯、乙丑，皆五言而得己，故皆属水。**七言而得之者，商与金也；**假令甲子、甲午，皆七言而得庚；乙丑、乙未，皆七言而得辛；壬申、壬寅，皆七言而得戊；癸丑、癸酉，皆七言而得己，故皆属金。**九言而得之者，角与木也。**假令壬子、壬午，皆九言而得庚；癸丑、癸未，皆九言而得辛。庚寅、庚申，皆九言而得戊。辛卯、辛酉，皆九言而得己，故皆属木③。此出于《抱朴子》④，云是《河图玉版》之文。然则一何以属土？三何以属火？五何以属水⑤？其说云："中央总天之气一，南方丹天之气三，北方玄天之气五，西方素天之气七，东方苍天之气九。"皆奇数而无偶数，莫知何义，都不可推考。

【注释】

①又一说：本条当与《乐律》卷五倒数第八条相连。纳音之说指将天干地支与五音相配之法。

②一言：意义不甚明，从文章看，说的是天干与地支相配的方法，一言为直接对应。下文三言、五言、七言、九言则是下推三位、下推五位、下推七位、下推九位。其与金、木、水、火、土五行，宫、商、角、徵、羽五音亦相配，但原理难以推考。

③属木：原作"属金"，与正文不合，据别本改。

④《抱朴子》：东晋时期葛洪（284—364）所著道家著作，内篇二十篇，外篇五十篇。本段引用出自内篇《仙药》。

⑤属水：原作"属金"，与上文不合，从王国维之说改。

【译文】

关于纳音，还有一种说法，子、午属庚，这是纳甲的方法。震的初爻纳庚子、庚午。丑、未属辛，巽的初爻纳辛丑、辛未。寅、申属戊，坎的初爻纳戊寅、戊申。卯、酉属己，离的初爻纳己卯、己酉。辰、戌属丙，艮的初爻纳丙辰、丙戌。巳、亥属丁。兑的初爻纳丁巳、丁亥。当位直接对应而得到的关系，是宫和土；例如庚子、庚午，当位直接对应就得到庚；辛丑、辛未，当位直接对应就得到辛。戊寅、戊申，当位直接对应就得到戊；己卯、己酉，当位直接对应就得到己，所以它们都属于土，其他的都照此推算。下推三位对应得到的关系，是徵和火；例如戊子、戊午，都是下推三位对应而得到庚；己丑、己未，都是下推三位对应而得到辛；丙寅、丙申，都是下推三位对应而得到戊；丁卯、丁酉，都是下推三位对应而得到己。所以都属于火。下推五位对应得到的关系,是羽和水;假令丙子、丙午,都是下推五位对应而得到庚;丁丑、丁未,都是下推五位对应而得到辛;甲寅、甲申,都是下推五位对应而得到戊;乙卯、乙丑,都是下推五位对应而得到己,所以都属于水。下推七位对应得到的关系,是商和金;例如甲子、甲午,都是下推七位对应而得到庚;乙丑、乙未,都是下推七位对应而得到辛;壬申、壬寅,都是下推七位对应而得到戊;癸丑、癸酉,都是下推七位对应而得到己,所以都属于金。下推九位对应得到的关系,是角和木。例如壬子、壬午,都是下推九位对应而得到庚;癸丑、癸未,都是下推九位对应而得到辛;庚寅、庚申,都是下推九位对应而得到戊;辛卯、辛酉,都是下推九位对应而得到己,所以都属于木。这些说法出自《抱朴子》,据说是《河图玉版》上的文字。然而一为什么属于土?三为什么属于火?五为什么属于水?它的说法是:"中央总天之气一,南方丹天之气三,北方玄天之气五,西方素天之气七,东方苍天之气九。"这些都是奇数而没有偶数,也不知道是什么意思,都无法推考。

世俗十月遇壬日,北人谓之"入易",吴人谓之"倒布"。壬日气候如本月,癸日差温类九月[1],甲日类八月,如此倒布之,直至辛日如十一月[2]。遇春秋时节即温,夏即暑,冬即寒。辛日以后,自如时令。此不出阴阳书,然每岁候之,亦时有准,莫知何谓。

【注释】

①差:稍微。

②辛日如十一月:胡道静等指出,按照前面壬日如十月、癸日如九月的排序,到辛日当如正月,故疑原文有误。

【译文】

按照民间习俗,十月份遇到壬日,北方人称为"入易",江浙人称为

"倒布"。壬日的气候与本月一样,癸日稍微温暖一点,气候像是九月,甲日像是八月,像这样逆着往前排,直到辛日就像十一月一样。对应的月份是春秋时节的话就比较温暖,对应的月份是夏季就会暑热,对应的月份是冬季就会寒冷。辛日以后,又和当时正常的气候相一致。这种说法在阴阳学的书上没有,但是每年验证,也时常会很准,不知道为什么。

　　卢肇论海潮①,以谓"日出没所激而成",此极无理。若因日出没,当每日有常,安得复有早晚? 予常考其行节②,每至月正临子午③,则潮生,候之万万无差。此以海上候之,得潮生之时。去海远,即须据地理增添时刻。月正午而生者为潮,则正子而生者为汐;正子而生者为潮,则正午而生者为汐。

【注释】

①卢肇(818—882):字子发,江西宜春人。会昌三年(843)状元,历任歙州、宣州、池州、吉州刺史。本段引文出自其《海潮赋》序。

②常:通"尝",曾经。

③月正临子午:月亮正好在子午圈上。子午圈是指通过地球某点包括地球自转轴在内的平面(子午面)与天球的交线。由于地球自转,月亮每天两次通过子午圈,在天顶半圈上称月正午,在天底半圈上称月正子。由于月亮每天东移13°,它与太阳每天通过子午圈的时间就不一致,所以海潮的高潮每天会延后约50分钟。

【译文】

　　卢肇论潮汐现象,认为"潮汐是日出和日落的激荡造成的",这种说法极其没有道理。如果是因为日出和日落,那么每天潮汐应该是在固定时间出现的,怎么会又有早有晚呢? 我曾经考虑潮汐的运行规律,每次月亮运行到子午圈上,潮汐就会产生,这样检验一点都没有差错。这种方法是在海上观测而得到的潮生时间。如果离开海上较远,就必须按照当地的地理位置来增加时刻。如果月亮运行到月正午时产生的是潮,那么运行到月正子时产生的就是汐;如果月亮运行到月正子时产生的是潮,那么运行到月正午时产生的就是汐。

历法见于经者,唯《尧典》言"以闰月定四时成岁"。置闰之法,自尧时始有,太古以前,又未知如何。置闰之法,先圣王所遗,固不当议,然事固有古人所未至而俟后世者,如岁差之类,方出于近世,此固无古今之嫌也。凡日一出没谓之一日,月一盈亏谓之一月。以日月纪天,虽定名,然月行二十九日有奇①,复与日会,岁十二会而尚有余日②。积三十二月③,复余一会,气与朔渐相远,中气不在本月④,名实相乖,加一月谓之"闰"。闰生于不得已,犹构舍之用碍楔也⑤。自此气、朔交争,岁年错乱,四时失位,算数繁猥。凡积月以为时,四时以成岁,阴阳消长,万物生杀变化之节,皆主于气而已。但记月之盈亏,都不系岁事之舒惨⑥。今乃专以朔定十二月,而气反不得主本月之政。时已谓之春矣,而犹行肃杀之政⑦,则朔在气前者是也,徒谓之乙岁之春,而实甲岁之冬也;时尚谓之冬也,而已行发生之令,则朔在气后者是也,徒谓之甲岁之冬,乃实乙岁之春也。是空名之正、二、三、四反为实,而生杀之实反为寓,而又生闰月之赘疣⑧,此殆古人未之思也。

【注释】

①二十九日有奇：月亮的运行周期是 29.5306 日。

②尚有余日：十二个朔望月共计 354.3672 日，与一个回归年 365.25 日相比，相差 10.8828 日。

③积三十二月：积累三十二个朔望月，就与回归年相差接近一个朔望月了（29.02 日）。

④中气：二十四节气中，双数位的称中气，单数位的称节气。

⑤磹楔（diàn xiē）：合指楔子，古代建筑时用于填补木料中间的空隙。磹，石楔。

⑥舒惨：指岁时的阴阳变化。

⑦肃杀：指冬季的萧条景象。

⑧赘疣（zhuì yóu）：多余无用的东西。

【译文】

儒家经典中讨论历法的，只有《尚书·尧典》说"用闰月调整四时节气，成一年的时令"。设置闰月的方法，从尧的时候就开始了，太古以前，又不知道该怎么办。设置闰月的方法，是上古圣王传下来的，固然不应当议论，但是也有古人没做到而留给后人的事情，比如岁差之类的，就是近代才提出的，这本来就没有古今的顾忌。太阳的一次升起、落下称为一日，月亮的一次满月、弦月称为一月。用日月来记录天时，虽然是确定的名称，但是月亮的运行，要二十九日多一点才和太阳再度相会，每年十二次相会还有多余的日子。累积到三十二个月，就又多了一次相会，节气与朔望逐渐错位，以致中气不在本来的月份，名实不副，这就需要加一月称为"闰"。闰月的产生是出于不得已，就像造房子要用楔子一样。从此节气、朔望相矛盾，年岁错乱，四时离开原位，计算也繁琐复杂。其实积累月而成为四时，积累四时而成为年岁，阴阳消长，万物生杀变化的节律，都由节气主导。如果只是记录月亮的盈亏，就和岁时的阴阳变化没什么关系。现在专以月朔来规定十二月，而节气反而不能主导当月的阴阳了。有时已经说是春季,但是节气还停留在万物萧条的冬季,这就是朔望走在了节气前面,名义上说到了第二年春季,其实还是第一年的冬季;有时还说是冬季,但是节气已经开始到了万物生长的春季,这就是朔望走在了节气后面,名义上说还是第一年的冬季,其实已经是第二年的春季了。这样一来,空占其名的正月、二月、三月、四月反而成了实际,而阴阳变化的实际却反而变成了依附,并且又生出了闰月这么个赘疣,这恐怕是古人没想到的。

今为术,莫若用十二气为一年,更不用十二月。直以立春之日为孟春之一日,惊蛰为仲春之一日,大尽三十一日,小尽三十日①,岁岁齐尽,永无闰余。十二月常一大、一小相间,纵有两小相并,一岁不过一次。如此,则四时之气常正,岁政不相凌夺。日、月、五星,亦自从之,不须改旧法。唯月之盈亏,事虽有系者,如海、胎育之类,不预岁时寒暑之节,寓之历间可也。借以元祐元年为法,当孟春小,一日壬寅,三日望,十九日朔;仲春大,一日壬申,三日望,十八日朔。如此历日,岂不简易端平,上符天运,无补缀之劳?予先验天百刻有余、有不足,人已疑其说。又谓十二次斗建当随岁差迁徙,人愈骇之。今此历论,尤当取怪怒攻骂,然异时必有用予之说者②。

【注释】

①大尽三十一日,小尽三十日:原作"大尽三十日",与下文"一大一小"之说不合,胡道静据盛如梓《庶斋老学丛谈》卷六引文补,今从之。大尽、小尽,即大月、小月。

②异时必有用予之说者:二十世纪三十年代,英国气象局统计农业

气候使用的《萧伯纳农历》，用的就是类似原理的历法。

【译文】

现在我的办法是，不如用十二气来作为一年，不要再用十二月了。直接以立春那天作为孟春的第一天，惊蛰作为仲春的第一天，大月三十一日，小月三十日，这样每年都整齐完整，永远没有闰余之月了。十二月常常是一大月、一小月相间，纵使有两个小月连在一起，一年之中也不过就一次。像这样安排，那么四时的节气都是正常的，阴阳节气的变化也不相干扰。日、月、五星，也都能与此相随，不需要改变旧的历法。只有月亮的盈亏，虽然有些事和它的运行有关系，比如海水的潮汐、动物的胎育之类的，但是这与岁时寒暑的节气没有关系，把它再附加到上面的历法之间就行了。用元祐元年的历法作一个例子，孟春应当是小月，一日为壬寅，三日为望，十九日为朔；仲春是大月，一日为壬申，三日为望，十八日为朔。这样计算历法，难道不是简易而整齐，在上符合自然运行的规律，还免去了修补的麻烦吗？我之前曾经验证说每天的一百刻有余、有不足，人们已经怀疑我的说法。又说十二月的斗建应当随着岁差而迁徙，人们更加惊骇。现在我这么讨论历法问题，肯定更会引起一些人的大惊小怪、攻击谩骂，但是以后一定会有人采用我的学说。

《黄帝素问》有五运、六气。所谓五运者，甲、己为土运，乙、庚为金运，丙、辛为水运，丁、壬为木运，戊、癸为火运。如甲、己所以为土，戊、癸所以为火，多不知其因。予按，《素问·五运大论》黄帝问五运之所始于岐伯，引《太始天元册文》曰："始于戊、己之分。""所谓戊、己分者，奎、壁、角、轸①，则天地之门户也。"王砅注引《遁甲》②："六戊为天门，六己为地户。"天门在戌、亥之间，奎、壁之分；地户在辰、巳之间，角、轸之分。凡阴阳皆始于辰，上篇所论十二月谓之十二辰,十二支亦谓之十二辰,十二时亦谓之十二辰,日、月、星谓之三辰,五行之时谓之五辰③。五运起于角、轸者,亦始于辰也。甲、己之岁,戊己黅天之气经于角、轸④,故为土运。角属辰,轸属己。甲、己之岁,得戊辰、己巳。干皆土,故为土运。下皆同此。乙、庚之岁,庚辛素天之气经于角、轸,故为金运,庚辰、辛巳也。丙、辛之岁,壬癸玄天之气经于角、轸,故为水运,壬辰、癸巳也。丁、壬之岁,甲乙苍天之气经于角、轸,故为木运,甲辰、乙巳也。戊、癸之岁,丙丁丹天之气经于角、轸,故为火运,丙辰、丁巳也。《素问》曰:"始于奎、壁、角、轸,则天地之门户也。"凡运临角、轸,则气在奎、壁以应之。气与运常同天地之门户。故曰:"土位之下,风气承之。"甲、己之岁,戊己土临角、轸,则甲乙木在奎、壁。奎属戌,壁属亥。甲、己之岁,得甲戌、乙亥。下皆同此。曰"金位之下,火气承之"者,乙、庚之岁,庚辛金临角、轸,则丙丁火在奎、壁。曰"水位之下,土气承之"者,丙、辛之岁,壬癸水临角、轸,则戊己土在奎、壁。曰"风位之下,金气承之"者,丁、壬之岁,甲乙木临角、轸,则庚辛金在奎、壁。曰"相火之下,水气承之"者,戊、癸之岁,丙丁火临角、轸,则壬癸水在奎、壁。古今言《素问》者,皆莫能喻,故具论如此。

【注释】

①奎、壁、角、轸:星宿名。下文所说的"天地之门户",指阴阳变化生于此星宿。

②王砅(lì):号召玄子,唐代人。曾注释过《黄帝内经》。

③"上篇所论"五句:崇祯本原缺,所谓"上篇"指的是"五辰"之说。

④黔(jīn)天之气：及下文"素天之气"等，都是所谓五运在天之气，
　　其命名又与五行色彩有关。黔，黄色。

【译文】

《黄帝素问》中有五运、六气的说法。所说的五运，是说甲、己为土
运，乙、庚为金运，丙、辛为水运，丁、壬为木运，戊、癸为火运。至于说为
什么甲、己为土运，戊、癸为火运，人们大多不知道其原因。据我考证，
《素问·五运大论》中黄帝问岐伯"五运"的起源，岐伯引《太始天元册
文》说："始于戊、己之分。""所谓的戊、己之分，是说奎宿、壁宿、角宿、轸
宿是天地的门户，阴阳变化生于此。"王砅的注引《遁甲》说："六戊是天
门，六己是地户。"天门在戊、亥之间，相当于奎宿、壁宿的分界；地户在
辰、巳之间，相当于角宿、轸宿的分界。凡是阴阳都始于"辰"，上篇所论
的十二月称为"十二辰"，十二支也称为"十二辰"，十二时也称为"十二
辰"，日、月、星称为"三辰"，五行的时节称为"五辰"。五运起始于角宿、
轸宿，也始于"辰"。遇到甲、己的年岁，戊己黔天之气经过角宿、轸宿，
所以是土运。角宿属于辰，轸宿属于己。遇到甲、己的年岁，就对应戊辰、己
巳。此时天干都属于土，所以是土运。下面的推演都与此相同。遇到乙、庚的
年岁，庚辛素天之气经过角宿、轸宿，所以是金运，即庚辰、辛巳。遇到
丙、辛的年岁，壬癸玄天之气经过角宿、轸宿，所以是水运，即壬辰、癸
巳。遇到丁、壬的年岁，甲乙苍天之气经过角宿、轸宿，所以是木运，即
甲辰、乙巳。遇到戊、癸的年岁，丙丁丹天之气经过角宿、轸宿，所以是
火运，即丙辰、丁巳。《素问》说："起始于奎宿、壁宿、角宿、轸宿，这就是
天地之间的门户。"凡是"运"走到角宿、轸宿，那么"气"就在奎宿、壁宿，
二者相互呼应。"气"和"运"经常同时处在天地的门户上。所以说："土
位之下，风气承之。"遇到甲、己的年岁，戊己土走到角宿、轸宿，这时甲
乙木就在奎宿、壁宿。奎宿属于戊，壁宿属于亥。遇到甲、己的年岁，就对应
甲戊、乙亥。下面的推演都与此相同。说"金位之下，火气承之"，就是遇到
乙、庚的年岁，庚辛金走到角宿、轸宿，那么丙丁火就在奎宿、壁宿。说

"水位之下，土气承之"，就是遇到丙、辛的年岁，壬癸水走到角宿、轸宿，那么戊己土就在奎宿、壁宿。说"风位之下，金气承之"，就是遇到丁、壬的年岁，甲乙木走到角宿、轸宿，那么庚辛金就在奎宿、壁宿。说"相火之下，水气承之"，就是遇到戊、癸的年岁，丙丁火走到角宿、轸宿，那么壬癸水就在奎宿、壁宿。古往今来讨论《素问》的人，都不明白其中的道理，所以详细地总结在这里。

世之言阴阳者，以十干寄于十二支①，各有五行相从。唯戊己则常与丙丁同行，五行家则以戊寄于巳，己寄于午；六壬家亦以戊寄于巳，而以己寄于未。唯《素问》以奎、壁为戊分，轸、角为己分。奎、壁在亥、戌之间，谓之戊分，则戊当在戌也。轸、角在辰、巳之间，谓之己分，则己当在辰也。《遁甲》以六戊为天门，天门在戌、亥之间，则戊亦当在戌；六己为地户，地户在辰、巳之间，则己亦当在辰。辰、戌皆土位，故戊、己寄焉。二说正相合。按字书：戊，从戈、从一，则戊寄于戌，盖有从来。辰文从厂、音汉。从辰②，音身。《左传》："亥有二首六身。"亦用此字。从乙、音隐。从己，则己寄于辰，与《素问》《遁甲》相符矣。五行土常与水相随。戊，阳土也③。一，水之生数也，水乃金之子，水寄于西方金之末者，生水也，而旺土包之，此戊之理如是。己，阴土也。六，水之成数也，水乃木之母，水寄于东方木之末者，老水也，而衰土相与隐于厂下者，水土之墓也。厂，山岩之可居者；乙，隐也。

【注释】

①寄：依附。

②衣：《说文》以辰为形声字，厂为声符，形符从二、从乙、从匕。近人
　　认为辰应该是"蜃"的本字，当为象形字，一说为"振"的本字，则
　　当为会意字。

③阳土：古人将十天干与五行相配，则一行两干，一阴一阳。阳土
　　亦即下文旺土，阴土亦即下文衰土。

【译文】

　　世上讨论阴阳的人，把十干依附于十二支，各有五行与之相从。唯
独戊己经常与丙丁在一起，五行家则把戊依附于巳，把己依附于午；六
壬家也把戊依附于巳，而把己依附于未。只有《素问》把奎宿、壁宿作为
戊分，把轸宿、角宿作为己分。奎宿、壁宿在亥、戌之间，称为戊分，那么
戊应当在戌。轸宿、角宿在辰、巳之间，称为己分，那么己应当在辰。
《遁甲》中把六戊作为天门，天门在戌、亥之间，那戊也应当在戌；把六己
作为地户，地户在辰、巳之间，那么己也应当在辰。辰、戌都在土位，所
以戊、己依附在它们之上。两种说法正好相吻合。根据字书：戊字从
戊、从一，那么戊依附于戌，大概是有来历的。辰字从厂，音汉。从衣，音
身。《左传》中有："亥有二首六身。"也用这个字。字从乙、音隐。从己，那么
己依附于辰，就和《素问》《遁甲》的说法相符了。五行中，土经常与水相
随。戊是阳土，一是水的生数，水是金所生，水依附于西方金末位的是
生水，而外面有旺土包裹，这就是戊的道理。己是阴土，六是水的成数，
水能生出木，水依附于东方木末位的是老水，而衰土和它一起隐蔽在厂
的下面，是水土的墓地。厂就是山岩之间可以居住的地方，乙就是隐的
意思。

　　律有实积之数，有长短之数，有周径之数，有清浊之数。
所谓实积之数者①，黄钟管长九寸②，围九分③，以黍实其
中，其积九九八十一，此实积之数也；林钟长八寸④，围九
分，八九七十二《前汉书》称八八六十四，误也。解具下文，余律

所谓长短之数者,黄钟九寸,三分损一⑤,下生林钟,长六寸;林钟三分益一,上生太蔟,长八寸,此长短之数也,余律准此。所谓周径之数者,黄钟长九寸,围九分;古人言"黄钟围九分",举盈数耳⑥。细率之,当周九分七分之三。林钟长六寸,亦围九分;十二律皆围九分。《前汉志》言"林钟围六分"者,误也。予于《乐论》辨之甚详。《史记》称"林钟五寸十分四",此则六分九五十四,足以验《前汉》误也。余律准此。所谓清浊之数者⑦,黄钟长九寸为正声,一尺八寸为黄钟浊宫,四寸五分为黄钟清宫;倍而长为浊宫,倍而短为清宫。余律准此。

【注释】

①实积:原作"积实",据学津本等改。

②管:指用来定律的标准乐管。

③围:原作"径",若"径九分"则与容积为八十一之数不合,且下文明说"黄钟长九寸,围九分",据此而改。下面"林钟"句之"径"亦据此改作"围"。分:原作"寸",据汇秘笈本改,其下皆作"分"。

④林钟:《汉书·律历志》作"太蔟",似可从。

⑤三分损一:即九寸黄钟管,三分后去一分,得六寸的林钟管,称为"下生"。林钟管三分益一是将其三分后加一分,得八寸的太蔟管,称为"上生",交替使用"下生"与"上生"就可以计算各个律管的长度。

⑥盈数:整数。

⑦清浊:清指清宫,比正声高八度,浊指浊宫,比正声低八度。清宫、正声、浊宫的管径相同,因而清宫管长是正声管长的一半,正声管长又是浊宫管长的一半。

【译文】

十二律有实积之数、长短之数、周径之数、清浊之数。所谓的"实积之数",比如黄钟管长九寸,围长九分,用黍填满其中,容积为九九八十一,这就是"实积之数";太蔟管长八寸,围长九分,容积为八九七十二,《汉书》称八八六十四,这是错的。解释详见下文。其余的律管依此类推。所谓的"长短之数",比如黄钟管长九寸,通过三分损一的算法,下生林钟,长六寸;林钟管通过三分益一算法,上生太蔟,长八寸,这就是"长短之数",其余的律管依此类推。所谓的"周径之数",比如黄钟管长九寸,围长九分;古人说"黄钟管围长九分",这说的只是整数位。仔细计算的话,应该是九又七分之三分。林钟管长六寸,也是围长九分;十二律都是围长九分。《汉书·律历志》说"林钟管围长六分"是错的。我在《乐论》中已经考辨得很详细了。《史记》称"林钟管五又十分之四寸",这样算起来,实积为六九五十四,足以验证《汉书》的错误。其余的律管依此类推。所谓的"清浊之数",比如黄钟管长九寸,是标准音声,那么一尺八寸就是黄钟浊宫的管长,四寸五分就是黄钟清宫的管长;加倍延长就是浊宫管,加倍缩短就是清宫管。其余的律管依此类推。

八卦有过揲之数,有归余之数,有阴阳老少之数,有河图之数。所谓过揲之数者,亦谓之八卦之策:乾九揲而得之,揲必以四,四九三十六;坤六揲而得之,揲必以四,四六二十四。此乾、坤之策,过揲之数也,余卦准此。前卷叙之已详[1]。所谓归余之数者:乾一爻三少,初变之初五,再变、三变之初各四,并卦为十四爻,三合四十二,此乾卦归余之数也。坤一爻三多[2],初变之初九,再变、三变各八,并卦为二十六爻[3],三合之七十八[4],此坤卦归余之数也,余卦准此。阴阳老少之数:乾九揲而得之,故曰老阳之数九;坤六揲而得之,故曰老阴之数六。震、艮、坎皆七揲而得之，故曰少阳之数七；巽、离、兑皆八揲而得之，故曰少阴之数八。所谓河图之数者⑤：河图北方一，南方九，东方三，西方七，东北八，西北六，东南四，西南二，中央五。乾得南、中、北⑥，故其数十有五；坤得西、南、东北、西北⑦，故其数三十；震得东南、西南、东、西、北，故其数十有七；巽得南、中、东北、西北，故其数二十有八；坎得东南、西南、东北、西北、中，故其数二十有五；离得东、西、南、北，故其数二十；艮得南、东、西、东北、西北，故其数三十有三；兑得东南、西南、中、北，故其数十有二。具图如后（图缺）。

【注释】

①前卷：指《象数》卷七中倒数第六条。归余、阴阳老少、策等均为占卜概念，均可参该篇注。

②多：原作"少"。本书《象数》卷作"三多，坤也"，据改。

③二十六："六"字原缺，据汇秘笈本补。

④三：下原多一"爻"字，据汇秘笈本删。

⑤河图：由黑点、白点组成的图形阵，古代用来占卜。宋人对《河图》《洛书》的称谓不一，从下面行文看，沈括把今人认为的《洛书》视为《河图》，如图所示（右为沈括认为的《河图》）：

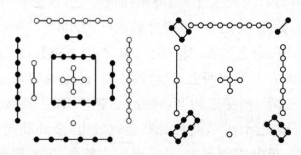

⑥南、中、北：胡道静等据乾卦方位，改作"东、东南、西南、中、北"，
　可从。

⑦坤得西："西"上原多一"东"字，据胡道静等之说改。

【译文】

八卦有过揲之数、归余之数、阴阳老少之数、河图之数。所谓的"过
揲之数"，也称为八卦的策数：乾卦经过九次揲数而得出，每揲必须是四
根蓍草，所以四九三十六；坤卦经过六次揲数而得出，每揲必须是四根
蓍草，所以四六二十四。这是乾卦、坤卦的策数，就是"过揲之数"，其余
的卦数依此类推。前卷叙述得已经很详细了。所谓的"归余之数"：乾卦每
一爻的三变都是少，第一变归余是五，再变、三变的归余各是四，加上卦
本身是十四爻，三项合起来是四十二，这是乾卦的"归余之数"。坤卦每
一爻的三变都是多，第一变的归余是九，再变、三变的归余各是八，加上
卦本身二十六爻，三项合起来是七十八，这是坤卦的"归余之数"，其余
的卦数依此类推。所谓的"阴阳老少之数"：乾卦经九次揲数而得出，所
以说老阳之数是九；坤卦经六次揲数而得出，所以说老阴之数是六。震
卦、艮卦、坎卦都是经七次揲数而得出，所以说少阳之数是七；巽卦、离
卦、兑卦都是经八次揲数而得出，所以说少阴之数是八。所谓的"河图
之数"：河图的北方是一，南方是九，东方是三，西方是七，东北是八，西
北是六，东南是四，西南是二，中央是五。乾卦得东、东南、西南、中、北，
所以其数目是十五；坤卦得西、南、东北、西北，所以其数目是三十；震卦
得东南、西南、东、西、北，所以其数目是十七；巽卦得南、中、东北、西北，
所以其数目是二十八；坎卦得东南、西南、东北、西北、中，所以其数目是
二十五；离卦得东、西、南、北，所以其数目是二十；艮卦得南、东、西、东
北、西北，所以其数目是三十三；兑卦得东南、西南、中、北，所以其数目
是十二。详细的图见后（图缺）。

揲蓍之法，凡一爻含四卦，凡一阳爻，乾为老阳，两多一少，

非震即坎，非坎即艮。少在前，震也；少在中，坎也；少在后，艮也。三揲之中，含此四卦，方能成一爻。阴爻亦如此，三爻坤为老阴，两少一多，非巽即离，非离即兑。多在前，则巽也；多在中，离也；多在后，兑也。积三爻为内卦①，凡含十二卦。一爻含四卦，三爻共十二卦也。所以含十二卦，自相重为六卦爻，凡得六十四卦。重卦之法：以下爻四卦乘中爻四卦，得十六卦；又以上爻四卦乘之，得六十四卦。外卦三爻，亦六十四卦。以内外六十四卦复自相乘，为四千九十六卦，方成《易》之卦。此之卦法也②。揲蓍凡十有八变，成《易》之一卦。一卦之中，含四千九十六卦在其间，细算之乃见。凡一卦可变为六十四卦，此变卦法，《周易》是也。六十四卦之为四千九十六卦，此之卦法也。如乾之坤、之屯、之蒙，尽六十四卦。每卦皆如此，共得四千九十六卦。今焦贡《易林》中所载是也③。四千九十六卦方得能却成一卦，终始相生，以首生尾，以尾生首，积至微之数，以成至大；积至大之数，却为至微；循环无端，莫知首尾。故《罔象成名图》曰④："其大无外，其小无内，迎之不见其首，随之不见其尾。"一卦变为六十四卦，六十四卦之为四千九十六卦，四千九十六卦却变为一卦。循环相生，莫知其端。大小一也，积小以为大，积大复为小，岂非一乎？往来一也，首穷而成尾，尾穷而反成首，岂非一乎？故至诚可以前知，始末无异故也。以夜为往者，以昼为来；以昼为往者，以夜为来。来往常相代，而吾所以知之者，一也。故藏往知来，不足怪也。圣人独得之于心，而不可言喻，故设象以示人。象安能藏往知来⑤，成变化而行鬼神？学者当观象以求圣人所以自然得者，宛然可见，然后可以藏往知来，成变化而行鬼神矣。《易》之象皆如是，非独此数也。知言象为糟粕,然后可以求《易》。

【注释】

①内卦:即下卦,指《易》六爻中的四爻、五爻、上爻。同理,外卦即上卦,指《易》六爻中的初爻、二爻、三爻。

②之卦:亦称"变卦",由本卦中各爻的揲数得出,揲数为老阴的变为阳爻,揲数为老阳的变为阴爻。

③焦贡:即焦延寿,西汉时梁地(今河南商丘)人,字赣,为小黄令。通《易》学,著有《焦氏易林》。

④《冈象成名图》:唐代道士张果所著道教文献。

⑤藏往知来:出自《易·系辞上》:"神以知来,知以藏往。"意为了解过去,预知未来。

【译文】

运用揲蓍的方法成卦,一爻包含四种成卦的可能,如果是阳爻的话,归余为三多的是老阳,也就是乾卦,归余为两多一少的,不是震卦就是坎卦,不是坎卦就是艮卦。少在前是震卦,少在中是坎卦,少在后是艮卦。在三变揲数之中,包含这四种卦的可能,才能成为一爻。阴爻也是这样,归余为三少的是老阴,也就是坤卦,归余为两少一多的,不是巽卦就是离卦,不是离卦就是兑卦。多在前就是巽卦,多在中是离卦,多在后是兑卦。积累三爻就可以形成内卦,一共有十二种可能的卦。一爻包含四种可能的卦,三爻一共就是十二种可能的卦。把这十二种内卦自相重叠,得到六爻的卦,一共能有六十四种可能的卦。重卦的方法是:用下爻四种可能的卦乘上中爻四种可能的卦,得到十六种可能的卦;再乘上上爻四种可能的卦,就得到六十四种可能的卦。外卦也由三爻组成,也能形成六十四种可能的卦。把内卦、外卦这六十四卦再互相乘起来,得到四千零九十六卦,这才穷尽了《易》所有可能的变卦。这是之卦的方法。通过揲蓍而成卦,经过一共十八种变卦,得到《易》中的一卦。每一卦中,又包含了四千零九十六种变卦的可能,仔细计算就能明白了。每一卦能变为六十四卦，这是变卦的方法，也就是《周易》的算法。六十四卦又能变为四千零九十六卦，这是之卦的方法。比如乾之坤、乾之屯、乾之蒙，穷尽六十四卦。每一卦都是这样，一共能得到四千零九十六卦。现在焦延寿的《易林》中记载的就是这种方法。经四千零九十六卦才能了却成为一卦，可谓终始相生，从开头生出结尾，又从结尾生出开头，累积最小的数，最终成为最大的数；累积最大的数，最终却成为最小的数；如此循环往复，不知道开头与结尾。所以《罔象成名图》说："它庞大到没有什么能出乎其外，它微小到没有什么能入乎其内，迎上去看不到开头，追上去看不到结尾。"一卦可变为六十四卦，六十四卦可变为四千零九十六卦，四千九十六卦却又变为一卦。循环往复，不知开端与结尾。大小是一样的，积累小的变成大的，积累大的又变成小的，这难道不是一样的吗？往来也是一样的，把开头穷尽了就成为结尾，把结尾穷尽了又反而成为开头，这难道不是一样的吗？所以达到最高境界的人可以预知未来，这是因为过去、未来是没有差异的。如果把黑夜视为过去，那么白天就是未来；如果把白天视为过去，那么黑夜就是未来。过去与未来常常可以相互取代，而我之所以能够推知它们，是因为它们本身也是一样的，所以了解过去与预知未来都不足为怪。圣人自己在心中明白这一真理，但又无法言说，所以设计出卦象来启示人们。其实卦象哪里能够了解过去、预知未来呢？又怎么能产生变化、驱动鬼神呢？学者应当通过观察卦象，来体会圣人从自然中领悟的真理，将其内化到自己可以看清楚的程度，然后就可以了解过去、预知未来，可以产生变化、驱动鬼神了。《易》的象都是如此，不是只有这些数理而已。明白了谈论《易》象其实是在谈论糟粕，然后才能把握《易》的真理。

官政

　　有一朝士,与王沂公有旧①,欲得齐州②。沂公曰:"齐州已差人。"乃与庐州③。不就,曰:"齐州地望卑于庐州,但于私便尔耳。相公不使一物失所,改易前命,当亦不难。"公正色曰:"不使一物失所,唯是均平。若夺一与一,此一物不失所,则彼一物必失所。"其人惭沮而退。

【注释】

①王沂公:即王曾,字孝先,北宋宰相,封沂国公。

②齐州:今山东济南。

③庐州:今安徽合肥。

【译文】

　　有一位朝士和王曾有旧交,他想到齐州担任地方长官。王曾说:"齐州长官已经派给别人了。"于是把庐州分配给他。那人不想赴任,说:"齐州的地位比庐州低,但是对我来说有所便利而已。您办事总是使人各得其所,如果更改一下之前的任命,想必也不是很难。"王曾严肃地对他说:"要使人各得其所,最关键的是平均、公平。如果从一个人那里夺来交给另一个人,这个人合适了,另一个人肯定就不合适了。"那个人惭愧地退下了。

　　孙伯纯史馆知海州日①,发运司议置洛要、板浦、惠泽三盐场,孙以为非便。发运使亲行郡,决欲为之,孙抗论排沮甚坚②。百姓遮孙③,自言置盐场为便。孙晓之曰:"汝愚民,不知远计。官买盐虽有近利,官盐患在不售,不患盐不足,盐多而不售,遗患在三十年后。"至孙罢郡,卒置三场。近岁连、海间，刑狱、盗贼、差徭比旧浸繁，多缘三盐场所置积盐如山，运卖不行，亏失欠负，动辄破人产业，民始患之。朝廷调发军器，有弩椿箭干之类④，海州素无此物，民甚苦之，请以鳔胶充折⑤。孙谓之曰："弩椿箭干，共知非海州所产，盖一时所须耳。若以土产物代之，恐汝岁被科无已时也。"其远虑多类此。

【注释】

①孙伯纯史馆：即孙冕，字伯纯，临江军新淦（今江西樟树镇）人。
　进士出身，守苏州，后归隐九华山。海州：今江苏连云港一带。
②排沮（jǔ）：排斥，抵制。
③遮：拦住。
④弩椿：弩柄。
⑤鳔（biào）胶：用黄鱼鳔做的胶，黏性很好。

【译文】

孙冕任海州知州时，发运司讨论要设置洛要、板浦、惠泽三处盐场，孙冕认为这样对百姓不好。发运使亲自巡行郡县，坚决要设置盐场，孙冕表示抗议并坚决抵制。百姓们拦住孙冕，都说设置盐场有很多好处。孙冕告诉他们说："你们真是愚蠢啊，不知道长远的规划。向官府买盐，短期内虽然有好处，但官盐的问题在于担心卖不出去，不是怕盐不足，而是怕盐多了卖不掉，这样留下的祸患会在三十年后出现。"等到孙冕离开海州任上，朝廷最终还是在这设置了三处盐场。近年来连州、海州一带的刑狱、盗贼、差徭都比以前多，大多是因为三处盐场的盐堆积如山，因为销售不利，所以导致亏损、拖欠，动不动就使人破产，百姓这才意识到盐场的危害。有一次，朝廷要在海州征调军械，其中有弩椿、箭杆之类的，海州素来没有这些东西，百姓都很苦恼，就请求用鳔胶来充数抵扣。孙冕对他们说:"弩柄、箭杆,这些东西大家都知道不是海州出产的,只是朝廷一时所需而已。如果用海州土产来代替,恐怕你们每年都要被征收这些东西,再也没有头了。"他的深谋远虑大多像这样。

孙伯纯史馆知苏州,有不逞子弟与人争"状"字当从犬、当从大①,因而构讼②。孙令褫去巾带③,纱帽下乃是青巾。孙判其牒曰:"偏傍从大,书传无闻;巾帽用青,屠沽何异?量决小杖八下。"苏民闻之,以为口实。

【注释】

①不逞:不得志,这里指不讲理。

②构讼:引起诉讼,打官司。

③褫(chǐ)去:剥去。

【译文】

孙冕任苏州知州时,有不讲理的人和别人争论"状"字右边应当从"犬"还是应当从"大",并因此而引起了官司。孙冕命人剥去他的巾带,纱帽下面带的是青色头巾。孙冕在文书上写下判词道:"作为偏旁从'大',这在书传中没听说过;但是你带着青色的巾帽,这和杀猪卖酒的人有什么区别呢?判处打小杖八下。"苏州百姓听说后,一时传为笑话。

忠定张尚书曾令鄂州崇阳县①。崇阳多旷土,民不务耕织,唯以植茶为业。忠定令民伐去茶园,诱之使种桑麻。自此茶园渐少,而桑麻特盛于鄂、岳之间。至嘉祐中,改茶法,湖、湘之民苦于茶租,独崇阳茶租最小,民监他邑②,思公之惠,立庙以报之。民有入市买菜者,公召谕之曰:"邑居之民,无地种植,且有他业,买菜可也。汝村民,皆有土田,何不自种而费钱买菜?"笞而遣之③。自后人家皆置圃,至今谓芦菔为"张知县菜"④。

【注释】

①张尚书:即张咏,字复之,号乖崖,北宋大臣,谥忠定。参《神奇》卷二十注。鄂州:今属湖北。

②监:考察,察看。

③笞(chī):鞭打。

④芦菔(fú):萝卜。

【译文】

张咏曾经担任鄂州崇阳县令。崇阳一带有很多荒地,百姓不从事耕织,只知道靠种茶为生。张咏命令百姓把茶园都砍掉,引导他们种植桑麻。从此茶园的数量逐渐减少,而桑麻的产量在鄂、岳一带很高。到了嘉祐年间,朝廷改革茶法,湖、湘一带的百姓都苦于茶租税重,唯独崇阳县的茶租最少,百姓们看到其他县的情况,想到张咏的恩泽,就为他建立了祠庙来报答他。有村民到市场上买菜,张咏把他们叫来说:"住在县城里的人,因为没有土地可以种植,而且他们有别的工作要做,买菜是可以的。你们这些农村人,都有土地和田产,为什么不自己种而要浪费钱去买菜呢?"把他们打了一顿后放走了。从此以后,村民家里都开辟了田圃,至今还把萝卜称为"张知县菜"。

权智

王子醇枢密帅熙河日①，西戎欲入寇，先使人觇我虚实②。逻者得之，索其衣缘中，获一书，乃是尽记熙河人马刍粮之数③，官属皆欲支解以殉。子醇忽判杖背二十，大刺面"蕃贼决讫放归"六字④，纵之。是时适有戍兵步骑甚众，刍粮亦富。虏人得谍书，知有备，其谋遂寝⑤。

【注释】

①王子醇：即王韶，字子纯，北宋大臣。熙河：治所在今甘肃临洮。

②觇（chān）：偷偷地观察。

③刍（chú）粮：供军队食用的粮草。

④决讫：判决完毕。

⑤寝：停止。

【译文】

王韶任熙河主帅的时候，西戎想要入侵中原，先派人侦查我军的虚实。结果那人被巡逻兵发现，从他的衣服缝中找到一封书信，详尽地记录了熙河的人马以及军粮数目，官府的属官都希望把他杀死。王韶却忽然判处用杖打后背二十下，再在脸上刺上"蕃贼决讫放归"六个字，然后把那人放了。这时戍守的军队正好人马充足，军粮也很丰富。敌人得到谍报，知道我军有所准备，于是入侵的计划就停止了。

宝元元年①，党项围延安七日，邻于危者数矣。范侍郎雍为帅②，忧形于色。有老军校出，自言曰："某边人，遭围城者数次，其势有近于今日者。虏人不善攻，卒不能拔。今日万万无虞，某可以保任。若有不测，某甘斩首。"范嘉其言壮人心，亦为之小安。事平，此校大蒙赏拔，言知兵善料敌者，首称之。或谓之曰："汝敢肆妄言，万一言不验，须伏法。"校笑曰："君未之思也。若城果陷，何暇杀我耶？聊欲安众心耳。"

【注释】

①宝元元年：公元 1038 年。

②范侍郎雍（981—1046）：范雍，字伯纯，河南人。咸平初年进士，补洛阳主簿。后迁殿中丞，知端州。累官兵部员外郎、户部副使、度支副使、工部郎中、龙图阁待制、陕西转运使。谥忠献。《宋史》卷二八八有传。

【译文】

宝元元年，党项军队围困延安足有七天，多次出现危险情况。范雍担任主帅，面露忧虑之色。这时有一位老军校站出来，自称："我是边境上的人，遭遇过好几次围城，有的与现在的情况近似。但是敌人不善于攻城，最终也无法夺下城池。这次也千万不必担心，我可以担保。如果有什么意外，我甘愿被斩首。"范雍嘉赏他的话能激励士气，自己也稍微安心了。等解围以后，这位军校被大加赏赐提拔，都说他懂得军事，善于料敌，对他非常首肯。有人就对他说："你当时怎么敢那么放肆地口出妄言呢，万一你说的不准，可是要被杀头的呀。"老军校笑道："你没好好想想啊。如果城池真的陷落了，哪还有时间杀我呢？我不过是想安大家的心而已。"

韩信袭赵①，先使万人背水阵，乃建大将旗鼓②，出井陉口③，与赵人大战，佯败，弃旗鼓走水上。军背水而阵，已是危道，又弃旗鼓而趋之，此必败势也，而信用之者。陈余老将④,不以必败之势邀之,不能致也,信自知才过余,乃敢用此耳。向使余小黠于信,信岂得不败? 此所谓知彼知己,量敌为计。后之人不量敌势,袭信之迹,决败无疑。汉五年⑤,楚汉决胜于垓下⑥,信将三十万,自当之。孔将军居左,费将军居右,高帝在其后,绛侯、柴武在高帝后⑦。信先合不利,孔将军、费将军纵,楚兵不利,信复乘之,大败楚师,此亦拔赵策也。信时威震天下,籍所惮者,独信耳。信以三十万人不利而却,真却也,然后不疑。故信与二将得以乘其隙,此"建成堕马"势也。信兵虽却,而二将维其左右,高帝军其后,绛侯、柴武又在其后,异乎背水之危,此所以待项籍也,用破赵之迹,则歼矣。此皆信之奇策。观古人者,当求其意,不徒视其迹。班固为《汉书》,乃削此一事,盖固不察所以得籍者,正在此一战耳。从古言韩信善用兵,书中不见信所以善者。予以谓信说高帝,还用三秦,据天下根本,见其断;虏魏豹、斩龙且⑧,见其智;拔赵、破楚,见其应变;西向师亡虏⑨,见其有大志。此其过人者,惜乎《汉书》脱略,漫见于此。

【注释】

①韩信(约前231—前196):淮阴(今江苏淮安)人。被刘邦任为大将,为汉开国功臣,封楚王,贬淮阴侯,后为吕后所杀。著有兵法三卷,今已亡佚。

②建:树立。

③井陉(xíng)口:在今河北西部,为太行山区进入华北平原的隘口。

④陈余(? —前204):大梁(今河南开封)人。与张耳为刎颈之交,

共立赵歇为赵王。被项羽封为侯,又拥立赵歇,后被韩信击败
而死。

⑤汉五年:公元前202年。

⑥垓下:在今安徽灵璧东南。

⑦绛侯:即周勃(？—前169),汉开国功臣,被刘邦封为绛侯,以功
　升太尉。后与陈平谋剿灭诸吕,以功拜相。谥武侯。柴武(？—
　前163):亦为刘邦手下武将,后以功封棘蒲侯。

⑧魏豹(？—前204):秦末魏国公子,随项羽灭秦,被封为西魏王。
　改投刘邦,旋叛,为韩信所虏。龙且(jū,？—前203):项羽部将,
　与韩信对阵于齐,兵败被杀。

⑨西向师亡虏:指韩信在击败赵军后,俘虏了李左车,他请李左车
　面向东坐,自己执弟子礼相待。

【译文】

韩信袭击赵国,先派一万人背水列阵,然后树起大将的旗鼓,从井
陉口而出,与赵国人大战,又假装失败,抛弃了旗鼓,从水上逃走。军队
背水列阵,已经是很危险的战术了,又抛弃旗鼓撤退,这是必败的战势,
但是韩信却要使用这种计策。陈余是老将,不用必败的战势诱惑他,他
一定不会上钩,韩信自知其才能超过陈余,所以才敢用这种计策。假如
陈余稍微比韩信聪明一点,韩信怎么会不败呢? 这就是所谓的知彼知
己,能根据敌人的情况制定计策。后人不分析敌情,沿袭韩信的战法,
那就必败无疑。汉五年,楚汉在垓下决一胜负,韩信率领三十万士兵,
亲自出阵。孔将军在左,费将军在右,刘邦在其后,绛侯、柴武在高帝
后。韩信率先接战不利,孔将军、费将军纵兵夹击,楚兵不利,韩信又乘
机杀回,结果大败楚军,这也是当时攻下赵国的计策。韩信当时威震天
下,项羽害怕的只有韩信。韩信率领三十万人,战败而退,这是真的退
却,然后项羽才不会怀疑。因此韩信才能和二将得到机会夹击项羽,这
是"建成堕马"的阵势。韩信的部队虽然退却了,但是二将还护卫在他

左右,刘邦的军队还在其后,绛侯、柴武的军队又在其后,这和背水一战的危机是不一样的,这是用来对付项羽的计策,如果用当年击破赵国的方法对付项羽,那就会被项羽歼灭。这些都是韩信的奇策。了解古人,应当推求他们的用意,而不能只看他们的做法。班固编撰《汉书》,把这几件事删掉了,大概班固不知道韩信之所以能战胜项羽,靠的就是这一战。自古都说韩信擅长用兵,但是书中却见不到韩信怎么擅长用兵的。我认为韩信劝说刘邦夺取三秦,以占据天下的根本,这可以看出他的决断;他俘虏魏豹、斩杀龙且,这可以看出他的智谋;攻陷赵国、击破楚国,这可以看出他的随机应变;恭敬地对待俘虏,这可以看出他有大志。这就是他的过人之处,可惜《汉书》记载有脱略,所以我随手记在这里。

种世衡初营清涧城①,有紫山寺僧法崧,刚果有谋,以义烈自名。世衡延置门下,恣其所欲,供亿无算②。崧酗酒、狎博无所不为,世衡遇之愈厚。留岁余,崧亦深德世衡,自处不疑。一日,世衡忽怒谓崧曰:"我待汝如此,而阴与贼连,何相负也?"拽下械系捶掠③,极其苦楚。凡一月,滨于死者数矣④。崧终不伏,曰:"崧,丈夫也!公听奸人言,欲见杀,则死矣,终不以不义自诬。"毅然不顾。世衡审其不可屈,为解缚沐浴,复延入卧内,厚抚谢之曰:"尔无过,聊相试耳。欲使为间,万一可胁,将泄吾事。设虏人以此见穷,能不相负否?"崧默然曰:"试为公为之。"世衡厚遗遣之,以军机密事数条与崧曰:"可以此藉手,仍伪报西羌。"临行,世衡解所服絮袍赠之曰:"胡地苦寒,以此为别。至彼,须万计求见遇乞,非此人无以得其心腹。"遇乞,虏人之谋臣也。崧如所教,间关求通遇乞⑤。虏人觉而疑之,执于有司。数日,或发袍领中,得世衡与遇乞书,词甚款密。崧初不知领中书,虏人苦之备至,终不言情。虏人因疑遇乞,舍崧,迁于北境。久之,遇乞终以疑死。崧邂逅得亡归,尽得虏中事以报。朝廷录其劳,补右侍禁,归姓为王。崧后官至诸司使,至今边人谓之王和尚。世衡本卖崧为死间⑥,邂逅得生还,亦命也。康定之后⑦,世衡数出奇计。予在边,得于边人甚详,为新其庙像,录其事于篇。

【注释】

①种世衡:字仲平,北宋名将。参《权智》卷十三。清涧城:在今陕西榆林。

②供亿:供给,供应。

③捶掠:用棍棒或鞭子拷打。

④濒:濒临,几乎。

⑤间关:历尽道路艰难。

⑥死间:指为了施反间计而牺牲生命的间谍。

⑦康定:宋仁宗年号,公元1040年。

【译文】

种世衡开始营建清涧城的时候,有一位紫山寺的和尚名叫法崧,为人刚毅果敢而有谋略,常以忠义刚烈自称。种世衡把他延揽到自己门下,并任其所欲,供给都没有限制。法崧酗酒,又好狎玩、赌博,几乎无所不为,种世衡却待他更加优厚。留了一年多,法崧也深深感激种世衡的恩德,待在这里没有任何怀疑。一天,种世衡忽然愤怒地对法崧说:"我这样对待你,而你却私底下和敌人勾结,为什么要背叛我?"把他拖下去严刑拷打,让他吃尽了苦头。过了一个月,好几次差点把他打死了。法崧最终还是不服,说:"我法崧是大丈夫!您听了奸人的话,想要杀我，我死了就死了，但是绝对不能被不义的罪名诬陷。"对种世衡毅然而不顾。种世衡看到无法令其屈服，就为他解开绳索，为他沐浴，然后又请到内室之中，安慰并道歉说："你的确没什么过错，我只是想考验考验你而已。我想派你作间谍，又怕万一你被威胁，将会泄漏我的计划。假如敌人也这样拷打你，你也能像这样不背叛我吗？"法崧沉默了一会儿，说："我试着为您去做吧。"种世衡赏赐了他很多东西并派他前往，告诉了他很多军机密事，并说道："可以带着这些信息，伪装投靠西羌。"临行之际，种世衡解下自己穿的絮袍赠给他说："胡地艰苦寒冷，以此和你告别。到了那边，一定要千方百计地求见遇乞，如果不是他的话就无法被敌人相信。"遇乞是敌方的谋臣。法崧就按照种世衡嘱咐的，历尽艰难求见遇乞。结果被敌人察觉并产生了怀疑，就把他抓到官府里。过了几天，有人从他的絮袍领子里找出了一封种世衡写给遇乞的信，话语显得非常亲密。法崧开始时不知道领子里的书信，敌人对他严加拷打，但他最终不肯说出实情。敌人于是开始怀疑遇乞，就把法崧放了，并把他遣送到北部边境。过了一段时间，遇乞终因受到怀疑而死。法崧找机会逃了回来，把敌方的情报都汇报给了朝廷。朝廷记下了他的功劳，任命他担任右侍禁，并恢复了他本来的王姓。王崧后来官至诸司使，至今边境上的人还把他称为王和尚。种世衡本想出卖法崧去作死间的，结果法崧以偶然的机会得以生还，这也是命中注定啊。康定年间之后，种世衡出了多次奇计。我在边境的时候，从边民那里详细地了解了这些事，于是为他重新修建了祠庙并塑了像，把这些事记录在这里。

祥符中，禁火①。时丁晋公主营复宫室②，患取土远，公乃令凿通衢取土③，不日皆成巨堑④。乃决汴水入堑中，引诸道竹木排筏及船运杂材，尽自堑中入至宫门。事毕，却以斥弃瓦砾灰壤实于堑中，复为街衢。一举而三役济，计省费以亿万计。

【注释】

①禁火：指皇宫失火，事在大中祥符八年（1015）四月。

②丁晋公：即丁谓，字谓之，北宋宰相，封晋国公。参《人事》卷九注。

③通衢（qú）：大街，大道。

④堑：深沟。

【译文】

大中祥符年间，皇宫里发生火灾。当时丁谓负责重新营建宫殿，因为觉得取土的地方太远，就命令把大街凿开取土，没过几天，大街都被挖成了深沟。于是决开汴河的水引入这些深沟中，又调集各地的竹木排筏以及船只来运输其他零杂建材，全部从这些深沟中直接送到宫门。事情做完了，就把那些废弃的瓦砾、渣土重新填进深沟中，又恢复成了街道。一举而三得，省下的钱数以亿万计。

国初，两浙献龙船，长二十余丈，上为宫室层楼，设御榻，以备游幸。岁久腹败，欲修治，而水中不可施工。熙宁中①，宦官黄怀信献计②，于金明池北凿大澳③，可容龙船，其下置柱，以大木梁其上，乃决水入澳，引船当梁上，即车出澳中水④，船乃笫于空中⑤，完补讫，复以水浮船，撤去梁柱。以大屋蒙之，遂为藏船之室，永无暴露之患。

【注释】

①熙宁：宋神宗年号，公元 1068—1077 年。

②黄怀信：北宋太监，曾制作过铁龙爪、扬泥车、浚河耙等器物。

③金明池：在今开封市以西。澳：水边可以停船的地方，这里指深水池。

④车：用水车排水。

⑤笐（hàng）：架起来。

【译文】

　　本朝初年，两浙地区进献龙船，长达二十余丈，甲板上修筑了宫室层楼，并设有御榻，以预备皇帝外出游览使用。时间长了，船身开始腐烂，想要修补它，但是在水中又无法施工。熙宁年间，宦官黄怀信出了个主意，在金明池北凿一个深水池，容积足够容纳龙船的体积，下面放上柱子，用大木头架在上面作为梁。然后挖开金明池水蓄入水池中，把船开到梁上，再用水车把水池里的水排出来，船就被悬空架了起来，等修补完成后，再用水把船浮起来，撤去下面支撑的梁柱。在外面建一个大屋子，这样就成为一间藏船室，从此再也没有暴露在外面受侵蚀的危害了。

艺文

　　李学士世衡喜藏书[1]。有一晋人墨迹，在其子绪处。长安石从事尝从李君借去[2]，窃摹一本，以献文潞公[3]，以为真迹。一日潞公会客，出书画，而李在坐，一见此帖，惊曰："此帖乃吾家物，何忽至此？"急令人归，取验之，乃知潞公所收乃摹本。李方知为石君所传，具以白潞公。而坐客墙进[4]，皆言潞公所收乃真迹，而以李所收为摹本。李乃叹曰："彼众我寡，岂复可伸？今日方知身孤寒。"

【注释】

①李学士世衡：身世不详。

②石从事：生平不详。

③文潞公：即文彦博，字宽夫，北宋大臣，封潞国公。

④墙进：指屋里坐满了人。

【译文】

　　李世衡喜欢藏书。他儿子李绪那里有一帖晋人的墨迹。长安的一位石从事曾经从李世衡那里借去，偷偷摹写了一本，献给文彦博，文彦博以为是真迹。一天，文彦博会见宾客，拿出一帖书画，当时李世衡也在坐，一见到这幅字帖，就惊讶道："这字帖是我家的收藏，为什么会传到这里呢？"急忙派人回去，取来验证，于是知道文彦博收藏的是摹本。李世衡这才发现是被石君传出去的，就将详情告诉了文彦博。而当时在座的宾客很多，都说文彦博收藏的才是真迹，而把李世衡收藏的说成是摹本。李世衡于是感叹道："彼众我寡，如何能再申诉呢？今天才知道我出身孤寒、人微言轻啊。"

章枢密子厚善书①，尝有语："书字极须用意，不用意而用意，皆不能佳。此有妙理，非得之于心者，不晓吾语也。"尝自谓"墨禅"。

【注释】

①章枢密子厚：即章惇，字子厚，北宋宰相，封魏国公。参《故事》卷一注。

【译文】

章惇擅长书法，他曾经说："写字必须集中精力，时而不集中，时而集中，都写不出佳作。这里有很高妙的道理，不是那些心有所得的人，是不能理解我的话的。"他曾经自称为"墨禅"。

世上论书者，多自谓书不必有法，各自成一家。此语得其一偏，譬如西施、毛嫱，容貌虽不同，而皆为丽人，然手须是手，足须是足，此不可移者。作字亦然，虽形气不同，掠须是掠①，磔须是磔②，千变万化，此不可移也。若掠不成掠，磔不成磔，纵其精神筋骨犹西施、毛嫱，而手足乖戾③，终不为完人；杨朱、墨翟④，贤辩过人，而卒不入圣域。尽得师法，律度备全，犹是奴书，然须自此入，过此一路，乃涉妙境，无迹可窥，然后入神。

【注释】

①掠：书法术语，即长撇。

②磔(zhé)：书法术语，即右下捺笔。

③乖戾(lì)：原指性格、行为上的别扭，这里指不正常。

④杨朱(约前450—约前370)：字子居，战国时魏人。提倡"贵生"、

"贵己"等主张，并创为一派学说。墨翟（dí，约前 469—前 376）：

即墨子，战国时宋人。提倡"兼爱"、"非攻"、"节用"等主张，创立

墨家学派。

【译文】

世上讨论书法的人，大多自称书法不必有定法，各自成一家而已。

这话只说对了一个方面，譬如西施、毛嫱，容貌虽然不同，但都是美女，

然而手必须是手，脚必须是脚，这是不可改变的。写字也是这样，虽然

形态、气势不同，但撇必须是撇，捺必须是捺，纵使千变万化，这是不可

改变的。如果撇不成撇，捺不成捺，纵然其精神筋骨像西施、毛嫱一样，

而手脚却不正常，最终也不成完人；纵然像杨朱、墨翟一样善辩过人，但

最终达不到圣人的境界。完全地学得师法，规矩法度都齐备，这样还只

是奴书，但是必须从此入门，经过这一步，才能进入妙境，以至于无迹可

求，然后才能达到神妙。

今世俗谓之"隶书"者，只是古人之"八分书"①，谓初从

篆文变隶，尚有二分篆法，故谓之"八分书"。后乃全变为隶

书，即今之正书、章草、行书、草书皆是也。后之人乃误谓古

八分书为隶书，以今时书为正书，殊不知所谓正书者，隶书

之正者耳。其余行书、草书，皆隶书也。杜甫《李潮八分小

篆歌》云："陈仓石鼓文已讹，大小二篆生八分。苦县光和尚

骨立，书贵瘦硬方通神。"苦县，《老子朱龟碑》也。《书评》

云："汉、魏牌榜碑文和《华山碑》，皆今所谓隶书也。杜甫诗

亦只谓之八分。"又《书评》云："汉、魏牌榜碑文，非篆即八

分，未尝用隶书。"知汉、魏碑文皆八分，非隶书也。

【注释】

①八分书:通常是指汉代的隶书。

【译文】

现在世俗所谓的"隶书"只是古人的"八分书"而已,意思是说最初从篆文变成隶书,其中尚有二分篆法,所以称为"八分书"。后来就全部变为隶书,现在的正书、章草、行书、草书都是。后来的人误把古代八分书称为隶书,而把现在的字体称为正书,殊不知所谓的"正书",就是隶书的正体。其余的像行书、草书,都是隶书。杜甫的《李潮八分小篆歌》说:"陈仓石鼓文已讹,大小二篆生八分。苦县光和尚骨立,书贵瘦硬方通神。"苦县,是指《老子朱龟碑》。《书评》说:"汉、魏牌榜碑文和《华山碑》,都是现在所谓的隶书。杜甫诗中也只称为八分。"此外,《书评》又说:"汉、魏牌榜碑文,不是篆书就是八分,从未用隶书。"可知汉、魏碑文都是八分而不是隶书。

江南府库中,书画至多。其印记有"建业文房之印"、"内合同印"。"集贤殿书院印",以墨印之,谓之"金图书",言惟此印以黄金为之。诸书画中,时有李后主题跋①,然未尝题书画人姓名,唯钟隐画,皆后主亲笔题"钟隐笔"三字。后主善画,尤工翎毛②。或云:"凡言'钟隐笔'者,皆后主自画。后主尝自号钟山隐士,故晦其名,谓之钟隐,非姓钟人也。今世传钟画,但无后主亲题者,皆非也。"

【注释】

①李后主:即南唐后主李煜,公元961—975年在位。

②翎(líng)毛:指古代绘画中的花鸟画。

【译文】

江南府的仓库中有很多书画。上面所盖的印记有"建业文房之印"、"内合同印"等。其中,"集贤殿书院印",是用墨色加盖的,称为"金图书",意思是说只有这枚印是用黄金铸成的。各幅书画中,常有李后主的题跋,然而未曾题写书画者的姓名,只有钟隐画都有李后主亲笔题写的"钟隐笔"三字。李后主擅长绘画,尤其工于花鸟画。有人说:"凡是写'钟隐笔'的画,都是李后主自己画的。李后主曾经自号钟山隐士,所以隐去其名,自称钟隐,不是指姓钟的人。现在世上流传的'钟画',只要没有李后主的亲笔题签,那就不是真品。"

器用

熙宁八年①，章子厚与予同领军器监②，被旨讨论兵车制度。本监以《周礼·考工记》及《小戎》诗考定：车轮崇六尺③，轵崇三尺三寸④。毂末至地也⑤，并轸轐为四尺⑥。牙围一尺一寸⑦，厚一尺三分寸之二。车罔也⑧。毂长三尺二寸，径一尺三分寸之二，轮之薮三寸九分寸之五⑨，毂上札辐凿眼是也⑩。大穿内径四寸五分寸之二，《记》谓之"贤"⑪，毂之里穿也。小穿内径三寸十五分寸之四。《记》谓之"轵"，毂之外穿也。辐九寸半，辐外一尺九寸，并辐三寸半，共三尺二寸，乃毂之长。金厚一寸，大小穿，其金皆一寸。辐广三寸半。深亦如之。舆六尺六寸⑫，车队四尺四寸⑬。队音遂，谓车之深。盖深四尺四寸，广六尺六寸也。式深一尺四寸三分寸之二⑭，七寸三分寸之一在轸内。崇三尺三寸，半舆之广为之崇⑮。较崇二尺二寸⑯，通高五尺五寸。较，两輢上出式者⑰，并车高五尺五寸。轸围一尺一寸，车后横木。式围七寸三分寸之一⑱，较围四寸九分寸之八，轵围三寸二十七分寸之七，此轵乃輢木之植者，衡者与毂末同名。轛围二寸八十一分寸之十四⑲，此式之植者，衡者如较之植轵而名互异。任正围一尺四寸五分寸之二⑳，此舆下三面材持车正者。辀深四尺七寸㉑，此梁舡辀也㉒。轵崇三尺三寸。此辀如桥梁，矫上四尺七寸。并衡颈为八尺七寸。国马高八尺，除衡颈则如马之高。长一丈四尺四寸，轵前十尺㉓，队四尺四寸。轵前一丈，策长五尺㉔，衡围一尺三寸五分寸之一，长六尺六，轴围一尺三寸五分寸之一，兔围一尺四寸五分寸之二㉕，辀当伏兔者，与任正相应㉖。颈围九寸十五分寸之九，颈，辀前持衡者。踵围七寸七十五分寸之五㉗。踵，辀后承辕处。轨广八尺，两辙之间㉘。阴如轨之长，侧于轨前。軏二㉙，前著骖辖㉚，后属阴。在骖之外，所以止出。胁驱长一丈㉛，皮为之，前系于衡，当骖马内，所以止入㉜。服马颈当衡轭㉝，两服齐首。骖马齐衡，两骖雁行，谓小却也。辔六。服马二辔，骖马一辔。度皆以周尺，一尺当今七寸三分少强。以法付作坊制车，兼习五御法。是秋八月，大阅，上御延和殿亲按。藏于武库，以备仪物而已。

【注释】

①熙宁八年：公元 1075 年。

②章子厚：即章惇，字子厚，北宋宰相，封魏国公。

③崇：高。

④轵（zhǐ）：车轴端，轴头。

⑤毂（gǔ）：车轮中心插轴的部分。

⑥轸（zhěn）：车箱底部四周的横木。䐉（bú）：垫在车厢和车轴之间的木块，原作"䐉"，据别本改。

⑦牙围：车轮外周的粗围。

⑧车罔：车轮周围的框子。

⑨薮（sǒu）：指轮轴上辐条汇聚的地方。原作"数"，从王国维《观堂校识》改。

⑩辐（fú）：连接车轮和车毂的直木条。

⑪贤：车毂内端用来穿车轴的大孔。

⑫舆（yú）：车厢。

⑬队：通"隧"，这里指车厢的宽度。

⑭式：通"轼"，车前的横木扶手。

⑮广为：原作"深谓"，从王国维《观堂校识》改。

⑯较：车厢两旁超出车轼的部分。

⑰輢(yǐ)：车厢两旁可以倚靠的木板。

⑱式：原作"贰"，从王国维《观堂校识》改。

⑲轛(duì)：车轼下面横直交接的栏木。

⑳任正：车箱底部的横木，在前方、左方、右方的专名为"任正"。

㉑辀(zhōu)：车前驾牲畜的两根直木。

㉒舡(chuán)：船。

㉓軓(fàn)：车厢前面的挡板。

㉔箣(cè)：同"策"，赶马用的棍子。

㉕兔：又名伏兔，勾连车厢底板和车轴的部件。

㉖辀当伏兔者，与任正相应：原作"與前當轅者，與任正相為四面"，从王国维《观堂校识》改。

㉗踵：指辀后承车厢横木的地方。《观堂校识》以为当作"踵围七寸七十五分寸之五十一"，未知孰是。

㉘辙：原指车轮经过的痕迹，这里指车子两轮之间的距离。

㉙靷(yǐn)：引车前行的皮带，一端系在车轴上，一端系在骖马胸部的皮革上。

㉚骖(cān)：古代一车四马，驾在车前两侧的马称骖马。辔(pèi)：驾驭牲口的缰绳和嚼子。

㉛胁驱：一种驾马的用具。

㉜当骖马内，所以止入：原作"后属于轸内，胁所以止之"，从王国维《观堂校识》改。

㉝服马：古代一车四马，夹着车辕的两匹马称服马。颈：字原脱，从王国维《观堂校识》补。轭(è)：驾车时搁在马颈上的横木。

【译文】

熙宁八年，章惇和我共同主持军器监的工作，皇帝下旨要讨论兵车规制。军器监根据《周礼·考工记》以及《小戎》诗而考定：车轮高六尺，轵高三尺三寸。从毂末端到地面，加上轸輮是四尺。牙围一尺一寸，厚一尺三分之二寸。即车罔。毂长三尺二寸，直径一尺三分之二寸，轮轴辐条汇聚处长三寸九分之五寸，就是毂上札辐凿眼的地方。大穿内径长四又五分之二寸，《考工记》称为"贤"，是毂的内穿。小穿内径长三又十五分之四寸。《考工记》称为"轵"，是毂的外穿。辐长九寸半，辐外一尺九寸，加上辐的三寸半，一共三尺二寸，就是车毂的长度。金属包片厚一寸，大穿、小穿，其金属包片都厚一寸。辐宽三寸半。厚度也像这样。车厢长六尺六寸，队长四尺四寸。队发音为遂，指车厢的长度。意思是长四尺四寸，宽六尺六寸。车轵长一尺四又三分之二寸，七又三分之一寸在轸内。高三尺三寸，以车厢一半的高度为高。较高二尺二寸，通高五尺五寸。较是车厢两边长出车轵的部分，加上车高是五尺五寸。轸围一尺一寸，即车后横木。轵围七又三分之一寸，较围四又九分之八寸，轵围三又二十七分之七寸，这个轵是轵木插入的地方，横着的轵与毂末同名。轵围二又八十一分之十四寸，这是车轵插入的地方，横着的轵就像是较上插的轵，而名称不同。任正围一尺四又五分之二寸，这是车厢下的三面的横木，用来保持车厢平衡。车辕长四尺七寸，这是梁舡轵。轵高三尺三寸。这种车辕就像桥梁，轿上四尺七寸。加上衡颈是八尺七寸。国马高八尺，除去衡颈就相当于马的高度。长一丈四尺四寸，轵前十尺，队四尺四寸。轵前一丈，策长五尺，衡围一尺三又五分之一寸，长六尺六，轴围一尺三又五分之一寸，兔围一尺四又五分之二寸，辀当伏兔，与任正相应。颈围九又十五分之九寸，颈是辀前连接车衡的部位。踵围七又七十五分之五寸。踵是辀后面承辕的地方。轨宽八尺，这两轮之间的距离。阴如轨的长度，在轨侧前方。轵绳两根，前面系在骖马的缰绳上，后面连接阴。在骖马之外，用来防止它们跑出去。胁驱长一丈，皮制的，前面系在横木上，装在骖马内侧，用来防止它们挤进来。服马的颈部架在衡轵上，两匹服马的马头相齐。骖马和横木对齐，两匹骖马如雁行，指它们稍微靠后一点。缰绳六根。服马一匹两根，骖马一匹一根。长度都按周代的尺计算，一尺相当于现在的七寸三分多一点。用这种规格交付作坊制作战车,并学习五种驾驭马车的方法。这年秋天八月,举行了盛大的检阅典礼,皇帝到延和殿亲自检查。之后收藏在武库中,以备作用礼仪用品。

古鼎中有三足皆空、中可容物者,所谓鬲也①。煎和之法②,常欲渣在下③,体在上,则易熟而不偏烂④。及升鼎⑤,则浊滓皆归足中。《鼎卦》初六:"鼎颠趾⑥,利出否⑦。"谓浊恶下,须先泻而虚之,九二阳爻,方为鼎实。今京师大屠善熟彘者⑧,钩悬而煮,不使著釜底⑨,亦古人遗意也。又古铜香炉⑩,多镂其底,先入火于炉中,乃以灰覆其上,火盛则难灭而持久。又防炉热灼席,则为盘荐水⑪,以渐其趾⑫,且以承灰炱之坠者⑬。其他古器,率有曲意,而形制文画,大概多同。盖有所传授,各守师法,后人莫敢辄改。今之众学人人皆出己意,奇邪浅陋,弃古自用,不止器械而已。

【注释】

①鬲(lì):古代煮饭用的炊具,类似于鼎,足部中空。

②煎和:烹调。

③渣(qì):肉汤。

④偏烂:夹生。

⑤升鼎:指肉煮好后取出。

⑥趾:指鼎足。

⑦否(pǐ):污垢。

⑧彘(zhì):猪,这里指肉。

⑨釜(fǔ)底:锅底。

⑩香炉:指古代室内燃烧香饼的一种熏香炉。炉,通"炉"。

⑪荐:承放,容纳。

⑫渐:浸泡。

⑬烲(xiè):焚香的香灰。

【译文】

古代有一种三足皆空、中间可以装东西的鼎,称为"鬲"。烹调的方法,常常是肉汤在下面,肉块在上面,这样就容易煮熟而不容易夹生。烧完以后,那些肉渣滓就沉到鼎足之中。《鼎卦》初六爻说:"把鼎颠倒过来,有利于清除污垢。"意思是污垢在下面,需要先把那些东西倒出来,把鼎清空,到九二阳爻,才是鼎里有东西。现在京城那些擅长烧肉的大厨师,都把肉钩起来悬着煮,不使肉和锅底接触,这也是古人流传下来的方法。又如古代的铜香炉,大多把底部镂空,先把火种放到炉子里,然后盖上灰,这样可以使火力旺盛而持久,难以熄灭。又比如为了防止炉子过热烧到席子,就准备一个盘子装上水,用来浸泡炉足,并且也可以用来盛放掉下来的香灰。其他的古器,也都有特殊用意,而形状、图案则大致相同。大概是有所传授,各自遵守师法,后人不敢随便更改。现在的各种学问,人人都想自出己意,离奇而浅陋,放弃古意而自以为是,不只是在器械制作上而已。

"大夫七十而有阁。"①"天子之阁,左达五,右达五。"②阁者,板格,以庋膳羞者③,正是今之立锁④。今吴人谓"立锁"为"厨"者,原起于此,以其贮食物也,故谓之"厨"。

【注释】

①大夫七十而有阁:出自《礼记·内则》。阁,指贮藏食物的柜子。

②"天子之阁"三句:出自《礼记·内则》。达,夹室,指储藏食物的地方。

③庋(guǐ):放置,收藏。膳:羞,美食。

④立锁（guì）：通"柜"，柜子。

【译文】

《礼记》上说："大夫七十而有阁。""天子之阁，左达五，右达五。"其中的阁就是指板格，是用来存放美食的，就是现在的立柜。现在江浙一带的人称立柜为"厨"，起源就在这里，因为是用来贮藏食物的，所以称为"厨"。

补笔谈卷三

异事

韩魏公庆历中以资政殿学士帅淮南①,一日,后园中有芍药一干分四岐②,岐各一花,上下红,中间黄蕊间之。当时扬州芍药未有此一品,今谓之"金缠腰"者是也。公异之,开一会,欲招四客以赏之,以应四花之瑞。时王岐公为大理寺评事通判③,王荆公为大理评事金判④,皆召之。尚少一客,以判钤辖诸司使⑤,忘其名,官最长,遂取以充数。明日早衙,钤辖者申状暴泄不至。尚少一客,命取过客历求一朝官足之,过客中无朝官,唯有陈秀公时为大理寺丞⑥,遂命同会。至中筵,剪四花,四客各簪一枝⑦,甚为盛集,后三十年间,四人皆为宰相。

【注释】

①韩魏公:即韩琦,字稚圭,北宋宰相,封魏国公。参《艺文》卷十五注。资政殿学士:一般用于授予罢政宰相的官职。庆历:宋仁宗年号,公元 1041—1048 年。

②岐：枝干，枝杈。

③王岐公：即王珪，字禹玉，北宋宰相，封岐国公。参《人事》卷九
　　注。大理寺评事：审判机构中负责断案的官员。通判次于州府
　　长官的官职，具有处理公事的实权。

④王荆公：即王安石，字介甫，北宋宰相，封荆国公。参《故事》卷一
　　注。金判：地位低于通判。

⑤钤（qián）辖：掌管军事训练的官员。

⑥陈秀公：即陈升之，字旸叔，北宋宰相，封秀国公。参《权智》卷十
　　三注。

⑦簪（zān）：将某物插在头上。

【译文】

　　韩琦在庆历年间以资政殿学士的身份主管淮南，一天，后园中有一枝芍药，一根枝干上生出了四根枝杈，每枝上各开了一朵花，上下都是红色的，中间则有黄色的花蕊点缀其间。当时扬州还没有这一品种的芍药，也就是现在所谓的"金缠腰"。韩琦很奇怪，就举行了一场聚会，想招揽四位客人一起观赏，以对应四朵花的祥瑞。当时王珪担任大理寺评事通判，王安石担任大理寺评事金判，把他俩都招来。还少一位客人，以判钤辖诸司使，忘了他的名字，官职最高，就也把他叫来充数。第二天早衙的时候，那位钤辖汇报说因为剧烈腹泻而无法前来。这样还是少了一位客人，于是就派人取来经过此地的官员名录，找一位朝官来充数，路过的官员中没有朝官，只有陈升之当时担任大理寺丞，于是请他一同参会。在宴席上，剪下四朵花，四位客人头上各插一枝，实在是一场盛会，后来三十年间，四人都成了宰相。

　　濒海素少士人。祥符中①，廉州人梁氏卜地葬其亲②，至一山中，见居人说，旬日前，有数十龟负一大龟葬于此山中。梁以谓龟神物，其葬处或是福地，与其人登山观之，乃见有

丘墓之象。试发之,果得一死龟,梁乃迁葬他所,以龟之所穴葬其亲。其后梁生三子:立仪、立则、立贤。立则、立贤皆以进士登科,立仪尝预荐,皇祐中③,侬智高平④,推恩授假板官⑤。立则值熙宁立八路选格⑥,就二广连典十余郡,今为朝请大夫致仕,予亦识之。立仪、立则皆朝散郎,至今皆在。徙居广州,郁为士族,至今谓之"龟葬梁家"。龟能葬,其事已可怪,而梁氏适兴,其偶然邪? 抑亦神物启之邪?

【注释】

①祥符:即大中祥符,宋真宗年号,公元 1008—1017 年。

②廉州:今广西合浦、灵山一带。

③皇祐:宋江仁宗年号,公元 1049—1053 年。

④侬智高:叛军首领名。参《权智》卷十三注。

⑤假板官:代理官。

⑥熙宁:宋神宗年号,公元 1068—1077 年。选格:选官的标准。

【译文】

濒海地区素来少有士人。大中祥符年间,廉州人梁氏选择土地安葬他的亲人,来到一座山中,听到住在那里的人说,十几天前,有几十只乌龟背来一只大龟埋葬在这座山中。梁氏认为龟是神物,它们埋葬的地方可能是福地,就和那些人登山观察,于是看到一处有坟墓的形状。试着发掘出来,果然得到一只死乌龟,梁氏于是把它改葬在别的地方,在龟原来埋葬的地方埋葬了他的亲人。后来梁氏生下三个儿子:梁立仪、梁立则、梁立贤。梁立则和梁立贤都考中了进士,梁立仪曾经获得官府举荐,皇祐年间,侬智高叛乱被平定,梁立仪接受皇帝推恩而被授予代理官。梁立则赶上熙宁年间设置的八路选官标准,在两广一带连续担任了十几个州郡的长官,现在以朝请大夫的官职退休,我也认识他。梁立仪、梁立则都是朝散郎，现在还在任上。梁家后来迁居广州，在那里发展成为世家大族，至今被称为"龟葬梁家"。乌龟能自行安葬，这已经是奇怪的事情了，而梁氏恰好在此后兴盛，难道是偶然的吗？还是说有神物的开导呢？

杂志

　　宋景文子京判太常日①，欧阳文忠公、刁景纯同知礼院②。景纯喜交游，多所过从，到局或不下马而去。一日退朝，与子京相遇，子京谓之曰："久不辱至寺，但闻走马过门。"李邯郸献臣立谈间③，戏改杜子美《赠郑广文》诗嘲之曰④："景纯过官舍，走马不曾下。忽地退朝逢，便遭官长骂。多罗四十年⑤，偶未识摩毡。赖有王宣庆，时时乞与钱。"叶道卿、王原叔各为一体诗⑥，写于一幅纸上，子京于其后题六字曰："效子美诔景纯⑦。"献臣复注其下曰："道卿著，原叔古篆，子京题篇，献臣小书。"欧阳文忠公又以子美诗书于一绫扇上。高文庄在坐⑧，曰："今日我独无功。"乃取四公所书纸为一小帖，悬于景纯直舍而去。时西羌首领唃厮罗新归附，摩毡乃其子也。王宣庆大阉求景纯为墓志⑨，送钱三百千，故有摩毡、王宣庆之诮。今诗帖在景纯之孙概处，扇诗在杨次公家⑩，皆一时名流雅谑，予皆曾借观，笔迹可爱。

【注释】

①宋景文子京：即宋祁（998—1061），字子京，开封府雍丘县（今属河南）人。天圣二年（1024）进士，授复州军事推官，累官龙图阁学士、史馆修撰、知制诰等，与欧阳修合编《新唐书》，书成后，进工部尚书，拜翰林学士承旨。谥景文。著有《宋景文集》等。《宋史》卷二八四有传。

②欧阳文忠公：即欧阳修，字永叔，北宋大臣，文坛领袖，谥文忠。刁景纯：即刁约，字景纯，北宋大臣。

③李邯郸献臣：即李淑，字献臣，北宋大臣。

④杜子美：即杜甫。有《赠郑广文》诗云："广文到官舍，系马堂阶下。醉则骑马归，颇遭长官骂。才名三十年，坐客寒无毡。赖有苏司业，时时乞酒钱。"

⑤多罗：莽撞。

⑥叶道卿：即叶清臣，字道卿，北宋大臣。参《故事》卷二注。王原叔：即王洙（997—1057），字原叔，应天府宋城（今河南商丘）人。累官翰林学士、知制诰等。谥号文。博通方技、术数、音韵、训诂之学。著有《易传》等。《宋史》卷二九四有传。据《刘贡父诗话》，此诗前四句为王洙作，后四句为李淑改作，文字亦有差异。

⑦谇（suì）：责骂。

⑧高文庄：即高若讷（997—1055），字敏之，并州榆次（今山西晋中市榆次区）人，徙家卫州。进士出身，补彰德军节度推官。累官起居舍人，知谏院。官职参知政事，被弹劾，罢为观文殿学士。谥文庄。《宋史》卷二八八有传。

⑨大阉：有权势的太监。

⑩杨次公：即杨杰，字次公，无为（今属安徽芜湖）人。嘉祐间进士，元丰间为太常寺属官，后为礼部员外郎，出知润州，除两浙提点刑狱。著有《无为集》等。《宋史》卷四四三有传。

【译文】

宋祁主管太常寺的时候，欧阳修、习约一同在礼院任职。习约喜欢交游，多有应酬往来，有时到官署后，还没下马就走了。一日退朝，正赶上与宋祁相遇，宋祁对他说："很久没有劳您到太常寺来了，但是听到您的马从门口经过。"李淑在他们站着谈话的时间，就戏谑地改写了杜甫的《赠郑广文》诗，嘲讽道："景纯过官舍，走马不曾下。忽地退朝逢，便遭官长骂。多罗四十年，偶未识摩毡。赖有王宣庆，时时乞与钱。"叶清臣、王洙也各自用一种字体，把诗抄写在一幅纸上，宋祁在后面题写了六个字的题目道："效子美谇景纯。"李淑又在下面注道："叶清臣书，王洙用古篆，宋祁题写篇名，李淑小注。"欧阳修又把杜甫的诗写在一面绫扇上。高若讷当时也在坐，说："今日只有我没有功劳。"于是取来四位所写的纸粘成一张小帖子，悬挂在刁约办公的地方就走了。当时西羌首领唃厮罗刚刚归附，摩毡是他儿子。大太监王宣庆求刁约为他作墓志铭，送给他三百千的润笔钱，所以诗中有摩毡、王宣庆的讥讽之辞。现在诗帖在刁约的孙子刁概那里，扇面诗在杨杰家里，都是一时的名流雅谑，我都曾借来观看过，书法令人赞叹。

　　禁中旧有吴道子画钟馗①，其卷首有唐人题记曰：明皇开元讲武骊山②，岁翠华还宫③，上不怿④，因疟作⑤，将逾月。巫医殚伎⑥，不能致良。忽一夕，梦二鬼，一大一小。其小者衣绛犊鼻⑦，屦一足，跣一足，悬一屦，搢一大筠纸扇⑧，窃太真紫香囊及上玉笛⑨，绕殿而奔。其大者戴帽，衣蓝裳⑩，袒一臂，鞹双足⑪，乃捉其小者，刳其目⑫，然后擘而啖之⑬。上问大者曰："尔何人也？"奏云："臣钟馗氏，即武举不捷之士也。誓与陛下除天下之妖孽。"梦觉，疟若顿瘳⑭，而体益壮。乃诏画工吴道子，告之以梦，曰："试为朕如梦图之。"道子奉旨，恍若有睹，立笔图讫以进。上睨视久之⑮，抚几曰："是卿与朕同梦耳，何肖若此哉？"道子进曰："陛下忧劳宵旰⑯，以衡石妨膳⑰，而疟得犯之。果有蠲邪之物，以卫圣德。"因舞蹈，上千万岁寿。上大悦，劳之百金，批曰："灵祇应梦⑱，厥疾全瘳，烈士除妖，实须称奖。因图异状，颁显有司。岁暮驱除，可宜遍识。以祛邪魅，兼静妖氛⑲。仍告天下，悉仿知委。"熙宁五年⑳，上令画工摹揭镌板㉑，印赐两府辅臣各一本。是岁除夜,遣入内供奉官梁楷就东西府给赐钟馗之象。观此题相记,似始于开元时。皇祐中^㉒,金陵上元县发一家,有石志,乃宋征西将军宗悫母郑夫人墓^㉓。夫人,汉大司农郑众女也^㉔,悫有妹名钟馗。后魏有李钟馗,隋将乔钟馗、杨钟馗,然则钟馗之名,从来亦远矣,非起于开元之时。开元之时,始有此画耳。"钟馗"字亦作"钟葵"。

【注释】

①吴道子:唐代画家。

②讲武骊山:指开元元年(713)唐玄宗在骊山(今陕西临潼东南)大规模阅兵一事。

③岁翠华:意义不明,怀疑有脱简。

④怿(yì):原指喜悦,这里指舒服。

⑤疝(shān):疝疾。

⑥殚(dān):竭尽。

⑦绛犊(dú)鼻:绛色的犊鼻裈(kūn),即短裤,形如牛犊的鼻子。

⑧揞(jìn):插。筠(yún)纸扇:竹柄作的纸扇。

⑨太真:指杨贵妃,太真是其道号。

⑩蓝裳:指士人穿的襕衫。

⑪鞹(kuò):皮靴。

⑫刳(kū):挖出。

⑬擘(bāi):掰开,撕碎。啖(dàn):吃。

⑭瘳(chōu):病愈。

⑮瞠(chēng)视:惊异地瞪着眼睛看。

⑯宵旰(gàn):即宵衣旰食,指天不亮就穿衣起床,天黑了才吃饭休息,形容君主勤于政务。

⑰衡石:史传记载秦始皇批日奏疏"以衡石量书",指披阅的奏疏很多。

⑱灵祇(qí):神灵。

⑲妖氛:不祥之气,妖气。

⑳熙宁五年:公元 1072 年。

㉑摹搨(tà)镌板:指临摹下来,刻印成板以印刷。搨,摹,拓。

㉒皇祐:宋仁宗年号,公元 1049—1054 年。

㉓宗悫(què)母郑夫人墓:参见《杂志一》卷二十四第十九条。

㉔郑众(? —83):字仲师,河南开封人。汉明帝时为给事中,章帝时任大司农,故又称"郑司农",博通经学。郑夫人不可能是郑众之女,有人疑为郑众之后裔。

【译文】

皇宫中以前有吴道子画的钟馗像,卷首有唐人的题记道:开元年间,唐玄宗在骊山阅兵,回宫后就感觉不舒服,接着患上了疟疾,过了快一个月。巫医使尽了招数,也无法治好唐玄宗的病。忽然有一夜,玄宗梦到两个鬼,一大一小。小鬼穿着红色短裤,一只脚穿着鞋,一只脚光着,腰上挂着一只鞋,插着一把大竹柄纸扇,偷了杨贵妃的紫香囊和玄宗的玉笛,绕着大殿奔跑。大鬼戴着帽子,穿着士人的襕衫,露出一只胳臂,双脚穿着皮靴,捉住那只小鬼,把它的眼睛挖出来,然后把它撕碎后吃了。皇帝问大鬼道:"你是什么人?"大鬼回答道:"臣是钟馗氏,就是武举考试没有中第的人。我发誓为陛下除尽天下妖孽。"梦醒了以后,玄宗觉得疟疾顿时就好了,而且身体也更加强壮。于是命令召见画工吴道子,把梦里的事情告诉给他,说:"你试着为我把梦中的情景画出来。"吴道子奉旨,恍惚觉得看到了一样,就立刻下笔画好后呈上。皇帝张大眼睛盯了很久,抚着几案道:"莫不是你与我做了相同的梦,为什么会画得这么像?"吴道子回答道:"陛下勤于政务,因为公务繁忙而影响了膳食起居,结果得了疟疾。但终究有驱邪的东西,来保卫皇帝的圣德。"于是以舞蹈为玄宗拜寿。玄宗非常高兴,赏给他百两黄金,并且批示道:"灵祇应梦,厥疾全瘳,烈士除妖,实须称奖。因图异状,颁显有司。岁暮驱除,可宜遍识。以祛邪魅,兼静妖氛。仍告天下,悉仿知委。"熙宁五年,皇帝命令画工照着画像临摹下来,刻成版刻,印刷后赐给中书、枢密两府的辅臣每人一本。这一年的除夕,派入内供奉官梁楷到中书、枢密两府赏赐钟馗画像。从上面的画像题记来看,钟馗的传说好像始于唐开元年间。皇祐年间,在金陵的上元县发掘了一座坟墓,有石刻的墓志,是南朝刘宋征西将军宗悫的母亲郑夫人之墓。郑夫人,是汉代大司农郑众的后人,宗悫有个妹妹,名叫钟馗。后魏有李钟馗,隋将有乔钟馗、杨钟馗,然而钟馗的名字,由来已久了,并非起于唐开元年间。只是开元年间,才有了这幅画像而已。"钟馗"字也写作"钟葵"。

　　故相陈岐公①,有司谥荣灵。太常议之,以荣灵为甚,请谥恭。以恭易荣灵,虽差美,乃是用唐许敬宗故事②,适足以为累耳。钱文僖公始谥不善③,人有为之申理而改思,亦是用于頔故事④,后乃易今谥。

【注释】

①陈岐公:即陈执中,字昭誉,北宋宰相。参《人事》卷九注。

②许敬宗:字延族,唐代大臣。其人在唐高宗时阿附皇帝,陷害同僚,后来官拜右相,死后初议谥"缪",其孙以为耻辱,后力争而改谥"恭"。

③钱文僖公:指钱惟演,字希圣,北宋大臣。参《人事》卷九注。不善:指谥号中含有贬义。

④于頔(dí,? —818):字允元,河南人。以门荫入仕,调授华阴尉,历长安令、驾部郎中、湖州刺史等,官至宰相。为官时骄横不法,

死后初谥为"厉"，后改谥为"思"。《旧唐书》卷一五六、《新唐书》卷一七二有传。

【译文】

宰相陈执中去世，有关部门准备封他谥号"荣灵"。太常寺礼院讨论时，觉得"荣灵"太过分了，请求谥"恭"。用"恭"改换"荣灵"，虽然更好听一点，但是却用了唐代许敬宗的成例，反而连累了陈执中的名声。钱惟演开始的谥号有贬义，有人为他申辩而改谥为"思"，这也是用唐代于顿的前例，后来才改成现在的谥号。

地理之书，古人有《飞鸟图》，不知何人所为。所谓"飞鸟"者，谓虽有四至里数[①]，皆是循路步之[②]，道路迂直而不常，既列为图，则里步无缘相应，故按图别量径直四至，如空中鸟飞直达，更无山川回屈之差。予尝为《守令图》[③]，虽以二寸折百里为分率，又立准望、牙融、傍验、高下、方斜、迂直七法[④]，以取鸟飞之数。图成，得方隅远近之实，始可施此法，分四至、八到为二十四至[⑤]，以十二支、甲乙丙丁庚辛壬癸八干、乾坤艮巽四卦名之。使后世图虽亡，得予此书，按二十四至以布郡县，立可成图，毫发无差矣。

【注释】

①四至里数：指地图上两点之间的方向和距离。

②步：步测。

③《守令图》：即《天下州县图》，沈括于熙宁九年（1076）奉命编制，至元祐二年（1087）而成，有大图一轴、小图一轴、副本二十轴。今四川博物馆藏《九域守令图碑》或为总图碑刻，西安碑林的《禹迹图》亦可能出于沈括之手。

④准望：指方位。牙融：一地到另一地的距离。傍验：校验。高下：
　把水平面高低的水平距离换算为平面距离。方斜：把平面上道
　路的折线长度换算成直线距离。迂直：把平面上弯曲的道路长
　度换算为直线距离。
⑤八到：指地图上某点到八方某点的距离。二十四至：在八方之
　外，再增加十六个中间方位。

【译文】

　　地理类书籍，古人有《飞鸟图》，不知是什么人写的。所谓的"飞
鸟"，意思是说一般地图虽然有两点之间的方位与距离，但都是沿着道
路步测出来的，而道路的曲直不一定，画到图上以后，就和实际距离不
相应，所以要根据图另外量出各个方位的直线距离，就像在空中的飞鸟
一样直达目标，不再有山川曲折的误差。我曾经编订过《守令图》，用二
寸代表一百里的比例，又通过准望、牙融、傍验、高下、方斜、迂直等，共
七种方法，计算各地的直线距离。图制成以后，算得各个方位和距离的
实际数值，才能用这种方法，把四至、八到细分为二十四至，用十二地
支、甲乙丙丁庚辛壬癸八天干、乾坤艮巽四卦来表示。这样即使以后地
图亡佚了，只要能得到我这本书，根据二十四个方位排布郡县，也可以
立刻制成地图，分毫不差。

　　咸平末①，契丹犯边，戍将王显、王继忠屯兵镇定②。虏
兵大至，继忠力战，为契丹所获，授以伪官，复使为将，渐见
亲信。继忠乘间进说契丹，讲好朝廷，息民为万世利。虏母
老③，亦厌兵，遂纳其言。因寓书于莫守石普④，使达意于朝
廷，时亦未之信。明年，虏兵大下，遂至河。车驾亲征，驻跸
澶渊⑤，而继忠自虏中具奏戎主请和之意，达于行在。上使
曹利用驰遗契丹书⑥，与之讲平。利用至大名⑦，时王冀公守

大名⑧,以虏方得志,疑其不情,留利用未遣。会围合不得出,朝廷不知利用所在,又募人继往,得殿前散直张皓⑨,引见行在。皓携九岁子见曰:"臣不得虏情为报,誓死不还,愿陛下录其子。"上赐银三百两遣之。皓出澶州,为徼骑所掠⑩,皓具言讲和之意,骑乃引与俱见戎母萧及戎主⑪。萧挛车帏召皓⑫,以木横车轭上,令皓坐,与之酒食,抚劳甚厚。皓既回,闻虏欲袭我北塞,以其谋告守将周文质及李继隆、秦翰、文质等⑬,厚备以待之。黎明,虏兵果至,迎射其大帅挞览坠马死⑭,虏兵大溃。上复使皓申前约,及言已遣曹利用之意。皓入大名,以告王冀公,与利用俱往,和议遂定,乃改元景德⑮。后皓为利用所轧,终于左侍禁。真宗后知之⑯,录其先留九岁子牧为三班奉职,而累赠继忠至大同军节度使兼侍中。国史所书,本末不甚备,予得其详于张牧及王继忠之子从伋之家⑰。蒋颖叔为河北都转运使日⑱,复为从伋论奏,追录其功。

【注释】

①咸平:宋真宗年号,公元 998—1003 年。

②王显(932—1007):字德明,开封(今属河南)人。太宗时,拜宣徽南院使兼枢密副使,后罢为随州刺史,充崇信军节度、观察等使。真宗时,改横海军节度,出知镇州,复拜枢密使,加检校太师。改授山南东道节度、同中书门下平章事、定州路行营都部署、河北都转运使兼知定州。累迁河阳三城节度、知天雄军府等。卒赠中书令,谥忠肃。王继忠:开封人,仕宋为郓州刺史、殿前都虞候。后为辽所俘,太后知其贤,授户部使。《宋史》卷二七九有

传。镇定：指镇州(今河北正定)及定州(今属河北)。

③虏母：指辽景帝皇后萧绰(953—1009)，时以皇太后身份摄政。

④莫：莫州，今河北任丘一带。石普：太原(今属山西)人。以荫仕，累迁东头供奉官、内殿崇班、带御器械等，出为西京作坊使、钦州刺史、洛苑使、富州团练使、延州缘边都巡检使、川峡路招安巡检使等。契丹犯边，徙为莫州总管。后改桂州观察使、镇州路总管，迁保平军节度观察留后，赴本镇。又拜河西军节度使、知河阳，徙许州。《宋史》卷三二四有传。

⑤驻跸(bì)：指皇帝外出，暂停小住。澶渊：即澶州，治所在今河南濮阳。

⑥曹利用(? —1029)：字用之，赵州宁晋(今河北邢台)人。景德元年(1004)，以阁门祗使、崇仪副使至契丹议和，史称“澶渊之盟”，后拜枢密使、同中书门下平章事、尚书右仆射，加左仆射兼侍中。后以得罪太后被贬。谥襄悼。《宋史》卷二九○有传。

⑦大名：今属河北。

⑧王冀公：即王钦若，字定国，北宋宰相。参《人事》卷九注。

⑨张皓：身世不详。

⑩徼(jiào)骑：在前方巡逻的游骑兵。

⑪戎主：指辽圣帝耶律隆绪。公元 971—1031 年在位。

⑫搴(qiān)：拨开，掀开。

⑬周文质：身世不详。李继隆(950—1005)：字霸图，上党(今山西长治)人，以荫补供奉官，参与平定后蜀、南唐，又从曹彬征契丹，迁侍卫马军都虞候。真宗时，加同中书门下平章事，卒赠中书令，谥忠武。秦翰(952—1015)：字仲文，获鹿(今属河北)人。宦官，多次参与边境军事活动，以战功进入内都知、昭宣使、群牧副使，加领平州团练使等。

⑭挞览：即萧挞凛(? —1004)，字驰宇，辽国名将，封兰陵郡王，南

　　京统军使,屡建战功。澶州之战时中箭身亡。

⑮改元景德:改元事在澶渊之盟以前。

⑯之:字原缺,据汇秘笈本补。

⑰张牧(?—1068):字养正,澶州(今河南濮阳)人,以荫补三班职,历官秘书省校书郎、通判秀州等。为沈括妻张氏的祖父,沈括为其撰有墓志铭(载《长兴集》卷二五)。从仕:身世不详。

⑱蒋颖叔:即蒋之奇(1031—1104),字颖叔,常州宜兴(今属江苏)人。嘉祐二年(1057)进士,官太常博士。又举贤良方正科,升监察御史,转殿中御史。以诬告欧阳修,被贬监道州酒税,徽宗时,知枢密院事,出知杭州。《宋史》卷三四三有传。

【译文】

　　咸平末年,契丹侵犯我朝边界,守将王显、王继忠屯兵于镇州、定州。敌军来势凶猛,王继忠力战不胜,被契丹俘虏,授予伪官,又命他为将,并逐渐积累起信任。王继忠趁机向契丹进言,希望他们与北宋朝廷议和,以安息百姓谋求万世的利益。契丹太后年事已高,也不想再用兵,就采纳了他的建议。于是写信给莫州守将石普,让他把契丹方面的意思转达给朝廷,当时朝廷还不相信。第二年,敌军大举入侵,打到黄河边上。皇帝御驾亲征,驻留在澶渊,而王继忠在契丹营中传达了辽帝请求讲和的意思,也送到了皇帝驻地。皇帝派曹利用快马给契丹送信,与他们讲和。曹利用来到大名府,当时王钦若镇守大名府,认为敌人刚刚战胜得志,怀疑议和没有诚意,就留下曹利用没让他继续前往。结果赶上被辽军围城而无法离开大名府,朝廷不知道曹利用在哪,又找人继续前往,找到殿前散直张皓,把他引到皇帝驻地面圣。张皓带着自己九岁的儿子对皇帝说:"臣如果得不到敌人的情报,就誓死不还,希望陛下能收留我的儿子。"皇帝赐给他三百两银子派他去。张皓从澶州出发,被敌人的骑兵抓住,张皓详细地说明了讲和的来意,骑兵于是带他一起去见萧太后和辽帝。萧太后掀起车驾的帷幕招呼张皓,把木头横在车

辒上,让张皓坐下,赐给他酒食,盛情地慰劳他。张皓回来之后,听闻敌
军想要偷袭我军澶渊以北的要塞,就把敌人的阴谋告诉了守将周文质
以及李继隆、秦翰、文质等人,做好充分准备等待敌人的进攻。黎明时
分,敌军果然来了,守军迎战,射中敌方大帅挞览,挞览坠马而死,敌军
溃败。皇帝又派张皓前去申明之前的合约,并且告诉他之前已经派遣
了曹利用。张皓来到大名府,将情况告诉了王钦若,和曹利用一同前
往,和议这才达成,于是改元为景德。后来张皓被曹利用排挤,官只做
到左侍禁。真宗后来得知了这一情况,就录用了张皓之前留下的九岁
的儿子张牧,让他在三班奉职,而多次加赠王继忠官职,直到大同军节
度使兼侍中。国史对这件事的记载,事情始末都不很详细,我从张牧以
及王继忠的儿子王从佺那里详细地了解了情况。蒋之奇担任河北都转
运使的时候,又为王从佺上奏,追加表彰了他的功劳。

　　前世风俗,卑者致书于所尊,尊者但批纸尾答之曰
"反",故人谓之"批反",如官司批状、诏书批答之类。故纸
尾多作"敬空"字①,自谓不敢抗敌,但空纸尾以待批反耳。
尊者亦自处不疑,不务过敬。前世启甚简②,亦少用联幅
者③。后世虚文浸繁,无昔人款款之情,此风极可惜也。

【注释】

①敬空:指在信的正文结束后,另起一行定格写尊者称谓,下面署
　　日期,其下即写"敬空"或"谨空"。

②启:书信。

③联幅:指再加一张信纸。

【译文】

过去的风俗,地位低下的人写信给尊长,尊长只在信纸末尾批语作

答,称为"反",因此人们称此为"批反",正如官府的判词、诏书的批答之类的。所以写信时在纸尾多写"敬空"字样,自称不敢与对方匹配,只在空下的信纸末尾,等待批反而已。尊长也安然自处没有疑义,不追求过分谦敬。过去的书信很简单,也很少再加一页纸的。后世虚伪的礼仪越来越多,没有了过去人淳朴的情意,形成这种风气实在是令人可惜啊。

　　风后八阵,大将握奇[1],处于中军,则并中军为九军也。唐李靖以兵少难分九军[2],又改制六花阵,并中军为七军。予按,九军乃方法,七军乃圆法也。算术,方物八裹一,盖少阴之数,并其中为老阳;圆物六裹一,乃老阴之数,并其中为少阳。此物之定行,其数不可改易者。既为方、圆二阵,势自当如此。九军之次,李靖之后,始变古法。为前军、策前军、右虞候军、右军、中军、左虞候军、左军、后军、策后军[3]。七军之次:前军、右虞候军、右军、中军、左虞候军、左军、后军[4],扬奇备伏[5]。先锋、踏白[6],皆在阵外;跳荡、弩手[7],皆在军中。

【注释】

①奇:指机动的士兵。

②李靖(571—649):字药师,雍州三原(今属陕西)人。唐开国大将,封卫国公,谥景武。著有《李卫公兵法》,被编入"武经七书"。

③"九军之次"四句:"策前军""左军""策后军"原脱,胡道静据李焘《长编》补,今从之。

④"七军之次"二句:原缺,胡道静据李焘《长编》补,今从之。

⑤扬:指冲锋部队。奇:指机动部队。备:指预备队。伏:指左右用

于支援的埋伏部队。

⑥先锋、踏白：指用于冲锋的步兵、骑兵。

⑦跳荡：指用于攻坚的突击部队。

【译文】

风后八阵，大将掌握机动兵力，位于中军位置，那么加上中军就是九军。唐代李靖因为兵力少，难以分成九军，又改创六花阵，加上中军就是七军。据我考证，九军阵形是方形阵法，七军阵形是圆型阵法。在算术上，方形物体是八个包裹一个，是少阴之数，加上中间的就是老阳之数；圆形物体是六个包裹一个，是老阴之数，加上中间的就是少阳之数。这是万物的定理，数量是不可更改的。既然是方、圆两种阵法，那么阵形理应如此。九军阵形的次序，在李靖以后，开始改变古法。包括：前军、策前军、右虞候军、右军、中军、左虞候军、左军、后军、策后军。七军阵形的次序是：前军、右虞候军、右军、中军、左虞候军、左军、后军，此外还有先锋队、机动队、支援队、预备队。冲锋的步兵、骑兵，都在阵形之外；攻坚的突击队和弓手，都在阵形之中。

熙宁中①，使六宅使郭固等讨论九军阵法②，著之为书，颁下诸帅府，副藏秘阁。固之法，九军共为一营阵，行则为阵，住则为营。以驻队绕之③。若依古法，人占地二步，马四步，军中容军，队中容队，则十万人之阵，占地方十里余。天下岂有方十里之地无丘阜沟涧林木之碍者？兼九军共以一驻队为篱落④，则兵不复可分，如九人共一皮，分之则死，此正孙武所谓"縻军"也⑤。有言阵法有"面面相向，背背相承"之文，固不能解，乃使阵间士卒皆侧立，每两行为巷，令面相向而立。虽文应古说，不知士卒侧立，如何应敌？上疑其说，使予再加详定。予以谓九军当使别自为阵，虽分列左右前后,而各占地利,以驻队外向自绕,纵越沟涧林薄⑥,不妨各自成营;金鼓一作,则卷舒合散,浑浑沦沦而不可乱;九军合为一大阵,则中分四衢⑦,如井田法;九军皆背背相承,面面相向,四头八尾,触处为首。上以为然,亲举手曰:"譬如此五指,若共为一皮包之,则何以施用?"遂著为令,今营阵法是也。

【注释】

①熙宁:宋神宗年号,公元 1068—1077 年。

②郭固:身世不详。

③驻队:为保持阵形而设的警戒部队。

④篱落:这里指编队限制。

⑤縻军:指受牵制而不能机动灵活的部队。

⑥林薄:指草木茂密的地方。

⑦衢(qú):宽阔的通道。

【译文】

熙宁年间,朝廷派六宅使郭固等人讨论九军阵法,要写成书,颁发给各路帅府,副本则收藏在秘阁。郭固提出的阵法是,九军共为一个营阵,行动时组成阵,停下来就成营。用驻队环绕起来。如果按照古法,一人占地二步,一马占地四步,军中有军,队中有队,那么十万人的阵形,就要占地十里多。天下哪里有方圆十里的土地上,没有丘墼、沟涧、林木等障碍的呢?再加上如果九军共同由一支驻队环绕成编队,那么士兵就不能分开行动,就像九人共用一张皮,一旦分开就会死去,这正是孙武所谓的"縻军"。古代有人讨论阵法,有"面面相向,背背相承"的文字,郭固等人因为不能理解其中的意义,就让阵营中的士兵都侧身站立,每两行为一巷,令士兵们脸对脸地相向而立。这么做虽然对应上古人的说法了,但不知士兵们都侧身站立,该如何应敌? 皇帝也怀疑这种说法,就派我再加详细考定。我认为九军应当是各自组成阵形,虽然分列在前后左右,但是各自占据有利地形,各自组成驻队在一方阵外形成约束,如果穿越沟涧、密林等地形,那么也不妨各自形成阵营;作战时,鸣金与击鼓之声一起,就按队形收缩展开,形成整体而不会紊乱;九军合起来成为一大阵时,就在中间分出四条通道,就像井田法的布置一样;这样九军之间形成背背相承、面面相向的格局,四面八方,与敌人接战的阵营就成为正面。皇帝认为这是对的,亲自举起手说:“就像这五根手指一样,如果共用一张皮包起来,该如何运动呢?”于是就定为条令,现在的营阵法就是这样的。

　　古人尚右:主人居左,坐客在右者,尊宾也。今人或以主人之位让客,此甚无义。惟天子适诸侯①,升自阼阶者②,主道也,非以左为尊也。《礼记》曰:“主人就东阶③,客就西阶。客若降等,则就主人之阶。主人固辞,乃就西阶。”盖尝以西阶为尊,就主人阶,所以为敬也。韩信得广武君④,东向坐,西向对而师事之,此尊右之实也。今惟朝廷有此礼,凡臣僚登阶奏事,皆由东阶立于御座之东;不由西者,天子无宾礼也。方外唯释门主人升堂⑤,众宾皆立于西,惟职属及门弟子立于东,盖旧俗时有存者。

【注释】

①适:到,往。

②阼(zuò)阶:殿前东侧阶梯,宾主相见时,主人站在东侧阶梯,宾客从西侧阶梯上殿。而天子到诸侯那里,不能从西侧阶梯上,而要从东侧阶梯上,以表示天子是天下的主人。

③就：到。

④广武君：指李左车，楚汉时期赵国将领，井陉之战中被韩信所擒，韩信待以师礼。

⑤方外：指宗教界人士。释门：佛教界人士。

【译文】

古人以右侧为尊贵：主人一般坐在左侧，客人坐在右侧，这是尊敬宾客。现在人有的把主人的位置让给客人坐，这么做毫无道理。只有天子到诸侯那里去时，要从大殿东侧阶梯上殿，因为这是主人的通道，而不是以左侧为尊的意思。《礼记》说："主人站在东阶，客人站在西阶。客人如果地位低于主人，那就先站在主人一侧的东阶。主人几番礼让后，再站到西阶上去。"这是因为曾经以西阶为尊，客人先站到主人的东阶上去，以示对主人的尊敬。韩信俘虏了李左车，让他面向东而坐，自己面向西，像对待老师一样对待他，这是以右为尊的实例。现在只有朝廷上有这种礼节，凡是臣僚们上台阶向皇帝奏事，都从东阶上殿，站立在御座的东侧；不从右侧的西阶上殿，是因为天子没有宾礼。方外人士中只有佛教的主人登堂时，众宾客都站在西侧，只有有教职的僧人以及门下弟子站在东侧，过去的习俗还有留存。

扬州在唐时最为富盛，旧城南北十五里一百一十步，东西七里三十步，可纪者有二十四桥。最西浊河茶园桥，次东大明桥，今大明寺前。入西水门有九曲桥，今建隆寺前。次东正当帅牙南门有下马桥①，又东作坊桥，桥东河转向南，有洗马桥，次南桥，见在今州城北门外。又南阿师桥，周家桥，今此处为城北门。小市桥，今存。广济桥，今存。新桥，开明桥，今存。顾家桥，通泗桥，今存。太平桥，今存②。利园桥，出南水门有万岁桥，今存。青园桥，自驿桥北河流东出③，有参佐桥，今开元寺前。次东水门，今有新桥，非古迹也。东出有山光桥，见在今山光寺前。又自衙门下马桥直南有北三桥，中三桥，南三桥，号"九桥"，不通船，不在二十四桥之数，皆在今州城西门之外。

【注释】

①帅牙：州城中的官署。

②今存：二字原缺，据汇秘笈本补。

③驿桥：为驿路便利而在河上架设的桥。

【译文】

扬州城在唐代最为富裕繁盛，旧城南北有十五里一百一十步，东西有七里三十步，值得一提的有二十四桥。最西是浊河上的茶园桥，稍微往东是大明桥，在现在的大明寺前。进入西水门有九曲桥，在现在的建隆寺前。再稍微往东，正当官府南门有下马桥，再往东是作坊桥，桥的东面，河流转向南，有洗马桥，次南桥，在现在的州城北门外。再往南是阿师桥，周家桥，现在这里是城北门。小市桥，现在还在。广济桥，现在还在。新桥，开明桥，现在还在。顾家桥，通泗桥，现在还在。太平桥，现在还在。利园桥，出南水门有万岁桥，现在还在。青园桥，在驿桥北面，河流向东流，有参佐桥，在现在的开元寺前。再下来是东水门，现在有新桥，并非古迹。再往东有山光桥，在现在的山光寺前。此外，从衙门口的下马桥直接向南走有北三桥，中三桥，南三桥，号称为"九桥"，这些桥下面不能通船，不在二十四桥之数，都在现在州城的西门以外。

士人李，忘其名，嘉祐中为舒州观察支使①，能为水丹。时王荆公为通判②，问其法，云："以清水入土鼎中，其下以火然之③，少日则水渐凝结如金玉，精莹骇目④。"问其方，则曰：

"不用一切,但调节水火之力。毫发不均,即复化去。此坎、离之粹也。"曰:"日月各有进退节度。"予不得其详。推此可以求养生治病之理。如仲春之月,草木奋发,鸟兽孳乳⑤,此定气所化也。今人于春、秋分夜半时,汲井水满大瓮中,封闭七日,发视则有水花生于瓮面,如轻冰⑥,可采以为药,非二分时,则无,此中和之在物者。以春、秋分时吐翕咽津⑦,存想腹胃⑧,则有丹砂自腹中下,璀然耀日,术家以为丹药,此中和之在人者。凡变化之物,皆由此道,理穷玄化,天人无异,人自不思耳。深达此理,则养生治疾,可通神矣。

【注释】

①舒州:治所在今安徽潜山。

②王荆公:即王安石。王安石任舒州通判,事在皇祐三年(1051)至六年(1054),非嘉祐中,时间恐有误。

③然:同"燃",燃烧。

④骇目:耀眼。

⑤孳(zī)乳:繁殖。

⑥轻冰:胡道静等认为可能是水中的碳酸氢钙($Ca(HCO_3)_2$)分解而析出的碳酸钙($CaCO_3$)。

⑦吐翕(xī)咽津:道家的养生之术,指呼吸吐纳,吞下津液。

⑧存想腹胃:道家的养生之术,指通过臆想作用,把意念集中在腹部,这样就能使精神饱满,百病自除。

【译文】

有一位李姓士人,忘记他的名字了,嘉祐年间曾经担任舒州观察支使,能制作水丹。当时王安石担任通判,问他用的什么方法,他说:"把清水倒入土鼎中,下面用火点燃,过几天后,水就会逐渐凝结,像金玉一

样,精莹夺目。"问他用的什么方子,他回答说:"什么都不用,只需要调
节水火的多少而已。但是稍微有一点不均衡,就会消失。这是坎、离两
卦的精粹。"又说:"随着时间变化,也有各自的增减度量。"我不知道其
中详情。但是据此推论却可以寻求养生治病的道理。比如仲春二月,
草木生长,鸟兽繁殖,这是时令节气的自然衍化。现在的人在春分、秋
分的夜半时分,汲取井水,注满大瓮中,封闭七天,打开时就看到有水花
出现在水面上,像薄冰一样,可以采集入药,不是春分、秋分的时候,就
不会出现,这是中和之道在物理上的体现。在春分、秋分时,呼吸吐纳,
意念集中于腹部,就会有类似丹砂的东西从腹中向下运行,璀璨夺目,
方术家以此作为丹药,这是中和之道在人体上的体现。凡是变化的事
物,都遵循这个道理,道理穷尽玄妙变化,在自然与人体之间,没有差
异,只是人们自己没有深思而已。深入地思考这些道理,就可以养生治
病,可以通神了。

药议

世人用莽草^①，种类最多，有叶大如手掌者，有细叶者，有叶光厚坚脆可拉者，有柔软而薄者，有蔓生者，多是谬误。按《本草》^②："若石南^③，而叶稀，无花实。"今考木若石南，信然，叶稀、无花实，亦误也。今莽草，蜀道、襄汉、浙江湖间山中有，枝叶稠密，团栾可爱^④，叶光厚而香烈，花红色，大小如杏花，六出反卷向上^⑤，中心有新红蕊，倒垂下，满树垂动摇摇然，极可玩。襄汉间渔人竞采以捣饭饴鱼^⑥，皆翻上，乃捞取之。南人谓之"石桂"，白乐天有《庐山桂》诗，其序曰："庐山多桂树。"又曰："手攀青桂树。"盖此木也。唐人谓之"红桂"，以其花红故也。李德裕诗序曰^⑦："龙门敬善寺有红桂树，独秀伊川，移植郊园，众芳色沮。乃是蜀道莽草，徒得佳名耳。"卫公此说亦甚明。自古用此一类，仍毒鱼有验。《本草》木部所收，不如何缘谓之草，独此未喻。

【注释】

①莽草：又名芒草，木兰科八角属，常绿植物。按沈括描述，或为红茴香，有毒，果实毒性最大，古人有用来治疗头风等症。

②《本草》：这里指苏颂所著《本草图经》。

③石南：又名石楠，蔷薇科常绿灌木或小乔木，叶可入药，有利尿、解热、镇痛之效。

④团栾(luán)：圆滚滚的样子。

⑤六出：指六个花瓣。

⑥竞：原作"兢"，从汇秘笈本改。饴(yí)：喂。

⑦李德裕：字文饶，唐代宰相。参《补笔谈》卷一《辨证》注。

【译文】

世人所用莽草的种类最多，有的叶片大如手掌，有的是细叶，有的叶片光洁厚实，坚硬而脆，可以拉断，有的叶片柔软而薄，有的是蔓生，这些大多不是莽草。根据《本草图经》记载："莽草就像石南，但叶子比较稀疏，没有花和果实。"现在考察，它的枝干确实像石南一样，不过说它叶片稀疏、没有花和果实，这也是错的。现在的莽草，生长在蜀道、襄汉、浙江一带湖边的山中，枝叶稠密，浑圆可爱，叶片光洁厚实而香气很浓烈，开红色的花，大小就像杏花一样，六个花瓣反卷向上，中心有鲜红的花蕊，花倒着垂下来，垂满一树，摇动不止，非常值得欣赏。襄汉一带的渔民竞相采集，捣入饭食之中喂给鱼吃，鱼吃了以后就都会毙命，尸体翻上水面，渔民们就把死鱼捞起来吃。南方人称其为"石桂"，白居易有《庐山桂》诗，诗序说："庐山多桂树。"又说："手攀青桂树。"大概就是这种树了。唐人称为"红桂"，这是因为它的花是红色的缘故。李德裕的诗序说："龙门敬善寺有一棵红桂树，在伊川一带最为秀美，把它移植到郊外的园中，其他花卉都显得逊色。其实就是蜀道上的莽草，只不过在这里得了个好名字而已。"李德裕这里的说法也很明确。自古以来使用的应该是这个品种，现在用来毒鱼还有效。它被《神农本草》的木部所收，却不知为什么被称为草，只有这点还不明白。

　　孙思邈《千金方》人参汤①，言须用流水煮，用止水则不验。人多疑流水、止水无异②。予尝见丞相荆公喜放生③，每日就市买活鱼，纵之江中，莫不洋然④，唯鳝鲻入江中辄死⑤。乃知鳝鲻但可居止水，则流水与止水果不同，不可不知。又鱼生流水中，则背鳞白而味美；生止水中，则背鳞黑而味恶，此亦一验。《诗》所谓"岂其食鱼，必河之鲂？"⑥盖流水之鱼，品流自异。

【注释】

①孙思邈：唐代医药学家，著有《备急千金要方》和《千金翼方》。

②止水：二字原缺，据《苏沈良方》补。

③丞相荆公：指王安石，字介甫，北宋宰相，封荆国公。参《故事》卷
　　一注。

④洋然：舒缓的样子。

⑤鳅鳝（qiū shàn）：指泥鳅和黄鳝。它们具有在陆地上呼吸的直肠，
　　但不能适应江水急流。

⑥"岂其食鱼"二句：出自《诗经·陈风·衡门》。鲂（fǎng），鲤科的
　　一种淡水鱼，与鳊鱼相似，银灰色，腹部隆起，可食用，味道鲜美。

【译文】

孙思邈《千金方》中的人参汤，说必须用活水来煮，用死水煮就无
效。人们大多怀疑活水、死水没什么差别。我曾经见到王安石丞相喜
欢放生，每天都到市场上买活鱼，买回来就把它们放到江中，都游得舒
缓自适，只有泥鳅和黄鳝放入江中就会死。这才知道泥鳅和黄鳝只能
生活在死水中，可见活水与死水果然是不同的，这点不可不知啊。此
外，生长在活水中的鱼，它的背鳞是白色的而且味道鲜美；生长在死水
中的鱼，它的背鳞是黑色的而且味道也不好，这也是一条证据。《诗经》
中说："岂其食鱼，必河之鲂？"是因为活水中的鱼品质自然不同。

熙宁中①，阇婆国使人入贡方物②，中有摩娑石二块③，
大如枣，黄色，微似花蕊；又无名异一块④，如莲荷⑤，皆以金
函贮之。问其人："真伪何以为验？"使人云："摩娑石有五
色，石色虽不同，皆姜黄汁磨之，汁赤如丹砂者为真。无名

异,色黑如漆,水磨之,色如乳者为真。"广州市舶司依其言试之⑥,皆验,方以上闻。世人蓄摩娑石、无名异颇多,常患不能辨真伪。小说及古方书如《炮炙论》之类亦有说者⑦,但其言多怪诞,不近人情。天圣中⑧,予伯父吏书新除明州⑨,章宪太后有旨⑩,令于舶船求此二物,内出银三百两为价,值如不足,更许于州库贴支。终任求之,竟不可得。医潘璟家有白摩娑石⑪,色如糯米糍,磨之亦有验。璟以治中毒者,得汁栗壳许入口即瘥⑫。

【注释】

①熙宁:宋神宗年号,公元 1068—1077 年。

②阇(shé)婆国:南洋古国,在今印度尼西亚爪哇岛或苏门答腊岛。

③摩娑石:又名婆娑石,一种含硫的石药,具有解毒、治疗瘴厉、解头疼等疗效。

④无名异:一般认为即是氧化锰矿(MnO_2),可入药,具有消肿、止痛、收湿气等疗效。

⑤莲茵(dì):莲子。

⑥市舶司:主管蕃国货物船舶的官署。

⑦《炮炙论》:即《雷公炮炙论》。参《辨证》卷四注。

⑧天圣:宋仁宗年号,公元 1023—1032 年。

⑨予伯父:指沈括的伯父沈同,咸平三年(1000)进士,先后知邛州、蜀州、宣州,官至太常少卿。明州:治所在今浙江宁波。

⑩章宪太后:即章献太后,宋真宗皇后刘氏,因为宋仁宗即位时尚年幼,故由太后摄政。

⑪潘璟:太医局医生,余不详。

⑫瘥(chài):病愈。原作"差",据汇秘笈本改。

【译文】

　　熙宁年间，阇婆国使人进贡地方特产，其中有摩娑石两块，大小像枣一样，黄色，有点像花蕊；又有无名异一块，像莲子一样，都用金色盒子装着。问对方来使："如何区分它们的真伪呢？"使者说："摩娑石有五种颜色，石头的颜色虽然不同，但把这些石头用姜黄汁研磨，最后汁液红得像丹砂一样的就是真品。无名异的颜色像漆一样黑，用水研磨后，颜色像乳汁一样的就是真品。"广州市舶司的官员按照他的话试验了一下，都很灵验，于是汇报给朝廷。世人收藏的摩娑石、无名异很多，但常常担心不能辨别真伪。小说以及古代像《炮炙论》之类的方书中也有一些说法，但那些说法大多怪诞不经，不近人情。天圣年间，我的伯父受吏部调派，担任明州长官，章宪太后有旨，命令在往来的船舶中寻找这两样东西，内府出价三百两银子，如果价钱还不够，再允许州府的钱库垫付。一直到他任期结束，竟然都没找到。医生潘璟家有一块白色的摩娑石，颜色就像糯米糍，研磨后也证明是真品。潘璟用来治疗中毒的人，只要服用像栗子壳那么多的汁液，入口后病就好了。

　　药有用根，或用茎、叶，虽是一物，性或不同，苟未深达其理，未可妄用。如仙灵脾①，《本草》用叶，南人却用根；赤箭②，《本草》用根，今人反用苗。如此未知性果同否？如古人远志用根③，则其苗谓之小草，泽漆之根乃是大戟④，马兜零之根乃是独行⑤。其主疗各别，推此而言，其根、苗盖有不可通者。如巴豆能利人，唯其壳能止之；甜瓜蒂能吐人，唯其肉能解之；坐拏能懵人⑥，食其心则醒；楝根皮泻人⑦，枝皮则吐人；邕州所贡蓝药⑧，即蓝蛇之首，能杀人，蓝蛇之尾能解药；鸟兽之肉皆补血，其毛角鳞鬣皆破血⑨；鹰鹯食鸟兽之肉⑩，虽筋骨皆化，而独不能化毛。如此之类多，悉是一物而性理相反如此。山茱萸能补骨髓者⑪，取其核温涩，能秘精气，精气不泄，乃所以补骨髓；今人或削取肉用，而弃其核，大非古人之意。如此皆近穿凿，若用《本草》中主疗，只当依本说。或别有主疗改用根、茎者，自从别方。

【注释】

①仙灵脾：又名淫羊藿，小檗科淫羊藿属，多年生草本植物。根状茎粗短，开白花或淡黄色花，可入药，有补肾壮阳、祛风除湿之效。

②赤箭：药用植物。参《药议》卷二十六注。

③远志：远志科多年生草本植物，主根粗壮。根皮可入药，有安神、化痰之效。

④泽漆：大戟科二年生草本植物，茎叶可入药，有行水消肿、化痰止咳、解毒杀虫之效。大戟：大戟科大戟属多年生草本植物，与泽漆实为不同植物，其根可入药，主治水肿，并有通经之效。

⑤马兜零：即马兜铃，马兜铃科多年生缠绕草本植物，籽可入药，有清肺、止咳、平喘之效。根部入药则称为土青木香、独行，有祛毒、降血压之效。

⑥坐拏(ná)：一种毒草，苗可入药，主治风痹，壮筋骨。懵(měng)：使昏迷。

⑦楝：药用植物。参《药议》卷二十六注。

⑧邕州：今广西南宁一带。

⑨鬣(liè)：野兽颈上的毛，或指鱼颔旁的小鳍。

⑩鹯(zhān)：又名晨风，一种猛禽，似鹞鹰。

⑪山茱萸：药用植物。参《药议》卷二十六注。

【译文】

有的药用植物的根部，有的用茎、叶，虽然是同一种植物，但是药性却有所不同，如果不能深入地体察其中药理，就不能轻易使用。比如仙灵脾，《本草》中用叶入药，南方人却用根入药；赤箭，《本草》中用根入药，现在人却反而用苗入药。像这样不了解药性就随便使用，药理能一样吗？比如古人用远志的根入药，而把它的苗称为小草，泽漆的根部其实是大戟，马兜零的根部其实是独行。它们主治的疾病各有分别，再推广而言，有些植物的根、苗都有不能通用的情况。比如巴豆能利泻，但是它的壳却能止泻；甜瓜的瓜蒂能让人呕吐，但是它的瓜肉却能解吐；坐挐能使人昏迷，但吃它的茎髓却能使人苏醒；楝的根皮能使人腹泻，而其枝皮却能使人呕吐；邕州进贡的蓝药，就是蓝蛇的头部，能杀人，而蓝蛇的尾部却能当解药；鸟兽的肉都可以补血，而其毛、角、鳞、鬣都会损血；鹰鹯吃下鸟兽的肉，即使那些筋骨都能消化，而唯独不能消化毛。像这样的例子很多，都是一种东西，而各个部分的性理如此相反。山茱萸能补骨髓，是取其核温涩能收敛精气，精气不外泄，这样就能补骨髓了；现在人有的削取山茱萸的肉吃，而把核扔掉了，完全不是古人的意思。像这样用药都属于穿凿附会，如果用《本草》中说的主治药物，只应依据本来的说法用药。有时另外有别的主治药物而改用其根、茎的，那就自当依据别的方子。

岭南深山中有大竹，有水甚清澈。溪涧中水皆有毒，唯此水无毒，土人陆行多饮之。至深冬，则凝结如玉，乃天竹黄也[①]。王彦祖知雷州日[②]，盛夏之官，山溪间水皆不可饮，唯剖竹取水，烹饪饮啜，皆用竹水。次年被召赴阙，冬行，求竹水，不可复得。问土人，乃知至冬则凝结，不复成水。遇夜野火烧林木为煨烬，而竹黄不灰，如火烧兽骨而轻。土人多于火后采拾，以供药品，不若生得者为善。

【注释】

①天竹黄：又名竹黄，为青皮竹等被寄生的竹黄蜂咬洞后，竹节间
　贮积的伤流液，经干涸凝结而成的块状物质。自然产出者很少，
　一般用火烧竹林的方法，使竹沥溢出凝结。可入药，有祛风除
　湿、活血舒经、止咳之效。

②王彦祖：即王汾，字彦祖，王禹偁曾孙，钜野（今属山东）人。历官
　太常少卿、兵部侍郎等。《宋史》卷二九三有传。雷州：今广东
　海康。

【译文】

　　岭南的深山中有大竹，竹中有清澈的水。溪涧中的水都有毒，唯独竹子里的水无毒，当地人在陆上行路时大多饮用这种水。到了深冬，就会凝结成像玉一样的东西，就是天竹黄。王彦祖任雷州知州的时候，在盛夏时赴任，山溪间的水都无法饮用，只能剖开竹子取水，烹饪饮用，都用的是竹中的水。次年被召赴京，在冬天启行，想找竹子里的水却找不到了。问起当地人，才知道到冬天竹子中的水就会凝结，不再成为水了。有时夜间遇到野火把林木烧成灰烬时，那些竹黄却不会烧成灰，就像用火烧兽骨只会变轻一样。当地人经常在火烧之后采拾竹黄，用来作药品，但是不如从活着的竹子中取得的好。

　　以磁石磨针锋，则锐处常指南，亦有指北者，恐石性亦不同。如夏至鹿角解、冬至麋角解①，南北相反，理应有异，未深考耳。

【注释】

①解：脱落。

【译文】

　　用磁石磨擦针锋，针尖处常常指南，当然也有指北的，恐怕磁石的

性质也不相同。就像夏至的时候鹿角脱落、冬至的时候麋角脱落,南北相反,论理也应该有差异,只是没有深入研究过而已。

　　吴人嗜河豚鱼①,有遇毒者,往往杀人,可为深戒。据《本草》②:"河豚味甘温,无毒,补虚,去湿气,理腰脚。"因《本草》有此说,人遂信以为无毒,食之不疑,此甚误也。《本草》所载河豚,乃今之鮧鱼,亦谓之鮠五回反。鱼③,非人所嗜者,江浙间谓之回鱼者是也。吴人所食河豚有毒,本名侯夷鱼。《本草注》引《日华子》云④:"河豚有毒,以芦根及橄榄等解之。肝有大毒。又为鮧鱼、吹肚鱼。"此乃是侯夷鱼,或曰胡夷鱼,非《本草》所载河豚也。引以为注,大误矣。《日华子》称:"又名鮧鱼。"此却非也,盖差互解之耳。规鱼,浙东人所呼,又有生海中者,腹上有刺,名海规。吹肚鱼,南人通言之,以其腹胀如吹也。南人捕河豚法:截流为栅,待群鱼大下之时,小拔去栅,使随流而下,日莫猥至⑤,自相排蹙⑥,或触栅,则怒而腹鼓⑦,浮于水上,渔人乃接取之。

【注释】

①河豚:硬骨鱼纲鲀科鱼类的统称,产于淡水、咸水交接处,小口大腹,肉极鲜美,而肝脏、生殖腺、血液均有毒素。

②《本草》:这里指北宋开宝年间官修的《开宝新详定本草》和《开宝重定本草》。

③鮠(wéi):亦称江团、鮰鱼。鮠科,无鳞,产于长江流域,肉质鲜美。

④《日华子》:即《日华子诸家本草》的简称,相传为五代末吴越人作,或成书于开宝年间,今已亡佚。

⑤莫：同"暮"，日暮。猥：众多。

⑥排龊(cù)：拥挤。

⑦腹鼓：河豚腹部有气囊，遇到意外时，气囊会充气，腹部朝上浮上水面。

【译文】

　　江浙一带的人喜欢吃河豚，有中毒的情况时，往往会死人，应该深以为戒。根据《开宝本草》的说法："河豚味甘而温和，无毒，可以补虚，去湿气，治疗腰脚病。"因为《开宝本草》中有这些说法，人们就相信了，以为河豚无毒，吃下去没有怀疑，这是非常错误的。《开宝本草》所记载的河豚，乃是现在的鮧鱼，又称为鮠五回反。鱼，不是人们爱吃的那种鱼，而是江浙一带所称的回鱼。江浙人吃的河豚有毒，本名为侯夷鱼。《本草注》引《日华子》说："河豚有毒，可以用芦根以及橄榄等解毒。它的肝有大毒。又称为鮧鱼、吹肚鱼。"其实是侯夷鱼，或者称作胡夷鱼，不是《本草》所记载的河豚。引来作为注解，这就错了。《日华子》称："又名鮧鱼。"这又不对了，大概是解释的时候相互混淆了。把它叫做规鱼，是浙东人的称呼，又有生长在海里的，腹部有刺，名叫海规。把它叫做吹肚鱼，是南方人的通称，因为它的腹部可以胀起，就像是吹起来的一样。南方人捕捉河豚的方法是：在河流上设置栅栏把河截断，等鱼群大量游下时，稍微拔去几根栅栏，使鱼群能顺流而下，到日暮时分，鱼群大量出现，就会相互拥挤，有的碰到栅栏，就会怒而把腹部胀满，浮在水面上，渔人就这样将其捕捞上来。

　　零陵香①，本名蕙，古之兰蕙是也，又名薰。《左传》曰："一薰一莸，十年尚犹有臭。"②即此草也。唐人谓之铃铃香，亦谓之铃子香，谓花倒悬枝间如小铃也。至今京师人买零陵香，须择有铃子者，铃子，乃其花也。此本鄙语，文士以湖南零陵郡,遂附会名之。后人又收入《本草》,殊不知《本草》正经自有薰草条,又名蕙草,注释甚明。南方处处有,《本草》附会其名,言出零陵郡,亦非也。

【注释】

①零陵香:参《辨证》卷三第十二条。

②"一薰"二句:出自《左传·僖公四年》。参《象数》卷七注。

【译文】

　　零陵香本名蕙,就是古代的兰蕙,又名薰。《左传》说:"一薰一莸,十年尚犹有臭。"说的就是这种草。唐代人称为铃铃香,又称为铃子香,意思是说它的花朵倒悬在枝间就像小铃一样。至今京城人买零陵香,还一定要选择有铃子的植株,铃子就是它的花。这本来是民间俗称,而文士根据湖南有零陵郡的地名,就以此附会为它的名字。后人又将其收入《本草》,殊不知《本草》中本来就有薰草一条,又名蕙草,注释得很明白。南方到处都有,《本草》却附会它的名字,说出自零陵郡,这也是错误的。

　　药中有用芦根及苇子、苇叶者。芦苇之类①,凡有十数多种,芦、苇、葭、菼、乱、萑、蒹、息理反。华之类皆是也②,名字错乱,人莫能分。或疑芦似苇而小,则乱非苇也。今人云:"葭一名华③。"郭璞云:"乱似苇,是一物。"④按《尔雅》云:"葭、乱、苇、芦",盖一物也,名字虽多,会之则是两种耳。今世俗只有芦与荻两名。按《诗》疏亦将葭、菼等众名判为二物,曰:"此物初生为菼,长大为乱,成则名为萑;初生为葭,长大为芦,成则名为苇。"故先儒释乱为萑,释葭为苇。予今详诸家所释葭、芦、苇,皆芦也;则菼、乱、萑,自当是荻耳。《诗》

云："葭菼揭揭⑤。"则葭，芦也；菼，荻也。又曰"萑苇"，则萑，荻也；苇，芦也。连文言之，明非一物。又《诗》释文云："乱，江东人呼之为乌苠。"今吴中乌苠草，乃荻属也。则萑、乱为荻明矣⑥。然《召南》："彼茁者葭"⑦，谓之初生可也。《秦风》曰："兼葭苍苍⑧，白露为霜。"则散文言之，霜降之时亦得谓之葭，不必初生，若对文须分大小之名耳。荻芽似竹笋，味甘脆，可食；茎脆，可曲如钩，作马鞭节⑨；花嫩时紫，脆则白，如散丝；叶色重，狭长而白脊。一类小者，可为曲薄⑩，其余唯堪供爨耳⑪。芦芽味稍甜，作蔬尤美；茎直；花穗生，如狐尾，褐色；叶阔大而色浅；此堪作障席、筐筥、织壁、覆屋、绞绳杂用⑫，以其柔韧且直故也。今药中所用芦根、苇子、苇叶，以此证之，芦、苇乃是一物，皆当用芦，无用荻理。

【注释】

①芦苇：禾本科，多年生草本植物，叶子呈针形。根状茎称芦根，可入药，有清胃火、除肺热之效。茎称苇子，叶称苇叶，均可入药，主治霍乱、呕逆、痈疽等症。

②葭（jiā）、菼（tǎn）、乱（wàn）、萑（huán）、蒚（xǐ）：均为芦苇的别称。

③华：清人阮元认为此"华"当为"苇"的误字。

④乱似苇，是一物：《尔雅》郭璞注云"葭与苇是一物"。

⑤葭菼揭揭：出自《诗经·卫风·硕人》。揭揭，长的意思。

⑥萑：原作"信"，据汇秘笈本改。

⑦彼茁者葭：出自《诗经·召南·驺虞》。

⑧兼葭苍苍：出自《诗经·秦风·蒹葭》，作"蒹葭苍苍"。

⑨马鞭节：指其植株形态类似马鞭。

⑩曲薄：养蚕时用以盛放蚕的用具，北方称曲，南方称薄。

⑪爨（cuàn）：烧火。

⑫筥（jǔ）：圆形竹筐。

【译文】

药物中有用到芦根以及苇子、苇叶的。芦苇之类的东西，一共有十多种名称，芦、苇、葭、菼、薍、萑、蒹、息理反。华之类的都是，名字错乱，人们难以分清。有人怀疑芦类似苇而小，那么薍就不是苇了。现在人说："葭，又叫做华。"郭璞说："薍类似苇，是一种东西。"根据《尔雅》的说法：菼、薍、苇、芦，这些都是一种东西，名字虽然繁多，综合起来就只有两种而已。现在世上只有芦和萑两种名称。《诗经》疏中也将葭、菼等众多名称综合为两种植物，说："这两种植物：初生时称为菼，长大后称为薍，长成后则称为萑；初生时称为葭，长大后称为芦，长成后则称为苇。"因此先儒把"薍"解释为"萑"，把"葭"解释为"苇"。我现在仔细考证，各家所解释的葭、芦、苇，都是"芦"；那么菼、薍、萑，自然应当是"萑"了。《诗经》说："葭菼揭揭。"那么葭就是"芦"，菼就是"萑"。又说"萑苇"，那么萑就是"萑"，苇就是"芦"。连起来一起说，那么很明显不是一种植物。此外，《诗经》的释文说："薍，江东人称之为乌蓲。"现在吴中有乌蓲草，和萑是同一属。那么很明显，萑和薍就是"萑"了。但是《召南》中说："彼茁者葭。"把初生的称为葭，这是可以的。《秦风》说："蒹葭苍苍，白露为霜。"要是分开来说，那么霜降的时候也可以称为葭，不必是初生时的，如果按上下文相对而言的话，就必须区分初生与长大的名目了。萑的芽类似竹笋，味道甘甜而爽脆，可以食用；茎也很脆，可以弯曲成像钩子一样，外形像马鞭那样；花朵嫩的时候是紫色的，老了就会变白，像散丝一样；叶片的颜色很深，呈狭长形而有白色的脊。其中有一种比较小的，可以拿来做成曲薄，其余的只能拿去烧火了。芦的芽味道比较甜，作为蔬菜更好；茎是直的；花朵呈穗状生长，就像孤尾一样，是褐色的；叶片阔大而颜色比较浅；这种植物可以拿来做障席、圆筐、编织墙壁、覆盖屋顶、绞绳子等杂用，因为它柔韧并且挺直的缘故。现在药物中所用的芦根、苇子、苇叶，根据以上考证，芦和苇乃是同一种植物，都应该用芦，没有用荻的道理。

扶栘即白杨也①。《本草》有白杨②，又有扶栘。扶栘一条，本出陈藏器《本草》③，盖藏器不知扶栘便是白杨，乃重出之。扶栘亦谓之蒲栘，《诗》疏曰④："白杨，蒲栘是也。"至今越中人谓白杨只谓之蒲栘。藏器又引《诗》云："棠棣之华，偏其反而。"又引郑注云："棠棣，栘也，亦名栘杨。"此又误也。《论语》乃引逸《诗》："唐棣之华，偏其反而。"⑤此自是白栘⑥，小木，比郁李稍大⑦，此非蒲栘也，蒲栘乃乔木耳。木只有常棣⑧，有唐棣⑨，无棠。《尔雅》云："棠棣，棣也。唐棣，栘也。"常棣，即《小雅》所谓"常棣之华，鄂不韡韡"者⑩；唐棣即《论语》所谓"唐棣之华，偏其反而"者。常棣，今人谓之郁李。《豳诗》云："六月食郁及薁⑪。"注云："郁，棣属，即白栘也。"以其似棣，故曰棣属。又谓之车下李，又谓之唐棣，即郁李也。郁、薁同音。注谓之蘡薁⑫，盖其实似蘡，蘡即含桃也⑬。《晋宫阁铭》曰："华林园中有车下李三百一十四株，薁李一株。"车下李，即郁也，唐棣也，白栘也；薁李，即郁李也，薁也，常棣也；与蒲栘全无交涉。《本草》续添"郁李，一名车下李"，此亦误也。《晋宫阁铭》引华林园所种车下李与薁李，自是二物。常棣字或作棠棣，亦误耳。今小木中却有棣棠⑭，叶似棣，黄花绿茎而无实，人家亭槛中多种之。

【注释】

①白杨：杨柳科杨属，落叶乔木，叶卵形，树皮可入药，可治疗毒风、

脚气肿。

②《本草》：指《开宝新详定本草》和《开宝重订本草》。

③陈藏器《本草》：指唐代陈藏器所撰《本草拾遗》。

④《诗》疏：指孔颖达所撰《毛诗正义》。

⑤"唐棣"二句：出自《论语·子罕》。前人一般认为"唐"通"棠"。

⑥白杨(yí)：二字原缺，据汇秘笈本补。

⑦郁李：蔷薇科李属，落叶小灌木，叶卵形，开淡红色花，籽可入药，可治水肿，利小便。

⑧常棣：原作"棠棣"，下面明确说"无棠"，可知其有误，从胡道静等改。

⑨唐棣：蔷薇科，落叶小乔木，叶卵形，开白花，果实为蓝黑色。按，自"棠棣，有唐棣"至下文"唐棣，杨也"十八字原缺，据别本补。

⑩"常棣"二句：出自《诗经·小雅·常棣》。鄂，通"萼"。韡韡，光明华美的样子。

⑪六月食郁及薁(yù)：出自《诗经·豳风·七月》。薁，即郁李。

⑫蘡薁：野葡萄，藤本植物，果实黑色，可酿酒，亦可入药，有祛湿、利小便、解毒之效。

⑬含桃：樱桃的别称。

⑭棣棠：蔷薇科，落叶灌木，叶呈椭圆状卵形，开黄色花，花可入药，有消肿、止痛、止咳、助消化等效。

【译文】

扶栘就是白杨。《开宝本草》中有白杨，又有扶栘。扶栘一条，本来出自陈藏器的《本草拾遗》，估计陈藏器不知道扶栘就是白杨，所以重出了一条。扶栘也称为蒲栘，《诗》疏说："白杨就是蒲栘。"至今浙江人说到白杨时还只说蒲栘。陈藏器又引《诗》说："棠棣之华，偏其反而。"又引郑玄注说："棠棣就是栘，也叫做栘杨。"这就又不对了。《论语》中引逸《诗》说："唐棣之华，偏其反而。"说的其实是白栘，是一种小树木，比郁李稍微大一点，不是蒲移，蒲移乃是乔木。树木中只有常棣、唐棣，没有棠棣。《尔雅》说："常棣就是棣。唐棣就是移。"常棣就是《小雅》中所说的"常棣之华，鄂不韡韡"中的常棣；唐棣就是《论语》中所说的"唐棣之华，偏其反而"中的唐棣。常棣，现在人称为郁李。《豳风》诗说："六月食郁及薁。"注释说："郁是棣属植物，就是白移。"因为它的外形像棣，所以说是棣属。又称为车下李，又称为唐棣，就是郁李。郁和薁发音相同。注释中说是蘡薁，因为它的果实像薁，薁就是含桃。《晋宫阁铭》说："华林园中有车下李三百一十四株，薁李一株。"车下李就是郁，即唐棣、白移，薁李就是郁李，即薁、常棣，和蒲移完全没有关系。《本草》中又增加"郁李，一名车下李"一句，这也是错误的。《晋宫阁铭》中引华林园所种的植物，车下李和薁李本来就是两种植物。常棣字有的书也写作棠棣，这也是错的。现在小型树木中却有棣棠，叶子和棣类似，开黄花，绿色的茎而没有果实，人们家中的亭院中经常种植。

　　杜若即今之高良姜①，后人不识，又别出高良姜条，如赤箭再出天麻条，天名精再出地菘条，灯笼草再出苦耽条②，如此之类极多。或因主疗不同，盖古人所书主疗，皆多未尽，后人用久，渐见其功，主疗浸广。诸药例皆如此，岂独杜若也？后人又取高良姜中小者为杜若，正如用天麻、芦头为赤箭也，又有用北地山姜为杜若者。杜若，古人以为香草，北地山姜，何尝有香？高良姜花成穗③，芳华可爱，土人用盐梅汁淹以为菹④，南人亦谓之山姜花，又曰豆蔻花⑤。《本草图经》云⑥："杜若苗似山姜，花黄赤，子赤色，大如棘子⑦，中似豆蔻，出峡山、岭南北⑧。"正是高良姜，其子乃红蔻也，骚人比之兰、芷。然药品中名实错乱者至多，人人自主一说，亦莫能坚决，不患多记，以广异同。

【注释】

①杜若:鸭跖草科多年生草本植物,开白花,有香气,结蓝紫色果
实。根茎可入药,有温中下气、明目止痛之效。高良姜:姜科多
年生草本植物,有根状茎,开淡红色花,结橙红色果实。根状茎
可入药,有温中、散寒、止痛之效。外形与杜若相近,而实不同。

②"如赤箭"三句:赤箭、天名精、灯笼草,参见《药议》卷二十六倒数
第十五、十四、十条。

③穗(suì):禾本植物聚生在茎的顶端的花和果实。

④盐梅汁:用盐和醋兑的调料。菹(zū):腌菜。

⑤豆蔻:姜科多年生草本植物,形似芭蕉,开淡黄色花,籽可入药,
有行气、化湿、和胃之效。

⑥《本草图经》:指五代后蜀官修的《重广英公本草》,亦称《蜀本
草》。

⑦棘子:酸枣。

⑧峡山:胡道静等疑当作"硖州",在今湖北宜昌。岭南北:胡道静
等疑当作"岭南者甚好",二说据《证类本草》引文。

【译文】

杜若就是现在的高良姜,后人因为不认识,就又另外列出高良姜一
条,就像赤箭条再分出天麻条,天名精条再分出地菘条,灯笼草条再分
出苦蚝条,像这样的例子极多。有时是因为主治病症不同,大概古人所
记载的药物的主治病症,都不完善,后人用的时间长了,逐渐发现它的
功效,主治病症也就慢慢增广。各种药物都是这样,哪里只有杜若是这
样呢? 后人又取高良姜中形态较小的称为杜若,正像取天麻、芦头称为
赤箭一样,又有取北地山姜称为杜若的。杜若,古人说它是一种香草,
北地山姜何曾有香气呢? 高良姜的花呈穗状,芳华可爱,当地人用盐梅
汁淹成腌菜吃,南方人又称为山姜花,又称为豆蔻花。《本草图经》说:
"杜若苗类似山姜,开黄赤色花,籽是红色的,大小像酸枣一样,中间像

豆蔻,产于峡山、岭南以北。"这正是高良姜,它的籽就是红蔻,文人将其比作兰、芷。不过药品中名实错乱的现象很多,人人都各自持一种说法,我也不能完全肯定,所以不怕多记下一段,以便增广异同。

　　钩吻①,《本草》"一名野葛",主疗甚多。注释者多端:或云可入药用,或云有大毒,食之杀人。予尝到闽中,土人以野葛毒人及自杀,或误食者,但半叶许入口即死,以流水服之,毒尤速,往往投杯已卒矣。经官司勘鞫者极多②,灼然如此。予尝令人完取一株观之,其草蔓生,如葛;其藤色赤,节粗,似鹤膝③;叶圆有尖,如杏叶,而光厚似柿叶;三叶为一枝,如菉豆之类④,叶生节间,皆相对;花黄细,戢戢然一如茴香花⑤,生于节叶之间。《酉阳杂俎》言"花似栀子稍大",谬说也。根皮亦赤。闽人呼为吻莽,亦谓之野葛,岭南人谓之胡蔓,俗谓断肠草。此草人间至毒之物,不入药用。恐《本草》所出,别是一物,非此钩吻也。予见《千金》《外台》药方中⑥,时有用野葛者,特宜仔细,不可取其名而误用。正如侯夷鱼与鲀鱼同谓之河豚,不可不审也。

【注释】

①钩吻:参《技艺》卷十八倒数第五条。

②勘鞫(kān jū):审讯,判决。

③鹤膝:比喻上下两端细、中间粗的东西。

④菉(lù)豆:即绿豆。

⑤戢戢:聚集的样子。茴香:伞形科茴香属,多年生草本植物,开黄花,果实椭圆形,可入药,有温肝、暖胃、散寒之效。

⑥《外台》:指唐代王焘所撰《外台秘要》四十卷。

【译文】

钩吻,《神农本草》中说"又叫做野葛",主治病症很多。但是注释的人有很多说法:有人说可以作为药用,有人说有剧毒,吃下可以杀人。我曾经到过福建一带,当地有人用野葛毒害他人或者用来自杀,也有误食的,只要半片叶子入口就会死,用流水服下,毒性更加迅速,往往刚放下杯子人就已经死了。这些事经官府审讯勘察的案例极多,毒性非常明显。我曾经派人取来一株完整的植株观察,它的草是蔓生的,像葛一样;它的藤是红色的,藤节很粗,就像鹤膝;叶片圆型而有尖,像杏叶的形状,但又光滑厚实像柿叶一样;三片叶子是一枝,就像绿豆之类的,叶子生长在藤节之间,都是相对而生的;开小黄花,聚在一起就像茴香花,生长在藤节的叶片之间。《酉阳杂俎》说"花像栀子而稍大",是错误的。它的根皮也是红色的。福建人称为吻莽,也称为野葛,岭南人称为胡蔓,俗称断肠草。这种草是人间毒性最大的植物,不可作为药用。恐怕《神农本草》中出现的是另一种植物,不是这种钩吻。我看到《千金方》和《外台秘要》记载的药方中,有时有用到野葛的,特别应该仔细考察,不能因为名称相同就误用了。正如侯夷鱼与鲀鱼都称为河豚,不能不仔细辨别啊。

黄镮,即今之朱藤也①,天下皆有。叶如槐,其花穗悬,紫色,如葛花。可作菜食,火不熟亦有小毒。京师人家园圃中作大架种之,谓之紫藤花者是也。实如皂荚②,《蜀都赋》所谓"青珠黄镮"者,黄镮即此藤之根也。古今皆种以为亭槛之饰。今人采其茎,于槐干上接之,伪为矮槐。其根入药用,能吐人。

【注释】

①朱藤:即紫藤,豆科高大木质藤本,叶为羽状复叶,开青紫色花,果实为荚果,为观赏树种。果实可入药,治疗食物中毒等。

②皂荚:豆科落叶乔木,叶为卵形羽状复叶,开黄白色花,果实为带状荚果,可入药,具有祛痰之效,亦可作为洗涤剂。

【译文】

黄镮就是现在的朱藤,各地都有。叶子像槐叶,花朵呈悬穗状,紫色,就像葛花。可作为蔬菜食用,但烧不熟的话也有小毒。京城人家的园圃中搭上大架子种植,称为紫藤花的就是了。果实像皂荚一样,就是《蜀都赋》中所谓的"青珠黄镮",黄镮就是这种藤的根。古往今来,人们都种植起来作为亭院的装饰。现在的人把它采集起来,把它的茎部嫁接到槐树干上,伪装成矮槐。它的根部可以作为药用,能使人呕吐。

　　栾有二种①:树生,其实可作数珠者②,谓之木栾,即《本草》栾花是也。丛生,可为杖棰者,谓之牡栾,又名黄荆,即《本草》牡荆是也③。此两种之外,唐人《补本草》又有栾荆一条,遂与二栾相乱。栾花出《神农正经》,牡荆见于《前汉·郊祀志》,从来甚久。栾荆特出唐人新附,自是一物,非古人所谓栾荆也。

【注释】

①栾:无患子科落叶乔木,有羽状复叶,小叶卵形,开淡黄色花,结蒴果,长椭圆形。花可作为染料,亦可入药,主治目疾。

②数珠:即念珠。

③牡荆:马鞭草科落叶灌木,掌状复叶,开淡紫色花,可入药,主治白带下、小肠疝气、湿痰白浊等。

【译文】

栾有两个品种:树形的那种,它的果实可以做成念珠,称为木栾,就是《本草》中的栾花。灌木形丛生的那种,可以做成杖棰,称为牡栾,又叫做黄荆,就是《本草》中的牡荆。这两种栾以外,唐人的《补本草》中又有栾荆一条,于是就和那两种栾相混了。栾花出自《神农正经》,牡荆见于《前汉书·郊祀志》,来历都很久远。栾荆只是唐人新附加上的,自然是另一种植物,不是古人所谓的栾荆。

　　紫荆①,陈藏器云②:"树似黄荆,叶小,无桠。夏秋子熟,正圆如小珠。"大误也。紫荆与黄荆③,叶丛生,小木,叶如麻叶,三桠而小。紫荆稍大④,圆叶,实如樗英⑤,著树连冬不脱⑥,人家园亭多种之。

【注释】

①紫荆:豆科落叶乔木或灌木,叶圆心形,开紫花,果实为荚果。可入药,有活血行气、消肿解毒之效。

②陈藏器:唐代医学家,著有《本草拾遗》。

③黄荆:马鞭草科落叶灌木,叶卵状披针形,开淡蓝紫色花,果实为球形坚果。其下语义不连属,疑有脱文。或疑"与黄荆叶"四字为衍文,未知孰是。

④紫荆:胡道静等疑当作"黄荆",可从。

⑤樗(chū)英:胡道静等疑当作"樗英",可从。樗,臭椿,苦木科落叶乔木,叶为卵状披针形,开白绿色花,根皮可入药,主治血痢、赤白带下等症。

⑥著树:指挂在树上。

【译文】

紫荆，陈藏器说它："树类似黄荆，叶片小，没有枝桠。夏秋时籽实成熟，圆形，就像小珠子一样。"这是很错误的。紫荆是叶片丛生的小树木，叶片像芝麻的叶子，有三个枝桠，但形状比较小。黄荆稍微大一点，叶片是圆形的，果实就像楝的果实，挂在树上一整个冬天都不脱落，人们家里的园亭中经常种植。

六朝以前医方，唯有枳实①，无枳壳，故《本草》亦只有枳实。后人用枳之小嫩者为枳实，大者为枳壳，主疗各有所宜，遂别出枳壳一条，以附枳实之后，然两条主疗亦相出入。古人言枳实者，便是枳壳，《本草》中枳实主疗，便是枳壳主疗。后人既别出枳壳条，便合于枳实条内摘出枳壳主疗，别为一条，旧条内只合留枳实主疗。后人以《神农本经》不敢摘破，不免两条相犯，互有出入。予按，《神农本经》枳实条内称："主大风在皮肤中如麻豆苦痒②，除寒热结，止痢，长肌肉，利五脏，益气轻身，安胃气，止溏泄③，明目。"尽是枳壳之功，皆当摘入枳壳条。后来别见主疗，如通利关节、劳气、咳嗽、背膊闷倦④，散瘤结、胸胁痰滞⑤，逐水⑥，消胀满、大肠风⑦，止痛之类皆附益之，只为枳壳条。旧枳实条内称："除胸胁痰癖，逐停水，破结实，消胀满、心下急痞痛、逆气⑧。"皆是枳实之功，宜存于本条，别有主疗亦附益之可也。如此二条始分，各见所主，不至甚相乱。

【注释】

①枳(zhǐ)：芸香科落叶灌木或小乔木，开白花，果实为球形暗黄色。

未成熟的果实入药称枳实,成熟干燥后的果实入药称枳壳,功能基本相似,枳壳药效更缓和,以行气、宽中、除胀为主。

②大风在皮肤中:风邪引起的皮肤瘙痒。

③溏(táng)泄:指大便不成形,腹泻。

④劳气:因过度劳累而损伤元气。

⑤瘤结:指体内气血郁结。《证类本草》作"留结"。

⑥逐水:消除水肿。

⑦大肠风:因风热或湿热而引起的肠胃疾病。

⑧心下急痞痛:胸腹间感到阻塞和疼痛。

【译文】

六朝以前的医方中,只有枳实,没有枳壳,所以《本草》中也只有枳实。后人把枳的小嫩果实称为枳实,把个大的果实称为枳壳,主治病症也各有分别,于是就另外分出枳壳一条,附列在枳实的后面,然而两条的主治病症也互有出入。古人说的枳实就是枳壳,《本草》中枳实的主治病症就是枳壳的主治病症。后人既然另外分出枳壳一条,就很自然地在枳实条内摘出枳壳的主治病症,另外单列一条,旧的条目中只应该保留枳实的主治病症。后人因为不敢割裂《神农本经》,所以这两条就难免相犯、互有出入了。据我考证《神农本经》枳实条中所说的:"主治风邪引起的皮肤瘙痒,祛除寒热郁结,止痢疾,长肌肉,利五脏,益气轻身,安胃气,止腹泻,明目。"都是是枳壳的功效,都应当摘入枳壳条。后来另外发现的主治病症,比如通利关节、劳气、咳嗽、背膊闷倦,散气血郁结、胸胁痰滞,消除水肿,消胀满、风热肠胃病,止痛之类的,都附益在上面,另外设立了枳壳一条。原来的枳实条则只说:"祛除胸胁痰癖,消除水肿,破气血郁结,消胀满、胸腹间阻塞疼痛、逆气。"这些都是枳实的功效,应该留存在原本的条目中,另外还有别的主治病症也可以附加上去。这样两个条目才能分清,各有自己的主治病症,不至于相互混淆紊乱。

续笔谈十一篇

鲁肃简公劲正①，不徇爱憎②，出于天性，素与曹襄悼不协③。天圣中④，因议茶法，曹力挤肃简，因得罪去，赖上察其情，寝前命⑤，止从罚俸。独三司使李谘夺职，谪洪州⑥。及肃简病，有人密报肃简，但云"今日有佳事"。鲁闻之，顾婿张昷之曰⑦："此必曹利用去也。"试往侦之，果襄悼谪随州⑧。肃简曰："得上殿乎？"张曰："已差人押出门矣。"鲁大惊曰："诸公误也，利用何罪至此？进退大臣，岂宜如此之遽？利用在枢密院，尽忠于朝廷。但素不学问，倔强不识好恶耳，此外无大过也。"嗟惋久之，遽觉气塞。急召医视之，曰："此必有大不如意事动其气，脉已绝，不可复治。"是夕，肃简薨。李谘在洪州，闻肃简薨，有诗曰："空令抱恨归黄壤，不见崇山谪去时⑨。"盖未知肃简临终之言也。

【注释】

①鲁肃简公：即鲁宗道，其下议茶法及李谘被贬事。参《官政》卷十二第八条。

②徇(xùn)：通"徇"，顺从，曲从。

③曹襄悼：即曹利用，字用之，北宋宰相，谥襄悼。参《补笔谈》卷三
《杂志》注。

④天圣：宋仁宗年号，公元1023—1032年。

⑤寝：中止。

⑥洪州：今江西南昌。

⑦张昷之：字景山。进士出身，补乐清尉、润州观察推官，迁集贤校
理，通判常州，知温州。擢提点淮南路刑狱，还为盐铁副使，擢天
章阁待制、河北都转运按察使。官至光禄卿。《宋史》卷三〇三
有传。

⑧随州：今属湖北。

⑨崇山：用舜流放驩兜于崇山典故。

【译文】

　　鲁宗道正直刚毅，做事不出于一己的爱憎，这出于他的天性，而素来与曹利用关系不好。天圣年间，因为讨论茶法的事，曹利用极力排挤鲁宗道，鲁宗道获罪而罢官，幸亏皇帝察觉到他的冤情，于是中止了之前的命令，只罚了一些俸禄。只有三司使李谘被罢官，贬谪到洪州。等到鲁宗道病重了，有人把宫中消息密报给他，只说"今天有好事"。鲁宗道听到后，对他的女婿张昷之说："这一定是曹利用要丢官了。"张昷之试着打听了一下，果然是曹利用被贬随州。鲁宗道问："他上殿面圣了吗？"张昷之说："已经被差人押出城门了。"鲁宗道大惊道："执政大臣们办错事了啊，曹利用有什么罪过，一定要如此呢？进退大臣，怎能如此仓促？曹利用在枢密院的时候，尽忠于朝廷。只是素来没什么学问，性格倔强，不识好歹而已，除此之外没什么大的过错啊。"嗟叹了很长时间，忽然觉得胸闷气塞。急忙请医生诊视，医生说："一定是有什么大不如意的事让他动气了，现在气脉已绝，无法救治了。"这天夜里，鲁宗道去世了。李谘在洪州，听说鲁宗道去世，有诗道："空令抱恨归黄壤，不见崇山谪去时。"大概他不知道鲁宗道临终时的话吧。

　　太祖皇帝常问赵普曰①："天下何物最大?"普熟思未答间,再问如前,普对曰:"道理最大。"上屡称善。

【注释】

①赵普(921—991):字则平,蓟(今属天津)人,宋初宰相,拜太师,封魏国公,卒后追封韩王,谥忠献。

【译文】

太祖皇帝曾经问赵普道:"天下什么东西最大?"赵普正在思考还没有回答的时候,太祖又问了一遍,赵普回答道:"道理最大。"皇帝屡屡称赞他说得好。

　　杜甫诗有"家家养乌鬼,顿顿食黄鱼"之句①,近世注杜甫诗,引《夔州图经》称②:"峡中人谓鸬鹚为乌鬼。"蜀人临水居者,皆养鸬鹚,系绳其颈,使之捕鱼,得鱼则倒提出之,至今如此。又尝有近侍奉使过夔、峡③,见居人相率十百为曹,设牲酒于田间④,众操兵仗,群噪而祭,谓之养鬼。养读从去声。言乌蛮战殇⑤,多与人为厉⑥,每岁以此禳之⑦,又疑此所谓养乌鬼者。

【注释】

①家家养乌鬼:可参《艺文》卷十六注。

②夔州:今四川奉节。

③峡:峡州,今湖北宜昌。原作"陕",注云"稗海本作峡",考察上文,当作"峡",今从之。

④牲:牺牲,即祭品。

⑤殇(shāng):为国战死者。

748 梦溪笔谈

⑥厉:厉鬼。

⑦禳(ráng):祈祷消除灾殃。

【译文】

杜甫诗中有"家家养乌鬼,顿顿食黄鱼"的句子,近代人们注杜甫的诗,引《夔州图经》说:"峡州人把鸬鹚称为乌鬼。"蜀地那些临水而居的人都养鸬鹚,用绳子系住它们的颈部,让它们捕鱼,得到鱼后就从嘴中倒提出来,至今还是这样。此外,曾经有近侍奉使路过夔州、峡州一带,见到当地居民数十百人为一群,在田间陈涉祭品和酒,众人手持兵器,一起叫喊着举行祭祀活动,称为养鬼。说是那些乌蛮间争战的死难者,常变成厉鬼,每年人们就用这种仪式驱逐厉鬼,又怀疑这才是所谓的养乌鬼。

寇忠愍拜相白麻①,杨大年之词②,其间四句曰:"能断大事,不拘小节。有干将之器③,不露锋芒;怀照物之明④,而能包纳。"寇得之甚喜,曰:"正得我胸中事。"例外别赠白金百两⑤。

【注释】

①寇忠愍:即寇准,字平仲,北宋大臣,封莱国公。白麻:指拜相时誊写在白麻纸上的诏书。

②杨大年:即杨亿,字大年,北宋大臣。参《故事》卷一注。

③干将:古代著名铸剑师。

④照物:指审查事理。

⑤白金:即银子。

【译文】

寇准拜相时,杨亿起草了诏书,其中有四句说道:"能断大事,不拘小节。有干将之器,不露锋芒;怀照物之明,而能包纳。"寇准看到后非常高兴,说:"这些话正合我心意。"于是在规定以外,又送给杨亿一百两银子。

　　陶渊明《杂诗》①:"采菊东篱下,悠然见南山。"往时校定《文选》,改作"悠然望南山",似未允当。若作"望南山",则上下句意全不相属,遂非佳作。

【注释】

　　①陶渊明:即陶潜(? —427),字元亮,私谥"靖节",世称靖节先生,浔阳柴桑(今江西九江)人。曾任江州祭酒、建威参军、镇军参军、彭泽县令等,后辞官隐居,为隐逸诗人之宗。有《陶渊明集》。

【译文】

　　陶渊明的《杂诗》写道:"采菊东篱下,悠然见南山。"以前校定《文选》时,改作"悠然望南山",好像不太合适。如果写作"望南山",那么上下句的意思完全不相关,就不是佳作了。

　　狄侍郎棐之子遵度①,有清节美才。年二十余,忽梦为诗,其两句曰:"夜卧北斗寒挂枕,木落霜拱雁连天。"虽佳句,有丘墓间意,不数月卒。高邮士人朱适②,予舅氏之婿也。纳妇之夕,梦为诗两句曰:"烧残红烛客未起,歌断一声尘绕梁。"不逾月而卒。皆不祥之梦,然诗句清丽,皆为人所传。

【注释】

　　①狄棐(fěi):字辅之,潭州长沙(今属湖南)人。进士出身,以大理

评事知分宜县。历开封府司录,知壁州。擢开封府判官,历京西益州路转运、江淮制置发运使,累迁太常少卿、知广州,加直昭文馆。拜右谏议大夫、龙图阁直学士、权判吏部流内铨,出知滑州,进给事中,徙天雄军。《宋史》卷二九九有传。

②高邮:今属江苏。朱适:身世不详。

【译文】

狄棐侍郎的儿子狄遵度有清廉的节操和聪慧的才干。二十岁左右时,忽然在梦中得一句诗,其中两句说:“夜卧北斗寒挂枕,木落霜拱雁连天。”虽然是佳句,但是有坟墓间的意象,没过几个月就死了。高邮士人朱适,是我舅舅的女婿。新婚成亲那天夜里,也在梦中得诗,其中两句道:“烧残红烛客未起,歌断一声尘绕梁。”不出一个月就死了。这些都是不祥之梦,但是诗句却清丽,都被人广为传颂。

成都府知录①,虽京官②,例皆庭参③。苏明允常言④:张忠定知成都府日⑤,有一生,忘其姓名,为京寺丞知录事参军,有司责其庭趋,生坚不可。忠定怒曰:“唯致仕即可免。”生遂投牒乞致仕⑥,自袖牒立庭中。仍献一诗辞忠定,其间两句曰:“秋光都似宦情薄,山色不如归意浓。”忠定大称赏,自降阶执生手曰:“部内有诗人如此而不知,咏罪人也。”遂与之升阶置酒,欢语终日,还其牒,礼为上客。

【注释】

①知录:知录事参军的简称,负责掌管文书等。

②京官:特指不能参预朝谒的京师官员。

③庭参:到公堂拜见长官。

④苏明允:即苏洵(1009—1066),字明允,自号老泉,眉州眉山(今

属四川)人。为韩琦所荐,授秘书省试校书郎,后为霸州文安县
主簿。与其子苏轼、苏辙并称"三苏"。著有《嘉祐集》。《宋史》
卷四四三有传。

⑤张忠定:即张咏,字复之,号乖崖,北宋大臣,谥忠定。参《神奇》
卷二十注。

⑥投牒:呈递文书。

【译文】

　　成都府知录事参军虽然是京官,但照例都要到公堂参见长官。苏
洵曾经提到说:张咏知成都府的时候,有一位年轻人,忘记了他的姓名,
以京寺丞的身份担任知录事参军,官府人员命令他到公堂参见,那人坚
决不同意。张咏发怒道:"只有辞官才能免去这些礼节。"那位年轻人于
是呈上文书请求辞职,先把文书藏在袖子里,站立在庭中。献上一首诗
辞别张咏,中间两句诗说:"秋光都似宦情薄,山色不如归意浓。"张咏大
加称赏,亲自走下台阶握着那人的手说:"我的官署里有这么好的诗人,
我却不知道,这是我的罪过啊。"于是拉着他走上台阶,摆设酒宴,谈笑
了一整天,又把他辞职的文书还给他,从此像对待上宾一样礼遇他。

　　王元之知黄州日①,有两虎入郡城夜斗,一虎死,食其
半。又群鸡夜鸣,司天占之曰:"长吏灾。"时元之已病,未几
移刺蕲州②,到任谢上表两联曰:"宣室鬼神之问③,绝望生
还;茂陵封禅之书③,付之身后。"上闻之愕然,顾近侍曰:"禹
偁安否? 何以为此语?"不逾月,元之果卒,年四十八。遗表
曰:"岂知游岱之魂,遂协生桑之梦⑤。"

【注释】

①王元之:即王禹偁(954—1001),字元之,济州钜野(今山东巨野)

人。太平兴国八年(983)进士,历任右拾遗、左司谏、知制诰、翰林学士等,后贬至黄州。著有《小畜集》。《宋史》卷二九三有传。黄州:今湖北黄冈。

②蕲(qí)州:今湖北蕲春。

③宣室鬼神之问:这里用汉文帝宣室问贾谊鬼神之事的典故。

④茂陵封禅之书:这里用司马相如遗书言汉武帝封禅之事的典故。

⑤生桑之梦:这里用何祗梦桑生井中,后来应此梦,四十八岁去世的典故。

【译文】

王禹偁担任黄州知州的时候,有两只老虎进入郡城夜斗,一只老虎被咬死,被吃掉了一半。还有一群鸡在夜里鸣叫,掌管天象的官员占卜道:"长官将有灾祸。"当时王禹偁已经病了,没过多久就被调任到蕲州,到任时写的谢上表中有两联道:"宣室鬼神之问,绝望生还;茂陵封禅之书,付之身后。"皇帝听到后很是惊讶,回头对身边的侍臣说:"王禹偁身体还好吗?怎么写出这样的话?"不到一个月,王禹偁果然去世了,年仅四十八岁。他的遗表说:"岂知游岱之魂,遂协生桑之梦。"

元祐六年,高丽使人入贡,上元节于阙前赐酒,皆赋《观灯》诗,时有佳句。进奉副使魏继延句有:"千仞彩山擎日起,一声天乐漏云来。"主簿朴景绰句有"胜事年年传习久,盛观今属远方宾。"

【译文】

元祐六年,高丽使者入朝进贡,上元节的时候,皇帝在宫殿前赐酒,百官都作《观灯》诗,时有佳句。比如进奉副使魏继延有诗句说:"千仞彩山擎日起,一声天乐漏云来。"主簿朴景绰有诗句说:"胜事年年传习久,盛观今属远方宾。"

欧阳文忠有《奉使回寄刘元甫》诗云:"老我倦鞍马,谁
能事吟嘲?"王荆公稗海本荆公作介甫。《赠弟和甫》诗云:"老
我衔主恩,结草以为期。"言"老我"则语有情,上下句皆有惜
老之意。若作"我老",与"老我"虽同,而语无情,诗意遂颓
惰。此文章佳语,独可心喻。

【译文】

　　欧阳修《奉使回寄刘元甫》诗道:"老我倦鞍马,谁能事吟嘲?"王安
石《赠弟和甫》诗道:"老我衔主恩,结草以为期。"说"老我"就显得诗句
中饱含深情,上下句都有惜老的意思。若是写作"我老",虽然与"老我"
相同,但是诗句里却无情,诗意就显得消沉、萎靡。这是文章中的佳语,
只可以意会。

韩退之诗句有"断送一生唯有酒",又曰"破除万事无过
酒"。王荆公戏改此两句为一字题四句曰:"酒,酒,破除万
事无过,断送一生唯有。"不损一字,而意韵如自为之。稗海
本此后复出七卷,"易有纳甲之法"一条,别以"纳甲"二字。标目后
附图,亦多讹舛。

【译文】

　　韩愈的诗句中有"断送一生唯有酒",又说"破除万事无过酒"。王
安石戏改这两句诗,合为"一字题",诗的四句说:"酒,酒,破除万事无
过,断送一生唯有。"没有减少原诗中的一个字,而意韵就像是自己写的
一样。

中华经典名著
全本全注全译丛书
（已出书目）